U0856721

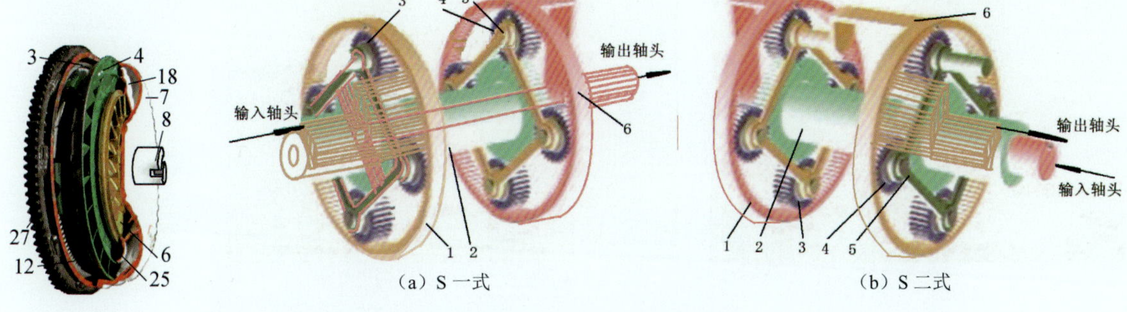

（a）S 一式　（b）S 二式

图 2-15（c）　图 4-1

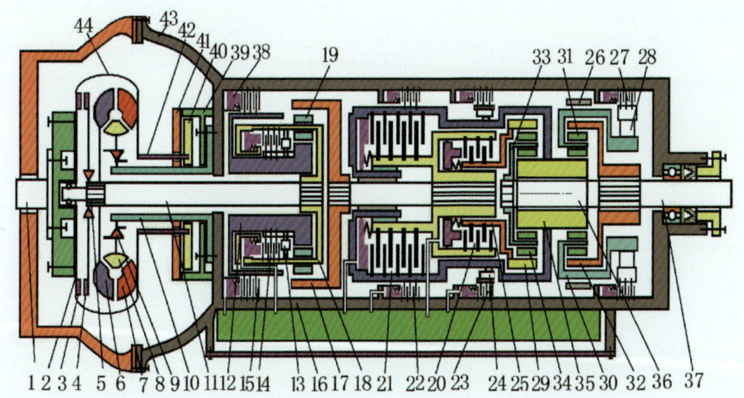
图 4-5（a）

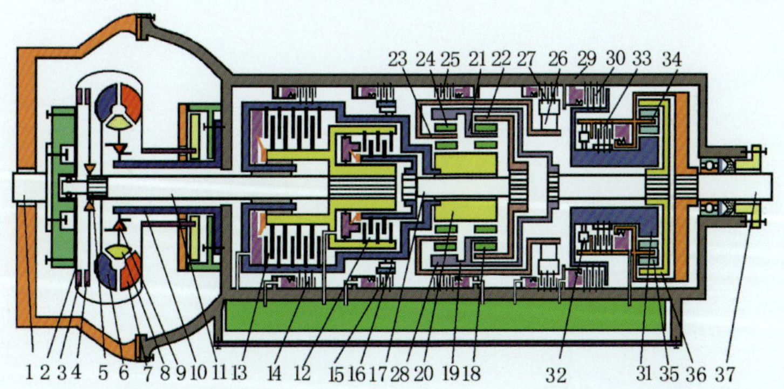
图 4-27（a）

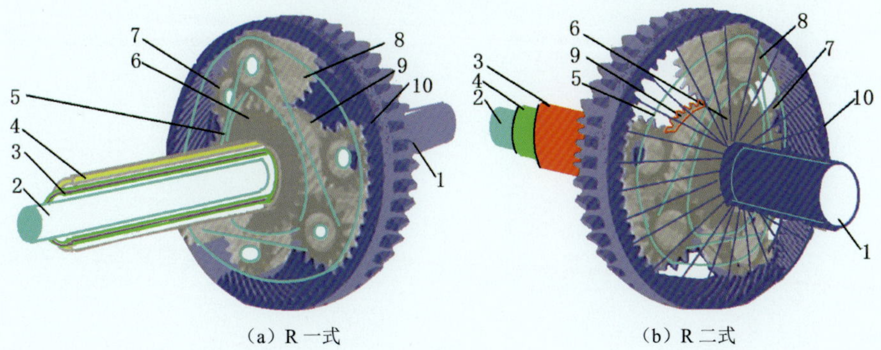
（a）R 一式　（b）R 二式

图 5-1

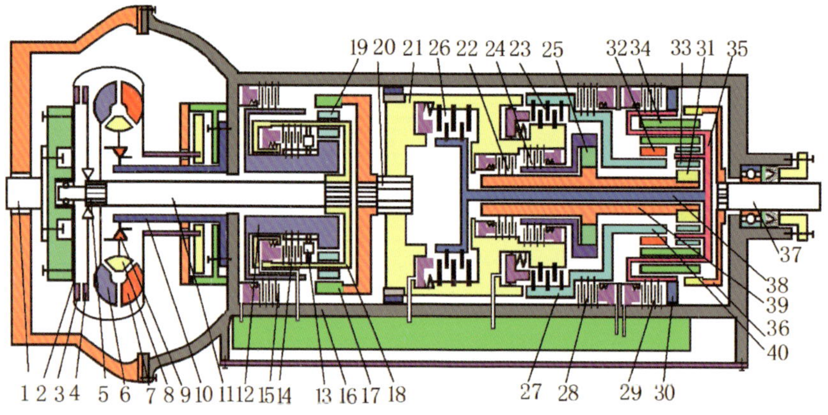

图 5-5（b）

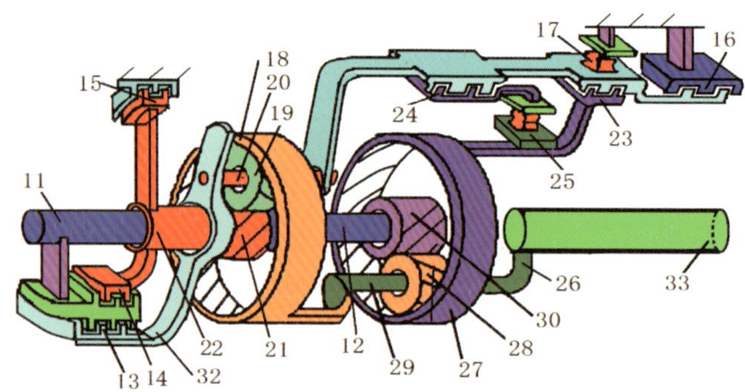

图 6-1（b）

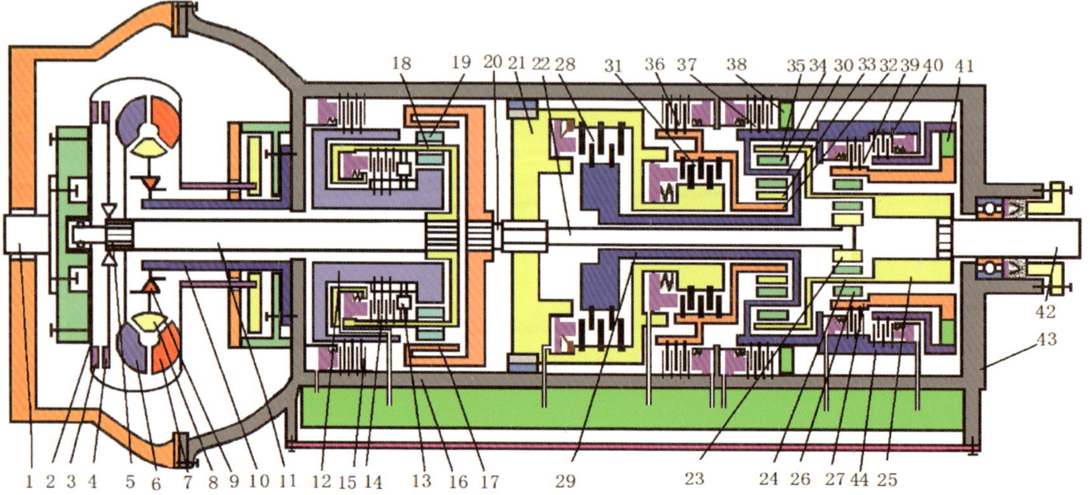

图 6-4（b）

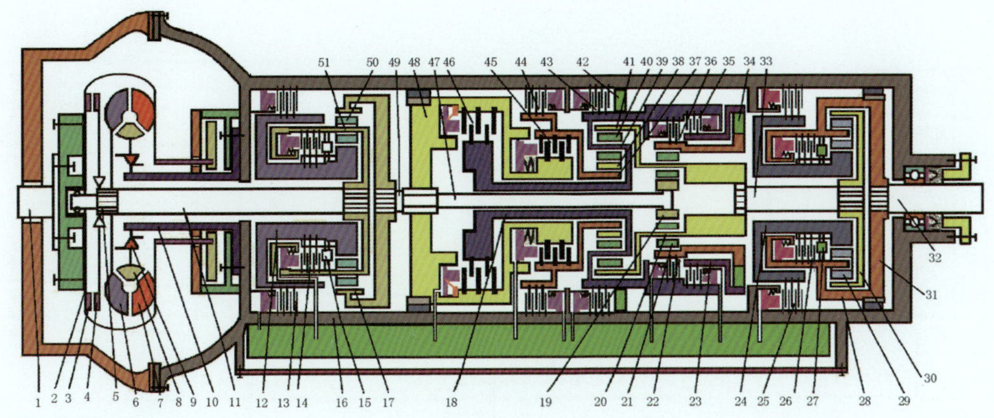

图 7-20（a）

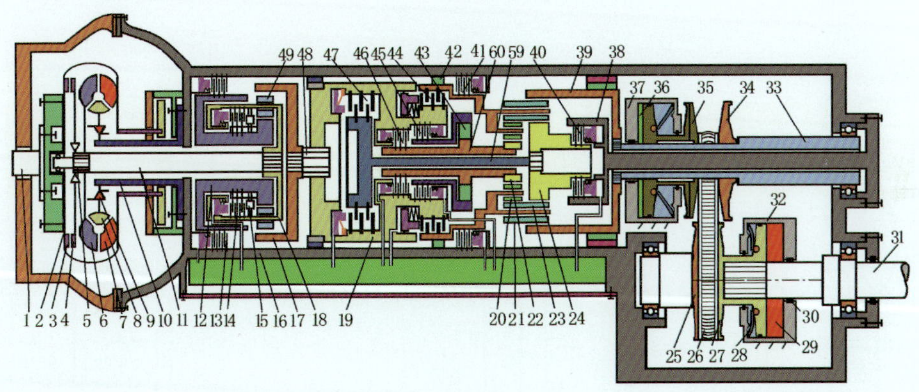

图 7-21（a）

以下图中实线箭头表示传递的动力和运动两个要素均真实存在，虚线箭头表示至少有一个要素不存在，只有趋势，没有真实完全的传递。在传递路线上的红色箭头（黑白印刷图显黑色）表示动力传递，主传递线路上向右表示驱动，向左表示反拖；垂直于传递路线或转动件轴线的绿色箭头（黑白印刷图显浅灰色）表示运动传递，向下表示顺时针转动，向上表示逆时针转动。有红色填充的执行元件表示在工作，无填充表示没有工作，液矩器离合器（序号 3 与序号 4 之间）用蓝色填充（黑白印刷显灰色）表示离合器锁止。

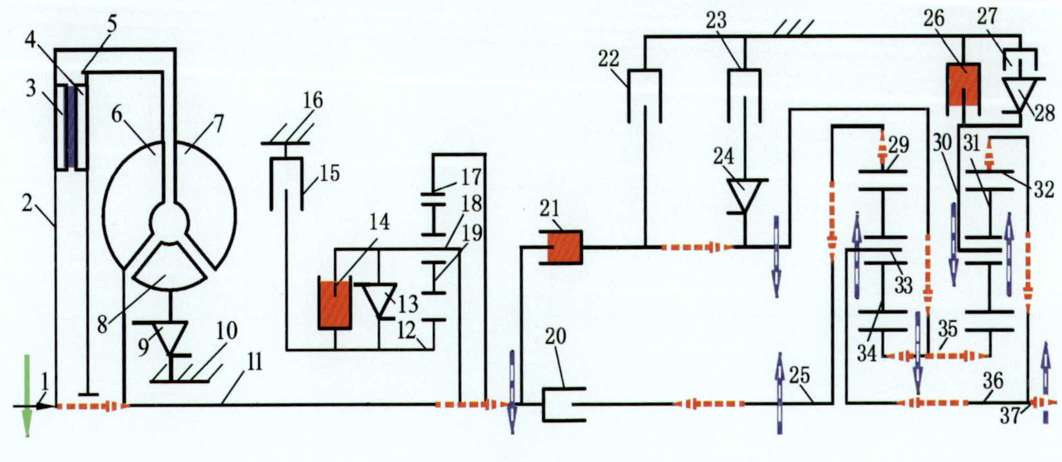

图 4-11（a）

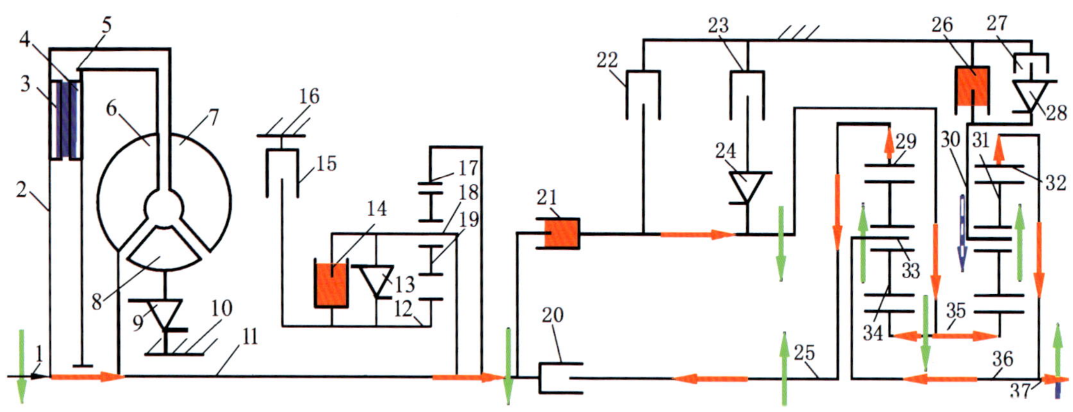

图 4-11（b）

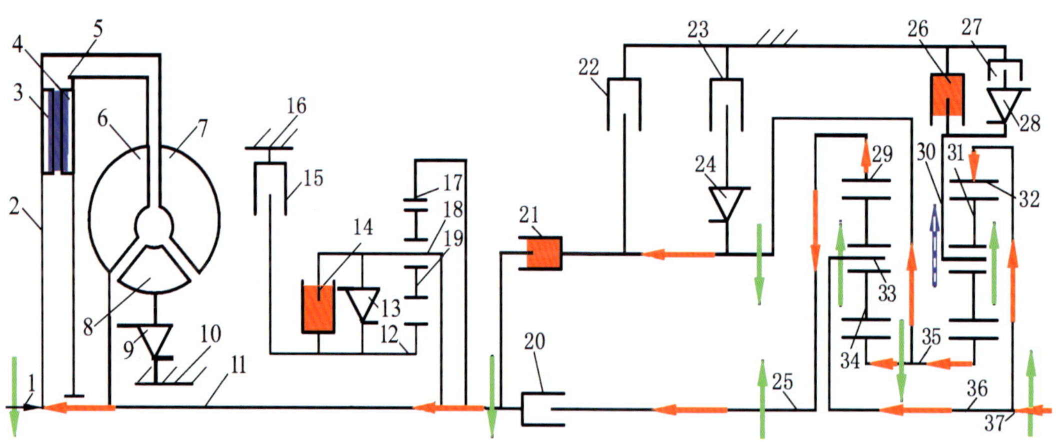

图 4-11（c）

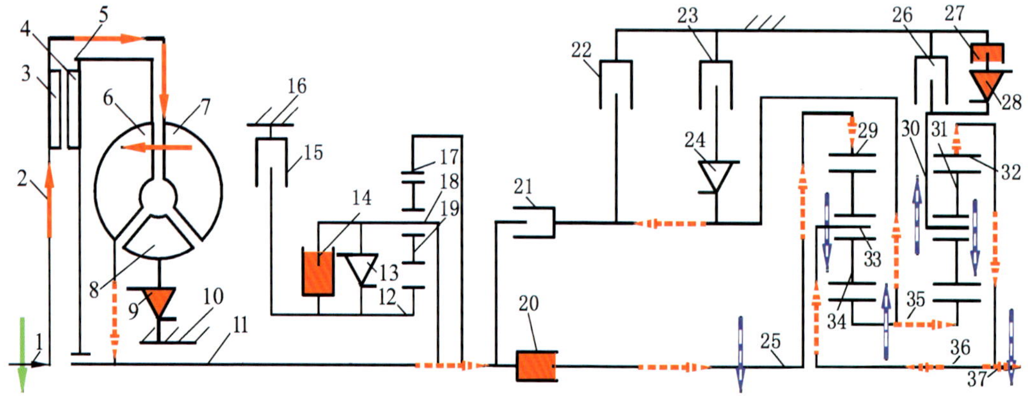

图 4-12（a）

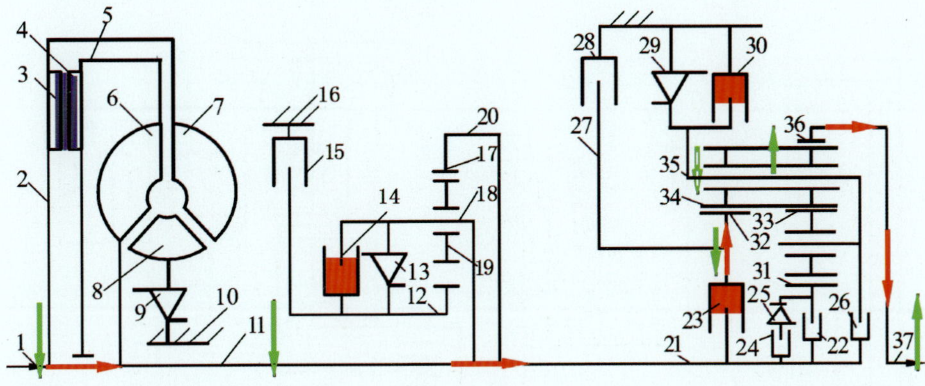

图 5-11（b）

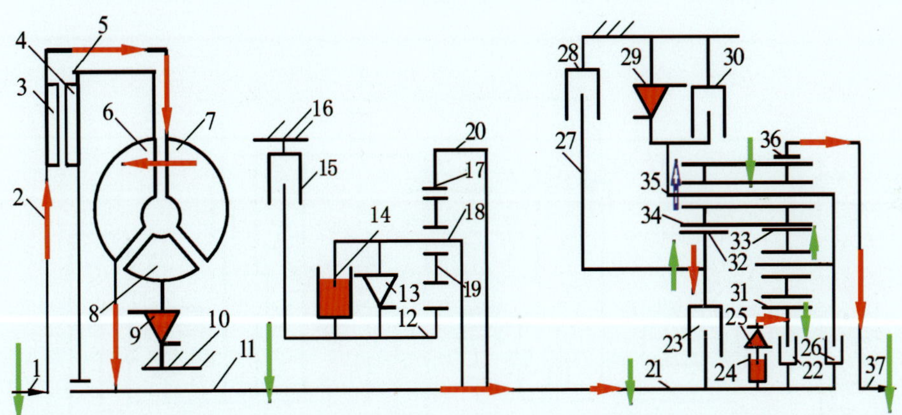

图 5-12（b）

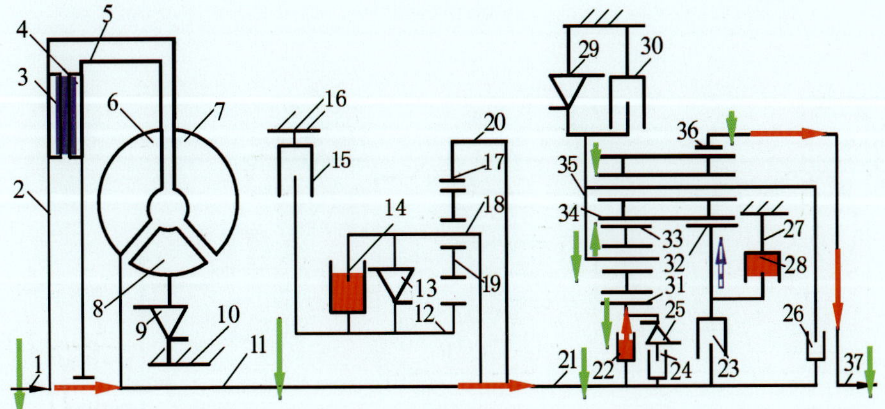

图 5-45

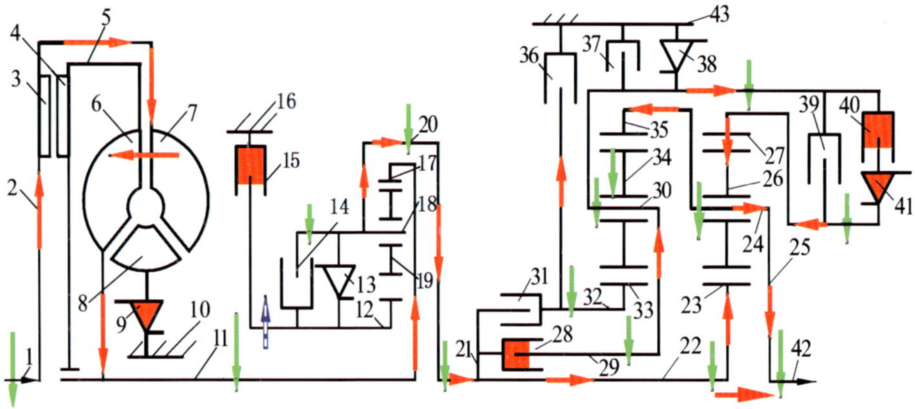

图 6-29

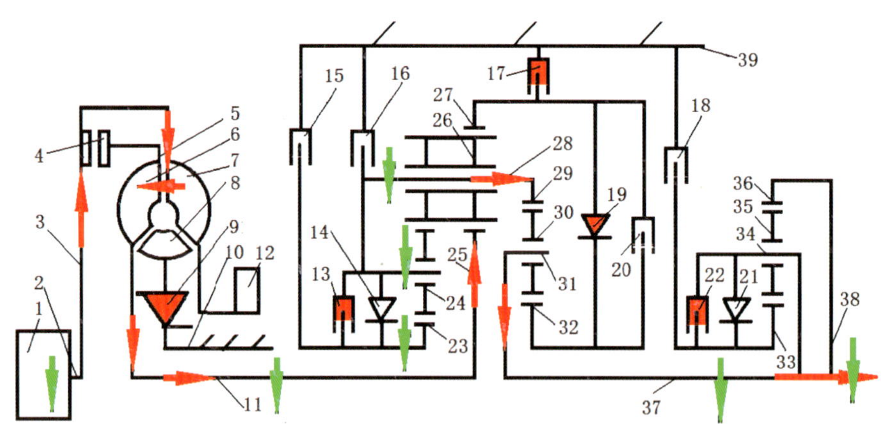

图 7-16（h）

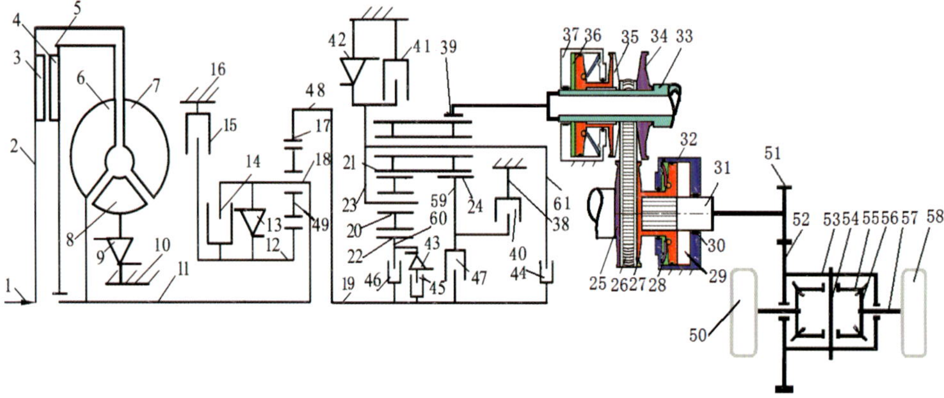

图 7-21（b）

汽车自动变速器原理与结构

主　编　唐德修
副主编　孙富平　刘　春
参　编　袁尉铭　谢鹏飞
　　　　周贵富　冉强林
主　审　黄海波

北京理工大学出版社
BEIJING INSTITUTE OF TECHNOLOGY PRESS

内 容 提 要

本教材以齿轮传动基本理论为依据，脱离具体车型的约束，探索自动变速器轮系变速传递的内在规律，将美国米切尔维修信息公司编、中国机动车辆安全鉴定检测中心编译的《进口汽车自动变速器检测与维修》一书中所有款式的自动变速器无一遗漏、图文并茂地串起来，形成通用的、有科学依据的、读者容易理解的解释，并以这个解释为理论基础逐款、逐挡、逐零件地介绍它们的工作原理。同时还分析了《进口汽车自动变速器检测与维修》中没有涉及的主要轮系 6 速、8 速自动变速器的挡位变化情况。

全书共 7 个理实一体化教学项目，项目一、项目二介绍齿轮和轮系的基础理论，项目三介绍自动变速器的一般常识，项目四～项目六分别介绍 S 式、R 式、D 式自动变速器的挡位变化情况，项目七介绍其他类型自动变速器的挡位变化情况。

本教材适合作为高等院校汽车专业的教学用书，任课教师可根据不同层次、不同专业、不同学时的教学大纲对内容做适当删减，也适合作为汽车设计、制造、维修、销售行业技术人员的参考用书。

图书在版编目（CIP）数据

汽车自动变速器原理与结构/唐德修主编. —北京：北京理工大学出版社，2018.3

ISBN 978-7-5682-4818-1

Ⅰ. ①汽… Ⅱ. ①唐… Ⅲ. ①汽车－自动变速装置－高等学校－教材

Ⅳ. ①U463.212

中国版本图书馆 CIP 数据核字（2017）第 218953 号

出版发行 / 北京理工大学出版社有限责任公司
社 址 / 北京市海淀区中关村南大街 5 号
邮 编 / 100081
电 话 / （010）68914775（总编室）
（010）82562903（教材售后服务热线）
（010）68948351（其他图书服务热线）
网 址 / http://www.bitpress.com.cn
经 销 / 全国各地新华书店
印 刷 / 北京国马印刷厂
开 本 / 889 毫米×1194 毫米 1/16
印 张 / 21.25
彩 插 / 6
字 数 / 604 千字
版 次 / 2018 年 3 月第 1 版 2018 年 3 月第 1 次印刷
定 价 / 79.00 元

责任编辑 / 赵 岩
文案编辑 / 邢 琛
责任校对 / 周瑞红
责任印制 / 李 洋

前言

本教材的特点是脱离了具体车型，以轮系传动基本理论为依据，从分析自动变速器“只能这样或必须这样”的角度向读者展示自动变速器的本质，从而为“中国汽车创新必须首先搞懂别人的东西”这个基点打下了清晰的基础，所有听过我的课的学生都经历了对美国米切尔维修信息公司编、中国机动车辆安全鉴定检测中心编译的《进口汽车自动变速器检测与维修》一书由害怕到对它信心满满地掌握的过程，我将给学生传授讲解的资料总结、提高、整理，编写成了这本特色教材。我将《进口汽车自动变速器检测与维修》书中所有款式的自动变速器无一遗漏地用本教材的标准加以整理、规范，去除错误与不足，并增加了原书中没有的 6 速、8 速自动变速器的挡位分析，图文并茂地串起来，形成通用的、有科学依据的、读者容易理解的解释，并用这个解释作为理论基础，逐款、逐挡、逐零件地介绍工作原理，全面、系统地将常见轮系介绍给读者，使新一代汽车人在学习前人科学成果上有了捷径，为创新打下基础，这是我可以为汽车强国梦做的一点点工作，也是可以为我国汽车专业教育教学改革做的力所能及的、实实在在的工作。本教材还把本人作为课题负责人完成的铁谱技术科学诊断自动变速器故障的科研实验成果收入其中，向读者展示了自动变速器故障诊断的新思路。因而我坚信这本教材一定会受到真正想把汽车自动变速器课讲好的教师们、想把汽车自动变速器课学好的学生们和汽车设计、制造、维修同行们的欢迎。在新能源汽车高歌猛进的后继汽车发展形势下，发动机技术的比重将不可避免地会下降，新能源汽车技术、汽车智能控制技术、汽车底盘技术的比重将会提高，自动变速器是汽车智能控制技术和底盘技术中的重要组成部分，提高自动变速器教学比重会是未来汽车教学发展的必然趋势。

与本教材配套的教材是由唐德修编著的《汽车流体传动控制技术》，其对本书中主要轮系的液压系统逐款、逐挡、逐条油路、逐个零件地加以分析，说明了“为什么这个执行元件会运作，这个执行元件运作为什么会引起轮系挡位这样变化”的原理，弥补了本教材在这方面的不足。

在编写本教材的过程中编者得到了四川希望教育产业集团的大力支持和鼓励，集团专家、二级教授黄海波担任主审，唐德修担任主编，孙富平和刘春担任副主编，袁尉铭参与了项目一的编写、谢鹏飞参与了项目二的编写、周贵富参与了项目三的编写、冉强林参与了项目七的编写。

本教材适合作为大中专学校汽车专业的专业教科书，作为教师弄懂教材所有内容当然是基本要求，对学生则不必要求面面俱到，应根据层次、专业、学制、学时做适当调整。建议中专层次使用本教材的重点是让学生能系统地看懂主要轮系的规范表达方法及挡位情况，教学重点应放在实物结构上；专科层次可在中专层次的基础上增加讲授执行元件组件配合实现控制轮系挡位变化的原理；本科层次可在专科层次的基础上，增加讲授轮系特性在挡位变化中的规律，决定轮系中各零件的工作状态“只能这样或必须这样”的条件，轮系如何正常工作的推理；硕士研究生层次应当通过建立数学模型，分析轮系中工作齿轮的受力及运动状况，找出轮系“只能这样或必须这样”的理论依据。

书中自绘图都是彩色的，但遗憾的是因成本限制在教材中不能以彩色奉献给读者，为此作者编撰了一组包括所有项目的 PPT 彩色课件，以方便使用本教材的教师们使用，有意愿获得者可与出版发行者或作者联系。

本教材是四川省 2018 年省级重点科研课题《创建新能源汽车专业课程新体系》（四川省教育厅川教函［2017］819 号文）系列十大教材的第三本。与本教材直接配套的教材是第四本《汽车流体传动技术》。

欢迎读者不吝赐教指出本教材存在的不足甚至错误，以便今后在去错纠偏、删繁取简、推陈出新的再版中改进和完善，以适应现代汽车飞速发展的步伐，共同为圆满实现汽车强国梦做出我们的微薄贡献，为汽车专业教育教学改革添砖增瓦。

唐德修

2018 年 1 月 28 日于成都

Contents

目录

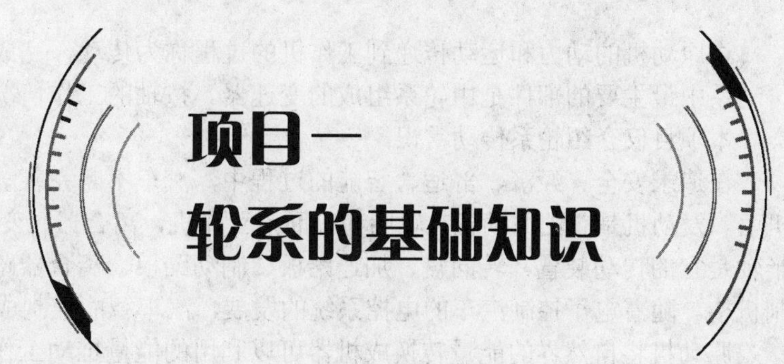

项目一 轮系的基础知识

学习目标

1. 了解传动的基本概念。
2. 掌握齿轮基础知识与术语。
3. 了解齿轮参数的意义。
4. 掌握齿轮传动比的概念和轮系的类型。
5. 能计算定轴轮系的传动比。
6. 了解动轴轮系传动比计算基本方法。

学习要求

能力目标	知识要点	权重
能描述轮系传动的基本概念	轮系传动的作用、基本概念	20%
熟知齿轮传动的特点	齿轮能正常工作的条件	20%
会分析轮系的组成	对定轴轮系组成有清楚的认识	20%
能分析动轴轮系的组成	动轴轮系基本元件组成规律	40%

齿轮是汽车变速器中重要的零件之一。传递动力和运动是齿轮最基本的任务，齿轮必须要相互啮合成齿轮副才能完成这个任务。若干齿轮副组成轮系，轮系将齿轮的作用扩大到足以满足人们对机器的期望。

机器具有人为的实物组合体、各部件之间有确定的相对运动、能进行有用的功能转换三大特征，任何一台机器都由原动机、工作机、传动机构和控制机构四大部分组成。图 1-1 是 1788 年瓦特设计的近代工业中第一台完整的机器。

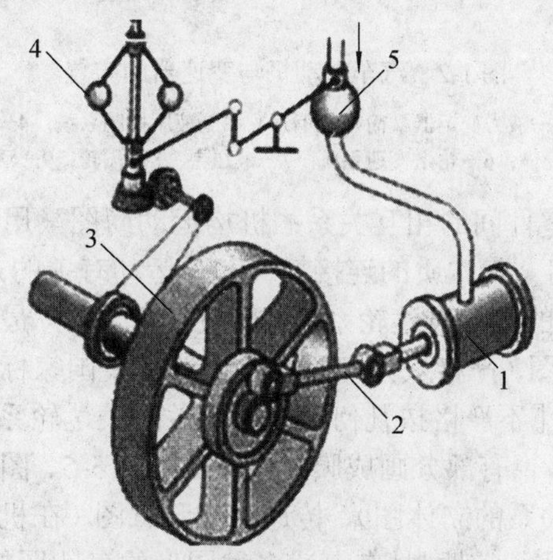

图 1-1　第一台完整的近代机器

1—原动机（蒸汽机）；2—传动装置；3—工作机；4—离心调速器；5—负反馈控制装置

将原动机的动力和运动传递到工作机的过程称为传动，完成这个任务的装置称为传动系。汽车传动系中最主要的部件是由轮系组成的变速器。按轴的工作情况将轮系分定轴轮系和动轴轮系两大类。本项目仅介绍轮系传动常识。

在追求安全、经济、舒适、智能的过程中，汽车不断完善与进步，是高度自动化的、能行走的机器。发动机是它的原动机，轮胎和车厢是工作机，离合器、变速箱、传动轴、主减速器、差速器、半轴是它的传动装置，转向盘、加速踏板、制动踏板、离合器踏板（自动变速汽车无）是主要的控制机构。随着电子控制汽车的电控系统的发展，汽车智能控制成为现实。

原动机将自然界的能量转换成机器可以利用的能量推动工作机做功；工作机完成设计者赋予它的工作功能，或减轻人的劳动强度，或提高工作效率，或提高工作精度，或兼而有之；传动机构将原动机的动力和运动（简称传递要素）传到工作机，使原动机与工作机相互匹配；控制机构是供人操纵与控制机器的装置，现代机器在控制机构上向着智能化、自动化、精细化方向发展，科技含量越来越高。

现代汽车由机、电、液、光、磁等组成的智能集团担负起完成传动环节上自动化控制的任务，变成了能行走的智能机器，无须人驾驶的智能汽车已经上路行驶了。

原动机将动力（常用力 F 或力矩 M 来描述）和运动（常用直线运动速度 v 或旋转运动角速度 ω 来描述）两个要素传给工作机，这种传动能够顺利进行的充要条件是有传动机构和传动介质。传动机构的主动元件（运动已知的元件，简称主动件）接受原动机的传动要素，通过介质，传给传动机构的被动元件（简称从动件），在这个过程中，对传动要素进行加工，把原动机的传动要素转换成工作机需要的传动要素。不管是哪种传动，上述充要条件总是不可少的。传动机构常用介质有固体、流体、电力、场力等，因此一般传动可分为以下三种：

（1）机械传动（以固体机件间的摩擦力或相互间啮合方式传递传动要素的传动）。

（2）流体传动（以流体为介质，传递传动要素的传动）。

（3）电力传动（利用电能传递传动要素的传动）。

本教材讨论的轮系传动属于机械传动中的一种，汽车的轮系通过飞轮、离合器（液力变矩器是自动离合器）与发动机连接，如图 1-2 所示，再通过万向传动装置、主减速器、差速器传给车轮，在这个过程中对发动机传来的传动要素进行适合汽车运行状况的加工，即变速、变矩和改变转动方向。

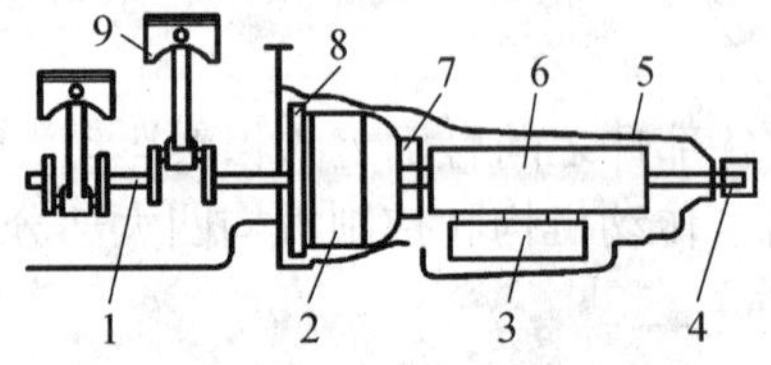

图 1-2　汽车发动机与变速器的布置

1—曲轴；2—液力变矩器（简称液矩器）；3—液压控制系统；4—输出轴；
5—变速器壳体；6—轮系变速系统；7—液压泵；8—飞轮；9—活塞连杆组

常用七种图表达轮系各部零件间的相互关系：机构运动简图（用简单的线条和国家标准规定的符号表达轮系最本质的运动特征、最本质的连接特性和与运动有关的几何尺寸的图形）、机构示意图（用简单的线条和国家标准规定的符号表达轮系最本质的运动特征、最本质的连接特性但不严格按几何尺寸比例画的图）、机构装配图（严格按几何尺寸比例关系及国家标准规定画法表达轮系各部零件装配关系的图形）、结构示意图［不严格按几何尺寸比例关系表达轮系各部零件装配关系的图形，部分活塞回位弹簧采用简化画法，也有部分画成膜片弹簧，如图 5-5、图 5-9（b）等］、轮系轴测图（用轴测法表达轮系各部零件相互关系的立体图）、传递路线示意图（在机构示意图上标注了表示动力传递和运动传递的图）、轮系示意图（对同时有上述多种图形的表达图的统称）。本教材涉及除机构运动简图和机构装配图外的其余五种图，其中传递路线示意图用得最多。

任务一　对齿轮传动的认识

齿轮传动是轮系最基本的传动形式，它最大的优点是保持瞬时传动比恒定，这是其他传动形式难以做到的，同时传动的力矩大，自身的强度高、刚度好，易加工，结构紧凑，精度高，工作可靠，传动效率高，适用范围广也是齿轮传动的重要优点。

一、齿轮传动

1. 齿轮传动基本定律

齿轮传动必须遵守齿轮啮合基本定律（图 1-3）才能保证瞬时传动比恒定。

一对相互啮合的齿轮 O_1 与齿轮 O_2，其齿廓接触点（称为啮合点）的运动轨迹称为啮合线，无论两齿廓在任何位置接触，过接触点所作的两齿廓的公共法线 N_1N_2（称为理论啮合线）都必须与两轮的连心线 O_1O_2 交于一固定点 C，这点称为节点，如图 1-3 中的 C 点。N_1、N_2 所在的圆分别称为各自的基圆（图中粗实线圆）。分别以 O_1C、O_2C 为半径所作的相切于 C 点的两个圆称为节圆，如图 1-3 中的双点画线圆 O_1 和双点画线圆 O_2。理论啮合线 N_1N_2 与过节点 C 所作两节圆的公切线 tt 所夹的锐角称为啮合角，用 α' 表示。图中 B_2 为齿轮 O_2 的齿顶圆（图中细实线圆）与理论啮合线 N_1N_2 的交点，B_1 为齿轮 O_1 的齿顶圆（图中细实线圆）与理论啮合线的交点，B_2B_1 为两齿轮的实际啮合线。从图中还可以知道，在 O_1N_1、O_2N_2、O_1O_2 三线长度不变的条件下，两齿轮角速度之比为

$$i_{瞬时} \equiv O_2N_2 / O_1N_1 = O_2C / O_1C = d_2\cos\alpha_1 / d_1\cos\alpha_1 = z_2 / z_1 \tag{1-1}$$

即在满足上述条件下，两齿轮的瞬时角速度之比恒等于两轮齿数的反比，称为齿轮啮合基本定律。其中 O_1N_1、O_2N_2 分别为齿轮 O_1、齿轮 O_2 的基圆半径；d_1、d_2 为两齿轮的分度圆直径；α_1、α_2 为两齿轮分度圆上的压力角；z_1、z_2 为两齿轮的齿数。

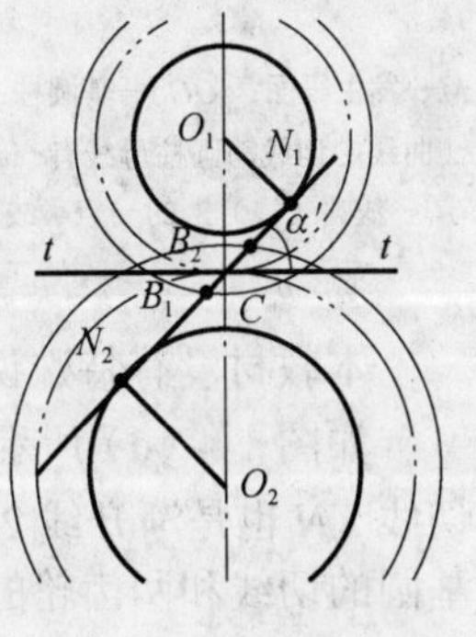

图 1-3　齿轮啮合基本定律

2. 共轭齿廓

凡能满足齿廓啮合基本定律的一对齿廓，称为共轭齿廓。在理论上可作为共轭齿廓的曲线很多，常用的齿廓有渐开线齿廓、圆弧齿廓、摆线齿廓。大多数机器都采用渐开线作为齿轮的工作齿廓，这是因为渐开线齿轮除了符合齿轮基本定律外，还有易于加工，强度、刚度好的优点；圆弧齿廓的齿轮有滑移量小、啮合间隙小的优点，多用于高速重载的机器；摆线齿廓的密封性能好，多用于齿轮泵。

3. 常用共轭齿廓曲线的生成原理

1）渐开线齿轮

如图 1-4 所示，一个标准平面 M（称为发生平面）在一个标准圆柱体 OO'（称为基圆柱）的表面做纯滚动，平面上一条定线（称为发生母线）在空中的运动轨迹就是一个渐开面。如果发生母线是一条与基圆柱的回转母线平行的直线 AB，产生的渐开面就是直齿圆柱渐开面，如图 1-4（a）中的直线渐开面 $ABB'A'$；如果发生母线 AT 是一条与回转母线有一个夹角 β 的直线，产生的就是斜齿圆柱渐开面，如图 1-4（b）中的螺旋渐开面 $ATT'A'$，夹角 β 称为斜齿圆柱渐开面的螺旋角。如果发生母线是一条曲线 AR，曲线 AR 过 A 点的切线与圆柱体的母线夹角为 ϕ，产生的就是曲线圆柱渐开线面，如图 1-4（c）中的曲线渐开面 $ARR'A'$，如果该曲线是一条双曲线，就会生成双曲线渐开面。在所有参数不变的条件下，比较三条发生母线的长度，可以看到曲线 AR > 斜线 AT > 直线 AB，所以曲

线渐开面齿轮的强度最高，直线渐开面齿轮的强度最低，斜线渐开面齿轮强度介于二者之间。

为了便于理论研究，将以上所有参数向垂直于基圆柱的回转轴线的平面上投影，如图 1-4（d）所示，发生面 $MAA'B'B$（$AA'B'T$、$AA'B'R$）就变成线 3，发生线 AB 变成点 K（斜齿轮与曲线齿轮的线 AT、AR 除外），基圆柱 O 就变成圆 1（称为基圆），渐开面 $AA'B'B$（$AA'B'T$、$AA'B'R$）就变成渐开线 2，基圆柱 O 的一条母线就变成一个点 A'，这是渐开线的起点（或渐开面的起点线），基圆（柱）内没有渐开线（面）。如图 1-4（e）所示，两个相邻反向的渐开面就形成了渐开面齿轮的工作轮廓曲面。工程上习惯于将上述的渐开面都称为渐开线，相应的齿轮称为渐开线齿轮。

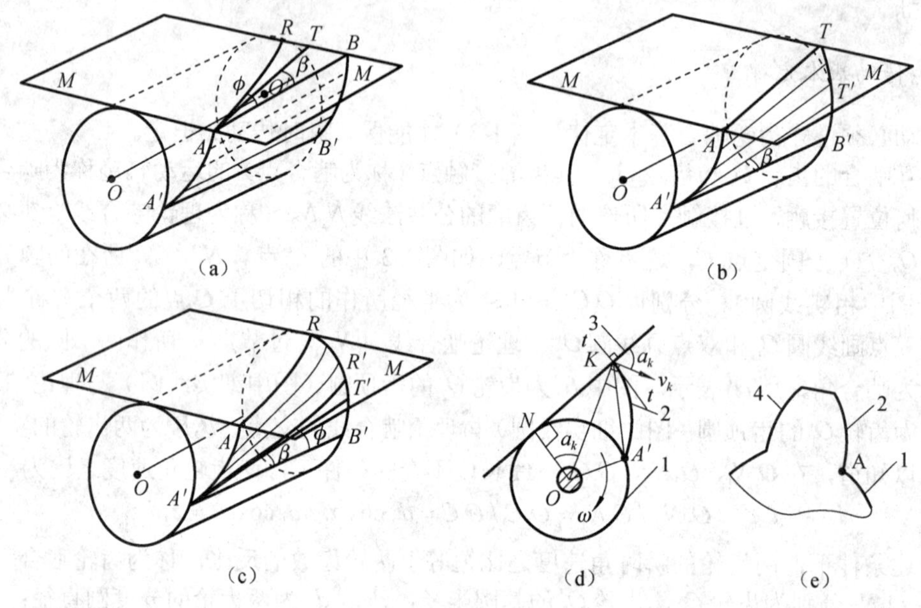

图 1-4　渐开面生成原理

M—发生平面；OO'—基圆柱；AB—发生母线（与圆柱母线平行的直线）；AT—发生母线（与圆柱母线有一 β 夹角的直线）；AR—发生母线（曲线的切线与圆柱母线有一 ϕ 夹角）；1—基圆（柱）；2—渐开线（面）；3—发生线（面）；4—同一基圆（柱）上相邻反向的渐开线（面）；A'—基圆（柱）上的一点（线）；K—渐开线的一点（线）；N—渐开线与基圆的切点；O—基圆（柱）转动中心；ω—基圆（柱）角速度；v_K —K 点（线）的线速度；α_k —K 点（线）的压力角；t—t 线—渐开线 2 在 K 点的切线

本教材没有特殊说明的地方都是基于这种投影后的平面图形来研究齿轮的。

如图 1-4（d）所示，从一条已知的渐开线 2 上任意一点 K，向基圆 O 作切线，与基圆交于 N 点，切线 KN 也是渐开线 2 上 K 点的法线，也是前面说到的啮合线，即渐开线的发生线、渐开线的法线、基圆的切线和两齿轮的啮合线四线合一。圆 O 绕 O 点顺时针旋转，渐开线上任意一点 K 的线速度 v_k 与 NK 之间夹的锐角称为 K 点的压力角 α_K，从图 1-4（d）可以知道：△ONK 中 $ON=OK\cos\alpha_K$，OK 是圆 O 的 K 圆半径，ON 是圆 O 的基圆半径。t—t 线是渐开线 2 上任意一点 K 的渐开线切线，与 K 点上的渐开线法线垂直相交于 K 点。

2）摆线齿轮与圆弧齿轮（图 1-5）

一个标准的圆柱体 1 在一个标准的平面 3 上从 K 位置做纯滚动滚到 K'、K'' 处，圆柱体上的任意一条与母线平行的线 K 在此过程中画出的轨迹 2，就是摆线面，用其作齿廓生成的齿轮就是摆线面齿轮。同理，为研究方便将摆线面投影到与轴线垂直的平面上就得到摆线 2。

两个圆弧面 4 与 5，在一定条件可以实现相互啮合，本教材不特别指明时，只研究渐开线（面）齿轮。

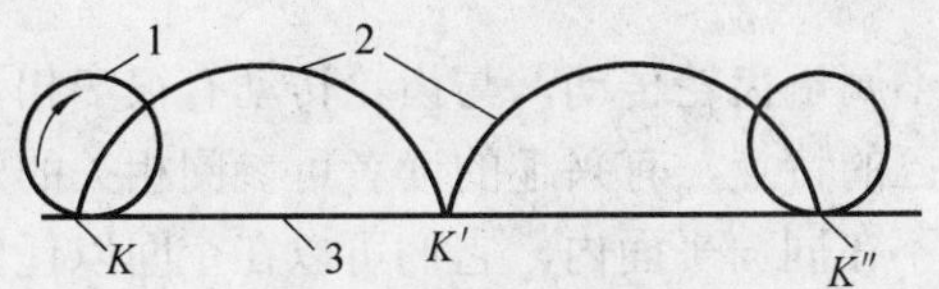

（a）摆线（面）形成原理

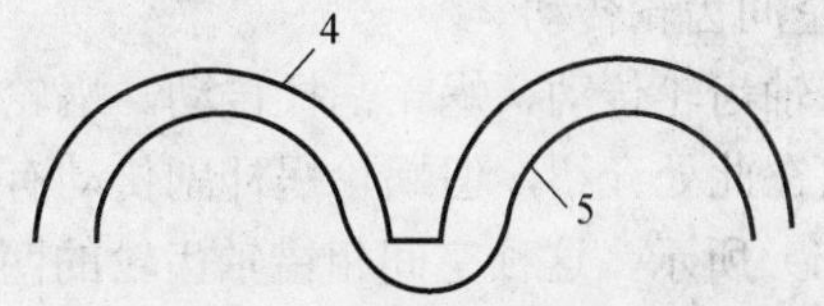

（b）圆弧线（面）形成原理

图 1-5　其他常用的共轭曲线（面）

1—标准圆柱体；2—摆线；3—标准平面；4、5—圆弧线；K 点—标准圆柱体上选定的一个点

二、齿轮的分类

齿轮分类角度很多，本教材不能一一涉及，只介绍以下几种分类方式。

1. 按齿轮传动方式分类（图 1-6）

1）平面齿轮传动

圆柱直齿齿轮传动、平行轴圆柱斜齿轮传动、人字齿轮传动和圆锥齿轮传动的共同特点是两齿轮的轴线（平行或垂直）处于同一平面内，如图 1-6（a）～（h）所示。

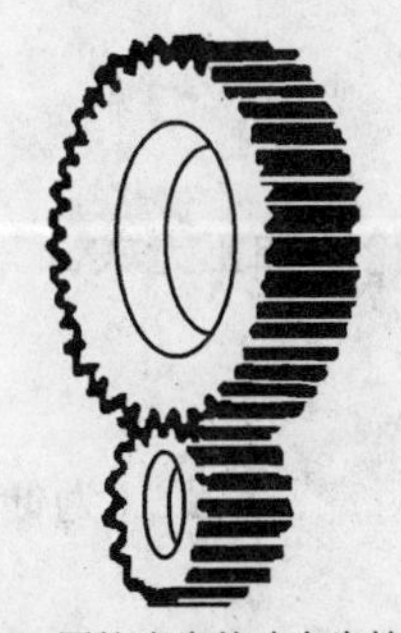

（a）圆柱直齿外啮合齿轮副

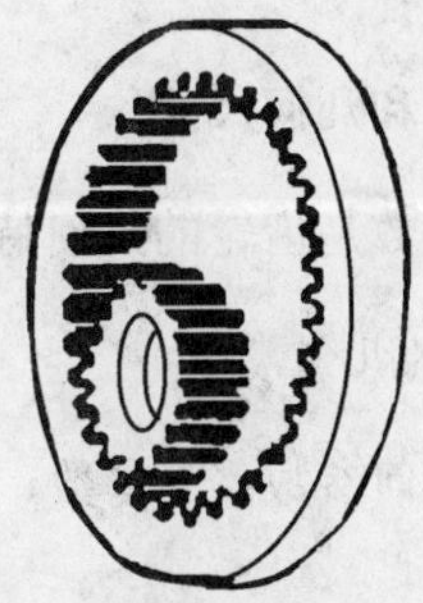

（b）圆柱直齿内啮合齿轮副

（c）齿轮与齿条传动副

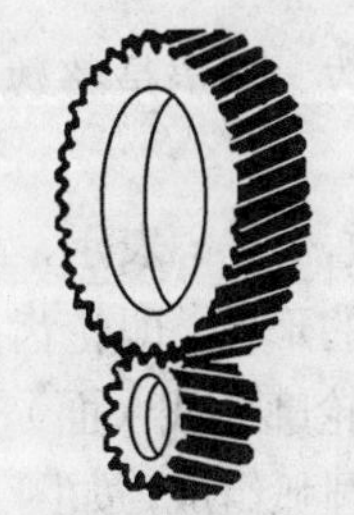

（d）圆柱斜齿外啮合齿轮副

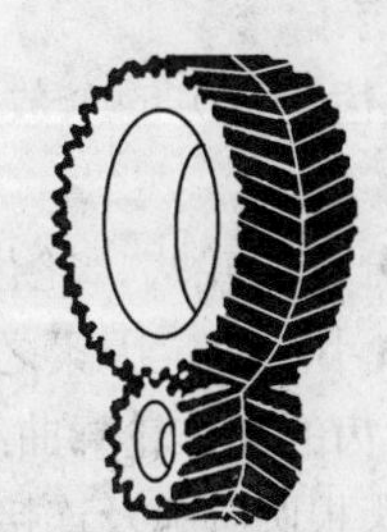

（e）人字齿外啮合齿轮副

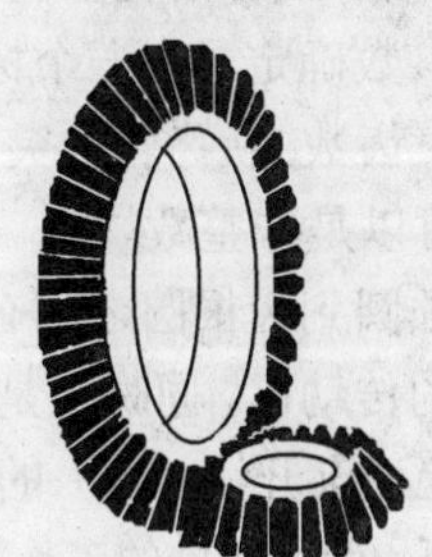

（f）圆锥直齿外啮合齿轮副

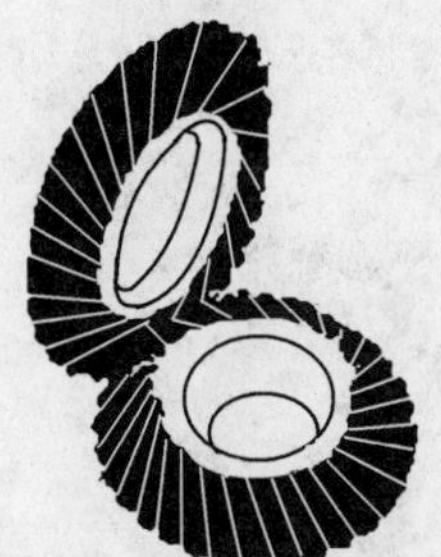

（g）圆锥斜齿外啮合齿轮副

（h）圆锥圆弧齿外啮合齿轮副

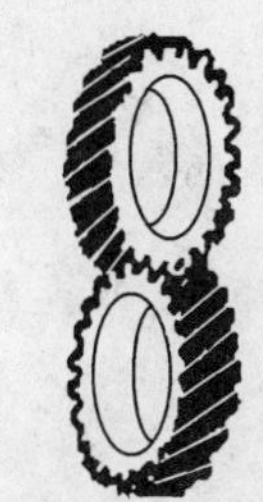

（i）相错轴外啮合齿轮副

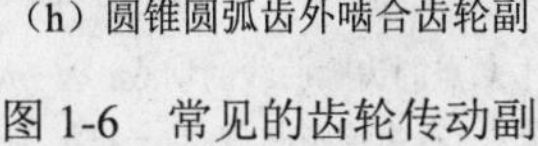

图 1-6　常见的齿轮传动副

2）空间齿轮传动

相错轴齿轮传动（蜗轮蜗杆传动，蜗轮蜗杆副不属于齿轮传动，与齿轮传动有很多相似之处，故把它放在此处介绍，但蜗轮蜗杆副传动有许多自己的特点，有兴趣的读者可参阅相关的资料）如图 1-6（i）所示，这种空间相错轴齿轮的两根轴线不在同一平面内，它们可以在空间以任何角度相交，但以空间垂直为常见，由于轴线不在同一平面，就把齿轮传动的运用面扩大了，而且它们的传动比也遵循定轴齿轮传动比规律，与蜗轮蜗杆副只能是大传动比空间传动不同，这种齿轮副曾经在汽车的转速检测上广泛运用。

2. 按齿廓形态分类

齿轮主要有渐开线齿轮、摆线齿轮和圆弧齿轮，渐开线齿廓齿轮是用得最普遍的齿轮。

3. 其他分类方法

齿轮分类方法很多，如分为标准齿轮与非标准齿轮、正常齿齿轮与短齿齿轮、普通齿轮与变位齿轮、高度变位齿轮与角度变位齿轮，以制造材料分类的金属齿轮和非金属齿轮，以制造工艺分类的精密铸造（锻造）齿轮和切削加工齿轮，以形状分类的圆柱齿轮、圆锥齿轮、扇形齿轮、齿条，以轮齿分布位置分类的外齿齿轮与内齿齿轮，以齿形分类的直齿齿轮、斜齿齿轮、曲线齿齿轮、人字齿齿轮等，读者可以参阅有关资料了解。

三、渐开线标准直齿圆柱齿轮的基本参数和几何尺寸

以下讨论的齿轮各部分名称及基本参数是齿轮的几何特性参数，与齿轮的加工无关。

1. 渐开线标准直齿圆柱单个齿轮上的几何参数

渐开线标准直齿圆柱单个齿轮上的几何参数：五参数、四圆、三高、两宽、一距（为便于记忆，可简称为单个齿轮的“54321”参数）。

1）渐开线标准直齿圆柱单个齿轮的五参数

五参数确定了，一个标准直齿轮就确定了。

（1）齿数 z：齿轮上突起实体部分（轮齿齿廓）的个数。实体齿轮的齿数 z 一定是整数，当量齿轮的 z 可以是非整数。

齿顶圆到齿根圆之间有材料的实体部分称为轮齿，轮齿的个数称为齿数，用 z 表示，齿数决定齿轮副的传动比，同时还是齿轮基圆直径大小的决定因素之一（影响渐开线的形状，即轮齿的形状）。在轮齿上沿渐开线（面）的轮廓部分称为轮齿的工作轮廓曲线（面），轮齿的轮廓曲线（面）由一段齿顶圆圆弧、两段相向的工作轮廓曲线、两段齿根圆圆弧及连接两两之间的过渡圆弧组成，如图 1-7 所示。

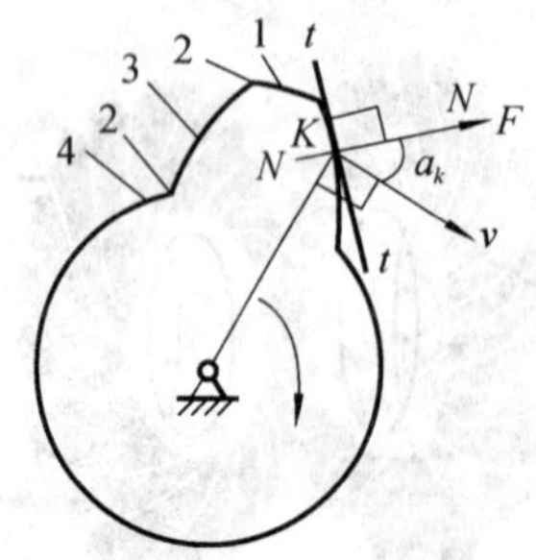

图 1-7　压力角及轮齿示意图

K—齿廓上的任意一点；t—t—过 K 点的齿廓曲线的切线；N—N—过 K 点的齿廓曲线的垂线；v—K 点的绝对速度；F—K 点的受力方向；1—齿顶圆圆弧；2—过渡圆弧；3—工作轮廓曲线；4—齿根圆圆弧

（2）模数 m：表征齿轮轮齿承载能力的参数。齿轮的模数是一个有理数，用模数来表示齿轮上的除齿数 z 以外的所有参数，使齿轮的设计、加工都更加方便，模数是齿轮十分重要的参数。

齿轮某圆上的齿距 p_k 与π的比值，称为模数，用 m_k 表示如下：

$$m_k = p_k/\pi \tag{1-2}$$

式中，k 表示任意圆，p_k 为该圆上的齿距，齿距的概念如图 1-8 所示，由于一个齿轮的工作轮廓曲线上有无数圆，所以就有无数个齿距，因而 m_k 有无数个值，工程中只研究分度圆上的模数，分度圆上的模数用 m 表示如下：

$$m = p/\pi \tag{1-3}$$

这样分度圆上的模数就具有唯一性，从式（1-3）中可以看出，模数是一个有理数，这样就避免了无理数给齿轮设计、加工带来的不准确性。

由于有理数有无限多个，为了避免给齿轮设计、加工、互换带来烦恼，国家标准规定了有限个系列有理数为模数的选定数，符合这些选定数的模数称为标准模数，也用 m 表示。标准模数的值如表 1-1 所示。尽管表中都是标准模数，但应尽可能选用第一系列的数。标准齿轮的模数一定是标准模数，即使是非标准齿轮，也尽量避免用非标准模数，如果允许，也尽量避免用第二系列的模数。

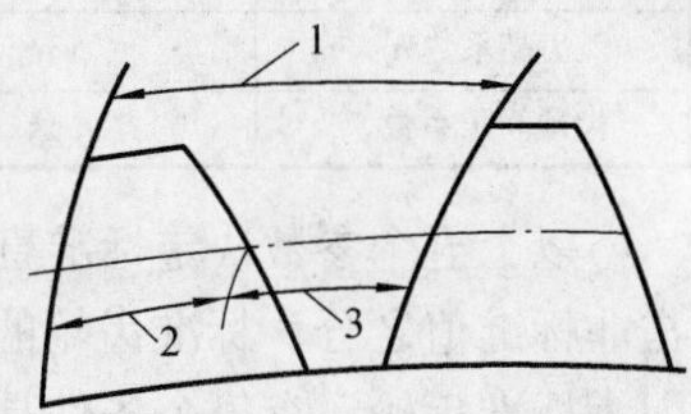

图 1-8　单个齿轮的两宽

1—齿距 p；2—齿厚宽 s；3—齿槽宽 e

表 1-1　标准模数值　（单位：mm）

第一系列	0.1	0.12	0.15	0.2	0.25	0.3	0.4	0.5	0.6	0.8
	1	1.25	1.5	2	2.5	3	4	5	6	8
	10	12	16	20	25	32	40	50		
第二系列	0.35	0.7	0.9	1.75	2.25	2.75	(3.25)	3.5	(3.75)	4.5
	(6.5)	7	9	(11)	14	18	22	28	(30)	36

模数表征了齿轮的承载能力，模数越大，齿轮综合承载能力越强。设计齿轮时，解决齿根弯曲疲劳强度的实质就是确定模数的大小，然后以此去校核齿面接触疲劳强度（即保证中心距大于会发生齿面接触疲劳时的最小值），两个方面的承载能力都解决了。

汽车用变速器齿轮模数范围大致如表 1-2 所示。

表 1-2　汽车用变速器齿轮模数范围　（单位：mm）

微型、普通级轿车	中级轿车	中型货车	重型货车
2.25～2.75	2.75～3.00	3.5～4.5	4.5～6.0

（3）压力角α：表征齿轮轮齿受力方向的参数。如图 1-7 所示，齿轮渐开线上某点的绝对速度与该点法线间所夹的锐角称为压力角，用α_K表示，由于齿轮上有无数个圆，所以一个齿轮上有无数个压力角，其中基圆上的压力角α_b最小，为零，随着圆直径增大，压力角也在增大，一个外啮合齿齿轮的齿顶圆（内啮合齿齿轮的齿根圆压力角α_f）上的压力角α_a是该圆上的最大压力角，如果一个齿轮的直径无限大，渐开线就变成了一条直线，它的压力角等于 90°，这是压力角的极大值。在众多的压力角中，唯有分度圆上的压力角才是我们研究的对象，所以标准规定分度圆上的压力为标准压力角，这是唯一的，我国规定标准压力角等于 20°，用α表示，工程上所指的压力角就是指分度圆上的压力角。其他国家规定的标准压力角还有 14.5°、15°、20°、22.5°、25°等（见《齿轮手册》上册表 14-1.3）。

齿数 z、模数 m、压力角 α 三参数一经确定，齿轮的基圆直径就确定了，轮齿的渐开线形状也就确定了，故这是齿轮的三个重要参数。

（4）齿顶高系数 h_a^*：表征轮齿高度与模数关系的参数。为了简化齿轮的计算，标准规定用齿高系数 h_a^* 表示齿顶高和齿根高，用来将齿顶高 h 换算成模数。

（5）齿顶间隙系数 c^*：表征轮齿齿顶间隙与模数关系的参数，用来将齿顶间隙 c 换算成模数。

表 1-3　齿轮两系数的值

（单位：mm）

项目	标准系数		非标准齿轮	
	正常齿高	短齿高	正常齿高	短齿高
齿高系数 h_a^*	1.0	0.8	可以选用别的值	可以选用别的值
齿顶间隙系数 c^*	0.25	0.3	可以选用别的值	可以选用别的值

以上五个参数决定标准直齿圆柱齿轮轮齿齿廓的形态，除齿数 z 外，其余四个参数都有标准值与非标准值之分。标准齿轮的四参数一定是标准值，但四参数是标准值的齿轮不一定是标准齿轮，因为标准齿轮还有一个条件是 $s=e$，其中 s 表示分度圆上的齿厚宽，e 表示分度圆上的齿槽宽。汽车变速器中非标准齿轮用得更多。

2）单个齿轮上四圆

当一个齿轮的五参数决定后，齿轮就确定了，其圆投影面可以画出无数个不同半径的圆，工程上只对齿顶圆、分度圆、齿根圆、基圆四个圆感兴趣，如图 1-9 所示，图（a）是外齿齿轮的圆投影和非圆投影，图（b）是内齿齿轮的圆投影和非圆投影。

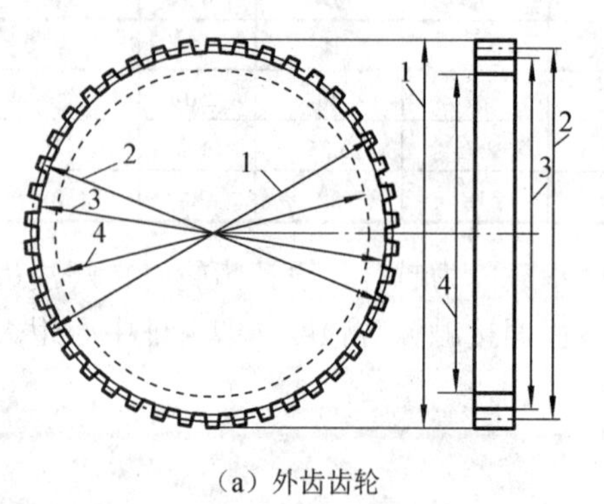

（a）外齿齿轮

（b）内齿齿轮

图 1-9　齿轮的四个圆的圆投影与非圆投影

1—齿顶圆；2—分度圆；3—齿根圆；4—基圆

（1）齿顶圆：齿顶圆是轮齿的齿顶所在的圆，外啮合齿轮的齿顶圆是最大的圆，内啮合齿轮的齿顶圆是最小的圆，齿顶圆上的所有参数都用下标 a 表示，如 d_a 。

（2）分度圆：齿轮上具有标准模数与标准压力角的圆称为分度圆，分度圆总是位于齿顶圆与齿根圆之间，分度圆是设计、计算、加工齿轮的重要参数，国家标准规定分度圆上的一切参数都不用下标，如 d、m、p、α，且分度圆用点画线表示。国家标准还规定，在简化画法中用分度圆的点画线表示齿轮的圆投影或非圆投影，本教材以后都尽量用点画线表示齿轮。

（3）齿根圆：齿根圆是轮齿的齿根所在的圆，外啮合齿轮的齿根圆比齿顶圆小，内啮合齿轮的齿根圆比齿顶圆大，齿根圆上的所有参数都用下标 f 表示，如 d_f 。

（4）基圆：基圆是渐开线（面）的发生圆（圆柱），基圆上的所有参数都用下标 b 表示，如 d_b，它与分度圆的关系是

$$d_b = d\cos\alpha \text{ [推导见图 1-4（d）]} \tag{1-4}$$

式中，α 为齿轮的压力角。渐开线标准正常齿高直齿圆柱外齿齿轮的齿数大于 34 齿后，基圆直径 d_b 将大于齿根圆直径 d_f 。

3）齿轮上的三高（图 1-10）

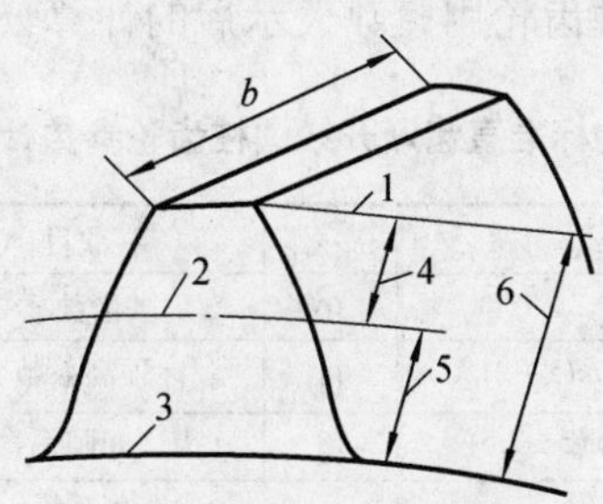

图 1-10　轮齿参数

1—齿顶圆；2—分度圆；3—齿根圆；4—齿顶高；5—齿根高；6—全齿高；b—齿宽

（1）齿顶高。齿顶圆到分度圆之间的部分称为齿顶，二圆之间的径向距离称为齿顶高，用 h_a 表示，正常齿轮的齿顶高计算如下：

$$h_a = h_a^* m = m \tag{1-5}$$

（2）齿根高。齿根圆到分度圆之间的部分称为齿根，二圆之间的径向距离称为齿根高，用 h_f 表示，正常齿轮的齿根高计算如下：

$$h_f = (h_a^* + c^*)m = 1.25m \tag{1-6}$$

（3）全齿高。齿顶圆到齿根圆之间的径向距离称为全齿高，用 h 表示，正常齿轮的全齿高计算如下：

$$h = h_a + h_f = (h_a^* + h_a^* + c^*)m = 2.25m \tag{1-7}$$

4）齿轮的两宽

单个齿轮上与弧长有关的参数有三个，它们分别是齿厚宽、齿槽宽和齿距，如图 1-8 所示。

（1）齿厚宽。在垂直于轴线的面上，同一轮齿齿顶圆与齿根圆之间有材料的实体区域称为齿厚，任意一个圆在同一齿厚上的弧长称为该圆的齿厚宽，用 s_k 表示，下标 k 表示任意圆，不同圆的齿厚宽 s_k 是不相等的，s 表示分度圆上的齿厚宽。

（2）齿槽宽。在垂直于轴线的面上，相邻两轮齿的齿顶圆与齿根圆间没有材料的空间称为齿槽，任意一个圆在同一齿槽内的弧长称为该圆的齿槽宽，用 e_k 表示，不同圆的齿槽宽 e_k 是不相等的，分度圆上的齿槽宽用 e 表示。

国家标准规定标准齿轮上 $s = e$ 。

5）单个齿轮的一距

同一齿轮相邻两齿同侧齿廓间的弧长称为齿距，不同圆上的齿距是不相等的，半径越大，齿距越大，任意圆的齿距用 p_k 表示，分度圆上的齿距用 p 表示。显然

$$p_k = s_k + e_k = \pi d_k / z \tag{1-8}$$

$$p = s + e = \pi d / z \tag{1-9}$$

三段弧长中都含有π，故三个参数均是无理数，这是不能避免的，但无理数对齿轮的设计、加工都是很不利的，必须要避免，避免的方法就是利用模数，如式（1-2）和式（1-3），即式（1-8）和式（1-9）两边分别除以π，得 $\frac{p_k}{\pi} = d/z$ ，令 $m_k = \frac{p_k}{\pi}$ ，m_k 就变成了有理数，这个有理数 m_k 称为齿轮的模数。

6）标准齿轮

五大参数中除齿数 z 外的四参数（模数 m、压力角 α、齿顶高系数 h_a^* 和顶隙系数 c^*）均采用标准值，且分度圆齿厚宽与齿槽宽相等（$s=e$）的齿轮称为标准齿轮。

应当指出，以上所有参数都是单个齿轮具有的。

综上所述，标准直齿渐开线圆柱齿轮用模数表示后的计算公式如表 1-4 所示。

表 1-4　用模数表示的标准直齿渐开线圆柱齿轮参数计算公式　［长度单位：mm，角度单位：(°)］

序号	项目	计算公式	序号	项目	计算公式
1	分度圆直径 d	$d=mz$	10	齿数 z	由传动比决定，一般不少于 17
2	齿顶圆直径 d_a	$d_a=d\pm 2h_a=m(z+2)$	11	齿顶高系数 h_a^*	$h_a^*=1$ 或 $h_a^*=0.8$ 都是标准值
3	齿根圆直径 d_f	$d_f=d\pm 2h_f=m(z\pm 2.5)$	12	齿顶间隙系数 c^*	$c^*=0.25$ 或 $c^*=0.3$ 都是标准值
4	基圆直径 d_b	$d_b=d\cos\alpha$	13	齿宽系数 ψ_a	$\psi_a=b/a$，一般取 0.4～0.6
5	齿顶高 h_a	$h_a=h_a^*m=m$	14	齿厚宽 s	$s=p-e$，标准齿轮 $s=p/2$
6	齿根高 h_f	$h_f=m(h_a^*+c^*)=1.25m$	15	齿槽宽 e	$e=p-s$，标准齿轮 $e=p/2$
7	全齿高 h	$h=h_a+h_f=2.25m$	16	齿宽 b	$b=\psi_a a$
8	模数 m	$m=p/\pi$	17	齿距 p	$p=\pi d/z=m\pi$
9	压力角 α	我国标准为 20°，由刀具的压力角决定			

注：1. 表中公式适用于正常齿高，短齿高计算请参阅有关资料。

2. 表中公式中的双加减号处的下面一个符号适用于内啮合齿轮。

3. 国家标准规定 h_a^* 为 1 或 0.8，c^* 为 0.25 或 0.3，其中 1、0.25 为正常齿高系数。

2. 两个齿轮啮合的几何参数

前面介绍齿轮啮合基本定律时已经涉及两齿轮啮合参数，概括起来是一圆、一角、四线合一、一距、一比、两间隙（为便于记忆，可简称为两个齿轮啮合的“114112”参数），如图 1-11 所示。

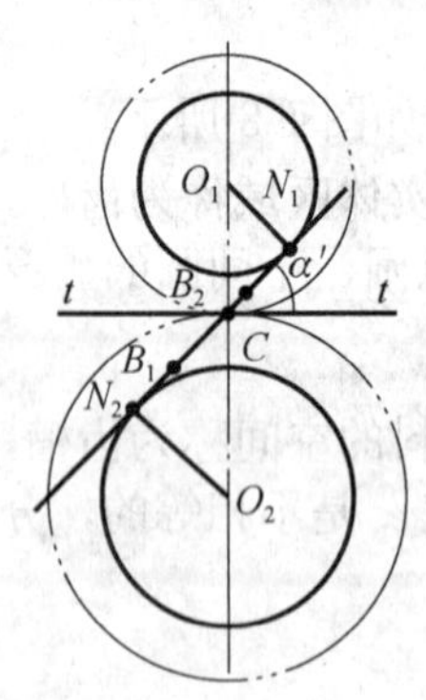

图 1-11　两轮啮合参数

1）一圆

节圆，分别以两圆圆心为圆心，以 O_1C 和 O_2C 为半径的两个圆就是两齿轮啮合的节圆，两个齿轮的节圆相切于节点 C。

2）一角

啮合角，两节圆的内公切线与两基圆的内公切线之间所夹的锐角，如图 1-11 中的 α'。

3）四线合一

图 1-11 中的 N_1N_2 是两基圆的内公切线、两圆齿轮的啮合线、两圆渐开线的发生线（面）和两齿轮啮合点处的渐开线（面）的公共法线。四线合一的情况使得渐开线齿轮的受力和加工变得有利。

从图 1-11 中还可知，在啮合线上还可区分理论啮合线 N_1N_2（啮合线与两基圆的内公切线）和实际啮合线 B_1B_2（啮合线与齿顶圆的交线）。

4）一距

中心距 $a=O_1O_2$，两齿轮啮合时的中心距实质是两齿轮节圆半径之和，它表征的是齿轮轮齿抵抗表面接触应力破坏的能力，中心距越大，承受表面接触应力的能力就越大，如果中心距大于某一设定值后，轮齿表面就不会发生疲劳点蚀型失效。

标准中心距：两轮的分度圆相切，节圆与分度圆重合时的中心距称为标准中心距。标准齿轮按标准中心距安装的中心距为标准中心距，计算公式如下：

$$a = m(z_1 + z_2)/2 \tag{1-10}$$

设计齿轮时，解决齿面接触疲劳强度的实质就是确实中心距的大小（即保证中心距大于会发生齿面接触疲劳失效的最小值），然后以此去校核齿根弯曲疲劳强度（保证模数大于会发生疲劳破坏的最小模数），保证两个方面的承载能力。

5）一比

两个旋转物体角速度之比称为它们的传动比，也可称为速比，用i表示，$i_{12} = \dfrac{\omega_1}{\omega_2}$。对于相互啮合的齿轮而言，前一个下标表示主动轮，后一个下标表示被动轮，在不会引起误会的情况下，可以不标注下标。由图1-11可以推导出：

$$i_{12} = \frac{\omega_1}{\omega_2} = \frac{O_2C}{O_1C} = \frac{O_2N_2}{O_1N_1} = \frac{d_2}{d_1} = \frac{z_2}{z_1} \tag{1-11}$$

传动比是一个与参照系有关的概念，参照系不一样，传动比的结果也会不一样。

在机械工程中，未特别指明，都是以机架为参照系，读者应当知道若想传动比有意义必须以先确定参照系为前提。

6）两间隙

齿轮啮合是一定要有间隙的，间隙的作用一是保证齿与齿之间不卡死，二是存储润滑油，如图1-12所示。

（1）顶间隙c。顶间隙$c = c^* m$，用齿顶间隙系数c^*与模数m的乘积来表述齿顶间隙的大小，标准齿高的齿顶间隙系数$c^* = 0.25$（短齿为0.3），所以齿顶间隙是比较大的，足以保证齿顶不被另一齿的齿根卡住。齿顶间隙在加工时就由刀具切出，这就是为什么齿轮切削刀具的齿顶高与齿根高一样高，分度圆处于中线位置的道理。

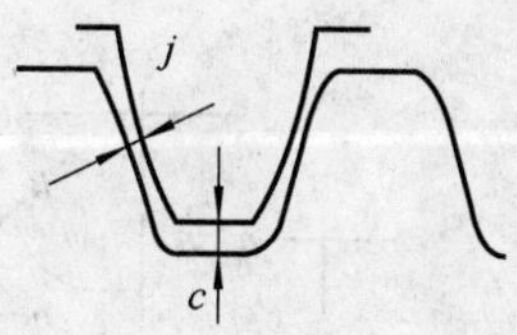

图1-12　齿轮啮合间隙

（2）齿侧间隙j。在装配设计时是不考虑齿侧间隙的，齿侧间隙由零件设计时通过调整齿厚宽和齿槽宽的公差来保证，精度越高，二者公差的差值就越小，齿侧间隙就越小，但齿侧间隙必须大于零（$j>0$）。

综上所述，两个标准直齿渐开线圆柱齿轮啮合的计算公式如表1-5所示。

表1-5　两个标准直齿渐开线圆柱齿轮啮合的计算公式　［长度单位：mm，角度单位：(°)］

序号	项目	计算公式	序号	项目	计算公式
1	节圆d'	$d' = 2OC$	5	标准齿轮标准安装的标准中心距a	$a = m(z_1 + z_2)/2$
2	啮合角α'	$\alpha' = \arccos ON/OC$	6	速比i_{12}	$i_{12} = \frac{\omega_1}{\omega_2} = \frac{O_2C}{O_1C} = \frac{O_2N_2}{O_1N_1} = \frac{d_2}{d_1} = \frac{z_2}{z_1}$
3	四线合一	通过画两圆的基圆的内公切线就可以找到	7	顶间隙c	$c = c^* m$
4	中心距a	$a = O_1O_2$	8	侧间隙j	$j = e_1 - s_2$

注：齿轮啮合的中心距是客观存在的，但它与齿轮的加工，齿轮是何种变位、变速器壳体等有关。只有标准中心距才等于模数与两轮齿数乘积的一半，称为标准中心距。变位齿轮啮合时的中心距要加上或减去变位量，称为变位中心距。

3. 其他与齿轮有关的参数

1）变位系数

变位系数也是影响齿轮轮齿齿廓的参数，变位系数用来解决加工非标准齿轮，用希腊字母χ表示，$\chi = \chi m$称为径向变位量。其中χ称为径向变位系数或变位系数，它也是影响轮系齿廓的参数（详见本项目任务二介绍）。

2）齿宽系数

前面都是在齿轮投影平面上讨论齿轮的参数，因为齿轮是一个立体零件，有些参数就不能只在一个平面内讨论，如齿宽系数ψ_a。

齿宽系数ψ_a不影响齿廓形态，但影响齿轮的使用，如图 1-9 所示，为了方便确定齿宽 b，可以将齿宽 b 与分度圆直径关联，也可以与中心距关联，其实质都是与模数关联，工程上用得较多的是与中心距关联来确定齿宽 b，为此产生了齿宽系数的概念，国家标准规定以中心距为依据的齿宽系数为

$$\psi_a = b/a \tag{1-12}$$

ψ_a的取值范围为轻型机械$\psi_a = 0.2\sim0.4$，中型机械$\psi_a = 0.4\sim0.6$，重型机械$\psi_a = 0.8$左右，由此可以方便确定齿宽 b，即

$$b = \Psi_a a \tag{1-13}$$

中心距 a 是与模数有关的参数，这样就把齿宽 b 与模数联系起来了，为齿轮设计、加工都带来了方便。

3）回转体的端面与回转面

如图 1-13 所示，构成回转体的要素是两线、两面与一角：线条 AA（或 BB）围绕另一根不动的直线 OO 转动一周，就形成回转体，齿轮轮齿就分布在回转体的外表面（外啮合齿轮）或内表面（内啮合齿轮）上。

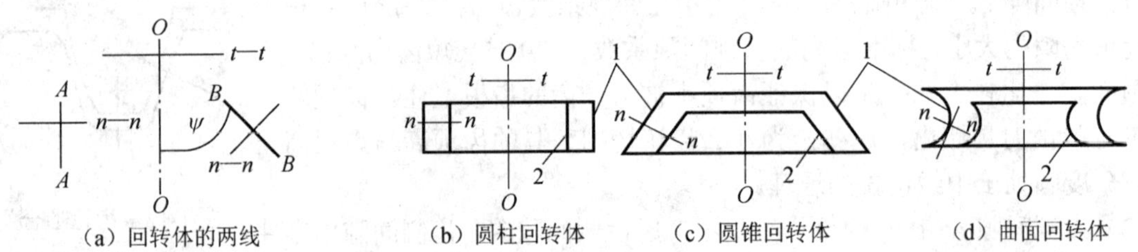

图 1-13　回转体的两线、两面与一角

OO—中心线；AA—与中心线夹角α=0 的母线；BB—与中心线夹角$\alpha\neq0$ 的母线；
n—n—回转体法面（法线）；t—t—回转体端面；ψ—圆锥角；1—外表面；2—内表面

线条 AA（或 BB）称为回转体的母线（简称母线），母线可以是任意形状的，如蜗轮的母线，转向机上双曲面蜗杆的母线都不是直线；直线 OO 称为回转体的中心线（简称中心线），中心线一定是直线。母线与中心线所夹的锐角称为圆锥角$\varPsi$。齿轮的母线大多数是直线，使用最多的是圆柱齿轮（$\varPsi$=0）和圆锥齿轮（$\varPsi\neq0$）。母线到中心线的距离就是回转体的直径，如果母线与中心线平行，回转体就是圆柱，轮齿分布在圆柱体表面就是圆柱齿轮，与母线垂直的面称为回转体法面（法线），与中心线垂直的面称为回转体端面，回转体法面与回转体端面间的夹角等于圆锥角$\varPsi$。

4）齿轮的法面参数与端面参数

齿轮的端面与回转体的端面概念是一致的，齿轮的法面是指与轮齿走向垂直的面，因为轮齿走向与回转体的回转面并不一定重合，故与回转体的法面概念不完全相同，它们只在运动轨迹与母线平行时（加工出来的是直齿齿轮）才重合。如果轮齿是曲线，则与曲线某一点的切线相垂直的面是该点的法面。轮齿在法面上的投影面积是最小的，大多数情况与刀具形状相符。

圆柱直齿齿轮轮齿的端面和法面重合，两面上的齿轮轮齿形状相同；圆锥直齿齿轮，轮齿的端面和法面不重合，两面上齿轮轮齿形状不相同。

齿轮的法面和端面上均有单个齿轮的所有参数，其中重要的是模数和压力角，为了避免同一齿轮上可能出现两个参数不一致引起的麻烦，国家标准规定，以法面参数为标准值，圆柱直齿轮法面

参数与端面参数相等，圆锥直齿轮以大头法面参数为标准参数。

5）齿轮的螺旋角β与螺旋升角λ

轮齿走向线与回转体母线间所夹锐角称为螺旋角（实际此角是一个空间角，要往一个指定平面投影才能描述清楚，但本教材在此处不多作探讨），用β表示，与螺旋角β互余的另一个锐角称为螺旋升角，用λ表示。如果轮齿走向线与母线中任意有一条是曲线，β角就是一个连续的变化量，它表示的是曲线上某点的切线与回转体母线间的夹角，如果两线均是曲线，β角就是一个连续的二元函数变化量，这个函数对于保证正确加工复杂形状的齿数是很重要的控制参数。本教材只讨论轮齿走向线与母线均为直线的简单但用量最多的情况，这样β角就是一个定量值。

$\beta=0$ 意味着加工出来的齿轮为直齿齿轮，$\beta\neq0$ 意味着加工出来的齿轮是斜齿轮，轮齿在齿轮回转表面呈螺旋线状态分布，如图 1-14 所示，这时又会产生β的偏斜方向问题，规定β偏斜引起轮齿走向是右高左低（中心线与观察者脊柱平行）为右旋，左高右低为左旋，显然一对齿轮要相互啮合，它们的螺旋角一定是等值并方向相反的，即 $\beta_1=-\beta_2$。齿轮的法面与这条螺旋线垂直，大多数齿轮的法面参数为标准参数，也是加工轮齿刀具的参数。

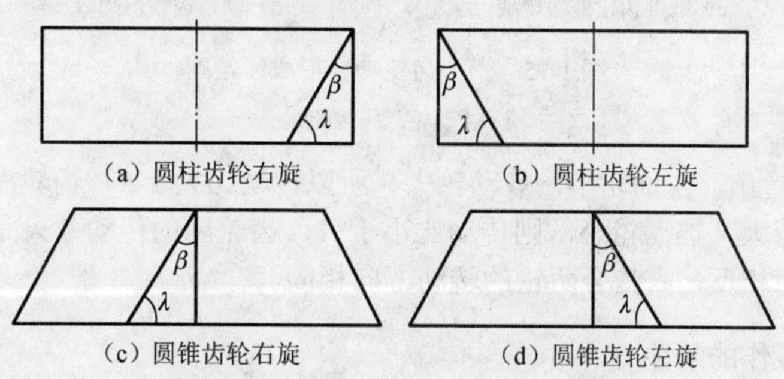

图 1-14　齿轮螺旋角方向与升角

λ—螺旋升角；β—螺旋角

与单个齿轮有关的参数还有一些，本教材不再涉及，有兴趣读者可参阅与齿轮有关的专业书籍。

任务二　齿轮的啮合与传动

常见的齿轮传动副如图 1-6 所示，图 1-15 所示的齿轮副传动是定轴轮系齿轮传动，用带斜线的两三条短线表示机架通过轴承对齿轮轴约束，用一根两轮共有的短线表示啮合点。圆柱齿轮的左图是齿轮的圆投影图，图上箭头表示齿轮的旋转方向，右图是它的非圆投影，用垂直于轴线的箭头表示齿轮上离读者最近的点的运动方向，以此代表齿轮的旋转方向，齿轮上其余所有点的运动方向可以由此推导。圆锥齿轮的左图表示齿轮啮合的情况，右图是它的简化画法，圆锥齿轮副的转动方向也用垂直于轴线的箭头表示。

外啮合齿轮的两轮转向相反，内啮合齿轮的两轮转向相同；圆柱齿轮副的两轴是相互平行的，圆锥齿轮副的两轴是相互垂直的（两轴可以以任意角度相交，但本教材只研究垂直相交的情况）。

一对定轴齿轮副的传动比可以通过下面的公式计算：

$$i_{12}=\frac{\omega_1}{\omega_2}=\frac{O_2C}{O_1C}=\frac{O_2N_2}{O_1N_1}=\frac{d_2}{d_1}=\frac{z_2}{z_1} \tag{1-14}$$

式中，传动比i_{12}的第一个下标表示主动轮，第二个下标表示被动轮，在不引起误会的情况下，可以不标注下标，所以式中z_2为被动轮的齿数，z_1为主动轮的齿数。

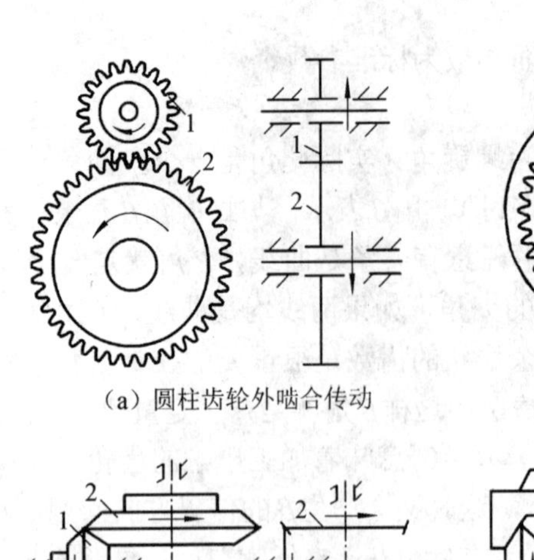

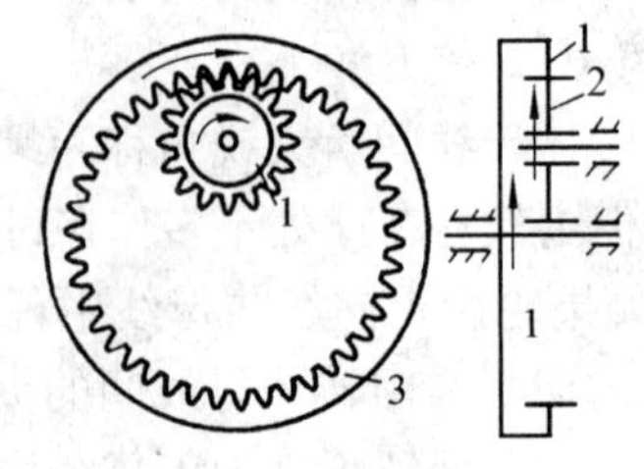

（a）圆柱齿轮外啮合传动　　（b）圆柱齿轮内啮合传动

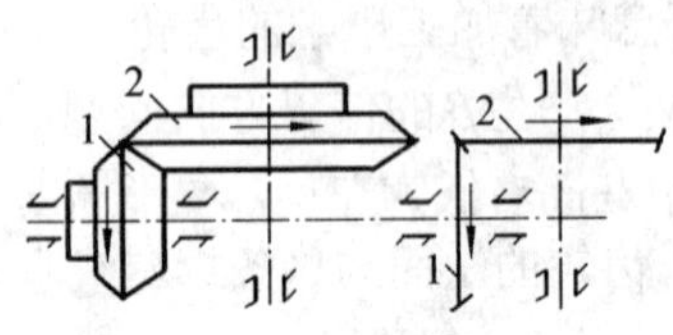

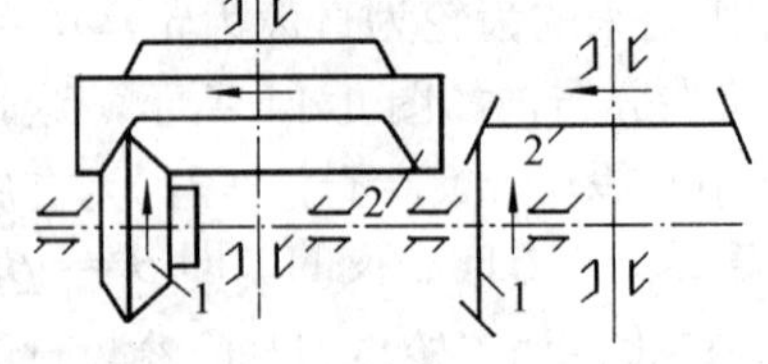

（c）圆锥齿轮外啮传动　　（d）圆锥齿轮内啮合传动

图 1-15　两个齿轮啮合形成齿轮副

1—主动轮；2—被动轮

从图 1-15 中可以看出，主动轮小，被动轮大，所以传动比大于 1，齿轮副的传动效果是减速增矩的，反过来，主动轮大，被动轮小，则传动比小于 1，齿轮副的传动效果是增速减矩的；外啮合齿轮副两轮的转动方向相反，内啮合两轮的转动方向相同。

一、一对齿轮副正常工作的条件

一对齿轮副必须满足以下条件才能正常工作。

1. 正确啮合条件

从原理上讲，只要满足

$$m_1\cos\alpha_1 = m_2\cos\alpha_2\ ;\quad \beta_1 = -\beta_2 \tag{1-15}$$

两个条件，两齿轮就可以正常啮合了，只要等式成立，m_1、α_1、m_2、α_2、β_1、β_2 可以为任何数，加工出来的齿轮就是非标准齿轮，但这样会使加工刀具变得十分繁杂，两齿轮的模数 m 和压力角 α 都应当取为标准值，故齿轮副正确啮合条件的条件如下：

$$m_1 = m_2 = m\ ;\quad \alpha_1 = \alpha_2 = \alpha\ ;\quad \beta_1 = -\beta_2 \tag{1-16}$$

式中，β_1、β_2 分别是齿轮 1 和齿轮 2 的齿形螺旋角（直齿齿廓的齿形螺旋角为零，见图 1-13 分析），只要满足了这三个等式，就满足了齿轮副正确啮合的条件，齿轮副才能正确啮合。

2. 连续传动条件

实际啮合线长度与基圆齿距的比值称为重合度，用符号 ε 表示。

$$\varepsilon = \frac{\text{啮合弧长}}{\text{周节(分度圆上的齿距)}} = \frac{\text{实际啮合线长}}{\text{基节(基圆上的齿距)}} \tag{1-17}$$

（一对齿轮的轮齿从进入啮合到退出啮合期间，分度圆上所走过弧长称为啮合弧）

当 $\varepsilon > 1$ 时，才能满足连续传动要求，例如，当 $\varepsilon = 1.35$ 时，表示 65%的时间内是一对轮齿在啮合，35%的时间是两对轮齿在啮合，当 $\varepsilon = 2.24$ 时，表示 76%的时间内是两对齿轮在啮合，24%的时间是三对齿轮在啮合，显然这是齿轮连续传动的必要条件。标准直齿圆柱齿轮的 $\varepsilon_{max} = 1.98$，斜齿和圆弧齿轮的重合度远远大于直齿，所以传动质量高，应力小，寿命长。

3. 有适当的侧间隙

齿轮副若想正常工作必须要有适当的侧间隙，以防止由于齿轮工作温度升高引起热膨胀变形致使齿轮长位。

上面所述的三个条件是齿轮副正常工作的几何条件，实际上齿轮要正常工作还必须满足以下两个条件。

4. 正确润滑

润滑对于齿轮传动是十分重要的，不正确的润滑会使齿轮副迅速磨损。

5. 不长时间超负荷使用

长时间超负荷使用齿轮会使齿轮发生齿面疲劳点蚀或齿根疲劳折断。

二、汽车用齿轮的其他常识

1. 标准齿轮的标准安装

如前面所述，五大参数中的模数 m、压力角α、齿顶高系数h_a^*和顶隙系数c^*均采用标准值，且分度圆齿厚宽与齿槽宽相等（$s=e$）的齿轮称为标准齿轮；两齿轮啮合时，它们的节圆相切于节点C。如果设计标准齿轮安装时让分度圆与节圆重合，即分度圆相切，这种安装称为标准齿轮标准安装，这时，两轮的中心距称为标准齿轮标准安装的中心距，简称标准中心距，用a表示，计算公式如下。

$$a = m(z_1 + z_2)/2 \tag{1-18}$$

2. 齿轮的根切问题

1）根切的概念

在用展成法加工齿轮时，刀具在与齿坯相互啮合的过程中，将被加工齿轮轮啮根部的渐开线（面）切掉一部分的现象称为根切。

2）根切的利与弊

根切使渐开线齿轮根部的渐开线（面）受到伤害，失去渐开线（面）的齿廓，齿轮传动的平稳性无法保证，同时，根切削弱了轮齿的根部，降低了承载能力，故应尽量避免发生根切。

问题往往不是绝对的，轻微的根切对轻载的齿轮来说影响不大，但有利于紧凑机构，这是因为轻微根切的齿轮的齿数可以比完全不根切的齿轮的齿数更少。

故对根切的结论是轻微可以，严重不行；轻载允许，重载不行。

3）不发生根切的最少齿数

不发生根切的齿数与齿轮的参数、形状有关，可以证明，渐开线直齿正常齿标准圆柱齿轮不产生根切的最少齿数是 17，圆锥齿轮比圆柱齿轮少，短齿齿轮较正常齿齿轮少。

4）产生根切原因

产生根切的原因是加工齿轮的刀具离被加工齿轮太近，即刀具中心到被加工齿轮中心的距离小于不发生根切的最小值，解决这个问题的办法有很多种，根本的方法是控制刀具中心到被加工齿轮中心的距离要大于不发生根切的最小值a'。

5）避免产生根切的方法

由标准中心距公式$a = m(z_1 + z_2)/2$可知，为了让标准中心距$a > a'$（a'为发生根切的临界中心距），可以从控制模数的控制齿数两个方面着手，模数与齿轮承载能力有关，是在设计齿轮时重点要确定的参数，故一般不再调整，因此经常用调整齿数的办法来避免根切。如果因为结构的原因齿数必须要少于不发生根切的最少齿数(如汽车起动机的小齿轮)，就只能使用变位加工的方法来避免根切。

3. 齿轮的变位

汽车上不管是两轴式手动变速器或是三轴式手动变速器的两根固定轴线间的距离是不变的，但要同时满足很多对齿轮的啮合，所有齿轮副都用标准齿轮是不行的，这就必须让所有齿轮副的中心距都调整为同一个值，故必须要使用非标准齿轮，制造业内称非标准齿轮为变位齿轮。

渐开线标准齿轮传动并不能完全满足需要，存在小齿轮的承载能力较低、中心距适用范围小、少齿数会发生根切现象等不足，这就要用到非标准齿轮。非标准齿轮分两类，第一类是加工刀具与五标准参数完全不符加工出来的非标准齿轮，这种低生产率、低精度的非标准齿轮很少采用。第二类是采用科学变位修正法加工出来的非标准齿轮，这类又分两种方法，第一种加工刀具α采用非标准值，其余参数为标准值，这类变位称为角度变位，角度变位只用在极特殊的地方。第二种大多变位加工刀具的m、α、h_a^*及c^*仍为标准值，而故意让被加工齿轮的$s \neq e$，这样加工出来的齿轮称为高度变位。这种变位的实质是加工刀具与被加工齿轮转动中心的距离与标准位置相比发生了变化，这个变化距离称为变位量，用英文字母χ表示，这样加工出来的齿轮称为高度变位齿轮（详见图 1-16），工厂中在不引起误会的情况下常常简称变位齿轮。$x = \chi m$ 称为径向变位量，其中χ称为径向变位系数或变位系数。当$\chi > 0$时，称为正变位，所加工的齿轮称为正变位齿轮，一对正变位齿轮啮合的中心距大于标准齿轮啮合中心距；当$\chi < 0$时，称为负变位，所加工的齿轮称为负变位齿轮，一对负变位齿轮啮合的中心距小于标准齿轮啮合中心距。汽车变速器中这种变位齿轮用得很广泛，主要用来凑中心距，以适应多对齿轮在两根轴间的啮合；如果一个正变位齿轮与一个相同变位量的负变位齿轮啮合，它们的中心距不会变化，这种特性可以提高小齿轮的承载能力。

不改变标准刀具的形状，只改变标准刀具与齿轮毛坯的径向相对位置的变位加工方法称为径向变位加工法；改变标准刀具的齿槽宽，使刀具的分度圆上$s \neq e$，得到的刀具是非标准刀具，切制出的齿形为非标准渐开线齿形的齿轮，这种方法称为切向变位加工法。因为径向变位加工法使用标准刀具，所以径向变位加工法用得比切向变位加工法普遍，切向变位加工法一般只用于圆锥齿轮的变位。如图 1-16 所示，用展成法加工齿轮时，当刀具的中线远离被加工齿轮中心时，为正值，称为正变位[图 1-16（b)]；当刀具中线相对轮心移近时，为负值，称为负变位[图 1-16（c)]。与被加工齿轮的毛坯的分度圆相切并做纯滚动，加工出来的齿轮称为标准齿轮[图 1-16（a)]。若齿轮毛坯的分度圆不与刀具的中线相切，加工出来的齿轮称为径向变位齿轮。加工径向变位齿轮时，刀具的中线相对被加工齿轮分度圆移动的距离称为变位量，用χm表示，χ称为变位系数，m为模数。GB 规定，刀具中线相对轮心移远，$x>0$称为正变位，移近$x<0$称为负变位。从图 1-16 还可以看出，径向变位齿轮与标准齿轮相比，模数、齿数、分度圆、基圆和全齿高均无变化；但是正变位时分度圆齿厚增大，齿根圆和齿顶圆也相应增大，齿根高减小一个χm，齿顶高增加一个χm；负变位时分度圆齿厚减小，齿根圆和齿顶圆也相应地减小，齿顶高减小一个χm，齿根高增加一个χm。

从图 1-16（d）还可以看出，变位齿轮与标准齿轮所用的渐开线是同一条渐开线上的不同部位，正变位齿轮由于远离了转动中心（即离基圆相对更远)，故它的压力角比标准齿轮上相应圆的压力角要大，而负变位齿轮则相反。

径向变位齿轮传动可分为高度变位齿轮传动和角度变位齿轮传动，简称高变位和角变位。

（1）中心距等于标准中心距的变位齿轮副称为高度变位圆柱齿轮副，简称高变位。

（2）角度变位齿轮的变位系数之和不等于零，可正可负，两个角度变位的齿轮啮合时，中心距不再等于没有变位时的中心距，因而引起节圆、啮合角发生变化，所以称为角度变位。角度变位可获得良好的啮合性能及传动质量指标，可以方便地凑出中心距，故采用得较多，汽车变速器中的齿轮大多采用角度变位。

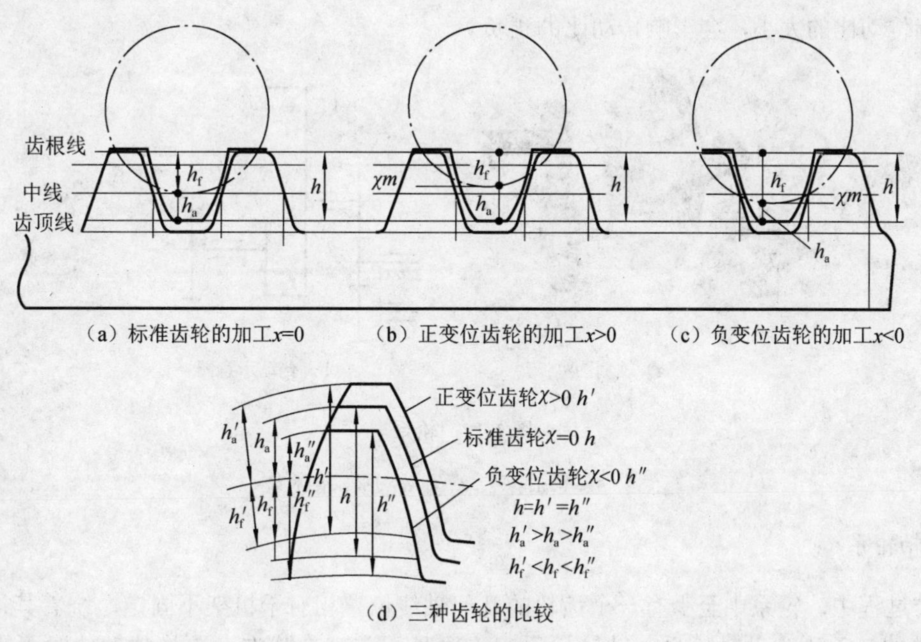

图 1-16　齿轮的加工与变位

4. 齿轮的精度等级

国家标准规定齿轮及齿轮副有 13 个精度等级，第 0 级精度最高，目前暂时还没有达到这个精度等级的齿轮问世，第 12 级的精度最低。齿轮副中两个齿轮一般取相同的精度等级，也允许小齿轮的精度略高于大齿轮。

汽车齿轮的精度等级一般是轻便汽车 5～8 级，载重汽车 6～9 级。

齿轮的各项公差和极限偏差分成三个组，分别控制传递运动的准确性、传动的平稳性、载荷分布的均匀性。

任务三　轮　　系

由一系列齿轮组成的传动系统称为轮系（gear train），如图 1-17 所示，图（a）是轮系轴测图，图（b）是轮系机构示意图的非圆投影，本教材在以后的讨论中主要使用这种非圆投影示意图，故读者应当熟悉。图 1-17 中垂直于轴线的箭头表示齿轮上离读者最近的点的运动方向，代表了齿轮轴的转动方向。轮系的分类方法很多，本教材从汽车自动变速器（automatic transmission）需要出发，主要讨论定轴轮系（the fixed axis gear train）和动轴轮系（shaft gear train），并涉及无级变速轮系。

一、轮系的分类

1. 定轴轮系

在运转过程中，所有齿轮的几何轴线相对于机架是固定不动的轮系称为定轴轮系，定轴轮系分为外啮合定轴轮系和内啮合定轴轮系。定轴轮系传动可靠，原理简单，便于制造与维修，但结构不紧凑，传动链较长，误差积累、转动惯性与噪声都较大，变速时必须中断传动，更换传动齿轮副，不适宜于自动控制，故多用于手动控制，汽车的手动变速器（manual transmission）都是定轴轮系。

图 1-17 所示轮系就是一种定轴轮系，其中齿轮 6 既是轮 5 的被动轮，又是轮 7 的主动轮，称为惰轮，惰轮不影响传动比的大小，会影响传动比的正负。

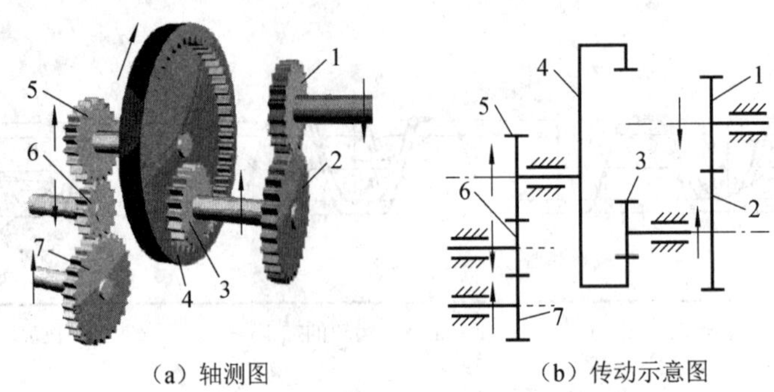

（a）轴测图　（b）传动示意图

图 1-17　轮系

1、3、5—主动轮；2、4、7—被动轮；6—惰轮

2. 动轴轮系

在运转过程中，轮系中至少有一个齿轮的几何轴线位置相对于机架不固定，绕着其他齿轮的几何轴线回转的轮系称为动轴轮系。动轴轮系工作时处于常啮合状态，更换传动比时不需要中断传动，故可以方便地用于自动控制，同时，因其结构简单，传动比大，汽车自动变速器大多采用动轴轮系。

动轴轮系的输入轴与输出轴所在的轴线称为轮系轴线，由一个轴线定轴外啮合齿轮［称为太阳轮（sun gear），简称阳轮］、一个轴线定轴内啮合齿轮［称为齿圈（ring gear），简称圈］、若干轴线能绕轮系轴线转动，又绕自己的轴线转动，分别与太阳轮和齿圈啮合的外啮合齿轮［称为行星轮（planetary gear），简称星轮］及一个支撑行星轮并能绕轮系轴线转动的架子［称为行星架（pinion gear carrier），简称架］组成的动轴轮系称为简单动轴轮系（simple dynamic gear train），不引起误会的情况下可简称轮系，如图 1-18 所示，图（a）是轴测图，图（b）是它的机构示意图，图（c）是图（b）的简化画法，由于轮系是对称布置的，故根据国家制图规定对称图只画一半，同时对啮合部位也作了简化，以后本教材主要是用图（c）的形式来表述轮系的结构，故读者应当熟悉轮系的这种表达方式。动轴轮系分为周转轮系（epicycle gear train）和行星轮系（planetary gear train）两类。

（a）轴测图

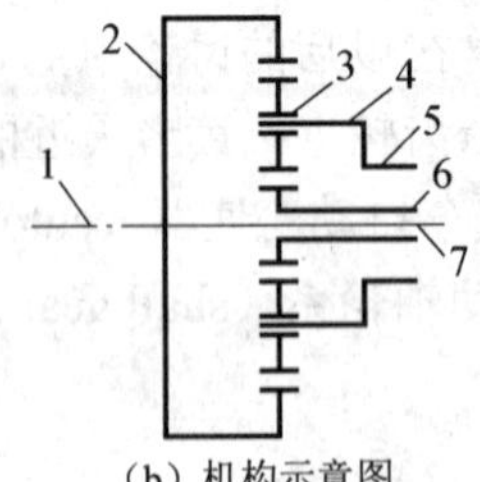

（b）机构示意图

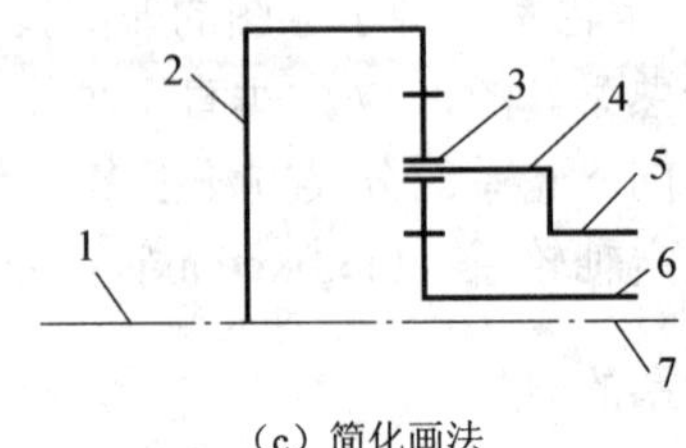

（c）简化画法

图 1-18　简单动轴轮系

1—轮系轴线；2—齿圈；3—行星轮；4—行星轮轴线；5—行星架；6—太阳轮；7—太阳轮与齿圈的轴线

太阳轮、齿圈和行星架（习惯上用 H 表示）均绕固定轴线转动，称为基本构件。动轴轮系中所有基本构件的转动轴线必须重合，是构成动轴轮系必须满足的基本条件之一，称为同心条件。

（1）自由度 F=2 的简单动轴轮系称为周转轮系［图 1-19（a），图（b）是它的简化画法］，周转轮系中的所有零件都能运动，可以证明周转轮系的自由度 F=2（证明略）。周转轮系有三个轴头，分别是太阳轮轴头、齿圈轴头和行星架轴头，它有三种工况。给周转轮系任意两个轴头各输入一个不相等的运动（即有两个原动件），它的另一轴头才有确定的输出，这个特性被汽车自动变速器用来实现换挡功能；给周转轮系任意两个轴头各输入一个相等的运动，它就变成了联轴器，这个特性被汽车自动变速器利用起来作为直接挡；如果只通过任意一根轴输入一个运动，它就没有确定的输出，这种特性被汽车自动变速器利用起来作空挡。图（b）是周转轮系的简化画法。机构有相对运动的条件是自由度 $F>0$，有确定的运动的条件是原动件数等于自由度数，即 $Y=F>0$，所以要使动轴轮系有确定的相对运动必须输入两个运动，这一特性用来确定轮系的挡位，如果只输入一个运动，它就没有确定的相对运动，这一特性用来获得空挡。

（2）自由度 F=1 的简单动轴轮系称为行星轮系，行星轮系有两种，一种是齿圈被固定（图中用三条斜线表示，以后同）形成的行星轮系［图 1-19（c），图（d）是它的简化画法］，称为齿圈行星轮系（简称圈轮系），另一种是太阳轮被固定形成的行星轮系［图 1-19（e），图（f）是它的简化画法］，称为太阳轮行星轮系（简称阳轮系）。行星轮系是周转轮系的齿圈或太阳轮被约束（固定）后形成的轮系，所以它只有两个轴头，有一个自由度，给任意一个轴头输入一个运动，另一个轴头就有确定的输出。

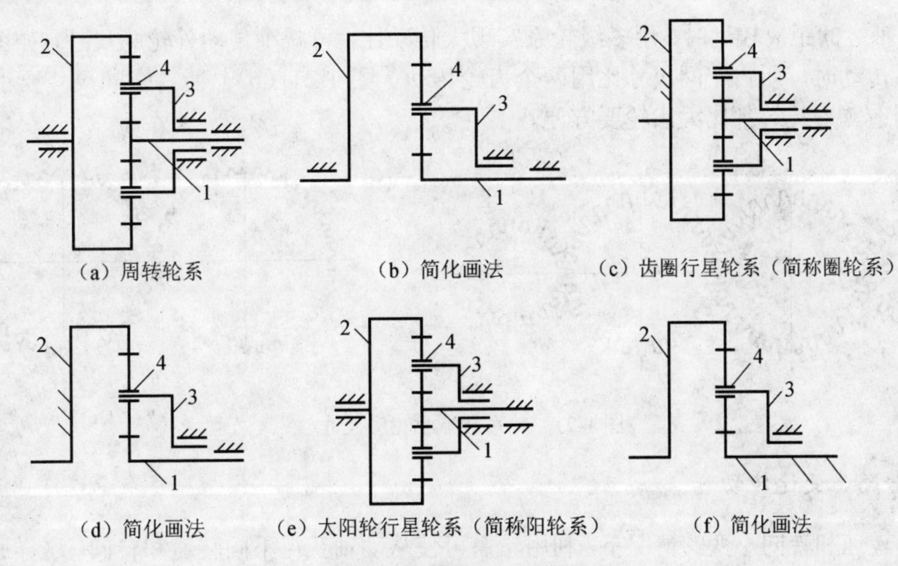

图 1-19　动轴轮系的分类

1—太阳轮；2—齿圈；3—行星架；4—行星轮

（3）由周转轮系演变而来的定轴轮系，将周转轮系的行星架固定，这样轮系就没有动轴存在，故演变成了定轴轮系［图 1-20，图（b）是简化画法］，它有两根轴，一个自由度，给任意一根轴输入一个运动，另一根轴就有一个反向的运动输出，这个特性被利用起来作为倒挡。

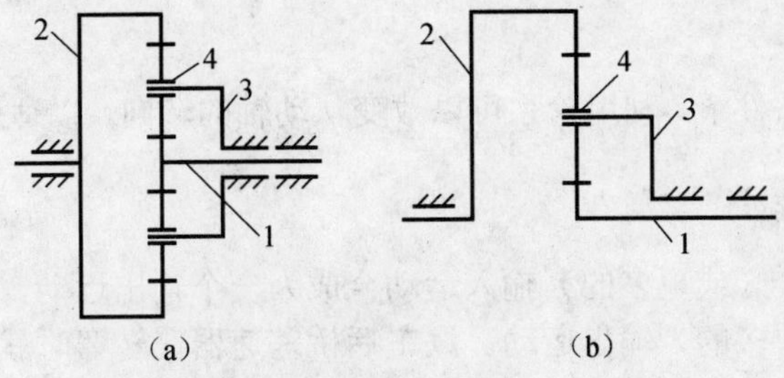

图 1-20　由周转轮系演变而来的定轴轮系

1—太阳轮；2—齿圈；3—行星架；4—行星轮

这个定轴轮系与图1-17中的主动轮3与被动轮4组成的定轴轮系相同之处是它们都是内啮合齿轮副形成的定轴轮系，都可以用定轴轮系传动比公式计算传动比；不同点是图1-17中的定轴轮系不能改变其性质，同时它没太阳轮，而图1-20所示的轮系只要将行星架3的约束去掉，就又可以成为动轴轮系。

3. 复合轮系

如果轮系中兼有定轴轮系部分和周转轮系部分或由两个以上简单周转轮系组成，称为复合轮系（composite gear）。复合轮系合成的方式很多，定轴轮系除了可以用圆柱齿轮、定轴轮系外，还可以用圆锥齿轮轮系、蜗轮副轮系、空间相错轴轮系，还可以用链传动、带传动等，动轴轮系可以用周转轮系、行星轮系来组合，称为复合动轴轮系（the composite shaft gear）。汽车上常用的是圆锥齿轮副、圆柱齿轮副与动轴轮系组合，特别是变速器与主减速器组合紧凑传动系有利于汽车的布置。两个以上的简单动轴轮系组合而成的复合轮系是本教材介绍的重点。

二、轮系的作用

1. 传动较远距离的运动和动力

主、从动轴之间距离较远时，用多级轮系实现大传动比，可减小传动外轮廓尺寸，如图1-21（a）所示，当轮系传动时，所占空间尺寸比用两个齿轮传动［图1-21（b）］所占空间尺寸要小很多，同时小齿轮的制造、安装等都比大齿轮要方便。

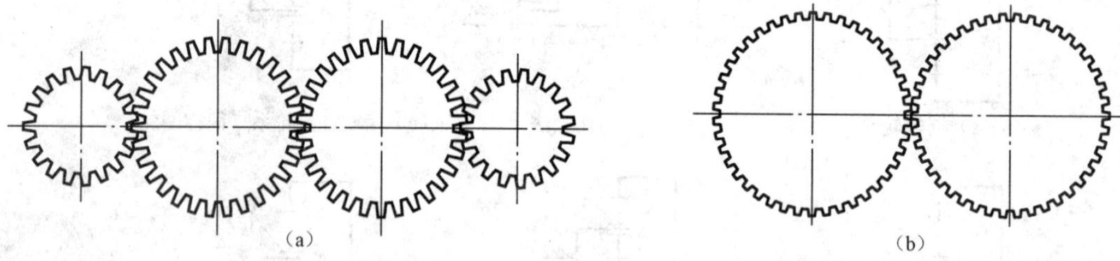

图1-21 轮系能减小轮廓尺寸

2. 实现分路、变速传动

在主动轮转速和转向不变的情况下，利用轮系可使从动轴获得不同转速和转向。这样原动机（如内燃机、电动机）的制造变得简单化、通用，对机器的发展具有重大意义，如汽车变速箱在发动机与车轮之间搭建起的传动链使汽车的变速成为可能。

3. 获得较大传动比

采用轮系，可以获得较大的传动比。

4. 改变从动轮的转向

在主动轮转向不变的条件下，利用轮系可以改变从动轴的转向，以适应工作需要，如汽车倒挡。

5. 运动合成和分解

轮系可以方便地将两个（或更多的）输入运动合成为一个输出运动，或者把一个输入运动按可变的比例分解成两个（或更多的）输出运动。汽车后桥差速器在转弯时就是将传动轴的运动与地面对一个车轮的作用形成的运动合成为另一个车轮的差动运动的实例；汽车上前、后桥驱动的分动器就是轮系把一个输入运动分解成前驱和后驱两个运动输出的实例。

6. 改变运动性质

利用轮系可以使传动构件实现复合运动。

三、轮系的传动比

一个轮系中首、末两构件的角速度之比称为轮系的传动比，表示为

$$i_{ik}=\pm\frac{\omega_i}{\omega_k} \tag{1-19}$$

式中，ω_i表示首个构件的角速度，ω_k表示末尾构件的角速度。

这个概念与前面所述的两齿轮速比概念的相同点是强调角速度之比，不同之处有以下三点：

（1）两旋转构件是否啮合不是前者成立的必要条件，强调的是它们的角速度之比，例如，地球与木星之间不接触，但仍然有角速度之比客观存在；后者强调在一个轮系中首末两构件角速度之比，无论中间有多少构件，它们都必须处于啮合状态，否则就不是一个轮系了。

（2）前者的传动比没有正负之分，而后者是有正负之分的，若首末两构件的转向相同，则它们的传动比为正，若相反，则为负。

（3）前者计算时可以无条件使用公式$i_{12}=\frac{\omega_1}{\omega_2}=\frac{O_2C}{O_1C}=\frac{O_2N_2}{O_1N_1}=\frac{d_2}{d_1}=\frac{z_2}{z_1}$计算传动比，后者是有使用条件的。

四、轮系传动比计算

1. 定轴轮系传动比的计算

定轴轮系传动比的计算公式如下：

$$i_{ik}=\frac{\omega_i}{\omega_k}=\frac{n_i}{n_k}=(-1)^m\frac{\text{轮}i\text{至轮}k\text{间所有从动轮齿数的乘积}}{\text{轮}i\text{至轮}k\text{间所有主动轮齿数的乘积}} \tag{1-20}$$

$$\begin{aligned}i_{ik}&=\frac{\omega_i}{\omega_k}=\frac{n_i}{n_k}=i_{12}i_{34}i_{56}i_{78}\dots i_{(k-1)k}\\&=(-1)^m\frac{n_1}{n_2}\cdot\frac{n_3}{n_4}\cdot\frac{n_5}{n_6}\cdot\frac{n_7}{n_8}\cdots\frac{n_{k-1}}{n_k}\\&=(-1)^m\frac{z_2}{z_1}\cdot\frac{z_4}{z_3}\cdot\frac{z_6}{z_5}\cdot\frac{z_8}{z_7}\cdots\frac{z_k}{z_{k-1}}\end{aligned} \tag{1-21}$$

式中，轮i表示轮系的首件旋转件，轮k为末件旋转件。

定轴轮系各轮的相对转向用画箭头方法在图中表示，在非圆投影视图中，箭头方向表明齿轮上离读者最近点的速度方向，在圆投影视图中，箭头方向表示可见齿面圆周速度方向。对于平行轴轮系，方向还可以用传动比的正负表示，如式（1-21）所示，其中m表示外啮合的次数。m为偶数时，传动比为正，表示首末两构件的转向相同；m为奇数时，传动比为负，表示首末两构件的转向相反。

对于相交轴（圆锥齿轮）或相错轴（如蜗轮副）不用正负表示首末构件转向，只用箭头标出。

从式（1-21）还可知道，定轴轮系的传动比等于该轮系中各齿轮副转速之比，也等于各传动比的连乘积，为表述方便，式（1-21）中用单数表示主动轮，双数表示被动轮，实际主动轮与被动轮的判断要根据轮系的组成分析确定，不能简单地用奇偶数作判断依据。无论在有惰轮的轮系或是没有惰轮的轮系中，计算传动比的公式本身是相同的，不同点在于m的值会发生变化，多一个隋轮，m就会改变它的奇偶性，传动比的正负就发生了变化，汽车手动变速器利用这种特性实现倒挡。

2. 动轴轮系传动比的计算

动轴轮系的传动比：

$$i_{1k}=\frac{\omega_1}{\omega_k}=\frac{n_1}{n_k}\neq(-1)^m\frac{\text{轮1至轮}k\text{间所有从动轮齿数的乘积}}{\text{轮1至轮}k\text{间所有主动轮齿数的乘积}} \tag{1-22}$$

注意上式中不等号的存在，说明不能直接用定轴轮系公式计算动轴轮系的传动比。

计算动轴轮系传动比常用的方法是转化轮系法，如图 1-22 所示，图中的行星架以 ω_H 顺时针转动，假定给图 1-22 所示的整个周转轮系加上一个绕 O 轴线回转并与行星架转速 ω_H 大小相等而方向相反的公共转速 $-\omega_H$，轮系中各构件之间的相对运动关系保持不变，但行星架的转速变成为零，即行星轮的动轴线转化为固定轴线。这样，动轴轮系就转化为假想的定轴轮系，这个假想的定轴轮系称为原动轴轮系的转化轮系（也称转化机构），现在就可以利用定轴轮系的公式来解决转化轮系的问题了，相对运动的理论是解决问题的基本理论。这种解法见项目三的任务二。

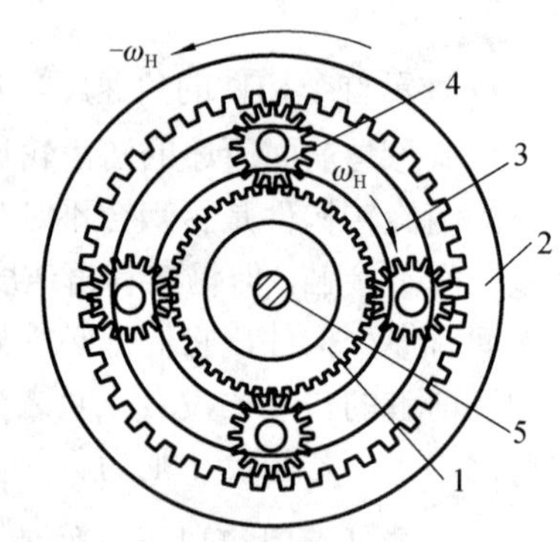

图 1-22　动轴轮系的转化轮系

1—太阳轮（简称阳轮）；2—齿圈（简称圈轮）；
3—行星架（简称架）；4—行星轮（简称星轮）
5—轮系中心线 O 轴

项目检测要点

1. 什么是齿轮啮合基本定律？
2. 单个齿轮有哪些参数？什么是齿轮的模数？
3. 单个齿轮的压力角与一对齿轮相互啮合的啮合角有什么相同点？有什么不同点？
4. 一对齿轮副正常工作的条件有哪些？
5. 什么是标准齿轮？什么是标准齿轮标准安装？
6. 齿轮的精度等级有多少？汽车常用的齿轮精度是哪几级？
7. 齿轮各项公差和极限偏差分成几组？分别要控制哪些参数？
8. 什么是轮系？
9. 什么是定轴轮系？什么是动轴轮系？
10. 定轴轮系与动轴轮系的计算有什么相同点与不同点？
11. 确定轮系输出轴的转向有什么方法？
12. 阳轮系与圈轮系有什么异同点？
13. 常用的表达轮系各部零件间相互关系的工程技术图有哪几种？
14. 什么是机构运动简图？什么是机构示意图？什么是结构示意图？什么是传递路线示意图？
15. 定轴轮系传动比计算公式中的 m 代表什么意思？如何使用？什么结构的定轴轮系不能用这个 m 来表达轮系的转向？应当用什么表达转向？
16. 为什么不能用定轴轮系传动比公式计算动轴轮系传动比？

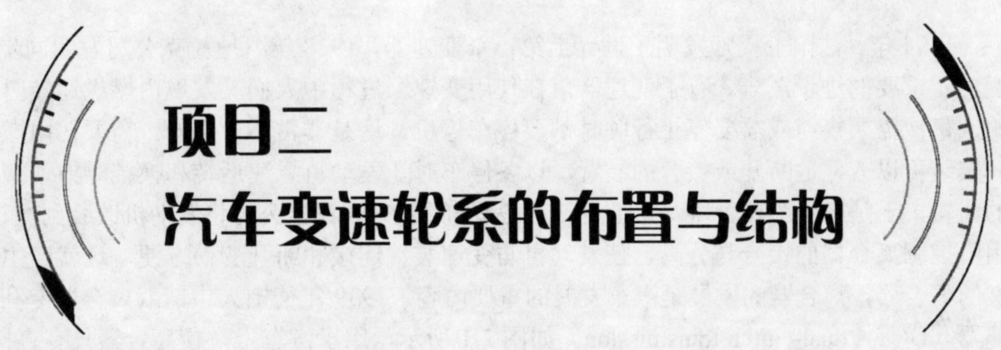

项目二 汽车变速轮系的布置与结构

学习目标

1. 了解汽车变速器的作用和自动变速器的发展历史。
2. 掌握自动变速器的分类基础知识与术语。
3. 了解自动变速器的优缺点。
4. 掌握液力变矩器的结构及工作原理。
5. 了解自动变速器的机械传动系统。
6. 了解自动变速器的液压系统的组成。
7. 了解自动变速器的电子控制系统的组成。
8. 掌握自动变速器润滑的作用，了解铁谱技术原理及主要设备、仪器。

学习要求

能力目标	知识要点	权重
能描述自动变速器的基本概念	自动变速器的作用、基本概念	10%
熟知液力变矩器的工作原理	液力变矩器组成及正常工作的条件	30%
了解自动变速器各个组成部分	自动变速器整体工作原理	40%
能分析自动变速器的组成	自动变速器各组成部分的工作规律	20%

汽车使用的变速器必须满足行驶情况复杂多变与结构紧凑的要求，因而汽车变速器在结构与布置上与普通机器是不同的。

汽车使用的变速轮系安装在发动机与传动轴之间，为满足行驶中频繁换挡的需求，由离合器、变速器和操纵控制系统三部件组成。

任务一　汽车变速器的布置

汽车的动力元件是发动机，执行元件是车轮，传动元件包括离合器、变速器、传动轴、主减速器、差速器、半轴，变速器是其中最主要的总成。发动机与车轮是靠传动元件来连接的，三部分的安装关系关系到汽车性能，世界各大汽车厂商都下大力气来研究、发展、改进它们的安装关系。

一、汽车变速器的发展史

1886 年汽车问世之时，底盘没有变速器，在使用中人们发现必须有一种机构来扩大内燃机的使用范围，就产生了变速器。变速器承担着改变发动机转矩和转速，实现理想动力传递的任务，是汽车的重要组成部分。

1894 年，法国工程师发明了世界上第一个变速器，1928 年凯迪拉克公司发明同步器，这是手动变速器重要的进步之一。有了变速器，在使用变速器过程中人们又发现内燃机运转时是没办法换挡的，每次需要换挡或需要停止行驶时都要停车停机，这是非常不方便的。需要在内燃机与变速器之间安装可以方便地断开或接合的装置，以备停车时让发动机怠速运转和换挡时方便摘取啮合在一起的齿轮，于是产生了离合器。19 世纪末，法国帕纳尔-勒瓦索公司将发动机改装到汽车前部，这样，用脚控制离合器的接合与分离，使发动机与变速装置连接和断开变得方便，这就产生了具有现代意义的离合器，离合器的发展是汽车发展的重要内容。1939 年德国人申请双离合器专利，双离合器变速器（DCT，dual-clutch transmission）如图 2-1 所示，用于汽车上，使离合器具有直接换挡的功能，随着电控技术的运用，逐渐实现了智能控制，但双离合器变速器还是脚控离合器，与自动变速器还有很大差距。

图 2-1　双离合变速器

汽车手动变速器［图 2-2（a)］经过不断发展，几乎到了完美无缺的地步，与高科技结合的变速器与驾驶员融合成一体，使驾驶员可以随心所欲地驾驶汽车。但就是因离合器、变速器的配合使得驾驶变得复杂且劳累，因此驾驶员逐渐成为一种专门职业，显然这不利于汽车自身的发展，为改变这种状态，自动变速器就诞生了。

1908 年，福特 T 型车最早采用一种两个速比、全液压控制自动换挡的变速器，实现了取消离合踏板和手动挂挡的愿望，自动换挡使驾驶员工作变得轻松，驾驶变得愉快，此装置英文称为 AT（automatic transmission），中国人翻译为自动变速器。在随后一百多年历史中，汽车自动变速器［图 2-2（b)］随着工业加工技术与控制技术革命性的进步逐渐完善。

（a）手动变速器

（b）自动变速器

图 2-2　两种不同的变速器

随着汽车技术进步，全液控自动变速器逐渐发展成电液控自动变速器。

自动变速器尽管能实现自动换挡变速，但变速仍然是有级的，对换挡的平顺性和舒适性有一定限制。随着汽车技术的进步，诞生了无级变速器（CVT，continuously variable transmission），无级变速系统采用传动钢带和工作直径可变的主、从动带轮相配合传递动力，提供平稳和连续转换的无级速比装置，将这个装置安装在自动变速器的传动链中，在很大范围内实现了无级变速，如图 2-3 所示，图（a）是无级变速器总成，图（b）是钢带式无级变速装置。

电子控制技术和液压技术在不断的改进完善中得到完美运用，汽车自动变速器具有重量轻、体积小、零件少、智能控制的特点，成为公认的理想的汽车传动装置。

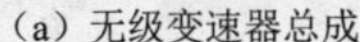

（a）无级变速器总成

（b）钢带式无级变速装置

图 2-3　无级变速装置

二、汽车自动变速器的发展史

人们在长期手动操纵驾驶汽车过程中发现需要控制的若干问题通过程序化处理后输入给汽车的电子控制单元（ECU，electronic controlled unit），让 ECU 代替驾驶员进行判断和处理。为此必须有一个能识别汽车各种物理参数的装置，这就是传感器，它的任务是把汽车内外的物理量变成电子量传给 ECU，汽车 ECU 把收集到的信息与储存的标准量（称为脉谱图）进行比较，将差值发给执行器，执行器根据接收到的电子信息命令动作去消除这些差值，使受控的物理量尽量靠近标准量，实现自动控制，使汽车处于最佳状态。这需要一套完整的控制系统来完成，现代汽车上的控制系统分为发动机控制系统、底盘控制系统、车身控制系统三大部分，超过 45 个子系统，这样汽车上的 ECU 就很多，自动变速器有自己的 ECU，现在超大规模集成电路的发展，有把各个部分的 ECU 合成集中控制的趋势。

1908 年福特 T 型车把以上思路用于汽车的实践打开了人们的思路，各国投入了大量人力、物力、财力对汽车自动控制进行了研究，取得的成绩改变了人们对汽车的认识，汽车也反过来改变着人们的生活，汽车自动变速器的研究占据了重要的一环。

美国通用汽车在 1940 年安装了一台串联式行星齿轮结构的液控变速器，经过近 80 年的改进，汽车自动变速器发生了重大的变化，在优胜劣汰筛选法则下，逐渐形成了公认性能先进的共太阳轮式（也称 S 式，有教材称为 Simpson 式）、共架圈式（也称 R 式，有教材称为 Ravigneaux 式）、对称式（也称 D 式）及定轴轮式几种，本教材将详细介绍这几种自动变速器的有关知识。

自动变速器最重要的参数是挡位数，最核心的技术是控制。挡位越多，变速器与发动机动力的配合就会越贴切，这样才能把发动机的性能发挥得更好。控制机构越精细，自动变速器的换挡品质就越好，响应速度越快，换挡冲击越小。汽车自动变速器今后的发展主要体现在以下几个方面。

1. 多挡位代替少挡位

4 速自动变速器曾经长期占据汽车自动变速器的主导地位，挡位多可使变速器具有更大的速比范围和更细密的挡位之间的速比分配，以改善汽车的动力性、燃油经济性和换挡平顺性。现在 5 速、6 速及 8 速自动变速器正越来越多地得到使用，12 速、16 速自动变速器已开始在大货车上装车使用。

但是，挡位越多，变速器越复杂，执行元件和齿轮数目会随之增加，不但成本增加，体积和重量也会增大，对于前轮驱动的汽车而言还会增加动力传动系统布置的难度。为了缩小体积和减轻重量，必须采用紧凑化设计，简化内部结构，引入电子控制系统，采用轻质材料。但这样必然会给制造成本控制和维修带来更多的困难，所以自动变速器的挡位是不能随意增多的，挡位设计要从车辆用途、制造的可行性、经济性等方面综合考虑。

2. 多电磁阀控制代替液压控制或少电磁阀控制

多电磁阀方式控制换挡明显改善了换挡质量，简化了液压系统，提高了反应灵敏度。从全液控自动变速器不使用电磁阀，到只把电磁阀用于换挡的简单电液控自动变速器，再到现在用电磁阀控制几乎所有参数的现代自动变速器，自动变速器的控制技术发生质的飞跃。电子控制技术使得节气门油压和速度油压控制D位升降挡这个基础理论完全电子控制化了，变速器上各种新的电磁阀相继出现，如正时电磁阀、倒挡电磁阀、扭力转换电磁阀、扭力缓冲电磁阀、强制降挡电磁阀等大量涌现使得电控系统对变速器的控制范围进一步扩大。

3. 功能更加强大的控制软件代替简单控制软件

自动变速器的控制软件功能越来越强大，能对自动变速器应具有的所有功能都能实现电子控制的自动变速器称为全电子控制自动变速器。模糊控制技术的设置使变速器电脑可以学习、模拟驾驶者的驾驶习惯，自动修正控制指令，汽车操纵进一步体现人性化。ECU中还附加了自适应式换挡系统（adaptive shift strategy），这个系统持续不断地收集行车数据，如挡位、行驶状态、驾驶者驾驶习惯等，通过变速器电脑学习模拟并不断建立或更新相关的行车模式，以达到最佳效果，满足驾驶者的需求。

4. 液压控制系统的精度进一步提高

通过对液力系统和液压系统的动力元件、控制元件、执行元件和辅助元件的优化和改进，大大提高了液力传动系统和液压传动系统的控制效果。采用现代控制理论的电液控制技术，自动变速器的机械效率大大提高。例如，在ZF6挡自动变速器中，为了精确控制系统压力实现换挡，设置了6个具有高流量特点的脉宽调制电磁阀，一个可变力（VFS）电磁阀，这些新功能阀的使用使得汽车自动变速器的性价比更加具有竞争力。

5. 机械装置设计与制造不断优化

通过传动机构类型多样化、优化设计，汽车自动变速器的细部结构更加合理，多排动轴齿轮组合机构、齿轮特性参数和支撑结构等有明显改进，自动变速器技术又有重大发展，体现在安全性、操纵性、舒适性、合理性大幅提高，维修方便，稳定性好。

20世纪40年代初就出现了3速自动变速器，第一次把自动换挡的思路设计为当把变速杆推至D位后，便可通过加速踏板提高车速至某一设定值时自动升挡，通过制动踏板降低车速至某一设定值时自动降挡，并用自动离合器（液力变矩器）代替了传统的脚控摩擦式机械离合器，实现了在D位自动升降挡的理想，将驾驶员从频繁地踩离合器、挂挡、松离合器的简单而繁重的劳动中解放出来。后来，又发明了液力变矩器中的锁止机构，消除了低速时打滑、高速时传动中断的可能，从而大大地降低了油耗，这种奇妙的思路和先进的控制原理一直沿用至今，并不断地完善到几乎完美的境地，可以这样预测：必须有比这种思路更加先进的理论支撑，汽车自动变速器领域才会有革命性的创新。

近年，又有汽车商家发明了一种“手-自一体自动变速器”，凭借一组电子装置，可以使驾车者在自动与手动变速之间任意选择，将驾驶员的意志更加主动地体现在驾驶过程中，改变了全自动变速器过于呆板的升降挡规律。例如，在市内行驶或在高速公路上行驶路况差别较大，驾驶员就可根据路况，选择自己喜欢的手动或自动驾驶模式，以此来领略驾车中的多种乐趣，这一点已逐渐成为高档车的标准配置。

仅仅实现变速器自动控制，并没有让人们满足，让自动变速器有智能化功能，并且普及到大众化的汽车上的理想促使各国工程师奋斗不息，将最先进的电脑控制技术及被称为“fuzzylogie”的原理，即“模糊逻辑”运用到汽车自动变速器上。这样的智能变速器可以识别驾车者的性格、路面的状况、车身的负荷及周边环境等多种因素，在多种程序中挑选最适合当前情况的程序，实现智能化驾驶，以充分发挥车辆的性能，降低油耗，确保安全。智能自动变速器的发展使汽车有了人的智慧，甚至比人更善于思索，动作比人更加灵敏，它根据外界各种因素的变化，经过计算，代替人做出准确、聪明、正确的处理，确保了安全性和经济性。无人驾驶的汽车就由机器人完全代替了人的劳动，这种人、路、车完全融合的车辆将会越来越多地进入人们的生活，我国在无人驾驶汽车的研究上处于世界前列。

三、汽车自动变速器的优缺点

自动变速器能自动完成频繁的加速、减速、换挡等动作，具有变速平滑、驾驶轻便等优点。汽车自动变速器与自动离合器（即液力变矩器）配套使用，带有“软接合”的特点，弥补了机械变速器的换挡太“硬”的缺点，同时它可以根据发动机的工况和车速情况自动选择挡位，当然，任何事物都有两面性，自动变速器也有它的不足。

1. 自动变速器的优点

1）驾驶性能好

自动变速器通过电子控制系统，自动完成手动变速器的使用要求，从而获得最佳的燃油经济性和动力性，使得汽车换挡变速敏捷性与驾驶员的技术水平关联不大，因而特别适用于非职业驾驶员驾驶，扩大了汽车普及范围。

2）行驶性能良好

自动变速器的挡位变换快而平稳，提高了乘坐舒适性。通过液力传动和微电脑控制换挡，可以消除或降低动力传递系统中的冲击和振动。

3）行车安全性好

在手动变速器车辆行驶过程中，驾驶员必须根据道路、交通条件的变化，对车辆的行驶方向和速度进行改变和调节。而频繁的操作会使驾驶员的注意力被分散，容易产生疲劳，造成交通事故增加，自动变速的车辆取消了离合器踏板和变速操纵杆，减轻了驾驶员的疲劳强度，使行车事故率降低，平均车速提高。

4）节约能源，降低废气排放

在 ECU 的控制下，发动机与变速器配合默契，保证发动机经常处于经济转速区域内运转，也就是在较小污染排放的转速范围内工作，节约能源，降低废气污染，特别是在高速公路上长距离高速行驶时，这种优点更加明显。

5）操纵简单、使用寿命长

自动变速器的操纵杆实际是连接在液压换向阀上，置于 D 位时就进入自动加、减挡的工况，省去了复杂的操作过程，大大减小了驾驶员的劳动强度。

自动变速器通过液力变矩器与发动机软连接，行驶中的冲击负荷得到缓冲，在汽车起步换挡、制动时能吸收振动，并有过载保护的功能，相应减小了发动机和传动系的动载荷，同时泵轮与涡轮间没有接触，就没有磨损，延长了使用寿命，杜绝了摩擦材料磨损造成的粉尘。

6）提高汽车行驶平顺性

因采用液力变矩器在汽车起步时，车轮上的牵引力逐步增加，无振动并减少车轮滑动，使起步容易平稳。换挡时功率不间断，可保证汽车有良好的加速性和较高的平均车速，避免了冲击。

2. 自动变速器的缺点

（1）结构较复杂，零件加工难度大，生产成本高，修理也较麻烦；

（2）在低速挡位时，自动变速器的传动效率相对较低；

（3）在城市内行驶时，由于有交通灯的限制，汽车无法高速行驶，耗油量比手动配置要高；

（4）驾驶乐趣相对于手动变速器要差；

（5）由于结构上的原因，如果错误地把加速器踏板当成制动踏板踩下，汽车将会突然加速冲出去导致恶性事故，而脚控离合器与手动变速器配置的汽车由于有离合器分离、变速器处于空挡双重保险，发生这种恶性事故的概率要低得多。

四、自动变速器的分类

自动变速器发展过程经历了由低级到高级，由有级式机械自动变速器到无级式机械自动变速器到液控自动变速器，到电液控制自动变速器，到电控无级式自动变速器的过程。

不同车型所装用的自动变速器在形式、结构上往往有很大的差异，汽车自动变速器常见的形式有以下几种。

1. 按变速器的轮系性质分类

自动变速器按变速器的轮系类型不同，可分为定轴轮系式和动轴轮系式两种。定轴轮系式自动变速器［图 2-4（a）］体积较大，最大传动比较小，使用较少。动轴轮系式自动变速器［图 2-4（b）］结构紧凑，能获得较大的传动比，为绝大多数轿车采用。轮系变速系统有多种，图 2-4（b）为 S2 4 速增速前置式。

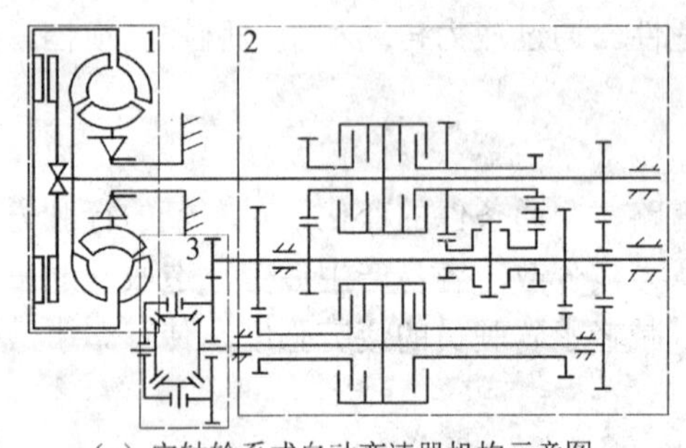

（a）定轴轮系式自动变速器机构示意图

1—液力变矩器；2—定轴轮系；3—主减速器

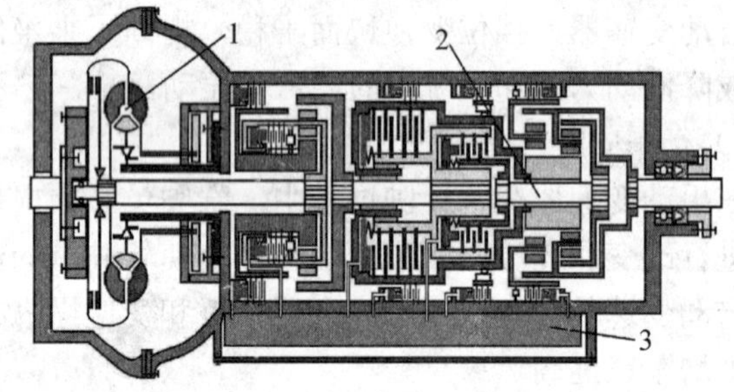

（b）动轴轮系式自动变速器机构示意图

1—液力变矩器；2—动轴轮系；3—液压系统

图 2-4　按变速器的轮系类型分类

2. 按自动变速器前进位的挡位数不同分类

自动变速器按前进挡的挡位数不同可分为前进位 3 速［图 2-5（a）］、前进位 4 速［图 2-5（b）］、前进位 5 速［图 2-5（c）］，随着用户对汽车性能要求的提高，现在前进位 6 速、8 速的车越来越多。早期的自动变速器只有前进位 2 速或 3 速。这两种自动变速器都没有超速挡，最高挡为直接挡。新型轿车装用的自动变速器都设有超速挡，这虽然使自动变速器的构造复杂了，但改善了汽车的燃油经济性。

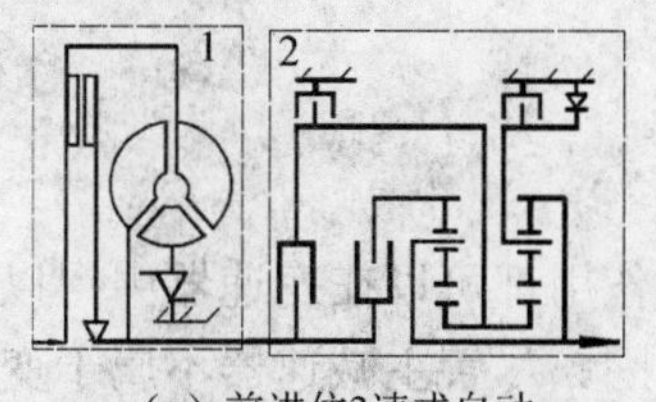

（a）前进位3速式自动变速器机构示意图
1—液力变矩器组；2—3 速动轴轮系组

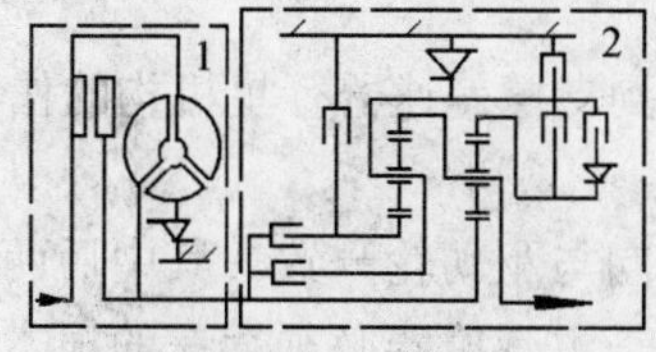

（b）前进位4速式自动变速器机构示意图
1—液力变矩器组；2—4 速动轴轮系组

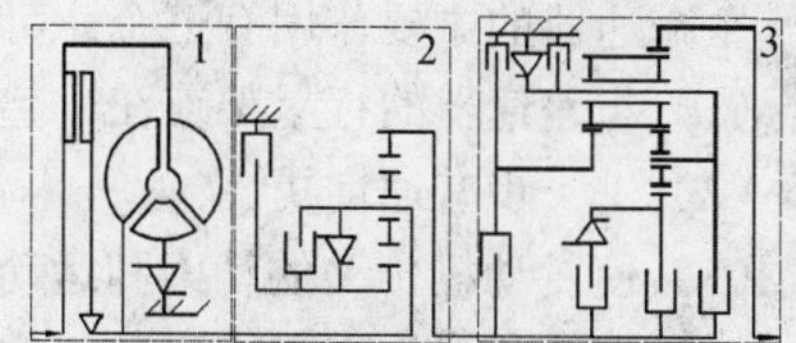

（c）前进位5速式自动变速器机构示意图
1—液力变矩器组；2—超速轮系组；3—5 速动轴轮系组

图 2-5　按变速器按前进挡的挡位数不同分类

3. 按汽车布置分类

发动机与驱动轮之间的安装关系称为汽车的布置。

自动变速器按照汽车布置的不同，可分为后轮驱动自动变速器（图 2-6）和前轮驱动自动变速器（图 2-7），这两种自动变速器在结构和布置上有很大的不同，但工作原理是一样的。

因为发动机有纵向布置与横向布置两种形式，因此变速器也有纵向变速器与横向变速器之分，不管是后驱或是前驱，也不管是手动或是自动，这些都是基本的形式。

当发动机曲轴轴线与汽车车体轴线平行时，称为发动机纵向布置［图 2-6（a）和图 2-7（a）］，与之配套的变速器是纵向变速器，二者垂直时，称为发动机横向布置［图 2-6（b）和图 2-7（b）］，与之配套的变速器是横向变速器。

从图 2-6（a）和图 2-7（a）中可以看出，与纵向变速器配合的主减速器一定是一对圆锥齿轮副；从图 2-6（b）和图 2-7（b）中可以看出，与横向变速器配合的主减速器通常是一对安装在与变速器同在一个壳体内的圆柱齿轮副，只有在个别特殊的车型（如发动机横向后置的公交汽车）中为方便布置，多使用一段中间轴来调节发动机与变速器的相对位置而采用了圆锥齿轮副。

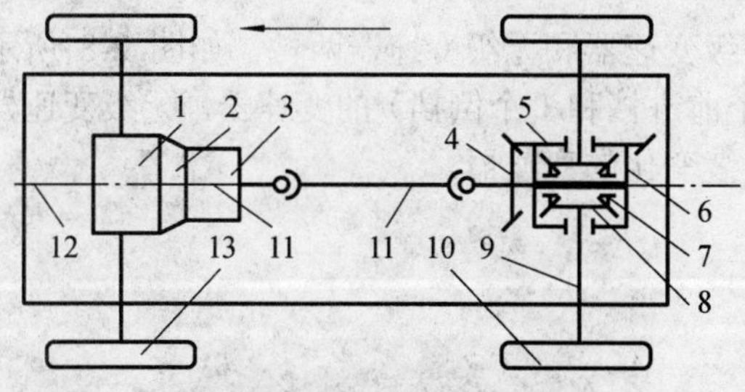

（a）发动机纵向前置后轮驱动

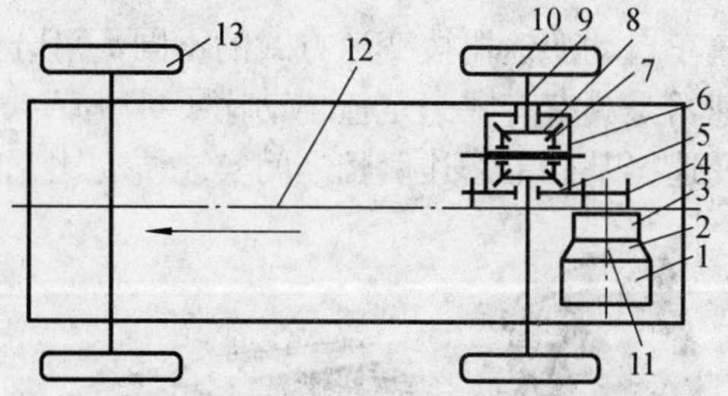

（b）发动机横向后置后轮驱动

图 2-6　汽车后轮驱动的布置形式示意图

1—发动机；2—离合器；3—变速器；4—主减速器主动轮；5—主减速器被动轮；6—差速器壳；7—差速器行星轮；8—半轴齿轮；9—半轴；10—驱动车轮；11—发动机中心线；12—汽车车体中心线；13—被动车轮

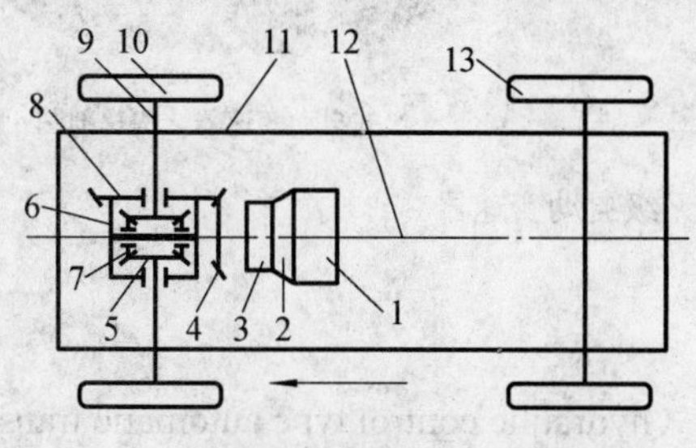

（a）发动机纵向前置、前轮驱动

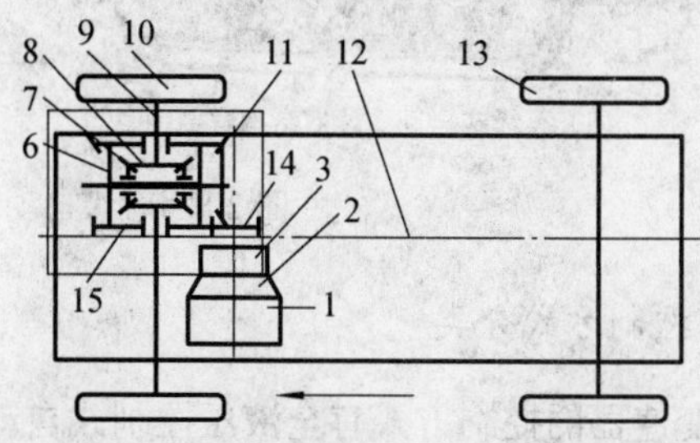

（b）发动机横向前置、前轮驱动

图 2-7　汽车前轮驱动的布置形式示意图

1—发动机；2—自动离合器（液力传动装置）；3—自动变速器；4—主减速器主动圆锥齿轮；5—主减速器被动圆锥齿轮；6—差速器行星架；7—行星轮；8—差速器半轴齿轮；9—半轴（上有万向传动装置未画出）；10—驱动前车轮；11—车身；12—汽车车体中心线；13—被动后车轮；14—主减速器主动圆柱齿轮；15—差速器圆柱被动轮

主减速器的主要作用有三个：

（1）与差速器的行星架连在一起，起到支撑差速器行星机构的作用。

（2）进一步减速增矩。

（3）使发动机传动的动力和运动的方向与驱动轮一致。其中后两个作用都可以在变速器中得以解决，唯有第一个作用是不可替代的，这是主减速器必须存在的根本原因。尽管主减速器不属于变速器，但二者作用相似，相互影响，在横向变速器中，二者经常是设计在一个壳体内，故在讨论汽车变速器的布置时，要注意主减速器的布置位置。

后轮驱动自动变速器的液力变矩器和齿轮变速器的输入轴及输出轴在同一轴线上，发动机的动力经液力变矩器、自动变速器、万向传动装置、传动轴、后轮驱动桥的主减速器、差速器和半轴传给左右两个后轮。采用这种发动机前置、后轮驱动的布置形式，发动机和自动变速器都是纵置的，因此轴向尺寸较大，离地面间隙少，纵向通过能力差，在小型客车上布置比较困难。目前，除大排量的越野车上还在使用外，一般轿车已经用得很少了。后轮驱动自动变速器的液压阀板总成布置在齿轮变速器下方的油底壳内。

前轮驱动自动变速器除了具有与后轮驱动自动变速器相同的组成部分外，在自动变速器的壳体内还装有差速器，它的万向传动装置在差速器之后，与驱动轮直接连接。纵置发动机的前轮驱动自动变速器的结构和布置与后轮驱动自动变速器基本相同，只是在后端增加了一个差速器。横置发动机前轮驱动自动变速器由于汽车横向尺寸的限制，要求有较小的轴向尺寸，因此通常将输入轴和输出轴设计成不在同一轴线的形式；液力变矩器向齿轮变速器的输入轴布置在上方，变速器的输出轴布置在下方。这样的布置减少了变速器总体的轴向尺寸，但增加了变速器的高度，因此常将液压阀板总成布置在变速器的侧面或上方，以保证汽车有足够的最小离地间隙。

4. 按变速方式分类

汽车自动变速器按变速方式的不同，可分为有级变速器和无级变速器两种，如图 2-8 所示。有级变速器是具有有限个定值传动比（一般有 4～6 个前进挡和 1 个倒挡）的变速器。无级变速器是在有级变速器基础上，让两挡之间实现传动比无级连续变化的变速器。

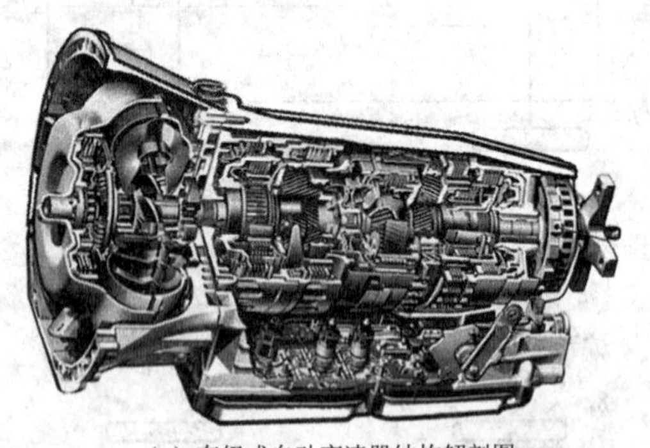

（a）有级式自动变速器结构解剖图

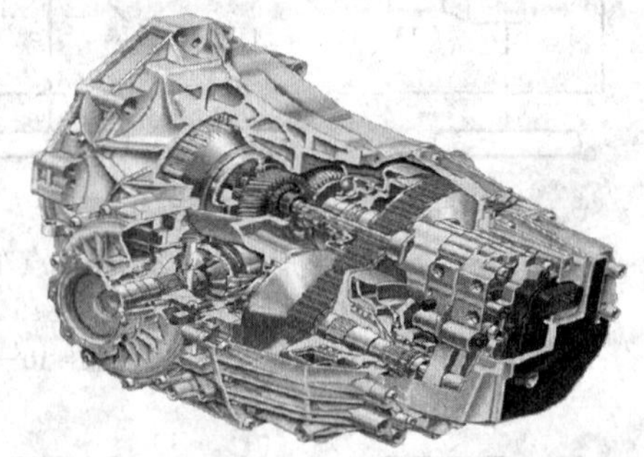

（b）无级式自动变速器结构解剖图

图 2-8　有级自动变速器与无级自动变速器

5. 按控制方式分类

自动变速器的控制方式有全液压控制式自动变速器（hydraulic control type automatic transmission）和电液控制式自动变速器（electro hydraulic control type automatic transmission）两种，如图 2-9 和图 2-10 所示。全液压控制式自动变速器是通过机械装置和液压阀，将汽车行驶时的车速［图 2-9（a）中的序号 8］及节气门开度［图 2-9（a）中的序号 4］两个参数转变为液压控制信号，阀板中的各个控制阀根据这些液压控制信号的大小，按照设定的换挡规律，由换挡阀［图 2-9（a）中的序号 6］控制换挡执行机构动作，实现自动换挡。这种变速器液压系统复杂，响应慢，已经淘汰。

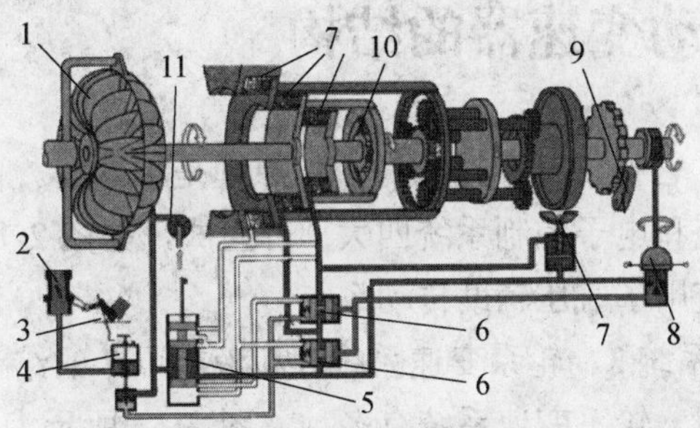

（a）全液压控制式自动变速器液压原理示意图

1—液力变矩器；2—节气门；3—加速踏板；4—发动机负荷转换在压力信号阀；5—手控换位阀；6—换挡阀；7—液控执行元件（液压缸）；8—速度信号转换成压力信号阀；9—驻车制动器；10—机械控制元件（单向离合器）；11—动力元件（泵）

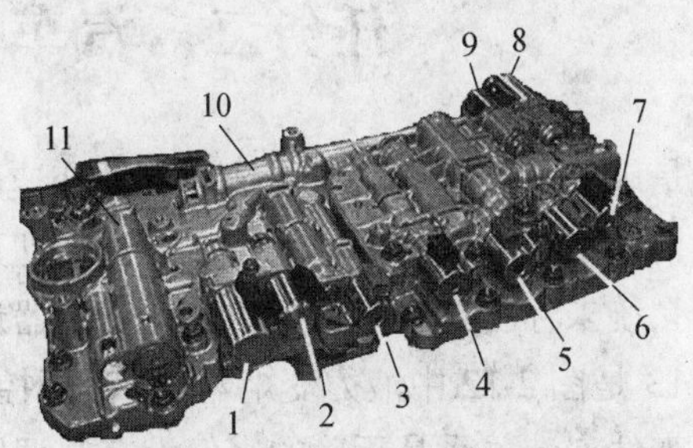

（b）电液控制式自动变速器液压阀板影印图

1—线性电磁阀 SLT；2—线性电磁阀 SL1；3—倒挡电磁阀 SR；4—1 挡电磁阀 S1；5—4 挡电磁阀 S4；6—2 挡电磁阀 S2；7—3 挡电磁阀 S3；8—线性电磁阀 SLU；9—线性电磁阀 SL2；10—手动换位阀；11—主调压阀

图 2-9　自动变速器的液压控制方式

电子控制自动变速器是通过各种传感器，将发动机转速、节气门开度、车速、发动机水温、自动变速器液压油温度等物理量参数转变为电信号，并输入计算机；计算机根据这些电信号，按照设定的换挡规律，向压力调节电磁阀、换挡电磁阀等发出电子控制信号，调节系统压力和控制换挡电磁阀动作，将电子控制信号转变为液压控制信号，控制换挡执行机构的动作，实现自动换挡［图 2-9（b）］。计算机根据这些电信号，按照设定的换挡规律，向压力调节电磁阀、换挡电磁阀等发出电子控制信号（图 2-10），调节系统压力和控制换挡电磁阀动作，将电子控制信号转变为液压控制信号，控制换挡执行机构的动作，实现自动换挡。

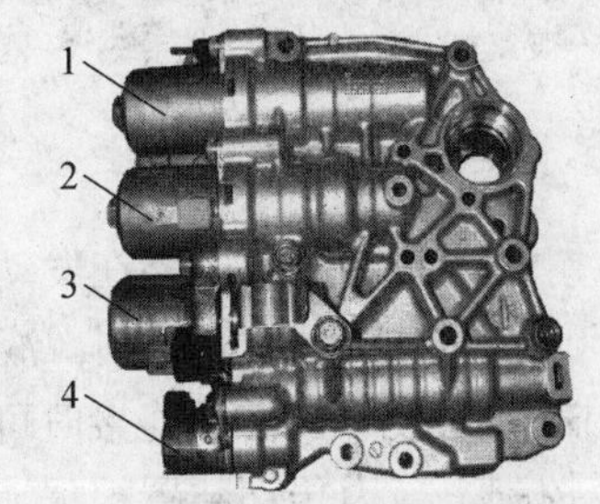

1—主控制电磁阀；2—第二压力控制电磁阀；3—换挡电磁阀；4—锁止电磁阀

图 2-10　主要的电磁阀

6. *按液力变矩器的类型分类*

轿车类汽车自动变速器采用结构简单的、有三种工况、单级三元件复合式液力变矩器［图 2-11（a）］。这种液力变矩器的导轮如果安装有单向离合器，则可以在液力变矩器工况和液力偶合器工况下工作；如果还配有锁止离合器，在锁止离合器处于锁止状态时，液力变矩器的泵轮与涡轮连成一体，发动机动力直接与变速器连接，变成联轴器工况下工作，提高了传动效率，降低了汽车的燃油消耗量。这三种工况何时出现由汽车的行驶状态自动控制。

工程类汽车自动变速器的机械液力变矩器［图 2-11（b）］比轿车类的液力变矩器复杂，有兴趣读者可参阅有关书籍。

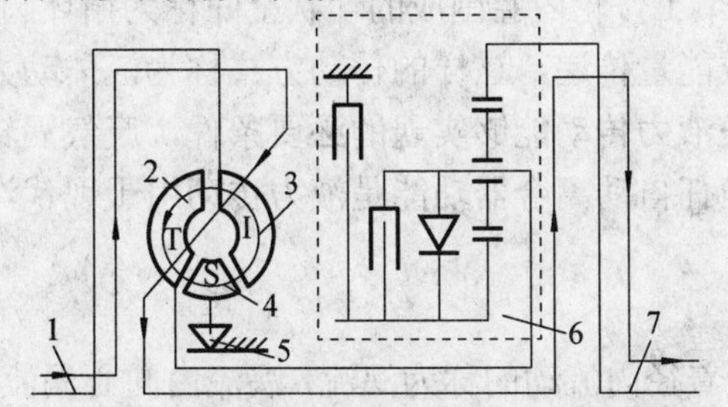

（a）三工况单级三元件复合式液力变矩器机械示意图

1—曲轴；2—涡轮；3—泵轮；4—导轮；5—单向制动器；6—齿轮轮系；7—输出轴

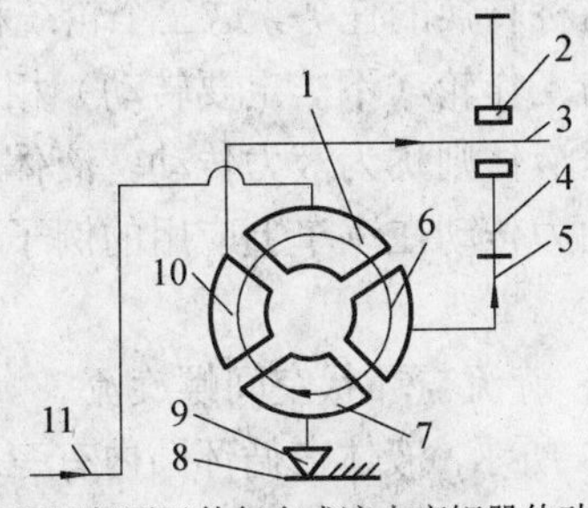

（b）三工况双级四元件复合式液力变矩器传动示意图

1—泵轮；2—超越离合器；3—总输出轴；4—过渡齿轮；5—输出齿轮副；6—第二涡轮；7—导轮；8—导轮轴；9—导轮单向制动器；10—第一涡轮；11—输入轴

图 2-11　机械液力变矩器

任务二　汽车自动变速器的结构

无论是纵向自动变速器或是横向自动变速器，它们的基本结构与工作原理是相同的。自动变速器由液力传动系统、机械传动系统、液压传动系统和电子控制系统四大部分组成，如图 2-12 所示，电子控制系统未标出。有些类型的自动变速器还使用了气压辅助传动系统。

图 2-13 是图 2-12 中液力变矩器 2、液压控制系统 3、轮系变速系统 6 和液压泵 7 的结构装配示意图，各零件安装关系是正确的，但没有强调比例。轮系变速系统有多种，图 2-13 所示为 R1 5 速增速后置式。

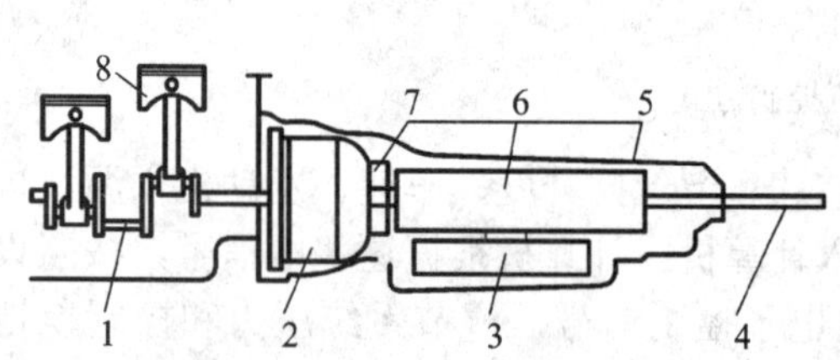

图 2-12　自动变速器的组成

1—曲轴；2—液力变矩器；3—液压控制系统；4—输出轴；5—变速器壳体；6—轮系变速系统；7—液压泵；8—活塞连杆组

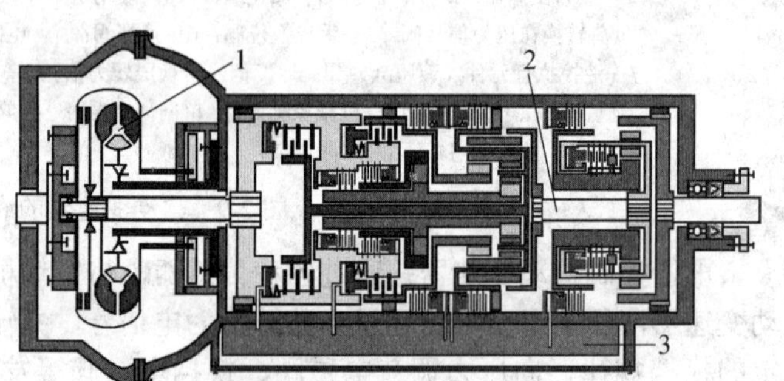

图 2-13　动轴轮系构成的自动变速器结构示意图

1—液力传动系统；2—机械传动系统；3—液压控制系统

一、液力传动装置

液力传动装置安装在发动机飞轮与自动变速器之间，作用与脚控机械摩擦式离合器（the machine friction type clutch）相同。液力传动装置的实质是一个软连接的自动离合器（automatic clutch），由于是软连接，在需要连接时可以自动连接上，需要分离时可以自动分离，不需要驾驶员用离合器踏板控制。液力传动装置根据液力传动原理工作，它将发动机的动力和运动传递到自动变速器的输入轴，并能根据汽车行驶阻力引起涡轮转速的变化，在一定范围内自动地、无级地改变传动比和转矩比，这种特性称为液力传动装置的自动适应性。

1. 液力传动装置的工作原理

液力传动装置的能量在机械能与液体动能之间转换，泵轮（impeller）、涡轮（turbine）、导轮（stator）三个轮承担这种转换的任务，这三个轮统称为工作轮，三个工作轮内腔围成的环状空间称为循环圆。

流体在与工作轮（不一定要转动）相接触过程中完成能量传递，这样的传动方式称为流体动力传动，流体是液体则称为液力传动。液体与工作轮接触是液力传动能够实现的必要条件，废气涡轮增压是气体动力传动在汽车上应用的例子，液力变矩器担任自动离合器功能是液力传动用于现代汽车的例子。

1）涡流、旋流与环状空间螺旋流

如图 2-14 所示，液体在循环圆内有三种流动方式，沿着径向流动的称为涡流，涡流由向心涡流、离心涡流和轴流［平行于图 2-15（b）图纸面的流动，图中未标出］三部分组成。

在高速旋转的泵轮中心的液体被离心力沿半径方向甩向轮子边缘的过程中流速增加，获得动能，这种涡流称为离心涡流 3，其作用的结果是工作轮边缘的液体越来越多，工作轮中心的液体越来越少，因而边缘的液体压力就会大于中心的压力，液体就在压力的推动下有沿半径向中心流动的趋势，在泵轮中液体受到离心流动的离心力总是大于向心流动的液体压力，液体保持离心流动。在从动的涡轮中，大多数情况下（发动机反拖时可能例外）液体受到向心流动的液体压力大于离心流动的离心力，液体沿半径向心流动，这种涡流称为向心涡流 2，导轮中的液体沿轴向流动，称为轴流，三种湍流总要形成分布在曲轴轴面（无数个这样的轴面形成循环圆）方向的封闭圆环。

液体沿着工作轮圆周方向的流动称为旋流，旋流在垂直于曲轴轴线平面（这样的平面也有无数个）内也要形成封闭的圆环，涡流和旋流叠加起来在循环圆内形成环状空间螺旋流。

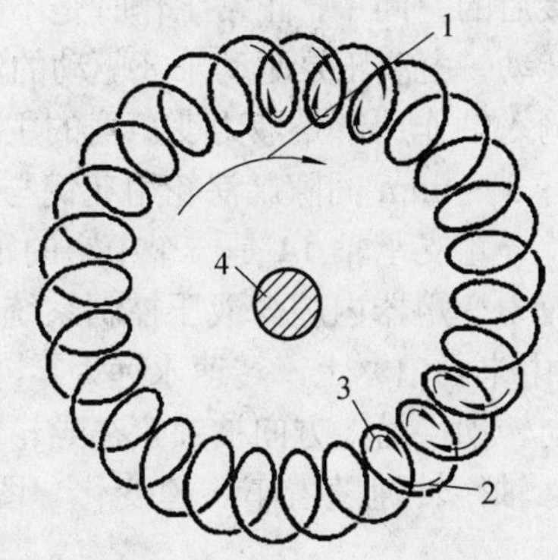

图 2-14　涡流和旋流组成空间螺旋流

1—旋流；2—向心涡流；3—离心涡流；4—曲轴

2）液力传动装置正常工作的充要条件

循环圆中有连续的、不停息的、完整的空间螺旋流流动是液力传动装置正常工作的充要条件。

促使循环圆内空间螺旋流流动不停息的条件是工作轮的转速不等，这样工作轮产生的离心力不相等，工作轮内部沿半径才能保持液体压力差。所以，正常工作状态下从动件涡轮的转速总是低于主动泵轮的转速，一旦两者的转速相等，离心力就相等，液体在循环圆内就不能有涡流，液力传动装置不再能传递动能，此点称为耦合点。如果汽车处于反拖状态，涡轮的转速就可能大于泵轮的转速。

2. 液力偶合器

液力传动装置中如果只有泵轮和涡轮这一对耦合件，称为液力偶合器（hydraulic coupling），偶合器只是把两根轴连接起来，没有变矩的作用。

偶合器油液的循环流动状态由涡轮转速与泵轮转速决定，即偶合器的传动比 i 决定油液流态与流速。例如，当泵轮以 2000r/min 的转速旋转，而涡轮转速仅为 1800r/min 时，相应的传动比 i=0.9；而当泵轮旋转、涡轮静止不动，即失速状态（这点称为失速点），传动比 i=0。在传动比为零的情况下，液力偶合器中的油液涡流最强，涡轮内旋流为零，此刻的液力偶合器向变速器传送发动机所发出的转矩是最大转矩，但不能传递运动，自动地使变速器与发动机分离。当涡轮可以转动时，偶合器自动将发动机与变速器连接起来，动力和运动的传递都接通。在汽车行驶过程中，在发动机转速恒定的情况下，随着涡轮转速升高，液力偶合器的传动比变大，这时循环圆内旋流逐渐增强而涡流逐渐减弱。随着涡轮转速的不断增加，涡轮内的离心力逐渐增大，液体的涡流流速逐渐减慢，流动液体携带的动轮越来越小，传递的转矩越来越小。当传动比 i=1 时，涡流为零，旋流最大，传动停止，称这种情况为液力偶合器进入耦合状态。液力偶合器的传动比总是 $0 \leqslant i \leqslant 1$，不可能大于 1，这是液力传动的特点。由于液力偶合器不能变矩，已很少单独使用，但它在高速时传动效率比较高，这是它的优点，重型载重汽车利用这特性制成缓速器，下坡时使用，避免制动器机械摩擦装置过渡磨损。

3. 液力变矩器

1）液力变矩器的构造

如图 2-15 所示，在液力偶合器中加入一个不转的导轮 6 就构成了液力变矩器（hydrodynamic torque converter）。图 2-15（a）是图 2-12 中液力变矩器 2 解剖后的影印图，可以清楚地看清内部结构，其中与发动机连接的外壳 1 与与泵轮连接的壳体 7 中焊接成一体，直接用螺钉与发动机曲轴连成一个整体，从焊缝切开后才能看到内部的序号 2、3、4、5、6、9、10、11、12 等零件。液压泵驱动轴 8 焊接在与泵轮连接的壳体 7 上，所有焊接件都要经动平衡试验调整。有些车型直接在与发动机连接的外壳 1 或与泵轮连接的壳体 7 上焊接起动齿圈，序号 2 至序号 6 都封闭在序号 1 与序号 7

焊接后的空间中，正常工作时是不能拆开维修的。它们的装配关系如图 2-15（b）所示，泵轮随发动机转动（由液压泵驱动轴 8 驱动的液压泵也同步转动，为液压系统提供动力），承担液力变矩器的动力输入轴作用，是液力变矩器的主动件，从动件涡轮安装在壳体内与泵轮端面相对但不接触，二者间有 3～4mm 间隙。涡轮用花键与输出轴连接，有三根输出轴：液压泵驱动轴 8 的转速与发动机同速；导轮支承轴 14 是一个中空的轴套，内有涡轮输出轴 16 通过，轴套壁上有为冷却工作液体而连接液力变矩器内腔与液压控制系统的两条通道，导轮支撑轴 14 通过液压泵壳体固定在变速器壳体（图中未画出）上，转速永远为零，导轮支撑轴 14 与导轮 6 之间有单向制动器 17，保证导轮 6 只能单向转动，另一方向被锁止在导轮支撑轴 14 上发挥变矩作用；涡轮输出轴 16，也是自动变速器的输入轴，转速随着车转速变化。图 2-15（b）是装配示意图，图 2-15（c）是装配剖开图的影印图。

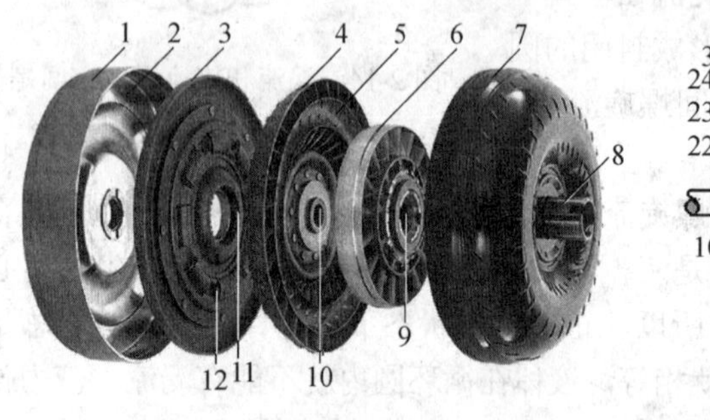

（a）实物剖开后的影印件

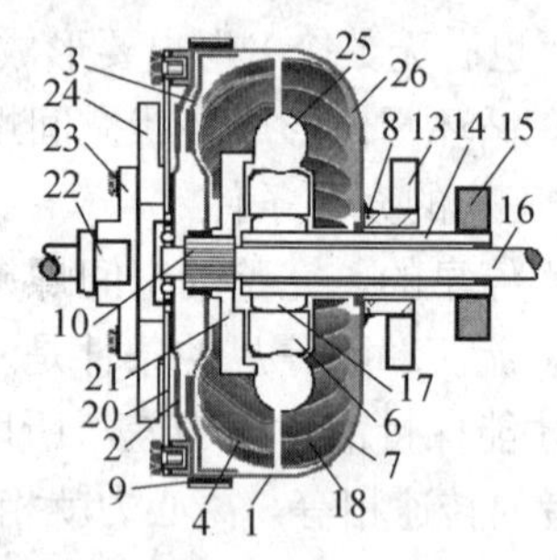

（b）装配示意图

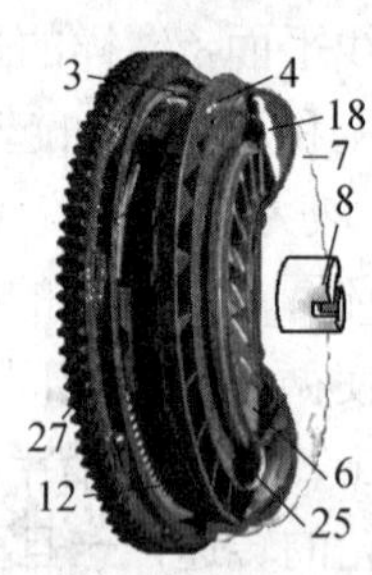

（c）装配剖开图

本图在封面内页有彩图

图 2-15　液力变矩器

1—与发动机连接的外壳；2—锁止离合器摩擦片；3—锁止离合器活塞；4—涡轮；5—涡轮内环；6—导轮；7—与泵轮连接的壳体；8—液压泵驱动轴；9—导轮轴花键孔；10—涡轮轴花键孔；11—锁止活塞与涡轮连接内花键孔；12—减振弹簧；13—液压泵转子；14—导轮支撑轴；15—液压泵壳体；16—涡轮输出轴（也是液力变矩器的输出轴、变速器输入轴，也起支承涡轮的作用）；17—导轮单向制动器；18—泵轮；19—起动齿圈；20—减振连接盘；21—涡轮轮毂；22—发动机曲轴；23—曲轴法兰盘；24—飞轮；25—内环；26—泵轮 18 与壳体 7 的刚性连接件；27—起动机啮合齿圈

液压泵转子 13 和液力变矩器的泵轮 18 都是由发动机直接驱动的，在传递功能上二者没有联系，液压泵转子 13 有为液力变矩器的传动介质油流动提供动力和为自动变速器的液压系统提供动力两个功能，不参与液力变矩器的动力和运动传递；液力变矩器也没有驱动液压泵转子 13 的功能。

现代汽车的液力变矩器中都设计有内环（图 2-15 中的序号 25），它由涡轮内环（注意不是内腔，是图中序号 5）、泵轮内环和导轮内环合成，作用是将空间螺旋流动液体内部因强烈摩擦、散热不好、传动作用不大的那部分液体隔离开，避免温度升高。汽车使用的液力变矩器大多是三元件单级液力变矩器，泵轮、涡轮和导轮的叶片形状均为曲线形。工程机械上多采用多元件多级液力变矩器，以适应工程机械的特殊需要。

轿车液力变矩器无法进行解体或修理，工程机械的液力变矩器大多可以拆开修理。

为便于读者掌握，将上所述液力变矩器构造和工作原理简单地总结为 1233-13334 式，具体如下。

液力变矩器起自动离合器作用，包括

（1）一圆：循环圆。

（2）二器：①锁止离合器，工作时把泵轮和涡轮锁成一体；②单向制动器，把导轮单向锁住实现变矩。

（3）三轮：①泵轮，把发动机的机械能转换成液体的动能；②涡轮，把液体的动能转换机械能输出；③导轮，变矩时不转动，转动后就不工作。

（4）三轴：①液压泵转子驱动轴，发动机通过此轴直接驱动液压泵，转子转速与发动机和泵轮同步，此轴最短；②涡轮输出轴，此轴最长，前面被涡轮驱动，后面驱动变速器轮系，也是自动变速器的输入轴，完成动力和运动的传递；③导轮支撑轴，前面支承导轮，后面被变速器壳体固定，

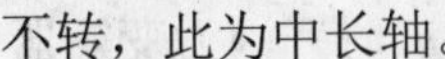

不转，此为中长轴。

（5）一个重要的性质：自动适应性。

（6）发动机的能量传到液力变矩器后，通过三条不同的路径实现三种不同的能量传递方式：①通过液压泵将机械能变成液体压力能的液压传动方式；②循环圆内通过泵轮、涡轮将机械能变成液体动能的液力传动方式；③通过锁止离合器将泵轮、涡轮机械锁成一体，机械能量直接向传动系传递的机械传动方式。

（7）循环圆内完成能量转换时工作介质有三种流动方式：涡流、旋流和空间螺旋流动。

（8）四种工况：失速工况、液力变矩器工况、液力偶合器工况和联轴器工况。

2）复合式液力变矩器

有两种以上工况的液力变矩器称为复合式液力变矩器（complex torque converter），复合式液力变矩器有四种工况。

（1）失速工况：泵轮转、涡轮不转，即发动机转动，传递路线接通，但车轮没有转动的情况。

（2）液力变矩器工况：泵轮转、涡轮转，锁止离合器放松，单向制动器制动导轮不转。

（3）液力耦合器工况：锁止离合器放松，单向制动器放松，忽略三轮转速微小差异情况下，泵轮、涡轮、导轮几乎同时转。

（4）联轴器工况：锁止离合器锁止，单向制动器放松，泵轮、涡轮刚性连接同时转动，导轮可顺时针自由转动。

3）液力变矩器变矩原理

图 2-16 是三元件液力变矩器内部结构及液流方向示意图，由图可见，液力变矩器中安装了导轮，使流出涡轮的油液冲击在不转的导轮上，导轮的反作用力顺着油液柱作用于涡轮叶片上，使涡轮受到的力矩由泵轮力矩加上导轮反作用力矩组成，如果两力矩同向，涡轮受到的合力矩就增加，两力矩反向，涡轮受到的力矩就会减小，这就是液力变矩器变矩的原理，可用公式 $M_{涡}=M_{泵}\pm M_{导}$表示。泵轮力矩 $M_{泵}$和转速 $n_{泵}$ 是发动机发出的，始终使泵轮沿顺时针方向旋转，大小总是随着驾驶员对加速踏板的控制而变化，为了使讨论的问题简单化，假设 $M_{泵}$和 $n_{泵}$ 不变，当涡轮转速 $n=n_{泵}$ 时的转速称为涡轮的临界转速，用 n' 表示；导轮作用在涡轮上的力矩 $M_{导}$的大小和方向都与涡轮的转速有关，在涡轮转速 n 低于临界转速 n'（$n<n'$）时，$M_{导}$与 $M_{泵}$方向一致，为正，$M_{涡}=M_{泵}+M_{导}>M_{偶合器}$；当 $n=n'$ 时，$M_{导}=0$，$M_{涡}=M_{泵}=M_{偶合器}$；当 $n>n'$时，$M_{导}<0$，$M_{涡}=M_{泵}-M_{导}<M_{偶合器}$。以上就是液力变矩器的外特性，可以用外特性曲线定性地表示，如图 2-17 所示。

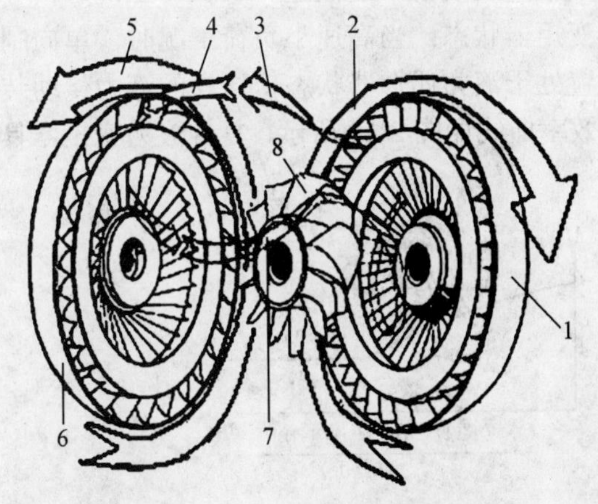

图 2-16　三元件变矩器及液流方向

1—泵轮；2—泵轮旋流；3—离心涡流；4—向心涡流；
5—涡轮旋流；6—涡轮；7—轴流；8—导轮

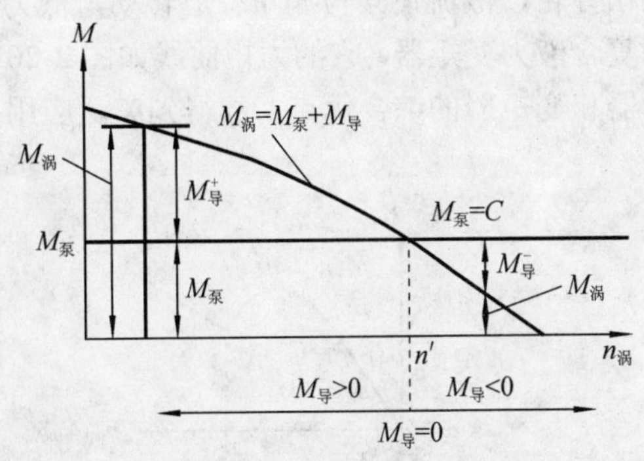

图 2-17　液力变矩器的外特性曲线

从图 2-18 中可以看出，当 $n < n'$ 时，液力变矩器起增加转矩的作用，当 $n = n'$ 时，液力变矩器实质是一个液力偶合器；当 $n > n'$ 后，液力变矩器变成一个额外的负荷，会降低发动机的动力性和经济性，这显然是不希望出现的结果，也显示出液力变矩器的不足，说明液力变矩器适合在低转速、大负荷场合工作，不适合在高转速、低负荷场合工作。

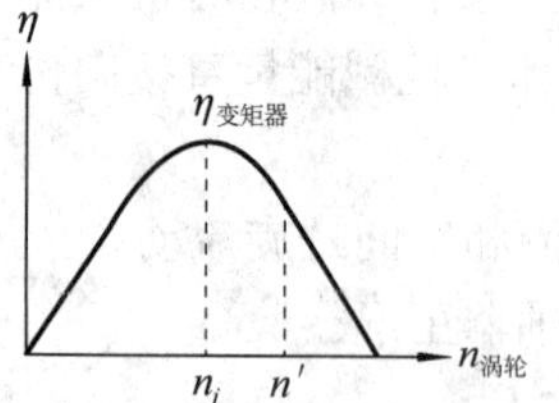

图 2-18　液力变矩器效率曲线示意图

4）液力变矩器的变矩系数、传动比和效率

设 $M_{泵}$ 为泵轮作用在涡轮上的转矩，$M_{涡}$ 为涡轮输出转矩，则有

$$M_{泵} = \gamma\lambda_1 n_1^2 D^5 \tag{2-1}$$

$$M_{涡} = \gamma\lambda_2 n_2^2 D^5 \tag{2-2}$$

式中，γ 为油液的重度；λ_1、λ_2 分别为泵轮和涡轮的力矩系数，且 $\lambda_1 = f_1(i)$，$\lambda_2 = f_2(i)$；n_1、ω_1 分别为泵轮转速、角速度；n_2、ω_2 分别为涡轮的转速、角速度；D 为液力变矩器的有效直径；i 为传动比，根据传动比概念有 $i = n_2/n_1$，设涡轮的输出转矩 $M_{涡}$ 与泵轮作用在涡轮上的转矩 $M_{涡}$ 之比为变矩系数 K，涡轮的输出功率与泵轮的输入功率之比为η，则有

$$K = \frac{M_{涡}}{M_{泵}} = \frac{\lambda_2}{\lambda_1} \tag{2-3}$$

$$\eta = \frac{M_{涡} \cdot \omega_2}{M_{泵} \cdot \omega_1} = \frac{M_{涡} n_2}{M_{泵} n_1} = KI \tag{2-4}$$

从式（2-4）可以看出液力变矩器的效率是一个二次曲线，由此定性地画出液力变矩器的效率曲线如图 2-18 所示，从图中可以发现当涡轮转速 $n_2 = n_j$ 时，液力变矩器的效率有极大值，涡轮转速继续升高，效率开始下降，当超过偶合点的转速 n' 后，效率降低速率更快，显然经济性大大下降。这就从理论上证明液力变矩器适宜在低速、大负荷工况下工作。

液力变矩器适宜在低速大负荷工况工作，液力偶合器适宜在高速小负荷工况下工作，如果把二者结合起来得到一个复合液力变矩器，当汽车在低转速、大负荷的起步阶段或在低速行驶时，它是一个液力变矩器；当汽车高速、小负荷行驶时，它变成一个液力偶合器，这样就大大扩展了液力传动装置的工作范围，使其真正具有实用的价值。液力变矩器和偶合器的区别仅在于有无导轮，只要做到低速、大负荷工况时导轮不转动，发挥变矩作用，高速、小负荷工况时导轮随着涡轮一同转动，可视为涡轮的一部分，相当于没有导轮，就变成一个偶合器，问题就解决了。

为了实现上述想法，可在导轮轴与导轮之间装一个单向制动器，当低速、大负荷工况时，导轮被单向制动器锁住不能转动，液力传动装置处于液力变矩器状态；当高速小负荷工况时，单向制动器放松导轮，液流使其与涡轮一道转动，液力传动装置处于液力偶合器状态，这样的液力传动装置称为复合液力变矩器，它的力矩曲线如图 2-20 所示，效率曲线如图 2-19 所示，复合液力变矩器具有偶合器和变矩器的综合优点，故得到广泛应用。

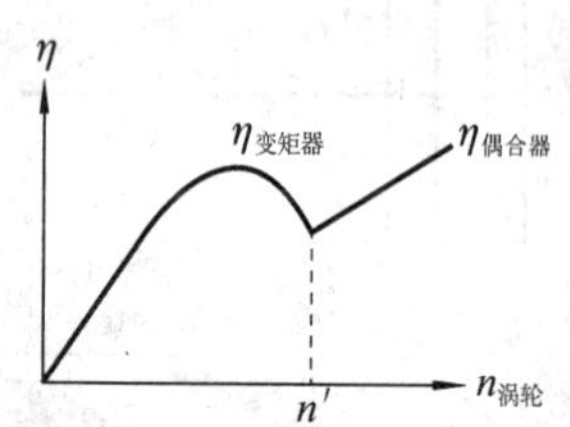

图 2-19　复合液力变矩器效率曲线

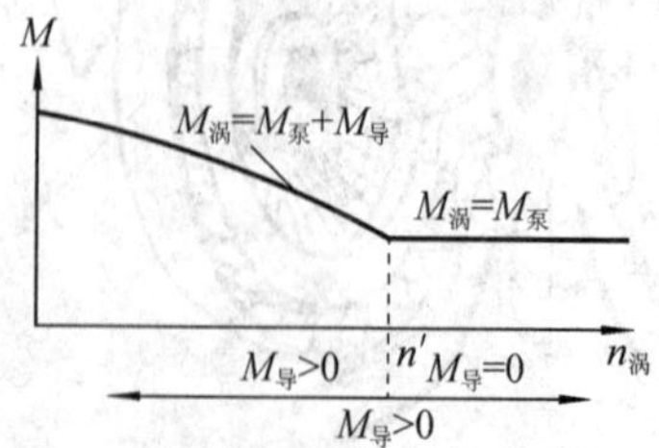

图 2-20　复合液力变矩器的力矩曲线

综合图 2-19 和图 2-20 可看出，在失速点，虽然转矩有最大值，但涡轮处于静止状态，所以液力

变矩器在失速点的传动效率 η 为零。随后，传动效率 η 随着传动比 i 的增大而升高，当涡轮转速接近转速 n_j 时，达到其最高值。此后转速继续升高，一部分自涡轮流出的油液冲击作用于导轮叶片的后表面上，使传动效率 η 略有下降，到达偶合点后，液力变矩器因导轮解除锁止，开始随泵轮和涡轮同方向旋转，失去增矩作用，按液力偶合器的特性工作。由于液力偶合器的传动效率是随着传动比 i 的增大线性增加的，所以，进入偶合区后，液力变矩器的传动效率 η 再度线性升高。油液分子之间内摩擦及油液分子与各工作轮叶片表面之间的摩擦会消耗掉部分能量，所以，液力变矩器所能达到的传动效率 η_{max} 为 95%～96%。

4. *液力传动装置的附件*

液力传动装置正常工作还需要一些附件，其中主要的有单向制动器和锁止离合器，其他轴承、密封件等本教材不再提及。

1）单向制动器

单向传动装置有单向制动器（uni-directional brake）与单向离合器两种，它们的区别是当锁止时，两转动件一起转动的为单向离合器，两转动件一起不能转动的称为单向制动器。

有了单向制动器，液力变矩器才有偶合和变矩两个工况。单向制动器的形式很多，汽车复合式液力变矩器用单向制动器主要有楔形块式和滚柱型两种。

在导轮与导轮轴之间有一单向制动器，当液力变矩器处于低速时，需要变矩工况，导轮受到液体逆时针（从发动机前面向后看）力矩作用，有逆时针转动的趋势，被单向制动器锁止在导轮轴上，起到变矩作用；当高速时，需要偶合器工况，导轮受到液体顺时针（从发动机前面向后看）力矩作用，有沿顺时针转动的趋势，单向制动器放松，导轮就与涡轮一起转动，成为一个大的涡轮，不再起变矩作用，由于没有了导轮，所以液力变矩器变成了液力偶合器。单向制动器或离合器在自动变速器中被广泛使用，它们的结构都是一样的。

单向制动器或离合器形式多种，汽车中目前使用较广泛的有楔形块式和滚柱式，详见本教材项目三的任务三。

2）液力变矩器的锁止离合器（torque converter lock clutch）

前面介绍了偶合点附近液力传动装置会中止传递，这是不允许的，汽车液力变矩器中利用锁止离合器来避免传递中断。

锁止离合器的工作原理：当进入偶合点附近时，利用一个锁止离合器将泵轮和涡轮锁成一体，相当于把液力变矩器变成一个把发动机和变速器直接连接起来的联轴器，就不会再发生传递中断的问题。锁止离合器的动作是 ECU 通过液压系统控制锁止活塞完成的，锁止活塞两腔通过不转动的导轮支承轴内的油道与整个液压系统接通。

如图 2-21 所示，就可实现将泵轮与涡轮锁成一体的目的。图中锁止活塞 20 通过外沿的花键与涡轮 5 外沿（图 2-21 中的序号 18）或中心（图 2-21 中的序号 8 或图 2-22 中的序号 2）的花键与涡轮 5 外沿（或涡轮输出轴 11）的花键 8 配合，活塞 20 随涡轮 5 转动的同时还可以轴向移动，保证锁止行程的需要。有些车型的锁止机构是通过活塞中心的花键 2 与涡轮输出轴连接成一体的，如图 2-22 所示。

锁止活塞把液力变矩器内部空间分隔成 A、B 两腔（图 2-21），分别通过导轮支承轴套上的油液通道与液压系统连接。当 B 腔进油，A 腔回油时，锁止离合器分离，泵轮、涡轮各自处于正常工作状态，B 腔的油经活塞上的若干个单向阀（图 2-21 中序号 24）顺利地流到 A 腔，以便油液及时把热量带出液力变矩器去冷却。当自动变速器的 ECU 根据车速通知液压系统改变油路，变成 A 腔进油，B 腔回油时，活塞上单向阀 24 在油压作用下关闭，活塞在压力推动下向左运动，活塞上的摩擦材料 22 紧紧地压向外壳上的摩擦材料 21，把泵轮 6 和涡轮 5 机械刚性地连成一体，液力变矩器变成一个机械摩擦式离合器就不会发生偶合点动力与运动传递中断的问题了，同时可以降低油温。周向减振弹簧 23 可以缓冲离合器接合和分离时的冲击，改善接合品质。ECU 通过调节 A、B 两腔内的压力差来调节活塞的压紧力，使二者的接合状态可以是完全接合、半合半离、半离半合或完全分离。

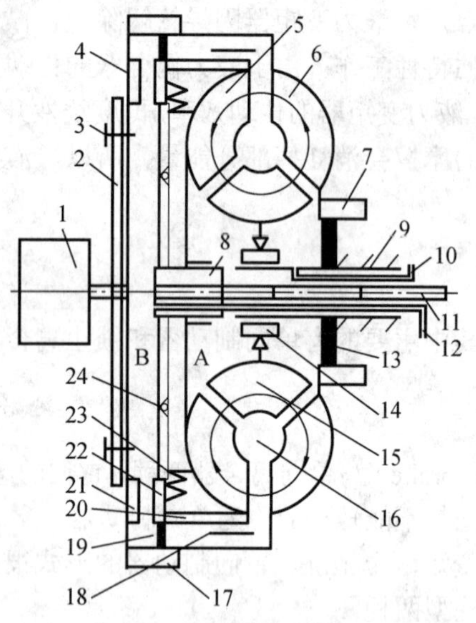

图 2-21　带锁止离合器的液力变矩器

1—发动机曲轴；2—连接板；3—连接螺钉；4—外壳壳体；5—涡轮；6—泵轮；7—液压泵驱动轴；8—涡轮输出轴连接花键；9—导轮支承轴管；10—A 腔油管；11—输出轴；12—B 腔油管；13—轴间密封件；14—单向制动器；15—导轮；16—内环；17—启动齿圈；18—活塞导向花键；19—活塞密封件；20—锁止活塞；21—外壳摩擦材料；22—活塞摩擦材料；23—周向减振弹簧；24—单向阀

图 2-22　锁止活塞

1—减振周向弹簧；
2—花键连接副锁止活塞

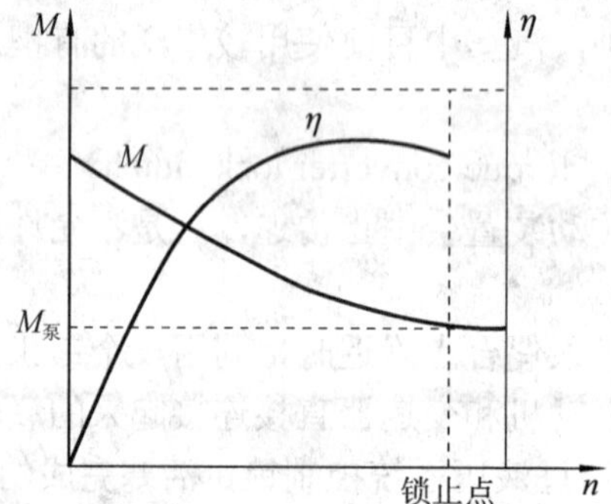

图 2-23　锁止液力变矩器工作特性曲线

图 2-23 为理论上的液力变矩器锁止后工作特性曲线。由图可见，随着涡轮转速提高，涡轮的输出转矩逐渐减小，到达偶合点锁止后，涡轮与泵轮机械连接，液力变矩器输出的转矩等于发动机的输出转矩，传动效率可达最高。

锁止液力变矩器常用的是液压锁止液力变矩器，还有离心锁止型液力变矩器及其他锁止型液力变矩器，后两者在现代汽车中已经不多用了。

汽车自动变速器都使用电子控制系统来控制液力变矩器锁止离合器的接合状态。

早期的锁止离合器，只在高挡位时才执行锁止任务，汽车低挡行驶时则不予锁止。这主要因为一旦在低挡时锁止，液力变矩器将无法产生最大的加速性能所必需的增矩作用。电子控制系统用于液力变矩器锁止控制，允许在特定的工况下，低挡位的倒车时也能产生锁止动作，扩大了使用范围。

各种液力变矩器的锁止工作方式是相同的，但就其机械结构设计而言，也还是有一些细微的差别的，本教材不再一一介绍，读者可以通过实物或资料了解。

二、机械传动系统

汽车机械传动系统主要是变速器，还包括主减速器、差速器及传动附件。这四部分与发动机、汽车布置方式、操纵方式、离合器、控制方式、变速方式、结构方式可以进行各种搭配，如表 2-1 所示。

表 2-1　机械传动系统的搭配表

项目	发动机		布置方式		离合器		操纵方式		控制方式			变速方式		结构方式			
	纵向	横向	前驱	后驱	脚控	液力	手动	自动	机械	液控	电液控	有级	无级	定轴	S式	R式	D式
变速器																	
主减速器																	
差速器																	
传动附件																	

表 2-1 中任何一个空格都是一种可能的配置，汽车的机械传动装置模块化生产后就可以灵活搭配成不同的款式，满足不同市场的需求。

三、液压传动系统

汽车液压传动系统（hydraulic pressure system）的主要作用是控制换挡执行元件的动作，实现自动换挡，同时还担负起向液力变矩器、润滑系统供油的任务。要强调的是，液力变矩器能够完成传递任务的动力源直接来自发动机，从理论上讲，只要在内部充满合格液体，液力变矩器就能正常工作，而实际上由于液力变矩器内部的液体受到高速搅动与剪切，会迅速发热，如果不及时把发热的液体引出冷却并输入低温液体，液体就会因高温汽化，使液力变矩器无法正常工作，进而损坏内部零件。

汽车液压传动系统为液力变矩器内工作用油的这种循环提供动力，初学者容易误认为是汽车液压系统为液力变矩器提供工作动力（液力变矩器内部的锁止离合器的锁止与放松是由液压系统控制的，但这个离合器已不属于液力变矩器参与液力传动的部件），这是不对的，汽车液压传动系统为润滑油的流动提供动力与上述情况属于相同的性质（静压润滑除外），两种工作情况与液压系统为换挡机构工作提供动力是不同的。如图 2-24 所示，液压传动系统由压力回路、速度控制回路、换挡回路、辅助回路组成。液压系统工作原理本教材不涉及详细介绍，简单分析可参阅本教材项目三的任务三。

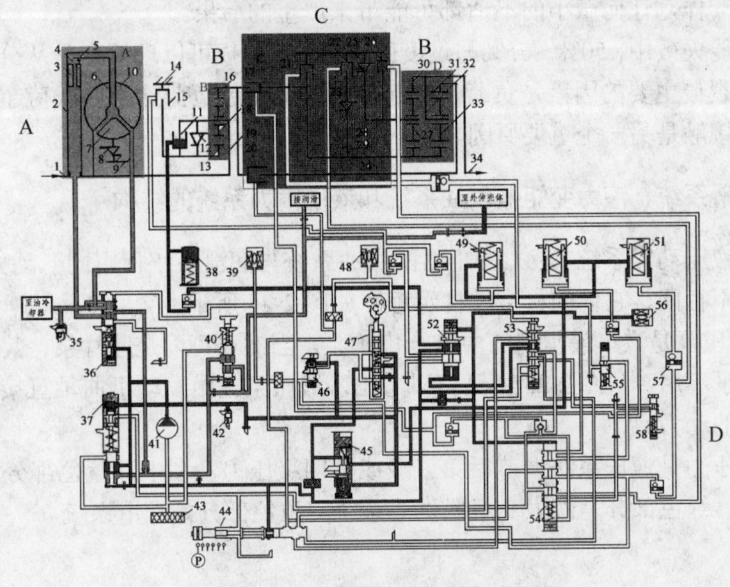

图 2-24　自动变速器的电控液压系统

A—液力传动区域（灰色区）；B—机械传动区域（浅灰色区）；C—液压执行元件区域（深灰色区）；D—液压油路区域（无色区）

四、变速装置的电子控制系统

汽车电子控制技术全面提高了汽车的动力性、经济性、排放性、安全性、舒适性、操纵性和通过性，使现代汽车完全不同于传统汽车，高档汽车电子系统数量已进入三位数时代，中档汽车的电子系统有近 50 个，其中直接用于自动变速器的主要如下：

（1）电子控制自动变速系统（ECT，electronic controlled automatic transmission system）。

（2）电子控制无级变速系统（CVT，electronic controlled continuously variable transmission system）。

（3）电子控制手-自一体变速系统（ECTMAT，Electronic Control manual automatic transmission）。

（4）自动驱动管理系统（ADM，automatic drive management system）。

（5）液面与磨损监控系统（FWMS，fluids and wear parts monitoring systems）。

（6）加速踏板控制系统（EAP，electronic controlled accelerator pedal system）。

（7）车载故障自动诊断系统（OBD，on board self-diagnosis system）。

间接与自动变速器有关的系统如下：

（1）电子控制制动辅助系统（EBA，electronic controlled brake assist system）。

（2）驱动轮防滑转调节系统（ASR，acceleration slip regulation system）。

（3）车身稳定性控制系统（VSC，vehicle stability controlled）。

（4）电子控制制动力分配系统（EBD，electronic controlled brake force distributing）。

（5）信息显示系统（IDS，information display system）。

（6）维修周期显示系统（LSID，load-dependent service interval display system）。

ECU 通过各类传感器全面了解着自动变速器的工作现状，依靠这些电子系统运行，指挥执行器执行工作，控制自动变速器的下一步工作状态，实现自动控制，了解、熟悉这些系统是学习自动变速器的重要内容。

任务三　汽车变速轮系的润滑

良好润滑（lubricating system）是任何机械正常工作的充要条件，汽车变速轮系的润滑系统就像人的血液循环系统一样，任何微小的不适都可能带来严重的后果。

机械设备的功能失效中，50%～75%与过度磨损有关。磨损可以理解为是从分子级的微观断裂开始的，引起这种断裂最主要的因素是负荷，引起分子间联系超负荷除了外载荷超载外，润滑不良造成运动副分子直接接触是另一个重要原因。

一、自动变速器润滑系统、液力变矩器供油系统和液压动力系统的结构

自动变速器的液压动力系统、液力变矩器的供油系统与润滑系统使用同一动力元件——液压泵，三个系统的压力是不相同，它们的机械结构示意图如图 2-25 所示。

图 2-25 中的液压泵是汽车最常用的内啮合齿轮泵，当然也可以是叶片泵，其他类型的泵受位置短而小的限制，几乎不用。从图 2-25 中还可以看出，液压泵是由发动机曲轴直接驱动的，故可以为液压系统提供强大的动力。

润滑系使用的压力是液压系统调节后第三级或第四级压力，图中深蓝色部分是液压系统执行元件分布结构示意图，绿色部分是液力变矩器供油系统，黄色部分是润滑系统。

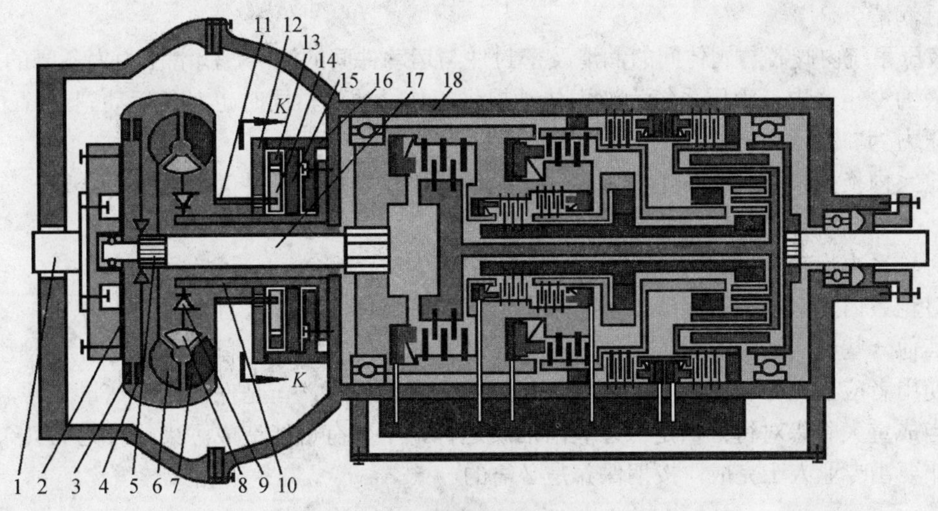

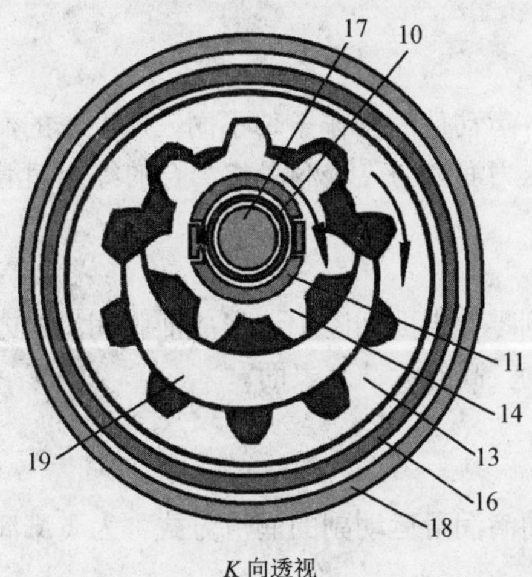

K 向透视
（序号 12 与序号 15 未画出）

图 2-25　自动变速器的液压、润滑结构示意图

1—曲轴；2—液力变矩器外壳；3—锁止离合器 C；4—锁止离合器 C 的摩擦盘；5—摩擦盘与涡轮间连接花键；6—涡轮；7—泵轮；8—导轮；9—导轮单向制动器 F；10—导轮支撑轴（与液压泵壳体一起固定在变速器壳体上）；11—液压泵驱动轴（与液力变矩器壳体刚性连接，由发动机驱动）；12—液压泵端盖；13—液压泵外转子；14—液压泵内转子；15—导流板；16—液压泵壳体；17—涡轮与变速器连接轴；18—变速器壳体；19—月牙板；深蓝色—液压系统；黄色—润滑系统；绿色—液力变矩器供油系统

二、润滑系统的作用

自动变速器靠润滑系统将清洁的、压力和温度适宜的机油不断地送往各零件的摩擦表面实现润滑，润滑有减少零件摩擦和磨损的润滑作用，还有带走零件摩擦面间的金属屑、沙粒、积炭等“磨料”的清洗作用；吸收并带走摩擦表面热量的冷却作用；填充零件间隙与空隙，减少气体泄漏，帮助活塞环加强密封的作用；减缓零件间冲击振动、降低工作噪声和减少零件表面受化学侵蚀等作用。

从图 2-25 中还可以看出，润滑系统涉及的面积和部位是最大的，事实上液压系统及液力变矩器供油系统中的油也有润滑的作用，液压泵正常工作是润滑系统正常工作的基本条件。

三、主要的润滑部位

自动变速器的润滑系统主要在以下部位发挥作用：

（1）液压泵内，润滑泵内各运动副，此处的润滑压力为系统压力，在为系统提供动力的同时，对自身进行润滑。

（2）液压系统内阀芯与阀体间的润滑及密封件与运动件间的润滑，润滑压力为各阀的工作压力。

（3）液力变矩器内，液压系统为液力传动提供工作介质油，同时也对各运动副进行了润滑及冷却，润滑压力为二级压力。

（4）轮系内换挡执行元件，主要是湿式离合器和制动器摩擦零件间的润滑及冷却，润滑压力为三级压力。

（5）对轮系内齿轮副的润滑，润滑压力为三级压力。

（6）对轮系内支承零件的润滑，各类轴承、各类密封件，润滑压力为四级压力。

（7）其他一些应当润滑的附件，如散热器、过滤器、传感器等，润滑压力为四级压力。

设备使用者应当充分认识润滑的重要性，经常做好两件事，一是保证润滑油量正常，发现有漏油现象要当成重大隐患对待；二是保证润滑油质达标，不要有可能造成污染的行为，其余保证润滑正常的工作要由专业人士完成，按期保养是必需的。

四、润滑方式

自动变速器工作时，由于各运动件的工作条件不同，所要求的润滑强度也不同，因而采取不同的润滑方式。现代汽车多采用压力润滑与飞溅润滑相结合的综合润滑方式。

1. 压力润滑

以一定压力将润滑油输送到零件表面间隙中，形成油膜润滑的方式称为压力润滑。压力润滑主要用于承受载荷和相对运动速度较高的运动副表面。

2. 飞溅润滑

依靠转动零件飞溅起来的油滴润滑运动副的润滑方式称为飞溅润滑。飞溅润滑主要用于外露表面、载荷较轻的运动副表面等。

3. 润滑脂润滑

自动变速器外面广泛使用了润滑脂润滑，这主要是根据汽车润滑条件与润滑要求设置的。

五、润滑油的故障诊断功能——铁谱分析技术

铁谱分析技术（ferrography）于 20 世纪 70 年代初由美国波音公司研制，成功应用于波音飞机故障预测后，迅速在世界各国推广运用起来。我国在 20 世纪 80 年代初开始引入这项技术，开展了设备机械故障早期预测的研究，在许多企业成功地杜绝了多起恶性故障。

现代汽车与人们的生活联系越来越紧密，依靠科学的手段，有根据地及时发现、主动预测、准确诊断、正确处理汽车故障，是车主的愿望，也是汽车维修行业降低维修成本的需要。铁谱分析技术就是这样一种手段，它可以根据汽车机械系统出现的非正常磨损微粒准确预测早期故障，以便对症下药，采取正确的措施将故障消灭在萌芽状态，使车主少花钱，使企业降低维修成本。

作者作为项目负责人，主持完成了交通部职业教育教学指导委员会 A 类科研项目《汽车动力系统磨损机理和工况监测研究》，历时近三年（2007.05 经专家鉴定后结题），在汽车维修企业跟踪车辆使用与维修中润滑油的变化，对汽车运行状态进行判断，对可能出现的故障进行预测，这种新的故障判断与预测的方式运用到汽车中是有意义的，将润滑油的功能提升到了一个新的领域，现简单介绍如下。

铁谱分析技术预测故障的操作：抽取检测样油、配制检测样油、识别特征磨粒、判断设备运行

状况等。

1. 铁谱分析技术预测故障的主要设备（图 2-26）

在维修现场或指定的取油监测点将待检测的样油抽取回实验室（相应设备本教材不再介绍），在图 2-26（a）分离器上将油中的沉淀颗粒分离到铁谱片上，得到图 2-26（b）铁谱片，将铁谱片放到图 2-26（c）的铁谱显微镜下进行观测与判断。

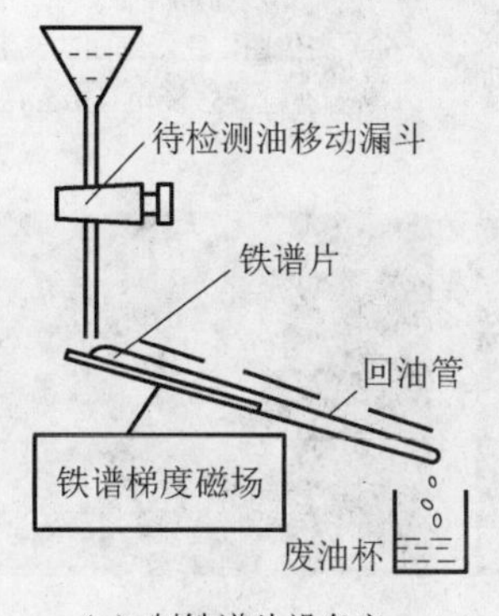

（a）制铁谱片设备之一

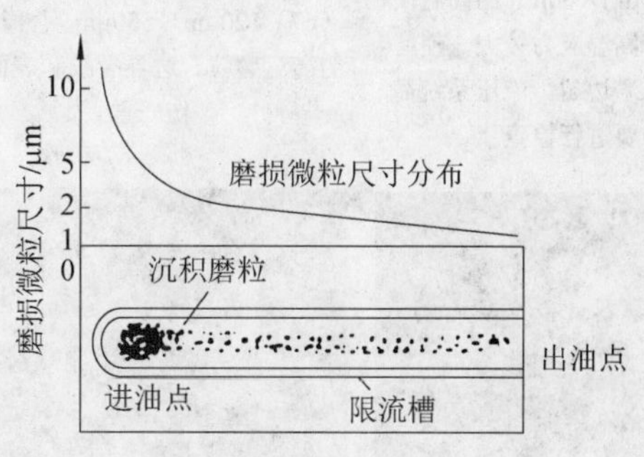

（b）制得的铁谱片上微粒分布情况
[图（a）的俯视图]

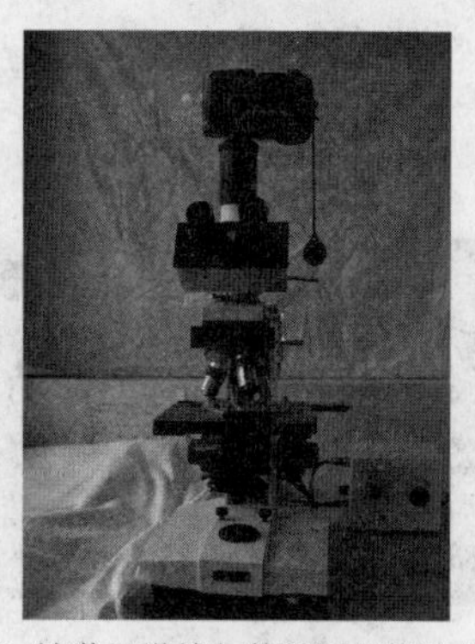

（c）铁谱显微镜与数码照相机连接，识别特征磨粒

图 2-26　铁谱技术的主要设备

2. 自动变速器工作状态判断

图 2-27 所示照片是自动变速器系统正常的润滑油微粒形态图例，铁谱分析技术从磨损的最终产物——磨粒的形态中了解汽车摩擦副材料表面的摩擦、磨损、润滑状况，为预测故障提供了一种有效的、科学的方法和判断依据。

将铁谱分析技术运用于汽车故障预测，能及时正确判断汽车机械系统的磨损情况，还能判断润滑油是否合格。如果与其他各种先进的汽车故障预测诊断技术配合，可以建立汽车运行情况监测网，实现对汽车故障的科学预测，避免大的损失。同样，铁谱磨粒分析技术也可以运用于其他设备的机械故障早期预测。图 2-27 是一组在汽车维修企业现场跟踪汽车自动变速器润滑油得到的铁谱照片中选用的部分照片（60 号以前是略去的发动机资料），图 2-27（a）从废油提取物中获得，图 2-27（b）后 6 张从新油提取物获得，磨损后微粒在润滑油中各种形态反映了自动变速器工作状况的好坏，铁谱技术为汽车自动变速器故障预测提供了现代检测技术的依据。

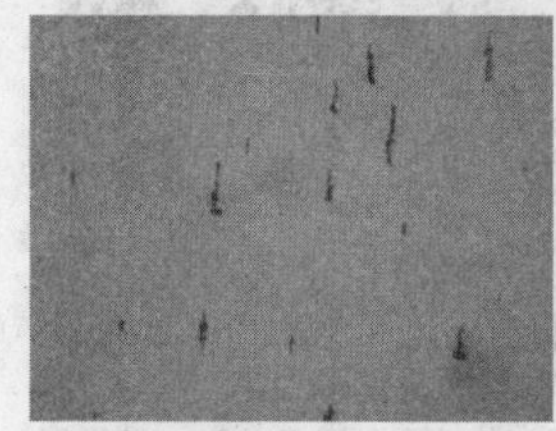

（60）低倍铁谱图，稀疏排列的细小正常磨粒，磨粒粒度为 3～8μm

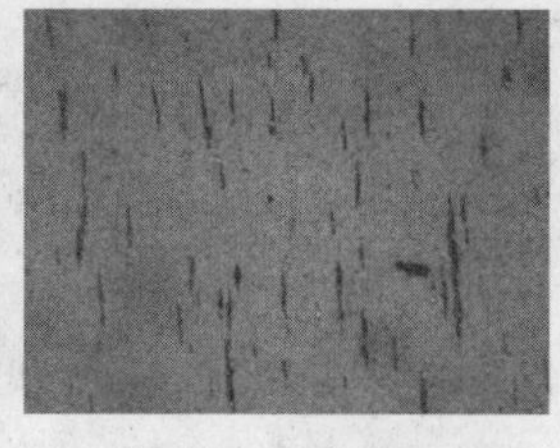

（62）低倍铁谱图，细小正常磨粒，排列已经不稀疏

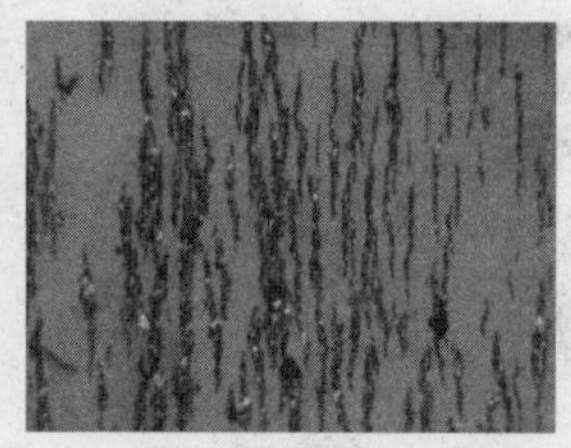

（63）高倍铁谱图，细小正常磨粒，排列已经不稀疏，磨损速度加快

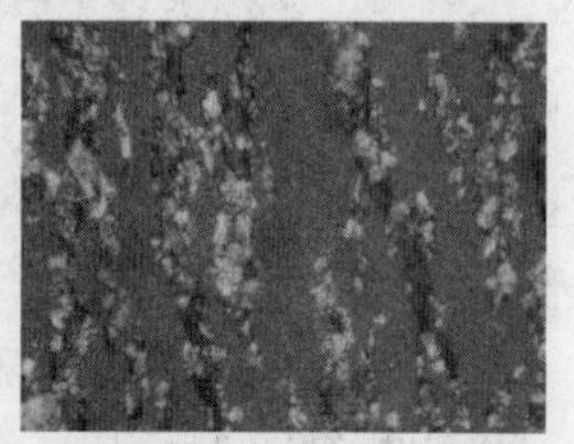

（64）高倍铁谱图，磨粒粒度为 10～20μm。磨损速度加快，存在潜在故障

以下照片是自动变速器系统恶化的润滑油微粒形态图例

图 2-27　铁谱照片

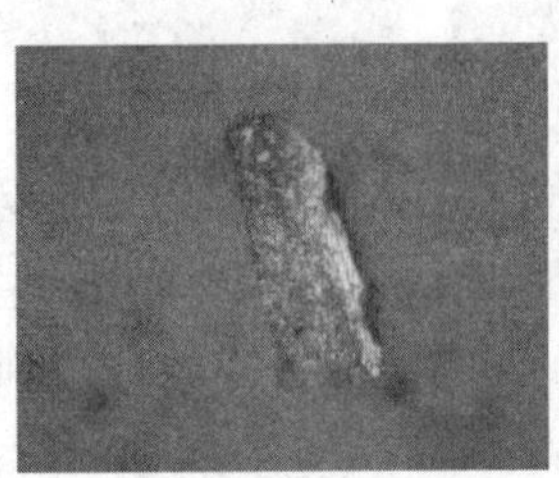
（65）高温冲蚀磨粒，90μm×25μm。直边界，表面有高温彩斑。说明液压阀有冲蚀损伤

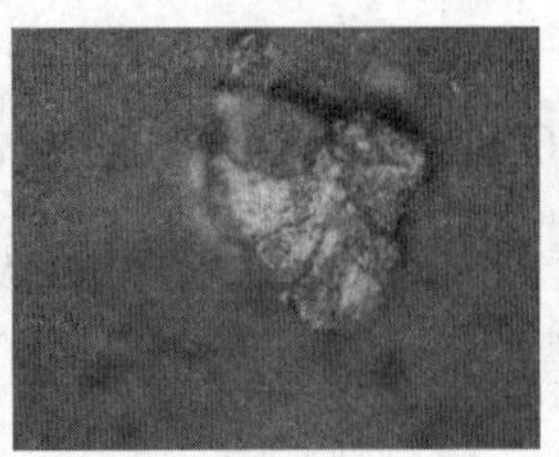
（66）70μm×60μm 的高温块状磨粒。高温应力较大，使磨粒发生高温边裂。液压系统需要进行检查

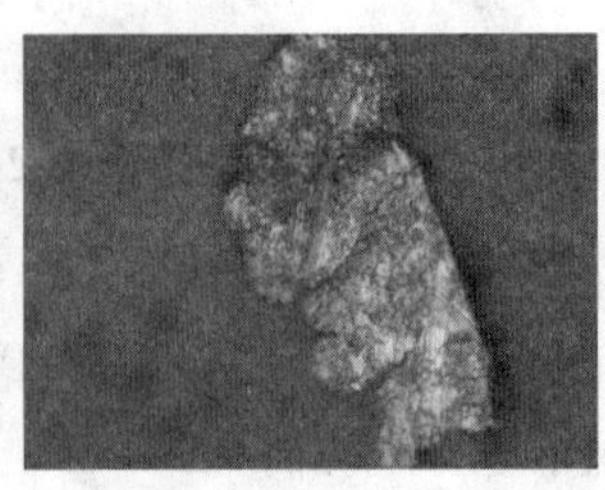
（67）120μm×550μm 尺寸很大的高温磨粒。边界裂纹和表面划伤严重

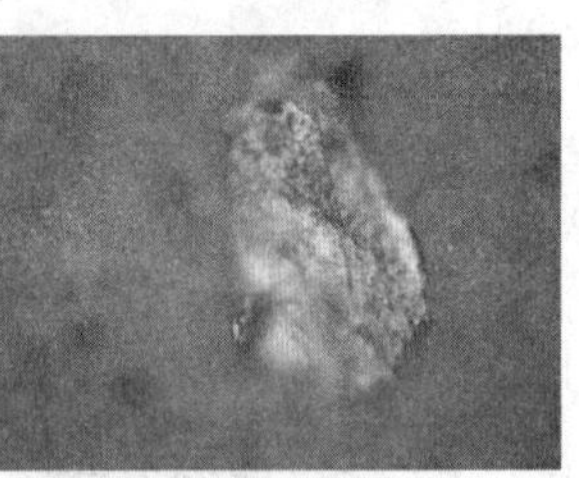
（68）高倍图，色彩绚丽的高温-黏着磨粒，55×40～50μm

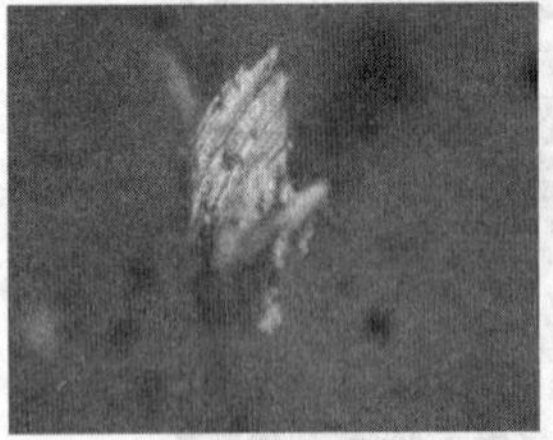
（74）月牙形切削磨粒，70μm×45μm。表面严重滑动划痕，边界是锋利的切削刃口

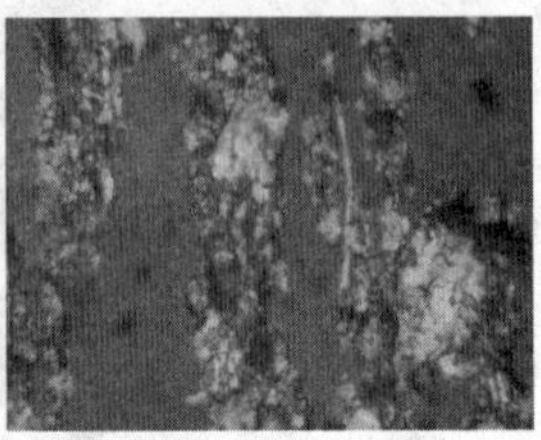
（75）呈链状排列的磨粒尺寸已经达到 25～40μm。中间的线形切削磨粒为 110μm×3μm。表明系统的各类磨损速度很快，需要立即停车检修，以避免恶性事故发生

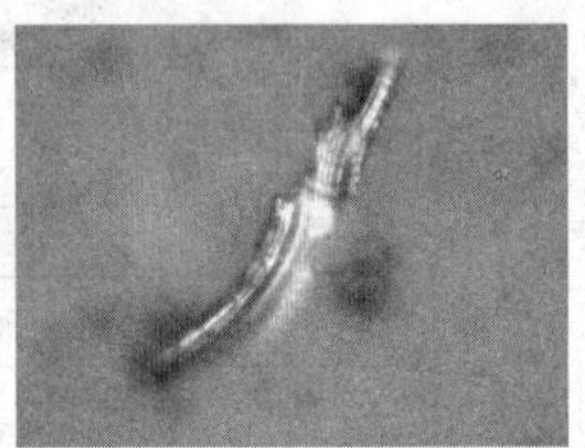
（76）螺旋形刃口锋利的切削磨粒 90μm×20μm。金属光泽明亮，表面划痕严重

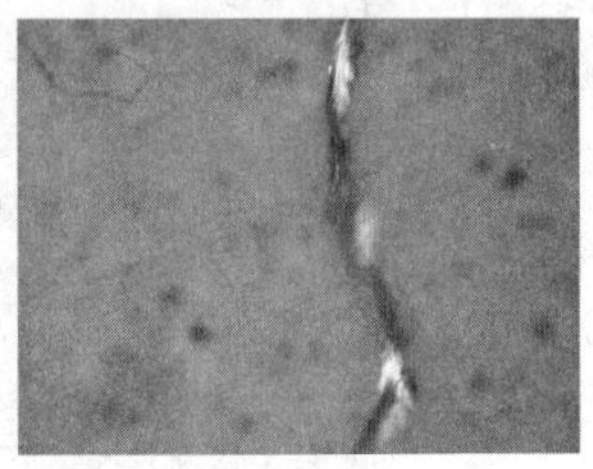
（77）螺旋形刃口锋利的切削磨粒 180μm×8μm。金属光泽明亮

（a）润滑油中典型铁谱照片

以下照片是自动变速器润滑油中非磨损杂质

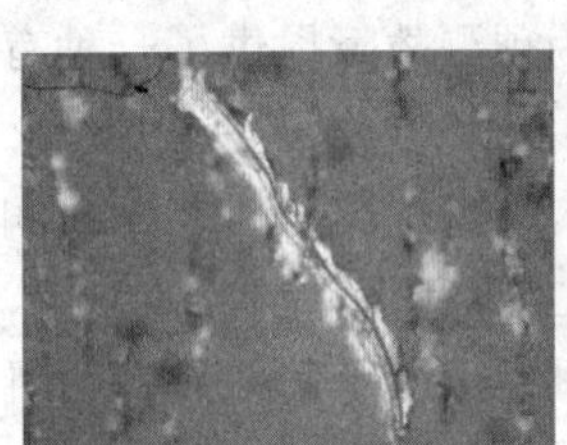
（78）55μm×20μm 的月牙形切削磨粒

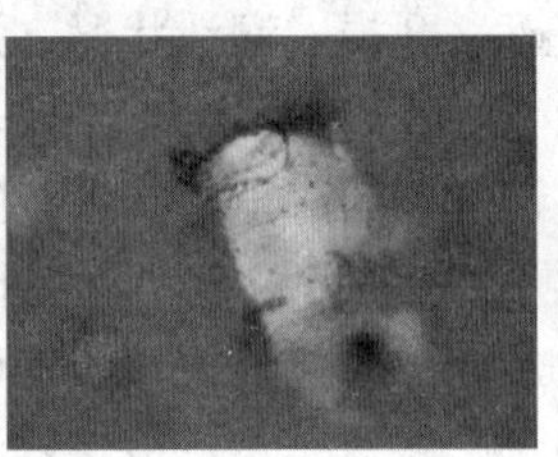
（81）片状疲劳磨粒，80μm×60μm。说明存在疲劳工况

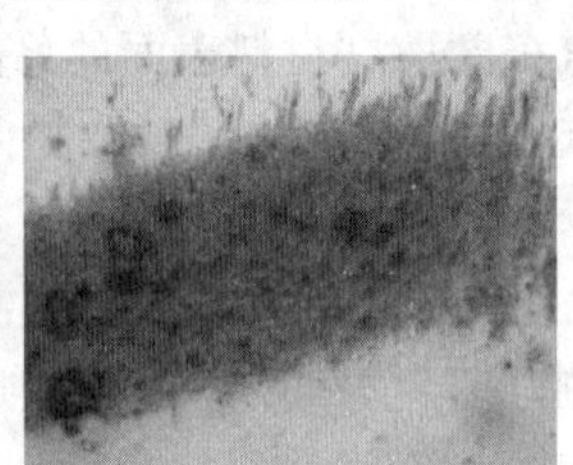
（70）腐蚀磨粒，系统存在严重的腐蚀，油液已经丧失耐腐蚀性能。需要立即换油

（71）锈蚀磨粒，系统存在严重锈蚀。系统进水或油液丧失抗锈性能。需立即确诊是进水还是油液质量存在问题

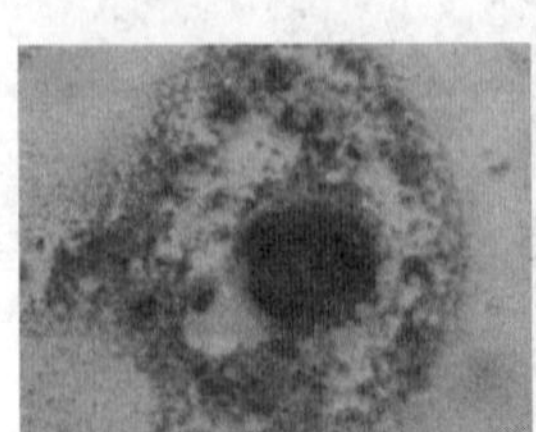
（72）油性摩擦聚合物。润滑性能下降，需要及时换油。改变此时的润滑不良的工况

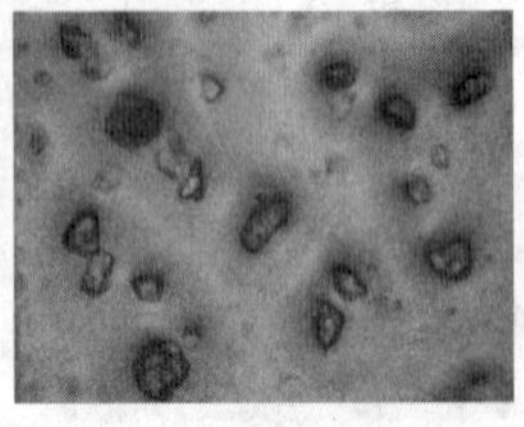
（73）未溶解的添加剂的有机物颗粒。说明油品质量较差

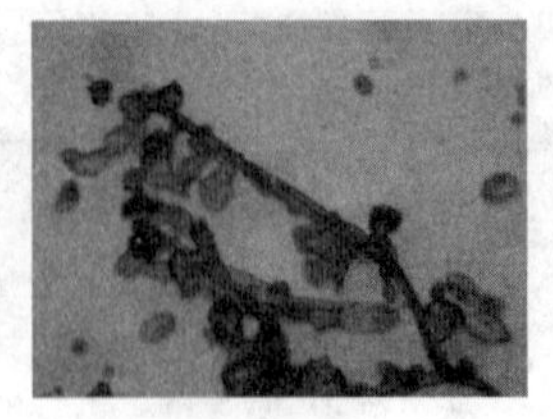
（79）新油中发现的非法杂质

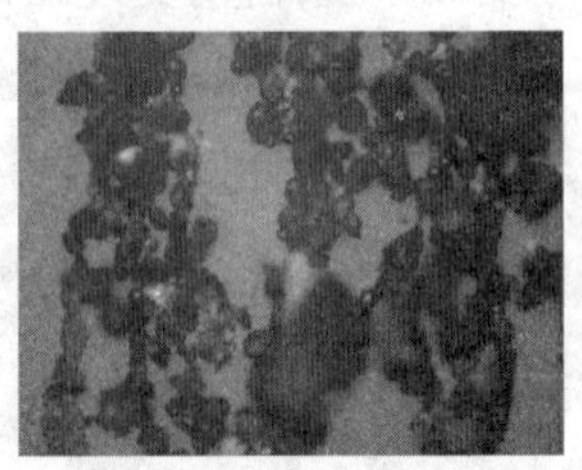
（80）锈蚀工况中ϕ2~12μm 球形磨粒和橘红色块状锈蚀磨粒。表示系统轴承有故障和油液中有水

（b）润滑油中典型铁谱照片

图 2-27 铁谱照片（续）

3. 磨损实例

（1）某轿车自动变速箱初期不正常磨损发展到异常磨损图例（图 2-28）：轴与滚针轴承之间润滑不好，就会发生硬磨硬的磨损，伴随发生磨粒磨损、疲劳磨损等，磨粒出现滑动、机械嵌合、多次反复错动，最后形成剥落状磨粒。这些磨粒先产生裂纹的地方光滑平整，突然断裂的部位呈锯齿状。

自动变速箱传动轴初期磨损（箭头指处）

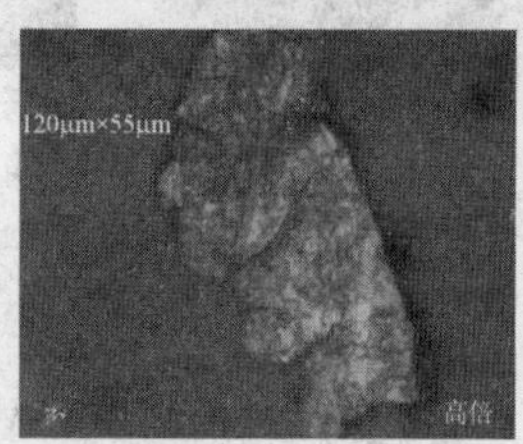

疲劳块状磨粒（高倍显微图）

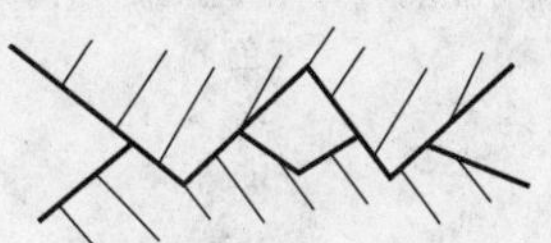
机械嵌合磨损形成机理

图 2-28　某轿车自动变速箱初期不正常磨损发展到异常磨损图

（2）某轿车自动变速箱 3 挡打滑异常磨损图例：轴套在轴上硬点的刨削作用下迅速脱落，形成刨屑状磨粒，表明磨损已经很严重（图 2-29）。

传动轴套内严重磨损（箭头指处）

高倍可见严重滑动磨粒，170μm×150μm，磨损速度加快，故障较严重，这是故障预警依据

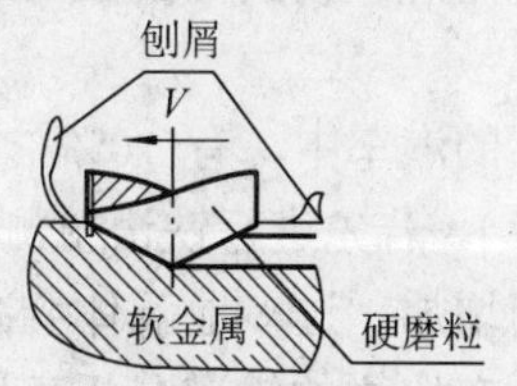

刨削式磨损形成机理

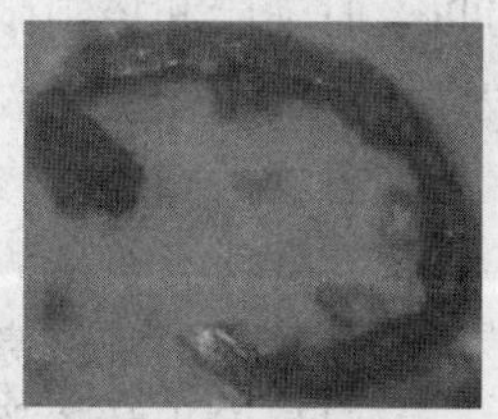
典型的刨屑状磨损微粒

图 2-29　某轿车自动变速箱 3 挡打滑异常磨损

（3）自动变速箱异常图例：自动变速箱内最常见的故障就是摩擦产生高温，引起磨损，这些微粒尽管形状各异，但伴随高温，都有彩斑是这些微粒的特征（图 2-30）。

自动变速机构严重磨损

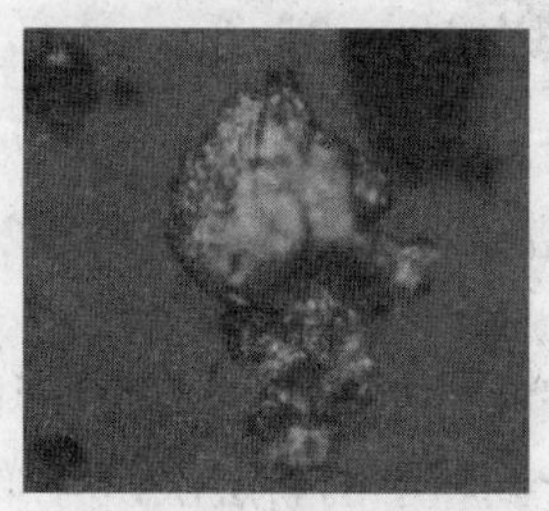
块状高温磨粒，110μm×50μm。红-黄色彩斑是其特征

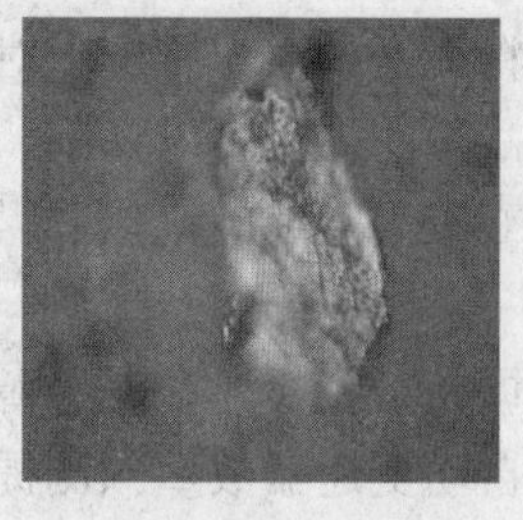
色彩绚丽的高温-黏着磨粒，55μm×40～50μm

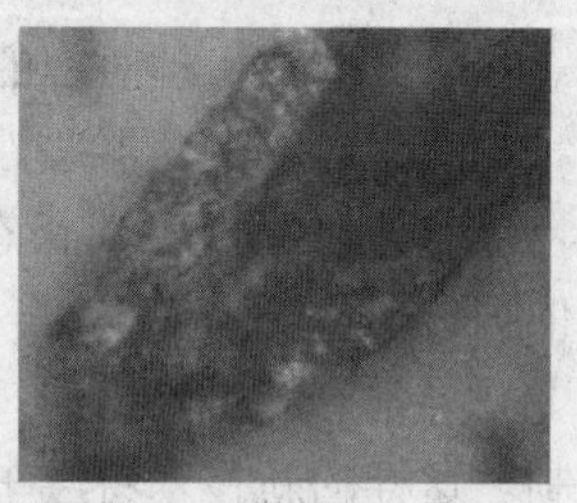
高温作用后磨损微粒上有明显彩斑，与零件上高温颜色接近

图 2-30　自动变速箱异常图例

（4）制动器故障磨损微粒：制动器在汽车传动系统中具有转速快、制动负荷大、润滑相对不良、相对摩擦力矩大的特点，容易产生多种磨损。常见的制动器故障磨损微粒如图 2-31 所示。

制动器磨损，产生高温，使零件表面变色

高温切削磨粒，100μm×8μm

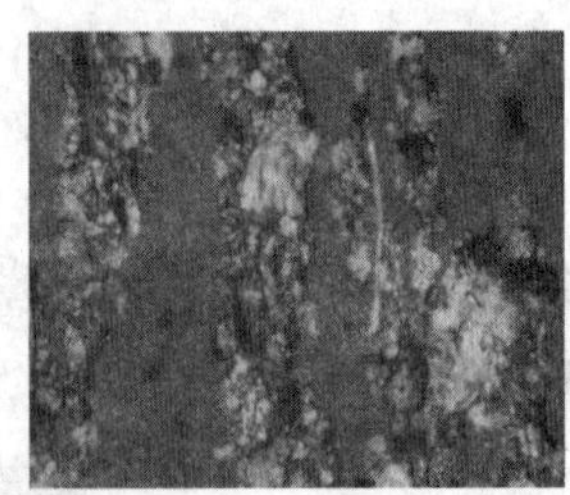
线形切削磨粒为110μm×3μm。表明系统各类磨损速度很快，需要立即报警检修，避免恶性事故发生

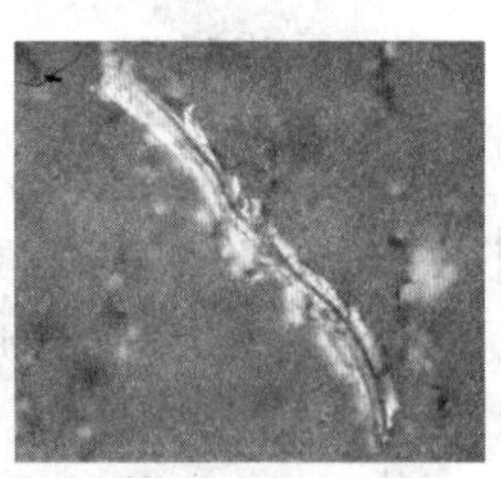
在高温状态下被切削下来的丝状磨粒

图2-31 常见的制动器故障磨损微粒

4. 铁谱分析对汽车维修现状的描述

通过长期跟踪统计发现，在正常保养送维修厂的汽车中，有60%的车辆存在潜在故障或欠维修状态，由于这类故障的微观性，人们几乎无法感觉到。如果应用铁谱分析检测后采取相应的措施，可以及时消除和控制微观隐患，使其回到正常运行状态上来。这些车辆处于欠维修状态，故障隐患较大，实为不安全因数。

在各类故障送维修厂的汽车中，有10%左右没有机械方面的故障，但却被过早地解体了（拆机检查证实并没有机械故障）。若先进行铁谱检测，则可以避免拆机。这些车辆处于过剩维修状态，过度维修使车主的维修费用增加，过多地解体会减少机械寿命。

对已经发生故障的轿车取样的铁谱分析表明，铁谱检测到的特征故障磨粒与故障基本对应。而且能捕捉各类磨粒数量的变化趋势找到故障预警、预报的依据。即这些机械故障都是能够预报的。

对新油的测试发现，11个来样中有2个新油含有很多的外界污染物和未溶添加剂颗粒，还有磨损特征的金属小颗粒，这种新油不能使用。由结果可知不合格的新油比例较高。因此，对新油进行铁谱分析，可以及时阻止有问题的润滑油加入车中，同时也为如何选择优质润滑油提供了依据。

六、润滑与磨损关系的结论

（1）磨损机理对应的特征磨损磨粒有一一对应的特征，磨损机理的普遍适用性得到证实。

汽车自动变速器恶性故障的磨粒多以切削、滑动、高温、疲劳磨粒为主。

（2）以正常磨损状态的正常磨粒为基点，异常工况的特征磨粒就成为故障预警、预报的诊断依据。

异常磨粒一旦出现，即使数量少，也是故障发生的信号，应该关注其发展趋势，做好监测、控制。这样的新技术将汽车自动变速器故障预测提升到科学的新层次，有加大研究的必要。

（3）代表汽车动力系统故障的特征图谱使纷繁复杂的润滑与磨损问题清晰、简明。

通过将图谱编制成软件，使得铁谱技术能够顺利地用于汽车维修的实际。

当代车主不仅仅关注汽车本身的性价比，更关注汽车的使用成本。汽车的使用成本的两个重要部分是油费和维修费，油费随全球石油价格浮动变化，无法人为控制，而维修费则是完全能够控制的。控制的方法之一是监控汽车的机械磨损状况，目的是及时纠正刚刚萌发的微观故障，避免异常、意外事故发生，减少拆机次数，提高系统的寿命。

维修企业使用先进技术为用户提供高品质服务的同时也提升了自己的维修、管理、技术水平，提升了企业形象，降低了维修成本。通过高质量的服务，能够建立起与车主的互信、和谐关系。

现代汽车这部快速奔跑的、自动化程度很高的精密机械上运用了越来越多的新技术，让每一位车主尽情享受现代化技术带来的愉快，重视汽车自动变速器的血液循环系统——润滑系统，引进新技术对其进行监测是保证车主安全和利益的重要内容之一，值得汽车维修人员为之共同努力。

项目检测要点

1. 汽车传动元件主要包括哪些？
2. 自动变速器今后发展的方向是什么？
3. 什么是汽车的布置？自动变速器按汽车布置分类可分为哪几种？对主减速器有何影响？
4. 液力传动器正常工作的充要条件是什么？
5. 复合式液力变矩器有哪三种工况？如何实现的？
6. 自动变速器由哪四大部分组成？
7. 为什么说“汽车液压系统为液力变矩器提供工作动力”的结论是错误的？
8. 润滑对汽车自动变速器有何意义？
9. 什么是铁谱分析技术？这种新技术用于汽车自动变速器的运行状态监测有何意义？

项目三 汽车变速器的结构原理

学习目标

1. 了解汽车手动变速器的工作原理。
2. 了解变速器的操纵机构的基础知识与术语。
3. 了解双离合器自动变速器的结构。
4. 掌握定轴自动变速器的结构及工作原理。
5. 了解动轴自动变速器的分类。
6. 掌握简单动轴轮系的演变类型及条件。
7. 掌握常见复合动轴轮系组成。
8. 掌握自动变速器控制元件的类型及组合。
9. 了解自动变速器的识别与使用。

学习要求

能力目标	知识要点	权重
能描述手动变速器的基本概念	手动自动变速器的作用、基本概念	10%
掌握简单轮系的演变规律	简单轮系演变的条件	30%
掌握复合轮系及其组成	复合轮系的工作原理	30%
能分析自动变速器控制元件的组合造成的控制结果变化规律	自动变速器控制元件的组合及工作规律	30%

变速器用来改变发动机传到驱动轮上的转矩、转速和转向，保证发动机在最有利的工况范围内工作，让汽车在各种行驶工况获得不同的牵引力、速度和转动方向，变速器由变速传动机构和操纵机构组成。

一、变速器的基本设计要求

（1）保证汽车的动力性和经济性最佳。

（2）设置空挡，用来切断发动机的动力传输。

（3）设置倒挡，使发动机不反转，汽车能倒退行驶。

（4）工作可靠，变速器不得有跳挡、乱挡及换挡冲击等现象发生。

（5）换挡迅速、省力、方便。

（6）变速器应有高的工作效率。

（7）有动力输出装置。

（8）变速器的工作噪声低。

（9）轮廓尺寸和质量小、制造成本低、维修方便。

二、汽车变速器分类（表 3-1）

表 3-1　汽车变速器

类型	定义	前进位数	结构	操纵方式
定轴轮系	变速器所有传动轴的轴线都固定不动的轮系	三速变速器 四速变速器 五速变速器 多速变速器	二轴式 三轴式 多轴式	手动 自动
动轴轮系	变速器所有传动轴中只要有一根轴线绕其他轴的轴线转动的轮系	三速变速器 四速变速器 五速变速器 多速变速器	一个复合动轴轮系 一简单轮系加一复合轮系 两简单轮系加一复合轮系 两个复合动轴轮系	自动

手动变速器依靠人工操纵改变参与传递的同步器的位置来改变参与传递的啮合齿轮的位置，达到变速的目的；自动变速器依靠 ECU 控制电液系统改变参与传递的执行器，来改变轮系参与传递的工况，达到变速目的。

任务一　汽车手动变速器的结构与工作原理

一、手动变速器的连接

手动变速器安装在发动机与主减速器之间，与发动机的连接可以是脚控机械摩擦式离合器，也可以是自动液力变矩器，与主减速器的连接分前驱与后驱，前驱的变速器输出轴与主减速器的主动轮是刚性键连接，后驱的变速器输出轴通过万向传动装置与主减速器连接。

二、手动变速器传动机构

手动变速器由变速传动机构和变速操纵机构两大部分组成，变速传动机构的作用是在传递发动机动力过程中改变转速、转矩和转向；变速操纵机构的作用是控制传动机构实现转速、转矩和转向的变换。变速传动机构按变速器轴数分类，可分为二轴式、三轴式及多轴式变速器，轿车多用二轴式和三轴式。

变速传动机构由输入轴、输出轴、倒挡轴、齿轮组、同步器、支承轴承和变速器壳体组成，4 挡变速器有 4 个前进位、1 个空挡和 1 个倒挡，5 挡变速器有 5 个前进位、1 个空挡和 1 个倒挡。

1. 二轴式变速器

前驱二轴式手动变速器传动机构外形及结构如图 3-1 所示，这种变速器结构简单紧凑、体积小、质量轻、传动效率高，广泛应用于发动机前置、前轮驱动的轿车上。

根据发动机的布置形式，二轴式变速器有发动机横置和发动机纵置两种，尽管结构上有区别，但工作原理是一样的，图 3-1 是与发动机横置配套用的二轴式变速器，读者可以参阅有关资料了解与发动机纵向布置配套的二轴式变速器。

2. 三轴式变速器

三轴式变速器的输入轴和输出轴在同一轴线上，另有一中间轴，图 3-2 所示为三轴式变速器传动机构，由变速器壳体和支承轴承、输入轴 1、输出轴 7、中间轴 11 和倒挡轴 9 及轴上的齿轮组成，具有 5 个前进位和 1 个倒车挡，第 4 挡为直接挡，5 挡为超速挡，装有 3 个同步器。

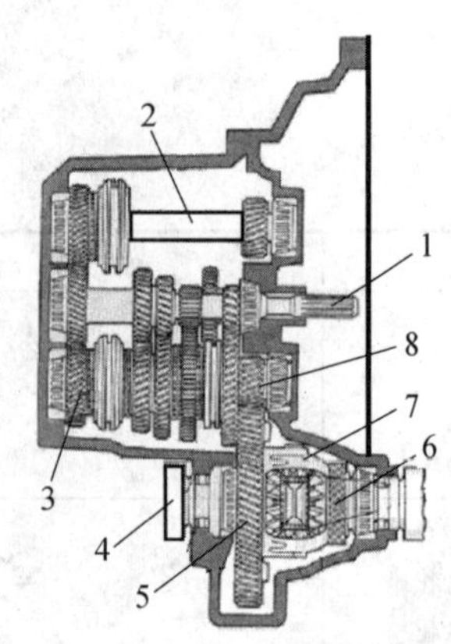

（a）前驱二轴式手动变速器传动机构装配图

1—输入轴；2—倒挡轴；3—输出轴；4—车轮驱动轴；5—主减速器被动齿轮；6—有限滑差控制器；7—差速器；8—主减速器主动齿轮

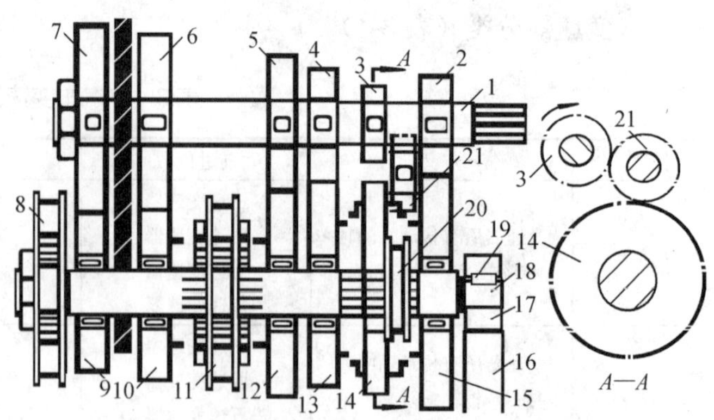

（b）前驱二轴式5挡手动变速器挡位分析

1—输入轴；2—1 挡主动齿轮；3—倒挡主动齿轮；4—2 挡主动齿轮；5—3 挡主动齿轮；6—4 挡主动齿轮；7—5 挡主动齿轮；8—5 挡同步器；9—5 挡被动齿轮；10—4 挡被动齿轮；11—3、4 挡同步器；12—3 挡被动齿轮；13—2 挡被动齿轮；14—倒挡被动齿轮；15—1 挡被动齿轮；16—主减速器被动齿轮；17—主减速器主动齿轮；18—输出轴；19—键；20—1、2 挡同步器；21—倒挡中间滑动惰轮

图 3-1　前驱二轴式手动变速器

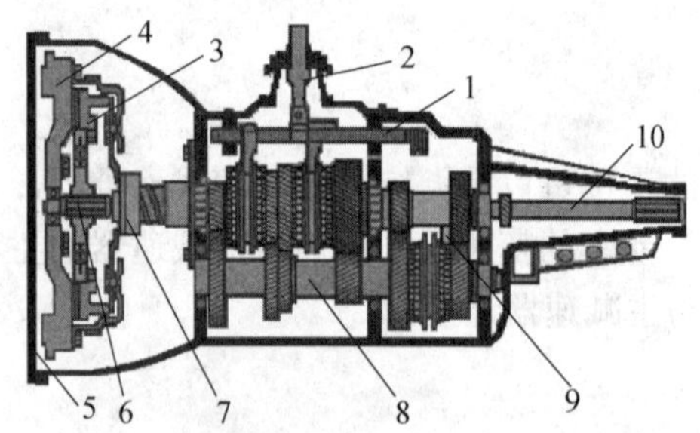

（a）后驱三轴式手动变速器传动机构装配图

1—拨叉轴；2—选位操纵手柄；3—离合器；4—飞轮；5—发动机壳；6—离合器输出轴（变速器输入轴）；7—分离轴承；8—中间轴；9—倒挡齿轮；10—输出轴

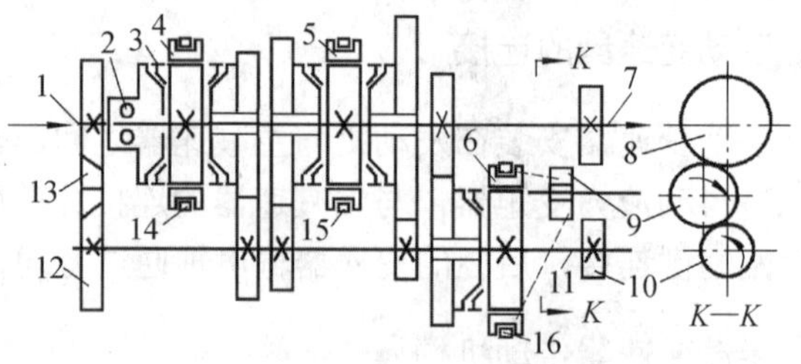

（b）后驱三轴式5挡手动变速器挡位分析

1—输入轴；2—轴承；3—同步器；4—3、4 挡接合套；5—1、2 挡接合套；6—5 挡接合套；7—三（输出）轴；8—倒挡输出齿轮；9—倒挡中间轴及齿轮；10—倒挡主动齿轮；11—二（中间）轴；12、13—中间常啮合齿轮；14、15、16—拨叉

图 3-2　三轴式变速器传动机构

3. 同步器

同步器（synchronizer）的作用是使齿毂外缘上的齿轮与变速齿轮旁的齿圈迅速同步转动，以便于接合套能顺利地将二者连接起来。

从图 3-3（a）中可以看到，发动机转速（离合器打滑丢掉的转速忽略不计，也是变速器输入轴的转速）的变化率是很快的，如曲线 I 所示，转速曲线显得陡峭；而变速器输出轴由于与车轮连接在一起，质量大，转动惯性也大，它的转速变化率就要小，曲线 II 显得平坦。在没有同步器的变速器中，要想使两根曲线在 1、2、3、4 点相交（只有在这时才能接合），就要多次给发动机加速或减速，将发动机转速调整至 1、2、3、4 点转速，这就是常说的多脚离合，这样无疑增加驾驶员的劳动强度、能源的无谓消耗、大气污染等。同步器的出现圆满地解决了这个问题，是汽车发展史上一个成功的创新。同步器的作用就是迅速地让变速器输入轴与输出轴同步，让二者曲线重合，如图 3-3（b）所示。

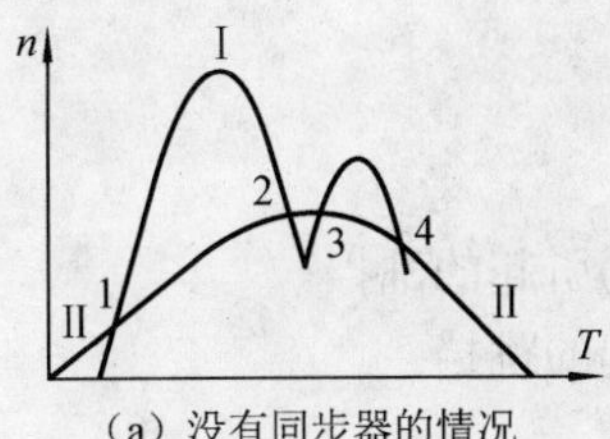

(a) 没有同步器的情况

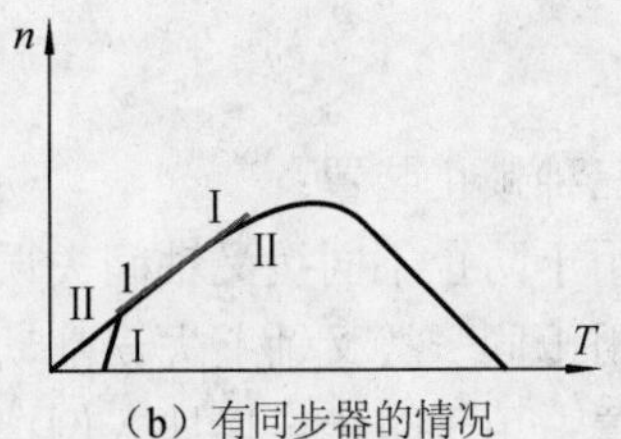

(b) 有同步器的情况

图 3-3　转速变化示意图

I—发动机转速（变速器输入轴）变化曲线；II—变速器输出轴转速变化曲线

同步器基本原理就是用一圆锥面让两轴可以在任何转速下接合。

汽车手动变速器同步器应用最广泛的是惯性锁环式和惯性锁销式同步器，前者多用于轿车和轻型汽车上，后者则多应用于中、重型汽车。

工作原理：如图 3-4（a）所示，同步器处于中间位置。驾驶员操纵选位操纵手柄左移，拨叉推动接合套、滑块、锁环左移，当滑块与锁环接触后，锁环阻止接合套继续移动，变速齿轮依靠摩擦力矩带动锁环转动，相对于接合套转过一个角度，使滑块端头位于锁环缺口一侧，在选位操纵手柄推动力作用下，锁环与变速齿轮锥面压紧，依靠强有力的摩擦力矩，迅速达到同步。同时锁环还受到接合套施加的拨环力矩作用，两力矩未平衡时，锁环齿与接合套齿始终抵触，防止同步前的强行啮合，如图 3-4（b）所示。当两力矩平衡后，接合套轻松推动同步锁环再相对转动半个齿，实现啮合，再进一步与变速齿的连体边齿轮啮合，顺利实现新挡位同步，如图 3-4（c）所示。

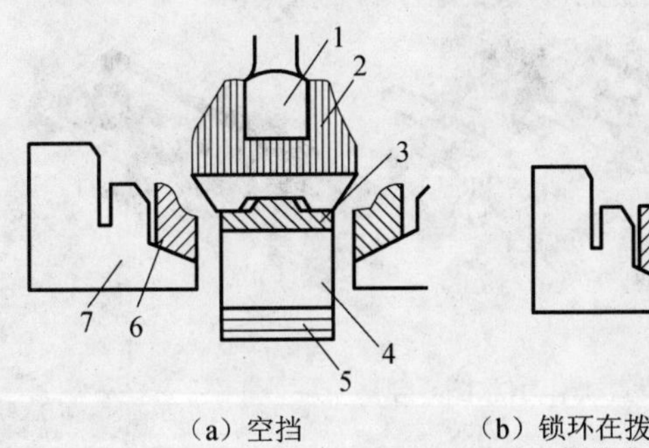

(a) 空挡

(b) 锁环在拨环力矩和摩擦力矩作用下首先与变速齿轮同步

(c) 变速齿轮与轴完全同步

图 3-4　惯性锁环式同步器工作原理

1—换挡拨叉；2—接合套；3—滑块；4—齿毂；5—花键轴；6—同步锁环；7—变速齿轮

三、变速器操纵机构

1. 换挡操纵机构

变速器操纵机构可分成直接操纵式操纵机构（direct shift mechanism）和远距离操纵式操纵机构（farness distance shift mechanism），设置在底座上和在转向盘上的比较常见。

对换挡操纵机构基本要求：操作简单、工作可靠、不跳挡、不乱挡、手感明显。如图 3-5 所示，三根滑轴上各一个拨叉（挡位数越多，滑轴和拨叉越多，一般只有三根滑轴三个拨叉，六个挡位），一个拨叉只负责两个挡位（前位负责一个，后位负责一个），用来拨动同步器换挡，选位操纵手柄操纵控制装置工作示意图如图 3-6 所示。

2. 锁止装置

手动变速器上有三种锁止装置：

（1）互锁装置：用于防止不同拨叉轴间失误乱动引起的乱挡。

（2）自锁装置：用于同一拨叉轴上失误乱动引起的跳挡。

（3）倒挡锁止装置：用于防止错误挂入倒挡位。

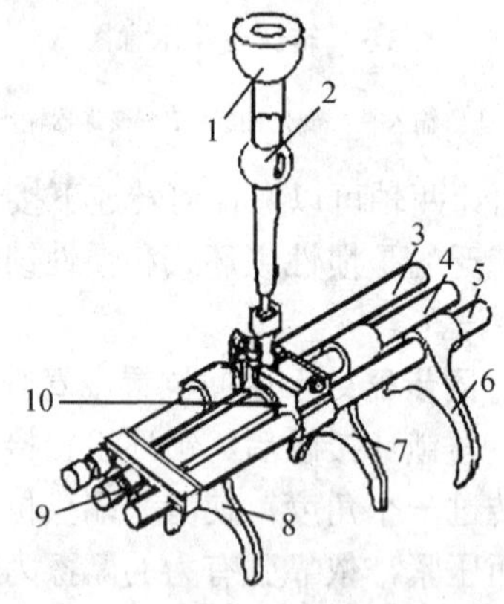

图 3-5 选位操纵手柄、滑轴与拨叉

1—换挡手柄；2—球体；3—1、2 挡滑轴；4—3、4 挡滑轴；5—5 挡、倒挡滑轴；
6—5 挡、倒挡拨叉；7—3、4 挡拨叉；8—1、2 挡拨叉；9—互锁装置；10—分配装置

图 3-6 操纵杆操纵控制装置工作示意图

四、双离合器变速器

双离合器变速器也称直接换挡变速器（DSG，direct shift gearbox），操纵汽车对离合器的要求是一致的，即结合可靠（结合不可靠会造成传递打滑）、分离彻底（分离不彻底会造成操纵困难），双离合器较之单离合器能更好地实现这个要求。

双离合器变速器是一种手动变速器，它有两条传递路线（图 3-7）。一条传递路线为奇数挡路线（图中序号 1、3、5），另一传递路线为偶数挡路线（序号 2、4、6）。发动机通过两个离合器（图中序号 7、8）连接两根输入轴（图中序号 11、12）输入动力和运动，通过两根输出轴（图中序号 13、14）与主减速器（图中序号 15）连接输出动力和运动。相邻各挡的被动齿轮通过同步器交替与两输入轴齿轮啮合，配合两离合器的控制，实现在不长时间切断传递的情况下转换传动比，缩短换挡时间，有效提高换挡品质。例如，当离合器 7 接合时，1 挡齿轮副 1 和 2 挡齿轮副 2 通过两个同步器同时啮合上，齿轮副 1 工作，齿轮副 2 顺时针空转，处于 1 挡位状态；当由 1 挡升入 2 挡时，由于 2 挡齿轮副早已啮合，故只需先让离合器 7 放松，再让离合器 8 接合就可以了，这样就使换挡时间大大缩短，其他各挡位情况相同，详情请读者参阅本教材项目七中任务一的介绍。

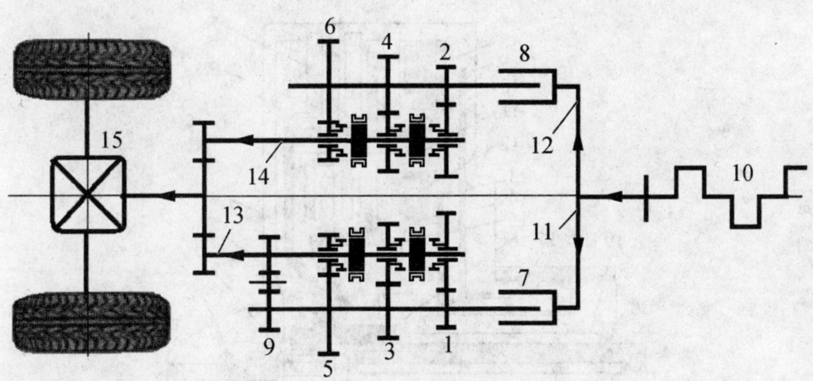

图 3-7　双离合器变速器原理

1—1 挡齿轮副；2—2 挡齿轮副；3—3 挡齿轮副；4—4 挡齿轮副；5—5 挡齿轮副；6—6 挡齿轮副；7—单挡位离合器；8—双挡位离合器；9—倒挡齿轮副；10—发动机；11—单挡输入轴；12—双挡输入轴；13—单挡位输出轴；14—双挡输出轴；15—差速器及主减速器

DSG 的电子控制系统控制两个离合器交替工作。

电子控制系统可计算下一个可能要换入的挡位从而将空闲的变速器拨到相应的挡位，也可根据驾驶员的驾驶习惯进行换挡。换挡的速度快且稳：DSG 可以在大约 8ms 的时间内完成加挡，而法拉利手动 Enzo 需要 150ms 的加挡时间；DSG 还可以进行双离合减挡和跳跃减挡，如从 6 挡直接换到 4 挡或 3 挡等；DSG 也可在普通模式、经济模式和运动模式三种模式之中切换。

双离合器变速器有干式和湿式两种，干式与普通机械摩擦式离合器很相似，不同的是两离合器安装在飞轮左右两边，采用膜片弹簧，结构示意图如图 3-8 所示（运动和动力从序号 10 输入，分别从序号 1 和序号 3 输出）。液压阀体 6 的作用是控制两离合器动作，驾驶员踩下踏板，允许二者同时放松；放松踏板时，两离合器只能先松开后结合，绝对不允许二者同时结合。

湿式双离合器结构示意图如图 3-9 所示（运动和动力从序号 1 输入，分别从序号 3 和序号 19 输出），现代汽车都使用膜片弹簧。飞轮驱动两离合器的摩擦片套，摩擦片套与各自的输出轴相连，活塞的动作与干式双离合器相同。

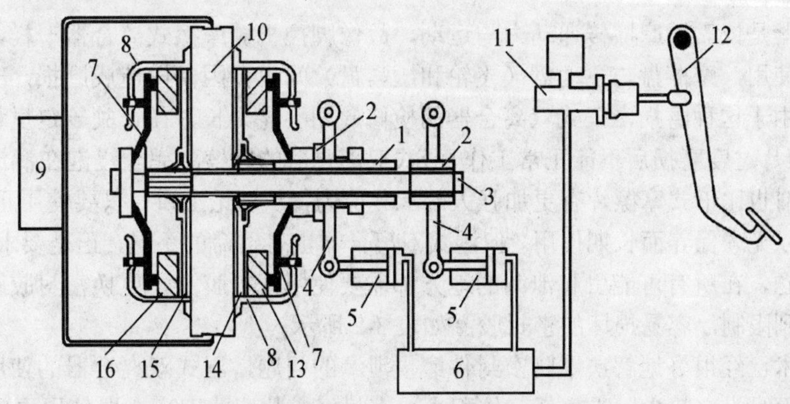

图 3-8　干式双离合器结构示意图

1—离合器 1 输出轴；2—分离轴承；3—离合器 2 输出轴；4—分离杠杆；5—分离液压缸；6—液压控制阀体；7—分离膜片弹簧；8—分离器壳体；9—发动机曲轴；10—飞轮；11—分离主缸；12—分离杠杆
13—离合器 1 压紧盘；14—离合器 1 摩擦盘；15—离合器 2 摩擦盘；16—离合器 2 压紧盘

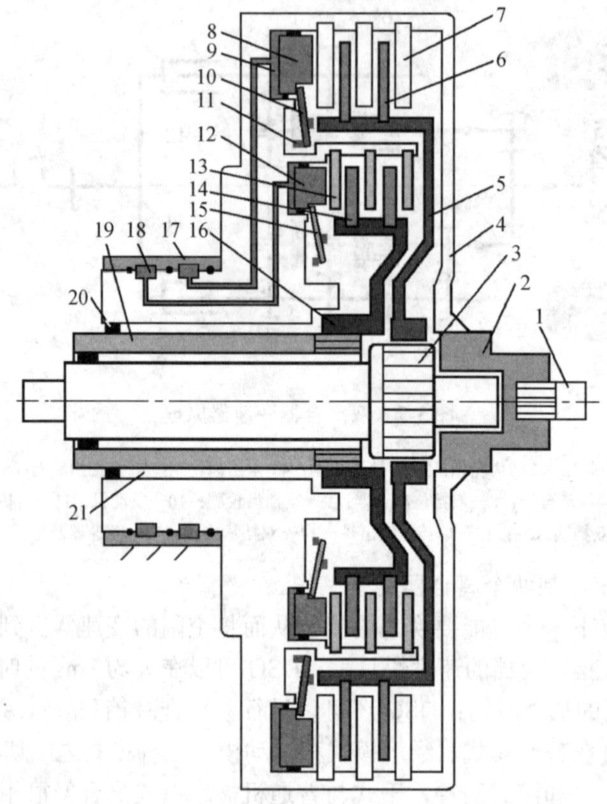

图 3-9　湿式双离合器结构示意图

1—发动机曲轴弹簧；2—离合器旋转外壳与曲轴连接套；3—离合器 2 输出轴；4—离合器旋转外壳（内装有两离合器的主动钢片序号 7 和序号 13 及控制活塞序号 8 和序号 12）；5—离合器 2 输出套；6—离合器 2 摩擦片；7—离合器 2 钢片；8—离合器 2 控制活塞；9—离合器 2 液压缸压力油腔；10—离合器 2 液压缸活塞回位膜片弹簧；11—膜片弹簧支点；12—离合器 1 控制活塞；离合器 1 膜片弹簧；13—离合器 1 钢片；14—离合器 1 摩擦片；15—离合器 1 液压缸活塞回位膜片弹簧；16—离合器 1 输出套；17—离合器支承滑动轴承；18—液压油供油口；19—离合器 1 输出轴；20—密封胶圈；21—离合器内润滑油

干式双离合器是依靠干摩擦传递动力与运动，故像脚控机械摩擦式离合器一样，磨损是无法避免的，即使正常使用，摩擦盘与主动盘（飞轮和压紧盘）间也会因摩擦造成磨损，一是磨下的粉尘造成污染，二是由于这种磨损，干式双离合器的检修周期不能太长，在行驶一定里程后就要更换摩擦片，以防止摩擦片过度磨损后不能正常工作。湿式双离合器的摩擦副完全浸泡在润滑油中(图 3-9)，摩擦片的摩擦材料也比干式摩擦片有更加强大的承载能力，从理论上讲，只要使用正确，保证润滑，湿式双离合器可以无须保养而长期使用。但湿式双离合器也有致命的不足，正是要求要浸泡摩擦副，就产生了密封问题，在所有可能引起泄漏的地方都需要使用密封胶圈，更换密封胶圈使湿式双离合器的使用寿命受到限制，容易损坏的密封胶圈如表 3-2 所示。

现代液压技术已经很好地解决了防密封件磨损泄漏的问题，湿式双离合器的使用寿命大大超过干式双离合器，而且没有粉尘、噪声低、体积小、密封好，故湿式双离合器使用更广泛。

有些车型有更多的挡位数，只需要增加啮合齿轮副、拨叉、挡位滑轴、自锁、互锁等装置数就可实现，同步器的控制采用电控后，挡位的选择更加灵活。但这将导致车辆结构复杂、维修困难，除特殊车辆外，一般不采用。手动变速器的以上总成都是不能缺少的，否则手动变速器将不能正常工作。

表 3-2　湿式双离合器易损胶圈

损坏原因	胶圈位置		
	1	2	3
相对速度差大	序号 20 处于与曲轴同速的离合器外壳和与变速器同速的离合器 1 输出轴之间	序号 4（离合器旋转外壳）与序号 17（离合器支承滑动轴承）之间的三个密封胶圈	序号 3 与序号 19 之间的密封胶圈
两边压力差大	序号 8 离合器 2 控制活塞内外缘之间	序号 12 离合器 1 控制活塞内外缘之间	

任务二　汽车自动变速器组成与分类

除了齿轮啮合的结构与理论这个共同点外，手动变速器不能缺少的总成在自动变速器中都不再存在，可见自动变速器的结构和工作原理与手动变速器是完全不一样的。自动变速器分为定轴轮系式和动轴轮系式两种，两者的共性是前进位时自动升降挡，是有级变速器。

一、定轴轮系式自动变速器

在运转过程中，轮系中所有齿轮的几何轴线相对于机架都固定不动的轮系称为定轴轮系，可以自动变速的定轴轮系称为定轴轮系式自动变速器。

1. 定轴轮系式自动变速器的编号

定轴轮系式自动变速器（以下简称定式自动变速器）的组合多种多样，为叙述方便，本教材用一组数字表示这种组合，如三轴四离合器式的两单一合一选择器式称为 34211 式，“3”代表定轴数，“4”代表离合器数，“2”代表单离合器数，第一个“1”代表双联离合器数，第二个“1”代表选择器数。图 3-10 表示这种分类的方法。

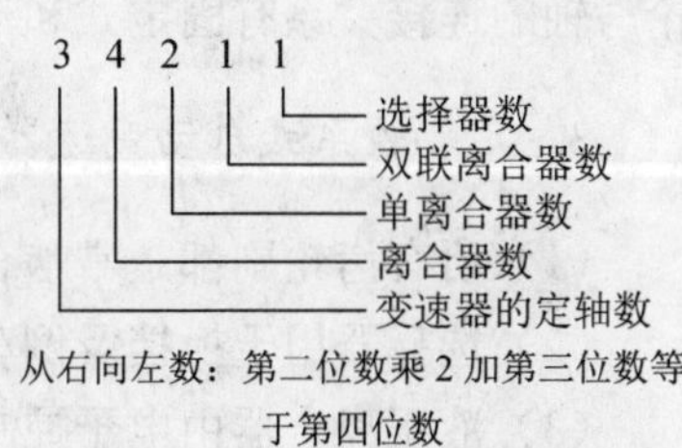

图 3-10　编号方法

2. 常见的几种定式自动变速器

图 3-11～图 3-14 所示为常见的几种定式自动变速器，从中可以看出离合器与选择器是这种自动变速器主要的执行元件。这几种定轴式挡位分析将在项目七中介绍。

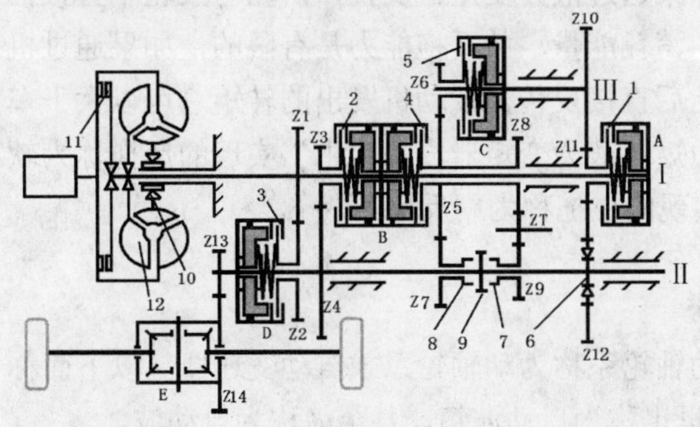

图 3-11　35311 式（Honda A24A&S24A）

1—1 挡离合器 C1；2—2 挡离合器 C2；3—3 挡离合器 C3；4—4、5 倒挡离合器 C4；5—5 挡锁定离合器 C5；6—单向离合器；7—倒挡齿轮；8—4 挡选择器齿轮；9—选择器；10—导轮单向制动器；11—液力变矩器锁止离合器；12—涡轮；I—1 轴；II—2 轴；III—3 轴；A、B、C、D—离合器外壳；E—差速器；ZT—倒挡惰轮；各齿轮分别用 Z 加编号表示

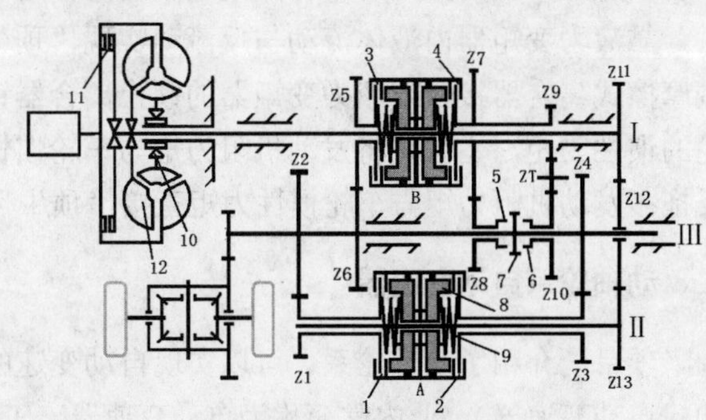

图 3-12　34021 式（Honda MAXA）

1—1 挡离合器 C1；2—2 挡离合器 C2；3—3 挡离合器 C3；4—4 挡离合器 C4；5—4 挡选择器齿轮；6—倒挡齿轮，7—选择器；8—控制活塞；9—活塞回位弹簧（实际大多是膜片弹簧，图画成螺旋弹簧）；10—导轮单向制动器；11—液力变矩器锁止离合器；12—涡轮；I—1 轴；II—2 轴；III—3 轴；A、B—离合器外壳；ZT—倒挡惰轮；各齿轮分别用 Z 加编号表示

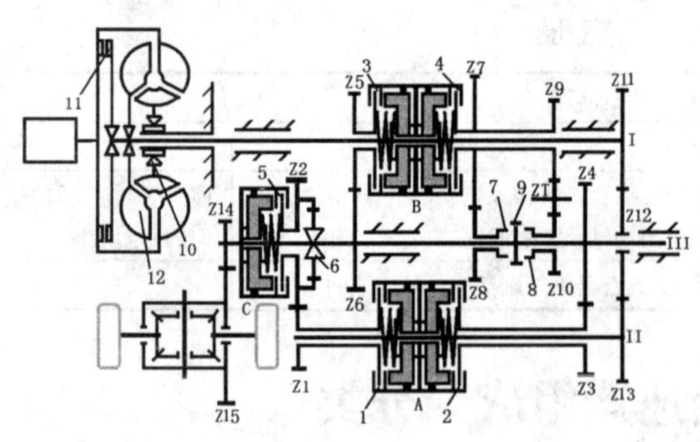

图 3-13　35121 式(Honda AOYA MPJA &MPOA)

1—1 挡离合器 C1；2—2 挡离合器 C2；3—3 挡离合器 C3；4—4 挡离合器 C4；5—1 挡锁定离合器 C5；6—单向离合器 F；7—4 挡选择齿轮；8—倒挡选择齿轮；9—选择器；10—导轮单向制动器；11—液力变矩器锁止离合器；12—涡轮；I—1 轴；II—2 轴；III—3 轴；A、B—离合器外壳；ZT—倒挡惰轮；各齿轮分别用 Z 加编号表示

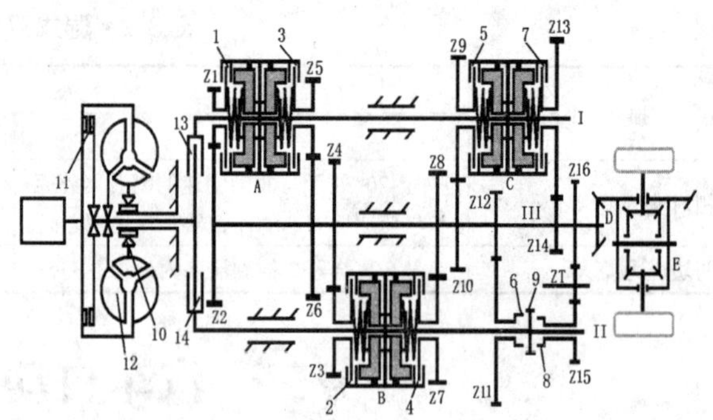

图 3-14　37131 式

1—1 挡离合器 C1；2—2 挡离合器 C2；3—3 挡离合器 C3；4—4 挡离合器 C4；5—直接挡离合器 C5；6—超速 6 挡 C6；7—超速 7 挡 C7；8—倒挡齿轮；9—选择器；10—导轮单向锁止制动器 F；11—液力变矩器锁止离合器 C；12—涡轮；13—单数挡离合器 Cd；14—双数挡离合器 Cs；各齿轮用 Z 加编号；ZT—倒挡惰轮；A、B、C—离合器外壳；D—主减速器；E—差速器；I、II、III—轴编号

离合器都是多片式的，有双联式和单个式两种，执行器都是三位式的，由驾驶员手动操纵。齿轮与轴的连接关系有固定式和活套式，与手动变速器类似。

3. 定轴轮系式自动变速器结构分析

（1）所有齿轮副都是常啮合齿轮副，其中大部分为斜齿轮。

（2）选择器用于换挡及倒车，由驾驶员手动操纵，它实质是两个同步器。

（3）液压离合器由电子控制，实现自动变速。

（4）没有制动器，这点与动轴轮系是不一样的。

（5）单向离合器用于不需要反拖的挡位。

利用发动机产生的力矩对高速转动的车轮实现制动称为发动机制动，业内常称为发动机反拖，简称反拖。反拖时，车轮的惯性主动力矩通过传动系反传至发动机，此时发动机内旋转件惯性力矩及燃油燃烧产生的力矩对车轮转动起制动的作用。如果通过液力变矩器反传，涡轮与泵轮不直接接触，靠液力变矩器内液体流动与反流动实现“顶牛”消耗能量，故反拖能力是有限的，如果通过机械摩擦式离合器接合或液力变矩器的锁止离合器锁止后直接反传，发动机发出的转矩总可以大于车轮的惯性力矩，本教材将发动机阻力矩与车轮惯性力矩在液力变矩器内“顶牛”实现的反拖称为软反拖；发动机阻力矩与车轮惯性力矩直接“顶牛”实现的反拖称为硬反拖。

二、动轴轮系自动变速器

项目一介绍了动轴轮系。可以实现自动变速的动轴轮系称为动轴轮系式自动变速器（以下简称动式自动变速器），业内常简称为自动变速器，工厂里也称为自动波箱，甚至简称为自动波。

星轮绕自己轴线的转动称为自转（rotation），绕其他轴线转动称为公转（revolution）；行星架至少支承两个星轮，其转动轴线所在的中心称为轮系的转动中心（train center），简称轮系中心，行星架的转动轴线固定（轴线固定的轴并不等于轴不能转动）在轮系中心上。支承星轮的轴与行星架之间大多没有相对运动，星轮空套在支承轴上实现相对转动（也有星轮与支承轴间没有相对转动，而是支承轴空套在架上实现相对转动的结构），与星轮外啮合的是阳轮，与星轮内啮合的是圈。架、阳轮、圈三者都围绕轮系中心转动，一个完整的简单动轴轮系有三根轴头。图 3-15～图 3-17 分别用不同的表示方法说明以上关系，因为轮系是对称的，所以按国家标准图 3-17（b）只画了一半，这是本教材最常用的图，读者应当熟悉这种表示方法。

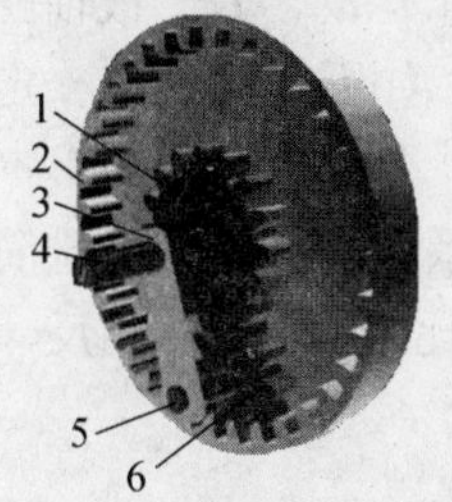

图 3-15　简单动轴轮系立体示意图

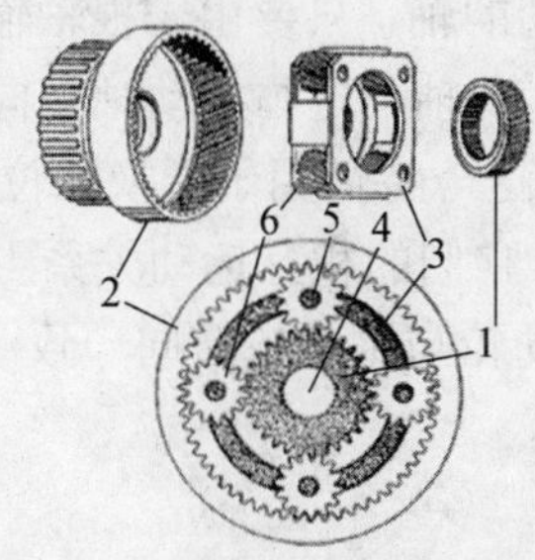

图 3-16　简单的动轴轮系结构示意图

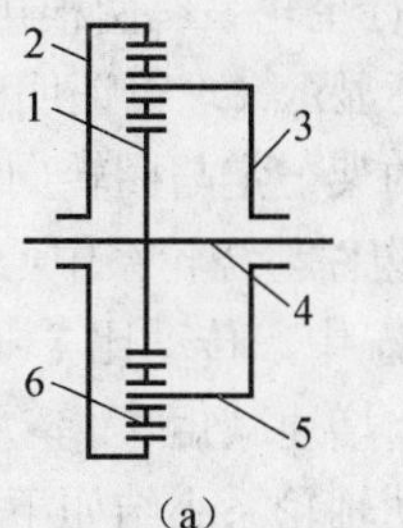

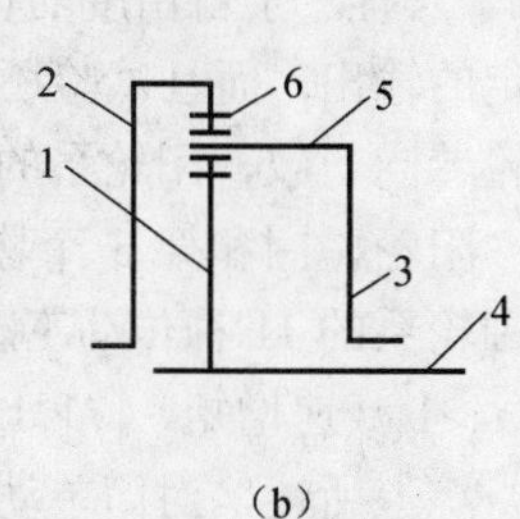

图 3-17　简单动轴轮系平面机构示意图

1—太阳轮 $z1$；2—齿圈 $z2$；3—行星架 $z3$；4—轮系中心轴；5—行星轮轴；6—行星轮

1. *动轴轮系的分类*

1）简单动轴轮系（simple dynamic gear train）

如图 3-16 所示，由一个阳轮、一个架、一个圈和若干个星轮组成的动轴轮系称为简单动轴轮系。四种运动零件间用两种运动副连接：三个定轴转动件（阳轮、架和圈）的三根轴与轮系中心之间用回转副连接，架与星轮间也用回转副连接；动轴转动件星轮与阳轮间是齿轮副啮合，星轮与圈间也是齿轮副啮合。

有两个自由度的简单动轴轮系（机构或构件独立运动的数目称为机构的自由度，对自由度的限制称为约束）称为周转轮系，只有一个自由度的简单动轴轮系称行星轮系。

（1）自由度（free degree）计算。

自由度 F 的计算公式为

$$F = 3n - 2P_l - P_h = 3 \times 4 - 2 \times 4 - 2 = 2 \qquad (3\text{-}1)$$

式中，n 表示轮系中的运动构件数，为 4 个（阳轮、架、圈和一个星轮，其余星轮为虚约束，不考虑）；P_l 表示轮系中的低副约束数，为 4（4 个运动构件各一个转动副）；P_h 表示轮系中的高副约束数，为 2（星轮与阳轮、星轮与圈各一个啮合点）。

给有两个自由度的简单动轴轮系（周转轮系）再加一个约束后，如果其还是动轴轮系，就变成了行星轮系，若约束加在阳轮上，阳轮不转的行星轮系称为太阳轮式行星轮系，简称阳轮系，若约束加在圈上，圈不转的行星轮系称为齿圈式行星轮系，简称圈轮系；如果约束加在架上，架不转的轮系就变成为定轴轮系，以上三种轮系都只有一个自由度。约束不能加在星轮上，因为星轮本身有两个自由度（自转和公转，星轮至少要有一种运动，轮系才能有相对运动），如果让星轮相对机架固定，则整个轮系和自由度将等于 0，机构不能运动了。

（2）轮系有确定相对运动的条件。轮系有运动的条件是自由度数 $F \geqslant 1$，有确定的相对运动的条件是原动件数 $Y = F \geqslant 1$。

有两个自由度的周转轮系有三根可转动的轴，它的运动有两种可能：一种是只有由一根轴输入一个运动，另外两根轴就呈现有相对运动、但没有确定的相对运动状态，故不能输出动力，这一特性用于汽车的空挡；另一种是通过两根轴输入两个运动，轮系的第三根轴就有了确定的运动，调配两个输入运动的大小和方向，就可以得到多种不同的速度比，这种特性运用到汽车上就可获得不同挡位。如果两根输入轴输入同转速、同方向的运动，整个轮系就会同步转动，这就是联轴器。

架被固定了的简单轮系演变成一个定轴轮系，它的阳轮与圈总是反向转动的，这一特性被用于倒挡（汽车通常是阳轮输入、圈输出的减速倒挡，工程机械上同时还有圈输入、阳轮输出的增速倒挡）。只有一个自由度的行星轮系有两根可以转动的轴，只要由一根轴输入一个运动，另一根轴就有确定的输出，而且试验还显示（理论证明略），从动轴一定与主动轴转向一致，如圈轮系的架一定与阳轮转向一致，阳轮系的架一定与圈转向一致，这一特性用于调换挡位。

阳轮、圈和架 3 个构件都绕轮系中心转动，它们的相互运动关系影响轮系的传动比。单排简单动轴轮系的 11 种传动工况中，传动比 $i>0$，被动轮与主动轮转向一致，传动比 $i<0$，转向相反，同时$|i|>1$ 减速增矩，$|i|<1$ 增速减矩。

综上所述，对简单动轴轮系小结如下：

① 星轮有自转、公转两种转动，只公转不自转的轮系是联轴器；只自转不公转的轮系是定轴轮系；又公转又自转的轮系是动轴轮系，动轴轮系又分成有两个自由度的周转轮系和只有一个自由度的行星轮系；行星轮系又分成阳轮系与圈轮系。只要轮系有运动，若星轮一定要转动，星轮相对于壳体静止，轮系相对于壳体也一定没有相对运动。

② 绕轮系中心转动的三构件相互关系［主动与被动，见式（3-2）］影响轮系传动比，行星轮运动状态影响轮系的性质。

（3）简单动轴轮系的演变（表 3-3）。一个简单动轴轮系可以演变出 11 种不同工况如表 3-3 所示。图中箭头的说明：与轴线（水平线）平行的箭头代表输入的动力或运动，指向轮系者为输入，背向轮系者为输出；与轴线垂直的箭头代表转向，在哪个元件的轴线上就代表该元件，向下者为顺时针转向，向上者为逆时针转向，变速器壳体上加三根斜线代表变速器壳体固定，一根短横线上三根斜线代表那是一个固定回转副，三根斜线直接画在转动零件上，表示该零件被约束在壳体上不能运动。图中传动比计算公式的推导略。

表 3-3　简单动轴轮系的基本变化形式

序号	轮系名称	阳轮 z_1	圈 z_2	架 z_3	轮系性质	星轮状态
1	阳行星轮系（减速阳轮系） 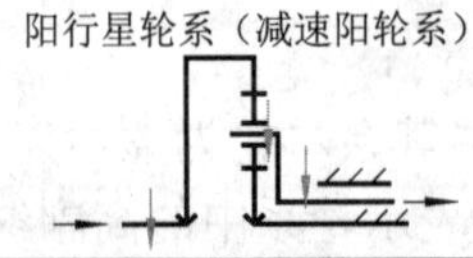	固定	主动	被动	$i_1=1+z_1/z_2>1$，圈带架，减速增矩正向传动	公转加自转
2	阳行星轮系（增速阳轮系） 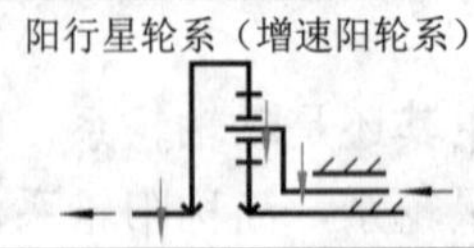	固定	被动	主动	$0<i_2=z_2/(z_2+z_1)<1$，架带圈，增速减矩正向传动	公转加自转
3	圈行星轮系（减速圈轮系） 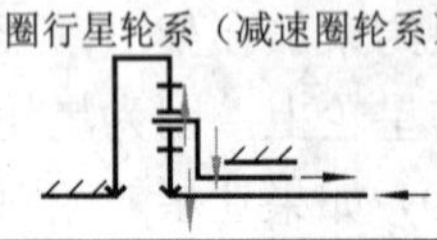	主动	固定	被动	$i_3=1+z_2/z_1>2>i_1$，阳带架，减速增矩正向传动	公转加自转
4	圈行星轮系（增速圈轮系） 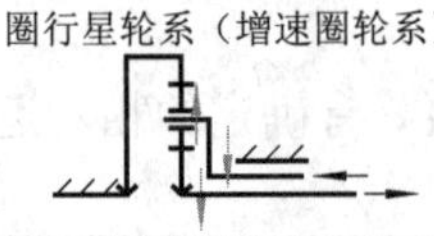	被动	固定	主动	$0<i_4=z_1/(z_2+z_1)<i_2<1$，架带阳，增速减矩正向传动	公转加自转

续表

序号	轮系名称	阳轮 z_1	圈 z_2	架 z_3	轮系性质	星轮状态
5	减速定轴轮系 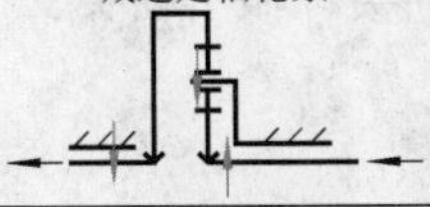	主动	被动	固定	$i_5=\|-z_2/z_1\|>1$，阳带圈，减速增矩反向转动	星轮只自转不公转，是惰轮，这一性质被用于倒挡。任何周转轮系的自动变速器要实现倒挡，必须是输出轮系的架被固定，阳轮输入，圈输出，或者圈输入，阳轮输出
6	增速定轴轮系 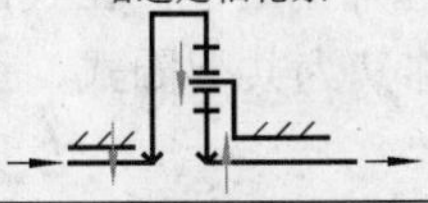	被动	主动	固定	$i_6=\|-z_1/z_2\|<1$，圈带阳，增速减矩反向转动	
7	周转轮系 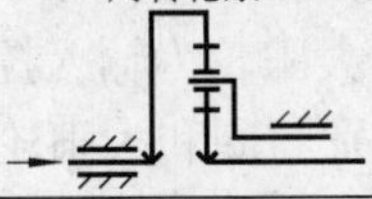	只有一个动力元件输入，三者都可转动，两被动件作不确定的转动，这一性质被用于空挡			$i_7=0$，轮系无输出，如空挡	公转加自转
8	周转轮系 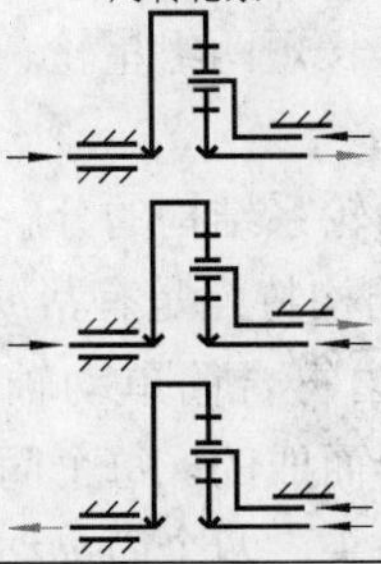	任意有两个动力元件输入（水平方向，彩色图上红色向内箭头，黑白图显黑色），另一个元件就有确定的输出（水平方向，彩色图上浅蓝色向外箭头，黑白图显灰色），三者都可转动，被动件的转动方向由轮系中所有齿轮的齿数共同决定，故图中未画出			另一个元件有确定输出，i_8 的大小和正负随两动力元件转速和转动方向的变化而变化，如差速器	公转加自转
9	联轴器 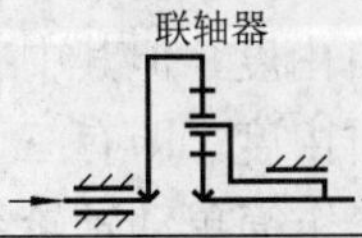	任意两件连接成一体或虽不直接连接，但同步（同方向、同转速）转动，转动方向由输入转向决定			$i_9=1$，轮系成一整体，随同转动，无相对运动，有相对于机架的绝对转动，用于直接挡	只公转不自转
10	联轴器 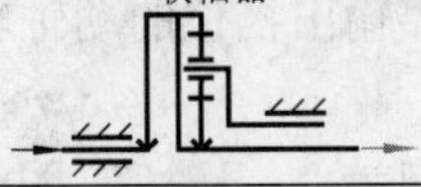	随同转动	连成一体或同步转动		$i_{10}=1$，轮系成一整体，无相对运动，有相对于机架的绝对转动，用于直接挡	只公转不自转
11	联轴器 	连成一体或同步转动		随同转动	$i_{11}=1$，轮系成一整体，无相对运动，有相对于机架的绝对转动，用于直接挡	只公转不自转

注：彩色图水平方向上红色箭头（黑白图上显黑色）表示动力传递方向，向内为主动件，向外为被动件；垂直方向绿色箭头（黑白图上显灰色）表示转动方向，向下为顺时针转动，向上为逆时针转动。

2）复合动轴轮系

由于受结构的限制，并不是以上 11 种传动工况都能同时应用，加上单排简单动轴轮系的传动比范围有限，不能满足汽车行驶的实际需要，因此在自动变速器中通常有两排或三排简单动轴轮系相互配合完成传递任务，这种由多个简单动轴轮系组合而成的轮系称为复合动轴轮系（the composite shaft gear）。复合动轴轮系广泛用于汽车变速器，通过换挡六大控制元件（离合器、单向离合器、双向制动器、单向制动器、单向联轴器和双向联轴器）的不同组合，形成不同的动力传动通路，获得不同的传动比，满足汽车行驶的要求。

2. 常用的几种复合动轴轮系

复合动轴轮系与涡轮连接的轴头称为输入轴头，如果直接连接称为绝对输入轴头，如果通过单、双向离合器连接称为有条件输入轴头；与变速器的输出轴装置连接（如万向传动装置）的轴头称为输出轴头，直接连接称为绝对输出轴头，通过单、双向离合器连接称为有条件输出轴头；通过单、双向制动器与变速器壳体相连接的轴头称为控制轴头，以控制为主、输入或输出为辅的轴头称为控制输入（出）轴头，以输入或输出为主、控制为辅的轴头称为输入（出）控制轴头。

按结构不同分类，复合动轴轮系结构有多种形式，常见的有共架圈式、共阳轮式、对称式三种。它们都是由两个或两个以上简单动轴轮系组成的复合轮系，都通过输入轴头、输出轴头、控制输入（出）轴头、输入（出）控制轴头与外界连接，形成传动系的整体。

1）双星轮式

双星轮式复合轮系，业内称为Ravigneaux式，这是发明这种轮系的工程师的名字，在我国有多种翻译音，为方便读者记忆，推荐读作拉维娜式，本教材根据结构特点，称其为共架圈式，这是有中国特色的命名，简称R式动轴轮系或R式轮系。

（1）R式动轴轮系结构特点：①3个简单动轴轮系共用一架和一圈，架为控制输入轴头（控制为主，输入为辅），圈为输出轴头；②大、小两个阳轮，小阳轮为输入轴头，大阳轮为输入控制（输入为主，控制为辅）轴头；③共架的长、短两个星轮相互啮合，长星轮还分别与圈和大阳轮啮合，短星轮还与小阳轮啮合。

（2）R式动轴轮系装配展开示意图如图3-18所示，有大小两个阳轮、长短两组星轮、一架、一圈是R式动轴轮系的标志特点。

图3-18　R式动轴轮系装配关系图

1—大阳轮；2—小阳轮；3—架；4—短星轮；5—圈；6—长星轮

图3-19是R式动轴轮系结构的分解图，这对读者理解R式动轴轮系结构特点是有帮助的，从图中可以清楚地看到它是由符合简单动轴轮系概念的三个简单动轴轮系复合而成的。每个简单动轴轮系有两个自由度、三个轴头，两个简单动轴轮系连接在一起本来应当有四个自由度，但其中有一个用来相互连接，故只剩三个自由度，即有三个输出挡位。简而言之，R式是由三个简单动轴轮系组合而成的，两两连接，有四个输出挡位的动轴轮系。它有三个输入轴头（大、小阳轮和架）、一个输出轴头（圈）。

图3-19（a）是1号简单轮系（简称1单），结构中没有大阳轮，可简记为“1无大”；图3-19（b）是2号简单轮系（简称2单），结构中没有小阳轮，可简记为“2无小”；图3-19（c）是3号简单轮系，结构中没有圈，简称“3无圈”。“1无大，2无小，3无圈”这个口诀既概括了各简单轮系的特点，也有利于读者记忆，以免后面分析挡位变化时混淆。

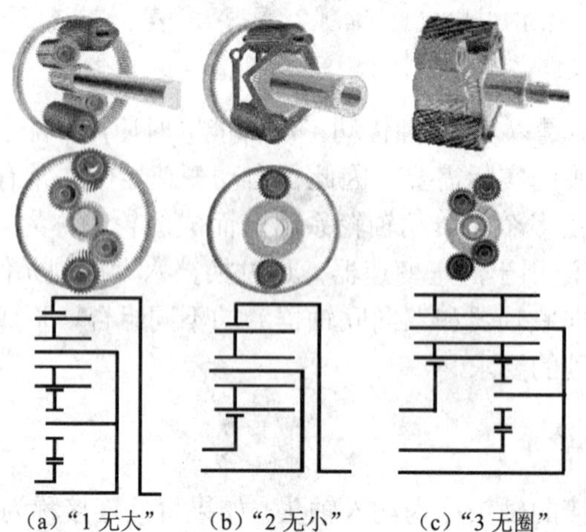

（a）“1无大”　（b）“2无小”　（c）“3无圈”

1号简单轮系由小阳轮、架、短星轮、长星轮、圈组成，2号简单轮系由大阳轮、架、长星轮、圈组成，
3号简单轮系由大阳轮、小阳轮、架、长短星轮组成

图3-19　共架圈式轮系结构的分解示意图

（3）R 式动轴轮系的机构示意图如图 3-20 所示。

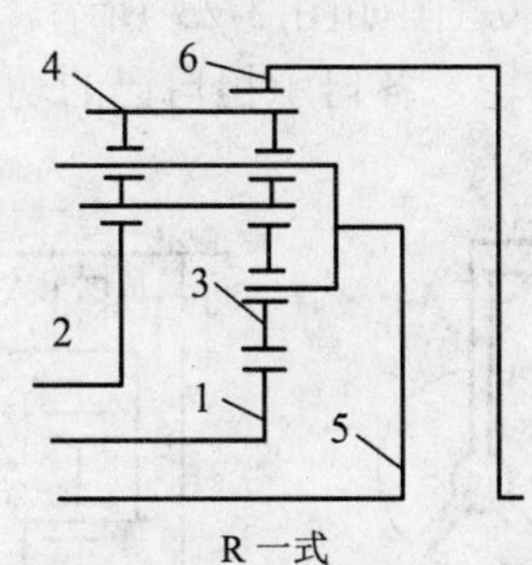

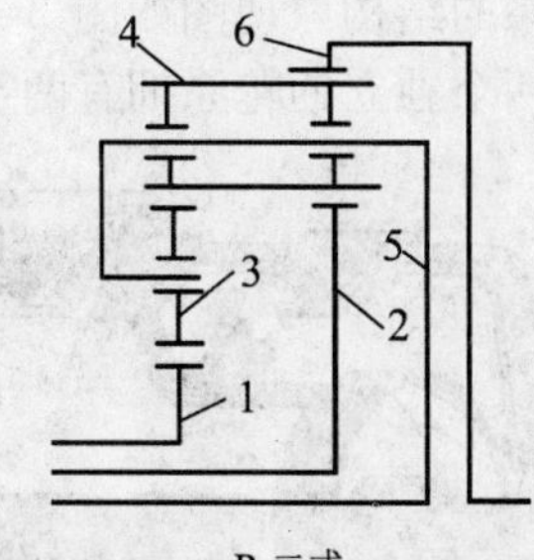

（a）小阳轮在大阳轮与输出轴之间（“大左小右”）　（b）大阳轮在小阳轮与输出轴之间（“小左大右”）

图 3-20　共架圈式复合动轴轮系 R 式的机构示意图

1—小阳轮；2—大阳轮；3—短星轮；4—长星轮；5—共架；6—共圈

研究 R 式动轴轮系，需要清楚了解它们之间的相互关系，为了方便区分，本教材将大阳轮在左、小阳轮在右这种基本 R 式动轴轮系定义为 R 一式，如图 3-20（a）所示，小阳轮在左、大阳轮在右这种基本 R 式动轴轮系定义为 R 二式，如图 3-20（b）所示，二者结构不同可供不同汽车布置使用，工作原理和挡位分析完全一样。

2）共阳轮式

共阳轮式（业内称辛普森式或 Simpson 式，本教材简称 S 式），如图 3-21 所示，共阳轮式复合轮系是由前后两个简单的动轴轮系共用一个阳轮组成的复合轮系，故有三个输出挡位，按传递的顺序（注意不按安装位置分前后）分为前轮系和后轮系。

（1）S 式动轴轮系结构特点：①前圈（指前轮系圈，以后均用这种方式简称各轮系的各零件，不再解释）为输入轴头；②前架与后圈连接作为输出轴头；③两轮系共用一个阳轮为输入控制（输入为主，控制为辅）轴头；④后架为控制轴头。输出轴穿过阳轮中心的定义为 S 一式，输入轴穿过阳轮中心的定义为 S 二式，二者仅是安装位置不同，没有本质区别。配上相应的换挡执行元件，可构成 3 前进位自动变速器。

（2）共阳轮式动轴齿轮机构的两种布置如图 3-21 所示。

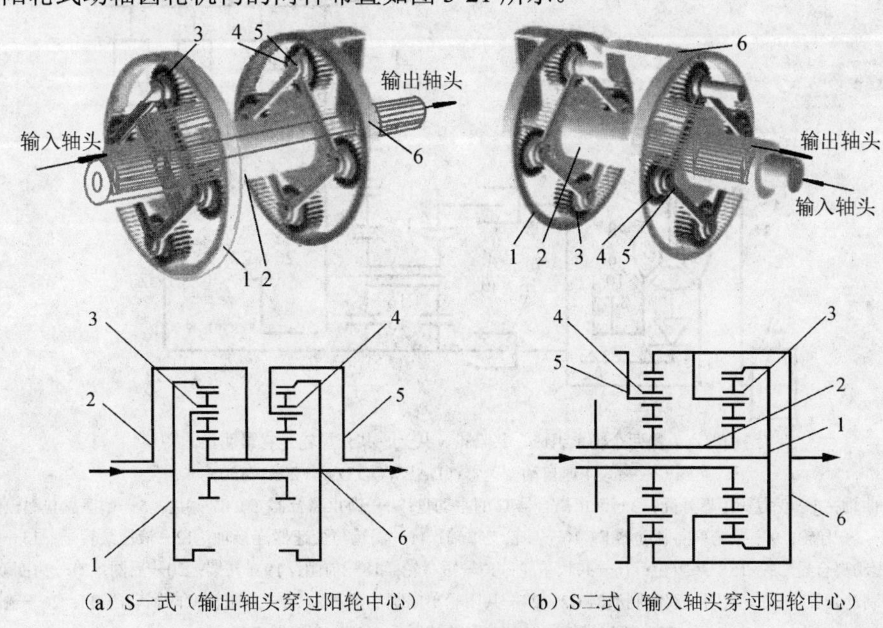

（a）S一式（输出轴头穿过阳轮中心）　（b）S二式（输入轴头穿过阳轮中心）

图 3-21　共阳轮式动轴齿轮机构的两种布置

1—前圈（接输入轴头）；2—共用的阳轮组件；3—前星轮；4—后星轮；5—后架；6—前架与后圈连成一体的组件（接输出轴头）

3）对称式

对称式动轴轮系的结构原理图如图 3-22 所示，机构示意图如图 3-23 所示。它与 S 式的最大区别是不共用阳轮，两个独立的轮系拥有两个相互独立的阳轮，各自承担自己的功能。

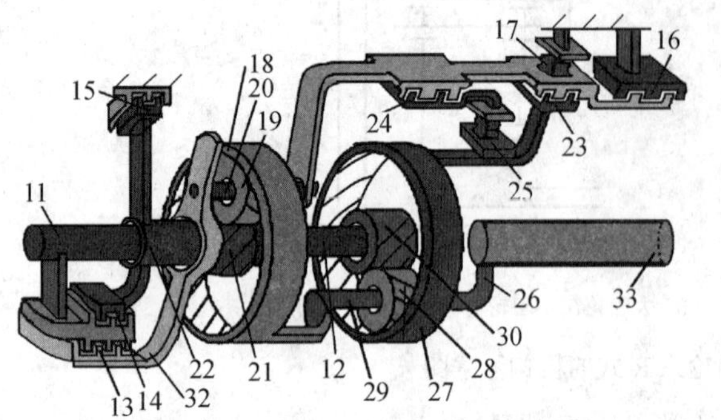

图 3-22　对称式动轴轮系结构原理图

（本图在封面内页有彩图）

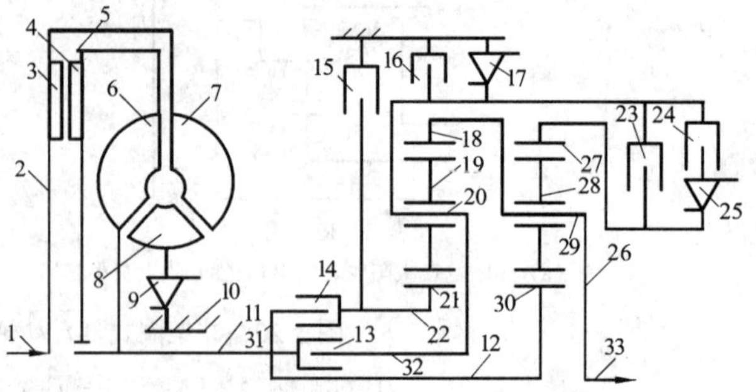

图 3-23 对称式动轴轮系机构示意图

1—曲轴；2—液力变矩器外壳；3—锁止离合器 C；4—锁止离合器 C 的摩擦盘；5—摩擦盘与涡轮间连接花键；6—涡轮；7—泵轮；8—导轮；9—导轮单向制动器 F；10—导轮支撑轴；11—涡轮与变速器连接轴；12—前阳轮输入轴；13—后架输入离合器 C1；14—后阳轮输入离合器 C2；15—后阳轮双向制动器 B1；16—后架双向制动器 B2；17—后架单向制动器 F1；18—后圈；19—后星轮；20—后架；21—后阳轮；22—后阳轮输入轴；23—前圈后架双向离合器 C3；24—前圈后架双向离合器 C4；25—前圈后架单向离合器 F2；26—前架输出轴；27—前圈；28—前星轮；29—前架；30—前阳轮；31—输入连接轴套；32—后架输入连接轴；33—轮系输出轴

从图 3-23 中可以看出，当序号 23、24、25 三个元件均不工作时，两个轮系是可以各自独立工作的，这点也与 S 式不一样，所以它有四个输出挡位。它的特点：两个简单周转轮对称布置，①前阳轮 30 是无条件输入轴头。②后阳轮 21 是有条件的输入控制轴头。③后圈 18 与前架 29 无条件连接作为输出轴头。④前圈 27 与后架 20 有条件连接作为控制输入轴头（控制为主，输入为辅），序号 16、17 组成两件式制动器，序号 23、24、25 组成三件式离合器。

4）其他几种不常用的动轴轮系

图 3-24 所示为五种不常用的动轴轮系，它们的挡位分析在项目七中介绍。

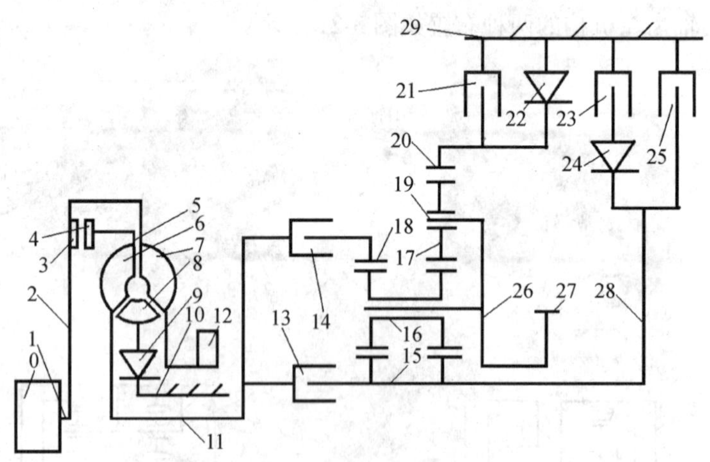

结构特点：由两个轮系组成，共阳轮、共架、共长星轮是它最明显的特点

（a）三共式 4 速自动变速器（DAEWOO DW—20AW850）

0—发动机；1—曲轴；2—液力变矩器外壳；3—锁止离合器 C 的主动盘；4—锁止离合器 C 的摩擦盘；5—摩擦盘与涡轮间连接花键；6—涡轮；7—泵轮；8—导轮；9—导轮单向制动器 F；10—导轮支撑轴；11—涡轮与变速器连接轴；12—液压泵转子；13—共阳轮驱动离合器 C1；14—前圈驱动离合器 C2；15—共阳轮；16—共长星轮；17—短星轮；18—前圈；19—共架；20—后圈；21—后圈双向制动器 B1；22—后圈单向制动器 F1；23—共阳轮双向制动器 B2；24—共阳轮单向制动器 F2；25—共阳轮双向制动器 B3；26—输出传动轴；27—输出齿轮；28—共阳轮控制轴；29—变速器壳体

图 3-24　不常用的动轴轮系

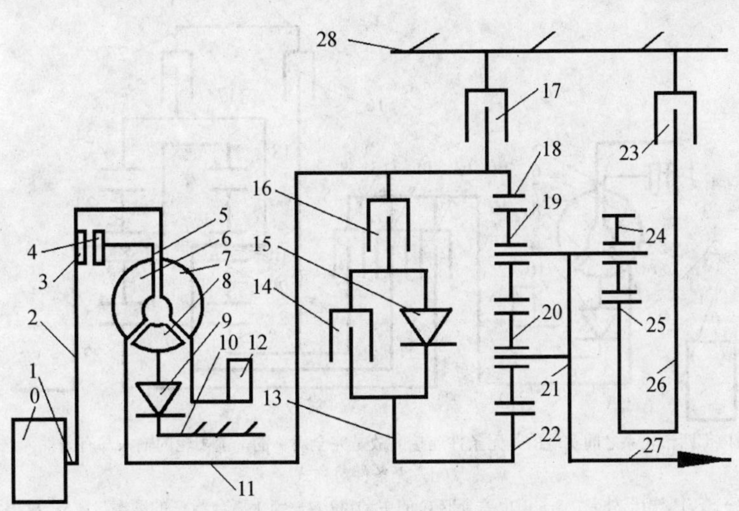

结构特点：前后两轮系中有三套行星轮，它们共用一个行星架

（b）三星共架式 3 速自动变速器（Honda-Matic 4L30-E）

0—发动机；1—曲轴；2—液矩器外壳；3—锁止离合器 C 的主动盘；4—锁止离合器 C 的摩擦盘；5—摩擦盘与涡轮间连接花键；6—涡轮；7—泵轮；8—导轮；9—导轮单向制动器 F；10—导轮支撑轴；11—涡轮与变速器连接轴；12—液压泵转子；13—前阳轮输入轴；14—前阳轮双向输入离合器 C2；15—前阳轮单向输入离合器 F1；16—前阳轮双向输入离合器 C1；17—前圈及前阳轮双向制动器 B1；18—前圈；19—前星轮 2；20—前星轮 1；21—三星共架；22—前阳轮；23—后阳轮双向制动器 B2；24—后星轮；25—后阳轮；26—后阳轮制动器连接轴；27—轮系输出轴；28—变速器壳体

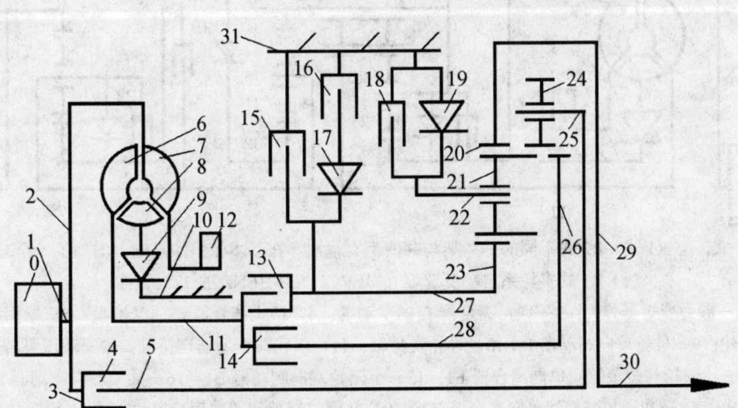

结构特点：前后两轮系共用一个行星轮，序号 4 工作后架可以与泵轮连接

（c）共星轮式（SAAB 的 ZF 4HP18（AV50—40LE）型变速器 9000，900 车型使用过）

0—发动机；1—曲轴；2—液矩器外壳；3—锁止离合器 C 的主动盘；4—锁止离合器 C 的摩擦盘；5—摩擦盘与涡轮间连接花键；6—涡轮；7—泵轮；8—导轮；9—导轮单向制动器 F；10—导轮支撑轴；11—涡轮与变速器连接轴；12—液压泵转子；13—前阳轮双向输入离合器 C1；14—后阳轮双向输入离合器 C2；15—前阳轮双向制动器 B1；16—前阳轮双向制动器 B2；17—前阳轮单向制动器 F1；18—前架双向制动器 B3；19—前架单向制动器 F2；20、28、29—前圈；21—前星轮；22—前架；23—前星轮；24—后星轮；25—后架；26—后阳轮；27—前星轮输入轴；30—输出轴；31—变速器壳体

图 3-24　不常用的动轴轮系（续）

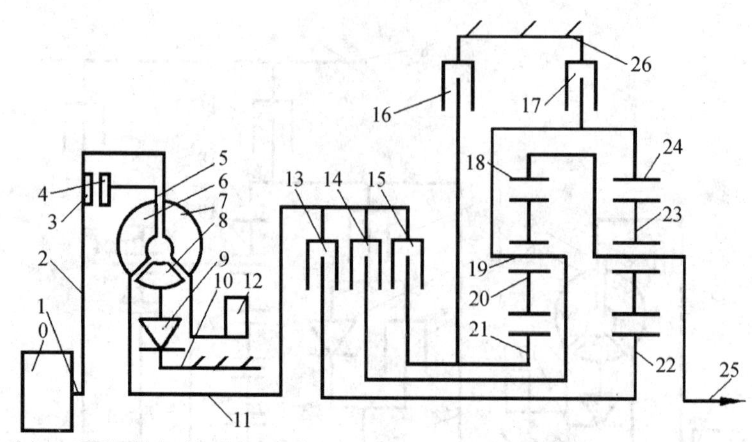

结构特点：在轮系内部两个轮系之间实现的是无条件连接，故是完全对称的，前阳轮的输入却有条件，这是与 D 式的区别

（d）无条件对称式

0—发动机；1—曲轴；2—液力变矩器外壳；3—锁止离合器 C 的主动盘；4—锁止离合器 C 的摩擦盘；5—摩擦盘与涡轮间连接花键；6—涡轮；7—泵轮；8—导轮；9—导轮单向制动器 F；10—导轮支撑轴；11—涡轮与变速器连接轴；12—液压泵转子；13—前阳轮双向输入离合器 C1；14—后架双向输入离合器 C2；15—后阳轮双向离合器 C3；16—后阳轮双向制动器 B1；17—前圈后架双向制动器 B2；18—后圈；19—后架；20—后星轮；21—后阳轮；22—前阳轮；23—前星轮；24—前圈；25—输出轴；26—变速器壳体

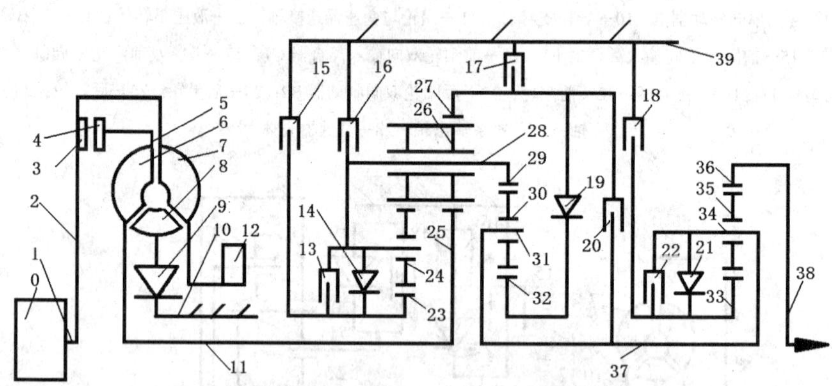

结构特点：基本轮系是 R 式，与 R1 式、R2 式不同的是共架与共圈都有输出，在基本轮系的基础上增加了一个减速轮系和一个超速轮系

（e）R3 式多轮系自动变速器（MERCEDES-BENZ 的 722 系列）

0—发动机；1—曲轴；2—液力变矩器外壳；3—锁止离合器 C 的主动盘；4—锁止离合器 C 的摩擦盘；5—摩擦盘与涡轮间连接花键；6—涡轮；7—泵轮；8—导轮；9—导轮单向制动器 F；10—导轮支撑轴；11—涡轮与变速器连接轴；12—液压泵转子；13—小阳轮与短星轮间双向输入离合器 C1；14—小阳轮与短星轮间单向离合器 F1；15—小阳轮双向制动器 B1；16—共架双向制动器 B2；17—共圈双向制动器 B3；18—超架双向制动器 B0；19—共圈与减架间单向离合器 F2；20—共圈与减架间双向离合器 C2；21—超架与超阳轮间单向离合器 F0；22—超架与超阳轮间单向离合器 C0；23—小阳轮；24—短星轮；25—大阳轮；26—长星轮；27—共圈；28—共架；29—减圈；30—减星轮；31—减架；32—减阳轮；33—超阳轮；34—超架；35—超星轮；36—超圈；37—减轮系与超轮系连接轴；38—输出轴；39—变速器壳体

图 3-24　不常用的动轴轮系（续）

三、混合轮系自动变速器

如果一个轮系中既有定轴轮系，又有动轴轮系，这样的轮系称为混合轮系，这种轮系兼有二者的优点，但结构相对比较复杂，在工程机构上用得较多。本教材所指的混合轮系仅限于变速器是混合轮系，即不含主减速器、差速器，前面所介绍的几种轮系都是基于这点。

四、动轴轮系传动比的计算

1. 动轴轮系和定轴轮系的本质区别

因有行星架这个至关重要的构件，才使整个动轴轮系传动关系发生质的变化，简单动轴轮系尽管只有四个构件，如果固定不同的构件，啮合关系保持不变，轮系传动关系会发生很大变化，这是与定轴轮系“一是一，二是二”的传动关系本质不同的地方，故定轴轮系要改变传动比必须改变齿轮副间的啮合关系，动轴轮系要改变传动比只需改变各构件间的相互连接（含与壳体的连接）方式。啮合关系不变就可以实现改变传递要素的目标，简化了结构，增加了使用范围，通过电液配合，可以方便地改变连接关系，实现自动变速。架的特殊性与重要性还表现在它是一个没有齿的构件，但在传动中客观表现出来的关系却是

$$z_3 > z_2 > z_1 \tag{3-2}$$

式中，z_3为架的齿数，z_2为圈的齿数，z_1为阳轮齿数（证明略），这种量变到质变是由其在轮系中的特殊地位决定的。一个简单动轴轮系就可以演变出 11 种不同的工况（表 3-3），由若干个简单轮系组成的复合轮系的变化就更多了，复合的简单轮系数量越多，挡位变化就越多，有利于设计多挡轮系。

2. 动轴轮系的转化轮系

由于架的存在，动轴轮系的传动比计算与定轴轮系不同，但可以借助定轴轮系计算传动比的基础求解动轴轮系的传动比，常用的方法是转化轮系法，基本思路就是将动轴轮系变成“定轴”轮系，再用定轴轮系的方法处理，如图 3-25 所示。

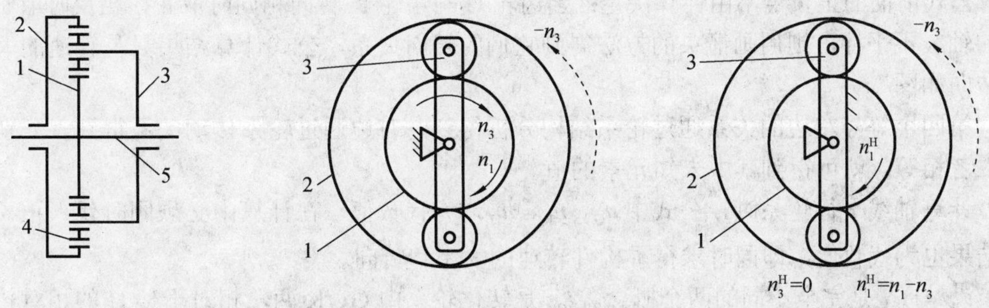

（a）原动轴轮系　（b）给原动轴轮系加一个与架转向相反，速率相等的转速　（c）转化轮系的转速关系

图 3-25　动轴轮系的转化轮系

1—阳轮；2—圈；3—架；4—星轮；5—轮系转动中心

1）动轴轮系的转化轮系

图 3-25（a）是原动轴轮系，给整个动轴轮系加上一绕轴线 5 回转、并与架转速大小相等而方向相反的转速n_3［图（b）］，轮系中各构件相对运动关系保持不变，架轴线转化为“固定轴线”，转速变成为$n_3 = n_3 - n_3 = 0$。动轴轮系就转化为假想的“定轴”轮系，转速关系如图 3-25（c）所示，这就是在项目一（图 1-22）中介绍过的原动轴轮系的转化轮系。

2）转化轮系中各构件转速的表示

转化轮系构件（不考虑星轮的自转）转速等于它在原来动轴轮系中的转速加上一个负的n_3，如表 3-4 所示，表中原来的转速是指动轴轮系中各构件相对于机架的绝对转速；而转化轮系中各构件的转速（在转速的右上角带有角标 H）则是指各构件相对于架 3 的相对转速。转化轮系是定轴轮系，可按定轴轮系传动比计算方法对转化轮系进行求解。

表 3-4　简单动轴轮系转化前后各构件的角速度及状态

序号	构件名称	原轮系中状态	原轮系角速度	转化轮系中状态	转化轮系转速
1	太阳轮	定轴转动	ω_1	定轴转动	$\omega_1^H = \omega_1 - \omega_H$
2	齿圈	定轴转动	ω_2	定轴转动	$\omega_2^H = \omega_2 - \omega_H$

续表

序号	构件名称	原轮系中状态	原轮系角速度	转化轮系中状态	转化轮系转速
3	行星架	定轴转动	ω_H	静止	$\omega_H^H = \omega_H - \omega_H = 0$
4	行星轮	动轴转动	ω_4	定轴转动	$\omega_4 = \omega_4 - \omega_H$

3）动轴轮系传动比的计算方法

在任一动轴轮系中，当任意两轮 G、K 及架 H 回转轴线平行时，则其转化轮系传动比的通用计算式如下：

$$i_{GK}^H = \frac{\omega_G^H}{\omega_K^H} = \frac{n_G^H}{n_K^H} = \frac{n_G - n_H}{n_K - n_H} = \pm\frac{\text{转化轮系从G至齿轮K所有从动轮齿数的乘积}}{\text{转化轮系从G至齿轮K所有主动轮齿数的乘积}} \tag{3-3}$$

式（3-3）建立了 n_G、n_K、n_H（架的转速）与各轮齿数之间的关系。在进行轮系传动比计算时，各轮齿数为已知，故在 n_G、n_K、n_H 只要已知其中任意两个转速（含大小和转向）就可以确定第三个转速（大小和转向），间接地求出动轴轮系中各构件之间的传动比。公式中第一个等号成立的依据是传动比的定义，第二个等号成立的依据是角速度与转速之间的关系，第三个等号成立的依据是由具体轮系中分析后得到，第四等号成立的依据是定轴轮系传动比计算公式。

应用式（3-3）时应注意：

（1）公式前面的正负号不由计算决定：当齿轮 G 与齿轮 K 转向相同时取正，相反时取负，如果两齿轮的轴线不平行，则用画箭头的方法得到它们的转向关系，公式计算结果只是转速的大小，应指明“转向如图”。

（2）第四个等号左边的关系通过轮系结构分析得到，右边通过轮系传动关系得到，分别计算出来后让二者相等，就可得到其中未知元素的值。

（3）计算轴线平行轮系时，公式中 n_G、n_K、n_H 均为代数值，在计算中必须同时代入正、负号，求得的结果也为代数值，即同时求得了构件转速的大小和转向。

（4）i_{GK}^H 与 i_{GK} 是完全不同的两个概念。i_{GK}^H 是转化轮系中 G、K 两轮相对于架 H 的相对转速之间的传动比；而 i_{GK} 是动轴轮系中 G、K 两轮绝对转速之间的传动比。

$$i_{GK} = \frac{\omega_G}{\omega_K} = \frac{n_G}{n_K} \neq i_{GK}^H = \frac{n_G - n_H}{n_K - n_H} = \pm\frac{\text{转化轮系从G至齿轮K所有从动轮齿数的乘积}}{\text{转化轮系从G至齿轮K所有主动轮齿数的乘积}} \tag{3-4}$$

式（3-4）的不等号左边是动轴轮系，概念正确，等式成立，右边是定轴轮系，概念也正确，等式也成立，显然二者是不能相等的，如果把不等号写成等号，就犯了原则性错误。

（5）对于由圆锥齿轮组成的动轴轮系，式（3-3）只适用于轴线平行的构件之间传动比的计算，不适用于星轮与架 H 轴线不平行的构件之间传动比的计算，其转速应按角速度矢量来进行运算。

解复合轮系传动比问题的首要任务是正确区分各个基本动轴轮系和定轴轮系，然后分别列出计算这些轮系的方程式，找出其相互联系，最后联立求解方程，求出待求的参数。

本教材后面有关自动变速器传动比的计算公式都是以式（3-3）为基础推导的，为节约篇幅，很多公式不再一一推导，直接引用。

五、传动比的比较

各厂家的自动变速器的传动比是不一样的，传动比的有效数字也不止两位，为了方便比较，本教材参考相关资料选取一组近似合理的数字作为超脱各轮系的传动比组分配给各式自动变速器，如表 3-5 所示，从中可以看出附加轮系是超速轮系的速度比附加轮系是减速轮系的高，故附加轮系是超速轮系的车更适合在城市内或高速公路上行驶，附加轮系是减速轮系的自动变速器更加适合用于越野车。

1）相同传动比梯度条件下，轮系的输出速度数越多，传动比跨度越大，通过性能越好。

2）相同传动比跨度条件下，轮系的输出速度数越多，传动比梯度越小，舒适性更好。

3）相同输出速度数条件下，附加轮系是超速轮系的传动比比附加轮系是减速轮系的大，故附加轮系是超速轮系的车更适合在城市内或高速公路上行驶，附加轮系是减速轮系的自动变速器更加适合用于越野车。

表 3-5　传动比的比较

分类	R式					S式					D式				
	8速		5速		4速	6速		4速		3速	8速		5速		4速
挡位	超速轮系	减速轮系	超速轮系	减速轮系	基本轮系	超速轮系	减速轮系	超速轮系	减速轮系	基本轮系	超速轮系	减速轮系	超速轮系	减速轮系	基本轮系
倒挡	2.6	2.6	2.6	2.6	2.6	2.6	2.6	2.6	2.6	2.6	2.6	2.6	2.6	2.6	2.6
1	2.6	2.8	2.0	2.4	2.0	2.6	2.8	2.0	2.4	2.0	2.6	2.8	2.0	2.4	2.0
2	2.4	2.6	1.3	2.0	1.3	2.4	2.6	1.3	2.0	1.3	2.4	2.6	1.3	2.0	1.3
3	2.0	2.4	1.0	1.3	1.0	2.0	2.4	1	1.3	1	2.0	2.4	1	1.3	1.0
4	1.3	2.0	0.8	1.0	0.8	1.3	2.0	0.8	1		1.3	2.0	0.8	1.0	0.8
5	1	1.3	0.6	0.8		1	1.3				1	1.3	0.6	0.8	
6	0.8	1				0.8	1				0.8	1			
7	0.6	0.8									0.6	0.8			
8	0.4	0.6									0.4	0.6			

任务三　汽车自动变速器的换挡控制装置

自动变速器通过六大控制器（单向制动器、单向离合器、双向制动器、双向离合器、单向联轴器和双向联轴器，以下简称六器）改变动轴轮系中不同构件的固定关系或相互连接关系（再次强调不是改变啮合关系）得到不同传动比。所以换挡品质的好坏与这些离合器和制动器的质量、配置方式、控制精度有直接关系；同时，为了六器工作温柔、保证换挡品质，还配置了缓冲装置、液控元件、电控元件共同调节六器的动作质量。

一、六器

1. 单向制动器

单向制动器不仅用于自动变速器的执行机构，还用于液力变矩器的导轮支承处。

单向制动器可分顺式和逆式两种，汽车中常用单向制动器有楔块式、滚柱式、棘轮式等，如图 3-26 所示。

1）楔块式单向制动器

（1）组成。

楔块式单向制动器（a wedge type uni-directional brake）由外圈、8 字形楔块、保持弹簧和内圈组成，如果这些楔块是球体，那就是一个滚动轴承，但它们不是球体，而是不等径的楔块。

（2）工作原理。

图 3-27 所示为楔块式单向制动器的工作原理，图中 $A>B$，当内圈与外圈的相对运动使 A 尺寸方向受力时，单向制动器锁死；使 B 尺寸方向受力时，单向制动器松开。

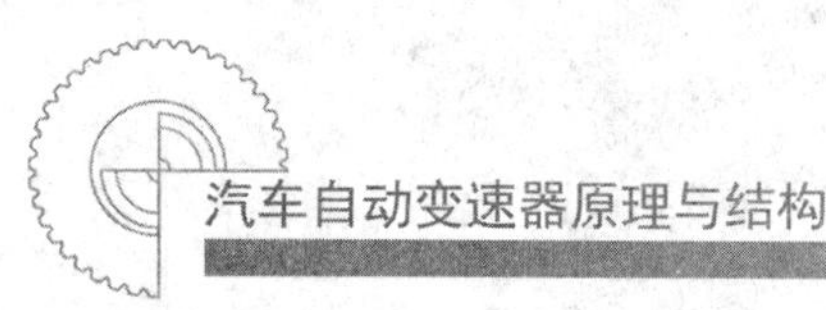

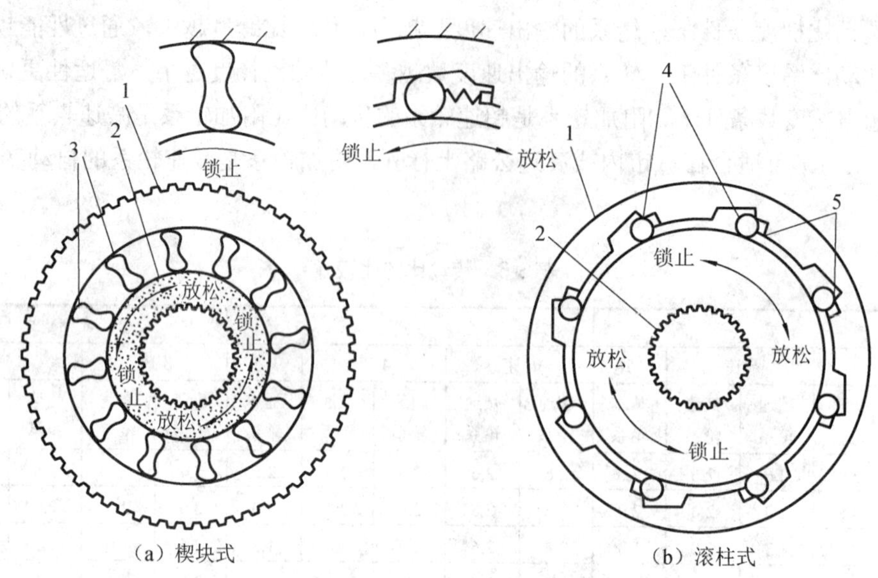

（a）楔块式　　（b）滚柱式

图 3-26　单向制动器

1—固定外圈；2—转动内圈；3—楔块；4—滚柱；5—回位弹簧

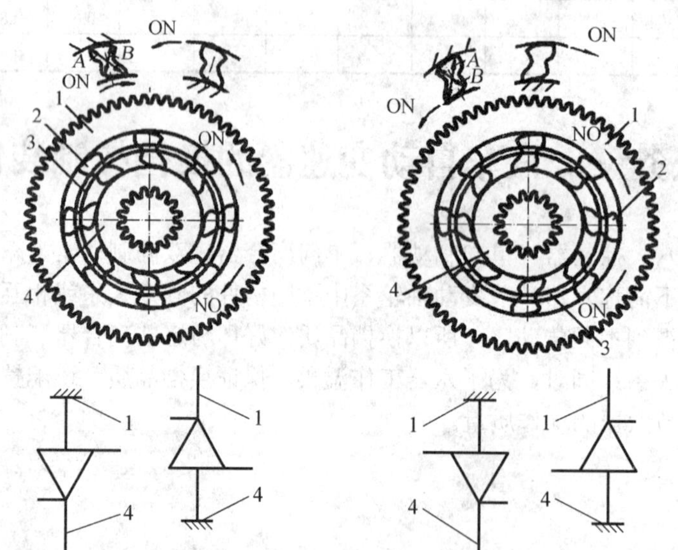

（a）外圈固定内圈顺时针转为顺式，顺式的内圈固定时，外圈只能逆时针转动

（b）外圈固定内圈逆时针转为逆式，逆式的内圈固定时，外圈只能顺时针转动

图 3-27　楔块式单向制动器的结构

1—外圈；2—楔块；3—保持弹簧；4—内圈

（3）判断。

图 3-27（a）是顺式单向制动器，将外圈固定，内圈只能沿顺时针转动（旁边是它的职能符号图），或将内圈固定，外圈只能沿逆时针转动，这就是顺式的“可顺不可逆”特性。

图 3-27（b）是逆式单向制动器，其外圈固定，内圈只能逆时针转动，或内圈固定，外圈只能顺时针转动，这就是逆式的“可逆不可顺”特性。

两种类型四种情况初学者往往很难判断，为简化，可以以图示正中最上面那个楔块上的 A 线段的倾斜情况来判断，A 线段左高右低为顺式，A 线段左低右高为逆式。

单向制动器的工作情况如表 3-6 所示。

表 3-6　楔块式单向制动器的工作分析

状况＼类型	顺时针单向制动器（A 左高右低，简称顺式）	逆时针单向制动器（A 左低右高，简称逆式）
外圈固定	内圈可顺不可逆	内圈可逆不可顺
内圈固定	外圈可逆不可顺	外圈可顺不可逆

（4）特点。

① 楔块式单向制动器是纯粹而简单的机械装置，靠摩擦力矩工作，不必通过液压油、电磁力、机械动力工作。

② 当作用于内、外圈上的力矩方向或相对运动方向发生改变时，即可自动地产生或解除锁止。

③ 单向制动器的锁止与放松几乎是瞬时发生的。

2）滚柱式单向制动器

滚柱式单向制动器（roller type one-way brake）由外圈及外圈上的变半径锁紧槽口、滚柱、弹簧和内圈组成，滚柱数目通常为 6～8 个。这种单向制动器的缺点是磨损后因补偿量不足容易打滑，导致整个轮系不能正常工作，这是滚柱式单向制动器无法克服的缺点，也是它在实车上应用较少的原因。

2. 单向离合器

单向传动作用的离合器与单向制动器结构上的区别是单向离合器锁止后两轴会呈刚性连接状态一起单向转动（另一方向转动时不连接），单向制动器锁止后两轴呈刚性连接状态一起单向固定于机架。

单向离合器的形式有很多种，基本结构是棘轮棘爪运动副，机械设计基础中称其为超越离合器。最通俗易懂、人人都可轻松做实验的例子是自行车后轮的“飞”，脚蹬通过链条能带动后轮转动，后轮不能带动链条使脚蹬向前运动，这是大家都很熟悉的单向离合器工况。自行车“飞”的各种工作情况在自动变速器中都被使用到，理解这点，有助于初学者理解自动变速器的工作。

尽管大家熟悉自行车的“飞”，但其中有一个大家不一定熟悉的性质：当把脚蹬固定，后轮可以向前运动，但不能向后运动；或者把后轮固定不转，脚蹬则只能回链，不能向前转动，这就是单向制动器的单向制动工况，从这两个司空见惯的关于自行车的“飞”的例子的比较，可以得到单向制动器与单向离合器的区别，即单向制动器锁止时，两轴都不能转动（控制件相对机架是静止的），放松时被控制轴可以在另一个方向自由转动；单向离合器锁止时，两轴必须同时按主动轴的状态转动，放松时主动轴自由转动，被动轴可在另一个方向上受控地自由转动（它的转动不能对主动轴形成干涉，如自行车靠惯性下坡时，脚蹬可以反向以任意转速转动，而向前转动的速度可以在低于车轮速度的情况下任意转动，但不能快于车轮转速，否则单向离合器会锁止，脚蹬就会带动后轮转动），单向离合器工作情况如表 3-7 所示。

表 3-7　单向离合器的工作分析

类型 状况	顺时针单向离合器（*A* 左高右低，简称顺式）（站在外圈上看内圈）可顺不可逆	逆时针单向离合器（*A* 左低右高，简称逆式）（站在外圈上看内圈）可逆不可顺
外圈主动顺时针转动	外圈可以带动内圈顺时针转动，或者称为内圈可随外圈顺时针转动	外圈不能带动内圈顺时针转动，或者称为内圈可以低于外圈转速双向自由转动，但不能高于外圈转速顺时针转动
外圈主动逆时针转动	外圈不能带动内圈逆时针转动，或者称为内圈可以低于外圈逆转速双向自由转动，不能高于外圈转速逆时针转动	外圈可以带动内圈逆时针转动，或者称为内圈可随外圈逆时针转动
内圈主动顺时针转动	内圈不能带动外圈顺转，或者称为内圈顺转，外圈不转动	内圈可以带动外圈顺时针转动，或者称为外圈随内圈顺时针转动
内圈主动逆时针转动	内圈可以带动外圈逆转动，或者称为外圈随内圈逆时针转动	内圈不能带动外圈逆转，或者称为内圈逆转，外圈不转动

注：用相对论的观点来观察内外圈的运动关键是要找好参照物，参照物不同得出的结论就不一样。

3. 双向制动器

自动变速器中最常用的双向制动器（bi-directional brake）有带式和多片湿式两种，作用是限制构件的运动，减少自由度，前面介绍，自动变速器是依靠改变不同构件的固定关系或相互连接关系来改变传动比的，所以双向制动器是换挡执行器。无论是带式或多片式制动器，都是通过液压控制起作用的，由液压活塞运动实现对构件的控制以改变构件的动作（由于两种制动器本质是一样的，故本教材大多数情况下把两者的职能符号图画成一样，如图 3-28、图 3-29 所示）。

1）带式双向制动器

（1）工作过程。

带式制动器最大的优点是结构简单、占用空间小。如图 3-28 所示，制动带 3 在加力杠杆 14 的推动下迅速抱紧制动毂 4，从而产生强大的制动力限制传动轴 5 转动。加力杠杆 14 是直接被顶杆 13 推动的，顶杆 13 的动力又来自液压活塞 8，所以对传动轴 5 的制动完全由液压系统控制，这种制动带式制动器结构简单，成本低。但制动带制动速度较快，制动力猛，换挡震动相对较大。换挡品质控制油管 9、有杆腔控制油管 11 就是为解决这个问题设计的，当通过无杆腔控制油管 7 来油时，通过换挡品质控制油管 9、有杆腔控制油管 11 接入有压力的控制油，让制动带与制动毂可控制地、慢慢地接合，大大提高了换挡品质，改善了舒适性。制动带磨损后可调整调整螺钉 1，改变制动带 3 与制动毂 4 之间的原始间隙，调整完毕锁紧用螺母 2 将螺杆 1 锁止在调整后的位置上，以防止因振动等原因改变制动带与制动毂之间的间隙。

带式制动器有多种结构形式，工作原理是一样的。

（2）结构分析。

带式制动器的内敷摩擦材料的制动带，包绕在制动毂的外圆表面，它的一端固定在变速器壳体上，另一端是活动的。当控制压力油进入制动液压缸后，压缩回位弹簧推动活塞使制动带的活动端移动，箍紧制动毂，使其无法转动。控制压力油的压力解除后，回位弹簧使活塞复位，并拉回制动带活动端，从而松开制动毂，解除制动。

对带式制动器来说，箍紧制动毂的制动力矩的大小，取决于制动带的长度和宽度，以及作用于制动带活动端的力的大小。在自动变速器中，依其所需完成的任务不同，制动带的尺寸和结构有所不同。有的制动带由一根柔性的，内表面敷有摩擦材料的钢片制成，称为单匝制动带；也有除两端外，中间完全分开的双匝制动带。双匝制动带能更好地与制动毂外圆表面贴合，因而在活动端作用力一定的情况下，双匝制动带可以像剪刀一样“双手”施抱，提供了更大的制动摩擦力矩；同时，双匝制动带与制动毂的接合也较单匝制动带更为平稳，使换挡动作更趋柔和，而且自动补偿磨损间隙。单匝制动带比双匝制动带制造成本低，通过液压系统控制进油速度，使其性能令人满意。

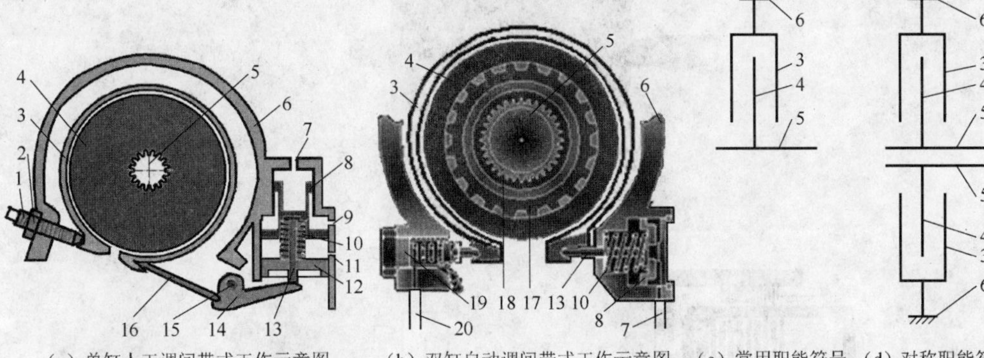

（a）单缸人工调间带式工作示意图　（b）双缸自动调间带式工作示意图　（c）常用职能符号　（d）对称职能符号图

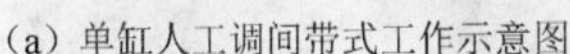

（e）磨损

（f）正常

（g）单匝带

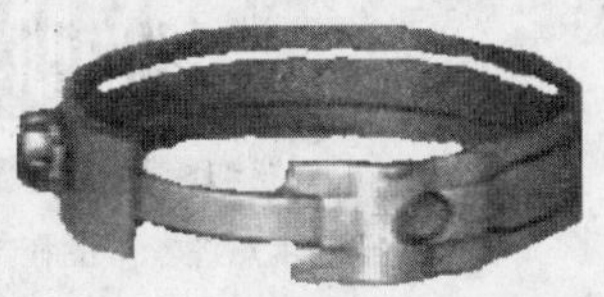

（h）双匝带

图 3-28　带式双向制动器

1—调整螺钉；2—锁紧螺母；3—制动带；4—制动毂；5—传动轴；6—机架；7—无杆腔控制油管；8—活塞；9—换挡品质控制油管；10—回位弹簧；11—有杆腔控制油管；12—弹簧座；13—顶杆；14—加力杠杆；15—杠杆支点；16—推杆；17—钢片；18—摩擦片；19—自动消除间隙液压缸；20—消除间隙控制油管

制动时，制动带与制动毂之间必然有轻微的滑动摩擦，控制这个滑动摩擦量便可控制被制动的机构部件，使其减少突然制动，降低冲击，减小对自动变速器造成的损害。但制动带与制动毂之间太多的滑动，即制动带打滑，也会引起制动带磨损或烧蚀。制动带的打滑程度随内表面所衬敷的摩擦材料磨损及制动带与制动毂之间间隙的增大而增大，制动带与制动毂之间的间隙须经常进行调整，尽管已有可以自动调整的装置，但它的寿命仍然低于湿式多片式。带式具体结构也有多种，用于推动带运动的有直杆、杠杆和钳形杆三种形式，因为直杆无任何增力作用，而活塞的推力必须大到足以在最大力矩作用于制动毂时，仍可防止制动带的打滑，杠杆就有增力作用，这种传动方式改变了制动活塞推力的方向。

老式制动带磨损后需进行人工调整的直杆型或杠杆型连杆，制动带与制动毂之间的间隙由调整制动带固定端调整螺钉 1 确定，调整完后，再用锁止螺母 2 锁紧。但对于所给出的钳形杆传动，制动带调整螺钉及锁止螺母位于摇臂一端，因此，制动带与制动毂的间隙必须在拆下自动变速器润滑油底壳之后才能进行调整。为了结构紧凑，往往在带式的制动毂内再设计一个多片式离合器，如图 3-28（b）所示，构成两件式复合控制器。

2）湿式多片双向制动器

汽车自动变速器的制动器除了带式，还有湿式多片式，它浸泡在自动变速器润滑油中工作，所以称为湿式制动器，制动器浸在油液中工作，能及时带走摩擦时产生的热量，提高可靠性和耐久性。采用多片式结构，接触面多，制动平顺柔和，可以保证换挡质量。

（1）组成。

如图 3-29 所示，当制动器总成 6 制动后，序号 1 和序号 2 组成的湿式多片式机构变成一个双向制动器，制动器总成 6 放松后就是一个双向离合器。图 3-29（c）是常用的职能符号，因为是对称的，所以图 3-29（d）只有一半，这是以后要常用的图，读者要重点掌握图 3-29（d）。

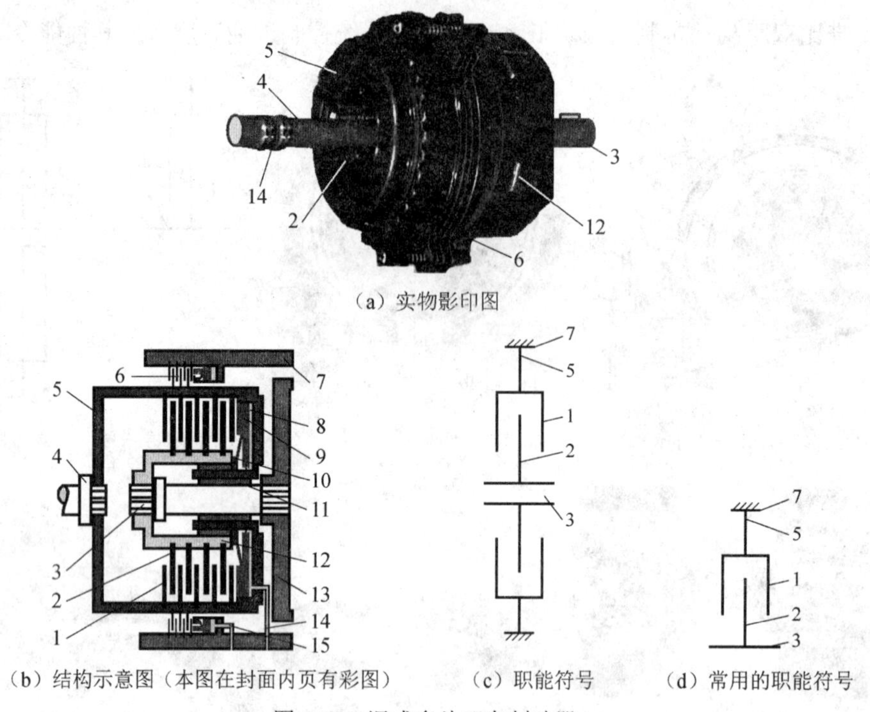

（a）实物影印图

（b）结构示意图（本图在封面内页有彩图）　（c）职能符号　（d）常用的职能符号

图 3-29　湿式多片双向制动器

1—钢片；2—摩擦片；3—输出轴；4—输入轴；5—钢片毂；6—制动器总成（可以是带式）；7—变速器壳体；8—控制液压油；9—控制活塞；10—回位弹簧（现在均用膜片式）；11—滑动轴承；12—摩擦片毂；13—输出法兰盘；14—控制油管 1；15—控制油管 2

（其中钢片毂 5、摩擦片毂 12 只在本图内使用，以后按其功能称呼）

（2）结构。

如图 3-30 所示，摩擦片 2 内缘处有内花键齿，与摩擦片毂 12 上的外花键相啮合。钢片 1 与摩擦片 2 相互交替排列，钢片 1 的外缘有外花键齿，啮合在钢片毂 5 的内花键内。控制油管 14 内没有压力油时，在回位弹簧 10（现代汽车内不再用螺旋弹簧，膜片式弹簧结构简单、受力均匀、对配合零件无削弱强度作用、无噪声、刚度好、寿命长、加工工艺性好、维修容易）的作用下，控制活塞 9 退回，摩擦片 2 与钢片 1 在花键轴上沿轴向产生相对离开的轴向位移，两者端面之间就有间隙，使钢片毂 5 与摩擦片毂 12 可以自由地沿顺时针或逆时针两个方向相对旋转，这就是双向分离。控制油管 14 内通上压力油后推动活塞 9 前进，压缩回位弹簧 10，使摩擦片 2 与钢片 1 在花键轴上沿轴向产生相对接合的位移，消除轴向间隙后，两者端面之间被压紧，摩擦力矩使两者不能双向相对旋转，即钢片毂 5 与摩擦片毂 12 接合成一体，这就是双向锁止。在制动器总成 6 锁止的条件下，输入轴 4、钢片毂 5 都被锁止在变速器壳体 7 上不能转动，当控制油管 14 没有压力油时，输出轴 3 及与它刚性连接的所有零件形成一体，可以双向旋转，当控制油管 14 通压力油时，输出轴 3 及与它刚性连接的所有零件只能双向被锁止，这就是双向制动器的工作特点。

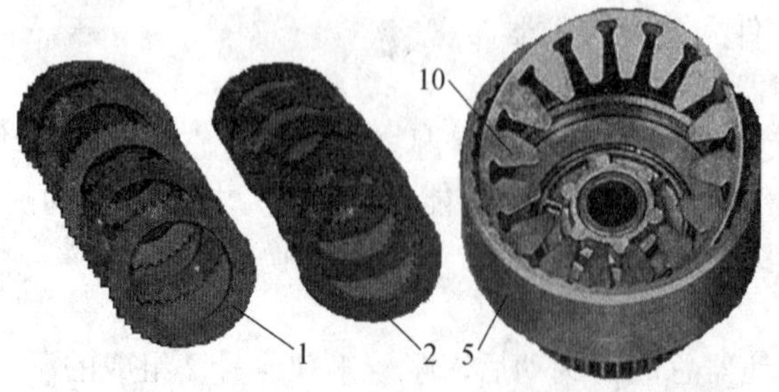

图 3-30　湿式多片双向离合（制动）器主要零件

注：图 3-30 图注见图 3-29。

制动器总成 6 放松条件下，无论控制油管 14 是否通压力油及摩擦片 2 与钢片 1 是否压紧，输出轴 3 与输入轴 4 都可以双向旋转，只是通油时两轴同时双向旋转，不通油时各自可以互不干涉地双向转动。制动器总成 6 与摩擦片 2 和钢片 1 组成的离合器是串联关系。

将制动器总成 6 换成带式制动器情况完全相同，取消制动器总成 6，钢片毂 5 直接通过花键安装在变速器壳体 7 中，就成为自动变速中最常见的双向湿式多片制动器，输入轴 4 就没有必要存在了。

4. 双向离合器

湿式多片离合器（double clutch）的工作原理及自身结构与湿式多片制动器相同，只要将制动器总成 6 取消或换成一个轴承即可。这时它的工作情况与制动器总成 6 放松条件下，摩擦片 2 与钢片 1 组成的离合器工况完全相同。所不同的是它只有离合器工况，没有制动器工况。从这点也可以看出两个制动器串联的好处是得到了更多的工况，这对于自动变速器来说是重要的。

5. 单向联轴器

将单向制动器与机架连接改为与转动轴连接就变成了单向联轴器，当向相互锁死方向转动时，二者同时转动如同用联轴器连在一起，如果向相互松开方向转动，则二者各自转动。

6. 双向联轴器

将双向制动器与机架连接改为与转动轴连接就变成了双向联轴器，当相互锁死时，二者同时可以正反两方向转动，如同用联轴器连在一起。

二、缓冲装置

1. 蓄能器

蓄能器的功能是在系统有多余能量时贮存能量，在系统能量不足时将贮存的能量补充给系统，例如，飞轮就是典型的机械式蓄能器，还有电能式（如电池）、磁能式（如点火线圈）、刚性弹簧式、压缩气体式等，也有几种复合在一起的蓄能器，如行驶系中的充气液压减振器。汽车上应用了多种蓄能器。

在自动变速器执行机构中，用得最多的是液压蓄能器。无论是多片离合器及制动器的接合和分离，或者带式制动器的箍紧和放松，都不能过于粗暴，以免产生换挡冲击，影响乘车的舒适性，减少零件寿命。因此，在执行机构的液压系统中专门设置了用于吸收液压冲击的缓冲装置，以提高换挡品质，避免执行机构发生振动或接合过猛。液压蓄能减振器就是常用的、效果不错的缓冲装置。

蓄能减振器分为活塞式和阀式两类，如图 3-31 所示，活塞式的看上去像是一个制动器的液压缸。有些蓄能减振器的活塞与制动器活塞共用一个液压缸，称为整体式蓄能减振器，将活塞式蓄能减振器安装在自动变速器壳体中单独孔内的，称为独立式蓄能减振器，这两种蓄能减振器的工作原理基本上是相同的。阀式蓄能减振器与自动变速器液压系统中的滑动柱塞阀相似，在蓄能时还可以起到控制阀的作用，或暂时分流一部分原本直接作用于液压缸的液压油，然后逐渐加载到执行器液压缸。

蓄能器可以只在活塞无弹簧的一侧进油，如图 3-31（b）所示，也可以从活塞两侧都进油，如图 3-31（a）所示，图 3-31（c）为多蓄能器控制。

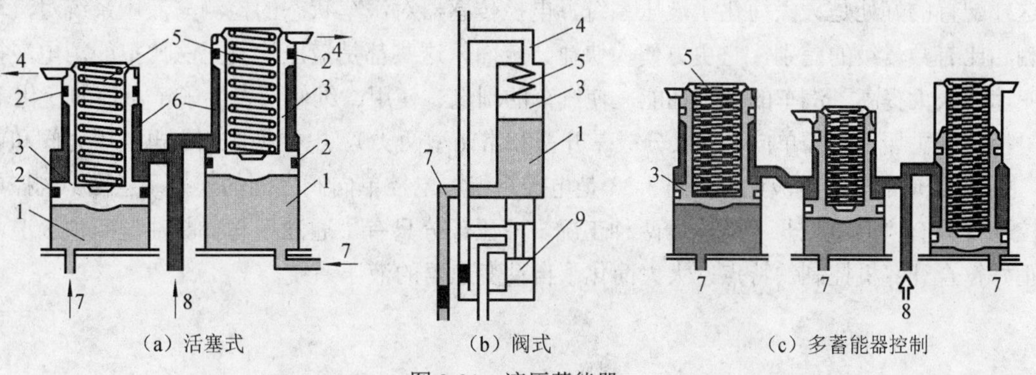

图 3-31　液压蓄能器

1—蓄能腔；2—密封胶圈；3—活塞；4—接油箱的平衡油管；5—回位弹簧；6—反馈控制腔；7—接主油路的油管；8—反馈控制油管；9—控制阀

当变速器位于空挡或停车挡位置时，主压力油液经接主油路的油管 7 进入蓄能器蓄能腔 1 无弹簧的一侧，使活塞移动压缩弹簧。在换挡时，来自换挡阀的主压力油液经油道进入制动器伺服液压缸的工作侧，使制动器夹紧的同时主压力油液也进入蓄能器有弹簧一侧的反馈控制腔 6。当蓄能器的回位弹簧 5 被压缩时，来自换挡阀的压力油液和蓄能器的油液一起能很快地流到制动器伺服液压缸的工作侧。一旦活塞遇到阻力，即制动器开始接合时，蓄能器弹簧一侧的反馈控制腔压力升高，回位弹簧 5 的作用力推动活塞运动，弹簧伸长，但蓄能腔 1 的压力也在增加，迫使弹簧压缩，结果由接主油路的油管 7 流入的主压力油液就在这种平衡状态被高效地调整到最佳，所以蓄能器使制动器接合平稳、时机合适，减少了冲击和卡住的危险。由于蓄能器在系统中调整了额外的油量，使制动器伺服活塞往回运动的速率应慢时就减慢减振，需快时能加速响应。

2. 伺服液压缸

伺服液压缸（servo hydraulic cylinder）由缸筒、活塞和回位弹簧等主要零件组成。

油压作用在与弹簧力相反的一侧。当油压作用在活塞上时，活塞所受的推力克服弹簧的弹力运动，当作用在活塞上油压被切断并被泄放掉时，作用在活塞另一侧的弹簧弹力推动活塞回移，使活塞回到原先的位置，在这个过程中起到缓解冲击的作用。

3. 弹簧

弹簧的缓冲、蓄能作用非常明显，形式也较多，是大家比较熟悉一种缓冲装置，本教材不再赘述。

三、液压控制元件

液压控制元件就是各类液压阀，液压阀按功能分成压力阀、方向阀和速度阀三类；按运动方式分成滑阀、转阀和锥阀三类；按控制方式分为机械控制、液压控制和电控三类。若干个阀组成完成某功能的回路，主要回路有压力调节回路、方向控制回路和速度控制回路，分析回路时要从油箱出发，通过回路再返回油箱形成一个封闭圈。若干个回路组成系统，控制机械的某一总成完成规定的动作。若干个系统组成一个有机的控制整体，完成整车（或整机）的所有控制功能。

纯液压控制系统的缺点是油路复杂、泄漏潜在概率大、响应速度慢，故现代汽车已经不再使用纯液压控制系统的自动变速器。

电液控制的液压系统中，电磁阀听命于电控系统的 ECU，电磁阀通过控制液压阀来控制液压系统完成 ECU 命令完成的各项任务。

这样配置的好处是大大简化了液压系统，电控传感器对汽车状态的检测与液压系统对汽车状态的检测相比有数量级的差别，它更方便、快捷、全面，这些都是液压检测无法比拟的。电液控制的自动变速器大大提高了汽车的各项性能，使汽车的制造、使用、维修都发生了革命性的变化。

电控制阀主要有电控单向阀（又分成常开型和常闭型两类）、电控换向阀、电控压力阀和电控速度阀。图 3-32 是常见的电液元件，图 3-33 是电控系统与电控单向阀之间的连接示意图。电控单向阀的电控部分只有“通电”与“断电”两种工况，液压部分只有“通油”与“断油”两种工况，这种特性正好符合计算机控制的特点，大大简化了自动变速器的液压系统。

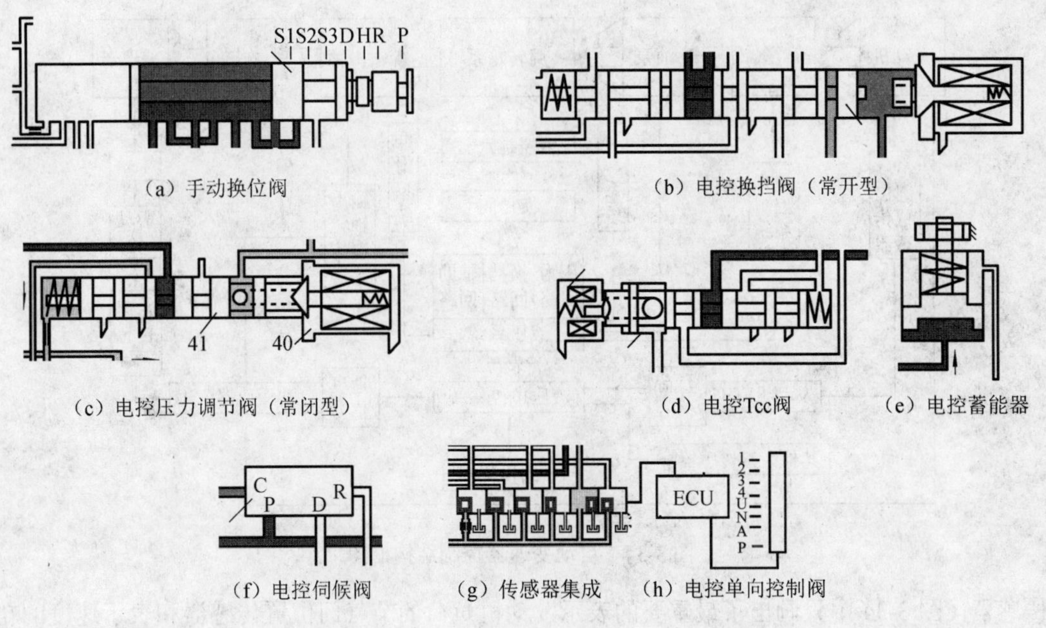

（a）手动换位阀　（b）电控换挡阀（常开型）

（c）电控压力调节阀（常闭型）　（d）电控Tcc阀　（e）电控蓄能器

（f）电控伺候阀　（g）传感器集成　（h）电控单向控制阀

图 3-32　常见的电液元件

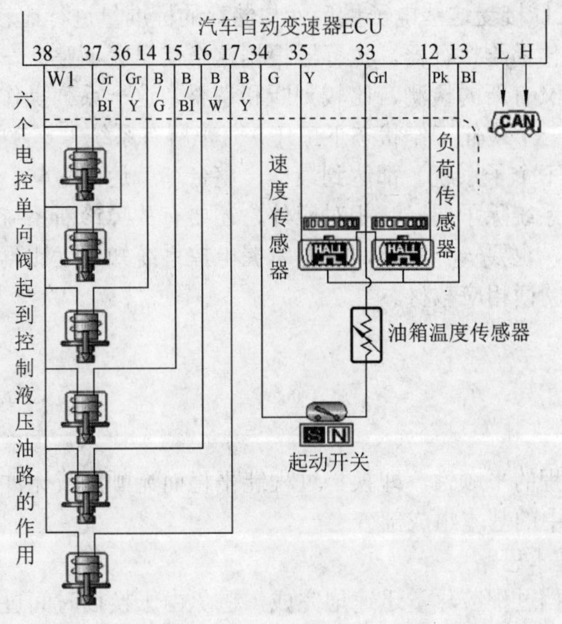

图 3-33　ECU 对电控单向阀的控制原理

四、电子控制元件

电、液、光、磁、机械合作工作是自动控制的基础，现代汽车是高速自动化、智能化的科技产物，对每种控制元件都有较高的要求。电子自动控制系统由传感器、ECU 和执行器组成，由一系列软件程序统一指挥它们形成一个能完成指定任务的有机体，如图 3-34 所示，图中从发动机到驱动轮是机械传递路线，箭头表示传递关系。从图中可以看出，手动换位阀、发动机负荷、汽车速度（变速器输出轴转速、发动机转速、汽车轮速）三大要素是自动变速器换位和换挡的基本依据，其他因素也有修正辅助作用，本教材只讨论前三大要素对自动升降挡的影响。

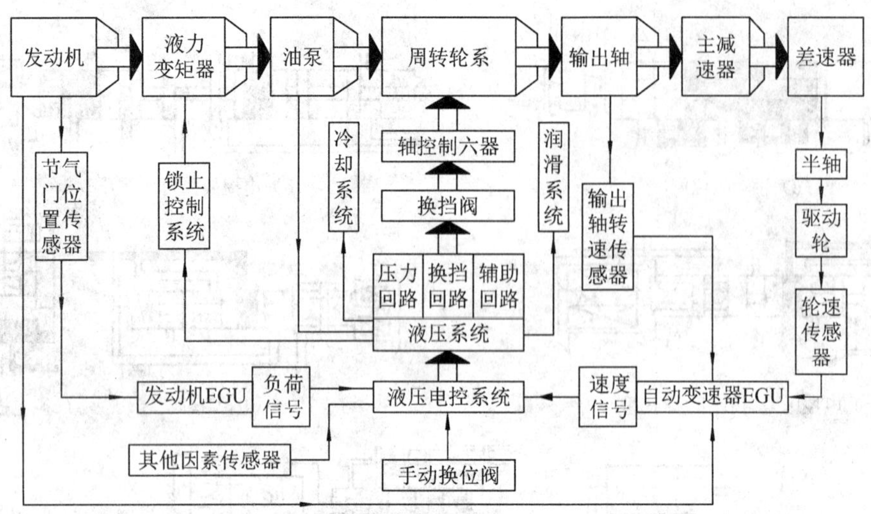

图 3-34　自动变速器控制结构框图

传感器（图 3-34 中只画出了最重要的表示发动机负荷的节气门位置传感器和表示速度的轮速传感器，实际上还有很多各种功能的传感器）准确检测汽车当前的状况（这些都是物理量），并将其变成电子量传递给 ECU，ECU 接受这些电子量后就与储存的标准量进行比较，得到误差值的大小，然后将这个误差值的电子量传递给执行器，执行器根据这个信息去调整汽车的物理现状，让其尽可能向标准值靠近。下一时刻又有新的检测、比较判断和调整，这一系列操作周而复始地进行下去，汽车的这个系统就能保持在一个最佳工作状态下工作，汽车所有系统（一台中等层次的车超过 45 个系统，每个系统下面还有若干个子系统）都达到最佳，整台车就达到最佳。汽车正常运行是由很多系统组成的，所有电子控制系统除了要一一相对应外，还要有故障诊断系统、检测系统、故障状态下能保持运行的基本系统等，也要一一对应，所以掌握电控系统知识远比驾驶一辆汽车要复杂，关于系统的详细介绍，读者可阅读相应教材。

五、换挡品质控制

1. 换挡品质

换挡品质是指换挡过程的平顺性，即换挡过程能平稳而无颠簸或无冲击地进行。换挡品质控制是自动换挡液压控制系统中的基本组成部分之一。

1）换挡品质控制的基本思路

从减少磨损角度，换挡过程应尽量迅速地完成，避免由于换挡时间过长而使摩擦元件的磨损增加，以及减少因换挡期间输入功率低或中断而引起的速度损失；从提高舒适性角度，换挡过程应尽量缓慢平稳过渡，以使车速过渡圆滑，没有过高的瞬时加速度或瞬时减速度，避免颠簸和冲击，以提高乘坐舒适性，减小传动系的冲击载荷，延长零件寿命。以上两个要求是互相矛盾的：换挡过程快，就不可避免地产生较大的冲击和动载荷，换挡过程的平稳性就不好；换挡过程慢，摩擦元件的滑转时间延长，导致摩擦元件温度升高、磨损增加。所以，控制换挡过程快慢是控制换挡品质的重要内容。

2）自动变速器换挡执行机构的缓冲控制

控制换挡过程的快慢就是让换挡执行机构动作时的缓冲被控制在一个最佳状态。

缓冲控制可采用单向离合器代替摩擦元件，也可采用分阶段作用的液压缸、带缓冲装置的伺服液压缸、断流解锁阀、蓄能器、缓冲阀、限流阀、节流阀、节流孔等。

2. 自动变速器的定时换挡控制

自动变速器的定时换挡控制是指两个控制元件交替工作的过程控制，在两个不能同时工作或不能同时不工作的控制元件（本教材称这种状况为两者不能同伍，简称不同伍）因换挡需要必须交换工作状态时，若替换过程的定时不当，将引起输出转矩的急剧变动：要么同时工作造成运动干涉；要么同时不工作造成传递中断，甚至交替出现。这两种状态无论持续时间多么短暂，都是不允许的，而且时间越短，危害越大。

解决不同伍的执行元件工作替换时出现的问题的途径有液压式、机械式和电控式三种。

1）液压式控制

液压系统表示方式有职能符号式液压原理图和结构式液压原理图，汽车的液压系统原理图大多都是结构式液压原理图，如图 3-35 所示。液压式控制的缺点是使液压回路复杂化，造成加工、维修困难，而且响应较慢。

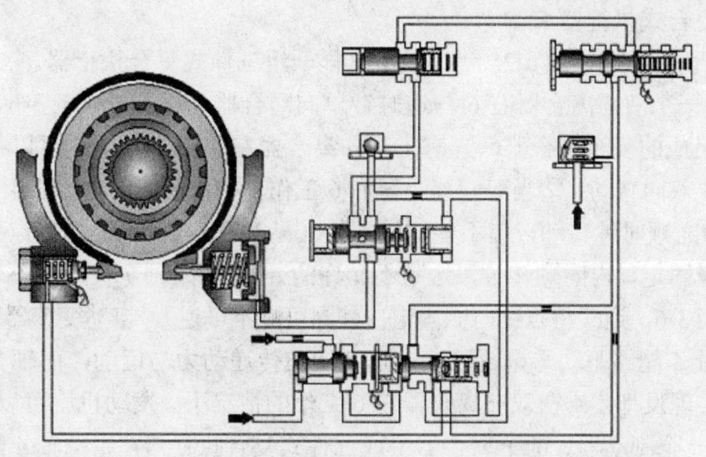

图 3-35　结构式液压原理图

2）机械式控制

（1）机械式定时换挡控制装置由单双向制动器、单双向离合器组成。为使不同伍的换挡控制执行器既不发生运动干涉，也不发生传递中断，通常用若干个执行器组成复合执行器与电控系统配合。

（2）机械组合式轴控制器将制动器、离合器和单向离合器加以组合，形成组合式轴控制器，可以实现多种特殊的功能。图 3-36 所示是常用的几种组合形式。

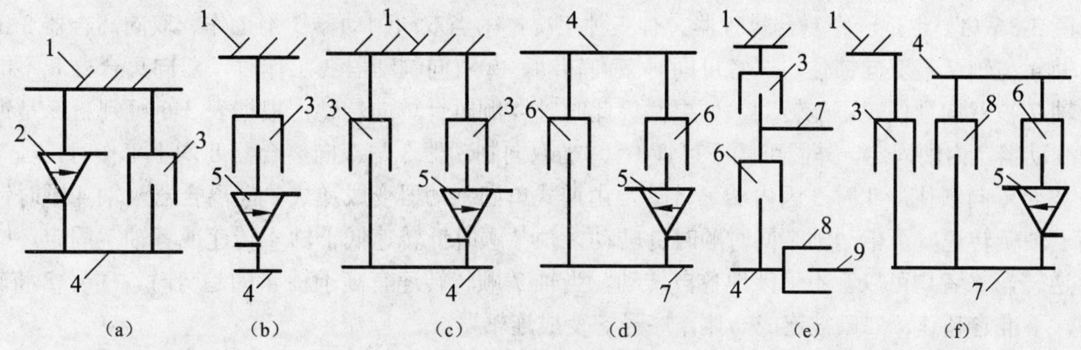

图 3-36　组合式轴控制器

1—机架；2—单向制动器；3—双向制动器；4—主动轴；5—单向离合器；6、8—双向离合器；7、9—从动轴

图 3-36（a）是顺时针单向制动器 2 与双向制动器 3 并联组合成的并联两件式，它有两种工况：①双向制动器 3 工作，轴 4 被双向制动，不能转动；②双向制动器 3 不工作，主动轴 4 可以顺时针转动，不能逆时针转动。如果把序号 1 换成轴，那就是并联两件式离合器。图 3-23 中的序号 16、17 就组成了这样一组两件并联式的复合执行器。

图 3-36（b）是双向制动器 3 与顺时针单向离合器 5 串联组成的两件串联式制动器，它有两种工况：①双向制动器 3 工作，顺时针单向离合器 5 也工作，轴 4 可顺不可逆；②双向制动器 3 不工作，顺时针单向离合器 5 不能发挥作用，轴 4 可以双向自由转动。如果把序号 1 换成轴，那就是两件串联式离合器。图 3-23 中的序号 24、25 就组成了这样一组两件串联式的复合执行器。

图 3-36（c）是一个双向制动器右 3 与一个顺时针单向离合器 5 串联，然后再与一个双向制动器左 3 并联组成的三件复合式制动器，它有三种工况：①当双向制动器左 3 工作时，轴 4 被双向制动，不能转动，双向制动器右 3 与单向离合器 5 不发挥作用；②双向制动器左 3 不工作，右 3 工作，轴 4 可顺不可逆转动；③双向制动器左 3、双向制动器右 3 都不工作，轴 4 双向自由。如果把序号 1 换成轴，那就是三件复合式执行器。

图 3-23 中的序号序号 23、24、25 就组成了这样一组三件式复合执行器。

图 3-36（d）是一个双向离合器右 6 与逆时针单向离合器 5（见 P69 表 3-6）串联后再与一个双向离合器左 6 并联组成的复合离合器，它有①双向离合器左 6 工作，轴 4 可以带动轴 7 双向转动，轴 7 也可以带动轴 4 双向转动；②当双向离合器右 6 工作、左 6 不工作时，轴 4 主动顺时针转动，轴 7 可以逆转，也可随之顺时针转动，但不能比轴 4 快（见 P69 表 3-6，逆式特点：如果轴 4 比轴 7 顺转快了，相当于外圈固定，内圈顺转了，这是不允许的）；③如果轴 7 被固定不转动，轴 4 可主动顺时针转动（见 P69 表 3-6，逆式特点：内圈固定，外圈可顺不可逆）。自动变速器利用这种性质实现了与发动机相联接的轴 4 能够驱动与车轮联接的轴 7 向前传递动力与运动，而轴 7 对轴 4 的传递却被中断，发动机不能实现反拖；④在双向离合器左 6 工作的情况下，发动机就可以实现反拖四种工况。

图 3-36（e）中一个制动器、两个离合器组成三件式复合执行器，主动轴 4 的传递被分成了两个分支，它有四种工况：①如果双向离合器 8 工作，其余轴控制器不工作，轴 4 与轴 9 双向连接，可以实现正反向驱动，此时轴 7 在空转；②如果双向离合器 8 与 6 同时工作，传递沿轴 7、9 两条路线传递，这对于有两个自由度的周转轮系来说是有重要意义的；③如果双向离合器 8 不工作，双向离合器 6 工作，轴 4 与轴 7 双向连接，可以实现正反向驱动，自动变速器往往利用这条路线实现倒挡，此时轴 9 可以空转；④如果双向制动器 3 工作，双向离合器 8 工作，传递中轴 7 不转动，这与前面介绍的情况是不一样的，传动比的改变就形成另一个挡位。提醒读者注意：序号 3 与序号 6 不能同时工作。

图 3-23 中的序号 13、14、15 就组成了这样一组三件式的复合执行器。

图 3-36（f）也是一个复合执行器，有三种工况：①当双向制动器 3 不工作、双向离合器 8 工作时，轴 4 与轴 7 被双向锁住，二者可同时双向转动，②双向制动器 3 工作时，双向离合器 8 不能工作，轴 7 被双向锁住，不能转动，如果假设此时轴 4 顺时针单向转动，根据表 3-6 可判断 5 是逆式单向制动器（内圈固定，外圈可顺不可逆）；③当双向制动器 3 与双向离合器 8 均不工作时，轴 4 与轴 7 被 5 单向锁住，此时 5 因内圈可转动，由逆式单向制动器变成逆式单向离合器，轴 4 顺时针转速高于轴 7 转速，可带动轴 7 同时顺时针转动，轴 7 顺时针转速低于轴 4 转速或者轴 7 固定，或者轴 7 逆转，二者均可以互不干涉地各自转动。当轴 7 顺转转速有高于轴 4 的趋势时，序号 5 将轴 7 拉住，不准它超速，二轴被连成一体，序号 5 变成连轴器。

单向离合器 5 必须存在的理由：如果轴 4 与原动机连接有动力输入，双向制动器 3 与双向离合器 8 既不能同时工作（工作就发生运动干涉，这是不允许的），也不能同时不工作（同时不工作传递会中断）。当双向制动器 3 要工作时，双向离合器 8 必须先放松，否则将因运动干涉而损坏零件。双向离合器 8 已放松、双向制动器 3 还没有工作的那一瞬间传递中断，也是不允许的。单靠电子控制技术是无法解决这对矛盾的，这是因为再高级的电子控制技术也必须要按先松后锁的原则设计程序，而且交换时间越快，加速度越大，冲击载荷就越大。这就是单向离合器 5 必须存在的理由——有了它的过渡，这个问题得到圆满解决，即同时不工作时单向离合器 5 将轴 4 和轴 7 锁成一整体，保证运动不中断，由电控系统保证不发生同时工作的情况。

同理，当双向制动器 3 放松，双向离合器 8 还未工作前的情况与此一样，这样就成功地解决了传递中断的问题。在此基础上，ECU 按先放松，后工作的原则处理双向制动器 3 与双向离合器 8 的交替就是很简单的问题了，也就是顺利解决了运动干涉的问题：双向离合器 8 工作，轴 7 顺时针（可以双向）带动轴 4 转动，ECU 命令双向离合器 8 先放松，轴 7 通过单向离合器 5 控制轴 4 继续顺时针同速（轴 4 不能快转）转动，保证传递不中断，在此情况下的任何时刻，ECU 命令双向制动器 3 工作，双向制动器 3 迅速将轴 4 锁住，轴 7 将继续保持原来的转速转动（逆式特点：内圈固定，外圈可以继续顺时针转动），避免了运动干涉。

图 3-24（e）中的序号 13（相当于序号 8）、序号 14（相当于序号 5）、序号 15（相当于序号 3）就组成了如图 3-36（f）所示的复合执行器，工作情况完全相同。图 3-24（e）中序号 21、22、18，图 3-37 和图 3-38 中的序号 11、12、15 都是这种组合。

以上“六器”的变换，实现了自动变速的自动换挡，动轴轮系本身可以实现联轴器工况，如果与单向离合器组合，可以实现双向联轴与单向联轴，故由六大执行器担任换挡的任务。液压系统对执行元件的控制，使执行元件按要求适时动作。自动变速器换挡工况的作用在本教材以后项目中将进行详细介绍。

（3）无级变速：无级变速的机械传动部分是主体，它属于机械组合式轴控制器的范畴，高质量的无级变速是提高换挡品质最有效的措施，本教材将在本项目的任务四中详细讨论这个问题。

3）电子式控制

提高换挡品质必需的定时控制、顺序控制对于电子控制来说是非常简单易行的，在自动变速器中有广泛而成功的运用，有兴趣的读者可参阅相关教材。

任务四 无级变速在汽车自动变速器上的运用

无论是手动变速器或是自动变速器，它们都是有级的，即变速都有挡位，挡位越高，传动比越小，输出轴的转速越快，转矩越小。由一个挡位换到另一个挡位时传动比的变化是突变的，形成阶跃，这种转换就像上楼梯是一级一级变化的，人可以一步步踏上、踏下，对于发动机来说这种“上一步”或“下一步”的变化必然会带来冲击，要想实现“无级”就必须连续地、不间断地或上或下，就像推自行车上斜坡是可能的，但要上阶梯就困难了一样，要想让汽车无级变速就必须有一个变阶梯为斜坡的装置，这个装置就是无级变速装置，它安装在变速器输出轴上，每两个挡位间要上下交换时，借助它的作用就像在两个阶梯间上搭了一块板一样，将两个挡位之间的突变变成了连续渐变，发动机收到的载荷就是连续变化、没有冲击的载荷了。

一、有级自动变速器与无级变速器

有级自动变速器（AT，auto transmission）与无级变速器（CVT，continuously variable transmission）最大的不同是在结构上，AT 实现的是在两挡之间的有级自动变速；而 CVT 则可以实现全程无级变速，使车速变化更为平稳。图 3-37 是某款车型 4 挡有级自动变速传动系机构示意图，如果将图中序号 34、35 齿轮副换成无级变速装置，就得到无级自动变速器，如图 3-38 所示。

图 3-37 中序号 34 以前的机构是有级变速机构（本教材将在后面项目中详细介绍），由汽车负荷及车速为主要依据自动进行有级换挡，序号 34、35 组成的过渡齿轮副使差速器的中心线远离变速器的中心线，以利于安装，因为主减速器是一对圆柱齿轮副，所以可以判断这是一款发动机横向前置、前轮驱动的车型。图 3-38 与图 3-37 比较，因为有了序号 34、35 组成的无级变速装置，其他零部件没有变化，它就从有级变成无级了。每两个挡位交换时，都通过这个无级变速装置自动处理，相当于推自行车上楼时每上一步都用同一块木板斜搭着过渡，尽管木板是同一块，但可以在全部阶梯使用一样，无级变速装置与有级变速装置配合，让汽车全程实现无级变速。

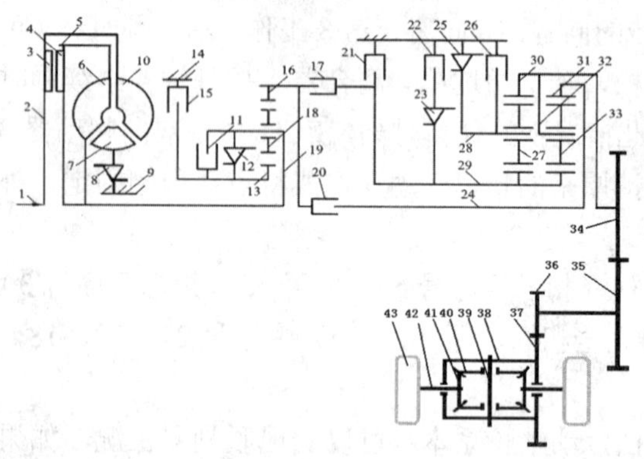

图 3-37　某款式轿车 4 挡有级自动变速传动系示意图

1—输入轴；2—液力变矩器外壳；3—锁止离合器主动盘；4—锁止离合器摩擦盘；5—摩擦盘与涡轮传动花键；6—涡轮；7—导轮；8—导轮单向制动器；9—导轮支撑轴；10—泵轮；11—C0 超速轮系直接离合器；12—F0 超速轮系直接单向离合器；13—超速轮系阳轮；14—机架；15—B0 超速制动器；16—超速轮系圈；17—C1 倒挡及直接挡离合器；18—超速轮系阳轮；19—超速轮系架；20—C2 前进位离合器；21—B1 可反拖 2 挡双向制动器；22—双向制动的 2 挡制动器 B2；23—F1 不可反拖 2 挡单向离合器；24—轮系输入轴；25—F2 不可反拖 1 挡单向离合器；26—B3 可反拖 1 挡或倒挡双向制动器；27—后排星轮；28—后排架；29—共用阳轮；30—后排圈；31—前排圈；32—前排架；33—前排星轮；34—输出齿轮；35—过渡齿轮；36—主减速器主动轮；37—主减速器被动轮；38—差速器架；39—星轮销；40—星轮；41—半轴齿轮；42—半轴；43—驱动转向轮（属行驶系）

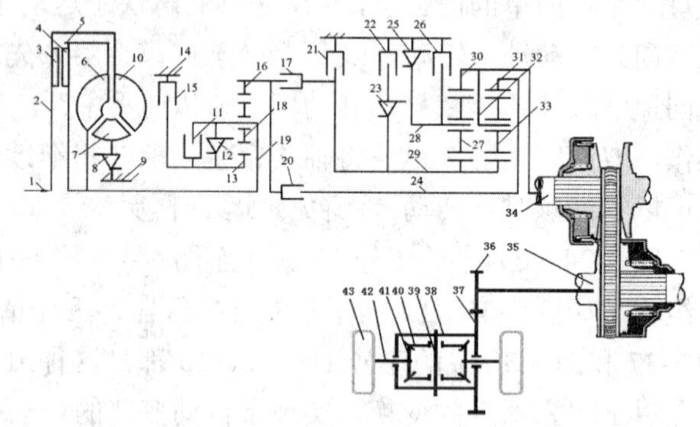

图 3-38　某款式轿车 4 挡无级自动变速传动系示意图

1—输入轴；2—液力变矩器外壳；3—锁止离合器主动盘；4—锁止离合器摩擦盘；5—摩擦盘与涡轮传动花键；6—涡轮；7—导轮；8—导轮单向制动器；9—导轮支撑轴；10—泵轮；11—C0 超速轮系直接离合器；12—F0 超速轮系直接单向离合器；13—超速轮系阳轮；14—机架；15—B0 超速制动器；16—超速轮系圈；17—C1 倒挡及直接挡离合器；18—超速轮系阳轮；19—超速轮系架；20—C2 前进位离合器；21—B1 可反拖 2 挡双向制动器；22—双向制动的 2 挡制动器 B2；23—F1 不可反拖 2 挡单向离合器；24—轮系输入轴；25—F2 不可反拖 1 挡单向离合器；26—B3 可反拖 1 挡或倒挡双向制动器；27—后排星轮；28—后排架；29—共用阳轮；30—后排圈；31—前排圈；32—前排架；33—前排星轮；34—无级变速主动带轮；35—无级变速被动带轮；36—主减速器主动轮；37—主减速器被动轮；38—差速器架；39—星轮销；40—星轮；41—半轴齿轮；42—半轴；43—驱动转向轮（属行驶系）

二、电控无级式自动变速器

电控无级式自动变速器（ECVT，electronic continuously variable transmission）是由计算机控制的无级式自动变速器，与普通 CVT 相比，它能在各种工作状态下，保持最佳的传动比和圆滑、平顺过渡，能同时兼顾汽车的经济性和动力性，在发动机最佳转速范围内进行传动比精准、快速匹配。ECVT 可以实现动力传动系统的综合控制，充分发挥发动机性能，让其始终在最佳工况下工作，从而改善了发动机的燃烧过程，降低了废气的排放，给驾驶带来了质的飞跃。

图 3-39 所示为发动机配置无级变速器的影印图，从图中可以清楚地看到无级变速传递钢带 1 的安装位置。图 3-40 所示为无级变速装置的装配示意图，由序号 1 与序号 11、序号 8 与序号 10 组成的两组变速轮盘和一条传递钢带 9 组成，属于自动变速器的一种，两组变速轮盘的有效直径可以通过 ECU 自动控制，尽管传递钢带的长度不变，但可以在一定范围内连续改变传动比（一般最大范围 0.4～2.4）。克服普通自动变速器“突然换挡”、加速踏板反应慢、油耗高等缺点。全程实现无级变速，使汽车的车速变化平稳。

无级变速器实现无级变速的关键是两组可变有效直径的传动轮和连接这两个滑轮的传递钢带间的精准配合。每组可变直径的传动轮都由一对彼此合成V形槽的锥体组成，通过传递钢带连接两个可变直径传动轮，利用液压伺服机构控制两组锥体的轴向开合，使传递钢带在两个可变直径传动轮上径向位置连续发生变化，即有效直径在连续变化，从而获得两个可变直径传动轮之间的连续变化的传动比。

ECVT 是一种采用电控自动变速器，结构紧凑、传动效率高，具有无极前进位变速和二级倒挡变速功能，它的基本结构如下：

1. 无级变速器机械装置

无级变速器总成与发动机的布置机构简图如图3-38所示，无级变速装置的主动带轮轴与发动机曲轴呈直线布置，由一组复合的动轴轮系组成。实物影印图如图3-39所示，装配示意图如图3-40所示。

（1）连接：动轴轮系的输出轴带动主动带轮，从动带轮的输出轴带动主减速器的主动轮，两种带轮通过钢带连接。

（2）离合器、制动器：无级变速器通过液压离合器和制动器来连接和切断动力传递。

（3）动轴轮系：用来进行有级变速的变换。

（4）带轮：每只带轮均有一个活动面和一个固定面。带轮有效传动比由ECU控制，ECU将接收到的来自车辆各种传感器和开关输入的信号经计算后，变成执行器工作依据的电信号，命令主动带轮和从动带轮的控制液压缸联动工作改变两个传递带轮的有效直径，钢带连接将变化了的速度比输出到主减速器，实现无级变速。

需要增大传动比时，如图3-40（a）所示，从动带轮活塞上被施加高液压油，推动从动带轮活动锥面向固定锥面轴向运动，增大从动带轮的有效直径，并通过在主动带轮活塞上施加低液压油与膜片弹簧的平稳作用，减小主动带轮的有效直径；需要减小传动比时，如图3-40（b）所示，通过在主动带轮活塞上施加低压液压油与膜片弹簧的平稳作用，减小从动带轮的有效直径，而加大主动带轮的有效直径。不管哪种情况，两带轮活动面上都要同时保持适当的液压压力，并保证钢带工作长度不变，以避免钢带打滑。

图3-39　发动机配置的无级变速器

1—无级变速装置

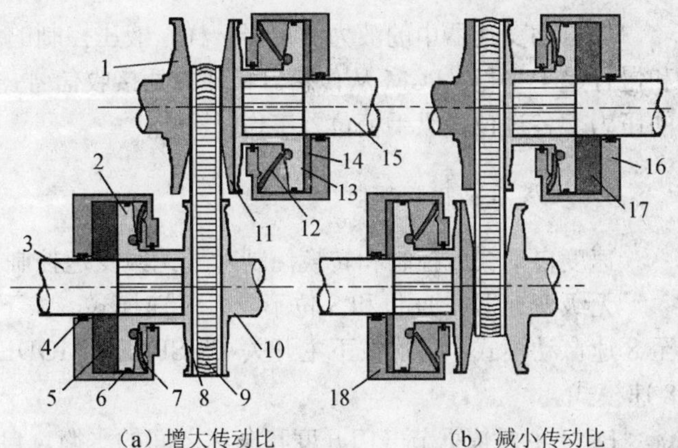

图3-40　无级变速装配示意图

1—主动带轮固定锥面盘；2—被动带轮活塞；3—输出轴；4—密封胶圈；5—从动带轮高压油腔；6—液压活塞密封圈；7—从动带轮回位膜片弹簧；8—被动带轮活动锥面盘；9—传动钢带低压控制油液压缸；10—被动带轮固定锥面盘；11—主动带轮活动锥面盘；12—主动带轮回位膜片弹簧；13—主动带轮活塞；14—主动带轮低压油腔；15—输入轴；16—主动带轮液压缸壳体；17—主动带轮高压油腔；18—被动带轮液压缸壳体

2. 无级变速电子控制系统

无级变速电子控制系统由动力系统控制模块（PCM，power control module）、传感器和电磁阀组成。变挡采用电子控制方式，动力系统控制模块通过电磁阀对带轮传动比变换进行控制。

3. 无级变速液压控制系统

无级变速液压控制系统由自动变速器液压油泵、各类液压阀和电磁阀组成。

三、工作原理

1. 电子控制内容

PCM 接收来自车辆各种传感器、开关及其他控制装置发送来的输入信号，经过数据处理后，输出用于发动机控制系统和无级变速器控制系统的信号。无级变速器控制系统包括换挡控制、带轮压力控制、速度模式控制、起步离合器压力控制、倒挡锁止，以及存储在动力系统控制模块内的坡道逻辑控制。

2. 换挡控制、带轮压力控制

动力系统控制模块将实际行驶条件与储存的行驶条件进行比较，以便进行换挡控制，并根据各种传感器和开关传来的信号即时确定一个主、从动带轮传动比。带轮传动比较大（车速较低）时，从动带轮受到高压作用［图 3-40（a）］保持大直径，而主动带轮承受低压，保持与从动带轮成比例的适当直径；带轮传动比较小时（车速较高），从动带轮受到低压作用，而主动带轮受到高压作用［图 3-40（b）］。动力系统控制模块操纵带轮压力控制阀，对施加于各带轮的最佳压力进行调节，以减少钢带打滑，延长其使用寿命。

3. 起步离合器压力控制

像自动变速器中的液力变矩器一样，液压控制的起步离合器，在 D、S、L 和 R 位置时，使起步和慢行趋于平稳。PCM 从传感器和开关处接收信号，控制起步离合器压力控制阀，调节起步离合器的压力。各选位操纵手柄位置工作情况：

4. 速度自动模式控制

速度自动模式控制和转换控制对于无级变速控制是必要的。

无级变速器在 D 位和 S 位下具备 8 速模式，按下主开关（8 SPEED MODE）（A），变速器切换至 8 速自动模式，再次按下主开关（8 SPEED MODE）或将选位操纵手柄移至其他挡位，即可取消 8 速模式。

ECU 主要依据节气门开度和车速之间的平衡，自动设定变速器的最佳速度等级。

5. 速度手动换挡模式

在 8 速自动模式下，按下转换换挡开关（B），变速器被切换至 8 速手动换挡模式，指示灯亮（ON）。按加号（+）开关，变速器升挡；按减号开关（-），变速器降挡，换挡指示器显示与所选速度等级对应的数字。

车型不同，以上的配置或位置就可能不同，读者可根据具体车型学习。

任务五　自动变速器的控制系统

现代自动变速器采用了电液一体化的电子控制液压油路，液压油路控制活塞动作，这样就省去了复杂的液压控制阀和控制管路。电磁阀直接控制液压阀，布置方便、可靠性高、响应速度快，便于实现程序化、智能化控制。

一、自动变速器控制的目标

自动变速器控制的目标是实现驾驶行车（位和挡控制）的控制、驾驶模式（普通、经济、运动）的控制和驾驶安全（油温、油压、油量、油质、转速、磨损）的控制。

1. 驾驶行车的控制

自动变速器与手动变速器的驾驶行车概念是不一样的，手动变速器只有“挡”，没有“位”，人们习惯地称为“挡位”，是完全正确的。但这个习惯称呼不能用于自动变速器，自动变速器的“位”是由驾驶员控制选位操纵手柄实现的，如图 3-41 所示。自动变速器的“挡”是由 ECU 控制电磁阀，电磁阀控制液压换挡阀实现的。

图 3-41　驾驶行车“位”控制

1）自动变速器的位

由驾驶员控制选位操纵手柄实现自动变速器的工作状态的改变，自动变速器主要的“位”如下：

（1）P 位（parking）：驻车位，车辆停车用。它是利用机械装置去锁紧汽车的转动部分，使汽车不能移动。要注意的是，车辆一定要在完全停止时才可使用 P 位，不然自动变速器的机械部分会受到损坏。轿车上装有空挡“位”位置传感器，汽车只能在 P 位或 N 位才能起动发动机。

（2）R 位（reverse）：倒车位，车辆倒车用。无论何种结构的周转轮系要实现倒挡必须是输入轮系的行星架被锁止变成定轴轮系，并由该轮系的太阳轮（或齿圈）输入，齿圈（或太阳轮增速反向）减速反向输出。通常要按下选位操纵手柄上的保险按钮，才可将选位操纵手柄移至 R 位。要注意的是，当车辆尚未完全停止时，绝对不可以强行转至 R 位，否则自动变速器会受到严重损坏。

（3）N 位（neutral）：空位。将选位操纵手柄置于 N 位上，发动机与变速器之间的动力传输已经中断，如短暂停留可将选位操纵手柄置于此挡并拉出手制动杆，右脚可移离制动踏板稍作休息。若车辆在行驶中发生故障，需要由别的车辆拖带行驶时，必须把挡位置于空挡。拖带速度不要超过 30 km/h，总行驶距离不能超过 50 km，以免因缺油运转造成变速器损坏。

（4）D 位（drive）：前进位，用在一般道路行驶。选位操纵手柄置于 D 位后，汽车可以在 1 挡至最高挡之间自动升或降挡，此时驾车员只要控制好加速踏板和制动踏板即可。

（5）S 位（second gear）：低速前进位，有些车称为 2 位，S 位仍然属于前进位。选位操纵手柄置于 S 位后，变速器只能自动从高挡向下降至设定挡位，然后在这个设定挡位以下（含设定挡位）自动升降挡，大多数车型首次从 S 位低挡升向高挡时需要驾驶员手动操作，S 位时发动机反拖情况相对D位更多、更方便、更安全。

（6）L位（first gear）：慢速前进位，也称为1位，L位也属前进位，选位操纵手柄置于L位后，变速器自动换挡的情况与S位相同，有些车甚至只有1挡，用在路况不好的情况（如结冰、严重拥堵）和斜度较大的斜坡上能发挥最佳功用，下长斜坡时，可充分利用汽车发动机制动。

手-自一体化的车型一般没有L位，甚至没有S位（只有P、N、R、D四个位），本教材还是按有S位、L位介绍，这是因为S位、L位是汽车安全行驶必须具备的模式，汽车控制智能化发展到控制系统通过智能系统自动控制汽车进入或退出这两种模式而无需驾驶员人工选择的程度。S位、L位是客观存在的，驾驶人员可以不了解这点，设计维修人员却应掌握，同时使初学者对自动变速器的“位”和“挡”有完整的认识。

2）自动变速器的挡

ECU通过电磁阀控制液压系统换挡阀实现对自动变速器行驶“挡”的控制。

挡数越多，发动机受到的冲击越小，换挡越平稳，但控制系统越复杂，而电子技术的发展使这个问题得到了解决。各种车型或同一车型在不同模式下运行时，各挡最佳车速是不同的。

（1）1挡：这是起步挡，传动比大，发动机转速高，车速在30km/h以下，有D位1挡（可以在1挡至最高挡之间自动升降）、S位1挡（可在1挡与设定挡之间升降）、L位1挡之分，主要在起步、上陡坡或有冰雪的路上行驶时用，大部分车型的1挡都有发动机制动功能。1挡功率大，抓地力大，行驶平稳，油耗较高，能不用时尽量不用，必须用时就坚决要用。

（2）2挡：正常行驶时这是一个过渡挡，从起步到正常行驶中间有个逐渐提速的过程，2挡就担负了这个过渡任务，车速为30～50km/h，但在特殊路况下，它又是主力行驶挡，如上坡、雨雪天、崎岖路，有时也用2挡起步等。大部分车型的D位2挡没有发动机制动功能，有些车有S位2挡，有些车L位也有2挡。当车辆行驶在长下坡路或下陡坡时，可以用2挡实现发动机制动，以控制车辆下坡的速度。

（3）3挡：自动变速器的3挡是次主力行驶挡，传动比相对1挡、2挡要小，比4挡、5挡要大，一般在行驶车速为50～70km/h时使用，在城市交通不畅的时候用得很多。有些车的S位也配置有3挡。多挡数自动变速器的3挡的传动比仍然大于1，属于减速增矩型。

（4）4挡是用得最多的主力行驶挡，大部分车D位才有4挡，而且D位4挡设置成直接挡（传动比为1），即发动机的转速与变速器输出轴转速一致，车速为60～80km/h。汽车进入这个挡之前，液力变矩器的离合器已经自动锁死，防止运动中断。

（5）5挡也称为超速挡，英文写法为over drive，简称“O/D”，只有D位才有5挡，这是高速行驶的主力行驶挡，一般在车速为80～120km/h时使用，在这个挡下，发动机转动轻松，声音很小，高速下散热条件好，变速器输出轴转速高于发动机转速，传动比小于1，液力变矩器的离合器继续锁死。

（6）多挡的6挡、7挡、8挡的传动比分布更加均匀，有利于与发动机匹配。

2. 驾驶模式（普通、经济、运动）的控制

驾驶模式由驾驶员手动选择，如图3-42所示，绝大多数车有雪地模式、经济模式、运动模式三种选择，有些车还有更多的选择种类。

平时行车最好选择经济模式，在雪地里驾驶应选择雪地模式，在对动力要求较高的情况下可选用运动模式。

3. 驾驶安全（油温、油压、油量、油质、转速、磨损）的控制

准确辨认仪表盘上的数据，是每一个驾驶员所必备的能力。汽车技术日新月异，大量先进技术被运用到车上，车辆仪表盘上的指示灯与中控台上的指示按钮也变得越来越繁杂，准确地辨认这些抽象的按钮是驾驶员必须掌握的技能。

为了使驾驶员能够随时掌握汽车及各系统的工作信息，在汽车驾驶室前面，正对驾驶员视线的

地方设计有仪表组件，装有多种指示仪表及报警装置，全面反映各系统情况，其中主要的有车速里程表（speedometer）、发动机转速表、水温表（water temperature gauge）、水温报警灯、燃油油位指示器、低油位报警装置、电流表（ammeter）、充电指示灯、机油压力表、机油低油位报警装置、车内外照明的控制装置及指示信号装置等，如图 3-43 所示。现在仪表盘已向电子显示的方向发展，盘面更加清晰和简洁。

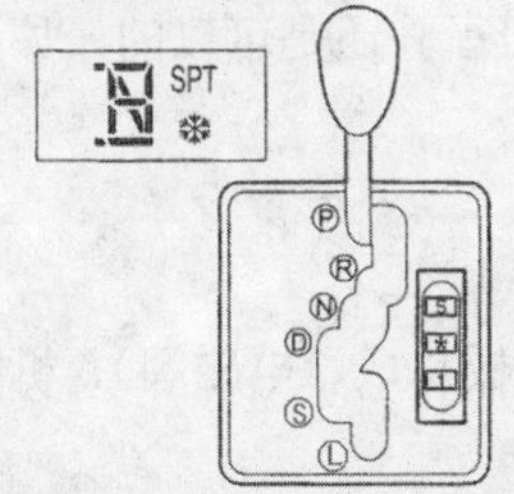

图 3-42　驾驶模式的选择

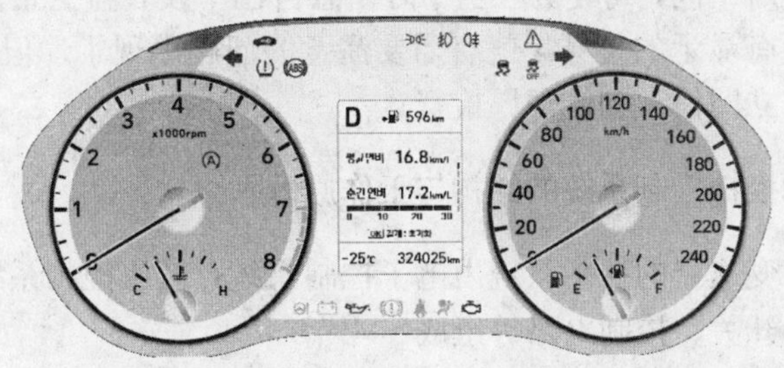

图 3-43　汽车仪表盘上显示的汽车运行的主要信息

现代汽车的电气设备和仪表比较多，而且实现了电子显示化，常常在汽车驾驶室的适当位置用醒目形象的识别符号和灯光自动显示出来，常用标志符号如表 3-8 所示。驾驶室内还可以显示其他很多信息，如轮胎气压与温度，各门窗是否关好等。

表 3-8　仪表盘上的符号

名称	符号	名称	符号	名称	符号	名称	符号	名称	符号
喇叭		危险信号		发动机罩		高低挡选择		腿部出风口	
电源总开关		驻车制动		行李箱罩		下坡缓行器		右出风口	
灯总开关		制动器故障		前窗刮水		轮间差速器		左出风口	
远光		空滤器堵塞		间歇刮水		轴间差速器		左、右出风口	
近光		机滤器堵塞		前窗洗涤器		起动		全部出风口	
前照灯水平操纵		电池充电		前窗洗涤刮水器		暖风		坐垫暖风	
远照灯		无铅汽油		后窗刮水		冷气		前后除霜	
前雾灯		汽（柴）油		后窗洗涤		阻风门		风扇	
后雾灯		冷却水温		后窗洗涤刮水器		手油门		百叶窗	
后照灯		机油温度		大灯清洗器		熄火		起动预热	
示廓灯		机油压力		转向灯		点烟器		驾驶锁止	
车厢灯		停车灯		顶灯		安全带		门开警报	

随着科技的发展，新的符号今后还会增加，这些符号的显示方式有多种，表 3-8 下面是部分显示方式的影印照，各种车型的显示方式不尽相同，现代汽车都采用电子显示，这种方式平时可以不占位置，有问题时才显示。

驾驶车辆时应注意仪表盘上的显示，大多数情况下仪表盘上的颜色都是绿色或蓝色（各车型不一样会有所不同，驾驶员应当平时留意自己车仪表盘上正常时的颜色及正常的符号），如果出现橙色或平时没有显示的符号，就有需要注意的问题出现了，但短距离、短时间行驶还是可以的，如果出现红色应立即停车到修理厂检查。

二、自动换挡控制系统的结构与工作原理

自动变速器的控制系统由电子控制系统、液压控制系统（各种控制阀板总成、电磁阀）、机械系统、控制开关、控制电路等组成。

1. 电子控制系统的组成与任务

电子控制系统由各种传感器（sensor）、执行器（actuator）、ECU 组成，其任务是对自动变速器的操作过程进行控制。

2. 液压控制系统的组成与任务

液压控制系统由油泵、离合器、制动器、主油道调压阀、手控制阀、节气门阀、调速阀、换挡阀、强制低挡阀、蓄压器等组成，其主要任务是控制油泵的泵油压力及执行器液压缸的动作，使之符合自动变速器各系统的工作需要；同时还控制变矩器中液压油的循环和冷却、变矩器中锁止离合器的工作和为润滑系统供油。

3. 机械系统的组成与任务

机械系统主要由前面提到的“六器”组成，它的任务是执行驾驶员及 ECU 的命令，完成对自动变速器的物理控制。

4. 控制开关的组成与任务

控制开关由点火开关、组合开关、模式选择开关、巡航控制开关及其他控制开关组成，任务是根据选位操纵手柄的位置和选择开关的选择，对汽车行驶状态实现按驾驶员意图的自动控制。

5. 控制电路的组成与任务

控制电路包括由电源、负载、中间环节三要素组成的电源电路、挡位控制电路、行驶控制电路、仪表电路、照明与信号电路、辅助电器电路、电子控制系统电路。汽车电路的控制元件有控制开关、保护装置、导线、线束和连接器等，它的作用是连接各部分，使之成为一个有机整体。

三、自动换挡控制的原理

为实现自动换挡，必须以某种（或某些）参数作为控制的依据，而且这种参数应能用来描述车辆对动力传动装置各项性能和使用的要求，能够作为合理选挡的依据，同时，在结构上易于实现，便于准确可靠地获取。常用的控制参数是车速和发动机节气门开度（表征发动机负荷），其他参数（如温度、大气压、路况、驾驶员的驾驶习惯等）作为控制的补充参数。至目前为止，常用的控制系统有两种：一种是只以车速或变速器输出轴转速作为控制参数的系统，称为单参数控制系统；另一种是以车速和节气门开度作为控制参数的系统，称为双参数控制系统。

1. 单参数控制系统的原理

单参数控制系统只以车速为控制参数，这种控制方式比较粗糙，目前已经不再使用。

2. 双参数控制系统的原理

现代汽车自动变速器中，广泛采用双参数控制系统。双参数控制系统是以车速和发动机节气门开度为控制参数的控制系统，节气门开度的大小表征的是发动机负荷，车速当然是换挡的主要依据。汽车制造厂家在设计、制造时就用一个三维坐标表达各参数之间的匹配关系，在这个三维坐标系中，水平面上相互正交的两坐标轴分别代表发动机负荷参数和车速参数，它们为输入参量，在垂直坐标维度面内的变速控制参数为输出参量，经试验检测获得的输入参量与输出控制参量的匹配关系曲面就是脉谱图。

这里要特别说明的是，现代汽车的节气门开度已经不再是由钢绳与加速踏板直接连接来控制，而是由伺服电机直接驱动节气门转轴，加速踏板与节气门转轴之间只有电缆连接。驾驶员通过踩加速踏板来控制发动机负荷的绝对控制权变成了相对控制权，如果驾驶员踩踏板的深度与汽车的当前状态不符，会被 ECU 修正（同时也可方便实现自动驾驶，如巡航驾驶等），转角传感器测出的经 ECU 修正后的节气门转轴的转角将更加精确。这是现代汽车发动机电控技术，有兴趣的读者可阅读相关书籍。

3. 参数检测传感器

车速和节气门开度的变化要转变成电参量（电阻、电流、电压、脉冲信号等）信号或油液压力变化的控制信号，然后输入到相应的控制系统，改变液压控制系统的工作状态，并通过各自的控制执行机构来进行各种控制，从而实现自动换挡。这种将物理量转换成电参量的转换装置，称为检测传感器。常用的控制检测传感器有压力传感器、转速传感器、温度传感器、位移（角位移）传感器等。

四、自动变速器的 ECU

1. ECU 的信号传输

电控技术应用于自动变速器换挡控制大大简化了原有的液压控制系统，提高了控制精度和响应速度，是自动变速器控制技术一次质的飞跃。电控自动变速器与全液控自动变速器最大的不同是使控制换挡阀阀芯移动的不再是节气门油压和速控油压，而是由换挡电磁阀控制的换挡液压油作用在阀的两端，使之按换挡要求移动。

节气门位置传感器检测节气门角位移信号，车速传感器检测发动机转速、输出轴转速、车轮转速等信号，这些信号不再转换成液压油压力信号，而是转换成电信号送给 ECT 的 ECU。ECU 将这些信号处理后发出指令给电磁阀，电磁阀控制换挡阀工作，接通挡位油路，实现挡位变化。

如果要改变自动变速器的设置，只需要修改 ECU 程序就能实现，硬件方面不需要做过多改动，所以其制造成本比传统全液压自动变速器的低，性能却更好。

变速器 ECU 为模糊逻辑自动适配电子 ECU，具有初级人工智能，可以精确地控制换挡和主油路压力，通过热交换器的流量控制油温、控制液力变矩器锁止离合器的接合方式等。

2. ECU 的换挡规则

ECU 预先存储有 10 条甚至更多的由厂家设计的换挡规则，即脉谱图，ECU 根据汽车运行的不同情况选择其中一条或相互可以互补的几条为当前运行模式，使车辆的运行符合驾驶员的意愿、车辆载荷和各种道路条件情况。ECU 控制的 10 条换挡规则如下：

（1）L1 规则（经济行车规则）：油温达 30℃以后进入该规则，在经济行车规则控制下运行，升挡慢、油耗小。

（2）L2 规则（运动行车规则）：ECU 测出驾驶员驾驶风格后或按下“S”键后，优先进入该规则，在运动行车规则控制下运行，升挡快、油耗大。

（3）L3 规则（普通行车规则）：在普通行车规则控制下运行，车速和油耗介于 L1 和 L2 之间。

（4）L4 规则（上缓坡行车规则）：无驾驶员干涉条件下，ECU 换挡优先保证上缓坡运行需要的动力。

（5）L5 规则（上陡坡行车规则）：无驾驶员干涉条件下，ECU 换挡优先保证上陡坡运行需要的动力。

（6）L6 规则（下坡行车规则）：无驾驶员干涉条件下，ECU 换挡较平路滞后，有利于利用发动机制动效能，降低行车制动器的磨损。

（7）L7 规则（雪地行车规则）：驾驶员按下“✻”键后，进入该规则，ECU 控制变速器用二挡起步，防止车轮打滑，适用于低附着系数路面。

（8）L8 规则（低温保护规则）：油温小于 14℃时进入该规则，禁止液力变矩器锁止（lock up），以帮助油温快速升高，此规则不接受驾驶员干涉。

（9）L9 规则（高温保护规则）：油温大于 118℃时进入该规则，液力变矩器锁止，此规则不接受驾驶员干涉。

（10）L10 规则（防污染规则）：油温 15～30℃时进入该规则，自动提高怠速转速，减少冷机怠速工况尾气排放量，此规则不接受驾驶员干涉。

以上规则设定的 10 种工况是自动变速器的基本工况，ECU 可根据汽车运行工况或驾驶员的意图，合理地切换。现代智能汽车还具备自动学习、存储、使用新规则的能力，一些不常见的工况出现时，驾驶员也可方便地人为地选择相应的应对规则，使汽车的运行更加合理。

五、自动变速器的电子控制系统及程序

1. 自动变速器的电子控制系统

自动变速器的电子控制系统主要如下：

（1）电子控制自动变速系统（ECT，electronic controlled automatic transmission system）。

（2）电子控制无级变速系统（CVT，electronic controlled continuously variable transmission system）。

（3）电子控制手-自一体变速系统（ECTMAT，electronic control automatic transmission）。

（4）自动驱动管理系统（ADM，automatic drive management system）。

（5）差速器锁止控制系统（VDLS，vehicle differential lock control system）。

这些控制系统直接参与自动变速器的管理，每个控制系统下面还有若干个子系统，这些系统与汽车的发动机控制系统、车身控制系统、底盘控制系统组成一个有机的汽车电子控制系统，共同参与对汽车的全面管理。

2. 自动变速器的电控程序

各类运行规则需要 ECU 通过运行程序来实现，ECU 有三条基本控制程序，即自适配行车程序、运动行车程序和雪地行车程序。

（1）当油温为 30～118℃时，不按任何键，ECU 自动选择自适配行车程序，根据驾驶员的驾车风格、车辆载荷和路面情况在 L1～L6 中自动选择一条换挡规则来控制变速器换挡。

（2）按下“S”键，ECU 进入运动行车程序，优先选择 L3 规则，再按“S”键则取消。

（3）按下“✻”键后，ECU 进入雪地行车程序，优先选择 L7 规则。

以上三个程序是总程序，下面管理着若干子程序。

六、自动变速器的控制功能

1. 发动机制动功能

发动机辅助制动功能对于紧急情况下的制动、长距离制动、大坡度制动等是十分必要的，但对于正常滑行（如城市中看到前方红灯亮起后，驾驶员为节约燃油，减少制动元件磨损就可以让汽车在没有动力的情况下滑行一段距离后平稳停下）来说又是不需要的，故发动机制动功能并不是所有挡位都需要。有些场合软反拖有利，有些场合必须使用硬反拖，有些场合不需要反拖，各厂家设计的发动机反拖规则也有所不同，本教材会在后面的项目与任务中介绍。

2. 行车控制功能

自动变速器的 ECU 通过传感器感知驾驶员对加速踏板和制动踏板的操作，判断驾驶员的意图，再根据车速、节气门位置、路况等传感器收集到的信息，自动控制升降挡。如果平稳、彻底松开加速踏板，可实现跳减挡控制，如从 4 挡跳降到 2 挡，或从 3 挡跳降到 1 挡；如果快速松开加速踏板，则固定在目前挡位，或顺序降 1 挡。急踩制动踏板与缓慢踩制动踏板，制动情况也会不一样，在保证安全的前提下，尽量充分利用发动机制动或惯性滑行。

3. 瞬间提高加速功能

在 L1 和 L3 规则管理换挡情况下，如果需要快速提高加速功能（如轻载超车），快速将加速踏板踩到底时，可瞬间过渡到 L3 和 L2 规则，松开加速踏板后，又回到原来规则。

4. 强制降挡功能

在加速踏板的负荷已经较大、车速已经达到较快值时，如果想继续加速（如想快速超过前面正在高速行驶的车辆），再往下急踩加速踏板，ECU 将运行强制降挡功能，使自动变速器自动降 1 挡，这样汽车才能加大加速强度。安全超车后应尽快松开加速踏板，让发动机得到休息，不宜长时间使用处于这种大负荷、高转速的工况，否则对发动机和变速器都不利。

5. 压力控制功能

根据发动机转速、发动机负荷控制自动变速器液压系统主油路压力的大小，使自动变速器各挡位承载能力与所承受的载荷相匹配。由于自变量因素是动态变化的，故主油路压力也会动态地变化，这种变化只有在电子自动控制系统下才能迅速响应与完成。

6. 换挡电磁阀衔接控制功能

换挡品质的好坏与 ECU 控制电磁阀顺序通断电时的衔接精准与否关系极大，这一任务由电子控制系统来完成，能很好地解决绝大多数衔接问题，实现精准交换，另一极少部分必须由相应机械装置来完成，即避免运动干涉由电子控制完成，避免传递中断由单向离合器完成。这样的成功衔接，让车辆实现快捷、平稳变速，原来由驾驶员提高驾驶技术解决的问题改由自动控制系统智能控制完成。

7. 液力变矩器的锁止与分离功能

液力变矩器锁止离合器的工作状态可用滑转率ε来描述，公式如下：

$$\varepsilon = \frac{发动机转速\omega_1 - 涡轮转速\omega_2}{\omega_1} \tag{3-5}$$

它的值由锁止离合器两边的液压压力差决定。当发动机已起动，选位操纵手柄置于除 P 位和 N 位外的任何位置，但汽车停止不动的失速状态时，滑转率$\varepsilon=100\%$；当汽车高速轻载荷前进，涡轮与泵轮同速同向转动时，完全接合，滑转率$\varepsilon=0$；汽车中速前进时，滑转率ε工作在 $0<\varepsilon<100\%$的半离半合或半合半离状态，这种高速率动态变化的状态对于汽车的正常行驶是很重要的，其中必定有一个与当时发动机负荷与车速匹配最佳的滑转率，对这个滑转率的跟踪、测定和确定都是人工不能完成的，必须要由 ECU 来完成，即 ECU 必须具备液力变矩器的锁止与分离功能。液力变矩器锁止后在刚性连接状态下工作，可避免泵轮与涡轮打滑，降低油温、油耗，获得发动机硬反拖，液力变矩器分离后才有变矩及软离合器的功能，也可获得发动机软反拖。

8. 换挡调整转矩功能

变速器 ECU 与发动机 ECU 相连，换挡时变速器 ECU 发出换挡申请后，发动机 ECU 调整供油量来调整转矩，提高换挡时的舒适性和动力性。

9. 怠速补偿功能

现代汽车对怠速状态的控制是十分严格的，因为怠速状态下汽车各项指标达到合理匹配，其他各种工作状态下的指标就容易控制了。怠速状态要受多种因素影响，它的负荷不会一成不变，所以需要监测这种变化，及时调整发动机的功率使之处于最佳值，例如，变速器油温 15～30℃时，发动机 ECU 就会自动命令，增加喷油量，提高怠速转速，加速搅动变速器油，直至油温正常再降低喷油量。

10. 自动变速器的保护功能

（1）倒车位保护：当前进车速低于 15km/h 时，进入 R 位（D 位转换为 R 位）车辆会立即停止而转入倒车行驶状态，但大于 15km/h 时，仪表板上的显示器显示“N”闪烁，车辆将保持向前空挡滑行，倒车灯亮，直至可以安全倒车时才开始缓慢倒车。

（2）错误操作保护：对所有可能造成损坏的指令，错误操作保护功能都将自动拒绝执行，直到确认不会损坏零部件，才会在安全的情况下执行这条指令。这样就避免了驾驶员的错误操作。例如，当车速大于换挡极限车速时，如果驾驶员强行要从 D 位 5 挡进入 D 位 3 挡或更低，ECU 先保持在原挡位，延时到不会损坏零部件后再换挡。

（3）在变速器内部，当发动机转速高于某一转速时，将禁止从 N 位转入 D 位，或从 N 位转入 R 位，只有经过减速和延时，发动机转速降下来后才可以进入想换的挡位，这样就避免了损坏。

11. 选位操纵手柄锁止功能

选位操纵手柄只有放在 P 和 N 位时，才能起动发动机，点火开关打开后，踩住制动踏板，才能将选位操纵手柄从 P 位移开，这对于汽车在上下坡道上的起步是十分重要的保护。

12. 仪表板上的显示功能

（1）ECU 通过仪表板上的显示器指示选位操纵手柄的位置和选定的程序。

（2）只要变速器运行异常，相关指示灯就会交替闪烁，以提醒驾驶员注意。

（3）其他很多情况在仪表板上都要显示，正常的显示大多是绿色的，很多正常的参数平时不显示，有事故时才亮起，橙色灯亮起是提示，红色灯亮起是警告。各种车型的颜色设置也不尽相同，“正常”“提示”“警告”的显示总是及时的。

夜间行车时，仪表板上的显示会更多，正常情况时便于夜间行车时操作，异常情况时便于引起驾驶员警觉。

13. 监测机油功能

ECU 根据油温、润滑油在高温下工作时间、沉淀物等参数计算润滑油、液压油的油质指数。当读数超过正常值时，警告灯闪烁，提醒驾驶员变速器油已超期或污染，需要更换。如果润滑油质量低于允许值，发动机将自动熄火或不能起动。

14. 诊断功能

ECU 对自动变速器的所有零件的运行状态都执行监控，任何一个部位出现故障，都要利用相应的诊断功能，即对诊断结果做如下处理：

（1）确认故障，运行故障保证措施程序，并存储故障编码。

（2）通过 K 线与诊断工具数据通信系统联络。

（3）如有必要，启动回家模式（后备方式），保证汽车能够在最低功能下运行到附近的维修店。

15. 编码功能

（1）ECU 编码：利用自诊断工具编码程序对故障进行编码，如果故障消除，要对存储的信息进行更新。

（2）加密码：对自动变速器 ECU 的外围环境进行必要的加密，使之不被恶意或无意更改。

16. 其他功能

自动变速器 ECU 控制程序中还有一些补充控制程序，这些程序看似不显眼，但对安全行车却是必要的，例如，在 R 位置时倒车灯亮，不在 P 位置和 N 位置时禁止起动发动机，这两个功能是自动变速器固有的，由多功能开关来保证。其他功能控制会随车型不同而不尽相同，有兴趣的读者可以参阅相关车型的使用手册或维修手册详细了解。

任务六　自动变速器型号识别

目前自动变速器型号编写还没有统一的标准，同一种变速器可能被用在多个公司不同款式的汽车上，同一种车型也可能装备不同型号的自动变速器。了解自动变速器的型号，在维修中就会给故障分析、资料查找、零配件采购等带来方便。

一、主要识别方法

1. 变速器铭牌识别法

变速器壳体上都有一个小金属铭牌，上面标有自动变速器生产公司名称、型号、生产序号代码、液力变矩器规格等内容。因此就可很方便地通过这一铭牌来对自动变速器型号进行识别。例如，丰田 A341 自动变速器在铭牌栏中的字符为 03-41LE，宝马轿车自动变速器的铭牌上直接标有 ZF4HP-22、ZF5HP-18。

图 3-44 所示为奔驰 5HP-19 的铭牌，图 3-45 所示为宝马 4HP-22 的铭牌。

图 3-44　奔驰车自动变速器的铭牌

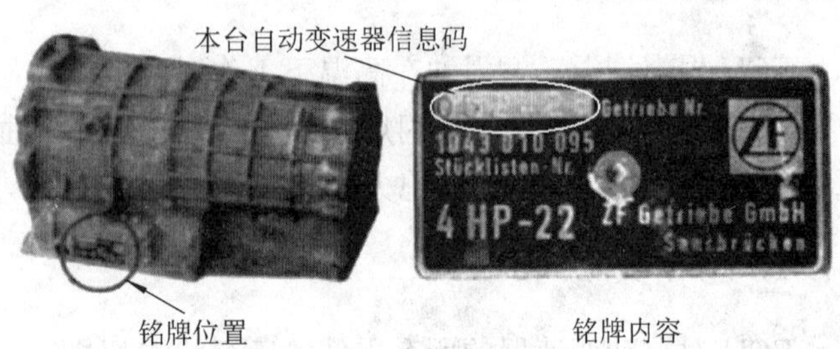

图 3-45　BMW 自动变速器铭牌

宝马自动变速器的铭牌形式与识别。

图 3-46（变速器的仰视图，此图为油底壳朝上时拍摄）和图 3-47 所示为变速器铭牌的内容（图 3-46 中的序号 1 就是这块铭牌的位置及大小）。

2. 汽车铭牌识别法

在发动机舱内、驾驶室内、门柱等位置标注有生产厂商名称、汽车型号、车身型号、底盘型号、发动机型号、变速器型号、出厂编号等内容的汽车铭牌。通过铭牌可对自动变速器的型号进行识别。如图 3-47 所示为汽车铭牌内容，在变速器型号这一栏内标有自动变速器的型号。

图 3-46　通用 4T60E 自动变速器俯视图

1—自动变速器铭牌；2—变速器轮系壳体；3—变速器油底壳

图 3-47　汽车铭牌识别

1—自动变速器铭牌（图 3-46 中的 1 顺时针旋转 90° 放大）；2—变速器轮系壳体

3. 变速器壳体标号识别法

变速器的壳体和油底壳上面都有生产时的型号，可直观地识别出自动变速器的型号。例如，福特公司的 AXOD 自动变速器，在端部的阀体油底壳上冲压有硕大的“AXOD”字符。

4. 奔驰自动变速器型号识别

奔驰公司汽车自动变速器型号以数字代码的形式表示，号码刻在变速器壳体侧部，油底壳结合面上面一点的部位；在这个部位有一长串字符号，其中“722 ---”的 6 位字符即为自动变速器的型号，如图 3-48 所示。

5. 自动变速器零部件特征识别法

汽车工程常用一些具有特殊特征的部件来代指某一装置。如用集滤器、油底壳，油底壳密封垫、电磁阀个数及导线端子数等来区分与识别。图 3-49 是自动变速器油底壳展开影印图，可通过其中任何一件零件号（在零件上一定能找到它的零件号）来识别型号。

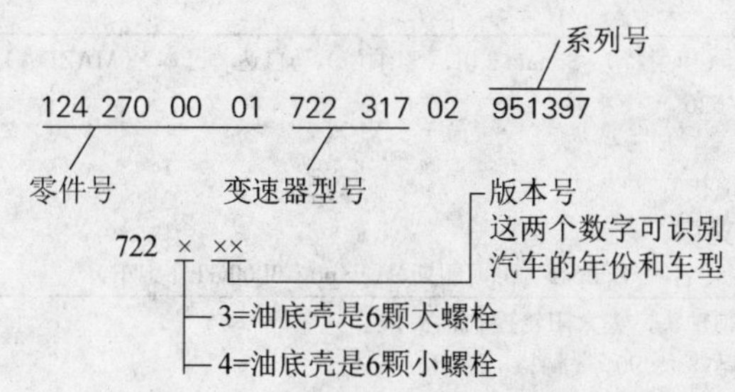

图 3-48　奔驰自动变速器识别

图 3-49　（通用 4T60E 与 4T65E）自动变速器油底壳展开影印图

1—变速器壳体；2—变速器轮系；3—油底壳密封垫；4—液压控制系统基体；5—液压控制系统阀基体；6—液压系统过滤网；7—变速器油底壳

6. 变速器结构识别法

（1）根据自动变速器的结构特征也可对自动变速器识别。

① S 式自动变速器的主要车型有丰田系列车（如 Camry、CELICA、Corolla、Vies、Tersely、Paseo）、现代系列（如 Daewoo、Prince、Super Salon）、宝马系列、沃尔沃系列。

② R 式自动变速器的主要车型有大众系列（Audi）、本田系列、马自达系列、三菱系列、奔驰系列。

③ D 式自动变速器的主要车型有尼桑系列、千里马系列。

④ 定轴轮系自动变速器的主要车型有 CIVIC、本田的 GUANGZHOU、MPIA。

（2）主要进口汽车自动变速器类型一览表如表 3-9 所示。

表 3-9　进口汽车自动变速器类型

类型	序号	汽车型号
共太阳轮式 （辛普森） （Simpson）	S1	P3：PRINCE（王子）、SUPER SALON（超级沙龙）； P152：雷克萨斯（日本）（凌志 Lexus）：GS300、LS400、LX450、SC300、SC400、ES300 P152:Supra［（速霸）跑车］ P217：三菱（日本）montero、大众（德国）pickup（皮卡）、丰田（日本） P262：Previa（普瑞维亚）、丰田 tacoma（塔科马）； P152：丰田（Toyota）：Land Cruiser（陆地巡洋舰）、Pickup（皮卡）、Previa（普瑞维亚）、tacoma（塔科马）、T100、4Runner； P250：Corolla（卡罗拉）、MR2（中置发动机）、Paseo（帕萨奥）、RAV4（4WD 越野车）、Tercel（雄鹰）； P272：Avalon； P302：（加速轮系：架在后，架入圈出）宝马（德国）（BMW）：530i（i：电喷汽油发动机）、530iT、535i、540i、740i、740iL（L：加长版）； P302：捷豹（英国）（Jaguar）：XJS、XJ6（1993）、XJS（4.0L）、XJ6（1994）； P194：Miata； P224、P250、（后面配有一减速轮系）P241、P262 、P272、P302 常规 S 一式，不同点是加速轮系放在共太阳轮系后面（两个优点，一是可以增大输入轴与输出轴的轴距，有利于布置；二是可以把过渡齿轮副换成无级变速装置，实现无级变速。）； P241：丰田 Camry（凯美瑞）、Celica（跑车）； P250：Geo:Prizm Lsi S 一式，不同点是加速轮系放在共太阳轮系后面，而且是齿圈输入，行星架输出。1、2、3 挡时，太阳轮被 B0 制动后，加速轮系是一个圈带动架的减速阳轮系，4 挡时，C0、F0 工作时，加速轮系是一个联轴器
	S2	P3、P362：沃尔沃（瑞典）940、940T（T：涡轮增压）；P302 加速轮系在后面
定轴轮系		P34：定轴轮系 5 离合器 2 乘 1 加 3 本田（日本）：Civic（思域 1995）、Civic Del Sol（思域美国版本，中国无销售）、Accord（雅阁）、Odyssey（奥德赛）； P51、P88：定轴轮系 5 离合器 2 乘 2 加 1　Isuzu（日本 五十铃）：Oasis； P71：定轴轮系 4 离合器 2 乘 2 广州本田
共架圈式 （拉维娜） （Ravigneaux）	R1	P101：HYUNDAI（韩国）（现代）；P108：Elantra（伊兰特）；Sonata 2.0L（索纳塔）马自达（日本）（MAZDA）； P167：MX-3（跑车）、MX-6（跑车）、Protégé、626 Kia（韩国）（起亚）； P167：Sephia（赛菲娅）、HYUNDAI（韩国）（现代）； P206：Sonata（索纳塔）Mitsubishi（日本）（三菱）； P208：Diamante（未正式引进中国销售，故无中文名）、Eclipse（伊柯丽斯）、Expo、3000GT（跑车）
	R2	P23：R 二式特殊，即行星架输出，齿圈输入控制轴头，大太阳轮控制轴头。 P288：AUDI（德国）（奥迪）：A6、Cabriolet（敞篷）、90 P336：它的液力变矩器的锁止离合器是一个离心式的。VOLKSWAGEN（德国）（大众）：Cabrio、Golf Ⅲ（高尔夫Ⅲ）、GTI VR6（VR6：不对称式 V6 发动机）、Jetta Ⅲ（捷达Ⅲ）、Passat（帕萨特）
	R3	P311：特殊在行星架输出，齿轮控制。P311：MERCEDES-BENZ（德国）（梅赛德斯-奔驰）：C220、C280、C36、E300D、E320、E420、S320、S350D、S500、S600、SL320、SL500、SL600
对称式		P118：G20、Q45（英菲尼迪 G20 美国版本，中国暂无销售）； P138：J30、INFINITI（日本）（英菲尼迪）；P128:I30； P128：Altima（Altima 就是日产蓝鸟(Bluebird)的北美款）； P184：马自达 Millennia（此车名使用于北美洲和中国台湾，欧洲地区则称马自达 Xedos 9、日本市场称作 Eunos 800）、NISSAN（日本）（尼桑/日产）； P138：Pathfinder；P118、P231:200SXMaxima（千里马）、Quest（贵士）；P231:Sentra（北美版阳光）、Pickup（皮卡）、240SX（跑车）、300ZX（跑车） Mercury（美国）（水星）：Villager（村民） 马自达（日本）（MAZDA）
特殊型		P9：1.DAEWOO（大宇）:ESPERO P23：R 式 行星架输出　2.Acura：SLX、BMW:318，325，328，528，23、Honda：Passport、Isuzu：Rodeon，Trooper。 P241：3.Camry、Celica：加速轮系在后面（两个优点：一是可以增大输入轴和输出轴的轴距；二是把过渡齿轮副换成无级变速器，可提高换挡品质） P325：4.Saab：9000、900、V6。极特殊式，两轮系行星轮相互啮合，传递动力和运动

注：1. 表内页码是美国米切尔维修信息公司编、中国机动车辆鉴定检测中心编译的《进口汽车自动变速器检测与维修》（2002 年 1 月版本）中的页码，资料也是出自于该书。
2. 以上车型均为进口车，如果翻译成中文与习惯不一致，请读者自己纠正。
3. 英菲尼迪为日产旗下高端车，雷克萨斯（凌志）为丰田旗下高端车。

（3）驱动方式：主要标明是前驱动还是后驱动，字母“F”表示前驱动，字母“R”表示后驱动；丰田公司用数字表示驱动方式。一部分四轮驱动车辆用在型号后面附字母“H”或“F”的方法表示。

（4）前进变速挡位数：表示自动变速器的前进挡的变速比的个数，用数字表示。

（5）变速器的性质：主要指是自动变速器还是手动变速器。一般用字母“A”来表示自动变速器，用字母“M”来表示手动变速器。

（6）改进序号：表示自动变速器在原型号的变速器基础上做过改进。

（7）自动变速器的生产公司：例如，德国 ZF 公司生产的自动变速器，型号前面大多为“ZF”字样，而美国通用公司的自动变速器的型号前面大多为“GM”字样。

二、常见车型的自动变速器型号含义

1. 宝马 ZF 4HP-22

宝马车铭牌如图 3-45 所示，ZF 为德国 Friedrichshafen AG（弗里德里西港 ZF 股份公司）的商标符号，简称 ZF 公司，是当今世界上重要的传动系统产品专业制造厂家之一。“4”表示 4 个前进速度；“H”表示液压控制；“P”表示该轮系为动轴轮系自动变速器；“22”表示最大输出转矩为 22Nm。如果在 22 后面有字母“EH”，则表示是电液控类型变速器。

2. 丰田自动变速器型号认识

丰田系列自动变速器的型号可分为字母外有两位阿拉伯数类和除字母外有三位阿拉伯数字的两大类。

（1）型号中有两位阿拉伯数字，如 A40、A41、A55、A55F、A40D、A42DL、A43DL、A44DL、A45DL、A45DF、A43D 等，字母“A”代表自动变速器。

左起第一位阿拉伯数字为“1”“2”“5”表示为前驱动自动变速器，即自动变速器内含主减速器与差速器，称为自动传动桥。左起第一位阿拉伯数字为“3”“4”表示为后驱自动变速器，左起第二位阿拉伯数字代表生产序号。

字母的含义：“H”或“F”表示用于四轮驱动车辆；D 表示有超速挡；L 表示有锁止离合器；E 表示为电控式，同时带有锁止离合器；若无“E”，则表示为全液压控制自动变速器。

（2）型号中有三位阿拉伯数字，如 A130L、A131（L）、A132（L）、A140L、240L、A241L、A243L、A440L、A440F、442F、A340E、A340H、A340F、A341E、140E、A141E、A240E、A241E、A540E、540H 等。

字母“A”、左起第一位阿拉伯数字及后附字母的解释同上，左起第二位阿拉伯数字代表该自动变速器前进挡的个数，左起第三位阿拉伯数字代表生产序号。

（3）特别说明：上述各型自动变速器中，其中 A340H、A340F、A540H 型自动变速器，其后均省略了“E”，均为电控自动变速器带锁止离合器。

A241H、A440F、45DF 型自动变速器的型号后面均省略了“L”，但它们均带有锁止离合器。

改进后的自动变速器，如果只增加了锁止离合器或增加了驱动轮的个数，其余未改动，则只在原型号后加注“L”“F”或“H”，原型号不变。

3. 克莱斯勒自动变速器新型号认识

克莱斯勒公司的自动变速器识别型号用 4 字母识别系统，每个字母代表变速器的一个特性。

第一个字母表示变速器前进挡挡数。第二个字母表示输入转矩容量：从 0 至 2（从轻负荷至重负荷）供乘用车用，从 0 至 7 供卡车用。第三个字母：“R”代表后轮驱动车辆，“T”代表发动机横置前轮驱动车辆，“PL”代表发动机纵置的前轮驱动车辆，“A”代表 4 轮驱动车辆。第四个字母代表变速器的控制类型：“E”表示电控，“H”表示液压控制。

4. 通用自动变速器型号认识

该公司自动变速器的主要型号有 4T60E、4L60E 等，识别特点是第一位数表示前进挡数，如数字 4 表示四速，即有四个前进挡。第二位字母表示安置驱动方式，例如，上面的“T”说明变速器为横置（transverse），“L”说明变速器为后置后驱动式。第三、四位数表示变速器的额定驱动转矩。第五位字母表示控制类型，如“E”代表变速器为电子控制。

任务七　自动变速器维修基础

自动变速器的维修是一门与实践联系紧密的学科，本教材只是简单介绍一些常识性的问题，有兴趣的读者可学习各款车型的维修手册及专业的资料。

一、自动变速器的故障检查

1. 自动变速器故障检查的基本常识

自动变速器是一个由机械控制系统、液压控制系统和电子控制系统等组成的有机体，出现故障时应按一定的程序检查，准确确定故障部位后才能进行解体检修。

（1）检查顺序应当是从简至难。

① 外观及经验检查：自动变速器油（ATF，automatic transmission fluid）液面油量情况及油质质量，液压控制系统漏油情况（外泄漏可从灰尘干湿情况判断，内泄漏要有专门的检测方法），节气门踏板组及节气门踏板传感器或选位操纵手柄等联动装置是否松动或磨损，发动机怠速是否正常，电子控制系统线路连接是否松动或是否因锈蚀引起接触不良或绝缘是否有破损。

② 自诊断系统和检测仪器检查：将故障码从 ECU 中读出，了解自动变速器出现故障时，ECU 的自诊断系统记录，为迅速、准确诊断故障的范围提供科学依据。

（2）故障没有查清楚前，绝不随便拆卸。

2. 自动变速器检查的基本程序

（1）了解、确认驾驶员的故障介绍，但要排除驾驶员因为专业知识不足可能做出的错误结论。

（2）进行直观检查并确认故障。

（3）利用检测仪器或自诊断系统，读取故障码，按故障码进行范围检查。

（4）根据故障的现象，进行必要的测试操作，确定故障的性质和具体的范围。

（5）根据上一步的测试结果，按范围和部位检修自动变速器。

（6）进行道路测试，检查故障是否排除。

3. 故障检查的主要内容

维修前检查和测试的目的是确定故障的原因和部位，从而确定相应的修理方法；维修后检查和测试的目的是检查维修质量，主要包括常规检查、失速测试、时滞测试、油压测试和道路测试。

1）自动变速器液压油路压力的检测

液压油路压力检测是判断自动变速器工作是否正常的重要检测内容，检测方法是在自动变速器外壳体上找到要检测的位置，将螺钉堵卸下，接上压力表，在相应的工况下检测压力是否在规定范围内。某车型自动变速器的油压检查位置如图 3-50 所示，检测操作过程见本任务中的自动变速器测试中的油压测试。

（a）油压特性条形码及位置

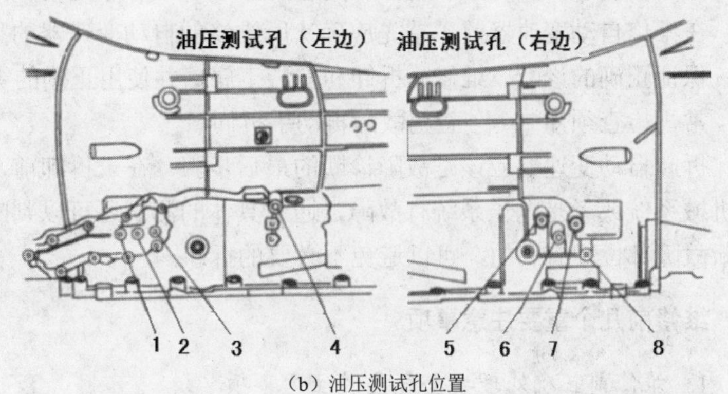

（b）油压测试孔位置

图 3-50　某车型油压检测位置

1—液力变矩器离合器锁止油压；2—离合器 C1 工作油压；3—冷却油压；4—离合器 C2 工作油压；5—制动器 B1 工作油压；6—制动顺 B2 工作油压；7—背压工作油压力；8—主管道工作油压

2）故障检查的重点

故障检查的重点是自动变速器是否具有正常工作能力。

（1）检查自动变速器工作油液量是否正常。工作油液面过高，搅动量大，油液容易发热，影响离合器、制动器平顺工作，换挡不稳。可以从加油管吸出或从油底螺塞处放出多余部分的油，故障即可排除。

工作油液面过低会使离合器和制动器打滑，加速性能降低，行星齿轮系统润滑不良。先需检查油的质量，如果油有焦味或发黑，应予更换，然后添加新油。

（2）节气门开度检查。节气门开度检查可判断发动机输出功率是否在规定值范围内。

将加速踏板踩到底，节气门应该全开。否则，高速大负荷时，功率输出不足，汽车达不到最高行驶速度，影响强制降挡功能和加速功能，处理的方法是对传动系统进行调整。

（3）节气门踏板组检查。节气门踏板组的准确度对发动机性能及变速器换挡有较大的影响。机械式节气门的拉索松或紧是由于车身和自动变速器相对位置移动或约束零件松弛，应及时检查与调整。

（4）节气门踏板传感器检查。节气门踏板传感器的工作状况对发动机和变速器均有重大影响，必须重视节气门踏板传感器的检查。传感器组件及传动组件若有松动、磨损，应及时紧固或更换，电缆有破损也应及时更换。

（5）发动机怠速检查。选位操纵手柄位于 N 位时，发动机应在怠速工况下工作，空调未打开的低怠速转速在 600～800r/min（各车型有不同）。怠速过低，挡位转换时，动力不足，会引起车身振动、发动机熄火。怠速过高，选位操纵手柄位于 D 位、R 位或 S 位时，即便不踩加速踏板也会“爬行”，换挡时发动机出现冲击和振动。

（6）空挡起动开关检查。

检查选位操纵手柄位置的空挡开关，以确保在 P 位及 N 位能起动发动机，而其他位置不能起动发动机。

（7）超速挡控制开关检查。

超速挡控制开关检查用于检查自动变速器是否能正确地从 4 挡变换为 5 挡或从 5 挡变换 4 挡。当自动变速器油的温度正常（50～80℃）时，将发动机熄火，打开点火开关，接通超速挡（O/D）开关，查听变速器中的电磁阀有无操作声，再进行路试，当接通（O/D）开关时，车速应有明显提高。

常规检查须知一——识别自动变速器型号，详情可见项目三的任务六介绍。

在维修自动变速器前，首先应确认所维修的自动变速器的型号，这样才便于查询正确的维修数据，保证正确的诊断、维修、拆卸和安装工序，并使用正确的零部件。

常规检查须知二——查明故障再动手拆卸。

拆卸自动变速器应该是故障诊断的最后步骤。在未拆卸前，可通过测试方法判断是液压系统还是机械系统或者是电子系统有故障，通过具体的测试还可以判断出是系统中哪一部分故障。这样对判断故障部位是有利的，可以避免不必要的拆卸。

二、维修前几个重要注意事项

1. 维修前正确处理安全气囊的注意事项

维修前必须注意的第一件事是先解除安全气囊系统的功能。

若没有解除安全气囊系统，可能因误操作引起气囊意外张开或损坏。气囊意外张开会导致人身伤害，同时更换安全气囊会造成维修成本增加；气囊损坏可能会使其在紧急情况下不起作用。在进行其他维护（包括零件拆、装、检查和更换）之前，务必仔细阅读相关的维修资料，详细了解安全气囊零部件的位置，并严格遵循规定的步骤操作。

1）检查故障码

由于难以事前确定安全气囊系统的失灵征兆，故障码是故障诊断的重要信息来源。在诊断安全气囊系统时，应首先检查故障码，记录下个储存系统储存的其他内容，如各种密码、时钟、音响、记忆等，然后再拆下蓄电池负极电缆头，以确保安全气囊的安全。

2）蓄电池负极电缆断开后各种问题的处理

由于安全气囊系统有备用电源，因此，若在蓄电池负极电缆断开不到规定时长（参照维修手册）时就开始维修，安全气囊系统仍然有充气膨胀的可能，故维修工作必须在点火开关转到 LOCK 位置和蓄电池负极电缆断开规定时长后才可以开始。

在蓄电池负极电缆断开后，相关储存内容（音响密码等）都将消失，工作结束以后应重新设置好时钟和音响系统。对不能记录的记忆内容，如电动座椅，电动后视镜和电动安全肩带系紧装置等，维修工作结束后应当向用户解释，请用户重新调整并设置储存器。

注意：千万不可应用本车辆以外的备用电源，以防止各系统储存器被擦除。

3）与安全气囊有关的注意事项

（1）发生轻微碰撞后，即使气囊没有膨胀，也应检查前气囊传感器和转向盘衬垫是否正常。如果在修理过程中可能会对气囊传感器产生冲击，则应在修理前拆下传感器。

（2）只能使用高阻抗表诊断气囊系统的电路故障，但气囊本身不允许使用万用表测量。

（3）安全气囊零部件外圆上有说明标牌，必须遵循这些事项。

（4）前安全气囊系统总成、中央安全气囊传感器总成或转向盘衬垫不能在拆下和修理后重新使用，不可移用其他车辆的气囊系统零件，需要更换零件时应装用新零件。

（5）如果前安全气囊传感器、中央安全气囊传感器总成或转向盘衬垫有摔碰，或者发现缺陷，必须更换新件，不可对付安装。

（6）安全气囊传感器、中央安全气囊传感器总成或转向盘衬垫和安全带预紧器换下后要远离高温。中央安全气囊传感器总成中含有汞，不要破坏换下的旧件。车辆报废或更换中央安全气囊传感器总成本身时，应将拆下的中央安全气囊传感器总成作为有毒废物处置。

（7）安全气囊维修工作完成后，应检查安全气囊警告灯，用专用检查电阻（厂家提供的）替代气囊插入气囊线路接口，检查确认系统无问题后，再取下替代电阻，连接气囊。

2. 维修催化转换器的注意事项

催化转换器是有使用寿命的，它最大的故障是堵塞，这样会造成发动机突然熄火后不能再打着，其次是排放不达标，故要定期维护或更换。

在维修、更换催化转换器时要考虑到，因为堵塞熄火后，驾驶员为发动汽车一定会多次打火，就会使大量未燃汽油进入催化转换器，盲目拆卸就可能造成过热甚至引起火灾。为预防事故，应遵照以下预防措施并向车主宣传：

（1）避免长时间怠速运转，一般不可超过 20min。

（2）避免进行火花塞跳火测试。只有在不可避免时才进行火花塞跳火测试，而且时间要尽可能短，测试时不可运转发动机。

（3）燃油箱快用空时不可起动发动机，因为可能会使发动机缺火而造成催化转换器超载。

（4）尽量避免进行发动机压缩测试或应尽可能地缩短测试时间。

（5）避免关断点火系统滑行和长时间制动。

（6）维修中要避免催化转换器沾上汽油和润滑油。

（7）催化转换器不良或损坏时，更换新催化转换器前应检查系统，确认无问题后方可更换。

（8）应定期检查控制系统工作是否正常。

3. 维修前处理音响系统和车内防盗系统的注意事项

现代汽车都装有音响系统和车内防盗系统，维修时要注意，即使音响系统的电源只切断一次，防盗系统也会反应，电源重新接通后，音响系统将不再工作，故需要重新输入正确的防盗密码。因此，在维修装有音响系统的车辆时，在拆下蓄电池端子或拆下音响系统前，应向用户询问防盗密码，以便于以后重新输入，或者也可请用户自己输入防盗密码。输入特征数字或取消防盗系统的详细方法应参见各车型的使用手册。

以上准备工作做完以后就可以按技术要求和步骤进行维修了。

三、自动变速器测试

自动变速器测试是重要项目，检修前后都要进行必要的测试。

1. 失速测试

失速测试的目的是全面检查发动机和变速器的性能。因为失速测试时发动机和变速器均为满负荷，操作不当容易损坏设备，故应严格遵守操作规定：为防止液力变矩器油温过高，测试时间每次绝不能超过 5s，每次实验须间隔 3min 以上；任何一个参加失速测试传递的离合器打滑，都会导致发动机转速超过失速转速太多，这时应立即停止测试，否则将损坏变速器。

1）失速测试方法

（1）选择一块宽敞平整的场地停放车辆。

（2）用驻车制动器或行车制动器将车轮完全制动。

（3）将选位操纵手柄分别置于 D 位或 R 位。

（4）起动发动机，使变速器油温在 50～80℃。

（5）用三角木将 4 个车轮前后均堵住，防止车辆窜动。

（6）发动机怠速运转，猛踩一脚加速踏板，使节气门全开，转速上升至稳定时，迅速读取转速数据，这个转速就是失速转速，然后分别在 D 位和 R 位各读取一个失速转速数据。

2）测试结果分析

（1）如果测试数据低于标准数据，说明发动机输出功率不足，液力变矩器导轮的单向制动器、参与传递的其他离合器或制动器打滑；如果低于规定值 600r/min 以上时，则表明变矩器有故障。

（2）测试数据高于标准数据，说明变速器控制油压偏低，因漏油或磨损造成参加传递的某个离合器或制动器打滑；如果失速转速高于规定值 500r/min 以上，可能变矩器已损坏。

2. 时滞测试

由于自动变速器是靠机、电、液合作完成换位及换挡，故总是有时滞问题存在。在发动机怠速运转条件下，从选位操纵手柄推到位开始到换位成功之间的时间间隔，称为时滞时间。由于时滞时间存在，所以在行车中驾驶员总有变挡与纯机械的手动换挡相比有“跟不上”的感觉。时滞时间正常与否可以作为判断自动变速器工作状况的参数，检测时滞时间称为时滞测试，时滞测试利用升降挡时间差来分析故障，可对失速测试结果做进一步的验证，可以检查参与传递的离合器及制动器工作情况。

1）时滞测试方法

（1）起动发动机，待温度升至 50℃以上时，调整怠速，拉紧驻车制动器手柄。

（2）保持发动机怠速运转，将选位操纵手柄由 N 位换到 D 位，开始计时，当感觉到传动接通的轻微震动时，计时终止，这个时间即 D 位上的时滞时间。

（3）仍保持发动机怠速运转，将选位操纵手柄由 N 位换至 R 位，开始计时，当感觉到传动接通的轻微震动时，计时终止，这个时间即 R 位上的时滞时间。

2）测试结果分析

N 位换到 D 位的时滞时间标准值为 1.2s；N 位换到 R 位的时滞时间标准值为 1.6s。

时滞时间过长会使驾驶员“跟不上”的感觉加重，可能是控制油压太低、换挡离合器或制动器活塞漏油、离合器或制动器片磨损后间隙加大、单向离合器打滑或磨损等造成换挡执行元件动作速度过慢引起的；时滞时间过短会使驾驶员有“冲”的感觉，原因可能是控制油压过高、摩擦片与钢片间间隙过小、制动带与制动轮间间隙过小、传动机构调整不当等造成执行元件动作时间过短。

测试一般进行 3 次，每次间隔约 1min，最后取平均值。

如果时滞时间不正常要及时检查、处理，不可对付上路，以免故障扩大。

3. 油压测试

液压系统油压测试是检测控制管路中的油压正常与否。维修前检测目的是判断故障，维修后检测是判断维修质量。

1）油压测试方法

（1）卸下变速器壳体上的液压压力检查螺钉堵（各车型的检查螺钉堵的位置不尽相同，但基本作用是相同的，维修者应当通过维修手册了解），如图 3-50 所示，接上压力表。

（2）起动发动机，使油温达到 50～80℃，拉紧驻车制动拉手，用三角木将 4 个车轮可靠固定好。

（3）踩下制动踏板，换入 D 位，测量并记录怠速下主油路管道的压力。

（4）将加速踏板踩到底，测量并记录发动机达到失速转速时主油路管道的最高压力。

（5）在各需要的检测位置分别进行测试，测量并记录各点压力。

（6）如有必要，重复进行以上操作数次，将测量值的平均值与规定值比较。

2）测试结果分析

（1）任何范围油压均高于规定值：这种情况比较少，可能与加速踏板拉索调整不当、节气门阀失效、压力调整阀卡滞有关。

（2）任何范围油压均低于规定值：这种情况比较普遍，与油泵失效、加速踏板拉索调整不当、节气门阀失效、压力调整阀失效、泄漏有关。

（3）只在D位油压低：原因可能是D位置油路漏油、前进离合器故障。

（4）只在R位油压低：原因可能是R位置油路漏油、直接离合器故障或倒挡制动器故障。

4. 道路测试

将车辆开到可以进行检测测试的道路上做各种需要实行的测试称为道路测试，业内常常简称为路试。路试可以进一步检查自动变速器的使用性能和换挡性能，如升挡、降挡、换挡冲击、振动、打滑、时滞等方面，也可以重现车主反映的故障现象，以便分析故障的原因，确定故障部位为故障排除掌握第一手资料。

路试分为检修前路试和检修后路试，检修前路试侧重发现故障，检修后路试重点在检查检修质量。检修前路试要尽可能排除发动机和底盘的一般性故障，检修后路试要在加注好润滑油并仔细检查后进行。路试要等变速器油温升为50～80℃后再分项进行。路试要由技术熟练的操纵者为主试人，按路试规则和项目进行测试，并配有记录人。

1）D位测试

在正常和加力模式下进行，挡位按顺序自动变速属正常情况。按自动变速程序检查逐挡的升速到位情况及依次降挡的减速到位情况，例如，检查1挡升2挡、2挡升3挡、3挡升4挡、4挡升5挡，直至升至最高挡的情况。如果不能从某挡换至次某挡，就可初步判断是某电磁阀故障或某换挡阀故障。做好路试情况记录，是进一步确诊的基础工作。

检查液力变矩器锁止机构，以O/D挡行驶至锁止离合器接合（约75 km/h），轻轻踩一下加速踏板，发动机转速表若有跳动，表明液力变矩器的锁止离合器没有工作。

2）S位测试

在S位运转时，2挡齿轮啮合，放开加速板，检查发动机制动的效能。如果没有制动，则S位减速制动有故障。反复踩加速踏板，检查升速和降速时有无异响，有无振响。

3）L位测试

在L位运转时，放开加速踏板，检查发动机制动效能。如果没有制动，则1挡与倒挡制动有故障。反复踩加速踏板，检查变速器有无不正常的响声。

4）R位测试

停车后换入R位，能迅速倒车，不打滑为好。

5）P位测试

车辆在倾斜坡道（斜率9%）上停车稳当后，换入P位，做好预防车辆滑移及溜车的情况下，逐渐放开驻车制动器操纵杆，检查制动效果，车辆不应有超过标准的后滑移。

5. 路试结果分析

（1）在没有驻车的前提下，发动机的转速超过1000r/min，在哪个挡位上没有蠕动，就说明负责该挡的离合器、制动器或单向离合器没有出现打滑故障。

（2）汽车在下坡路段行驶并踩着加速踏板时没有任何异响，猛地放松加速踏板（发动机制动）时能听到“嗡嗡”的响声，再踩下加速踏板异响立即停止。在哪个挡位上出现了这种现象，则说明负责该挡的单向离合器有卡滞现象。单向离合器不完全卡滞，对传动路线工作不会有大的影响，但卡滞会造成异响和烧灼，所以应及时更换单向离合器。

（3）汽车低速或冷车行驶中没有任何异响，中速、热车后在变速器前部出现“嗡嗡”的异响声，若踩下制动踏板时异响立即终止，抬起时又重新出现，说明变矩器锁止力矩不足，应及时修理，否则会引起发动机冷却液沸腾和自动变速器油过早地氧化，而引起一系列故障。

（4）在 D 位上中高速行驶，将选位操纵手柄分别移动至各个前进位，若在哪个位置有发动机制动的感觉，说明负责该位各挡的制动器工作良好，相反，若没有发动机制动的感觉，说明负责该位的制动器打滑。

（5）汽车行驶中若到了升挡车速，汽车却没有任何升挡的感觉，相反发动机出现失速，车速不再上升，说明变速器已失去了该挡的升挡功能，需继续做台架实验，以便查出故障是在控制系统，还是在执行机构。

（6）冷车时所有的挡都有，热车后部分甚至所有的挡都没有，说明负责这些挡位的离合器活塞因过热发生变形。铝制的活塞较钢制的液压缸膨胀系数大，热车时易发生卡滞。冷车时所有的挡都有，热车时没有高速挡，可能原因是变速器油温过高，ECU 命令进入失效保护程序。

（7）冷车没有挡，热车后有挡，可能是由空挡开关受潮引起的。

（8）冷车时没有换挡冲击，或虽然有但不明显，热车后在某些挡位出现严重的换挡冲击，这通常是由于蓄压器活塞密封圈密封不良，冷车时油液黏度比较大，所以泄漏不明显，热车后油液黏度降低，泄漏加重，故障就明显。

（9）在某些挡位上，冷车时能勉强行驶，热车后却不能行驶，可能是负责该挡执行机构的液压系统密封出现了故障，例如，离合器活塞上单向球阀，或离合器支承及活塞上的密封圈密封不良。

（10）油泵严重磨损的故障开始现象是所有挡位上冷车能够勉强行驶，热车后却不能行驶。

（11）主油路调压阀密封不好，会造成主油路压力下降或不稳，故障现象为温和踩加速踏板时车速通常达不到 100km/h，使劲踩加速踏板时车速也只能比 120km/h 快一些，按下超速挡开关，降为 3 挡时车速反而比 4 挡时略有提高。

（12）如果超速挡离合器烧蚀后没有及时更换，致使摩擦片剥落，产生摩擦焊接，会造成该离合器在 D 位上无法退出，这样汽车行驶中只有高速挡没有低速挡。

（13）由于超速离合器负责除超速挡外全部的挡，如果超速离合器打滑，所有前进挡无法行驶，但倒挡时仍可以继续行驶，这是因为倒挡压力高于前进挡。

（14）在高速公路上原来只需要保持小节气门开度就可以高速行驶，当必须保持大节气门开度才能维持住较高车速，最大的可能是变矩器导轮的单向离合器卡滞。当高速时本来应当放松导轮，可是因卡滞不能放松，导轮起到阻力矩作用，所以要保持大节气门才能行驶。

（15）热车后，加速踏板保持在踩下 1/2 的位置，车速稳定在 80km/h，猛地将加速踏板踩到 2/3 处，若发动机转速急剧上升，说明变矩器没有进入锁止工况；若发动机此时转速上升较缓慢，则说明变矩器已进入锁止工况。应当锁止时必须锁止，应当放开时必须放开。

（16）如果空挡开关上的空挡保护装置和倒挡过载保护装置损坏，就会出现车速达到 90km/h 时，发动机的噪声开始变大，车速上升非常缓慢，发动机转速上升到 4000r/min，车速约 120km/h 时二者不再上升。检查方法是拔去空挡开关上过载保护装置，非正常噪声消失，车速恢复正常，则可更换两个保护装置或更换其中之一。

（17）如果负责某挡位的执行机构烧蚀，输出转矩不够，汽车在停车的瞬间车身有明显的振抖。若某位某挡出现这种情况，就应检查与该挡有关的离合器是否烧蚀。

四、电控自动变速器检修程序

1. 电控自动变速器故障诊断的准备工作

电控自动变速器故障诊断前准备工作包括预判故障、读取故障代码和查对常见故障诊断表三项内容。

1）预判故障

向用户询问汽车的不正常情况，对正确预判故障是必要的。

询问的主要内容有故障码是否显示、故障是偶发或是常发、是哪些挡位有问题、车辆在故障状态能否行驶、升挡或降挡功能是否正常、换挡柔和性有无变化、是否有滑移或发抖现象、有无异响、有无模式选择、有无发动机制动等。

根据询问结果，分析、摸索重现故障征兆的方法，通过模拟来确认故障征兆。这是非常重要的，因为有时用户分辨不清是故障征兆还是正常现象，而有时征兆并不能时时出现，要通过多次模拟才能重现并确认。另外，用户对故障的了解和描述可能并不完整，只有通过维修人员模拟测试后才能最后确认是否有故障，是什么故障。

2）读取故障码

一旦系统出现故障，在 ECU 中将存储一个相应的故障码，以便于故障的诊断和修理。通过读取故障码，维修人员可以初步判断出故障所在的系统；若无故障码，则可初步判断出故障部位不在电控系统而在液压控制系统和机械系统或其他部位。

3）查看故障诊断表

通过查看维修手册常见故障诊断表可以大大缩小故障范围，减少故障诊断的时间，提高诊断效率。对一些常见故障，要用对应车型的故障诊断表来查看和判断故障。

2. 电控自动变速器故障检修的原则

只要严格按操作规程，正确使用，电控自动变速器是较少发生故障的。电控自动变速器如果出现故障，由于结构与使用环境的不同，故障类型与表现形式也不相同，电控自动变速器故障断检修的原则如下。

1）分清故障的部位和性质

自动变速器故障可能属于机械系统、液压系统、液力传动系统、电子控制系统，也可能是由某两个甚至更多系统共同引起的，同时还要区分是发动机故障还是自动变速器故障，只有分清了故障部位和维修的性质，才能有针对性地去查找故障根源。

2）坚持先简后难，由表及里的原则

维修汽车自动变速器最忌讳没有搞清故障就大拆大卸，正确有做法应当是按故障的难易程度，先从容易的地方开始检查，如开关、拉杆、自动变速器油液状况等，即从那些易于接近的部位、易于被忽视的部位和影响因素开始，逐步深入检查故障。

3）利用各检验项目为查找故障提供线索

充分利用对自动变速器的基础检查、道路测试、失速测试、时滞测试、电控自动变速器的手动换挡测试、液压测试等的检查过程和结论，为查找故障提供线索。

4）利用自诊断功能

ECU 内部有一个故障自诊断程序，它能在汽车行驶过程中不断地监控自动变速器控制系统各部位的工作情况，并能检测出控制系统中大部分故障，将故障以代码的形式记录在 ECU 中，维修人员可以将故障码从 ECU 中读出，为自动变速器控制系统的检修和故障排除提供依据。

5）利用维修资料

进行故障诊断和排除故障前，应当仔细阅读使用说明书和该车型的自动变速器维修手册、Mitchell 光盘等，掌握必要的结构原理图、油路图、电子控制系统电路图等有关技术资料。

6）拆检

故障检测最后步骤是拆检，拆检过程中要做好必要的记录，由有经验的人员严格按操作规程进行。

3. 电控自动变速器的检修程序

对电控自动变速器的故障诊断完成的标志是对故障部位及零件有了准确的确定，并制定出了检修方案，在这个条件下就可能动手检修了。故障检修的过程就是对已确定有故障的部件进行调整、修理和更换的过程，现在在汽车维修行业内，有人错误地认为换件是唯一的手段，因而经常大拆大换，这样增加了检修成本，降低了维修人员的实际技术水平，对社会整体财富是极大的浪费。故从建设汽车强国的责任出发，还是要强调只换必须要换的零部件，能通过合理手段恢复的零部件要尽量恢复。

电控自动变速器故障检修的一般程序：

（1）电控自动变速器的电子控制系统是较易发生故障的部位，故障即可能发生在自动变速器电控系统的各回路和元器件本身，也可以由汽车 ECU 或 ECM 本身引起的，电控系统故障的检修相对机械系统和液压系统故障的检修要简单，可优先处理。

（2）电控自动变速器的机械系统部件（如各挡离合器、制动器、轮系齿轮组、轴、键等）的精度比较高，只要保持正常良好的滑润，并常使用条件下，一般不会发生故障，一旦发生故障，都要通过大拆大卸才能解决问题，机械系统部件故障最大可能是离合器、制动器的摩擦片磨损、粘连等。

（3）液压和液力控制系统的液力变矩器、泵、阀体、调速器、各类阀的故障是电控自动变速器的常见故障，最主要的原因是有脏物造成堵塞与磨损，通常要对液压系统进行清洗与检查。

对于已经确定了的电控自动变速器具体故障的检修，首选的方式是严格按维修手册的技术规范处理，这样有矩可循的操作能够避免不必要的损坏，同时也不排除有经验操作人员按以往成功的经验进行检修的办法，但对技术参数的遵循是一致的。

具体检修与维修的操作读者可参阅有关书籍。

项目检测要点

1. 汽车自动变速器的作用是什么？什么是反拖？什么是软反拖？什么是硬反拖？
2. 汽车自动变速器是如何分类的？
3. 简述双离合器的工作原理。
4. 什么是周转轮系？什么是行星轮系？
5. 简单动轴轮系有何基本变化形式？轮系有运动的条件是什么？有确定的相对运动的条件是什么？
6. 常用的复合动轴轮系有哪几种，各自的结构特点是什么？
7. 汽车自动变速器主要的控制元件有哪几种？
8. 由制动器、离合器和单向离合器形成组合式轴控制器有哪几种常用形式？
9. 自动变速器的“位”和“挡”有什么区别？
10. 无级变速器实现无级变速的关键是什么？

11．自动变速器的控制目标是什么？

12．自动变速器的控制系统由哪些系统组成？

13．自动变速器的主要控制功能有哪些？

14．自动变速器型号识别有什么意义？有哪些主要的识别方法？

15．了解汽车自动变速器的常规检查的内容。

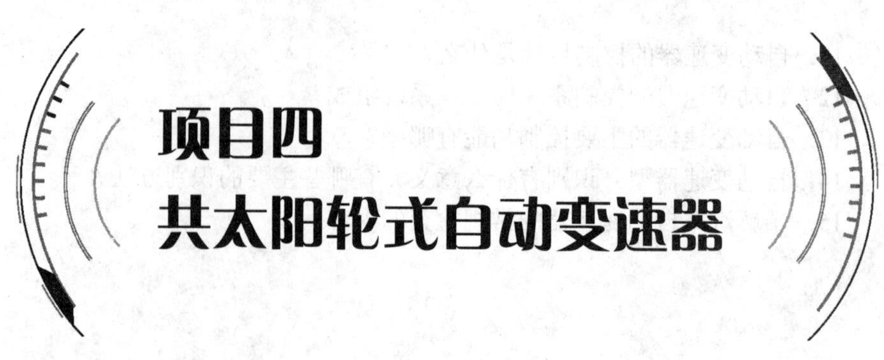

项目四 共太阳轮式自动变速器

学习目标

1. 了解共太阳轮式自动变速器的结构与工作原理。
2. 了解S一式与S二式的区别与联系。
3. 掌握S式自动变速器执行元件的组成与作用。
4. 掌握4速S一式自动变速器轮系的挡位分析及轮系演变。
5. 了解4速S一式自动变速器轮系的挡位变化时各零件的运动状态与动力传递路线。
6. 掌握4速S二式自动变速器轮系的挡位分析及轮系演变。
7. 了解4速S二式自动变速器轮系的挡位变化时各零件的运动状态与动力传递路线。
8. 了解6速S式自动变速器的控制原理。

学习要求

能力目标	知识要点	权重
能描述S式自动变速器的组成	S式自动变速器的作用、基本概念	10%
掌握S式挡位变化分析方法	S式轮系挡位变化规律	40%
掌握超速轮系与减速轮系的结构特点	两种轮系在传动和反拖过程中的异同	20%
能分析简单轮系中单向离合器的作用	单向离合器的组合及工作规律	30%

汽车变速器在使用中都有起步工况、驱动工况和反拖工况三个工况。

汽车由静止过渡到运动有一个过程，这个过程称为起步工况，有起步工况的挡位有R位、D位1挡、S位1挡和L位1挡，对起步工况图中标示符号的说明将在本项目R位的起步工况分析中交待（图4-11（a）及相关说明），其余三个挡位的起步工况相同部分分析中就不再重复。正常情况下，除以上四个挡位外，其他挡位都是在行驶中升降挡，不存在起步工况的情况。特殊情况要用这些挡位中某一挡位起步的情况，有兴趣的读者可自己分析。

驱动工况的传递要素从发动机通过传动装置向驱动车轮传递（反拖工况则相反），两种工况下动力和运动两个要素可以均真实存在，也可以不完全真实存在，如有力无矩或有转动趋势但没有转动时。

反拖是利用发动机动力制动，这在长距离，大坡度下坡时是必要、安全的。此时车轮为主动件提供驱动力矩，驱动力矩反向传递至发动机，发动机的力矩为阻力矩，当两种力矩在液矩器内靠液体流动“顶牛”时称为软反拖，反拖能力有限，在传动系上刚性连接零件（主要是飞轮处，损坏将在最薄弱处）“顶牛”时，称为硬反拖。驱动力矩转动方向与车轮转向一致，阻力矩转动方向与发动机转向一致。反拖总是在行驶过程中才会发生，不管用哪个挡位完成反拖（通常是中低速挡位），动力和运动两个要素均真实存在，反拖工况图中标示符号与驱动工况相同，只是方向相反，本教材将在有反拖工况的挡位中介绍。

以上图中标示符号适用于本教材中各类轮系的分析，到时直接使用，不再说明。

说明：自动变速器的S位有两种含义，第一种是把S位作为低速位（有些款式车称为2位），可以自动在低速加减挡，本教材后面用到S位都是指这种含义，并做了很完备的分析，实际轮系中也许没有这样完备的配置，但这不影响读者使用本教材；另一种目前用得较多的是手-自一体化含义，这种轮系没有S位，前进位只有D位和L位，排挡杆置于S位时，实质是控制两个控制开关，S^+表示手动强制加挡，S^-表示强制减挡，所谓强制就是驾驶员按自己的主观愿望控制挡位，而不是完全听从ECU的，这样驾驶员更能体会到自主驾驶的乐趣。

任务一　基本的共太阳轮式轮系结构特点

如项目三所述，共太阳轮式复合轮系（简称S式）是由前后两个简单动轴轮系组成的复合轮系，故有三个输出挡位，按传递顺序（注意不是按安装位置分前后）分为前轮系和后轮系。

一、基本S式动轴轮系结构

如图4-1所示，由两个简单动轴轮系共用一个太阳轮组成共太阳轮式复合轮系是基本的S式轮系，两个简单轮系由动力传递顺序分为前轮系与后轮系，共用的太阳轮轴线一定是中空的，有一根轴穿过，输出轴穿过太阳轮转动中心的定义为S一式［图4-1（a）］，输入轴穿过太阳轮转动中心的定义为S二式［图4-1（b）］，就构成了三个前进速度的自动变速器。

1. 基本S式动轴轮系结构特点

（1）前圈（前轮系齿圈）为输入轴头，与液力变矩器（简称液矩器）的涡轮轴连接。

（2）前架（前轮系行星架）与后圈（后轮系齿圈）连接作为输出轴头，与变速器的输出装置连接。

（3）共阳轮（两轮系共用的太阳轮）为输入控制（输入功能与液矩器的涡轮轴连接，起输入作用；控制功能通过执行元件与机架连接，起控制作用）轴头。

（4）后架（后轮系行星架）为控制轴头（通过执行元件与机架连接，起控制作用）。

2. 基本S式动轴齿轮机构的两种布置的机构示意图

基本S式动轴齿轮机构分为S一式（输出轴头穿过太阳轮中心）和S二式（输入轴头穿过太阳轮中心）两种，其机构示意图如图4-2所示。

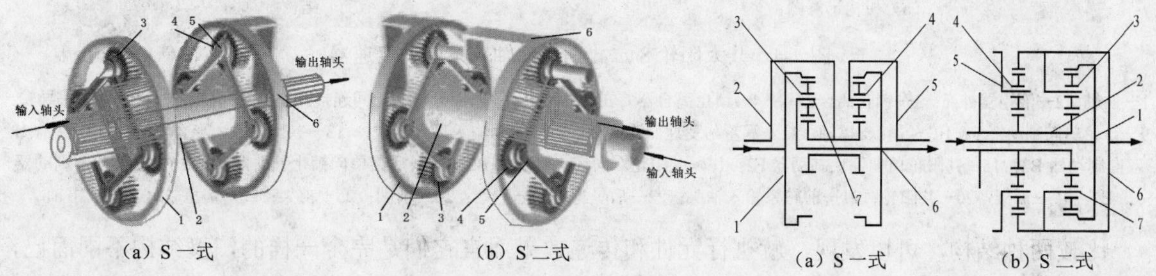

图4-1　基本S式轮系两种布置结构轴测示意图（本图在封面内页有彩图）　　图4-2　基本S式动轴齿轮机构示意图

1—前轮系齿圈（简称前圈，接输入轴头）；2—共用的太阳轮（简称共阳轮）组件；3—前轮系行星轮（简称前星轮）；4—后轮系行星轮（简称后星轮）；5—后轮系行星架（简称后架）；6—前轮系行星架（简称前架）与后齿圈（简称后圈）连成一体的组件（接输出轴头）；7—前架

二、基本 S 式动轴轮系约束元件

为了实现变挡，必须配置执行元件，对整个轮系进行某些约束，以便实现换挡。常用执行元件就是前面指出的自动变速器的六器：单双向制动器、单双向离合器和单双联轴器，这些执行元件相互组合成一件式、两件式或三件式控制组合件，共同完成变速任务，各个车型的配置并不一定相同，本教材按最有利于控制的思路将 S 一式表达如图 4-3 所示，将 S 二式表达如图 4-4 所示。

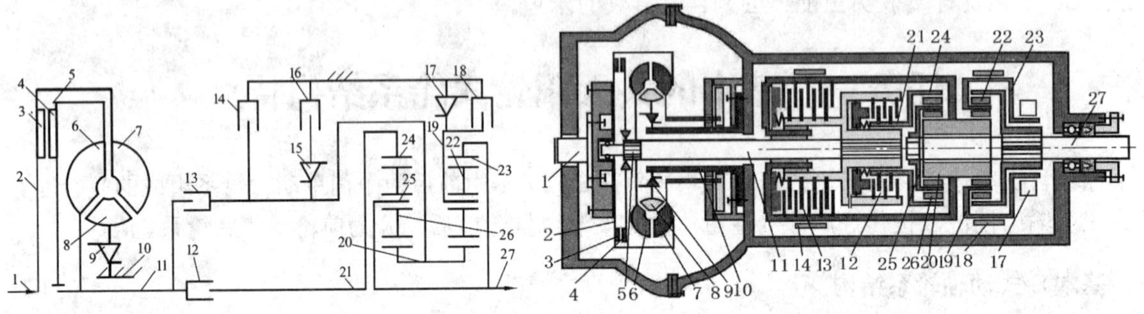

（a）机构示意图　　（b）结构示意图

图（a）中序号 15、序号 16 并不是必配零件，故在图（b）没有画出［图 4-4（b）中画出了］，图（a）中序号 5 可在涡轮的外缘，也可在输出轴上，图（a）中结构更紧凑合理，使用更多，二者仅是结构差异，没有实质区别

图 4-3　共太阳轮 S 一式 3 速动轴轮系自动变速器

1—曲轴；2—液矩器外壳；3—锁止离合器 C；4—锁止离合器 C 的摩擦盘；5—摩擦盘与涡轮间连接花键；6—涡轮；7—泵轮；8—导轮；9—导轮单向制动器 F；10—导轮支撑轴；11—涡轮与变速器连接轴；12—前圈输入离合器 C1；13—共阳轮输入离合器 C2；14—共阳轮双向制动器 B3；15—共阳轮单向锁止制动器 F2；16—共阳轮双向锁止制动器 B2；17—后架单向锁止制动器 F1；18—后架双向制动器 B1；19—后架；20—共阳轮；21—前轮系输入轴头；22—后星轮；23—后圈；24—前圈；25—前架；26—前星轮；27—输出轴

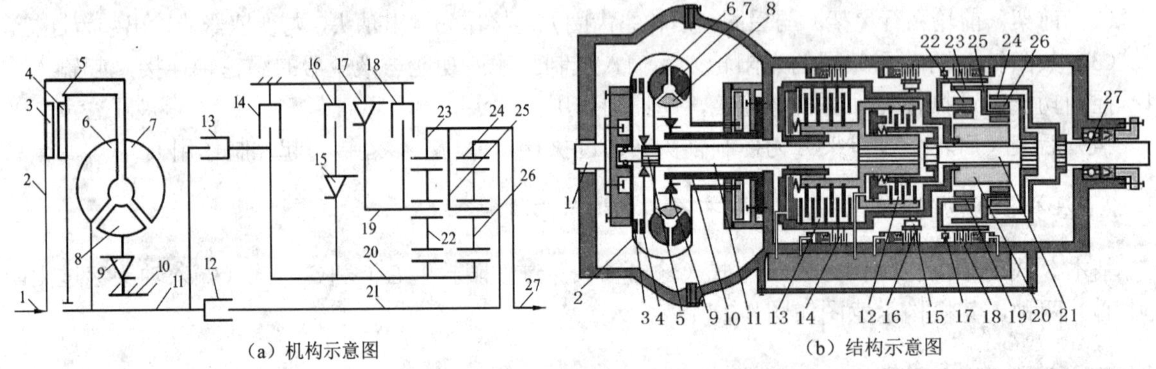

（a）机构示意图　　（b）结构示意图

图 4-4　共太阳轮 S 二式 3 速动轴轮系自动变速器

1—曲轴；2—液矩器外壳；3—锁止离合器 C；4—锁止离合器 C 的摩擦盘；5—摩擦盘与涡轮间连接花键；6—涡轮；7—泵轮；8—导轮；9—导轮单向制动器 F；10—导轮支撑轴；11—涡轮与变速器连接轴；12—前圈输入离合器 C1；13—共阳轮输入离合器 C2；14—共阳轮双向制动器 B3；15—共阳轮单向锁止制动器 F2；16—共阳轮双向锁止制动器 B2；17—后架单向锁止制动器 F1；18—后架双向制动器 B1；19—后架；20—共阳轮；21—前轮系输入轴头；22—后星轮；23—后圈；24—前圈；25—前架；26—前星轮；27—输出轴

比较两种结构，可以发现，就执行元件和传递效果而言它们是完全一样的，仅结构不同而已，如序号 14 和序号 18 在图 4-3（a）中画成带式制动器，在图 4-4（a）中画成湿式多片式，两种制动器在工作原理上相同，但湿式多片式更合理，且能表达出液压缸，故在后面用的都是湿式多片式。这两种结构的 S 式轮系在多种车上都有使用，执行元件的液控原理请参阅唐德修编著的《汽车流体传动与技术》相关内容，它们的机械作用共同特点如下：

1. 离合器配置

离合器都配置在传递的主线路上，以一条传递路线配置一个液控离合器的形式实现对传递的控制。S 式有两条输入路线，各配置一个离合器。

1）自动离合器内的锁止离合器 C

自动离合器内锁止离合器 C（序号 3）起到控制液矩器工况的作用，当分离时，自动离合器在液矩器工况下工作，以液力传动方式传递动力和运动，这种“软”连接起到传递、缓冲、变矩、润滑的作用。

2）前圈输入离合器 C1

前圈输入离合器 C1（序号 12）安装在前进位传递路线上，接合时序号 6 与序号 24 连成一体，将发动机的动力和运动输入轮系，实现各种前进挡位的控制，分离时这条传递路线被切断。

3）共阳轮输入离合器 C2

共阳轮输入离合器 C2（序号 13）将序号 6 与序号 20 连成一体，接合时发动机的动力和运动直接传给轮系阳轮，实现前进位或倒车位控制，分离时这条传递路线被切断。

2. 制动器的配置

制动器配置在转动元件与机壳之间，控制转动元件的转动。

1）一件式单向制动器

导轮单向制动器 F（序号 9）是一件式单向制动器，对序号 8 进行单向制动控制，接合时序号 8 被锁止在不转动的序号 10 上不能转动，自动离合器处于液矩器工况；分离时自动离合器处于液力偶合器工况。

2）两件式制动器组合

序号 17、18 组成两件式制动器组合对序号 19 实行控制（也可以是三件式组合，后面有介绍），使序号 19 有单向制动与双向制动两种制动方式，前者用于不需要反拖的情况，后者用于需要反拖的两种情况。

3）三件式制动器组合

序号 14、15、16 组成三件式制动器组合对序号 20 实行控制，使序号 20 有单向制动、双向制动和双向放松三种制动方式，分别用于不需要反拖、需要反拖和需要双向放松的三种情况。

4）多件式组合执行器

由多个执行元件组成的组合制动器或离合器，组件越多，可控制的工况就越多，结构也越复杂。

三、基本 S 式动轴轮系的挡位分析

基本 S 式动轴轮系的前进位只有 3 速，现代汽车上已不再使用，在后面 S 式 4 速动轴轮系的挡位分析中完全覆盖了 3 速的挡位分析，故它的挡位分析略。

任务二　共太阳轮式 4 速自动变速器的配置

汽车向多前进速度方向发展，3 速自动变速器已被淘汰，取而代之的是 4 速、6 速、8 速自动变速器，增加一个简单轮系（简称单轮系，其各个零件前面也冠以“单”，如单阳轮，指简单轮系的太阳轮）是最常用、最经济的方法，为大多数厂家所采用。放在基本 S 式轮系前面的单轮系，称为单轮系前置，简称前置；放在基本 S 式轮系后面的单轮系，称为单轮系后置，简称后置。如果单轮系起增速作用，就称为超速轮系，简称超轮系（零件前冠以“超”字）；如果单轮系起减速作用，就称

为减速轮系，简称减轮系（零件前冠以“减”）；若不能确定单轮系所起作用时统称为单轮系。

一、单轮系与基本 S 式轮系的配置

单轮系与基本 S 式轮系配置的可能方式如表 4-1 所示。

表 4-1　单轮系与基本式轮系配置组成的多轮系 S 式复合轮系

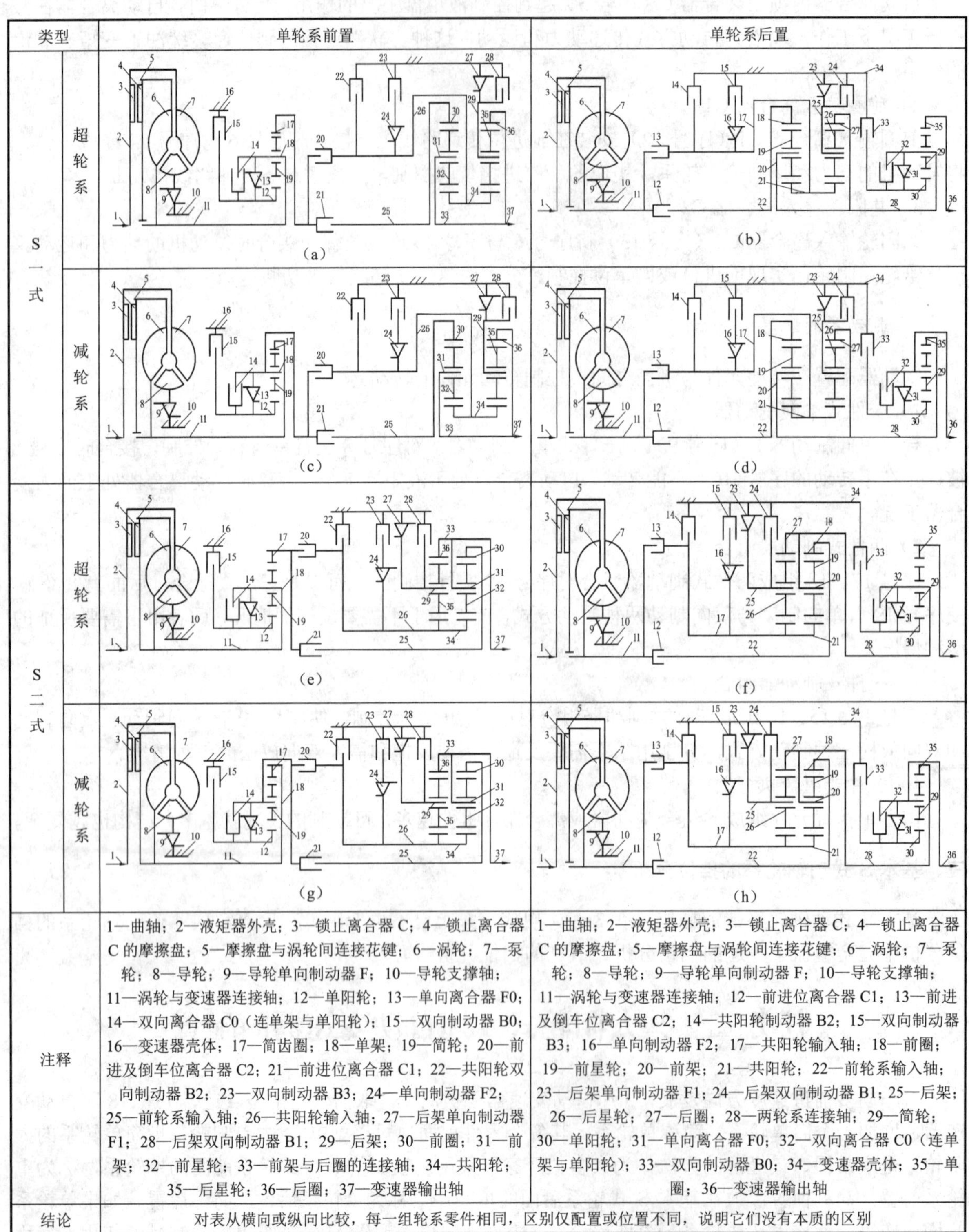

类型		单轮系前置	单轮系后置
S一式	超轮系	(a)	(b)
	减轮系	(c)	(d)
S二式	超轮系	(e)	(f)
	减轮系	(g)	(h)
注释		1—曲轴；2—液矩器外壳；3—锁止离合器 C；4—锁止离合器 C 的摩擦盘；5—摩擦盘与涡轮间连接花键；6—涡轮；7—泵轮；8—导轮；9—导轮单向制动器 F；10—导轮支撑轴；11—涡轮与变速器连接轴；12—单阳轮；13—单向离合器 F0；14—双向离合器 C0（连单架与单阳轮）；15—双向制动器 B0；16—变速器壳体；17—简齿圈；18—单架；19—简轮；20—前进及倒车位离合器 C2；21—前进位离合器 C1；22—共阳轮双向制动器 B2；23—双向制动器 B3；24—单向制动器 F2；25—前轮系输入轴；26—共阳轮输入轴；27—后架单向制动器 F1；28—后架双向制动器 B1；29—后架；30—前圈；31—前架；32—前星轮；33—前架与后圈的连接轴；34—共阳轮；35—后星轮；36—后圈；37—变速器输出轴	1—曲轴；2—液矩器外壳；3—锁止离合器 C；4—锁止离合器 C 的摩擦盘；5—摩擦盘与涡轮间连接花键；6—涡轮；7—泵轮；8—导轮；9—导轮单向制动器 F；10—导轮支撑轴；11—涡轮与变速器连接轴；12—前进位离合器 C1；13—前进及倒车位离合器 C2；14—共阳轮制动器 B2；15—双向制动器 B3；16—单向制动器 F2；17—共阳轮输入轴；18—前圈；19—前星轮；20—前架；21—共阳轮；22—前轮系输入轴；23—后架单向制动器 F1；24—后架双向制动器 B1；25—后架；26—后星轮；27—后圈；28—两轮系连接轴；29—简轮；30—单阳轮；31—单向离合器 F0；32—双向离合器 C0（连单架与单阳轮）；33—双向制动器 B0；34—变速器壳体；35—单圈；36—变速器输出轴
结论		对表从横向或纵向比较，每一组轮系零件相同，区别仅配置或位置不同，说明它们没有本质的区别	

由于以上这些轮系的本质是一样的，故它们的挡位情况就不必逐个地研究，只要分析清楚一个轮系，其余轮系就都迎刃而解了。它们排列不同仅是由于各厂家设计的发动机、自动变速器主减速器及其他部件装配关系不同而已。

二、与 S 式 4 速自动变速器配置的单轮系的工作分析

基本 S 式轮系只有 3 速，配上一个单轮系后就可组成 S 式 4 速自动变速器，可配置超轮系，也可配置减轮系，它们的工作情况如表 4-2 所示。

表 4-2　与 S 式 4 速自动变速器配置的单轮系的工作情况

<table>
<tr><th>项目</th><th>超轮系</th><th>减轮系</th></tr>
<tr><td>机构示意图</td><td> 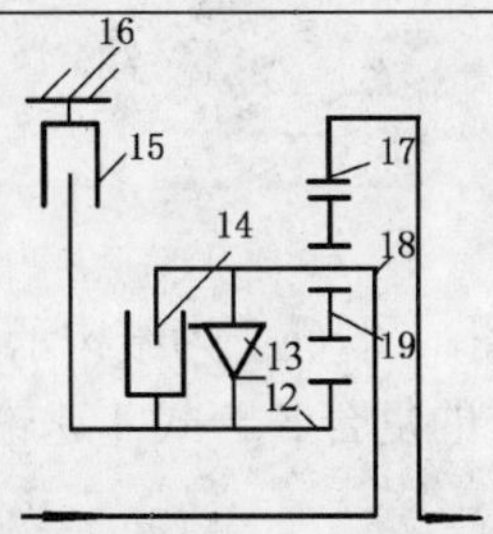</td><td> 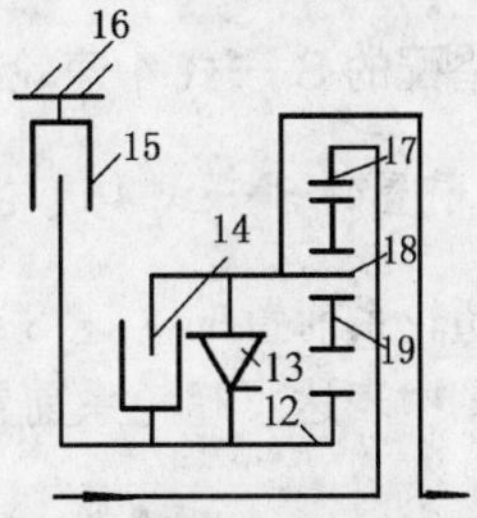</td></tr>
<tr><td></td><td colspan="2">12—单轮系太阳轮（单阳轮）；13—单向离合器 F0；14—双向离合器 C0 连单轮系行星架；15—双向制动器 B0；16—变速器壳体；17—单轮系齿圈（单圈）；18—单轮系行星架（单架）；19—单轮系行星轮（简轮）</td></tr>
<tr><td>特点</td><td>序号 15 工作，超轮系是阳轮系。大轮行星架输入，小轮齿圈将增速输出。反拖时反拖速度在超轮系处经减速后（圈带动架）传给发动机，这是有利的</td><td>序号 15 工作，减轮系是阳轮系。驱动时小轮齿圈输入，大轮行星架将减速输出。反拖时正好相反，是大轮行星架输入，小轮齿圈将增速（架带动圈）输出传给发动机，这是不利的，故反拖时应当让序号 15 放松，序号 14 工作，轮系是联轴器状态</td></tr>
<tr><td>1～3 挡分析</td><td>序号 14 双向离合器工作，将行星架 18 与太阳轮 12 连成一体，轮系演变成一个联轴器，输出轴与输入轴同方向、同转速运转。整个轮系在联轴器状态下，依靠基本 S 式轮系，完成 1 挡、2 挡、3 挡的变化</td><td>序号 15 工作，将太阳轮 12 锁止，轮系演变成减速阳轮系，齿圈输入，行星架减速后输出，输出轴转速慢于输入轴。齿圈减速后输出，输出轴转速慢于输入轴。轮系在此状态下，依靠基本 S 式轮系，完成 1 挡、2 挡、3 挡的变化</td></tr>
<tr><td>4 挡分析</td><td>序号 14 停止工作，序号 15 双向制动器工作，将太阳轮 12 锁止，由于行星架 18 输入、圈 17 输出，轮系演变成增速阳轮系，输出轴转速快于输入轴，如果此前基本 S 式轮系处于 3 挡状态，则将在此基础上再升高一个挡位，这就是 4 挡</td><td>序号 15 停止工作，序号 14 工作，将行星架 18 与太阳轮 12 连成一体，轮系演变成一个联轴器，输出轴与输入轴同方向、同转速运转。如果此前基本 S 式轮系处于 3 挡状态，则将在此基础上再升高一个挡位，这就是 4 挡</td></tr>
<tr><td rowspan="3">序号 13 的作用</td><td colspan="2">序号 14 和序号 15 如果同时工作，将发生运动干涉损坏零件，避免二者同时工作的方法是 ECU 控制不让二者同时工作。序号 14 和序号 15 如果同时不工作，简单动轴轮系将只有一个输入，不会有确定的输出，就会造成传递中断，这也同样是不允许的。当序号 14 放松，序号 15 还没有工作之前（或序号 15 放松，序号 14 还没有工作前）序号 13 发挥作用</td></tr>
<tr><td colspan="2">序号 13 的外圈与行星架 18 连接，内圈与太阳轮 12 连接。在序号 15 工作，序号 14 放松期间，太阳轮 12 被锁止在变速器壳体上，而行星架 18 能够顺时针转动，即单向离合器的内圈固定，外圈能够顺时针转动，所以序号 13 是内圈固定，外圈可顺一定不可逆的逆时针单向离合器，简称逆式单向离合器</td></tr>
<tr><td>序号 14、15 都不工作期间，在单向离合器序号 13 作用下，主动件行星架 18 顺时针转动，从动件齿圈 17 也随之顺时针转动，但转速快于主动件行星架 18（大轮架带动小轮圈），这就是它的增速阳轮系效果。序号 13 将行星架 18 和太阳轮 12 连接在一起，二者只能同时转动，即太阳轮 12 被锁止在行星架 18 上，这就是序号 13 的单向锁止作用。双方都减去行星架 18 的转速后，相当于与单向离合器 13 外圈相连的行星架 18 固定，与内圈相连的太阳轮 12 不能顺时针转动（逆式单向离合器外圈固定，内圈可逆不可顺），只允许与行星架同时顺时针转动，轮系演变成联轴器；当序号 15 工作后，轮系演变成一个加速阳轮系，与内圈连接的太阳轮 12 被固定，与外圈相连接的行星架 18 可以继续顺时针加速转动（逆式单向离合器内圈固定，外圈可顺不可逆），这就是序号 13 的单向放松作用</td><td>序号 14、15 都不工作期间，在单向离合器 13 作用下，轮系变成一个联轴器，主动件齿圈 17 顺时针转动，从动件行星架 18 也随之顺时针转动，原本转速慢于主动件齿圈 17（小轮圈带动大轮架），因为序号 13 作用，整个从动件行星架 18 被锁止在主动件齿圈 17 上。序号 13 的锁止作用可以这样理解：太阳轮 12 与齿圈 17 同步顺时针转动，由于行星架 18 同方向转速慢，大家都减去行星架 18 的转速，相当于与行星架 18 连接的逆式单向离合器外圈固定，与太阳轮连接的内圈就只能可逆不可顺地旋转，而此时太阳轮 18 在顺时针转动，显然是不可能的，故行星架 18 只能与大家同步，这就是序号 13 的单向锁止作用。当序号 15 工作后，轮系演变成一个减速阳轮系，与内圈连接的太阳轮 12 被固定，与外圈相连接的行星架 18 可以继续顺时针减速转动（逆式单向离合器内圈固定，外圈可顺不可逆），这就是序号 13 的单向放松作用</td></tr>
</table>

续表

项目	超轮系	减轮系
序号14、15的作用	序号 14 是双向离合器，它工作时将行星架 18 和太阳轮 12 双向锁止，这样简单轮系就演变成双向联轴器，直接将涡轮与变速器输入离合器连接，要想改变这种状态，唯一的办法是序号 14 停止工作。此时序号 15 不能工作，否则零件将因为运动干涉而损坏	
	序号 15 是一个双向制动器，它工作时太阳轮 12 被锁止在变速器壳体上，轮系演变成一个双向阳轮系，要想改变这种状态，唯一的办法是序号 15 停止工作。此时序号 14 不能工作，否则零件将因为运动干涉而损坏	
	整个轮系演变成一个行星架 18 输入、圈 17 输出的增速阳轮系	整个轮系演变成一个圈 17 输入、行星架 18 输出的减速阳轮系

任务三　S 一式 4 速自动变速器

一、与超轮系搭配的 S 一式 4 速轮系结构

1. 超轮系前置的 S 一式 4 速轮系

图 4-5 是超轮系前置的 4 速 S 一式轮系比较完整的示意图，图（a）为结构示意图，图（b）为机构示意图。图中表达了超轮系前置与基本共太阳轮轮系组成的复合 S 一式 4 速轮系的连接情况。

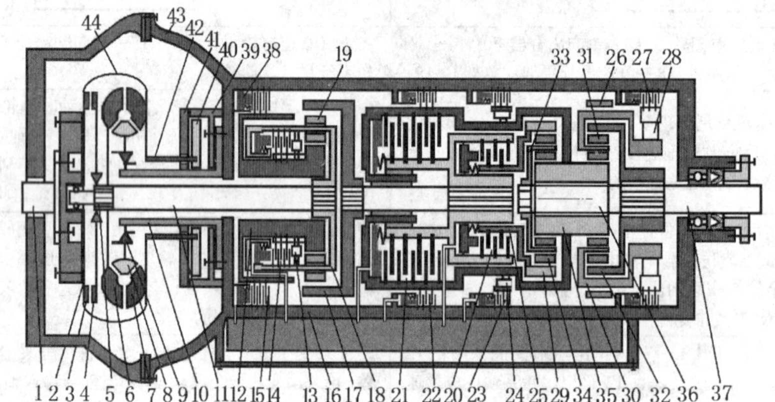

（a）结构示意图（本图在封面内页有彩图）

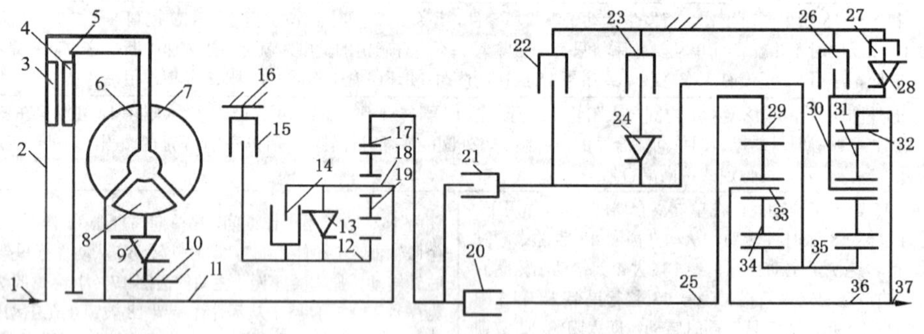

（b）机构示意图

图 4-5　超轮系前置的 S 一式 4 速轮系示意图

1—曲轴；2—液矩器外壳；3—锁止离合器 C；4—锁止离合器 C 的摩擦盘；5—摩擦盘与涡轮间连接花键；6—涡轮；7—泵轮；8—导轮；9—导轮单向制动器 F；10—导轮支撑轴；11—涡轮与变速器连接轴；12—超轮系太阳轮（简称超阳轮）；13—超阳轮与超架单向锁止离合器 F0；14—超阳轮与超架双向锁止离合器 C0；15—超阳轮双向锁止制动器 B0；16—变速器壳体；17—超轮系齿圈（简称超圈）；18—超轮系行星架（简称超架）；19—超轮系行星轮（简称超星轮）；20—前圈输入离合器 C1；21—共阳轮输入离合器 C2；22—共阳轮双向制动器 B2；23—共阳轮双向锁止制动器 B3；24—共阳轮单向锁止制动器 F2；25—前轮系输入轴；26—后架双向制动器 B1；27—后架双向锁止制动器 B4；28—后架单向锁止制动器 F1；29—前圈；30—后架；31—后星轮；32—后圈；33—前架；34—前星轮；35—共阳轮；36—前架与后圈的连接轴；37—输出轴；38—短行程活塞（本图的七个）；39—液压油泵定子与壳体；40—液压油泵转子；41—液压油泵端盖；42—与液矩器外壳相连接的液压油泵驱动轴；43—自动变速器壳体；44—与发动机飞轮刚性连接的液矩器外壳

这类复合轮系有两个基本特征：第一，新加的简单轮系的行星架通过连接轴与液矩器的涡轮相连接，将动力和运动输入变速器，因为多加了这个简单轮系，输出的挡位数也就相应增加了；第二，输出轴穿过中空的共阳轮中心，与共阳轮没有直接连接，S 一式结构没有任何改变。

在图 4-5（a）中序号 26 画成带式制动器，其余的均画成湿式多片式制动器，具体车型的设计请读者参阅具体车型。为了表达这种带式制动器与湿式多片式制动器制动机理上没有本质区别，故在图 4-5（b）中都抽象地画成了相同符号。

图中序号 22、序号 23 和序号 24 组成的三件式执行件组合体在序号 22 和序号 23 都不工作时，太阳轮多了一个可以双向自由转动的工况，如果没有序号 23，太阳轮就只有一个方向可以自由转动［具体分析请参阅本教材图 3-36（c）］，多数车型上都没有设计序号 23，本教材之所以设计了序号 23，是超脱了具体车型，进行普遍真理的探索，希望通过这种设计，让学生能够灵活掌握分析动轴轮系的方法，以便对 S 式轮系全面性能有一个更好的理解，读者对照具体车型如果没有序号 23，就当成序号 24 直接与变速器壳体连接即可。同理，序号 26、序号 27（绝大多数车型上没有设计序号 27）和序号 28 组成的三件式执行件组合体中的序号 27 也可作相同的处理。

2. *超轮系后置的 S 一式 4 速轮系轮系*

图 4-6 是超轮系后置的 S 一式 4 速轮系比较完整的示意图，其中图（a）为结构示意图，图（b）为机构示意图。图中表达了超轮系后置与基本共太阳轮轮系组成的复合 S 一式 4 速轮系的连接情况。

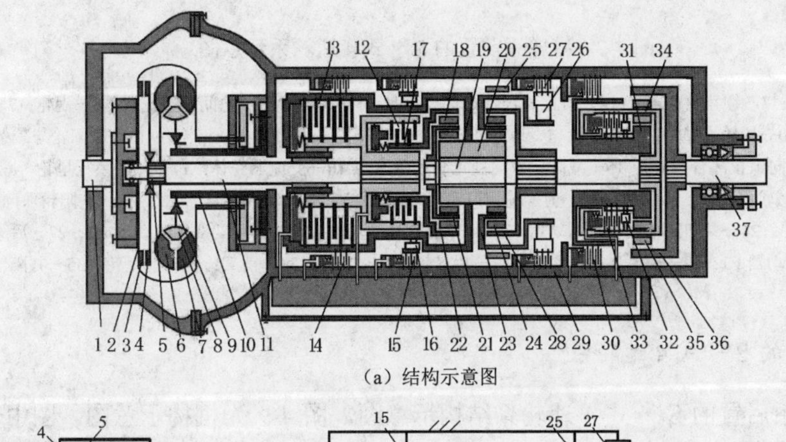

（a）结构示意图

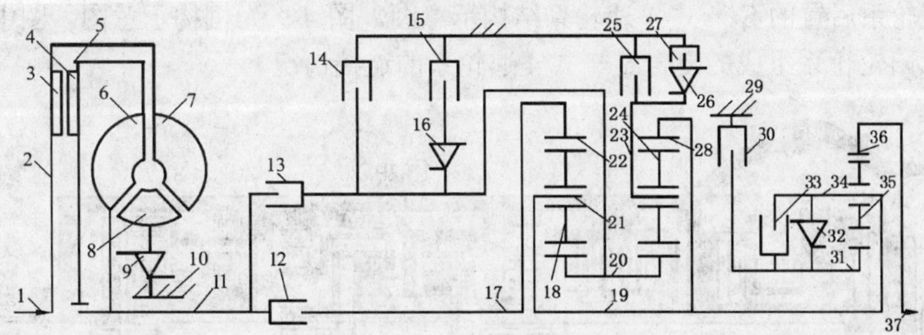

（b）机构示意图

图 4-6　超轮系后置的 S 一式 4 速轮系示意图

1—曲轴；2—液矩器外壳；3—锁止离合器 C；4—锁止离合器 C 的摩擦盘；5—摩擦盘与涡轮间连接花键；6—涡轮；7—泵轮；8—导轮；9—导轮单向制动器 F；10—导轮支撑轴；11—涡轮与变速器连接轴；12—前圈输入离合器 C1；13—共阳轮输入离合器 C2；14—共阳轮双向制动器 B2；15—共阳轮双向锁止制动器 B3；16—共阳轮单向锁止制动器 F2；17—前轮系输入轴头；18—前星轮；19—前架与后圈的连接轴；20—共阳轮；21—前架；22—前圈；23—后架；24—后星轮；25—后架双向制动器 B1；26—后架单向锁止制动器 F1；27—后架双向锁止制动器 B4；28—后圈；29—变速器壳体；30—超阳轮双向锁止制动器 B0；31—超阳轮；32—超阳轮与超架单向锁止离合器 F0；33—超阳轮与超架双向锁止离合器 C0；34—超架；35—超星轮；36—超圈；37—输出轴

二、与减轮系搭配的 S 一式 4 速轮系结构

前面已经介绍了减轮系与超轮系的区别与联系，下面只介绍与基本 S 式轮系的连接情况，相同的地方就不再赘述。

1. 减轮系前置的 S 一式 4 速轮系

图 4-7 是减轮系前置的 S 一式 4 速轮系示意图，其中图（a）为结构示意图，图（b）为机构示意图。图中表达了减轮系前置与基本共太阳轮轮系组成的复合 S 一式 4 速轮系的连接情况。

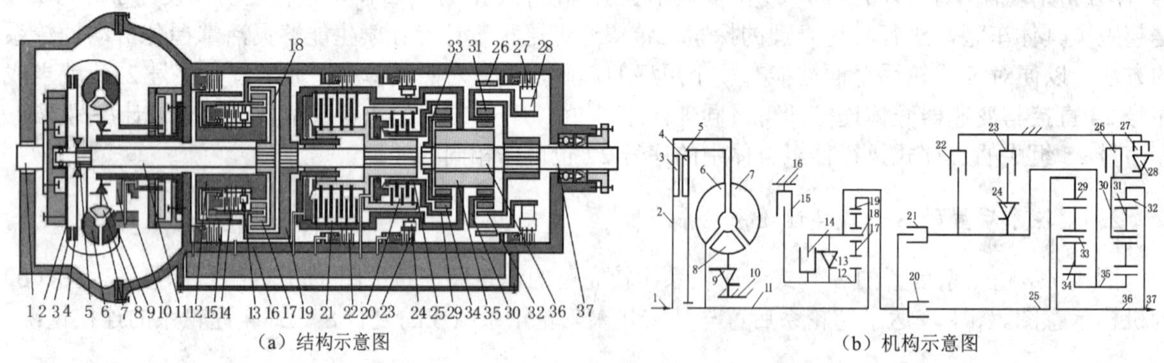

（a）结构示意图　　（b）机构示意图

图 4-7　减轮系前置的 S 一式 4 速轮系示意图

1—曲轴；2—液矩器外壳；3—锁止离合器 C；4—锁止离合器 C 的摩擦盘；5—摩擦盘与涡轮间连接花键；6—涡轮；7—泵轮；8—导轮；9—导轮单向制动器 F；10—导轮支撑轴；11—涡轮与变速器连接轴；12—减轮系太阳轮（减阳轮）；13—减阳轮与减架单向锁止离合器 F0；14—减阳轮与减架双向锁止离合器 C0；15—减阳轮双向锁止制动器 B0；16—变速器壳体；17—减轮系行星轮（减星轮）；18—减轮系行星架（减架）；19—减轮系齿圈（减圈）；20— 前圈输入离合器 C1；21—共阳轮输入离合器 C2；22—共阳轮双向制动器 B2；23—共阳轮双向锁止制动器 B3；24—共阳轮单向锁止制动器 F2；25—前轮系输入轴头；26—后架双向制动器 B1；27—后架双向锁止制动器 B4；28—后架单向锁止制动器 F1；29—前圈；30—后架；31—后星轮；32—后圈；33—前架；34—前星轮；35—共阳轮；36—前架与后圈的连接轴；37—输出轴

2. 减轮系后置的 S 一式 4 速轮系

图 4-8 是减轮系后置的 S 一式 4 速轮系结构示意图，图 4-9 为机构示意图。图中表达了减轮系后置与基本共太阳轮轮系组成的复合 S 一式 4 速轮系的连接情况。

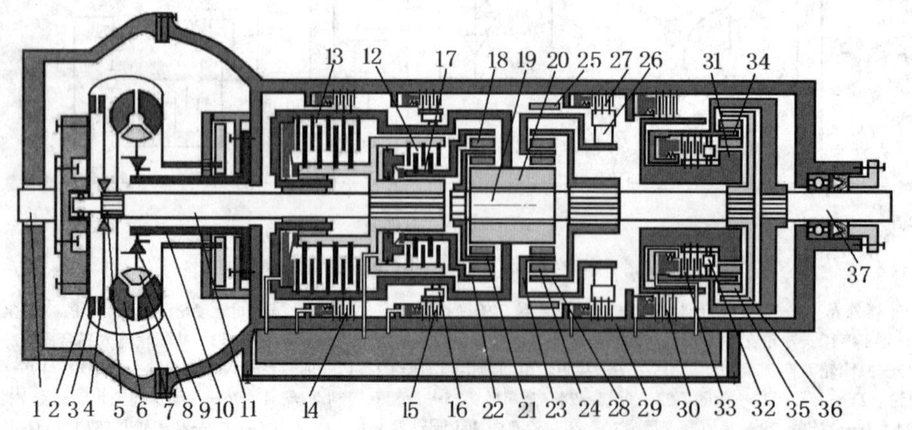

图 4-8　减轮系后置的 S 一式 4 速轮系结构示意图

注：图 4-8 图注同图 4-9。

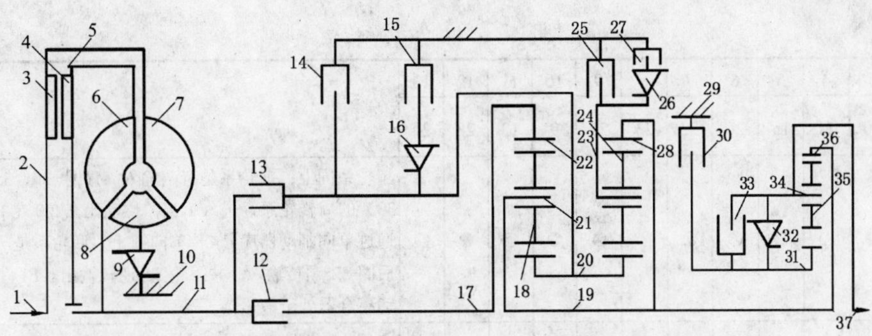

图 4-9　减轮系后置的 S 一式 4 速轮系机构示意图

1—曲轴；2—液矩器外壳；3—锁止离合器 C；4—锁止离合器 C 的摩擦盘；5—摩擦盘与涡轮间连接花键；6—涡轮；7—泵轮；8—导轮；9—导轮单向制动器 F；10—导轮支撑轴；11—涡轮与变速器连接轴；12—前圈输入离合器 C1；13—共阳轮输入离合器 C2；14—共阳轮双向制动器 B2；15—共阳轮双向锁止制动器 B3；16—共阳轮单向锁止制动器 F2；17—前轮系输入轴头；18—前星轮；19—前架与后圈的连接轴；20—共阳轮；21—前架；22—前圈；23—后架；24—后星轮；25—后架双向制动器 B1；26—后架单向锁止制动器 F1；27—后架双向锁止制动器 B4；28—后圈；29—变速器壳体；30—减阳轮双向锁止制动器 B0；31—减阳轮；32—减阳轮与减架单向锁止离合器 F0；33—减阳轮与减架双向锁止离合器 C0；34—减架；35—减星轮；36—减圈；37—输出轴

任务四　S 一式 4 速轮系挡位分析

超轮系前置的 S 一式 4 速轮系执行元件运作情况如表 4-3 所示。

表 4-3　超轮系前置的 S 一式 4 速轮系执行元件运作表

顺序	1	2	3	4	5	6	7	8	9	10	11	12	13	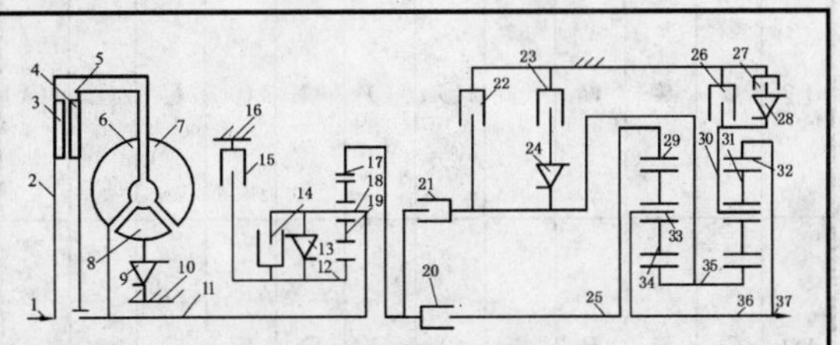 1—曲轴；2—液矩器外壳；3—锁止离合器 C；4—锁止离合器 C 的摩擦盘；5—摩擦盘与涡轮间连接花键；6—涡轮；7—泵轮；8—导轮；9—导轮单向制动器 F；10—导轮支撑轴；11—涡轮与变速器连接轴；12—超阳轮；13—超阳轮与超架单向锁止离合器 F0；14—超阳轮与超架双向锁止离合器 C0；15—超阳轮双向锁止制动器 B0；16—变速器壳体；17—超圈；18—超架；19—超星轮；20—前圈输入离合器 C1；21—共阳轮输入离合器 C2；22—共阳轮双向制动器 B2；23—共阳轮双向锁止制动器 B3；24—共阳轮单向锁止制动器 F2；25—前轮系输入轴；26—后架双向制动器 B1；27—后架双向锁止制动器 B4；28—后架单向锁止制动器 F1；29—前圈；30—后架；31—后星轮；32—后圈；33—前架；34—前星轮；35—共阳轮；36—前架与后圈连接轴；37—输出轴
序号	3	14	20	21	15	26	22	23	27	9	13	28	24	
	锁止离合器C	超阳轮与超架双向锁止离合器C0	前圈输入离合器C1	共阳轮输入离合器C2	超阳轮双向锁止制动器B0	后架双向制动器B1	共阳轮双向制动器B2	共阳轮双向锁止制动器B3	后架双向锁止制动器B4	导轮单向制动器F	超阳轮与超架单向锁止离合器F0	后架单向锁止制动器F1	共阳轮单向锁止制动器F2	
P 位	○	●	○	○	○	○	○	○	○	●	○	○	○	序号 14 工作，超轮系为有输入、有输出的联轴器；序号 20 及序号 21 不工作，后面的 S 式轮系无输入；输出轴 37 被机械锁止，不能被拖动。自动离合器处于液矩器工况
N 位	○	●	○	○	○	○	○	○	○	●	○	○	○	与上不同之处为输出轴 37 没有被机械锁止，可以被拖动。自动离合器同上
R 位	●	●	○	●	○	●	○	○	☆	○	○	○	○	超轮系是联轴器；后架 30 被序号 26 双向锁止，后轮系变成定轴轮系，运动经序号 21 传给共阳轮 35，后圈 32 反向输出，实现倒挡，传动比在 2.6 左右。前轮系是周转轮系，有共阳轮 35 与前架 33 两个输入，前圈 29 有确定的输出，空转。自动离合器处于联轴器工况，可硬反拖

续表

顺序	1	2	3	4	5	6	7	8	9	10	11	12	13	
序号	3	14	20	21	15	26	22	23	27	9	13	28	24	
D1	○	●	●	○	○	○	○	○	●	●	○	●	○	超轮系同上；前轮系是有两输入（序号 29、35）一输出（序号 33）的周转轮系，进入 1 挡，传动比在 2.0 左右，后架 30 被 B4 通过单向制动器序号 28 单向锁止，后轮系是一单向定轴轮系，后圈 32 顺转输入，共阳轮 35 逆转输出。F1 工作，无反拖。自动离合器处于液矩器工况
S1	○	●	●	○	○	●	○	○	☆	●	○	○	○	序号 14 工作，超轮系为有输入、有输出的联轴器，前轮系是有两输入（序号 29、35）一输出（序号 33）的周转轮系，后架 30 被 B1 双向锁止，后轮系是双向定轴轮系。反拖时 3 放松，序号 9 工作，自动离合器处于液矩器工况，实现软反拖
L1	●	●	●	○	○	●	○	○	☆	○	○	○	○	超轮系和 S 式轮系与 S 位 1 挡相同，序号 3 工作，序号 9 放松，自动离合器处于联轴器工况，实现硬反拖
D2	○	●	●	○	○	○	○	●	○	●	○	○	●	超轮系是联轴器；S 一式的共阳轮 35 被序号 23、24 单向锁止，前轮系是圈 29 输入、架 33 输出的单向减速阳轮系，实现 2 挡，传动比在 1.3 左右，后轮系是圈 32 输入、架 30 输出空转的单向减速阳轮系，对变速无贡献。无反拖。自动离合器处于液矩器工况
S2	○	●	●	○	○	○	●	○	○	●	○	○	○	超轮系是联轴器；S 一式的共阳轮 35 被序号 22 双向锁止，前轮系是圈 29 输入、架 33 输出的双向减速阳轮系，后轮系是圈 32 输入、架 30 输出空转的双向减速阳轮系，对变速无贡献。无单向元件参与工作，自动离合器处于液矩器工况，故有软反拖
L2	●	●	●	○	○	○	●	○	○	○	○	○	○	超轮系同上；S 一式的共阳轮 35 被序号 22 双向锁止，前轮系是圈 29 输入、架 33 输出的双向减速阳轮系，后轮系是圈 32 输入、架 30 输出空转的双向减速阳轮系，对变速无贡献。无单向元件参与工作，自动离合器处于液矩器工况，故有硬反拖，不能再升到 3 挡
D3	○	●	●	●	○	○	○	○	○	●	☆	○	○	超轮系是联轴器；序号 20、21 同时工作，共阳轮 35 与前圈 29 同方向，同转速转动，前轮系演变成架 33 输出的联轴器，后轮系同时演变成圈 32 与共阳轮 35 同步输入的联轴器，实现 3 挡，传动比为 1，架 30 输出空转，对变速无贡献，无单向执行器工作，自动离合器处于液矩器工况，故有软反拖
S3	●	●	●	●	○	○	○	○	○	○	○	○	○	超轮系和 S 一式轮系与上相同，无单向执行器参与工作，序号 3 工作，序号 9 放松，自动离合器处于联轴器工况，有硬反拖。不能升到 4 挡
D4	●	○	●	●	●	○	○	○	○	○	☆	○	○	序号 14 放松，序号 15 工作，二者交换瞬间由序号 13 担任传递；超轮系变成加速阳轮系；S 一式轮系与上同，实现 4 挡，传动比在 0.8 左右。无单向执行器工作，序号 3 工作，序号 9 放松，自动离合器处联轴器工况，有硬反拖

注：●—执行元件稳定工作；○—执行元件完全不工作；☆—执行元件在相邻两挡交换期间瞬时工作。有些车型称 S 位为 2 位，称 L 位为 1 位。现在很多车型采用手-自一体控制方式，不再设计 L 位工况；序号 27 是可不要的配置，本教材从普遍意义出发，保留 L 位工况，配置了序号 27，读者可对照具体车型决定取舍。

一、超轮系前置的 S 一式 4 速轮系挡位分析

与一个简单轮系组成的复合 S 一轮系的挡位数比基本 S 一式要多，本教材将一个基本 S 一式和一个简单轮系组成的复合 S 一轮系简称 S 一式 4 速轮系。这种自动变速器轮系示意图如图 4-5 所示，自动离合器后紧接一个超轮系，超轮系后是一个基本 S 一式轮系。

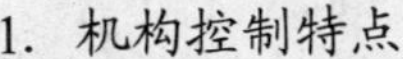

1. 机构控制特点

（1）超架 18（与涡轮 6 连接）为绝对输入轴头（反拖时是绝对的输出轴头）。

（2）前架 33 与后圈 32 连成一体（与输出轴 37 连接）为绝对输出轴头（反拖时是绝对的输入轴头）。

（3）一件式执行元件（双向制动器 15）控制超阳轮 12、两件式执行元件（单向制动器 26 并联双向制动器 28）控制后架 30、三件式执行元件（单向离合器 24 与双向制动器 23 串联后与双向制动器 22 并联）对共阳轮 36 形成控制轴头。

（4）前圈 29（在离合器 20 控制下）、共阳轮 35（在离合器 21 的控制下）均为有条件输入轴头。

（5）超架 18 与超阳轮 12 为有条件控制轴头（两件式离合器 14 及离合器 13 组成控制器）。

2. 传递要素表示方法的规定

为了更好地表达动力传递和运动传递这两个要素，本教材做如下规定：动力传递用红色（黑白图显黑色）箭头，画在传递路线上，箭头指示传递方向；运动传递用蓝色或绿色（黑白图分别显灰色或浅灰色）箭头，垂直画在某转动零件轴线（或轴线附近）上，箭头向下表示顺时针转动，箭头向上为逆时针转动（符合发动机从前向后看的转动方向习惯，两种箭头结合表达了转矩的方向）。要素真实存在用实线，只是一种趋势用虚线。此规定适用于本教材所有任务，以后不再介绍。

3. 挡位变化执行元件运作表

S 一式 4 速轮系挡位变化执行元件运作表如表 4-3 所示。

4. 超轮系前置的 S 一式 4 速轮系挡位分析

1）P 位

为进入其他挡位做好准备，超架 18 始终与涡轮轴连接，序号 14 一直工作，超轮系处于联轴器工况。但离合器 20、与序号 21 不工作，动力和运动不能进入共太阳轮系，因为有机械锁止装置将输出轴锁定，故汽车不能被拖动，可以稳定地停于坡度不大的斜坡上，如果长时间不动或者停于坡度较大的道路上，应当先拉上驻车制动器，必要时还应垫上三角木头或石头后再推入 P 位。机械锁止装置如图 4-10 所示，制动爪嵌入制动齿轮的轮齿中，使输出轴不能转动，现代汽车很多已使用电子驻车制动器。

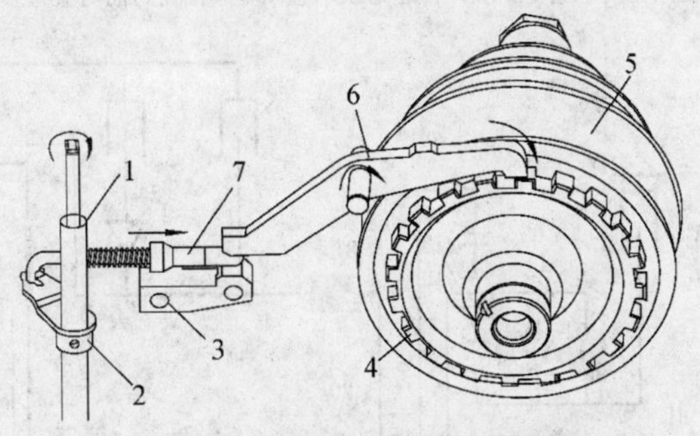

图 4-10　自动变速器的驻车制动器

1—操纵杆；2—摇臂；3—挡块；4—制动齿轮；5—轮系输出轴轮毂；6—制动爪；7—制动销

2）N 位

超轮系情况与 P 位相同，也因为离合器 20、序号 21 不工作，动力和运动不能进入共太阳轮系，轮系没有输出；与 P 位不同的是没有机械锁止装置将输出轴锁定，故可以被拖动。

起动时将选位操纵手柄置于 P 位或 N 位，发动机才能起动。

3）R 位

R 位正确的说法应当是倒挡位，而不是人们习惯说的倒挡，以避免与手动变速器的倒挡概念混淆。如前面项目三指出周转轮系要实现倒挡，必须是输出轮系架被锁止变成定轴轮系，并由该轮系阳轮输入，圈反向减速输出，实现减速倒挡（如果圈入阳轮出则为增速倒挡，汽车上少用，工程机械常用）。倒挡位机构运动示意图如图 4-11 所示。序号 3 工作、序号 9 放松，液矩器成为一个联轴器，超轮系状况与 P 位相同，序号 14 工作，超轮系工况联轴器工况；基本 S 一式中，序号 26 工作，将后架 30 双向锁定在壳体上，后轮系变成一个双向定轴轮系，轮系处于“二连一双定”状态，序号 21 工作，共阳轮 35 与涡轮 6 连接，顺时针输入是基本状态，传动比在 2.6 左右。自动变速器要实现倒挡位，必须是输出轮系的架被固定，轮系成定轴轮系状态，太阳轮输入，圈输出。

R 位有起步、驱动、反拖三个工况。

（1）倒车起步工况。如图 4-11（a）所示，起步工况时（即汽车要起步还没有起步时），前后两架均没有运动（前架 33 与还没有转动的输出轴 37 连接、后架被后架双向制动器 26 双向锁止），故两轮系均为定轴轮系，涡轮 6 输出的顺时针转矩经序号 21 传到共阳轮 35，并通过外啮合分别传给两轮系的行星轮 34、行星轮 31，使它们有逆时针转动趋势，两星轮分别通过内啮合传给各自的齿圈 29 和齿圈 32，使两齿圈均有逆时针转动趋势，这样涡轮 6 输出的驱动转矩（到达车轮时变成逆时针转矩）与车轮的阻力矩（顺时针方向）平衡。如果驱动转矩小于阻力矩，液矩器处于失速工况，汽车不能移动。随着发动机功率增大，逆时针驱动转矩逐渐大于顺时针阻力矩，汽车开始起步倒车。一旦汽车移动成功，倒车起步工况结束进入倒车驱动工况。

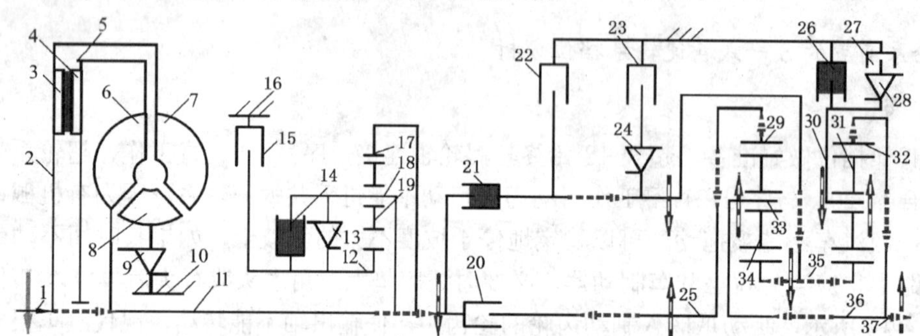

后架 30 有顺时针转动趋势，被序号 26 双向锁止不能转动，后架是一个定轴轮系。

（a）倒挡位处于起步工况时传递路线示意图（本图在封面内页有彩图）

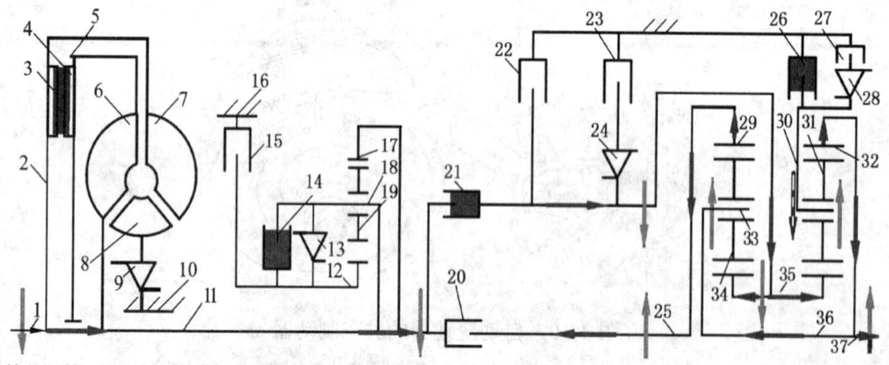

后架 30 有随主动轮共阳轮 35 顺时针转动趋势，被后架双向制动器 26 双向锁止不能转动，后架是一个共架 35 顺转输入，后圈 32 逆转输出的双向定轴轮系，实现倒挡，传动比在 2.6 左右。

（b）倒挡位处于驱动工况时传递路线示意图（本图在封面内页有彩图）

图 4-11　倒挡位机构示意图

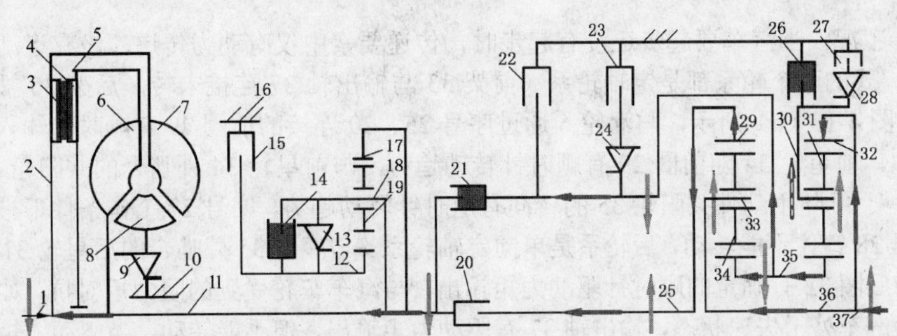

后架 30 在逆时针转动主动轮后圈 32 推动下，有逆时针转动趋势，被后架双向制动器 26 双向锁止不能转动，后轮系是定轴轮系。

（c）倒挡位处于反拖工况时传递路线示意图（本图在封面内页有彩图）

图 4-11　倒挡位机构示意图（续）

注：图 4-11～图 4-20 图注同图 4-5。

（2）倒车驱动工况。从涡轮 6 经序号 21 传来的顺时针驱动转矩到达共阳轮，通过外啮合传给后行星轮 31 使之逆时针转动，与序号 31 内啮合的后圈 32 也随之逆时针转动，带动输出轴 37 逆时针转动输出，驱动车轮逆时针转动，进入倒挡位，传动比在 2.6 左右，如图 4-11（b）所示。前轮系演变成周转轮系，有前架 33（与输出轴 37 连接）输入的逆时针转动和共阳轮 35 的顺时针转动两个输入，所以前圈 29 做有确定输出状态下的空转，它的转向由 S 一式轮系的齿轮齿数比决定，从为方便进入前进挡考虑，大多数厂家都将其设计为顺时针转动。

（3）倒车反拖工况。倒车挡位很少用到倒车反拖工况，但从安全出发，倒车挡位必须要能反拖，它的传动情况如图 4-11（c）所示。从本来处于倒车逆转状态的车轮输入一个想加速逆转的逆时针主动转矩，在输出轴 37 处分成两支，一支经双向定轴轮状态的后圈 32 内啮合传给后星轮 31，再通过外啮合传给共阳轮 35 变成一个有加速趋势的顺时针转矩（圈带动阳轮），这个有加速趋势的顺时针转矩通过序号 21、超轮系形成的联轴器、自动离合器形成的联轴器直接作用到发动机曲轴上，带动发动机曲轴快速转动，结果发动机对这个有加速趋势的顺时针主动转矩形成阻力矩，不准它加速，甚至强迫它减速，这就是发动机的制动作用，结果阻止了倒车车轮快速转动，实现硬反拖。从输出轴 37 传来的逆时针主动转矩的另一支经前架 33 输入到呈周转轮系状态的前轮系中，此时前轮系还有从共阳轮 35 输入的另一顺时针转矩，故前轮系的圈 29 有确定的空转输出，圈 29 的转向由整个 S 一式轮系相关齿轮的齿数决定。

4）D 位 1 挡

驾驶员将选位操纵手柄置于 D 位，汽车进入 D 位模式，先自动进入 D 位 1 挡，自动离合器处于液矩器工况（序号 9 工作，序号 3 放松），如图 4-12 所示；序号 14 工作，超轮系演变成联轴器；序号 20、27 和 28 工作，D 位 1 挡传动路线就接通，传动比在 2.3 左右。

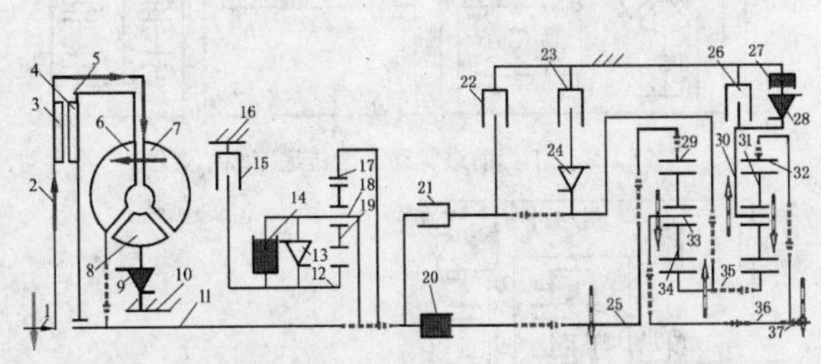

后架 30 有逆时针转动趋势，被可顺不可逆的序号 28 单向锁止，序号 37 有顺时针转动趋势但没有转动，故没有输出

（a）D 位 1 挡起步工况传递示意图（本图在封面内页有彩图）

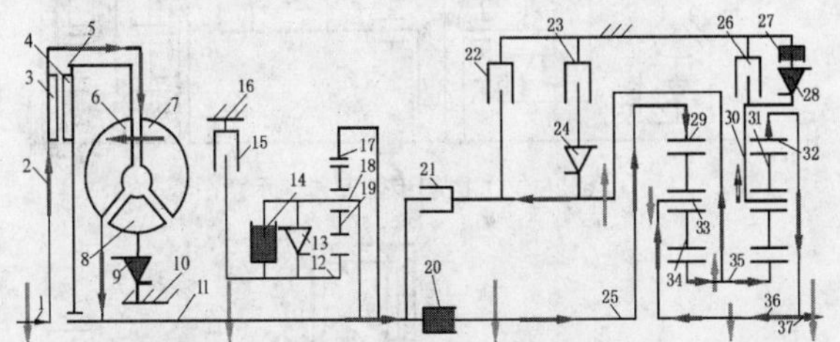

超轮系是联轴器，前轮系是有两输入（序号 29、33）一输出（序号 35）的周转轮系，后架 30 被后架双向锁止制动器 B4 通过单向制动器单向锁止，后轮系是一单向定轴轮系，共阳轮 35 逆转输入，后圈 32 顺转输出，进入 1 挡，传动比在 2.0 左右，F1 参与工作，故无反拖。自动离合器处于液矩器工况

（b）D 位 1 挡前进驱动工况传递示意图

图 4-12　D 位 1 挡机构示意图

（1）起步工况。当汽车要起步还没有起步时，传递要素中仅有动力传递，没有运动传递（有运动趋势），S 一式的两个轮系都是定轴轮系（前架 33 与输出轴 37 连接未转，后架 30 被单向制动器 28 锁住），如图 4-12（a）所示，与涡轮 6 通过序号 25、20 连接的前圈 29 有顺时针输入趋势，在两个定轴轮系中，前星轮 34 随前圈 29 有顺时针转动趋势，与前星轮 34 外啮合的共阳轮 35 有逆时针转动趋势，后架 30 随主动件共阳轮 35 的转向有逆时针转动趋势，序号 27 工作条件下被可顺不可逆的单向制动器 28 锁住不能转动，后轮系是单向定轴轮系。与序号 35 外啮合的后星轮 31 有顺时针转动趋势，推动后圈 32 有确定的顺时针驱动力矩输出，与汽车车轮受到的阻力矩对抗，如果驱动力矩小于阻力矩，汽车处于失速状态，输出轴 37 有驱动力矩输出，但不能转动，当驱动力矩大于阻力矩后车轮转动开始起步，输出轴 37 就会顺时针转动，汽车进入驱动工况。

（2）前进驱动工况。当汽车起步以后，如图 4-11（b）所示，后轮系仍是单向定轴轮系，后圈 32 与顺时针转动的输出轴 37 连接输出动力和运动的同时通过前架 33 向处于周转轮系状态的前轮系输入一个顺时针转动，输入轴 25 向前圈 29 同时也输入一个顺时针转动，故有两个输入的前轮系阳轮 35 就有确定的逆时针输出，共阳轮 35 将此逆转作用于后架 30，使其有逆转动趋势，后架 30 继续被锁止，后星轮 34 与共阳轮 35 外啮合顺转，带动后圈 32 有确定的顺时针输出到与之连接的输出轴 37，形成一个封闭的传动链，推动汽车在 1 挡状态前进，传动比在 2.0 左右（大多车型的传动比大于 2），此时与共阳轮 35 连接的转动件在做逆时针空转，这种空转是对输入运动总量的分流，使输出运动总量小于输入运动总量，故为 1 挡。

（3）反拖工况。如果要反拖，输出轴 37 向后圈 32 传入一个顺时针转动，作为主动件的后圈 32 就会带动后架 30 顺时针转动，可顺不可逆单向制动器 28 随之解除对后架 30 的锁止作用，后轮系变成只有齿圈 32 一个输入的周转轮系，前轮系也变成只有前架 33 一个输入的周转轮系，二者均没有确定的输出，所以 D 位 1 挡没有反拖工况。

有双向制动器 27 的存在可以大大改善低速位的换挡品质，单向制动器 28 是一个机械制动器，它在快速换挡过程不能调节反应灵敏度，就有可能引起冲击，特别是在 2 挡降为 1 挡过程中，有了双向制动器 27 后，ECU 就可以调节单向制动器 28 发挥单向锁止作用的时间，避免了换挡冲击，提高换挡舒适性，没有双向制动器 27，自动变速器也能正常工作，故有些车上没有设计此双向制动器。

5）S 位 1 挡

驾驶员把选位手柄置于 S 位后，汽车进入 S 模式，参与工作的控制元件是序号 9（保证自动离合器呈液矩器工况）、序号 14（保证超轮系呈联轴器工况）、序号 20 和 26，如图 4-13 所示。进入 S 位后自动换挡情况请参阅项目三的任务五。

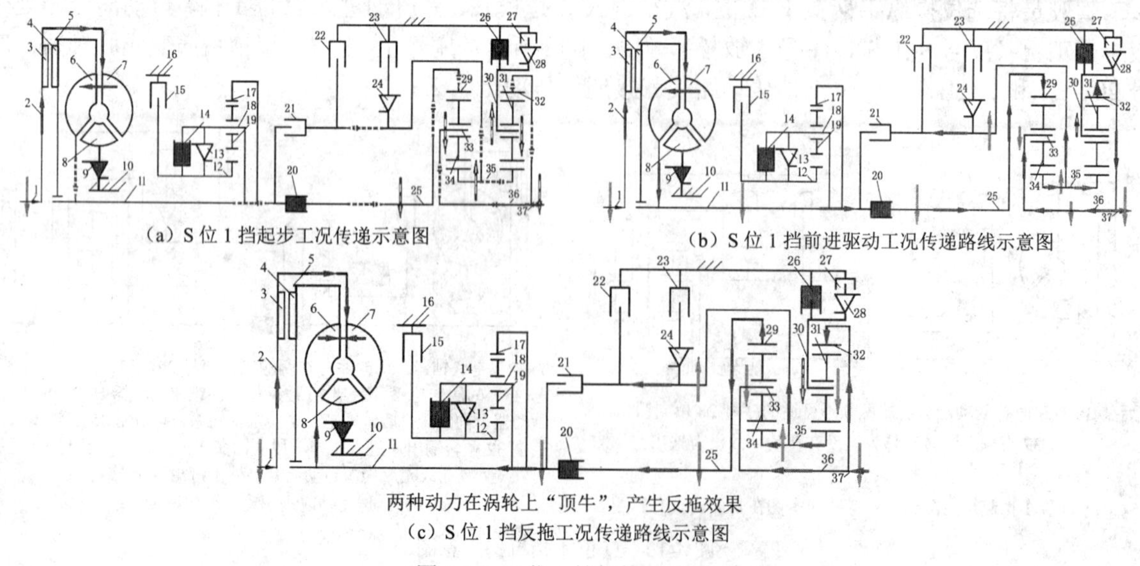

（a）S 位 1 挡起步工况传递示意图

（b）S 位 1 挡前进驱动工况传递路线示意图

（c）S 位 1 挡反拖工况传递路线示意图

图 4-13　S 位 1 挡机构示意图

（1）起步工况。S 位 1 挡与 D 位 1 挡起步时工作原理的不同之处是它由双向制动器 26 替代序号 27 和 28 对后架 30 实行双向锁止，如图 4-13（a）所示，其余分析请读者参阅 D 位 1 挡的起步工况。

（2）前进驱动工况。S 位 1 挡与 D 位 1 挡前进时工作原理是相同的，不同之处仅在于后架 30 是双向锁止的，如图 4-13（b）所示，后架 30 不管是单向锁止或是双向锁止，对前进 1 挡的作用是一样的。

（3）反拖工况。反拖时车轮是顺转主动件，序号 37 是输入轴，发动机是阻力件。与 D 位 1 挡不同的是双向制动器 26 将后架 30 双向锁止，后圈 32 因反拖成为顺时针的主动件输入，后架 30 就随主动件有顺时针转动趋势，双向制动器 26 将序号 30 锁止不能转动，后轮系在反拖状态下保持定轴轮系状态不变，从阳轮 35 向前轮系的逆时针输入也就保持不变，序号 37 带动前架 33 顺时针转动输入，前轮系成为有两个输入的周转轮系，齿圈 29 有确定的顺时针转动输出反传递动力至呈液矩器工况的自动离合器，如图 4-13（c）所示。反拖动力通过一个周转轮系（前轮系）、一个联轴器（超轮系）和液矩器实现软反拖。

6）L 位 1 挡

驾驶员把选位操纵手柄置于 L 位后，汽车进入 L 位模式，它参与工作的控制元件是序号 3（保证自动离合器呈联轴器工况）、序号 14（保证超轮系处于联轴器工况）、序号 20（将前圈 29 与涡轮 6 连接）和序号 26（将后架锁止），如图 4-14 所示，可以实现硬反拖。进 L 位后首次从低挡位进入高挡位要驾驶员手动操作，进入高挡位后，只能在低于本调定挡位下自动升降挡。例如，汽车在 D 位 4 挡工况下行驶，因突发情况，驾驶员把操作手柄置于 L 位，汽车将自动从 4 挡向下降挡，若降至 3 挡，驾驶员认为合适，操作汽车在 L 位 3 挡行驶，汽车可以自动在 L 位 1 挡、2 挡、3 挡间升降挡，但不能升到 4 挡；如果驾驶员使其在 2 挡工作，汽车只能在 1 挡、2 挡间自动升降，不能升到 3 挡、4 挡，如果想要汽车进入 L 位 3 挡，必须手动加挡一次。有些车型只设计了 L 位 1 挡，进入 L 位后就不能升挡。现在很多车型取消了 L 位甚至 S 位，全用手-自一体来解决这类问题，因而选位操作手柄就只有 P、N、R、D 四个挡位。随着汽车的发展，自动变速器的控制会越来越方便、简单，特别是无人驾驶技术进入汽车常态化设计，驾驶员操作会更加简单，甚至只需做指令性的设置后就不再需要反复性操作。

（1）起步工况。L 位 1 挡起步工况如图 4-14（a）所示，它与 S 位 1 挡起步工况的区别仅在于 L 位 1 挡不管是前进还是反拖时，自动离合器都处于联轴器状态，而 S 位 1 挡起步时自动离合器处于液矩器工况状态，加之序号 26 替代序号 27、28，其余可参阅 D 位 1 挡起步工况，举一反三地分析 L 位 1 挡。

（2）驱动工况。L 位 1 挡前进驱动工况与 S 位 1 挡、D 位 1 挡前进驱动工况的工作原理是相同的，不同之处仅在于后架 30 是双向锁止的，而且自动离合器锁止成联轴器，如图 4-14（b）所示，工作原理分析从简。

（3）反拖工况。当 L 位 1 挡反拖时，超轮系处于联轴器工况，与 S 位 1 挡反拖情况完全相同，自动离合器演变成联轴器，形成硬反拖，图 4-14（c）所示，分析从略。

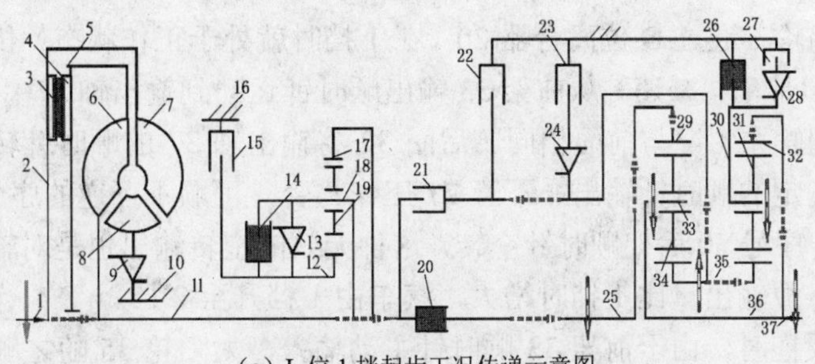

（a）L 位 1 挡起步工况传递示意图

图 4-14　L 位 1 挡机构示意图

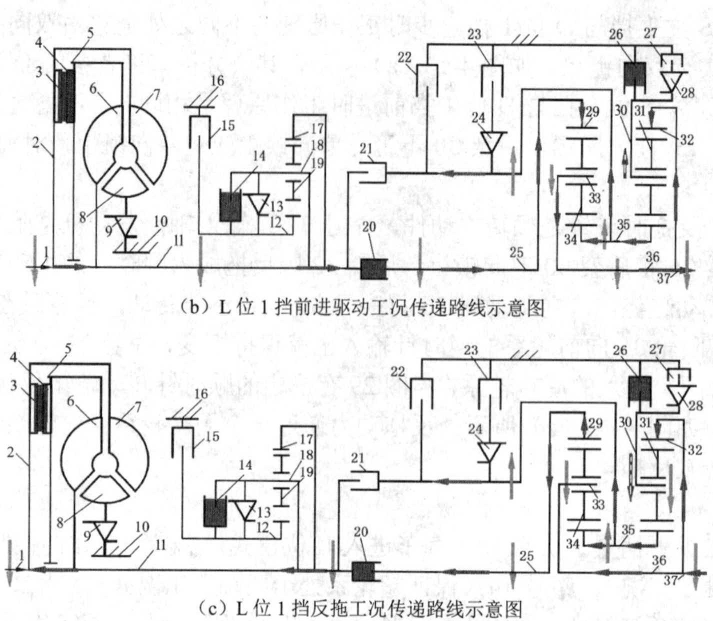

（b）L 位 1 挡前进驱动工况传递路线示意图

（c）L 位 1 挡反拖工况传递路线示意图

图 4-14　L 位 1 挡机构示意图（续）

7）D 位 2 挡

如图 4-15 所示，随着车速增加到一定值时，ECU 命令序号 23 工作，序号 24 本身是可顺不可逆的顺式单向制动器，立即将在 1 挡或 3 挡时做逆时针转动的共阳轮 35 锁止在壳体上，两个轮系都变成圈入架出的减速阳轮系，只需输入一个运动就有确定的输出，它们的架都有确定的输出，前架 33 是有效输出，后架 30 是无效输出。当汽车由 D 位 3 挡降至 D 位 2 挡时，ECU 通过控制序号 23 响应时间，降低序号 24 突然参加工作引起的冲击，提高换挡品质，增加舒适性。

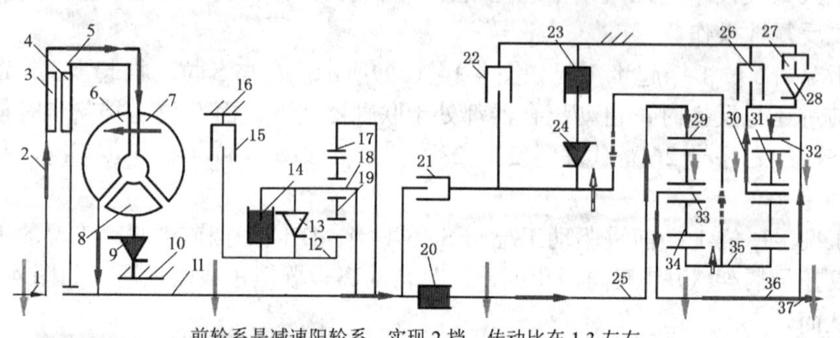

前轮系是减速阳轮系，实现 2 挡，传动比在 1.3 左右

图 4-15　D 位 2 挡驱动路线示意图

（1）驱动工况。涡轮 6 通过 D 位离合器 20（在 1 挡时就处于工作状态）传入的顺时针转动到达前圈 29，经减速后（圈带动架减速）从前架 33 输出顺时针运动到输出轴 37，自动变速器升至 2 挡，传动比在 1.3 左右，超轮系工况与前面相同。后圈 32 将输出轴 37 的顺时针转动输入后轮系，传递到后架 30，使 30 有确定的顺时针输出，不管 27 工作与否，可顺不可逆的序号 28 都将放松（ECU 控制序号 26 不工作），序号 30 后架顺时针空转，这种无效的空转输出也是对输入总量的分流，但比共阳轮的分流量要小，故输出量比 1 挡时增大，汽车由 1 挡升至 2 挡。

（2）反拖工况。反拖时，由于前架 33 顺时针主动输入，太阳轮 35 随之顺时针转动，可顺不可逆单向制动器 24 放松共阳轮 35，两轮系都变成周转轮系，前轮系只有前架 33 一个输入，不会有输出，故不能反拖。后轮系也只有后圈 32 一个顺时针输入，也没有确定的相对运动输出，整个 S 一式轮系处于没有确定输出的自由运动状态。

8）S 位 2 挡

驾驶员把选位操纵手柄置于 S 位后，汽车进入 S 模式，当速度达到 2 挡的值时，ECU 命令双向制动器 22 工作，将共阳轮 35 双向锁定在壳体上，两轮系正转、反拖都是阳轮系，故能够实现软反拖，其他与 D 位 2 挡相同，如图 4-16 所示。

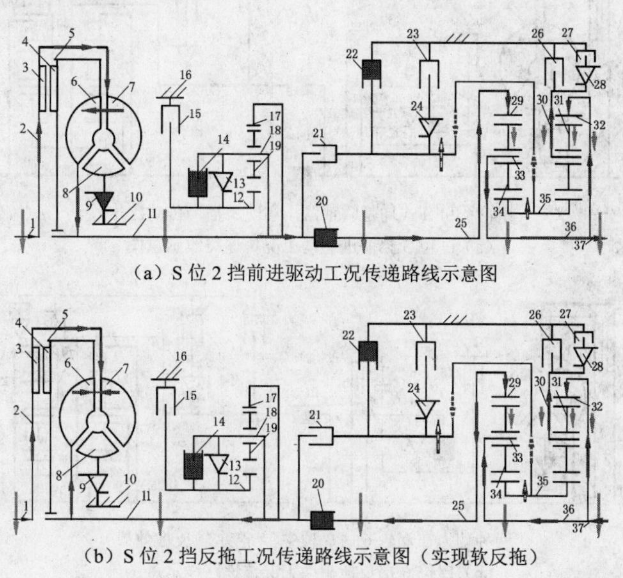

（a）S 位 2 挡前进驱动工况传递路线示意图

（b）S 位 2 挡反拖工况传递路线示意图（实现软反拖）

图 4-16　S 位 2 挡机构示意图

9）L 位 2 挡

驾驶员将选位操纵手柄置于 L 位时，自动变速器进入 L 模式，速度达到设定值，ECU 命令自动变速器进入 L 位 2 挡，L 位 2 挡与 S 位 2 挡的区别就是自动离合器始终处于联轴器状态，它的前进驱动工况如图 4-17（a）所示，反拖驱动工况与 S 位 2 挡的不同点在于实现的是硬反拖，如图 4-17（b）所示。在 L 运作模式下，汽车可在 1 挡、2 挡之间自动升降挡，达到 2 挡后不能再往高速挡升了。

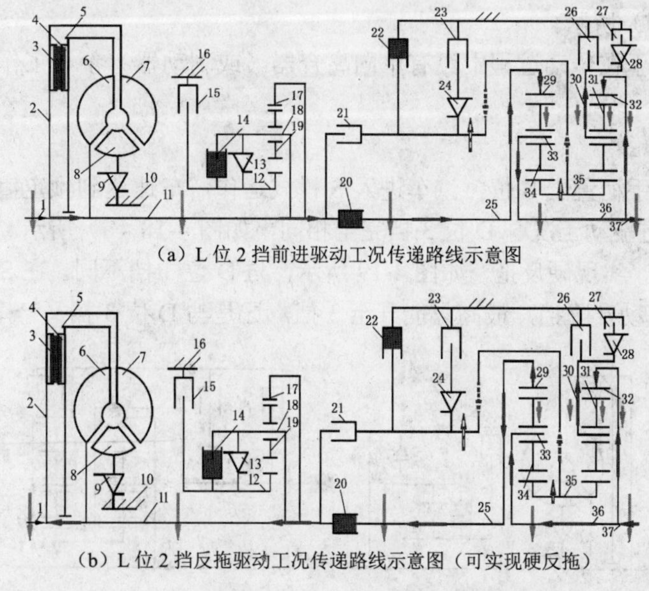

（a）L 位 2 挡前进驱动工况传递路线示意图

（b）L 位 2 挡反拖驱动工况传递路线示意图（可实现硬反拖）

图 4-17　L 位 2 挡机构示意图

10）D 位 3 挡

当车速进一步提高，ECU 命令汽车进入 D 位 3 挡，参与工作的执行元件是序号 9（自动离合器处于液矩器工况）、序号 14（超轮系处于联轴器工况）、序号 20 和 21，如图 4-18 所示。

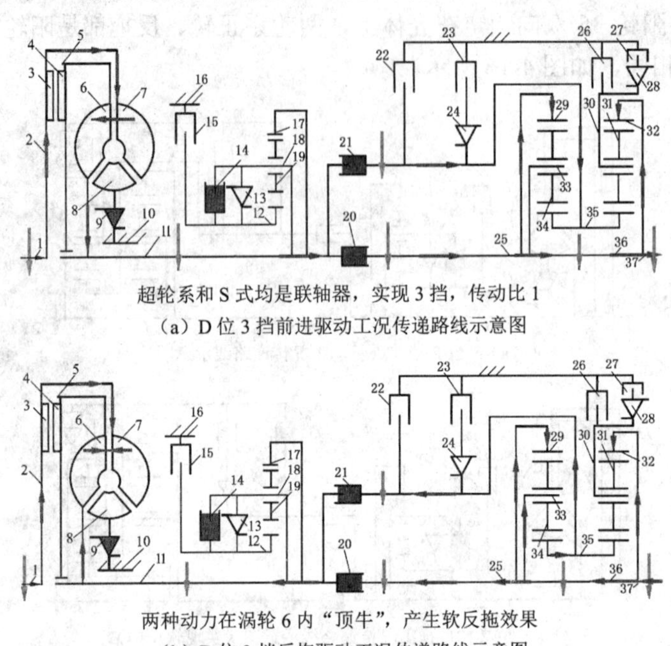

超轮系和 S 式均是联轴器，实现 3 挡，传动比 1

（a）D 位 3 挡前进驱动工况传递路线示意图

两种动力在涡轮 6 内“顶牛”，产生软反拖效果

（b）D 位 3 挡反拖驱动工况传递路线示意图

图 4-18　D 位 3 挡机构示意图

（1）驱动工况。由于序号 20 与序号 21 同时工作，S 一式前轮系的圈 29 和共阳轮 35 都与涡轮接通，同转速、同方向转动，所以成为联轴器。序号 32 将这个运动通过后圈 32 传入后轮系，后轮系的圈 32 与共阳轮 35 又是同转速、同方向转动，所以也演变成联轴器。整个基本 S 一式演变成联轴器工况。与 1 挡和 2 挡时的情况比较，在发动机转速相等的条件下，没有被浪费了的空转，轮系在 2 挡基础上升至 3 挡，加上超轮系在联轴器状态，故涡轮直接与输出轴 37 接通，实现直接挡，传动比为 1，如图 4-18（a）所示。

（2）反拖工况。由于在传动过程中没有单向离合器（或制动器）参与工作，所以可以软反拖，如图 4-18（b）所示。

11）S 位 3 挡

驾驶员把选位操纵手柄置于 S 位，汽车进入 S 模式运作，车速达到预定值，变速器会自动升到 S 位 3 挡，S 位 3 挡前进驱动工况与 D 位 3 挡完全相同，如图 4-18（a）所示。反拖驱动工况时自动离合器处于联轴器工况，实现硬反拖，如图 4-19 所示，与 D 位 3 挡不同。在 S 模式下，汽车可以在 1 挡、2 挡、3 挡之间自动升降挡，最高只能升至 3 挡，这是与 D 位 3 挡又一个不同之处。

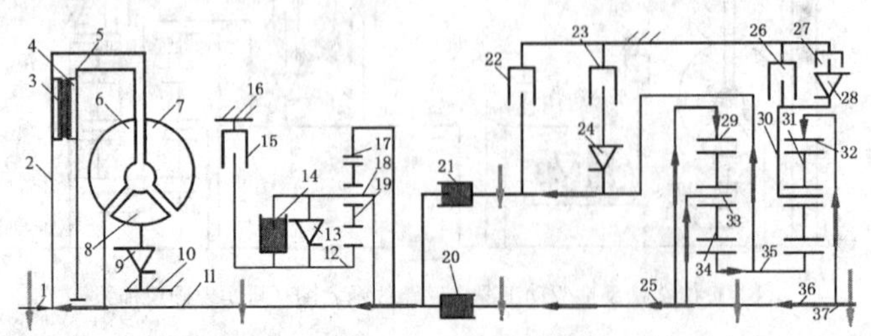

图 4-19　S 位 3 挡反拖驱动工况示意图

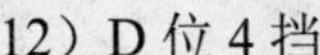

12）D 位 4 挡

如图 4-20 所示，在 D 模式下，车速继续升高，达到设定值后，ECU 命令自动变速器进入 D 位 4 挡，此时参与工作的执行元件序号 3（保证自动离合器在联轴器工况下工作）、序号 15（保证超轮系进入增速阳轮系工况工作，架带圈，增速减矩）、序号 20、21 继续保持 3 挡时的工作状态（保证基本 S 一式为联轴器）。在序号 14 先放松、序号 15 后工作的期间，序号 13 担任传递任务，以确保传递不中断，当序号 15 一开始工作，序号 13 立即放松；由 D 位 4 挡降回 3 挡时，序号 15 先放松、序号 14 后工作的期间，也由序号 13 担任传递任务，序号 14 工作期间，序号 13 也起到辅助序号 14 传递动力的作用。

在 D 位 4 挡时要确保自动离合器在联轴器工况下工作的原因是汽车高速行驶，涡轮转速很高，涡轮产生的离心力迫使内部的液体产生离心运动，与泵轮对液体做功迫使其在涡轮内部做向心的运动相对抗，内耗的结果是使传递效率很低（涡流很慢），甚至不能传递（涡流停止），故必须要让其在联轴器工况下工作。这与其他挡位下为保证传递可靠性而让自动离合器在联轴器工况下工作的原因是不一样的。

（1）驱动工况。超轮系由联轴器变成增速阳轮系就是在 3 挡基础上再提高一级速度，就进入了超速的 4 挡，传动比在 0.8 左右，此时输出轴 37 的转速高于曲轴 1 的转速，如图 4-20（a）所示。

（2）反拖工况。由于传递路线上没有单向执行器参与，且自动离合器处于联轴器工况，故 D 位 4 挡能实现硬反拖，如图 4-20（b）所示。

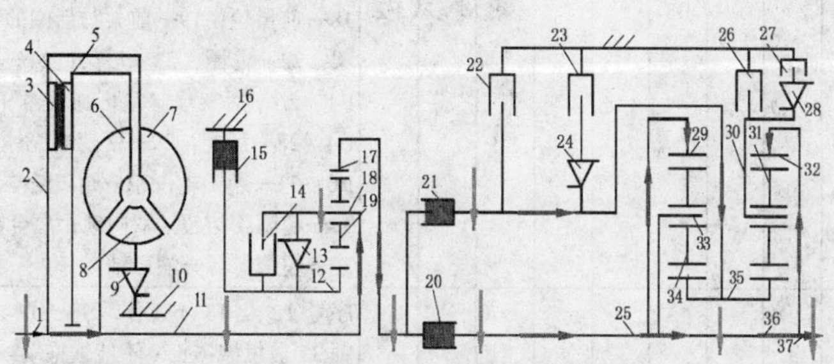

因为序号 15 工作，在 3 挡基础上升至 4 挡，传动比在 0.8 左右

（a）D 位 4 挡前进驱动工况传递路线示意图

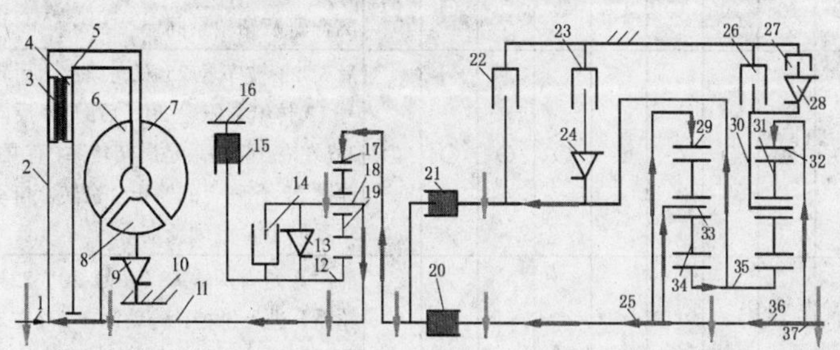

有硬反拖，反拖时反拖速度在超轮系处被减速后传递给发动机

（b）D 位 4 挡反拖驱动工况传递路线示意图

图 4-20　D 位 4 挡机构示意图

二、超轮系后置的 S 一式 4 速轮系挡位分析

超轮系后置的 S 一式 4 速轮系示意图如图 4-6 所示，前面已经分析并做出结论，它与超轮系前置的 S 一式 4 速轮系机构没有本质区别，执行元件运作表如表 4-4 所示，挡位分析也与前置一样。图 4-21 中只画出了各个挡位驱动工况传递路线图，没有画出起步工况、反拖工况传递路线图，本教材也不再赘述文字分析，有兴趣的读者可以对照超轮系前置的 S 一式 4 速轮系挡位分析内容自行分析。

表 4-4　超轮系后置的 S 一式 4 速轮系执行元件运作表

顺序	1	2	3	4	5	6	7	8	9	10	11	12	13	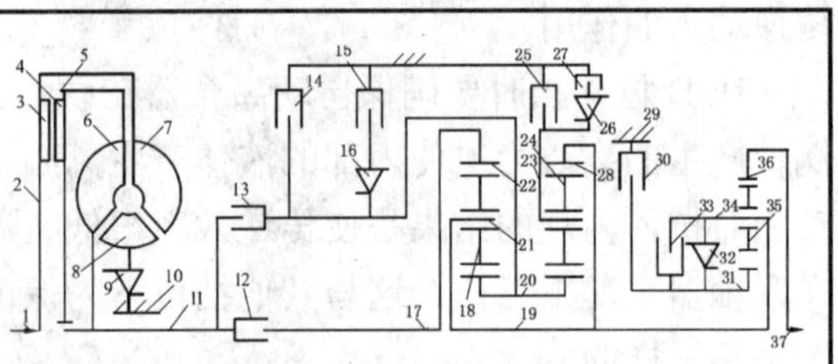
序号	3	33	12	13	30	25	14	15	27	9	32	26	16	
	锁止离合器 C	超阳轮与超架双向锁止离合器 C0	前圈输入离合器 C1	共阳轮输入离合器 C2	超阳轮双向锁止制动器 B0	后架双向制动器 B1	共阳轮双向制动器 B2	共阳轮双向锁止制动器 B3	后架双向锁止制动器 B4	导轮单向制动器 F	超阳轮与超架单向锁止离合器 F0	后架单向锁止制动器 F1	共阳轮单向锁止制动器 F2	1—曲轴；2—液矩器外壳；3—锁止离合器 C；4—锁止离合器 C 的摩擦盘；5—摩擦盘与涡轮间连接花键；6—涡轮；7—泵轮；8—导轮；9—导轮单向制动器 F；10—导轮支撑轴；11—涡轮与变速器连接轴；12—前圈输入离合器 C1；13—共阳轮输入离合器 C2；14—共阳轮双向制动器 B2；15—共阳轮双向锁止制动器 B3；16—共阳轮单向锁止制动器 F2；17—前轮系输入轴头；18—前星轮；19—前架与后圈的连接轴；20—共阳轮；21—前架；22—前圈；23—后架；24—后星轮；25—后架双向制动器 B1；26—后架单向锁止制动器 F1；27—后架双向锁止制动器 B4；28—后圈；29—变速器壳体；30—超阳轮双向锁止制动器 B0；31—超阳轮；32—超阳轮与超架单向锁止离合器 F0；33—超阳轮与超架双向锁止离合器 C0；34—超架；35—超星轮；36—超圈；37—输出轴
P 位	○	●	○	○	○	○	○	○	○	●	○	○	○	序号 12 及 13 不工作，S 一式轮系无输入，故没有输出；输出轴 37 被机械锁止，不能被拖动；自动离合器处于液矩器工况；序号 33 工作，超轮系处于可以传递的联轴器状态，都是为进入驱动挡做好准备
N 位	○	●	○	○	○	○	○	○	○	●	○	○	○	与上不同之处为输出轴 37 没有被机械锁止，可以被拖动。自动离合器及超轮系同上
R 位	●	●	○	●	○	●	○	○	☆	○	○	○	○	后架 23 被序号 25 双向锁止，后轮系变成定轴轮系，运动经序号 13 传给共阳轮 20，后圈 28 反向输出，实现倒挡，传动比在 2.6 左右。前轮系是周转轮系，有共阳轮 20 与前架 21 两个输入，前圈 22 有确定的输出，空转。自动离合器处于联轴器工况；超轮系同上，可硬反拖
D1	○	●	●	○	○	○	○	○	●	●	○	●	○	前轮系是有两输入（序号 20、22）、一输出（序号 21）的周转轮系，进入 1 挡，传动比在 2.0 左右。后架 23 在序号 27 工作的情况下，被序号 26 单向锁止在壳体上。后轮系是一单向定轴轮系，序号 28 输入，共阳轮 20 逆转输出。序号 26 参与工作，故无反拖。自动离合器处于液矩器工况；超轮系同上
S1	○	●	●	○	○	●	○	○	☆	●	○	○	○	前轮系是有两输入（序号 20、22）、一输出（序号 21）的周转轮系，后架 23 被序号 25 双向锁止，后轮系是双向定轴轮系。无单向元件参与工作，反拖时序号 3 放松，序号 9 工作，自动离合器处于液矩器工况，故有软反拖。序号 33 工作，超轮系为有输入、有输出的联轴器
L1	●	●	●	○	○	●	○	○	☆	○	○	○	○	S 轮系、超轮系同上。序号 3 工作，序号 9 放松，自动离合器处于联轴器工况，无单向元件参与工作，故有硬反拖

续表

顺序	1	2	3	4	5	6	7	8	9	10	11	12	13	
序号	3	14	20	21	15	26	22	23	27	9	13	28	24	
D2	○	●	●	○	○	○	○	●	○	●	○	○	●	S 一式的共阳轮 20 被序号 15、16 单向锁止，前轮系是前圈 22 输入、前架 21 输出的单向减速阳轮系，实现 2 挡，传动比在 1.3 左右，后轮系是圈 28 输入、后架 23 输出空转的单向减速阳轮系，对变速无贡献。序号 16 参与工作，故无反拖。自动离合器是液矩器，超轮系是联轴器
S2	○	●	●	○	○	○	●	○	○	●	○	○	○	S 一式的共阳轮 20 被序号 14 双向锁止，前轮系是前圈 22 输入、前架 21 输出的双向减速阳轮系，后轮系是后圈 28 输入、后架 23 输出空转的双向减速阳轮系，对变速无贡献。自动离合器、超轮系同上，无单向元件参与工作，故有软反拖
L2	●	●	●	○	○	○	●	○	○	○	○	○	○	S 一式的共阳轮 20 被序号 14 双向锁止，前轮系是前圈 22 输入、前架 21 输出的双向减速阳轮系，后轮系是后圈 28 输入、后架 23 输出空转的双向减速阳轮系，对变速无贡献。自动离合器和超轮系都是联轴器，有硬反拖。不能再升到 3 挡
D3	○	●	●	●	○	○	○	○	○	●	○	○	○	序号 12、13 同时工作，共阳轮 20 与前圈 22 同方向，同转速转动，前轮系演变成前架 21 输出的联轴器，后轮系同时演变成后圈 28 与共阳轮 20 同步输入的联轴器，实现 3 挡，传动比为 1，后架 23 输出空转，对变速无贡献。自动离合器是液矩器，超轮系同上，无单向执行器工作，故有软反拖
S3	●	●	●	●	○	○	○	○	○	○	○	○	○	S 轮系与 D 位 3 挡同，自动离合器、超轮系均为联轴器，无单向执行器工作，故有硬反拖。不能升到 4 挡
D4	●	○	●	●	●	○	○	○	○	○	☆	○	○	序号 33 放松，序号 30 工作，二者交换瞬间由序号 32 担任传递任务；超轮系变成加速阳轮系；S 一式轮系同 D 位 3 挡实现 4 挡，传动比在 0.8 左右。自动离合器同上，无单向执行器工作，故有硬反拖

注：●—执行元件稳定工作；○—执行元件完全不工作；☆—执行元件在相邻两挡交换期间瞬时工作。有些车型称 S 位为 2 位，称 L 位为 1 位。现在很多车型采用手-自一体控制方式，不再设计 L 位工况；序号 27 并不是必不可少的配置，本教材从普遍意义出发，保留 L 位工况，配置了序号 27，读者可对照具体车型决定取舍。

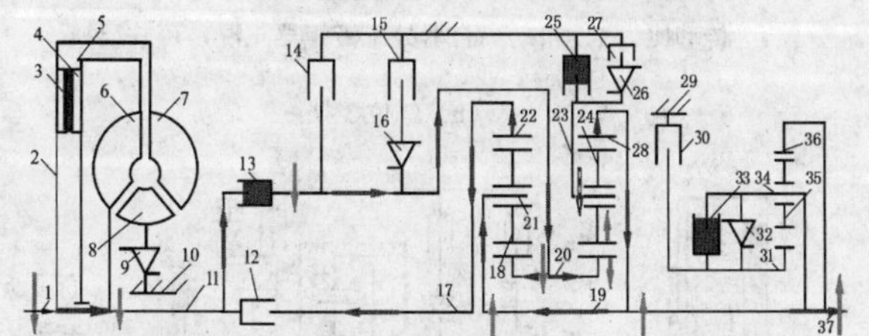

后轮系是共阳轮输入的双向定轴轮系，实现倒挡，传动比在 2.6 左右；前轮系处于有前架 21 和共阳轮 20 两个输入的周转轮系状态，故前圈 22 有确定输出的空转，转动方向与轮系各齿轮齿数有关，多数厂家愿意将其设计为顺时针方向转动，可为下一步接入前进位时做准备。加速轮系和自动离合器都是联轴器。有硬反拖

（a）倒车驱动（起步工况、反拖工况参阅前面）

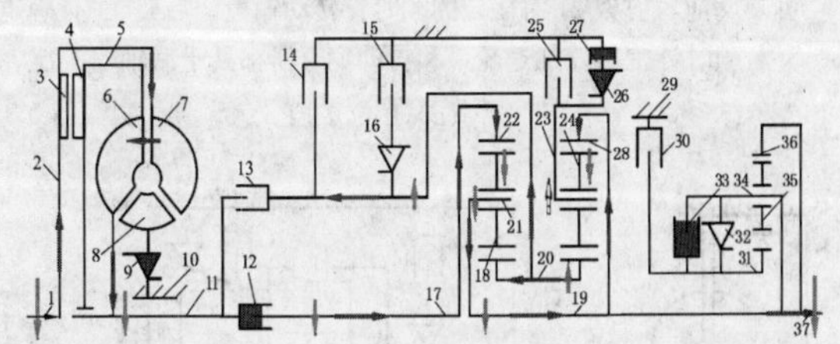

后轮系是单向定轴轮系（有逆时针转动趋势的后架 23 被可顺不可逆的单向制动器 26 通过序号 27 锁定在壳体上，共阳轮 20 有确定输出的逆时针空转。），前轮系是两输入（前圈 22 与共阳轮 20）一输出（前架 21 顺时针）的周转轮系，实现 1 挡，传动比在 2.0 左右。加速轮系是联轴器，自动离合器处于液矩器工况

（b）D 位 1 挡（无反拖）

图 4-21　超轮系后置的 S 一式 4 速轮系挡位分析

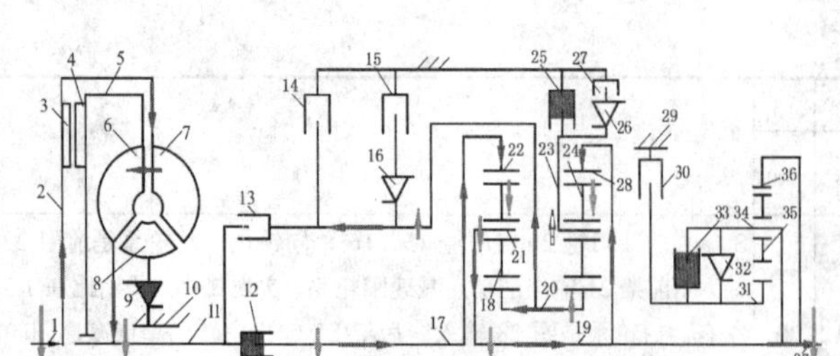

后轮系是双向定轴轮系（有逆时针转动趋势的后架 23 被可顺不可逆的双向制动器 25 锁定在壳体上，共阳轮 20 有确定输出的逆时针空转），前轮系是两输入（前圈 22 与共阳轮 20）、一输出（前架 21 顺时针）的周转轮系。加速轮系是联轴器，自动离合器处于液矩器工况，有软反拖

（c）S 位 1 挡

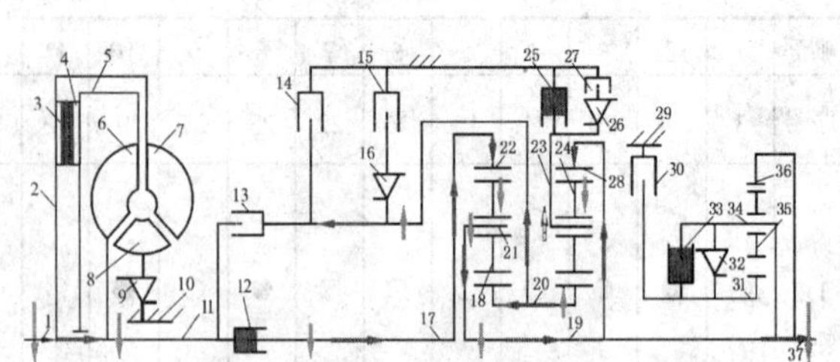

前轮系是两入一出的周转轮系，后轮系是双向定轴轮系，加速轮系是联轴器，自动离合器是联轴器，可硬反拖

（d）L 位 1 挡

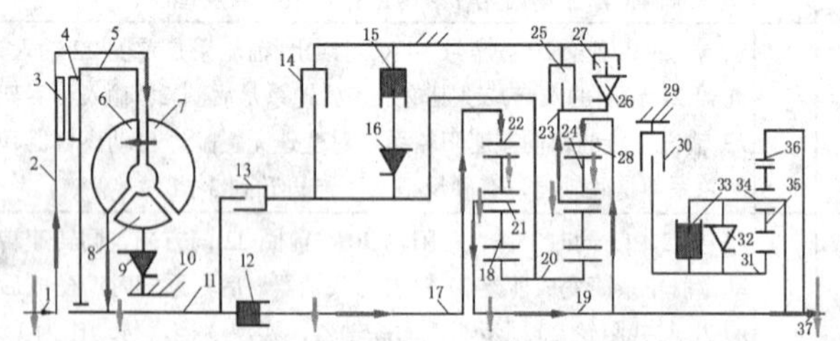

共阳轮 20 被序号 16 单向锁止，两个阳轮系，前架 21 有确定的顺时针输出，后架 23 有确定的顺时针空转，加联轴器，实现 2 挡，传动比在 1.3 左右，无反拖，加速轮系是联轴器，自动离合器处于液矩器工况

（e）D 位 2 挡

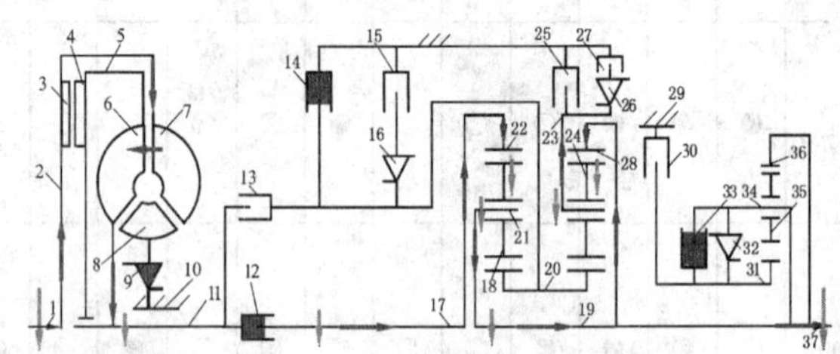

共阳轮 20 被序号 14 双向锁止，两个双向阳轮系，前架 21 有确定的顺时针输出，后架 23 有确定的顺时针空转，可软反拖，加速轮系是联轴器，自动离合器处于液矩器工况

（f）S 位 2 挡

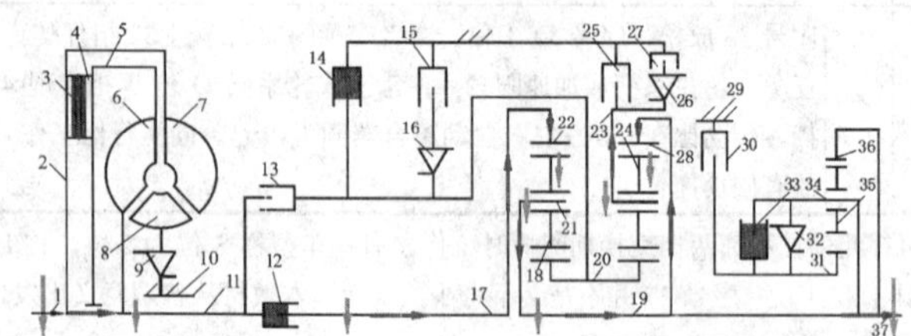

共阳轮 20 被序号 14 双向锁止，两个双向阳轮系，液力变矩器被锁上，可硬反拖。前架 21 有确定的顺时针转动输出，后架 23 有确定的顺时针空转，加速轮系和自动离合器都处于联轴器工况

（g）L 位 2 挡

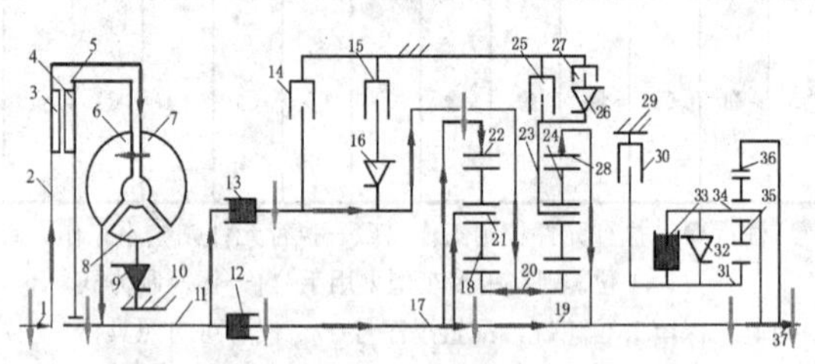

两个轮系均是联轴器，加速轮系是联轴器，实现 3 挡，传动比为 1，自动离合器处于液矩器工况，可软反拖

（h）D 位 3 挡

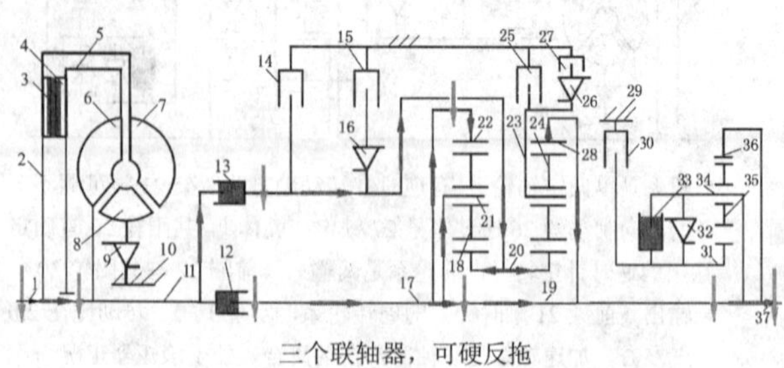

三个联轴器，可硬反拖

（i）S 位 3 挡

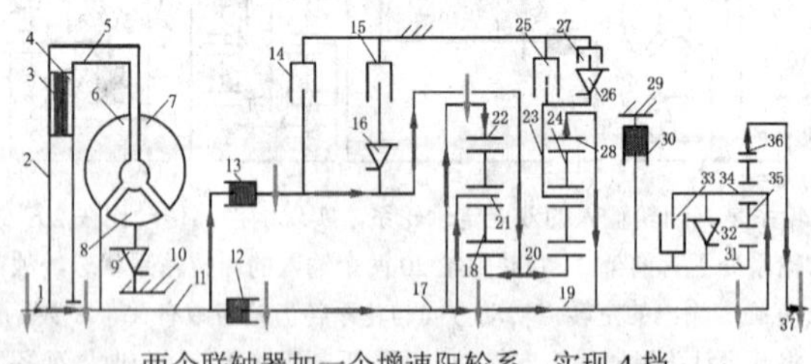

两个联轴器加一个增速阳轮系，实现 4 挡，传动比 0.8 左右，可硬反拖

（j）D 位 4 挡

图 4-21　超轮系后置的 S 一式 4 速轮系挡位分析（续）

注：图 4-21 图注同图 4-6。

三、减轮系前置的 S 一式 4 速轮系挡位分析

减轮系前置的 S 一式 4 速轮系示意图如图 4-7 所示，它与超轮系前置的区别是在 1 挡、2 挡、3 挡时减轮系是一个圈带架的减轮系，到 4 挡时变成联轴器，在 3 挡的基础上不再减速了，就等于升了一级。有反拖的挡位在反拖时，为了提高稳定性，避免通过减轮系架入圈出发生增速效应，大多数厂家设计成序号 15 放松，序号 14 工作（它们交换的过程由序号 13 顶替工作），减轮系变成一个联轴器，图中没有表示，读者应当能够理解，它的执行元件运作表如表 4-5 所示。

表 4-5　减轮系前置的 S 一式 4 速轮系执行元件运作表

顺序	1	2	3	4	5	6	7	8	9	10	11	12	13	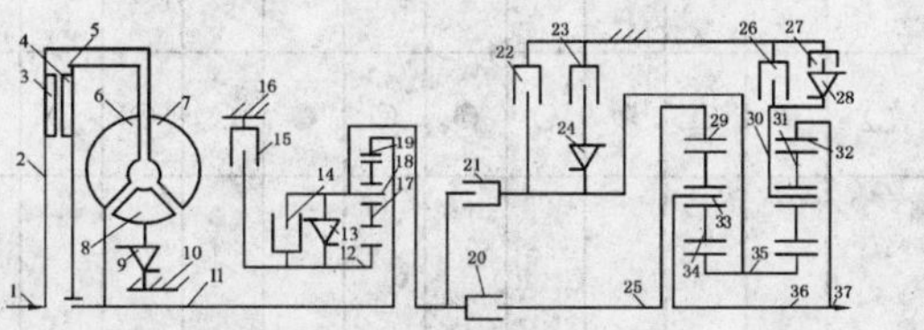
序号	3	14	20	21	15	26	22	23	27	9	13	28	24	
	锁止离合器C	减阳轮与减架双向锁止离合器C0	前圈输入离合器C1	共阳轮输入离合器C2	减阳轮双向锁止制动器B0	后架双向制动器B1	共阳轮双向制动器B2	共阳轮双向锁止制动器B3	后架双向锁止制动器B4	导轮单向制动器F	减阳轮与减架单向锁止离合器F0	后架单向锁止制动器F1	共阳轮单向锁止制动器F2	1—曲轴；2—液矩器外壳；3—锁止离合器 C；4—锁止离合器 C 的摩擦盘；5—摩擦盘与涡轮间连接花键；6—涡轮；7—泵轮；8—导轮；9—导轮单向制动器 F；10—导轮支撑轴；11—涡轮与变速器连接轴； 12—减轮系太阳轮（减阳轮）；13—减阳轮与减架单向锁止离合器 F0；14—减阳轮与减架双向锁止离合器 C0；15—减阳轮双向锁止制动器 B0；16—变速器壳体；17—减轮系行星轮（减星轮）；18—减轮系行星架（减架）；19—减轮系齿圈（减圈）；20—前圈输入离合器 C1；21—共阳轮输入离合器 C2；22—共阳轮双向制动器 B2；23—共阳轮双向锁止制动器 B3；24—共阳轮单向锁止制动器 F2；25—前轮系输入轴头；26—后架双向制动器 B1；27—后架双向锁止制动器 B4；28—后架单向锁止制动器 F1；29—前圈；30—后架；31—后星轮；32—后圈；33—前架；34—前星轮；35—共阳轮；36—前架与后圈的连接轴；37—输出轴
P 位	○	○	○	○	●	○	○	○	○	●	○	○	○	序号 15 工作，减轮系为有输入、有输出的减速阳轮系；序号 20 及 21 不工作，后面的 S 式轮系无输入；输出轴 37 被机械锁止，不能被拖动。自动离合器处于液矩器工况
N 位	○	○	○	○	●	○	○	○	○	●	○	○	○	与上不同之处为输出轴 37 没有被机械锁止，可以被拖动。自动离合器同上
R 位	●	○	○	●	●	●	○	○	☆	○	○	○	○	减轮系为减速阳轮系；后架 30 被序号 26 双向锁止，后轮系变成定轴轮系，运动经序号 21 传给共阳轮 35，后圈 32 反向输出，实现倒挡，传动比在 2.6 左右。前轮系是周转轮系，有共阳轮 35 与前架 33 两个输入，前圈 29 有确定的输出，空转。自动离合器处于联轴器工况。可硬反拖
D1	○	○	●	○	●	○	○	○	●	●	○	●	○	减轮系为减速阳轮系；前轮系是有两输入（序号 29、35）、一输出（33）的周转轮系，进入 1 挡，传动比在 2.4 左右，后架 30 被序号 27 通过单向制动器 28 单向锁止，后轮系是一单向定轴轮系，后圈 32 顺转输入，共阳轮 35 逆转输出。序号 28 参与工作，故无反拖。自动离合器处于液矩器工况
S1	○	○	●	○	●	●	○	○	☆	●	○	○	○	减轮系为减速阳轮系；前轮系是有两输入（序号 29、35）、一输出（序号 33）的周转轮系，后架 30 被序号 26 双向锁止，后轮系是双向定轴轮系。无单向元件参与工作，自动离合器处于液矩器工况，有软反拖
L1	●	○	●	○	●	●	○	○	☆	○	○	○	○	减轮系为减速阳轮系；S 轮系同上，序号 3 工作，序号 9 放松，自动离合器处于联轴器工况，有硬反拖

续表

顺序	1	2	3	4	5	6	7	8	9	10	11	12	13	
序号	3	14	20	21	15	26	22	23	27	9	13	28	24	
D2	○	○	●	○	●	○	○	●	○	●	○	○	●	减轮系为减速阳轮系；S 一式的共阳轮 35 被序号 23、24 单向锁止，前轮系是前圈 29 输入、前架 33 输出的单向减速阳轮系，实现 2 挡，传动比在 2.0 左右。后轮系是后圈 32 输入，后架 30 输出空转的单向减速阳轮系，对变速无贡献。自动离合器为液矩器，序号 24 参与工作，故无反拖
S2	○	○	●	○	●	○	●	○	○	●	○	○	○	减轮系为减速阳轮系；S 一式的共阳轮 35 被序号 22 双向锁止，前轮系是前圈 29 输入、前架 33 输出的双向减速阳轮系，后轮系是后圈 32 输入、后架 30 输出空转的双向减速阳轮系，对变速无贡献。自动离合器同上，无单向元件参与工作，故有软反拖
L2	●	○	●	○	●	○	●	○	○	○	○	○	○	减轮系为减速阳轮系；S 一式轮系同上。序号 3 工作，序号 9 放松，自动离合器为联轴器，有硬反拖。不能再升到 3 挡
D3	○	○	●	●	●	○	○	○	○	●	○	○	○	序号 20、21 同时工作，共阳轮 35 与前圈 29 同方向、同转速转动，前轮系演变成前架 33 输出的联轴器，后轮系同时演变成后圈 32 与共阳轮 35 同步输入的联轴器，实现 3 挡，减轮系为减速阳轮系，传动比在 1.3 左右，后架 30 输出空转，对变速无贡献。序号 3 放松，序号 9 工作，自动离合器为液矩器，有软反拖
S3	●	○	●	●	●	○	○	○	○	○	○	○	○	减轮系、S 一式轮系均与 D 位 3 挡相同，序号 3 工作，序号 9 放松，自动离合器为联轴器，有硬反拖。不能升到 4 挡
D4	●	●	●	●	○	○	○	○	○	○	☆	○	○	序号 15 放松，序号 14 工作，二者交换瞬间由序号 13 担任传递任务；减轮系变成联轴器；S 一式轮系与上同。序号 3 工作，序号 9 放松，自动离合器为联轴器，实现 4 挡，传动比为 1，无单向执行器工作，有硬反拖

注：1. ●—执行元件稳定工作；○—执行元件完全不工作；☆—执行元件在相邻两挡交换期间瞬时工作。

2. 有些车型称 S 位为 2 位，称 L 位为 1 位。现在很多车型采用手-自一体控制方式，不再设计 L 位工况，本教材从普遍意义出发，保留了 L 位工况，读者可对照具体车型决定取舍。

3. 反拖时序号 15 放松，序号 14 工作，减轮系变成联轴器工作状态，以避免减轮系反拖时的增速作用（架带圈），为简化表中没有表示出这种变化，读者应当清楚这种变化的必要性，图中不再一一说明。

在图 4-22 中，只画出了减轮系前置的各挡位驱动传递路线图，不再赘述文字分析，也不再画各挡位的起步工况和反拖工况图，有兴趣的读者可以对照超轮系前置的 S 一式 4 速轮系挡位分析内容自行分析。

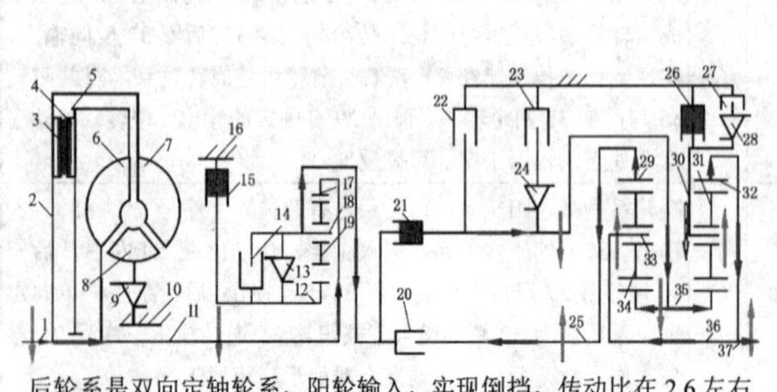

后轮系是双向定轴轮系，阳轮输入，实现倒挡，传动比在 2.6 左右

（a）倒车位驱动工况示意图（可硬反拖）

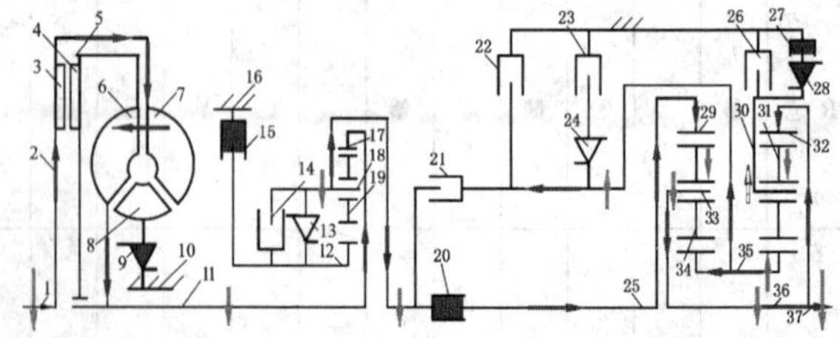

减轮系减速输出，前轮系是有两输入（序号 29、35）、一输出（序号 33）的周转轮系，进入 1 挡，传动比在 2.4 左右，后架 30 被序号 27 通过序号 28 单向锁止，后轮系单向定轴轮系，后圈 32 顺转输入，共阳轮 35 逆转输出。序号 28 工作，无反拖。自动离合器处于液矩器状态

（b）D 位 1 挡驱动工况示意图

图 4-22　S 一式减轮系前置传递示意图

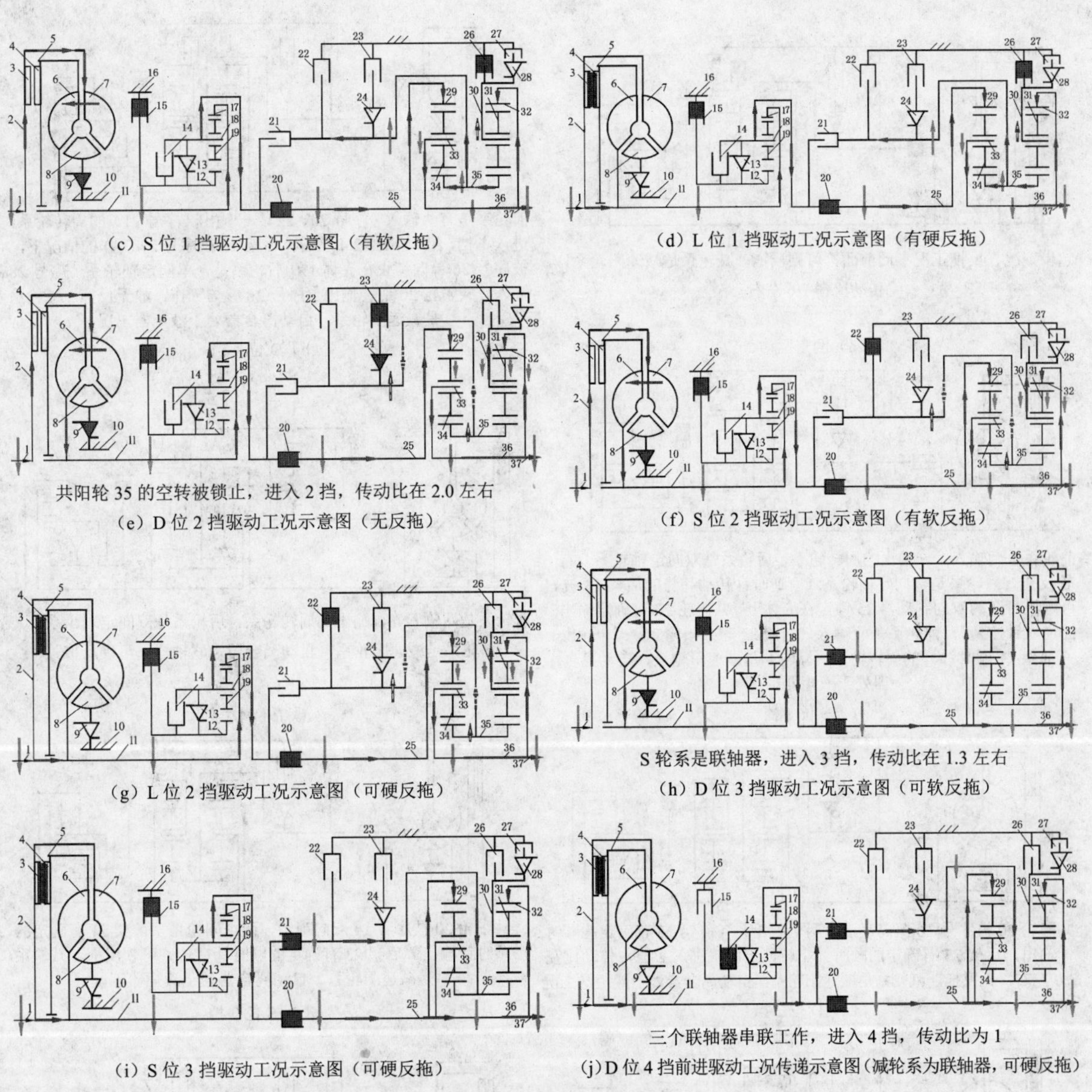

（c）S 位 1 挡驱动工况示意图（有软反拖）　（d）L 位 1 挡驱动工况示意图（有硬反拖）

（e）D 位 2 挡驱动工况示意图（无反拖）　（f）S 位 2 挡驱动工况示意图（有软反拖）

（g）L 位 2 挡驱动工况示意图（可硬反拖）　（h）D 位 3 挡驱动工况示意图（可软反拖）

（i）S 位 3 挡驱动工况示意图（可硬反拖）　（j）D 位 4 挡前进驱动工况传递示意图（减轮系为联轴器，可硬反拖）

图 4-22　S 一式减轮系前置传递示意图（续）

注：图 4-22 图注同图 4-7。

四、减轮系后置的 S 一式 4 速轮系挡位分析

减轮系后置的 S 一式 4 速轮系示意图如图 4-9 所示，从涡轮传入的动力和运动先进入 S 一式轮系，经挡位处理后再进入减轮系，在 D 位 1 挡、2 挡、3 挡及 S 位 2 挡、3 挡时，经圈带架的附加减轮系减速后输出，此时自动离合器处于液矩器工况，如图 4-23（a）所示；D 位 4 挡时，自动离合器、S 一式和减轮系三传动件都变成联轴器，在 3 挡的基础上不再减速，就升到 D 位 4 速，如图 4-23（b）所示；在 S 位的 1 挡，L 位的 1 挡、2 挡和 R 位时，自动离合器处于联轴器工况，减轮系处于减速阳轮系工况，S 一式工况参阅相关挡位图，如图 4-23（c）所示。为避免反拖时减速阳轮系起到增速的作用，有些厂家设计成在各挡位反拖时，序号 15 放松，序号 14 工作，轮系变成联轴器，本教材中没有特别画出这种情况，读者可以自己分析。执行元件运作表如表 4-6 所示。为了节约篇幅，在图 4-23 中只列出了后置的减轮系是减速阳轮系各挡位的传递路线图，不再赘述文字分析，有兴趣的读者可以对照超轮系后置的 S 一式 4 速轮系挡位分析内容自行分析。

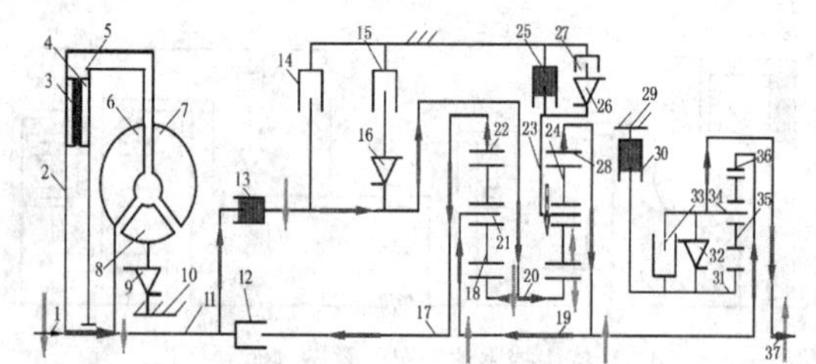

起步工况、反拖工况参阅前面，可硬反拖，减轮系是减速阳轮系，传动比在 2.6 左右

（a）倒车驱动

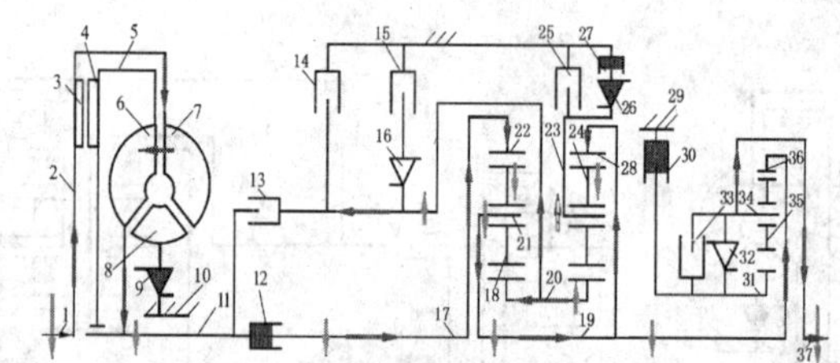

前轮系是有两输入（序号 20、22）、一输出（序号 21）的周转轮系，进入 1 挡，传动比在 2.4 左右。后架 23 在序号 27 工作的情况下，被序号 26 单向锁止在壳体上，后轮系是一单向定轴轮系，序号 28 输入，共阳轮 20 逆转输出。序号 26 参与工作，故无反拖。减轮系是减速阳轮系，自动离合器处于液矩器工况

（b）D 位 1 挡

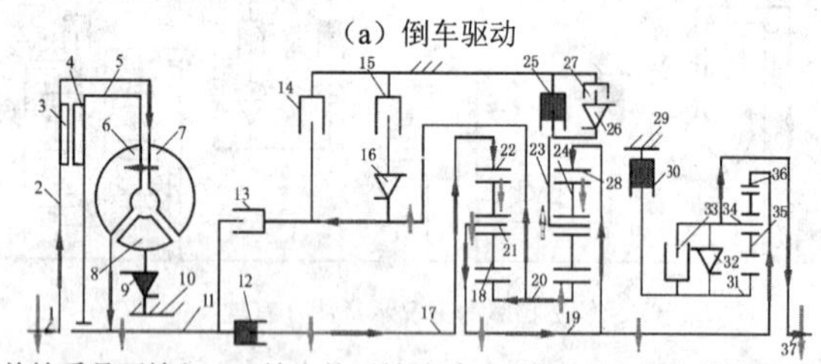

前轮系是两输入、一输出的周转轮系，后轮系是双向定轴轮系，有软反拖。后轮系是双向定轴轮系（有逆时针转动趋势的后架 23 被可顺不可逆的双向制动器 25 锁定在壳体上，共阳轮 20 有确定输出的逆时针空转），前轮系是两输入（前圈 22 与共阳轮 20）、一输出（前架 21 顺时针）的周转轮系。减轮系是减速阳轮系，自动离合器处于液矩器工况

（c）S 位 1 挡

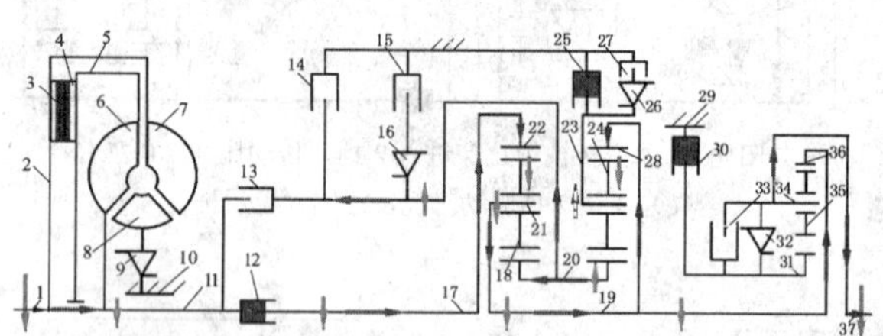

前轮系是两输入、一输出的周转轮系，后轮系是双向定轴轮系，减轮系是减速阳轮系，自动离合器是联轴器，可硬反拖

（d）L 位 1 挡

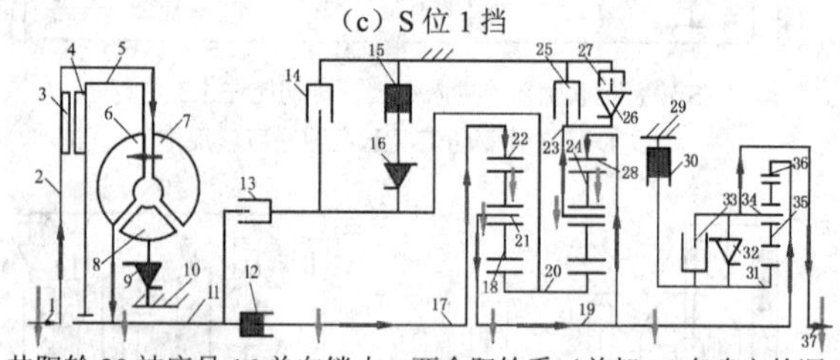

共阳轮 20 被序号 16 单向锁止，两个阳轮系（前架 21 有确定的顺时针输出，后架 23 有确定的顺时针空转）工作，进入 2 挡，传动比在 2.0 左右，无反拖，减轮系是减速阳轮系，自动离合器处于液矩器工况

（e）D 位 2 挡

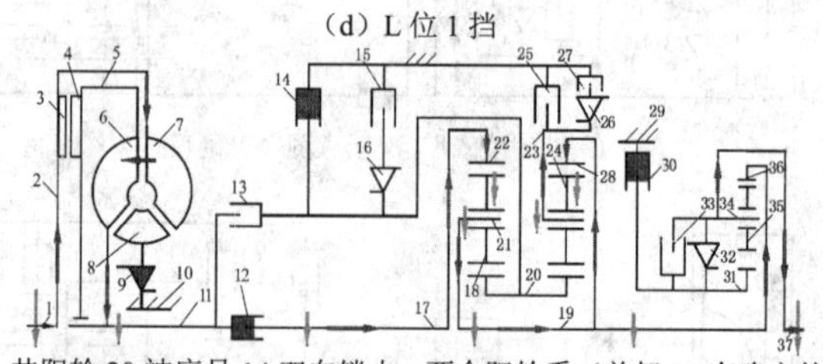

共阳轮 20 被序号 14 双向锁止，两个阳轮系（前架 21 有确定的顺时针输出，后架 23 有确定的顺时针空转）可软反拖，减轮系是减速阳轮系，自动离合器处于液矩器工况

（f）S 位 2 挡

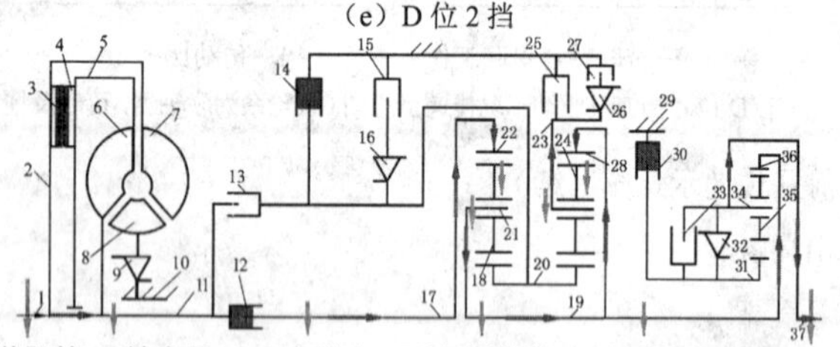

共阳轮 20 被序号 14 双向锁止，两个阳轮系，可硬反拖，前架 21 有确定的顺时针转动输出，后架 23 有确定的顺时针空转，减轮系是减速阳轮系，自动离合器处于联轴器工况

（g）L 位 2 挡

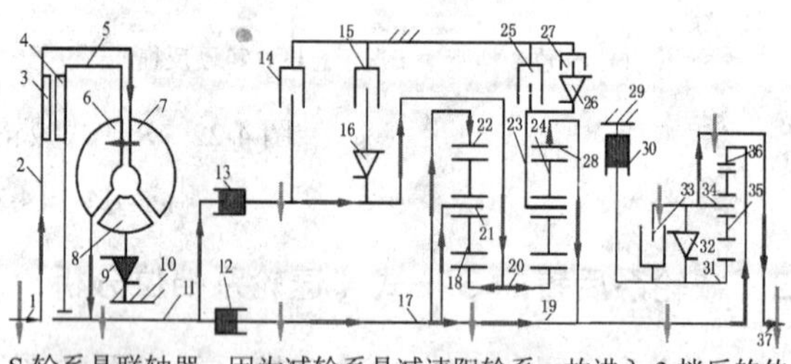

S 轮系是联轴器，因为减轮系是减速阳轮系，故进入 3 挡后的传动比在 1.3 左右，自动离合器处于液矩器工况，有软反拖

（h）D 位 3 挡

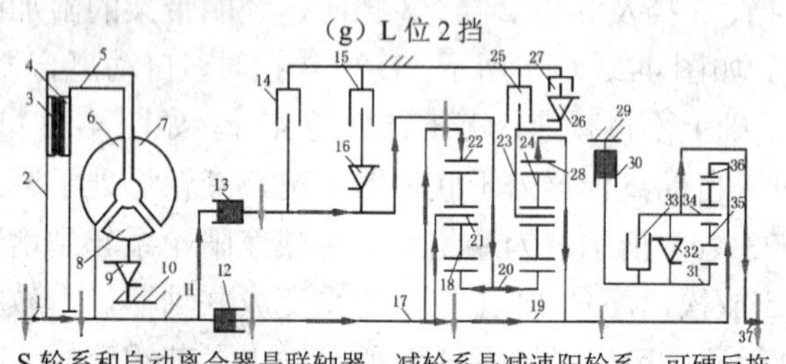

S 轮系和自动离合器是联轴器，减轮系是减速阳轮系，可硬反拖

（i）S 位 3 挡

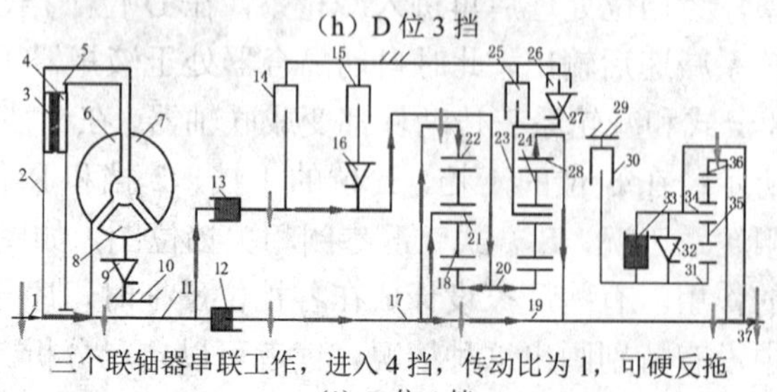

三个联轴器串联工作，进入 4 挡，传动比为 1，可硬反拖

（j）D 位 4 挡

图 4-23 减轮系后置 S 一式传递示意图

注：图 4-23 图注同图 4-9。

表 4-6　减轮系后置的 S 一式 4 速轮系执行元件运作表

顺序	1	2	3	4	5	6	7	8	9	10	11	12	13	
序号	3	33	12	13	30	25	14	15	27	9	32	26	16	
	锁止离合器C	减阳轮与减架双向锁止离合器C0	前圈输入离合器C1	共阳轮输入离合器C2	减阳轮双向锁止制动器B0	后架双向制动器B1	共阳轮双向制动器B2	共阳轮双向锁止制动器B3	后架双向锁止制动器B4	导轮单向制动器F	减阳轮与减架单向锁止离合器F0	后架单向锁止制动器F1	共阳轮单向锁止制动器F2	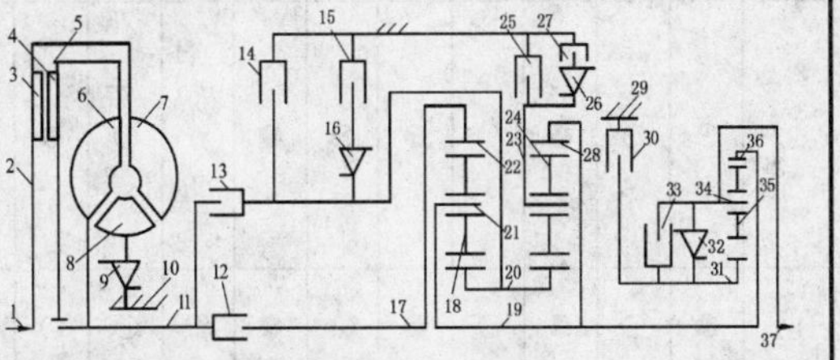 1—曲轴；2—液矩器外壳；3—锁止离合器 C；4—锁止离合器 C 的摩擦盘；5—摩擦盘与涡轮间连接花键；6—涡轮；7—泵轮；8—导轮；9—导轮单向制动器 F；10—导轮支撑轴；11—涡轮与变速器连接轴；12—前圈输入离合器 C1；13—共阳轮输入离合器 C2；14—共阳轮双向制动器 B2；15—共阳轮双向锁止制动器 B3；16—共阳轮单向锁止制动器 F2；17—前轮系输入轴头；18—前星轮；19—前架与后圈的连接轴；20—共阳轮；21—前架；22—前圈；23—后架；24—后星轮；25—后架双向制动器 B1；26—后架单向锁止制动器 F1；27—后架双向锁止制动器 B4；28—后圈；29—变速器壳体；30—减阳轮双向锁止制动器 B0；31—减阳轮；32—减阳轮与减架单向锁止离合器 F0；33—减阳轮与减架双向锁止离合器 C0；34—减架；35—减星轮；36—减圈；37—输出轴
P位	○	○	○	○	●	○	○	○	○	●	○	○	○	序号 12 及 13 不工作，S 一式轮系无输入，故没有输出；输出轴 37 被机械锁止，不能被拖动；自动离合器处于液矩器工况；序号 33 工作，减轮系处于减速状态，为进入驱动挡做好准备
N位	○	○	○	○	●	○	○	○	○	●	○	○	○	与上不同之处为输出轴 37 没有被机械锁止，可以被拖动。自动离合器及减轮系同上
R位	●	○	○	●	●	●	○	○	☆	○	○	○	○	后架 23 被序号 25 双向锁止，后轮系变成定轴轮系，运动经序号 13 传给共阳轮 20，后圈 28 反向输出，实现倒挡，传动比在 2.6 左右。前轮系是周转轮系，有共阳轮 20 与前架 21 两个输入，前圈 22 有确定的输出，空转。自动离合器处于联轴器工况；减速轮为减速阳轮系，可硬反拖
D1	○	○	●	○	●	○	○	○	●	●	○	●	○	前轮系是有两输入（序号 20、22）、一输出（序号 21）的周转轮系，进入 1 挡，传动比在 2.4 左右。后架 23 在序号 27 工作的情况下，被序号 26 单向锁止在壳体上，后轮系是一单向定轴轮系，序号 28 输入，共阳轮 20 逆转输出。序号 26 参与工作，故无反拖。自动离合器处于液矩器工况；减轮系是减速阳轮系
S1	○	○	●	○	●	●	○	○	☆	●	○	○	○	前轮系是有两输入（序号 20、22）、一输出（序号 21）的周转轮系，后架 23 被序号 25 双向锁止，后轮系是双向定轴轮系。无单向元件参与工作，故有软反拖。自动离合器处于液矩器工况、序号 33 工作，减轮系是减速阳轮系
L1	●	○	●	○	●	●	○	○	☆	○	○	○	○	前轮系是有两输入（序号 22、20）、一输出（序号 21）的周转轮系，后架 23 被序号 25 双向锁止，后轮系是双向定轴轮系。无单向元件参与工作，故有硬反拖。序号 3 工作，序号 9 放松，自动离合器处于联轴器工况；序号 33 工作，减轮系是减速阳轮系
D2	○	○	●	○	●	○	○	●	○	●	○	○	●	S 一式的共阳轮 20 被序号 15、16 单向锁止，前轮系是前圈 22 输入、前架 21 输出的单向减速阳轮系，进入 2 挡，传动比在 2.0 左右。后轮系是后圈 28 输入、后架 23 输出空转的单向减速阳轮系，对变速无贡献。序号 16 参与工作，故无反拖。自动离合器是液矩器。减轮系是减速阳轮系

续表

顺序	1	2	3	4	5	6	7	8	9	10	11	12	13	
序号	3	33	12	13	30	25	14	15	27	9	32	26	16	
S2	○	○	●	○	●	○	●	☆	○	●	○	○	○	S 一式的共阳轮 20 被序号 14 双向锁止，前轮系是前圈 22 输入、前架 21 输出的双向减速阳轮系，后轮系是后圈 28 输入、后架 23 输出空转的双向减速阳轮系，对变速无贡献。自动离合器处于液矩器工况，减轮系是减速阳轮系。无单向元件参与工作，故有软反拖
L2	●	○	●	○	●	○	●	☆	○	○	○	○	○	S 一式与 S2 相同，自动离合器是联轴器，减轮系是减速阳轮系。故有硬反拖；不能再升到 3 挡
D3	○	○	●	●	●	○	○	○	○	●	○	○	○	序号 12、13 同时工作，共阳轮 20 与前圈 22 同方向、同转速转动，前轮系演变成前架 21 输出的联轴器，后轮系同时演变成后圈 28 与共阳轮 20 同步输入的联轴器，进入 3 挡。减轮系是减速阳轮系，传动比在 1.3 左右。后架 23 输出空转，对变速无贡献。自动离合器是液矩器，无单向执行器工作，故有软反拖
S3	●	○	●	●	●	○	○	○	○	○	○	○	○	S 轮系同 D3，自动离合器为联轴器，减轮系是减速阳轮系。有硬反拖，不能升到 4 挡
D4	●	●	●	●	○	○	○	○	○	○	☆	○	○	序号 33 工作，序号 30 放松，减轮系为联轴器，二者交换瞬间由序号 32 担任传递任务；S 一式轮系与上同。自动离合器处于联轴器工况，进入 4 挡，传动比为 1，有硬反拖

注：1. ●—执行元件稳定工作；○—执行元件完全不工作；☆—执行元件在相邻两挡交换期间瞬时工作。

2. 有些车型称 S 位为 2 位，称 L 位为 1 位。现在很多车型采用手-自一体控制方式，不再设计 L 位工况，本教材从普遍意义出发，还保留 L 位工况，读者可对照具体车型决定取舍。

3. 反拖时序号 30 放松，序号 33 工作，减轮系变成联轴器工作状态，以避免减轮系反拖时的增速作用（架带圈），为简化表中没有表示出这种变化，读者应当清楚这种变化的必要性，图中不再一一说明。

通过以上分析，我们对 S 一式 4 速自动变速器有了一个全面的了解，各个厂家在具体结构设计上可能会有这样那样的区别，厂家的资料图上也会用各种不同的表示方法和不同的字母标注，但其本质是一样的，抓住了本质，其他问题就迎刃而解了。读者可以通过阅读美国米切尔维修信息公司编、中国机动车辆安全鉴定检测中心编译的《进口汽车自动变速器检测与维修》一书来验证这个结论。

任务五　S 二式 4 速自动变速器

一、与超轮系搭配的 S 二式 4 速轮系结构

1. 超轮系前置的 S 二式 4 速轮系

图 4-24 是超轮系前置的 S 二式 4 速轮系比较完整的示意图，其中图（a）为结构示意图，图（b）为机构示意图。图中表达了超轮系前置与基本共阳轮轮系组成的复合 S 二式 4 速轮系的连接情况。

这种类型的复合轮系有两个基本特征：第一，新加的简单轮系的超架 18 通过连接轴 11 与液矩器的涡轮 6 相连接，将动力和运动通过超圈 17 和离合器 20、21 输入变速器，因为多加了这个简单轮系，输出的挡位数也就相应增加了；第二，输入轴 25 穿过中空的共阳轮 35 的中心，但与太阳轮没有直接的连接，S 二式的结构没有任何改变。

在图 4-24（a）中所有制动器均画成湿式多片式制动器，主要原因是便于让读者看到执行元件的液压缸，具体车型的制动器有可能是带式，也可能是湿式多片式。带式制动器与湿式多片式制动器在制动机理上没有本质区别，故在图 4-24（b）中也都抽象地画成了相同的符号。

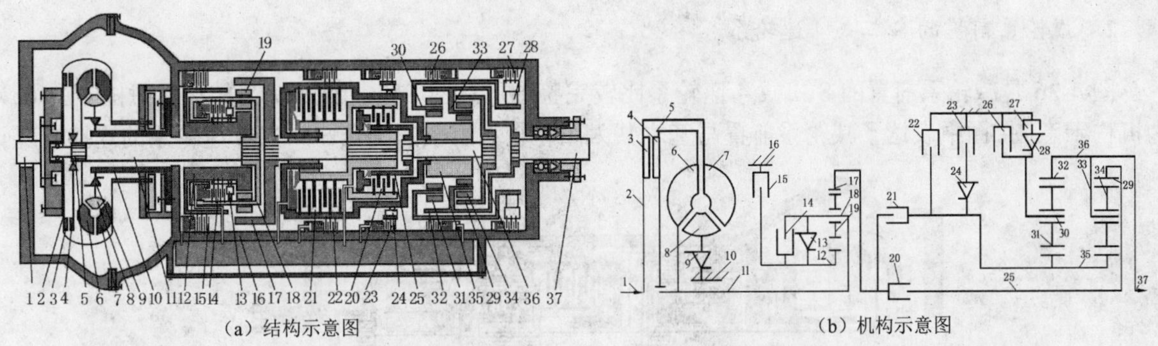

（a）结构示意图　　（b）机构示意图

图 4-24　超轮系前置的 S 二式 4 速轮系示意图

1—曲轴；2—液矩器外壳；3—锁止离合器 C；4—锁止离合器 C 的摩擦盘；5—摩擦盘与涡轮间连接花键；6—涡轮；7—泵轮；8—导轮；9—导轮单向制动器 F；10—导轮支撑轴；11—涡轮与变速器连接轴；12—超阳轮；13—超阳轮与超架单向锁止离合器 F0；14—超阳轮与超架双向锁止离合器 C0；15—超阳轮双向锁止制动器 B0；16—变速器壳体；17—超圈；18—超架；19—超星轮；20—前圈输入离合器 C1；21—共阳轮输入离合器 C2；22—共阳轮双向制动器 B2；23—共阳轮双向锁止制动器 B3；24—共阳轮单向锁止制动器 F2；25—前轮系输入轴；26—后架双向制动器 B1；27—后架双向锁止制动器 B4；28—后架单向锁止制动器 F1；29—前圈；30—后架；31—后星轮；32—后圈；33—前架；34—前星轮；35—共阳轮；36—前架与后圈的连接轴；37—输出轴

图中序号 22、序号 23 和序号 24 组成的三件式执行件组合体在序号 22 和序号 23 都不工作时，太阳轮多了一个可以双向自由转动的工况，如果没有序号 23，太阳轮 35 就只有一个方向可以自由转动（具体分析请参阅本教材前面内容，多数车型上都没有设计序号 23）；序号 26、序号 27 绝大多数车型上没有设计序号 27）、序号 28 组成的三件式执行件组合体中的序号 27 也是相同作用。

2. 超轮系后置的 S 二式 4 速轮系

图 4-25 是与超轮系后置的 S 二式 4 速轮系比较完整的示意图，其中图（a）为结构示意图，图（b）为机构示意图。图中表达了超轮系后置与基本共阳轮轮系 S 二式组成的复合 4 速轮系连接情况。

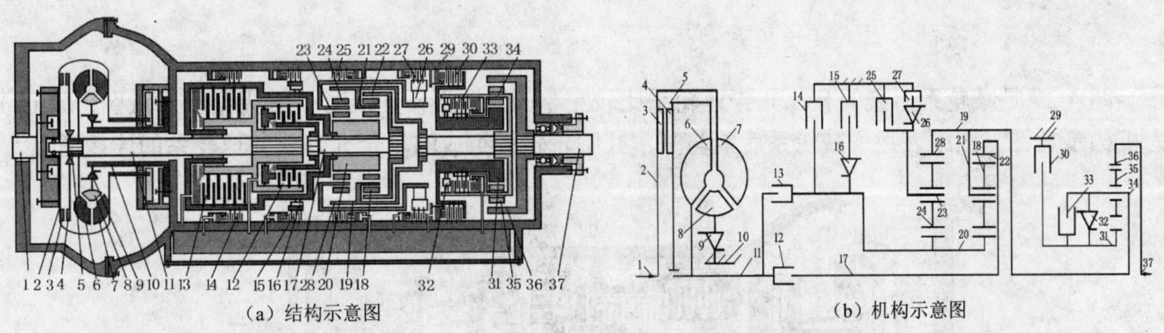

（a）结构示意图　　（b）机构示意图

图 4-25　超轮系后置的 S 二式 4 速轮系示意图

1—曲轴；2—液矩器外壳；3—锁止离合器 C；4—锁止离合器 C 的摩擦盘；5—摩擦盘与涡轮间连接花键；6—涡轮；7—泵轮；8—导轮；9—导轮单向制动器 F；10—导轮支撑轴；11—涡轮与变速器连接轴；12—前圈输入离合器 C1；13—共阳轮输入离合器 C2；14—共阳轮双向制动器 B2；15—共阳轮双向锁止制动器 B3；16—共阳轮单向锁止制动器 F2；17—前轮系输入轴头；18—前星轮；19—前架与后圈的连接轴；20—共阳轮；21—前架；22—前圈；23—后架；24—后星轮；25—后架双向制动器 B1；26—后架单向锁止制动器 F1；27—后架双向锁止制动器 B4；28—后圈；29—变速器壳体；30—超阳轮双向锁止制动器 B0；31—超阳轮；32—超阳轮与超架单向锁止离合器 F0；33—超阳轮与超架双向锁止离合器 C0；34—超架；35—超星轮；36—超圈；37—输出轴

二、与减轮系搭配的 S 二式 4 速轮系结构

前面已经介绍了减轮系与超轮系的区别与联系，下面只介绍与基本 S 式轮系的连接情况，相同的地方就不再赘述。

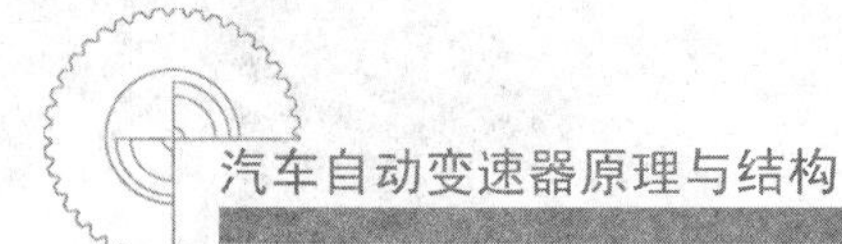

1. 减轮系前置的S二式4速轮系

图4-26是减轮系前置的S二式4速轮系比较完整的示意图，其中图（a）为结构示意图，图（b）为机构示意图。图中表达了减轮系前置与基本共太阳轮轮系组成的复合S二式4速轮系的连接情况。

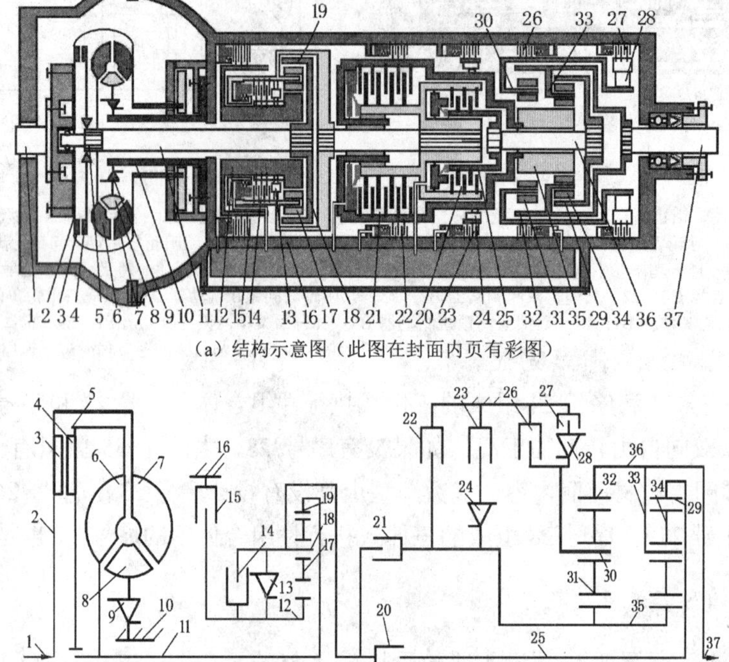

（a）结构示意图（此图在封面内页有彩图）

（b）机构示意图

图4-26 减速轮系前置的S二式4速轮系示意图

2. 减轮系后置的S二式4速轮系

图4-27是减轮系后置的S二式4速轮系比较完整的示意图，其中图（a）为结构示意图，图（b）为机构示意图。图中表达了减轮系后置与基本共阳轮轮系组成的复合S二式4速轮系的连接情况。

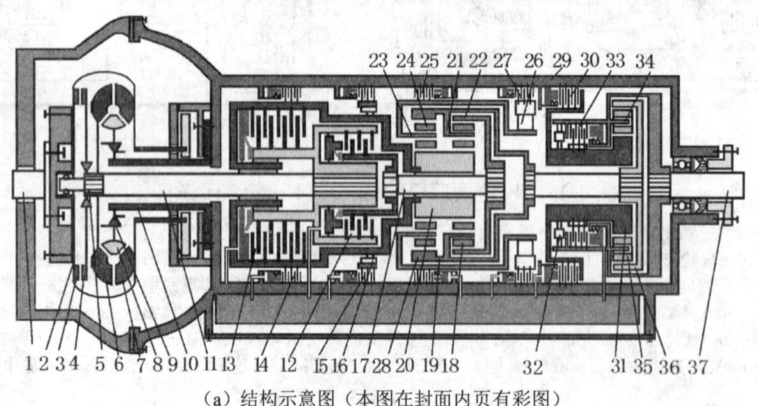

（a）结构示意图（本图在封面内页有彩图）

图4-27 减轮系后置的S二式4速轮系示意图

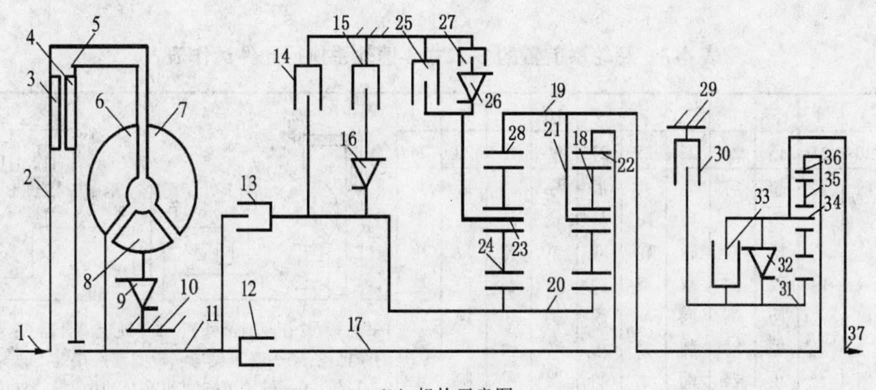

（b）机构示意图

图 4-27　减轮系后置的 S 二式 4 速轮系示意图（续）

1—曲轴；2—液矩器外壳；3—锁止离合器 C；4—锁止离合器 C 的摩擦盘；5—摩擦盘与涡轮间连接花键；6—涡轮；7—泵轮；8—导轮；9—导轮单向制动器 F；10—导轮支撑轴；11—涡轮与变速器连接轴；12—前圈输入离合器 C1；13—共阳轮输入离合器 C2；14—共阳轮双向制动器 B2；15—共阳轮双向锁止制动器 B3；16—共阳轮单向锁止制动器 F2；17—前轮系输入轴头；18—前星轮；19—前架与后圈的连接轴；20—共阳轮；21—前架；22—前圈；23—后架；24—后星轮；25—后架双向制动器 B1；26—后架单向锁止制动器 F1；27—后架双向锁止制动器 B4；28—后圈；29—变速器壳体；30—减阳轮双向锁止制动器 B0；31—减阳轮；32—减阳轮与减架单向锁止离合器 F0；33—减阳轮与减架双向锁止离合器 C0；34—减架；35—减星轮；36—减圈；37—输出轴

任务六　S 二式 4 速轮系的挡位分析

与一个简单轮系组成的 4 速复合共阳轮 S 二式轮系简称为 S 二式 4 速轮系。

一、超轮系前置的 S 二式 4 速轮系挡位分析

1. 机构控制特点

超轮系前置的 S 二式 4 速轮系示意图如图 4-24 所示。

（1）超架 18（与涡轮 6 连接）为绝对输入轴头。（反拖时是绝对的输出轴头）

（2）前架 33 与后圈 32 通过序号 36 连成一体与输出轴 37 连接为绝对输出轴头。（反拖时是绝对的输入轴头）

（3）一件式执行元件（双向制动器 15）控制超阳轮 12，两件式执行元件（单向制动器 26 并联双向制动器 28，因并不是所有自动变速器都设计有序号 27，故暂不考虑序号 27 的作用，可以认为序号 27 不存在，序号 28 直接与机壳相连）控制后架 30，三件式执行元件（单向离合器 24 与双向制动器 23 串联后与双向制动器 22 并联）控制复合轮系的共阳轮 35 形成控制轴头。

（4）前圈 29（在离合器 20 控制下）、共阳轮 35（在离合器 21 的控制下）均为有条件输入轴头。

（5）超架 18 与超阳轮 12 为有条件组合轴头（两件式离合器 14 及离合器 13 组成控制器）。

2. 挡位变化执行元件运作表

超轮系前置的 S 二式 4 速轮系的自动离合器紧接一个超轮系，超轮系后面是一个基本的 S 二式轮系，它的 4 速挡位变化执行元件运作表如表 4-7 所示。

表 4-7　超轮系前置的 S 二式 4 速轮系执行元件运作表

顺序	1	2	3	4	5	6	7	8	9	10	11	12	13	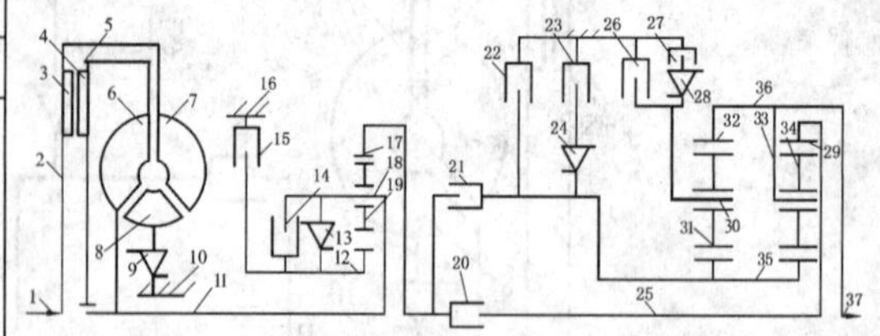
序号	3	14	20	21	15	26	22	23	27	9	13	28	24	
	锁止离合器C	超阳轮与超架双向锁止离合器C0	前圈输入离合器C1	共阳轮输入离合器C2	超阳轮双向锁止制动器B0	后架双向制动器B1	共阳轮双向制动器B2	共阳轮双向锁止制动器B3	后架双向锁止制动器B4	导轮单向制动器F	超阳轮与超架单向锁止离合器F0	后架单向锁止制动器F1	共阳轮单向锁止制动器F2	1—曲轴；2—液矩器外壳；3—锁止离合器 C；4—锁止离合器 C 的摩擦盘；5—摩擦盘与涡轮间连接花键；6—涡轮；7—泵轮；8—导轮；9—导轮单向制动器 F；10—导轮支撑轴；11—涡轮与变速器连接轴；12—超阳轮；13—超阳轮与超架单向锁止离合器 F0；14—超阳轮与超架双向锁止离合器 C0；15—超阳轮双向锁止制动器 B0；16—变速器壳体；17—超圈；18—超架；19—超星轮；20—前圈输入离合器 C1；21—共阳轮输入离合器 C2；22—共阳轮双向制动器 B2；23—共阳轮双向锁止制动器 B3；24—共阳轮单向锁止制动器 F2；25—前轮系输入轴；26—后架双向制动器 B1；27—后架双向锁止制动器 B4；28—后架单向锁止制动器 F1；29—前圈；30—后架；31—后星轮；32—后圈；33—前架；34—前星轮；35—共阳轮；36—前架与后圈的连接轴；37—输出轴
P 位	○	●	○	○	○	○	○	○	○	●	○	○	○	序号 14 工作，超轮系为有输入、输出的联轴器；序号 20 及 21 不工作，后面的 S 式轮系无输入；输出轴 37 被机械锁止，不能被拖动。自动离合器处于液矩器工况，输出轴 37 被机械锁止
N 位	○	●	○	○	○	○	○	○	○	●	○	○	○	与上不同之处为输出轴 37 没有被机械锁止，可以被拖动。自动离合器同上
R 位	●	●	○	●	○	●	○	○	○	○	○	○	○	超轮系是联轴器；后架 30 被序号 26 双向锁止，后轮系为定轴轮系，运动经序号 21 传给共阳轮 35，后圈 32 反向输出，实现倒挡，传动比在 2.4 左右。前轮系是周转轮系，有共阳轮 35 与前架 33 两个输入，前圈 29 有确定的输出，空转。自动离合器处于联轴器工况。硬反拖
D1	○	●	●	○	○	○	○	○	●	●	○	●	○	超轮系是联轴器；前轮系是两输入（序号 29、33）、一输出（共阳轮 35）的周转轮系，后架 30 经序号 27 后被序号 28 单向锁止，后轮系是一个单向定轴轮系，共阳轮 35 逆时针输入，后星轮 31 顺时针转动，迫使与之内啮合的后圈 32 有确定的顺时针输出，形成 1 挡，传动比为 2.3。无反拖。自动离合器处于液矩器工况
S1	○	●	●	○	○	●	○	○	○	●	○	○	○	超轮系为联轴器；前轮系是有两输入（序号 29、35）、一输出（序号 33）的周转轮系，后架 30 被序号 26 双向锁止，后轮系是双向定轴轮系。反拖时序号 3 工作，序号 9 放松，自动离合器是液矩器，无单向元件参与工作，故有软反拖
L1	●	●	●	○	○	●	○	○	○	○	○	○	○	超轮系是联轴器，S 轮系与 S1 相同。序号 3 工作，序号 9 放松，自动离合器处于联轴器工况，有硬反拖
D2	○	●	●	○	○	○	○	●	○	●	○	○	●	超轮系是联轴器；S 二式的共阳轮 35 被序号 23、24 单向锁止，前轮系是前圈 29 输入、前架 33 输出的单向减速阳轮系，实现 2 挡，传动比在 1.8 左右，后轮系是后圈 32 输入，后架 30 输出空转的单向减速阳轮系，对变速无贡献。无反拖。自动离合器为液矩器
S2	○	●	●	○	○	○	●	○	○	●	○	○	○	超轮系是联轴器；S 二式的共阳轮 35 被序号 22 双向锁止，前轮系是前圈 29 输入、前架 33 输出的双向减速阳轮系，后轮系是后圈 32 输入，后架 30 输出空转的双向减速阳轮系，对变速无贡献。自动离合器是液矩器，有软反拖
L2	●	●	●	○	○	○	●	○	○	○	○	○	○	超轮系是联轴器；S 二式轮系同 S2，自动离合器是联轴器，有硬反拖，不能再升到 3 挡

续表

顺序	1	2	3	4	5	6	7	8	9	10	11	12	13	
序号	3	14	20	21	15	26	22	23	27	9	13	28	24	
D3	○	●	●	●	○	○	○	○	○	●	☆	○	○	超轮系是联轴器；序号 20、21 同时工作，共阳轮 35 与前圈 29 同方向，同转速转动，前轮系演变成前架 33 输出的联轴器，后轮系同时演变成后圈 32 与共阳轮 35 同步输入的联轴器，实现 3 挡，传动比为 1，后架 30 输出空转。自动离合器是液矩器，有软反拖
S3	●	●	●	●	○	○	○	○	○	○	○	○	○	超轮系同上；S 轮系与 D3 同。自动离合器是联轴器，有硬反拖，不能升到 4 挡
D4	●	○	●	●	●	○	○	○	○	○	☆	○	○	序号 14 放松，序号 15 工作，二者交换瞬间由序号 13 担任传递任务，超轮系变成加速阳轮系，故在 3 挡基础上又升一挡，实现 4 挡，传动比在 0.8 左右；S 二式轮系与 D3 相同。自动离合器处于联轴器工况，硬反拖

注：●—执行元件稳定工作；○—执行元件完全不工作；☆—执行元件在相邻两挡交换期间瞬时工作。有些车型称 S 位为 2 位，称 L 位为 1 位。现在很多车型采用手-自一体控制方式，不再设计 L 位工况，本教材从普遍意义出发，保留了 L 位工况，读者可对照具体车型决定取舍。

3. 超轮系前置的 S 二式 4 速轮系挡位分析

超轮系前置的 S 二式 4 速轮系挡位与超轮系前置的 S 一式 4 速轮系挡位控制情况完全一样，就不再一一进行文字分析，只提供传递路线示意图，请愿了解详情的读者对照 S 一式分析理解。

1）P 位

P 位的传递示意图略。

2）N 位

N 位的传递示意图略。

3）R 位

R 位有起步、驱动、反拖三个工况，如图 4-28（a）～（c）所示。由于序号 3、14、21 和 26 处于工作状态，所以推动汽车倒车的传动路线已接通，但汽车尚未起步，处于瞬时静止的失速状态，与发动机转矩相抗衡的是汽车起步阻力矩，只有发动机转矩大于汽车起步阻力矩后才能起步，R 位传动比在 2.4 左右。

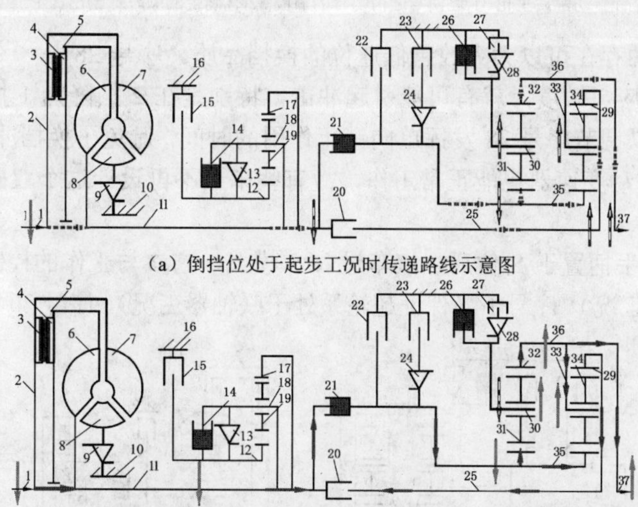

（a）倒挡位处于起步工况时传递路线示意图

超轮系、自动离合器都是联轴器。后架 30 有顺时针转动趋势，但被序号 26 双向锁止，不能转动形成定轴轮系，共阳轮 35 顺时针输入，决定后圈 32 逆时针转动，实现倒挡，传动比在 2.4 左右。前架 33 随后圈 32 逆时针转动，前星轮 34 随前架 33 逆时针公转，自转方向由轮系各齿轮齿数决定，前圈 29 空转，方向由行星轮 34 的自转与公转转速差决定，有硬反拖

（b）倒挡位处于驱动工况时传递路线示意图

图 4-28 倒挡位机构示意图

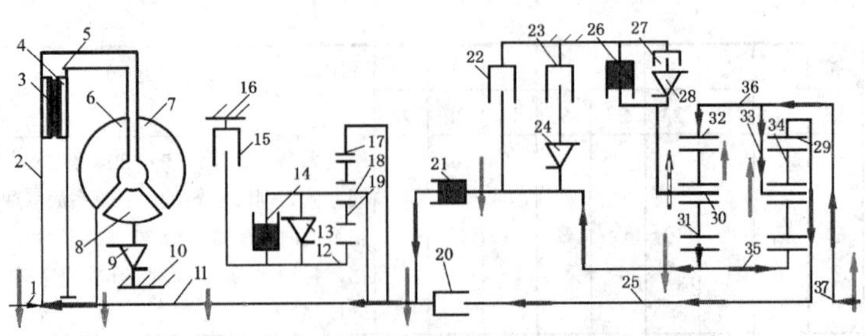

（c）倒挡位处于反拖工况时传递路线示意图（有硬反拖）

图 4-28　倒挡位机构示意图（续）

注：图 4-28～图 4-37 图注同图 4-24。

4）D 位 1 挡

D 位 1 挡有起步工况（前后轮系均是定轴轮系）、前进驱动工况（前轮系为圈、架双输入的周转轮系，后轮系为单向定轴轮系），没有反拖工况，传动比在 2.3 左右。共阳轮 35 逆时针空转，如图 4-29 所示。反拖时，后圈 32 顺时针主动输入，后架 30 随之顺时针转动，可顺不可逆的序号 28 放松，后轮系成为只有一个输入的周转轮系，共阳轮 35 没有确定的输出，前轮系成为只有前架 33 和一个顺时针输入的周转轮系，前圈 29 没有确定的输出，不能反拖。

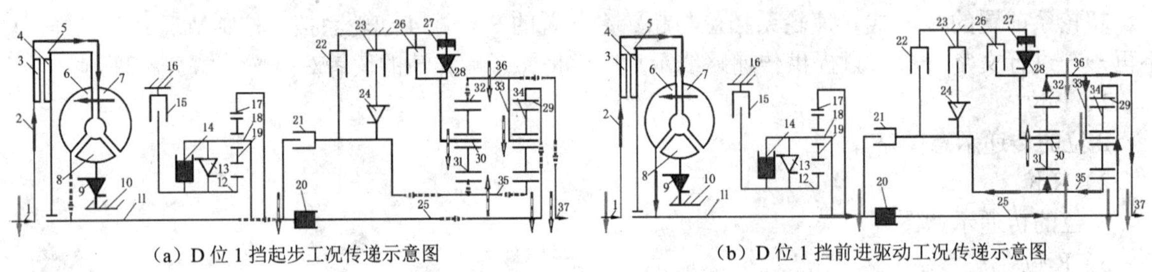

（a）D 位 1 挡起步工况传递示意图　　（b）D 位 1 挡前进驱动工况传递示意图

图 4-29　D 位 1 挡机构示意图

自动离合器是液矩器，超轮系是联轴器。前轮系有前圈 29 和前架 33 两个输入，故共阳轮 35 有确定的逆时针输出。因序号 27 工作，有随共阳轮 35 逆时针转动趋势的后架 30 被可顺不可逆的序号 28 锁止，所以后轮系是一个单向定轴轮系，共阳轮 35 逆时针输入，迫使与之外啮合的后星轮 31 顺时针转动，后星轮 31 迫使与之内啮合的后圈 32 有确定的顺时针输出，形成 1 挡，传动比在 2.3 左右

有双向制动器 27 的存在可以大大改善低速位的换挡品质。序号 28 是一个机械制动器，它在快速换挡过程不能调节反应灵敏度，就有可能引起冲击，特别是在 2 挡降为 1 挡过程中，有了双向制动器 27 后，ECU 就可以调节序号 28 发挥单向锁止作用的时间，避免了换挡冲击，提高换挡舒适性。没有双向制动器 27，自动变速器也能正常工作，故有些车上不再设计这个双向制动器。

5）S 位 1 挡

驾驶员把选位操纵手柄置于 S 位后，汽车进入 S 模式，它参与工作的控制元件是序号 9（保证自动离合器处于液矩器工况）、序号 14（保证超轮系处于联轴器工况）、序号 20 和 26，如图 4-30 所示。

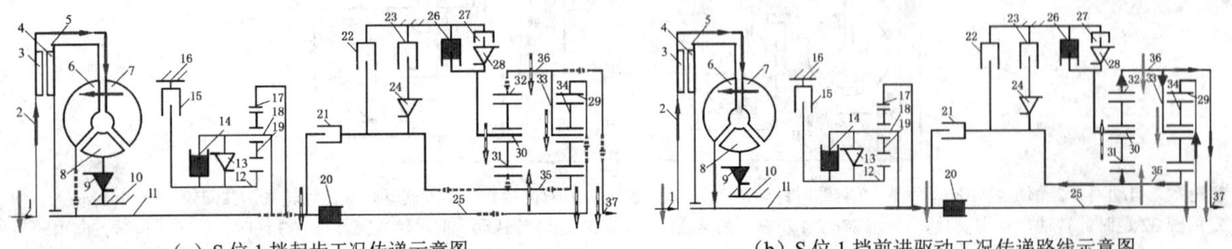

（a）S 位 1 挡起步工况传递示意图　　（b）S 位 1 挡前进驱动工况传递路线示意图

图 4-30　S 位 1 挡机构示意图

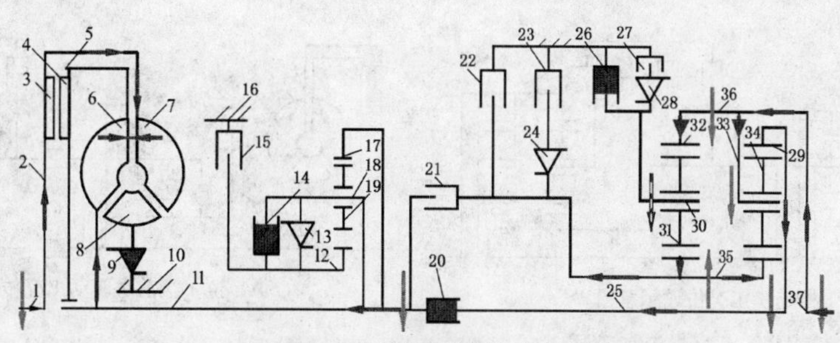

（c）S 位 1 挡反拖工况传递路线示意图

驱动力矩与阻力矩在涡轮处“顶牛”，形成软反拖

图 4-30　S 位 1 挡机构示意图（续）

（1）起步工况。S 位 1 挡与 D 位 1 挡起步时工作原理不同之处是由双向制动器 26 替代序号 27 和序号 28 对后架 30 实行双向锁止，后轮系为双向定轴轮系，前轮系为圈、架双输入周转轮系，如图 4-30（a）所示，其余分析请读者参阅 S 一式 D 位 1 挡的起步工况。在 S1 挡时，汽车不会自动升到 S2 挡以上，需要驾驶员手动升挡。

（2）前进驱动工况。S 位 1 挡与 D 位 1 挡前进时工作原理是相同的，不同之处仅在于后架 30 是双向锁止的，如图 4-31（b）所示。后架 30 不管是单向锁止或是双向锁止，对前进 1 挡的作用是一样的。

（3）反拖工况。发动机反拖时与 D 位 1 挡不同的是双向制动器 26 将后架 30 双向锁止，车轮反回的动力使后圈 32 成为顺时针转动的主动件，后架 30 随之有顺时针转动趋势［图 4-30（c）中蓝色（黑白图显灰色）虚线前头向下］，双向制动器 26 将其锁止不能转动。后轮系在反拖状态下保持定轴轮系状态不变，从共阳轮 35 的逆时针向前轮系的输入也就保持不变，输出轴 37 带动前架 33 顺时针转动，前轮系成为架、阳轮系双输入的周转轮系，齿圈 29 有确定的输出反传递动力至自动离合器，如图 4-30（c）所示。反拖时，自动离合器处于液矩器工况，故有软反拖。有些车型设计成当反拖时序号 9 放松，序号 3 工作，自动离合器成为联轴器，反拖动力通过一个周转轮系（前轮系）、两个联轴器（超轮系和自动离合器）直接到达发动机曲轴，使硬反拖成立。

6）L 位 1 挡

驾驶员把选位操纵手柄置于 L 位后，汽车进入 L 位模式，它参与工作的控制元件是序号 3（保证自动离合器处于联轴器工况）、序号 14（保证超轮系处于联轴器工况）、序号 20（将前圈 29 与涡轮 6 连接）和序号 26（将后架锁止），如图 4-31 所示。

（1）起步工况。L 位 1 挡起步工况如图 4-31（a）所示，它与 S 位 1 挡起步工况的区别仅在于 L 位 1 挡不管是前进或是反拖时，自动离合器都处于联轴器工况，而 S 位 1 挡起步时自动离合器处于液矩器工况，加之序号 26 替代序号 27、28，其余可参阅 D 位 1 挡起步工况，举一反三地分析 L 位 1 挡。

（2）驱动工况。L 位 1 挡前进驱动工况与 S 位 1 挡、D 位 1 挡前进驱动工况工作原理是相同的，不同之处仅在于后架 30 是双向锁止的，而且自动离合器锁止成联轴器，如图 4-31（b）所示，工作原理分析从简。

（3）反拖工况。L 位 1 挡反拖时自动离合器和超轮系都处于联轴器工况，它的 S 轮系状态与 D 位 1 挡完全相同，没有单向执行元件工作，故有硬反拖，如图 4-31（c）所示，分析从略。

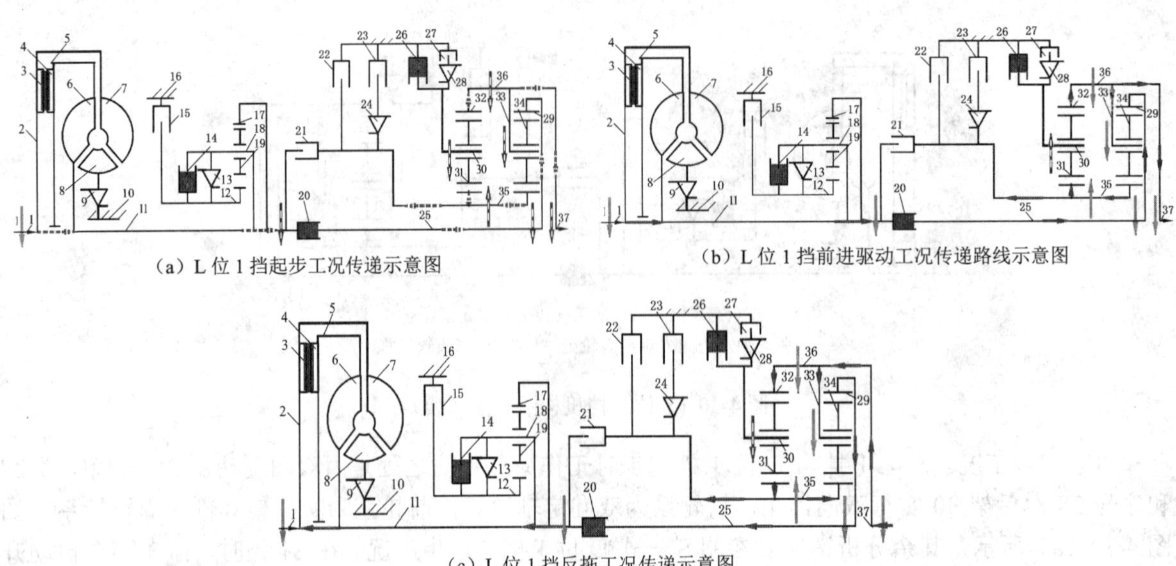

（a）L 位 1 挡起步工况传递示意图

（b）L 位 1 挡前进驱动工况传递路线示意图

（c）L 位 1 挡反拖工况传递示意图

图 4-31　L 位 1 挡机构示意图

7）D 位 2 挡工况

随着车速增加到一定值时，ECU 命令序号 23 工作，序号 24 本身是可顺不可逆的单向制动器，立即将逆时针转动的共阳轮 35 锁止在壳体上，两个轮系都变成阳轮系，只需输入一个运动就有确定的输出。它们的架都有确定的输出，前架 33 是有效输出，后架 30 是无效输出。有些车型上没有设计序号 23，轮系也能正常工作。当汽车由 D 位 3 挡降至 D 位 2 挡时，ECU 通过控制序号 23 的响应时间，降低序号 24 突然参加工作引起的冲击，提高换挡品质，增加舒适性。D 位 2 挡没有起步工况，反拖工况也不成立。

（1）驱动工况。涡轮 6 通过 D 位的前圈输入离合器 20（在 1 挡时就处于工作状态）输入的顺时针转动到达前圈 29，经减速后（圈带架减速）从前架 33 输出顺时针运动到输出轴 37，自动变速器升至 2 挡，传动比在 1.8 左右，超轮系工况与前面同，如图 4-32 所示。后圈 32 通过序号 36 将输出轴 37 的顺时针转动分流出一部分输入后轮系，传递到后架 30，使后架 30 有确定的顺时针输出空转。在发动机转速相同条件下，后架 30 的空转运动量小于共阳轮 35 的空转运动量，轮系升至 2 挡，不管序号 27 工作与否，可顺不可逆的 28 都放松（ECU 控制序号 26 不工作）。

（2）反拖工况。反拖时，由于前架 33 顺时针输入，共阳轮 35 就会顺时针转动，可顺不可逆的单向制动器 24 放松，两轮系都变成周转轮系，前轮系只有前架 33 一个输入，不会有输出，故不能反拖。后轮系也只有后圈 32 一个顺时针输入，也没有确定的相对运动可输出去帮助前轮系，整个 S 二式轮系处于没有确定输出的自由运动状态，故没有反拖。

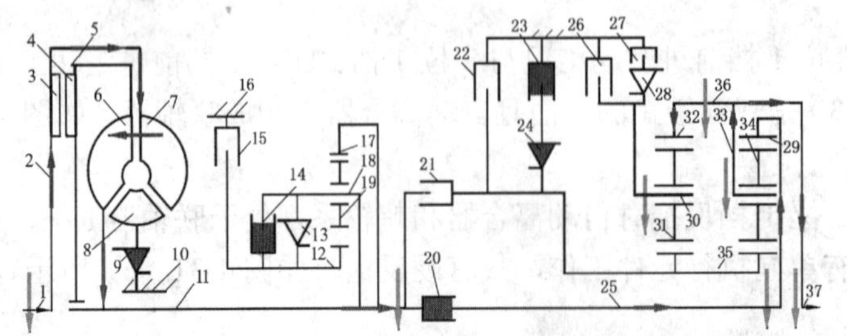

共阳轮 35 被单向锁止，前轮系是单向减速阳轮系，实现 2 挡，传动比在 1.8 左右

图 4-32　D 位 2 挡驱动路线示意图

8）S 位 2 挡

驾驶员把选位操纵手柄置于 S 位后，汽车进入 S 模式，当速度达到 2 挡的值时，ECU 命令共阳轮双向制动器 22 工作，将共阳轮 35 双向锁定在壳体上，两轮系正转、反拖时都是阳轮系，故能够实现反拖，因为自动离合器处于液矩器工况，故它的反拖是软反拖。其他与 D 位 2 挡同，如图 4-33 所示。

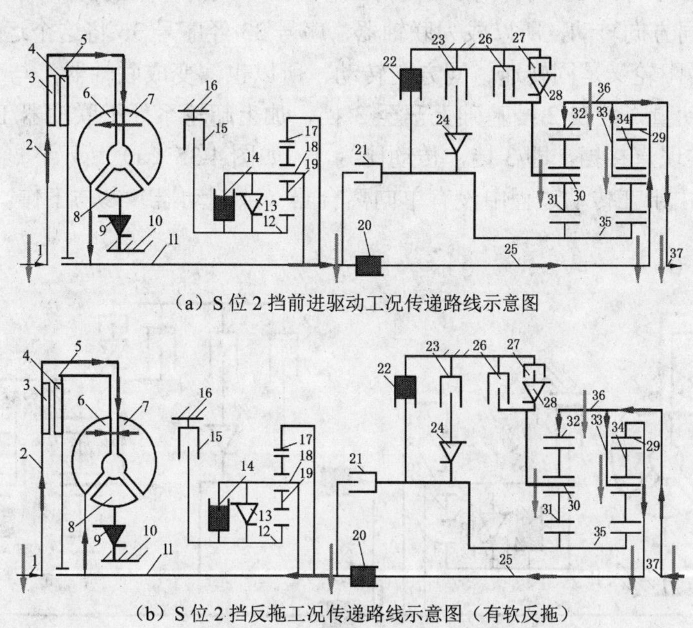

（a）S 位 2 挡前进驱动工况传递路线示意图

（b）S 位 2 挡反拖工况传递路线示意图（有软反拖）

图 4-33　S 位 2 挡机构示意图

9）L 位 2 挡

驾驶员将选位操纵手柄置于 L 位时，自动变速器进入 L 模式，速度达到设定值，ECU 命令自动变速器进入 L 位 2 挡，L 位 2 挡与 S 位 2 挡的区别是其自动离合器始终处于联轴器工况，它的前进驱动工况如图 4-34 所示，反拖驱动工况能实现硬反拖，如图 4-34（b）所示。在 L 模式下，汽车可在 1 挡、2 挡之间自动升降挡，达到 2 挡后不能再往高速挡升了。

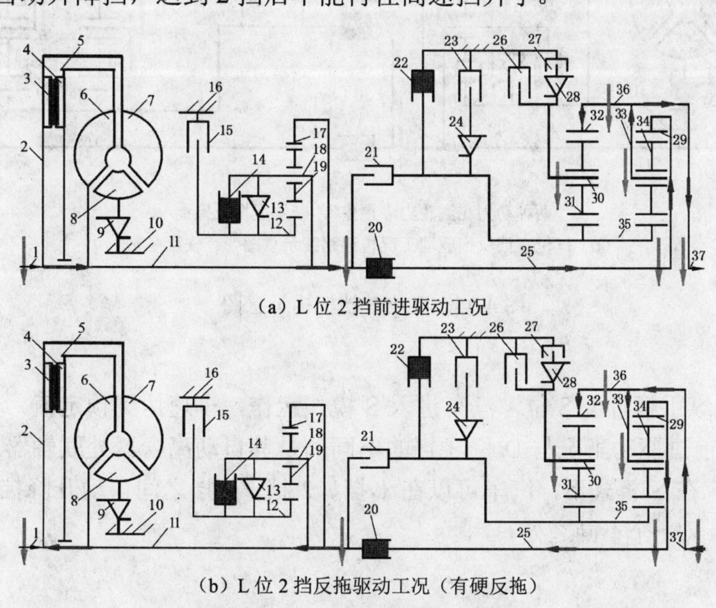

（a）L 位 2 挡前进驱动工况

（b）L 位 2 挡反拖驱动工况（有硬反拖）

图 4-34　L 位 2 挡机构示意图

10）D 位 3 挡

车速进一步提高，ECU 命令汽车进入 D 位 3 挡，参与工作的执行元件是序号 9（自动离合器处于液矩器工况）、序号 14（超轮系处于联轴器工况）、序号 20 和 21（基本 S 二式演变成联轴器工况），如图 4-35 所示。

（1）驱动工况。由于序号 20 与序号 21 同时工作，S 二式前轮系的前圈 29 和共阳轮 35 都与涡轮 6 接通，同转速、同方向转动，所以成为联轴器，序号 33 经序号 36 将这个运动通过后圈 32 传入后轮系，后圈 32 与后阳轮又是同转速、同方向转动，所以也演变成联轴器，与 1 挡、2 挡时比较，S 式轮系没有浪费运动量，故在 2 挡基础上升至 3 挡，加上超轮系处于联轴器工况，故涡轮 6 直接与输出轴 37 接通，实现直接挡，即 3 挡，传动比为 1，如图 4-35（a）所示。

（2）反拖工况。由于在传动过程中没有单向离合器（或制动器）参与工作，所以可以软反拖，如图 4-35（b）所示。

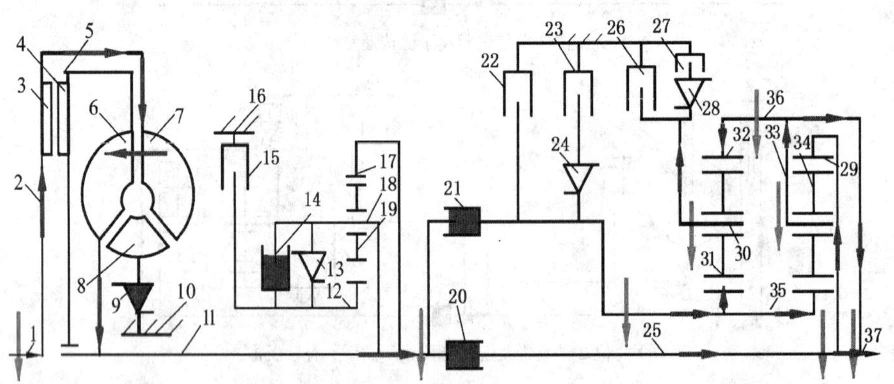

超轮系与 S 轮系均是联轴器，实现 3 挡，传动比为 1，后架 30 顺时针空转

（a）D 位 3 挡前进驱动工况传递路线示意图

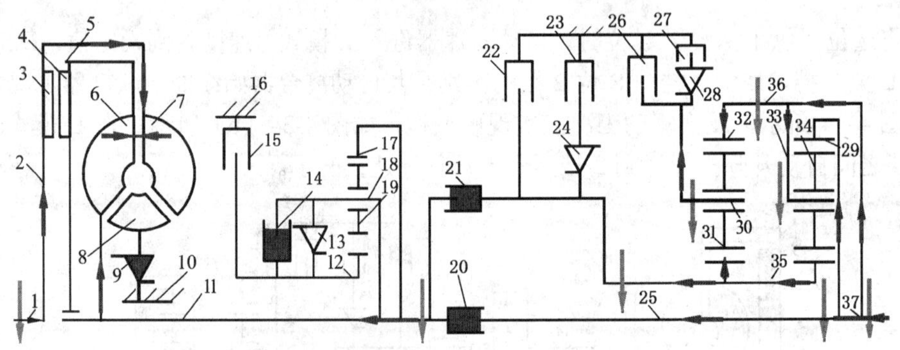

两种动力在涡轮内“顶牛”，产生反拖效果

（b）D 位 3 挡反拖驱动工况传递路线示意图（有软反拖）

图 4-35　D 位 3 挡机构示意图

11）S 位 3 挡

驾驶员把选位操纵手柄置于 S 位，汽车进入 S 模式运作，车速达到预定值，变速器会自动升到 S 位 3 挡，S 位 3 挡前进驱动工况与 D 位 3 挡的不同的是其自动离合器处联轴器工况，可实现硬反拖，如图 4-36 所示。在 S 模式下，汽车可以在 1 挡、2 挡、3 挡之间自动升降挡，最高只能升至 3 挡，这是与 D 位 3 挡又一个不同之处。

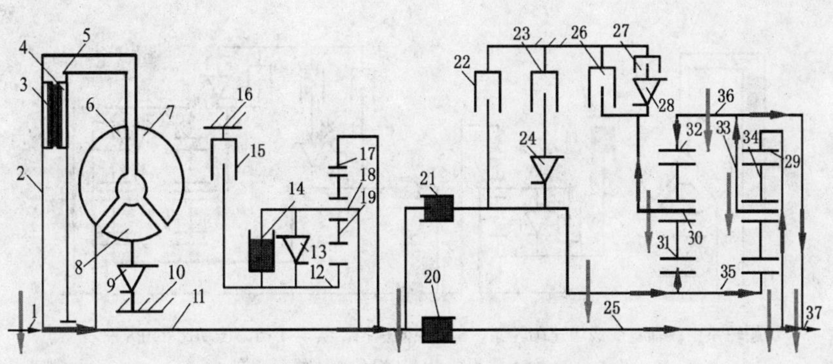

（a）S 位 3 挡前进驱动工况示意图

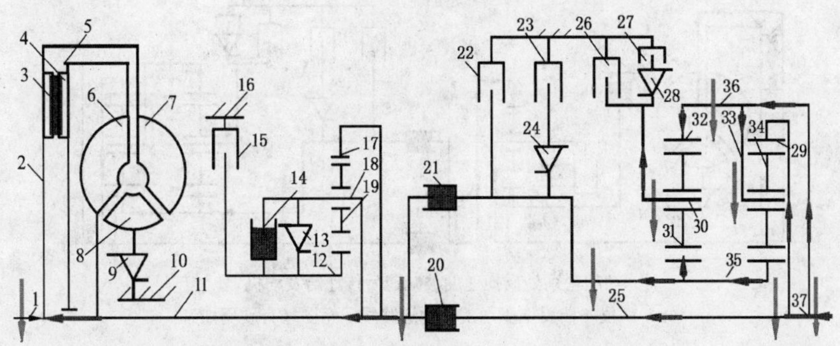

（b）S 位 3 挡反拖工况示意图（有硬反拖）

图 4-36　S 位 3 挡机构示意图

12）D 位 4 挡

在 D 模式下，车速继续升高，达到设定值后，ECU 命令自动变速器进入 D 位 4 挡，此时参与工作的执行元件序号 3（保证自动离合器在联轴器工况下工作）、序号 15（保证超轮系进入增速阳轮系工况工作，架带圈，增速减矩。）、序号 20 和 21 继续保持 3 挡时的工作状态（保证基本 S 二式为联轴器）。在序号 14 先放松、序号 15 后工作的期间，序号 13 担任传递任务，以确保传递不中断，当序号 15 一工作，序号 13 立即放松；由 D 位 4 挡降回 3 挡时，序号 15 先放松，在序号 14 还没有工作期间，也由序号 13 担任传递任务，序号 14 工作期间，序号 13 也起到辅助序号 14 传递动力的作用，如图 4-37 所示。

在 D 位 4 挡时要确保自动离合器在联轴器工况下工作的原因是汽车高速行驶，涡轮转速很高，涡轮产生的离心力迫使内部的液体产生离心运动，会与泵轮对液体做功迫使其在涡轮内部做向心的运动相对抗，内耗的结果使传递效率很低（涡流很慢），甚至不能传递（涡流停止），故必须要让其在联轴器工况下工作。这与其他挡位下为保证传递可靠性而让自动离合器在联轴器工况下工作的原因是不一样的，对这段知识的详细分析，有兴趣的读者可以参阅唐德修和袁新编著的 2015 年 3 月出版的《汽车流体传动与控制技术》一书。

（1）驱动工况。超轮系由联轴器变成增速阳轮系就在 3 挡基础上再提高一级速度，就进入了超速的 4 挡，传动比在 0.8 左右，此时输出轴 37 的转速高于曲轴 1 的转速，此状况下，超轮系的架带圈顺时针转动，行星轮顺时针公转并逆时针自转，如图 4-37（a）所示。

（2）反拖工况。由于传递路线上没有单向执行器参与，故 D 位 4 挡有硬反拖。反拖时，在超速轮系处有一次减速，对反拖有利，如图 4-37（b）所示。

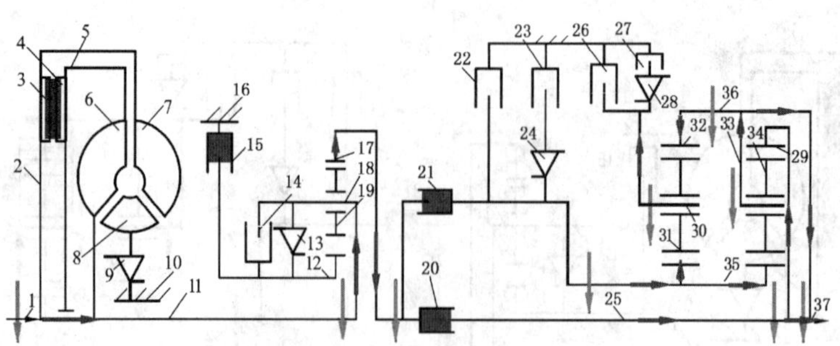

超轮系由联轴器变成增速阳轮系，S 轮系同 3 挡，实现 4 挡，传动比在 0.8 左右

（a）D 位 4 挡前进驱动工况传递路线示意图

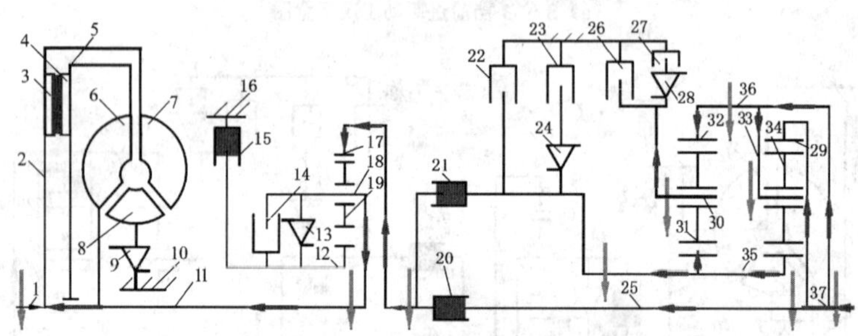

在超轮系处反拖速度被减速后传递给发动机

（b）D 位 4 挡反拖驱动工况传递路线示意图（有硬反拖）

图 4-37　D 位 4 挡机构示意图

二、超轮系后置的 S 二式 4 速轮系挡位分析

超轮系后置的 S 二式 4 速轮系机构示意图如图 4-25 所示，前面已经分析并得出结论，它的执行元件运作表如表 4-8 所示。在图 4-38 中，只列出了各个挡位时的传递路线图，不再赘述文字分析，有兴趣的读者可以对照超轮系前置的 S 二式 4 速轮系挡位分析内容自行分析。

表 4-8　超轮系后置的 S 二式 4 速轮系执行元件运作表

顺序	1	2	3	4	5	6	7	8	9	10	11	12	13	
序号	3	33	12	13	30	25	14	15	27	9	32	26	16	
	锁止离合器 C	超阳轮与超架双向锁止离合器 C0	前圈输入离合器 C1	共阳轮输入离合器 C2	超阳轮双向锁止制动器 B0	后架双向制动器 B1	共阳轮双向制动器 B2	共阳轮双向锁止制动器 B3	后架双向锁止制动器 B4	导轮单向制动器 F	超阳轮与超架单向锁止离合器 F0	后架单向锁止制动器 F1	共阳轮单向锁止制动器 F2	1—曲轴；2—液矩器外壳；3—锁止离合器 C；4—锁止离合器 C 的摩擦盘；5—摩擦盘与涡轮间连接花键；6—涡轮；7—泵轮；8—导轮；9—导轮单向制动器 F；10—导轮支撑轴；11—涡轮与变速器连接轴；12—前圈输入离合器 C1；13—共阳轮输入离合器 C2；14—共阳轮双向制动器 B2；15—共阳轮双向锁止制动器 B3；16—共阳轮单向锁止制动器 F2；17—前轮系输入轴头；18—前星轮；19—前架与后圈的连接轴；20—共阳轮；21—前架；22—前圈；23—后架；24—后星轮；25—后架双向制动器 B1；26—后架单向锁止制动器 F1；27—后架双向锁止制动器 B4；28—后圈；29—变速器壳体；30—超阳轮双向锁止制动器 B0；31—超阳轮；32—超阳轮与超架单向锁止离合器 F0；33—超阳轮与超架双向锁止离合器 C0；34—超架；35—超星轮；36—超圈；37—输出轴

续表

顺序	1	2	3	4	5	6	7	8	9	10	11	12	13	
序号	3	33	12	13	30	25	14	15	27	9	32	26	16	
P位	○	●	○	○	○	○	○	○	○	●	○	○	○	序号 12 及 13 不工作，S 二式轮系无输入，故没有输出；输出轴 37 被机械锁止，不能被拖动；自动离合器处于液矩器工况；序号 33 工作，超轮系处于可以传递的联轴器状态，为进入驱动挡做好准备
N位	○	●	○	○	○	○	○	○	○	●	○	○	○	与上不同之处为输出轴 37 没有被机械锁止，可以被拖动。自动离合器及超轮系同上
R位	●	●	○	●	○	●	○	○	○	○	○	○	○	有顺转趋势的后架 23 被序号 25 双向锁止，后轮系变成定轴轮系，运动经序号 13 传给共阳轮 20，后圈 28 反向输出，实现倒挡，传动比在 2.4 左右。前轮系是周转轮系，有共阳轮 20 与前架 21 两个输入，前圈 22 有确定输出，空转。自动离合器、超轮系均是联轴器，有硬反拖
D1	○	●	●	○	○	○	○	○	●	●	○	●	○	前轮系是有两输入（序号 21、22）、一输出（序号 20）的增速周转轮系，后架 23 经序号 27 后被序号 26 单向锁止，后轮系是一个单向定轴轮系，共阳轮 20 逆时针输入，后星轮 24 顺时针转动，迫使与之内啮合的后圈 28 有确定的顺时针输出，形成 1 挡，传动比在 2.3 左右。序号 26 参与工作，故无反拖。自动离合器是液矩器；超轮系是联轴器
S1	○	●	●	○	○	●	○	○	○	●	○	○	○	前轮系是有两输入（序号 20、22）、一输出（序号 21）的周转轮系，后架 23 被序号 25 双向锁止，后轮系是双向定轴轮系。自动离合器处于液矩器工况，序号 33 工作，超轮系是联轴器，有软反拖
L1	●	●	●	○	○	●	○	○	○	○	○	○	○	S 轮系与 S1 相同，序号 3 工作，序号 9 放松，自动离合器、超轮系均为联轴器，有硬反拖
D2	○	●	●	○	○	○	○	●	○	●	○	○	●	S 二式的共阳轮 20 被序号 15、16 单向锁止，前轮系是前圈 22 输入前架 21 输出的单向减速阳轮系，实现 2 挡，传动比在 1.8 左右，后轮系是后圈 28 输入、后架 23 输出空转的单向减速阳轮系，对变速无贡献。序号 16 参与工作，故无反拖。自动离合器是液矩器，超轮系是联轴器
S2	○	●	●	○	○	○	●	○	○	●	○	○	○	S 二式的共阳轮 20 被序号 14 双向锁止，前轮系是前圈 22 输入、前架 21 输出的双向减速阳轮系，后轮系是后圈 28 输入、后架 23 输出空转的双向减速阳轮系，对变速无贡献。自动离合器为液矩器，超轮系是联轴器，有软反拖
L2	●	●	●	○	○	○	●	○	○	○	○	○	○	S 二式轮系与 S2 相同；自动离合器和超轮系均是联轴器，有硬反拖。不能再升到 3 挡
D3	○	●	●	●	○	○	○	○	○	●	☆	○	○	序号 12、13 同时工作，共阳轮 20 与前圈 22 同方向，同转速转动，前轮系演变成前架 21 输出的联轴器，后轮系同时演变成后圈 28 与共阳轮 20 同步输入的联轴器，实现 3 挡，传动比为 1，后架 23 输出空转，对变速无贡献，自动离合器是液矩器、超轮系是联轴器，软反拖
S3	●	●	●	●	○	○	○	○	○	○	○	○	○	S 轮系与 D3 相同，为联轴器，自动离合器和超轮系是联轴器，有硬反拖，不能升到 4 挡
D4	●	○	●	●	●	○	○	○	○	○	☆	○	○	S 轮系与 D3 相同，序号 33 放松，序号 30 工作，二者交换瞬间由序号 32 担任传递任务；超轮系变成加速阳轮系，实现 4 挡，传动比在 0.8 左右；自动离合器处于联轴器工况，有硬反拖

注：●—执行元件稳定工作；○—执行元件完全不工作；☆—执行元件在相邻两挡交换期间瞬时工作。

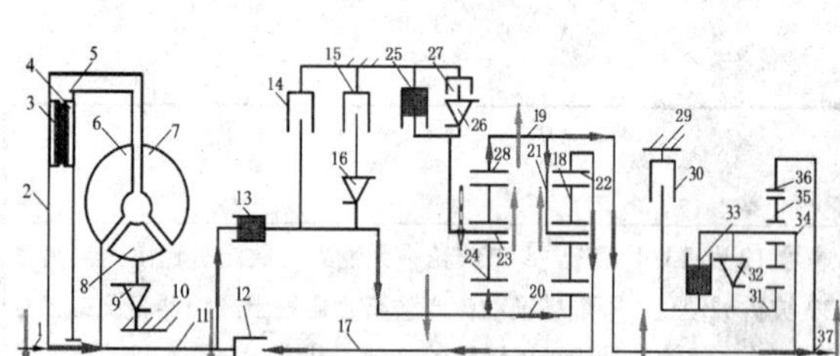

后架23有顺时针转动趋势，但被序号25双向锁止，不能转动形成定轴轮系，共阳轮20顺转输入，决定28逆时针转动，实现倒挡，传动比在2.4左右。前架21随后圈28逆时针转动，前星轮18随前架21逆时针公转，自转方向由轮系各齿轮齿数决定，前圈22空转，方向由行星轮18的自转与公转转速差决定。自动离合器和后置的超轮系都是联轴器

（a）倒车驱动工况（有硬反拖，不再画图）

后架23经序号27后被序号26单向锁止，后轮系是一个单向定轴轮系，前轮系是两输入（序号22、21）、一输出（序号20）的增速周转轮系（因为序号20到序号28为小带大，一定减速，序号28与序号21又等速，所以序号22到序号20一定增速），共阳轮20逆时针输入，后星轮24顺时针转动，迫使与之内啮合的后圈28有确定的顺时针输出，形成1挡，传动比在2.3左右，无反拖

（b）D位1挡

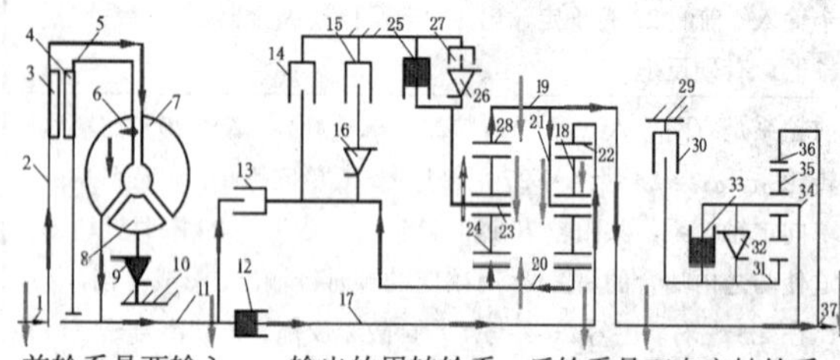

前轮系是两输入、一输出的周转轮系，后轮系是双向定轴轮系，超轮系是联轴器，有软反拖

（c）S位1挡

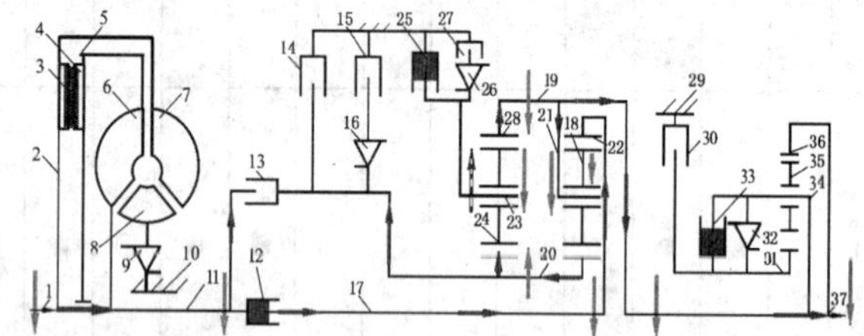

前轮系是两输入、一输出的周转轮系，后轮系是双向定轴轮系，自动离合器是联轴器，超轮系是联轴器，有硬反拖

（d）L位1挡

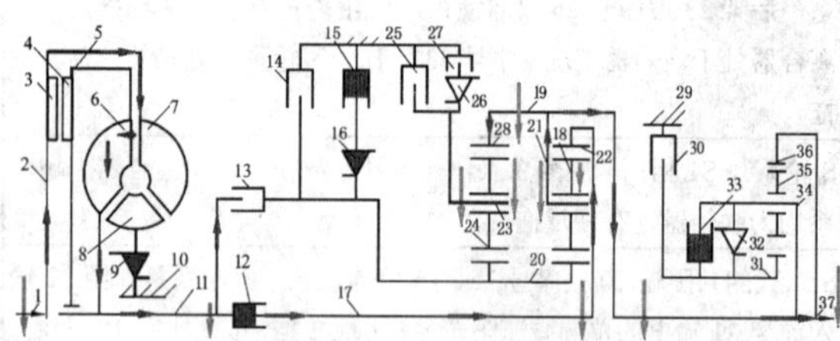

两个单向阳轮系，实现2挡，传动比在1.8左右，后架23空转，无反拖，自动离合器是液矩器，超轮系是联轴器

（e）D位2挡

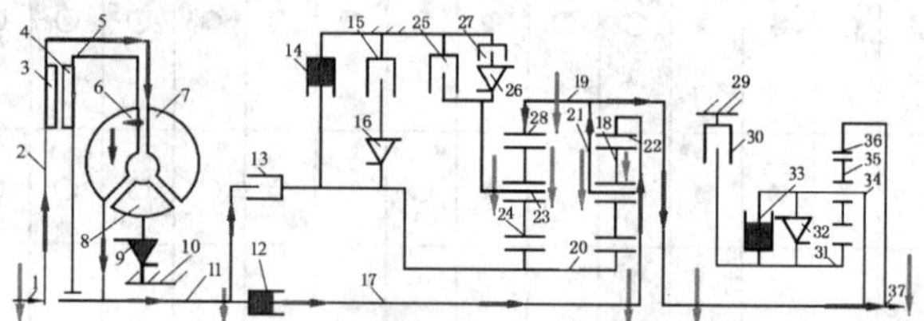

序号14工作，两个双向阳轮系，后架23空转，有软反拖，自动离合器是液矩器，超轮系是联轴器

（f）S位2挡

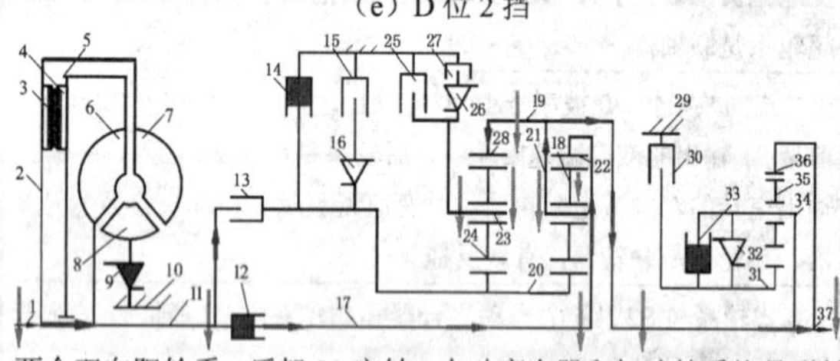

两个双向阳轮系，后架23空转，自动离合器和加速轮系均是联轴器，超轮系是联轴器，有硬反拖

（g）L位2挡

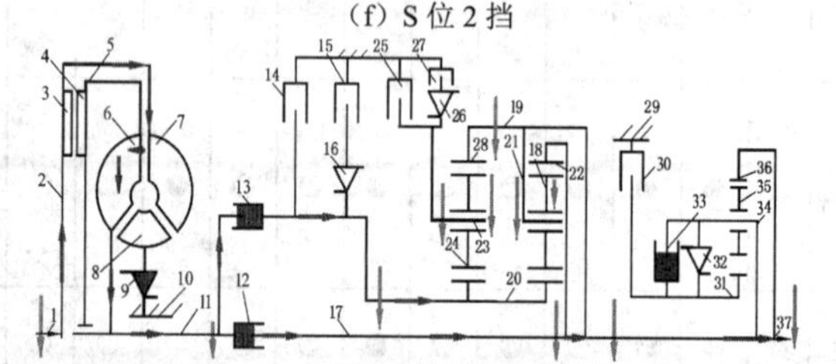

序号12、13工作，S二式的两个轮系均是联轴器，实现3挡，传动比为1，有软反拖，自动离合器是液矩器，超轮系是联轴器

（h）D位3挡

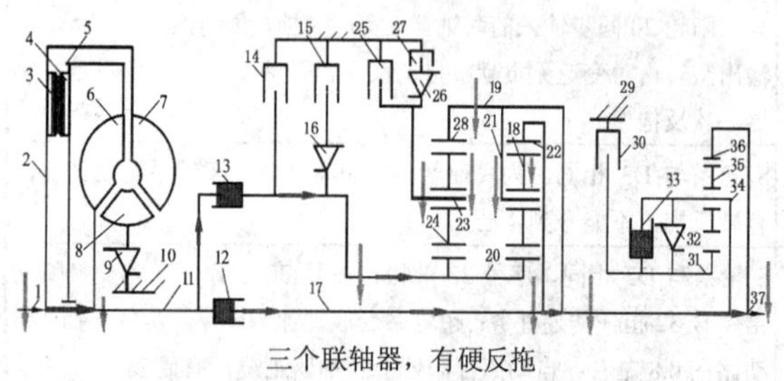

三个联轴器，有硬反拖

（i）S位3挡

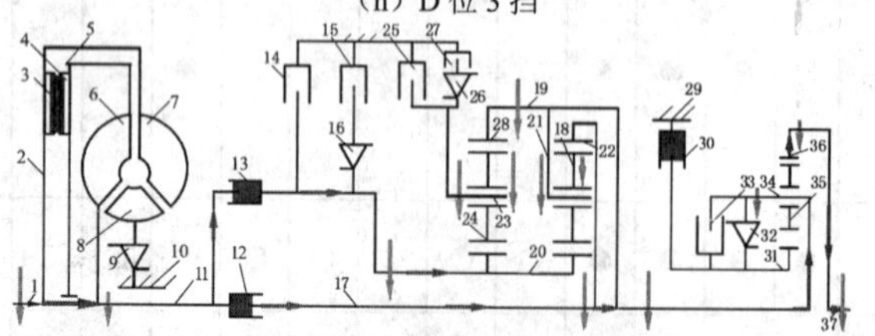

两个联轴器加一个增速阳轮系，经过处于加速阳轮系工况的超轮系加速一次，在3挡基础上再提速，实现4挡，传动比在0.8左右，有硬反拖。反拖时反拖速度在超轮系处经减速传给S轮系

（j）D位4挡

图4-38　超轮系后置的S二式4速轮系挡位分析

注：图4-38图注同图4-25。

三、减轮系前置的 S 二式 4 速轮系挡位分析

减轮系前置的 S 二式 4 速轮系机构示意图如图 4-26 所示，它与超轮系前置的区别是在 1 挡、2 挡、3 挡时减轮系是一个圈带架的减轮系，到 4 挡时变成联轴器，在 3 挡的基础上不再减速，就等于升了一级。执行元件运作表如表 4-9 所示。

为了节约篇幅，在图 4-39 中只列出了减轮系前置各挡的传递路线图，不再赘述文字分析，有兴趣的读者可以对照超轮系前置的 S 二式 4 速轮系挡位分析内容自行分析。除 D 位 4 挡外，其余各挡均经不同传动比的减速后输出，D 位 4 挡实质是直接挡。所有反拖时，附加减轮系要变成联轴器，避免加速作用。起步工况和反拖工况图均不再画出。

表 4-9　减轮系前置的 S 二式 4 速轮系执行元件运作表

顺序	1	2	3	4	5	6	7	8	9	10	11	12	13	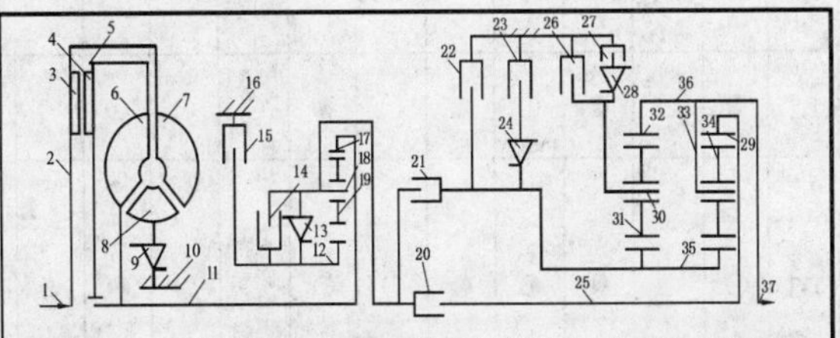
序号	3	14	20	21	15	26	22	23	27	9	13	28	24	
	锁止离合器C	减阳轮与减架双向锁止离合器C0	前圈输入离合器C1	共阳轮输入离合器C2	减阳轮双向锁止制动器B0	后架双向制动器B1	共阳轮双向制动器B2	共阳轮双向锁止制动器B3	后架双向锁止制动器B4	导轮单向制动器F	减阳轮与减架单向锁止离合器F0	后架单向锁止制动器F1	共阳轮单向锁止制动器F2	1—曲轴；2—液矩器外壳；3—锁止离合器 C；4—锁止离合器 C 的摩擦盘；5—摩擦盘与涡轮间连接花键；6—涡轮；7—泵轮；8—导轮；9—导轮单向制动器 F；10—导轮支撑轴；11—涡轮与变速器连接轴；12—减阳轮；13—减阳轮与减架单向锁止离合器 F0；14—减阳轮与减架双向锁止离合器 C0；15—减阳轮双向锁止制动器 B0；16—变速器壳体；17—减星轮；18—减架；19—减圈；20—前圈输入离合器 C1；21—共阳轮输入离合器 C2；22—共阳轮双向制动器 B2；23—共阳轮双向锁止制动器 B3；24—共阳轮单向锁止制动器 F2；25—前轮系输入轴头；26—后架双向制动器 B1；27—后架双向锁止制动器 B4；28—后架单向锁止制动器 F1；29—前圈；30—后架；31—后星轮；32—后圈；33—前架；34—前星轮；35—共阳轮；36—前架与后圈连接轴；37—输出轴
P 位	○	○	○	○	●	○	○	○	○	●	○	○	○	序号 15 工作，减轮系为有输入、输出的减速阳轮系；序号 20 及 21 不工作，后面的 S 式轮系无输入；输出轴 37 被机械锁止，不能被拖动。自动离合器处于液矩器工况
N 位	○	○	○	○	●	○	○	○	○	●	○	○	○	与上不同之处为输出轴 37 没有被机械锁止，可以被拖动。自动离合器同上
R 位	●	○	○	●	●	●	○	○	○	○	○	○	○	减轮系是减速阳轮系；后架 30 被序号 26 双向锁止，后轮系变成定轴轮系，运动经序号 21 传给共阳轮 35，后圈 32 反向输出，实现倒挡，传动比在 2.4 左右。前轮系是周转轮系，有阳轮 35 与前架 33 两个输入，前圈 29 有确定的输出，空转。自动离合器处于联轴器工况
D1	○	○	●	○	●	○	○	○	●	●	○	●	○	减轮系是减速阳轮系；前轮系是两输入（序号 29、33）、一输出（共阳轮 35）的周转轮系，实现 1 挡，传动比在 2.3 左右，后架 30 经序号 27 后被序号 28 单向锁止，后轮系是一个单向定轴轮系，共阳轮 35 逆时针输入，后星轮 31 顺时针转动，迫使与之内啮合的后圈 32 有确定的顺时针输出，形成 1 挡。序号 28 参与工作，故无反拖。自动离合器处于液矩器工况
S1	○	○	●	○	●	●	○	○	○	●	○	○	○	减轮系是减速阳轮系；前轮系是有两输入（序号 29、35）、一输出（序号 33）的周转轮系，后架 30 被序号 26 双向锁止，后轮系是双向定轴轮系。自动离合器处于液矩器工况，无单向元件参与工作，故有软反拖

续表

顺序	1	2	3	4	5	6	7	8	9	10	11	12	13	
序号	3	14	20	21	15	26	22	23	27	9	13	28	24	
L1	●	○	●	○	●	●	○	○	○	○	○	○	○	减轮系为减速阳轮系；前轮系同 S1，自动离合器处于联轴器工况，无单向元件参与工作，故有硬反拖
D2	○	○	●	○	●	○	○	●	○	●	○	○	●	减轮系是减速阳轮系；S 二式的共阳轮 35 被序号 23、24 单向锁止，前轮系是前圈 29 输入、前架 33 输出的单向减速阳轮系，实现 2 挡，传动比在 1.8 左右，后轮系是后圈 32 输入、后架 30 输出空转的单向减速阳轮系，对变速无贡献。序号 24 参与工作，故无反拖。自动离合器处于液矩器工况
S2	○	○	●	○	●	○	●	○	○	●	○	○	○	减轮系同上；S 二式的共阳轮 35 被序号 22 双向锁止，前轮系是前圈 29 输入、前架 33 输出的双向减速阳轮系，后轮系是后圈 32 输入，后架 30 输出空转的双向减速阳轮系，对变速无贡献。自动离合器同 D2，有软反拖
L2	●	○	●	○	●	○	●	○	○	○	○	○	○	减轮系同上；前轮系同 S2，自动离合器为联轴器，无单向元件参与工作，故有硬反拖，不能再升到 3 挡
D3	○	○	●	●	●	○	○	○	○	●	☆	○	○	减轮系是减速阳轮系；序号 20、21 同时工作，共阳轮 35 与前圈 29 同方向、同转速转动，前轮系演变成前架 33 输出的联轴器，实现 3 挡，传动比在 1.3 左右，后轮系同时演变成后圈 32 与共阳轮 35 同步输入的联轴器，后架 30 输出空转，对变速无贡献。自动离合器为液矩器，无单向执行器工作，故有软反拖
S3	●	○	●	●	●	○	○	○	○	○	○	○	○	减轮系和 S 轮系与 D3 同，自动离合器为联轴器，有硬反拖，不能升到 4 挡
D4	●	●	●	●	○	○	○	○	○	○	☆	○	○	序号 15 放松，序号 14 工作，二者交换瞬间由序号 13 担任传递任务；减轮系变成联轴器，实现 4 挡，传动比为 1；S 二式轮系与上同。自动离合器处于联轴器工况，有硬反拖

注：1. ●—执行元件稳定工作；○—执行元件完全不工作；☆—执行元件在相邻两挡交换期间瞬时工作。

2. 有些车型称 S 位为 2 位，称 L 位为 1 位。现在很多车型采用手-自一体控制方式，不再设计有 L 位工况，本教材从普遍意义出发，还保留 L 位工况，读者可对照具体车型合理取舍。

3. 反拖时序号 15 放松，序号 14 工作，减轮系处于联轴器工作状态，以避免减轮系反拖时的增速作用（架带圈），为简化表中没有表示出这种变化，读者应当清楚这种变化的必要性，图中也未一一画出。

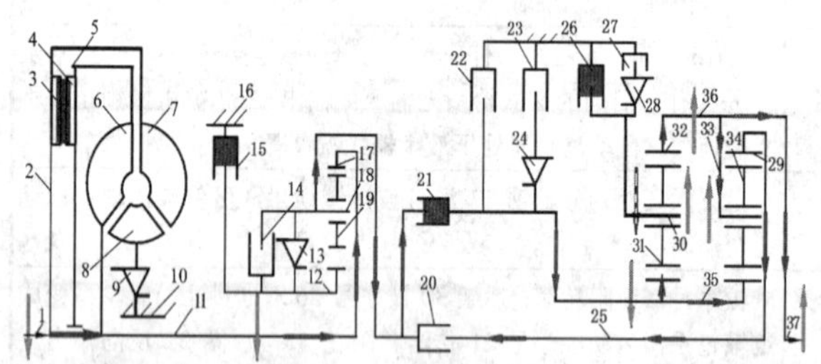

后轮系因后架 30 被双向锁止成为双向定轴轮系，共阳轮 35 顺转输入，后圈 32 逆时针转动输出，实现倒挡，传动比在 2.4 左右，有硬反拖

（a）倒挡位处于驱动工况时传递路线示意图

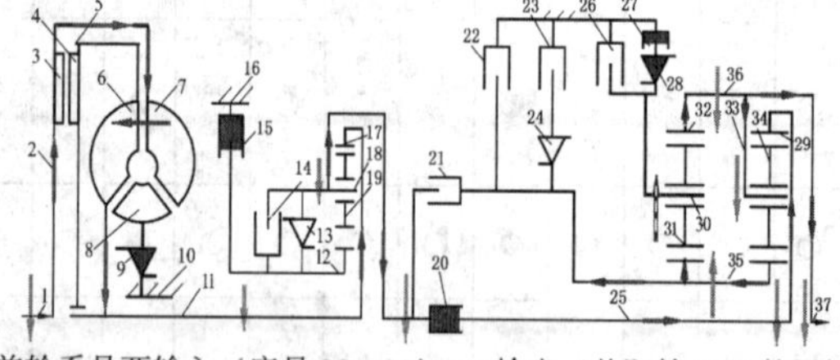

前轮系是两输入（序号 29、33）、一输出（共阳轮 35）的周转轮系，后架 30 经序号 27 后被序号 28 单向锁止，后轮系是一个单向定轴轮系，共阳轮 35 逆时针输入，后星轮 31 顺时针转动，迫使与之内啮合的后圈 32 有确定的顺时针输出，形成 1 挡，传动比在 2.3 左右。减轮系减速后输出，无反拖

（b）D 位 1 挡前进驱动工况传递示意图

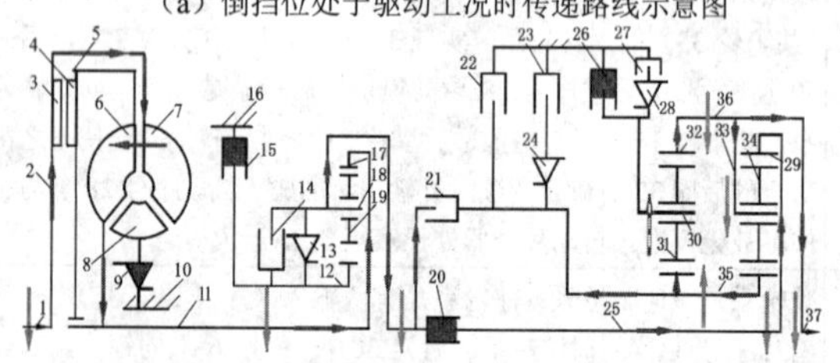

（c）S 位 1 挡前进驱动工况传递路线示意图（有软反拖）

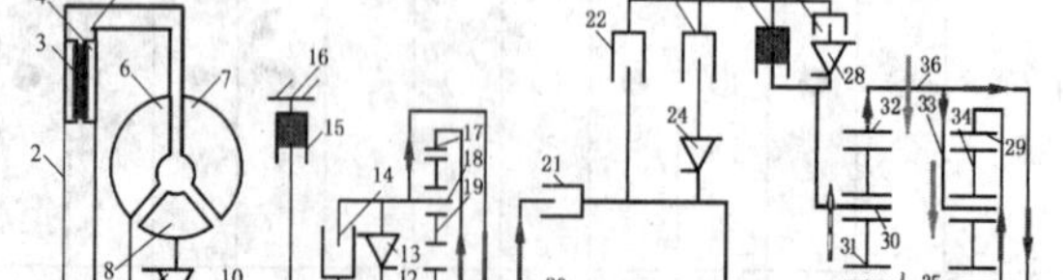

（d）L 位 1 挡前进驱动工况传递路线示意图（有硬反拖）

图 4-39　减轮系前置传递示意图

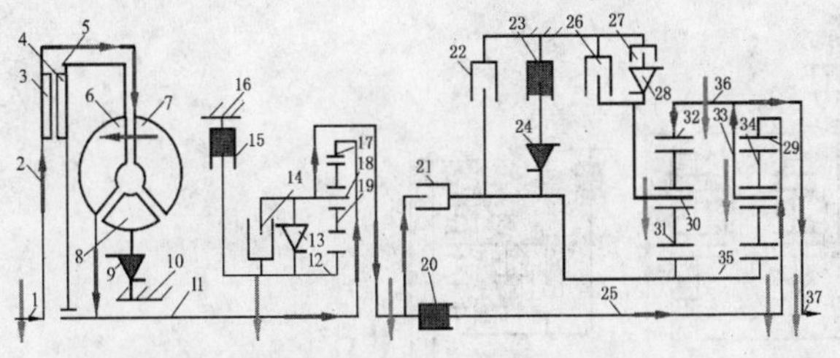

S式前轮系是减速阳轮系，实现2挡，传动比在1.8左右，后架30空转，无反拖

（e）D位2挡驱动传递路线示意图

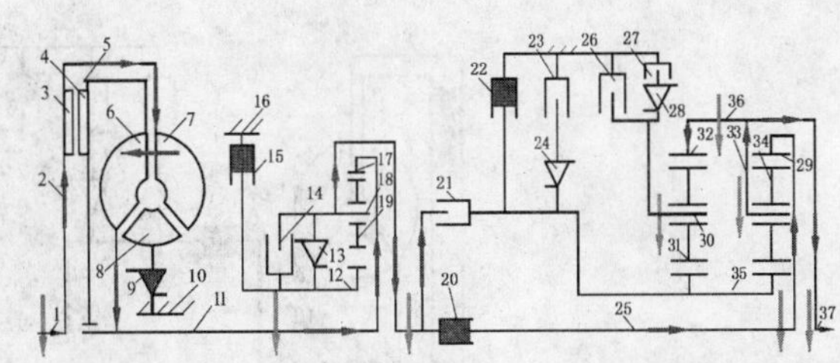

（f）S位2挡前进驱动工况传递路线示意图（有软反拖）

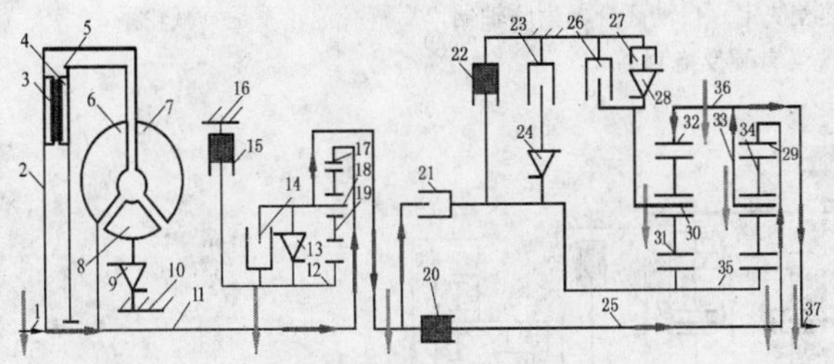

（g）L位2挡驱动工况传递路线示意图（硬反拖）

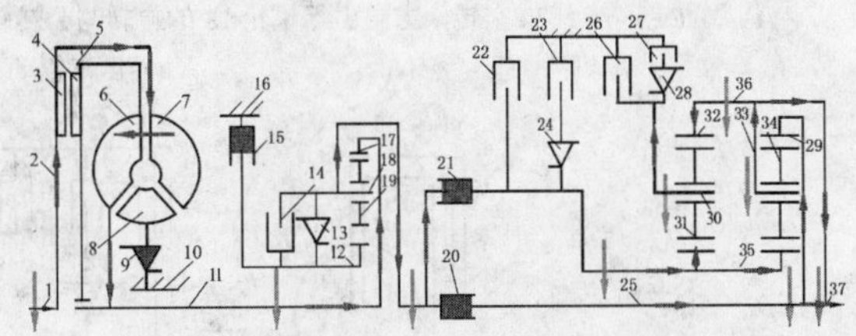

S式轮系成联轴器，实现3挡，传动比在1.3左右

（h）D位3挡前进驱动工况传递路线示意图（有软反拖）

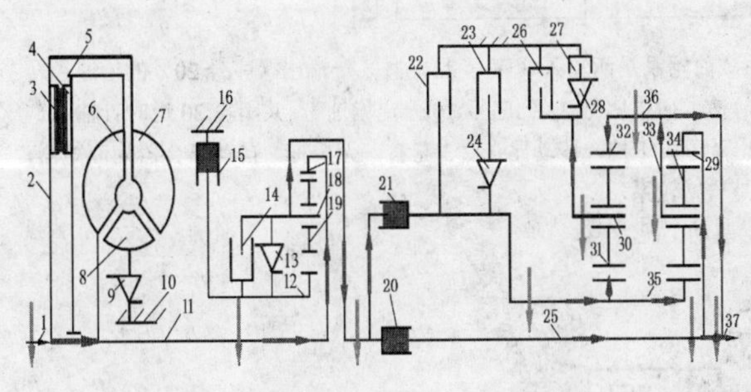

（i）S位3挡驱动工况示意图（硬反拖）

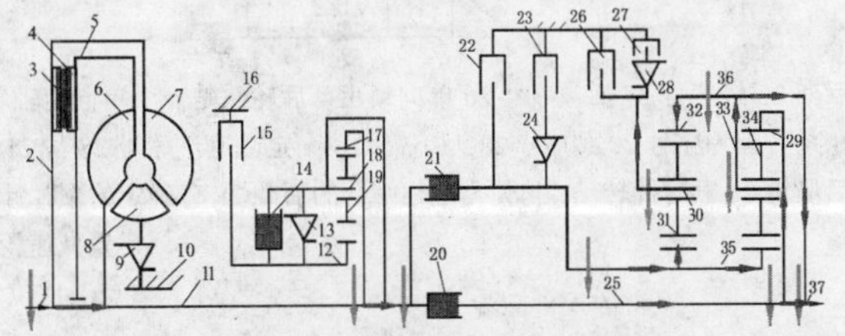

序号15放松，序号14工作，减轮系演变成联轴器，三个联轴器串联输出，减轮系处于联轴器工况，不再减速，故轮系在3挡基础升一级实现4挡，传动比为1

（j）D位4挡前进驱动工况传递示意图（有硬反拖）

图4-39　减轮系前置传递示意图（续）

注：图4-39图注同图4-26。

四、减轮系后置的S二式4速轮系挡位分析

减轮系后置的S二式4速轮系示意图如图4-27所示，它与减轮系前置的S二式4速轮系没有本质区别。从涡轮传入的动力和运动先进入S二式轮系，经挡位处理后再进入减轮系（图4-40），在D位1挡［图4-40（b）］、D位2挡［图4-41（e）］、D位3挡［图4-40（h）］，S位1挡［图4-40（c）］、S位2挡［图4-40（f）］、S位3挡［图4-40（i）］时，经圈带架的附加减轮系减速后输出，此时的自动离合器处于液矩器工况；到D位4挡时［图4-40（j）］，自动离合器、S二式和减轮系三传动件都变成联轴器，在3挡的基础上不再减速，就升到D位4速；在L位1挡［图4-40（d）］、L位2挡［图4-40（g）］，R位［图4-40（a）］时，自动离合器处于联轴器工况，减轮系仍处于减速阳轮系工况，如图4-40所示，中间的S二式工况参阅相关挡位图。它的执行元件运作表如表4-10所示。

在图4-40中，只列出了后置减轮系各挡位的传递路线图，不再赘述文字分析，有兴趣的读者可以对照超轮系后置的S二式4速轮系挡位分析内容自行分析。所有反拖时，附加减轮系要变成联轴器，避免加速作用。起步工况和反拖工况图均不再画出。

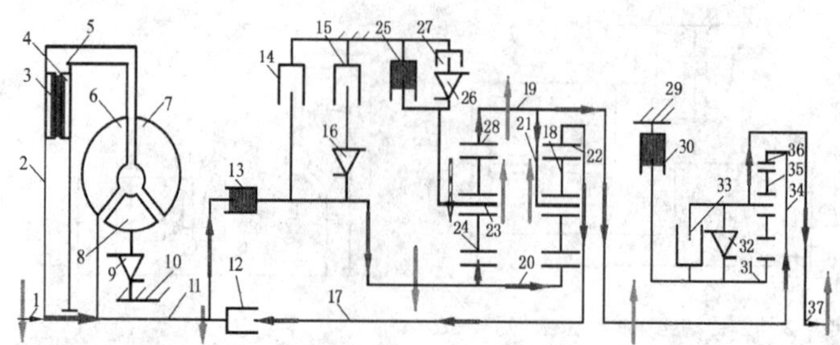

共阳轮 20 顺转输入，后架 23 随之有顺时针转动趋势，但被序号 25 双向锁止，不能转动形成定轴轮系，后星轮 24 逆转，决定后圈 28 逆时针转动，形成倒挡，传动比在 2.4 左右。前架 21 随后圈 28 逆时针转动，前星轮 18 随前架 21 逆时针公转，自转方向由轮系各齿轮齿数决定，前圈 22 空转，方向由行星轮 18 的自转与公转转速差决定。自动离合器为联轴器，后置减速轮系是一减轮系

（a）倒车驱动工况（有硬反拖）

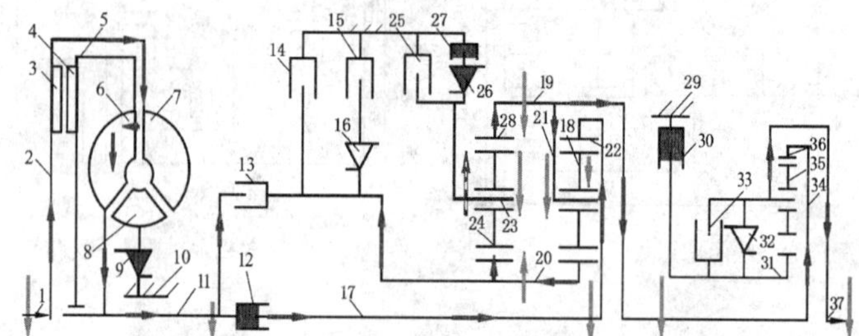

后架 23 经序号 27 后被序号 26 单向锁止，后轮系是一个单向定轴轮系，前轮系是两输入（序号 22、21）一输出（序号 20）的增速周转轮系（因为序号 20 到序号 28 为小带大，一定减速，序号 28 与 21 又等速，所以序号 22 到序号 20 一定增速），共阳轮 20 逆时针输入，后星轮 24 顺时针转动，迫使与之内啮合的后圈 28 有确定的顺时针输出，形成 1 挡，传动比在 2.3 左右，无反拖。自动离合器为液矩器，后置减速轮系是一减轮系

（b）D 位 1 挡驱动工况

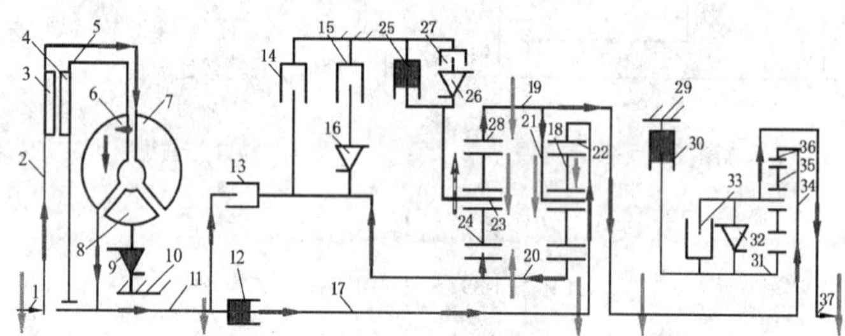

前轮系是两输入一输出的周转轮系，后轮系是双向定轴轮系，有软反拖。自动离合器为液矩器，后置减速轮系是一减轮系

（c）S 位 1 挡驱动工况

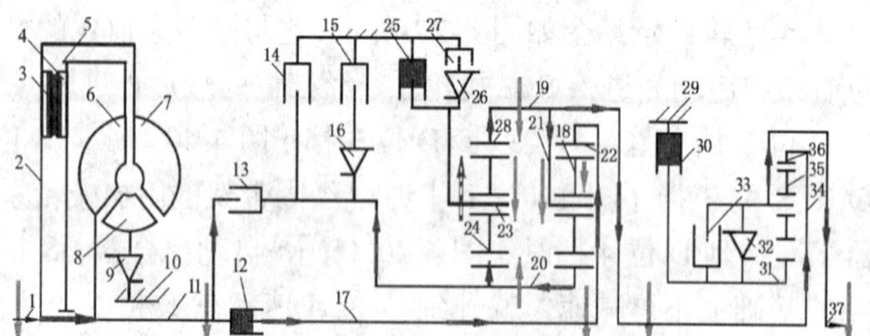

前轮系是两输入一输出的周转轮系，后轮系是双向定轴轮系，自动离合器是联轴器，后置减速轮系是一减轮系。有硬反拖，不能升 2 挡

（d）L 位 1 挡驱动工况

图 4-40　减轮系后置传递示意图

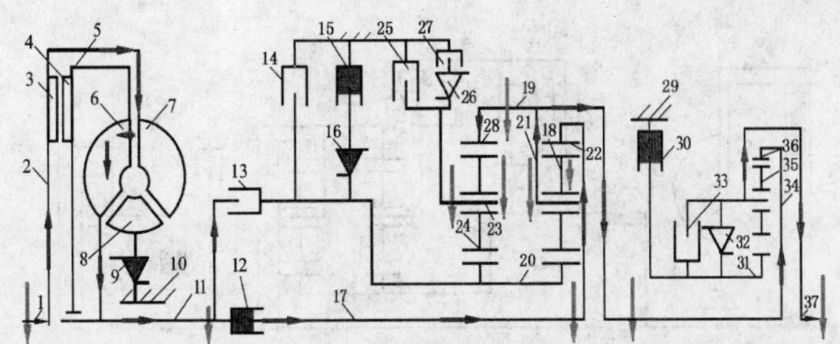

两个单向阳轮系，前圈 18 输入，前架 21 减速输出，形成 2 挡，传动比在 1.8 左右，后架 23 顺时针空转，自动离合器为液矩器，后置减速轮系是一减轮系，无反拖

（e）D 位 2 挡驱动工况

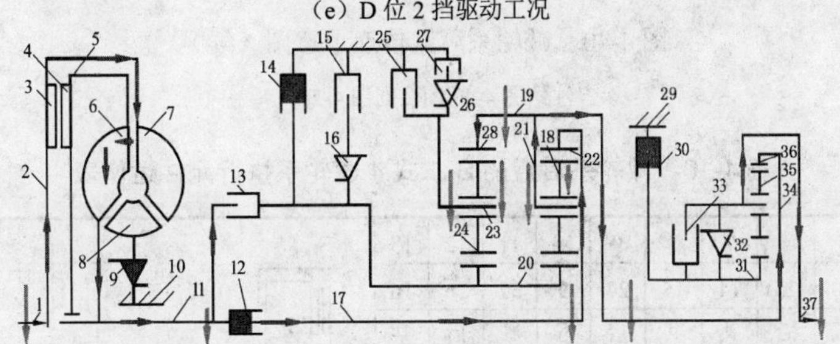

序号 14 工作，两个双向阳轮系，后架 23 空转，有软反拖，自动离合器是液矩器，减轮系是减速阳轮系。不能升 3 挡

（f）S 位 2 挡驱动工况

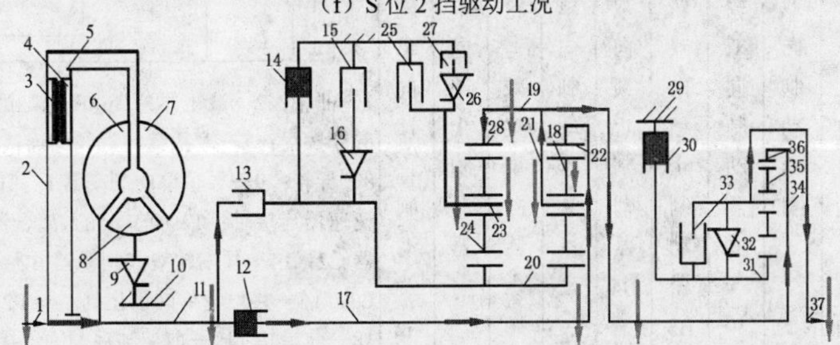

两个双向阳轮系，后架 23 空转，自动离合器是联轴器，减轮系是减速阳轮系，有硬反拖。不能升 3 挡

（g）L 位 2 挡驱动工况

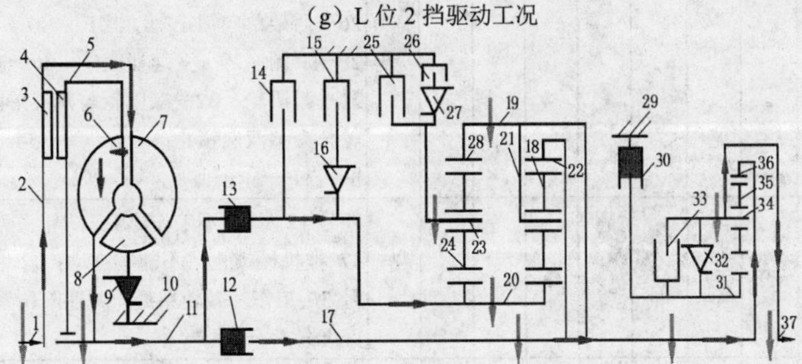

序号 12、13 工作，S 二式轮系是一个联轴器，形成 3 挡，传动比在 1.3 左右，自动离合器是液矩器，后置减速轮系减速阳轮系输出，有软反拖

（h）D 位 3 挡前进驱动工况传递示意图

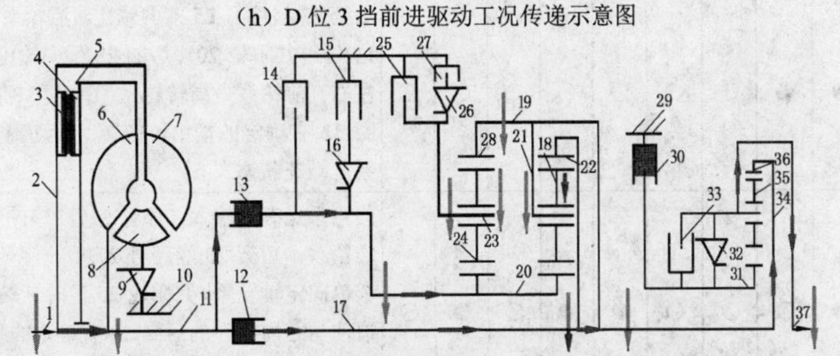

自动离合器和 S 式两个联轴器，后置减速轮系为一减速阳轮系，有硬反拖，不能升 4 挡

（i）S 位 3 挡驱动工况

图 4-40　减轮系后置传递示意图

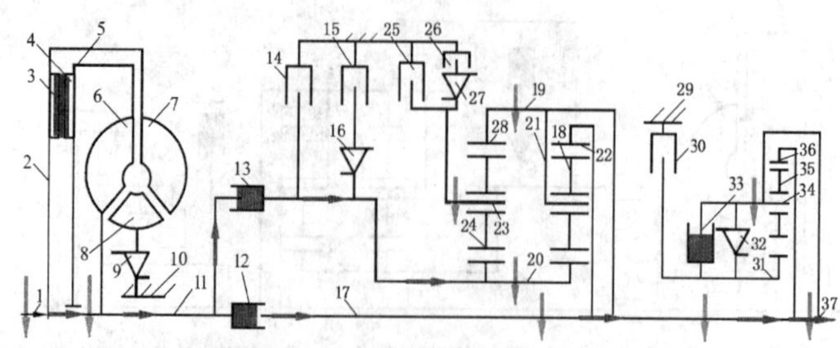

减轮系处于联轴器工况，三个联轴器串联工作，在3挡基础上不再减速，形成4挡，传动比为1，有硬反拖

（j）D位4挡前进驱动工况传递示意图

图4-40　减轮系后置传递示意图（续）

注：图4-40图注同图4-28。

表4-10　减轮系后置的S二式4速轮系执行元件运作表

顺序	1	2	3	4	5	6	7	8	9	10	11	12	13	
序号	3	33	12	13	30	25	14	15	27	9	32	26	16	
	锁止离合器C	减阳轮与减架双向锁止离合器C0	前圈输入离合器C1	共阳轮输入离合器C2	减阳轮双向锁止制动器B0	后架双向制动器B1	共阳轮双向制动器B2	共阳轮双向锁止制动器B3	后架双向锁止制动器B4	导轮单向制动器F	减阳轮与减架单向锁止离合器F0	后架单向锁止制动器F1	共阳轮单向锁止制动器F2	1—曲轴；2—液矩器外壳；3—锁止离合器C；4—锁止离合器C的摩擦盘；5—摩擦盘与涡轮间连接花键；6—涡轮；7—泵轮；8—导轮；9—导轮单向制动器F；10—导轮支撑轴；11—涡轮与变速器连接轴；12—前圈输入离合器C1；13—共阳轮输入离合器C2；14—共阳轮双向制动器B2；15—共阳轮双向锁止制动器B3；16—共阳轮单向锁止制动器F2；17—前轮系输入轴头；18—前星轮；19—前架与后圈的连接轴；20—共阳轮；21—前架；22—前圈；23—后架；24—后星轮；25—后架双向制动器B1；26—后架单向锁止制动器F1；27—后架双向锁止制动器B4；28—后圈；29—变速器壳体；30—减阳轮双向锁止制动器B0；31—减阳轮；32—减阳轮与减架单向锁止离合器F0；33—减阳轮与减架双向锁止离合器C0；34—减架；35—减星轮；36—减圈；37—输出轴
P位	○	○	○	○	●	○	○	○	○	●	○	○	○	序号12及13不工作，S二式轮系无输入，故没有输出；输出轴37被机械锁止，不能被拖动；自动离合器处于液矩器工况；序号30工作，减轮系处于减速阳轮系工况，都是为进入驱动挡做好准备
N位	○	○	○	○	●	○	○	○	○	●	○	○	○	与上不同之处为输出轴37没有被机械锁止，可以被拖动。自动离合器及减轮系同上
R位	●	○	○	●	●	●	○	○	○	○	○	○	○	后架23被序号25双向锁止，后轮系变成定轴轮系，运动经序号13传给共阳轮20，后圈28反向输出，实现倒挡，传动比在2.4左右。前轮系是周转轮系，有共阳轮20与前架21两个输入，前圈22有确定的输出，空转。自动离合器处于联轴器工况；减轮系是减速状态
D1	○	○	●	○	●	○	○	○	●	●	○	●	○	前轮系是有两输入（序号21、22）、一输出（序号20）的增速周转轮系，后架23经序号27后被序号26单向锁止，后轮系是一个单向定轴轮系，共阳轮20逆时针输入，后星轮24顺时针转动，迫使与之内啮合的后圈28有确定的顺时针输出，形成1挡，传动比在2.3左右。无反拖。自动离合器处于液矩器工况；减轮系是减速状态

续表

顺序	1	2	3	4	5	6	7	8	9	10	11	12	13	
序号	3	33	12	13	30	25	14	15	27	9	32	26	16	
S1	○	○	●	○	●	●	○	○	○	●	○	○	○	前轮系是有两输入（序号 20、22）一输出（序号 21）的周转轮系，后架 23 被序号 25 双向锁止，后轮系是双向定轴轮系。自动离合器是液矩器工况，序号 30 工作，减轮系减速阳轮系。无单向元件参与工作，有软反拖
L1	●	○	●	○	●	●	○	○	○	○	○	○	○	S 轮系与 D1 相同，无单向元件参与工作，故有反拖。序号 3 工作，序号 9 放松，自动离合器处于联轴器工况；序号 30 工作，减轮系处于减速阳轮系工况
D2	○	○	●	○	●	○	○	●	●	●	○	○	●	S 二式的共阳轮 20 被序号 15、16 单向锁止，前轮系是前圈 22 输入、前架 21 输出的单向减速阳轮系，实现 2 挡，传动比在 1.8 左右，后轮系是后圈 28 输入、后架 23 输出空转的单向减速阳轮系，对变速无贡献。序号 16 参与工作，故无反拖。自动离合器、减轮系是减速状态
S2	○	○	●	○	●	○	●	○	○	●	○	○	○	S 二式的共阳轮 20 被序号 14 双向锁止，前轮系是前圈 22 输入、前架 21 输出的双向减速阳轮系，后轮系是后圈 28 输入、后架 23 输出空转的双向减速阳轮系，对变速无贡献。无单向元件参与工作，故有反拖。自动离合器、减轮系同上
L2	●	○	●	○	●	○	●	○	○	○	○	○	○	S 二式的共阳轮 20 被序号 14 双向锁止，前轮系是前圈 22 输入、后架 21 输出的双向减速阳轮系，后轮系是后圈 28 输入、后架 23 输出空转的双向减速阳轮系，对变速无贡献。无单向元件参与工作，故有反拖；自动离合器同上。不能再升到 3 挡
D3	○	○	●	●	●	○	○	○	○	●	☆	○	○	序号 12、13 同时工作，共阳轮 20 与前圈 22 同方向，同转速转动，前轮系演变成前架 21 输出的联轴器，后轮系同时演变成后圈 28 与共阳轮 20 同步输入的联轴器，实现 3 挡，传动比在 1.3 左右，后架 23 输出空转，对变速无贡献。自动离合器是液矩器、减轮系是减速状态，软反拖
S3	●	○	●	●	●	○	○	○	○	○	○	○	○	序号 12、13 同时工作，共阳轮 20 与前圈 22 同方向，同转速转动，前轮系演变成前架 21 输出的联轴器，后轮系同时演变成后圈 28 与共阳轮 20 同步输入的联轴器，自动离合器是联轴器，有硬反拖
D4	●	●	●	●	○	○	○	○	○	○	☆	○	○	序号 33 放松，序号 30 工作，二者交换瞬间由序号 32 担任传递任务；减轮系成联轴器；S 二式轮系与上同，实现 4 挡，传动比为 1。自动离合器处于联轴器工况，有硬反拖

注：1. ●—执行元件稳定工作；○—执行元件完全不工作；☆—执行元件在相邻两挡交换期间瞬时工作。

2. 有些车型称 S 位为 2 位，称 L 位为 1 位。现在很多车型采用手-自一体控制方式，不再设有 L 位工况，本教材从普遍意义出发，还保留了 L 位工况，读者可对照具体车型合理取舍。

3. 反拖时序号 30 放松，序号 33 工作，减轮系处于联轴器工作状态，以避免减轮系反拖时的增速作用（架带圈），为简化表中没有表示出这种变化，读者应当清楚这种变化的必要性，图中也不再一一画出。

任务七　S 式 6 速轮系挡位分析

为了提高汽车行驶的舒适性，使发动机与变速器能够有更多的良好工作连接点，现代汽车都倾向于配置多挡位，配置多挡位有两种方法，一是增加轮系，这样的好处是挡位增加可以更合理，但将使整个轮系变得复杂，成本增加，维修困难，本教材将在项目七中介绍。二是目前大多数厂家用于经济性轿车上的办法，即通过控制程序让超轮系（或减轮系）在每两挡之间都在两个工况间交换一次，通过设计轮系齿轮齿数比，让这种交换后的传动比合理，实现多挡化。

一、S 一式 6 速轮系挡位分析

1. 与超轮系配置的 S 一式 6 速轮系挡位控制情况

下面通过表 4-11 介绍超轮系前置的 S 一式 6 速控制情况，不再画图，超轮系后置 6 挡位控制情况请读者对照此表自己分析，本教材不再列出。

表 4-11 超轮系前置的 S 一式 6 速轮系挡位执行元件运作表

顺序	1	2	3	4	5	6	7	8	9	10	11	12	13	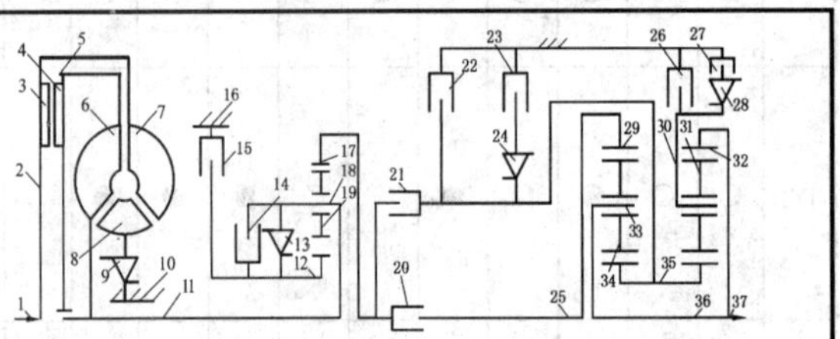
序号	3	14	20	21	15	26	22	23	27	9	13	28	24	
	锁止离合器C	超阳轮与超架双向锁止离合器C0	前圈输入离合器C1	共阳轮输入离合器C2	超阳轮双向锁止制动器B0	后架双向制动器B1	共阳轮双向制动器B2	共阳轮双向锁止制动器B3	后架双向锁止制动器B4	导轮单向制动器F	超阳轮与超架单向锁止离合器F0	后架单向锁止制动器F1	共阳轮单向锁止制动器F2	1—曲轴；2—液矩器外壳；3—锁止离合器 C；4—锁止离合器 C 的摩擦盘；5—摩擦盘与涡轮间连接花键；6—涡轮；7—泵轮；8—导轮；9—导轮单向制动器 F；10—导轮支撑轴；11—涡轮与变速器连接轴；12—超阳轮；13—超阳轮与超架单向锁止离合器 F0；14—超阳轮与超架双向锁止离合器 C0；15—超阳轮双向锁止制动器 B0；16—变速器壳体；17—超圈；18—超架；19—超星轮；20—前圈输入离合器 C1；21—共阳轮输入离合器 C2；22—共阳轮双向制动器 B2；23—共阳轮双向锁止制动器 B3；24—共阳轮单向锁止制动器 F2；25—前轮系输入轴；26—后架双向制动器 B1；27—后架双向锁止制动器 B4；28—后架单向锁止制动器 F1；29—前圈；30—后架；31—后星轮；32—后圈；33—前架；34—前星轮；35—共阳轮；36—前架与后圈的连接轴；37—输出轴
P 位	○	●	○	○	○	○	○	○	○	●	○	○	○	序号 14 工作，超轮系为有输入、有输出的联轴器；序号 20 及 21 不工作，后面的 S 式轮系无输入；输出轴 37 被机械锁止，不能被拖动。自动离合器处于液矩器工况
N 位	○	●	○	○	○	○	○	○	○	●	○	○	○	与上不同之处为输出轴 37 没有被机械锁止，可以被拖动。自动离合器同上
R 位	●	●	○	●	○	●	○	○	☆	○	○	○	○	超轮系同上；后架 30 被序号 26 双向锁止，后轮系变成定轴轮系，运动经序号 21 传给共阳轮 35，后圈 32 反向输出，进入倒挡，传动比在 2.6 左右。前轮系是周转轮系，有共阳轮 35 与前架 33 两个输入，前圈 29 有确定的输出，空转。自动离合器处于联轴器工况
D1	○	●	●	○	○	○	○	○	●	●	☆	●	○	序号 14 工作，序号 15 放松，超轮系是联轴器；前轮系是有两输入（序号 29、35）、一输出（序号 33）的周转轮系，进入 1 挡，传动比在 2.6 左右，后架 30 被 B4 通过单向制动器 28 单向锁止，后轮系是一单向定轴轮系后圈 32 顺转输入，共阳轮 35 逆转输出。F1 参与工作，故无反拖。自动离合器处于液矩器工况
D2	○	○	●	○	●	○	○	○	●	●	☆	●	○	序号 14 放松，序号 15 工作，超轮系变为增速阳轮系；S 轮系与上相同，在上面基础上增速 1 挡，升至 2 挡，传动比在 2.4 左右。自动离合器处于液矩器工况
D3	○	●	●	○	○	○	○	●	○	●	☆	○	●	序号 14 工作，序号 15 放松，超轮系是联轴器；S 一式的共阳轮 35 被序号 23、24 单向锁止，前轮系是前圈 29 输入、前架 33 输出的单向减速阳轮系，在上面基础上增速 1 挡，升至 3 挡，传动比在 2.0 左右，后轮系是后圈 32 输入、后架 30 输出空转的单向减速阳轮系，对变速无贡献。序号 24 参与工作，故无反拖。自动离合器处于液矩器工况

续表

顺序	1	2	3	4	5	6	7	8	9	10	11	12	13	
序号	3	14	20	21	15	26	22	23	27	9	13	28	24	
D4	○	○	●	○	●	○	○	●	○	●	☆	○	●	序号 14 放松，序号 15 工作，超轮系变为增速阳轮系；S 轮系与上相同，在上面基础上增速 1 挡，升至 D 位 4 挡，传动比在 1.3 左右
D5	●	●	●	●	○	○	○	○	○	○	☆	○	○	序号 14 工作，序号 15 放松，超轮系是一个联轴器；序号 20、21 同时工作，共阳轮 35 与前圈 29 同方向，同转速转动，前轮系演变成前架 33 输出的联轴器，后轮系同时演变成后圈 32 与共阳轮 35 同步输入的联轴器，上升至 5 挡，传动比为 1，后架 30 输出空转，对变速无贡献，自动离合器变联轴器，避免效率低，浪费能源。有硬反拖
D6	●	○	●	●	●	○	○	○	○	○	☆	○	○	序号 14 放松，序号 15 工作，二者交换瞬间由序号 13 担任传递任务；超轮系变成加速阳轮系；S 一式轮系与上同，上升至 6 挡，传动比在 0.8 左右。无单向执行器工作，有反拖。自动离合器处于联轴器工况
由于篇幅有限，未考虑 S 位以下工况的多挡位设置，相应运作表略														

注：1. ●—执行元件稳定工作；○—执行元件完全不工作；☆—执行元件在相邻两挡交换期间瞬时工作。

2. 有些车型称 S 位为 2 位，称 L 位为 1 位。现在很多车型采用手-自一体控制方式，不再设有 L 位工况，本教材从普遍意义出发，还保留了 L 位工况，读者可对照具体车型决定取舍。

3. 按 D 位的控制思路，S 位与 L 位也可演变出多的挡位，但对于汽车来说是没有必要的，相应运作表未列出。

4. 保留了 D5 位时自动离合器为液力变矩器工况，优点是可以滑行省油，缺点是效率低，一般不这样配置。

2. 与减轮系配置的 S 一式 6 速轮系挡位控制情况

下面通过表 4-12 介绍减轮系后置的 S 一式 6 速轮系挡位控制情况，不再画图，减轮系前置 6 挡位控制情况本教材不再列出。

表 4-12　减轮系后置的 S 一式 6 速轮系执行元件运作表

顺序	1	2	3	4	5	6	7	8	9	10	11	12	13	
序号	3	33	12	13	30	25	14	15	27	9	32	26	16	
	锁止离合器C	减阳轮与减架双向锁止离合器C0	前圈输入离合器C1	共阳轮输入离合器C2	减阳轮双向锁止制动器B0	后架双向制动器B1	共阳轮双向制动器B2	共阳轮双向锁止制动器B3	后架双向锁止制动器B4	导轮单向制动器F	减阳轮与减架单向锁止离合器F0	后架单向锁止制动器F1	共阳轮单向锁止制动器F2	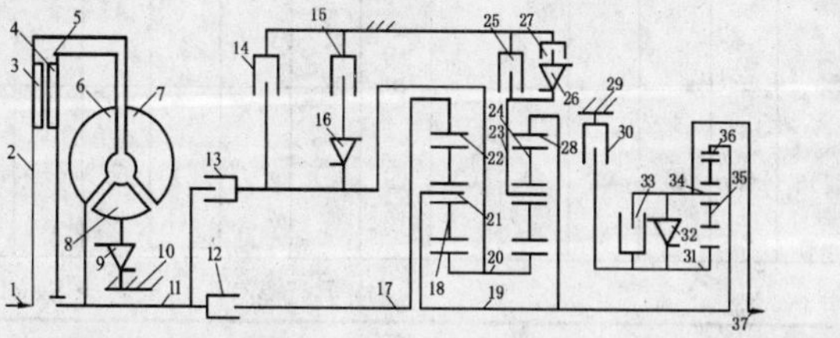 1—曲轴；2—液矩器外壳；3—锁止离合器 C；4—锁止离合器 C 的摩擦盘；5—摩擦盘与涡轮间连接花键；6—涡轮；7—泵轮；8—导轮；9—导轮单向制动器 F；10—导轮支撑轴；11—涡轮与变速器连接轴；12—前圈输入离合器 C1；13—共阳轮输入离合器 C2；14—共阳轮双向制动器 B2；15—共阳轮双向锁止制动器 B3；16—共阳轮单向锁止制动器 F2；17—前轮系输入轴头；18—前星轮；19—前架与后圈的连接轴；20—共阳轮；21—前架；22—前圈；23—后架；24—后星轮；25—后架双向制动器 B1；26—后架单向锁止制动器 F1；27—后架双向锁止制动器 B4；28—后圈；29—变速器壳体；30—减阳轮双向锁止制动器 B0；31—减阳轮；32—减阳轮与减架单向锁止离合器 F0；33—减阳轮与减架双向锁止离合器 C0；34—减架；35—减星轮；36—减圈；37—输出轴
P 位	○	○	○	○	●	○	○	○	○	●	○	○	○	序号 12 及 13 不工作，S 一式轮系无输入，故没有输出；输出轴 37 被机械锁止，不能被拖动；自动离合器处于液矩器工况；序号 33 工作，减轮系处于减速状态，为进入驱动挡作好准备

续表

顺序	1	2	3	4	5	6	7	8	9	10	11	12	13	
序号	3	33	12	13	30	25	14	15	27	9	32	26	16	
N位	○	○	○	○	●	○	○	○	○	●	○	○	○	与上不同之处为输出轴 37 没有被机械锁止，可以被拖动。自动离合器及减轮系同上
R位	●	○	○	●	●	●	○	○	☆	○	○	○	○	后架 23 被序号 25 双向锁止，后轮系变成定轴轮系，运动经序号 13 传给共阳轮 20，后圈 28 反向输出，实现倒挡，传动比在 2.6 左右。前轮系是周转轮系，有共阳轮 20 与前架 21 两个输入，前圈 22 有确定输出，空转。自动离合器处于联轴器工况；减速轮为减速阳轮系，可硬反拖
D1	○	○	●	○	●	○	○	○	●	●	○	●	○	序号 33 放松，序号 30 工作，减轮系是减速阳轮系。前轮系是有两输入（序号 20、22）、一输出（序号 21）的周转轮系，进入 1 挡，传动比在 2.8 左右。后架 23 在序号 27 工作的情况下，被序号 26 单向锁止在壳体上，后轮系是一单向定轴轮系，序号 28 输入，共阳轮 20 逆转输出。序号 26 参与工作，故无反拖。自动离合器处于液矩器工况
D2	○	●	○	○	○	○	○	○	●	●	☆	●	○	序号 33 工作，序号 30 放松，减轮系变为联轴器，升至 2 挡，传动比在 2.6 左右，其余同上
D3	○	○	●	○	●	○	○	●	○	●	○	○	●	序号 33 放松，序号 30 工作，减轮系是减速阳轮系。S 一式的共阳轮 20 被序号 15、16 单向锁止，前轮系是前圈 22 输入、前架 21 输出的单向减速阳轮系，实现 3 挡，传动比在 2.4 左右，后轮系是后圈 28 输入、后架 23 输出空转的单向减速阳轮系，对变速无贡献。序号 16 参与工作，故无反拖。自动离合器是液矩器
D4	○	●	●	○	○	○	○	●	○	●	☆	○	●	序号 33 工作，序号 30 放松，减轮系变为联轴器，升至 4 挡，传动比在 2.0 左右，其余同上
D5	●	○	●	●	●	○	○	○	○	○	☆	○	○	序号 12、13 同时工作，共阳轮 20 与前圈 22 同方向，同转速转动，前轮系演变成前架 21 输出的联轴器，进入 5 挡，但序号 33 放松，序号 30 工作，减轮系是减速阳轮系，故传动比在 1.3 左右。后轮系同时演变成后圈 28 与共阳轮 20 同步输入的联轴器，后架 23 输出空转，对变速无贡献。自动离合器是联轴器，有硬反拖
D6	●	●	●	●	○	○	○	○	○	○		○	○	序号 33 工作，序号 30 放松，减轮系是联轴器，二者交换瞬间由序号 32 担任传递任务；S 一式轮系是联轴器。进入 6 挡，传动比为 1，自动离合器同上
由于篇幅有限，未考虑 S 位以下工况的多挡位设置，相应运作表略														

注：1. ●—执行元件稳定工作；○—执行元件完全不工作；☆—执行元件在相邻两挡交换期间瞬时工作。

2. 有些车型称 S 位为 2 位，称 L 位为 1 位。现在很多车型采用手—自一体控制方式，不再设计 L 位工况，本教材从普遍意义出发，还保留 L 位工况，读者可对照具体车型决定取舍。

3. 按 D 位的控制思路，S 位与 L 位也可演变出多的挡位，但对于汽车来说是没有必要的，相应运作表未列出。

4. 反拖时，减轮系要变成联轴器工作状态，以避免减轮系反拖时的增速作用，为简化表中没有表示出这种变化，读者应当清楚这种变化的必要性。

二、S 二式 6 速轮系挡位分析

1. 与超轮系配置的 S 二式 6 速轮系挡位控制情况

下面通过表 4-13 介绍超轮系前置的 S 二式 6 速轮系控制情况，不再画图，超轮系后置 6 挡位控制情况读者可对照此表自己分析，本教材不再列出。由于 P 位、N 位、R 位没有变化，故没有列出它们的动作表。

表 4-13 超轮系前置的 S 二式 6 速轮系挡位执行元件运作表

顺序	1	2	3	4	5	6	7	8	9	10	11	12	13	
序号	3	14	20	21	15	26	22	23	27	9	13	28	24	
	锁止离合器 C	超阳轮与超架双向锁止离合器 C0	前圈输入离合器 C1	共阳轮输入离合器 C2	超阳轮双向锁止制动器 B0	后架双向制动器 B1	共阳轮双向制动器 B2	共阳轮双向锁止制动器 B3	后架双向锁止制动器 B4	导轮单向制动器 F	超阳轮与超架单向锁止离合器 F0	后架单向锁止制动器 F1	共阳轮单向锁止制动器 F2	1—曲轴；2—液矩器外壳；3—锁止离合器 C；4—锁止离合器 C 的摩擦盘；5—摩擦盘与涡轮间连接花键；6—涡轮；7—泵轮；8—导轮；9—导轮单向制动器 F；10—导轮支撑轴；11—涡轮与变速器连接轴；12—超阳轮；13—超阳轮与超架单向锁止离合器 F0；14—超阳轮与超架双向锁止离合器 C0；15—超阳轮双向锁止制动器 B0；16—变速器壳体；17—超圈；18—超架；19—超星轮；20—前圈输入离合器 C1；21—共阳轮输入离合器 C2；22—共阳轮双向制动器 B2；23—共阳轮双向锁止制动器 B3；24—共阳轮单向锁止制动器 F2；25—前轮系输入轴；26—后架双向制动器 B1；27—后架双向锁止制动器 B4；28—后架单向锁止制动器 F1；29—前圈；30—后架；31—后星轮；32—后圈；33—前架；34—前星轮；35—共阳轮；36—前架与后圈的连接轴；37—输出轴
D1	○	●	●	○	○	○	○	○	☆	●	☆	●	○	序号 14 工作，序号 15 放松，超轮系是联轴器；前轮系是两输入（序号 29、33）、一输出（共阳轮 35）的周转轮系，后架 30 经序号 27 后被序号 28 单向锁止，后轮系是一个单向定轴轮系，共阳轮 35 逆时针输入，后星轮 31 顺时针转动，迫使与之内啮合的后圈 32 有确定的顺时针输出，形成 1 挡，无反拖。自动离合器处于液矩器工况
D2	○	○	●	○	●	○	○	○	☆	●	☆	●	○	序号 14 放松，序号 15 工作，超轮系变为增速阳轮系；S 轮系与上相同，在上面基础上增速 1 挡，升至 2 挡，自动离合器处于液矩器工况
D3	○	●	●	○	○	○	○	●	☆	●	☆	○	●	序号 14 工作，序号 15 放松，超轮系是联轴器；S 二式的共阳轮 35 被序号 23、24 单向锁止，前轮系是前圈 29 输入、前架 33 输出的单向减速阳轮系，在上面基础上增速 1 挡，升至 3 挡，后轮系是后圈 32 输入、后架 30 输出空转的单向减速阳轮系，对变速无贡献。序号 24 参与工作，故无反拖。自动离合器处于液矩器工况
D4	○	○	●	○	●	○	○	●	☆	●	☆	○	●	序号 14 放松，序号 15 工作，超轮系变为增速阳轮系；S 轮系与上相同，并在上面基础上增速至 D 位 4 挡
D5	●	●	●	●	○	○	○	○	○	○	☆	○	○	序号 14 工作，序号 15 放松，超轮系是联轴器；序号 20、21 同时工作，共阳轮 35 与前圈 29 同方向，同转速转动，前轮系演变成前架 33 输出的联轴器，后轮系同时演变成后圈 32 与共阳轮 35 同步输入的联轴器，上升至 5 挡，后架 30 输出空转，对变速无贡献，无单向执行器工作，故有反拖。自动离合器是联轴器
D6	●	○	●	●	●	○	○	○	○	○	☆	○	○	序号 14 放松，序号 15 工作，二者交换瞬间由序号 13 担任传递任务；超轮系变成加速阳轮系；S 二式轮系与上同，上升至 6 挡，无单向执行器工作，有反拖。自动离合器同上

注：1. ●—执行元件稳定工作；○—执行元件完全不工作；☆—执行元件在相邻两挡交换期间瞬时工作。

2. S 位和 L 位也可以以相同方式获得多挡位，但对普通汽车没有太大意义，故不讨论，相应运作表未列出。

3. 各挡传动比由厂家设计的 D 轮系各齿轮齿数决定，表中未列出。除 D 位外，其他挡位与 5 速同，未列出。

2. 与减轮系配置的 S 二式 6 速轮系挡位控制情况

下面通过表 4-14 介绍减轮系前置的 S 二式 6 速轮系挡位控制情况，不再画图，减轮系后置 6 挡位控制情况本教材也不再列出。由于 P 位、N 位、R 位没有变化，故未列出它们的运作表。

表 4-14　减轮系前置的 S 二式 6 速轮系执行元件运作表

顺序	1	2	3	4	5	6	7	8	9	10	11	12	13	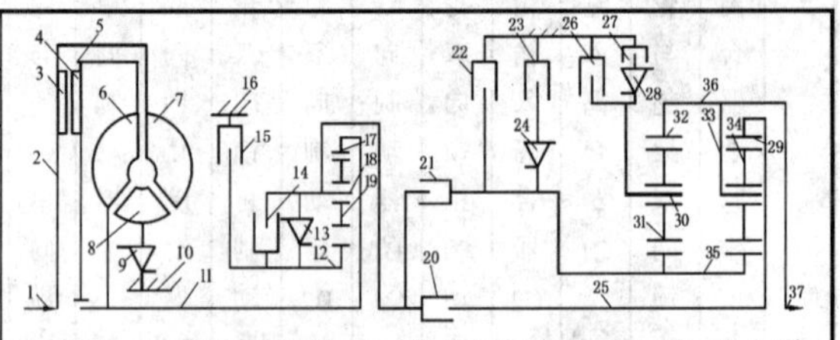
序号	3	14	20	21	15	26	22	23	27	9	13	28	24	
	锁止离合器C	减阳轮与减架双向锁止离合器C0	前圈输入离合器C1	共阳轮输入离合器C2	减阳轮双向锁止制动器B0	后架双向制动器B1	共阳轮双向制动器B2	共阳轮双向锁止制动器B3	后架双向锁止制动器B4	导轮单向制动器F	减阳轮与减架单向锁止离合器F0	后架单向锁止制动器F1	共阳轮单向锁止制动器F2	1—曲轴；2—液矩器外壳；3—锁止离合器 C；4—锁止离合器 C 的摩擦盘；5—摩擦盘与涡轮间连接花键；6—涡轮；7—泵轮；8—导轮；9—导轮单向制动器 F；10—导轮支撑轴；11—涡轮与变速器连接轴；12—减阳轮；13—减阳轮与减架单向锁止离合器 F0；14—减阳轮与减架双向锁止离合器 C0；15—减阳轮双向锁止制动器 B0；16—变速器壳体；17—减星轮；18—减架；19—减圈；20—前圈输入离合器 C1；21—共阳轮输入离合器 C2；22—共阳轮双向制动器 B2；23—共阳轮双向锁止制动器 B3；24—共阳轮单向锁止制动器 F2；25—前轮系输入轴头；26—后架双向制动器 B1；27—后架双向锁止制动器 B4；28—后架单向锁止制动器 F1；29—前圈；30—后架；31—后星轮；32—后圈；33—前架；34—前星轮；35—共阳轮；36—前架与后圈的连接轴；37—输出轴
D1	○	○	●	○	●	○	○	○	☆	●	○	●	○	序号 14 放松，序号 15 工作，二者交换过程中，序号 13 工作。减轮系为减速阳轮系；前轮系是两输入（序号 29、33）、一输出（共阳轮 35）的周转轮系，后架 30 经序号 27 后被序号 28 单向锁止，后轮系是一个单向定轴轮系，共阳轮 35 逆时针输入，后星轮 31 顺时针转动，迫使与之内啮合的后圈 32 有确定的顺时针输出，形成 1 挡，序号 28 参与工作，无反拖。自动离合器处于液矩器工况
D2	○	●	●	○	○	○	○	○	☆	●	○	●	○	序号 14 工作，序号 15 放松，二者交换过程中，序号 13 工作。减轮系变为联轴器，升至 2 挡，其余同上
D3	○	○	●	○	●	○	○	●	☆	●	○	○	●	序号 14 放松，序号 15 工作，减轮系为减速阳轮系；S 二式的共阳轮 35 被序号 23、24 单向锁止，前轮系是前圈 29 输入、前架 33 输出的单向减速阳轮系，升至 3 挡，后轮系是后圈 32 输入、后架 30 输出空转的单向减速阳轮系，对变速无贡献。F2 参与工作，故无反拖。自动离合器同上
D4	○	●	●	○	○	○	○	●	☆	●	○	○	●	序号 14 工作，序号 15 放松，二者交换过程中，序号 13 工作。减轮系为联轴器；升至 4 挡，其余同上
D5	●	○	●	●	●	○	○	○	○	○	☆	○	○	序号 14 放松，序号 15 工作，减轮系为减速阳轮系；序号 20、21 同时工作，共阳轮 35 与前圈 29 同方向，同转速转动，前轮系演变成架 33 输出的联轴器，升至 5 挡，后轮系同时演变成后圈 32 与共阳轮 35 同步输入的联轴器，后架 30 输出空转，对变速无贡献，无单向执行器工作，故有反拖。序号 3 工作，序号 9 放松，自动离合器处于联轴器工况
D6	●	●	●	●	○	○	○	○	○	○	☆	○	○	序号 14 工作，序号 15 放松，二者交换过程中，序号 13 工作。减轮系为联轴器；升至 6 挡，S 二式轮系与上同。无单向执行器工作，故有反拖。自动离合器同上

注：1. ●—执行元件稳定工作；○—执行元件完全不工作；☆—执行元件在相邻两挡交换期间瞬时工作。

2. S 位和 L 位也可以以相同方式获得多挡位，但对普通汽车没有太大意义，相应运作表未列出。

3. 反拖时，减轮系要变成联轴器工作状态，以避免减轮系反拖时的增速作用，为简化表中没有表示出这种变化，读者应当清楚这种变化的必要性。

4. 各挡传动比由厂家设计的 D 轮系各齿轮齿数决定，表中未列出。除 D 位外，其他挡位与 4 速同，未列出。

S 式 6 速轮系是由一个基本的 S 式轮系与一个简单轮系组合而成的，它们有四种组合形式，如果再分成 S 一式与 S 二式，那就有八种组成，本教材未一一列出，读者如果在实际工作遇到了没有列出的情况，举一反三地组合起来就可以搞清它的本质。

三、讨论

我们已经知道 S 式 6 速轮系是由一个基本的 S 式轮系与一个简单轮系组合而成的，那么如果用两个 6 速轮系串联起来就可实现 12 速自动变速器轮系，这种轮系在国内某工厂已生产出来并用在重型卡车上，如图 4-41 所示。

图 4-41　12 速自动变速器

S 式自动变速器是目前用得比较广泛的一款自动变速器，它的主要优点是结构简单，加工、维修比较简单，寿命长；缺点是基本 S 式轮系只有 3 速，挡位少，行驶动力传输平顺性及经济性都不理想，故现在装车量有所下降，厂家更乐意使用基本轮系有 4 速的 R 式或 D 式，本教材将在项目五和项目六中详细介绍这两种轮系。

项目检测要点

1. S 一式与 S 二式结构上有何不同？为什么说它们的工作原理是一样的？
2. 基本的 S 式轮系有几种工况？分别是什么轮系？
3. 超轮系与减轮系结构上有何不同？它们各有哪两种工况？
4. 分析本项目中简单轮系的阳轮与行星架之间的单向离合器的作用，为什么它是不能缺少的？
5. 自动离合器有几种工况？在什么情况下要将其变为联轴器？为什么？
6. 本项目中表示动力传递的箭头与表示运动传递的箭头表示方法有何不一样？
7. 实现多挡位传递的方法有几种？
8. 三件式执行器配置与两件式执行器配置相比，增加了什么工况？这有什么作用？

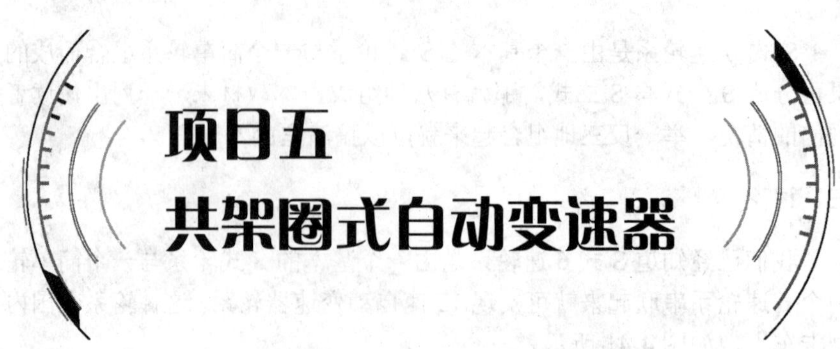

项目五
共架圈式自动变速器

学习目标

1. 知晓共架圈式自动变速器的结构与工作原理。
2. 了解R一式与R二式的区别与联系。
3. 掌握R式自动变速器执行元件的组成与作用。
4. 掌握5速R一式自动变速器轮系的挡位分析及轮系演变。
5. 了解5速R一式自动变速器轮系的挡位变化时各零件的运动状态与动力传递路线。
6. 掌握5速R二式自动变速器轮系的挡位分析及轮系演变。
7. 了解5速R二式自动变速器轮系的挡位变化时各零件的运动状态与动力传递路线。
8. 了解8速R式自动变速器的控制原理。

学习要求

能力目标	知识要点	权重
能描述R式自动变速器的组成	R式自动变速器的作用、基本概念	20%
掌握R式轮系挡位变化分析方法	R式轮系挡位变化规律	50%
了解R二式与无级变速装置搭配实现无级变速的优势	无级变速装置结构	20%
能分析8速变速器执行元件的工作规律	8速变速器的控制原理	10%

共架圈式自动变速器与前面介绍过的共太阳轮式自动变速器一样，在使用中有起步工况、驱动工况和反拖工况三个工况。

任务一　基本的共架圈式轮系的结构特点

共架圈式复合轮系（简称R式）是由三个简单动轴轮系组成的复合轮系（图3-25），故有四个输出挡位，本教材将由小（小阳轮）、短（短星轮）、长（长星轮）、圈（共用齿圈）、架（共用行星架）五构件组成的复合轮系称为1号简单动轴轮系（简称1单，1单无大阳轮）；由大（大阳轮）、长（长星轮）、圈（齿圈）、架（共用行星架）四构件组成的复合轮系称为2号简单动轴轮系（简称2单，2单无小阳轮）；由大（大阳轮）、小（小阳轮）、长（长星轮）、短（短星轮）、架（共用的行星架）五构件组成的复合轮系称为3号简单动轴轮系（简称3单，3单无齿圈），简化后有“1无大，2无小，3无圈”口诀，帮助读者记忆3个简单轮系的结构特点。以上这样组成的共架圈式复合轮系称为基本的R式动轴轮系，简称R式轮系，国际上习惯用Ravigneaux式命名。

一、基本 R 式动轴轮系结构特点

如图 5-1 所示，小阳轮在大阳轮与行星架之间的这种基本 R 式轮系定义为 R 一式［图 5-1（a）］，大阳轮在小阳轮与行星架之间的这种基本 R 式轮系定义为 R 二式［图 5-1（b）］，二者结构不同，可适应不同的汽车布置使用，工作原理和挡位分析完全一样。

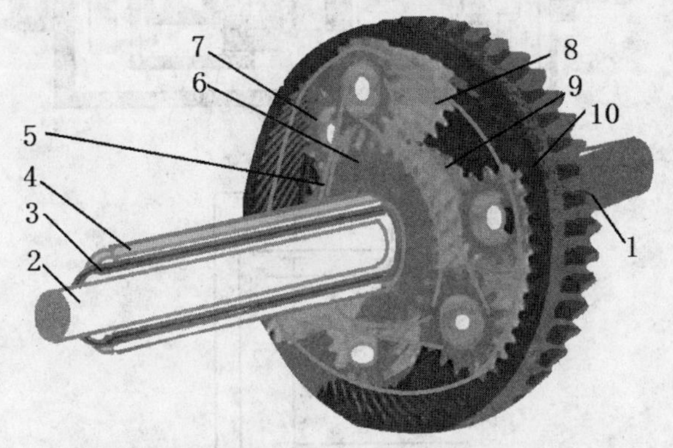

（a）R 一式（小阳轮在大阳轮与行星架之间）

（b）R 二式（大阳轮在小阳轮与行星架之间）

图 5-1　共架圈式动轴齿轮机构的两种布置（本图在封面内页有彩图）

1—齿圈轴（接输出轴头）；2—共用的行星架轴；3—小阳轮轴；4—大阳轮轴；5—行星架；6—大阳轮；7—短星轮；8—长星轮；9—小阳轮；10—齿圈

1. 基本 R 式动轴轮系结构

基本 R 式动轴轮系结构可以简述为三二三一特点（三轮系二共用三输入一输出）：

（1）三个简单动轴轮系共用一个行星架和一个齿圈（三轮共架、圈），从图 3-19（a）中可以看出 1 号简单轮系（简称 1 单）结构中没有大阳轮，可简记为“1 无大”；图 3-19（b）是 2 号简单轮系（简称 2 单），结构中没有小阳轮，可简记为“2 无小”；图 3-19（c）是 3 号简单轮系，结构中没有圈，简称“3 无圈”。“1 无大，2 无小，3 无圈”这个口诀即概括了各简单轮系的特点。

（2）共架（共用的行星架）为控制输入轴头（共架入）。

（3）大、小两个阳轮互不直接啮合，小阳轮为输入轴头，大阳轮为输入控制轴头（两阳轮均入，互不啮合）。

（4）共圈（共用的齿圈）为绝对输出轴头（共圈出）。

（5）共行星架的长、短两个行星轮相互外啮合，长星轮还与共圈内啮合、与大阳轮外啮合，短星轮还与小阳轮外啮合（长短星轮共架互啮合）。

以上特点可简述为三轮系共架、圈，一架二阳三输入，共圈出，长大、短小互啮合。这样的口诀有利于初学者记忆。

2. 共架圈式动轴齿轮机构的两种布置的机构示意图

共架圈式动轴齿轮机构的两种布置的机构示意图如图 5-2 所示。

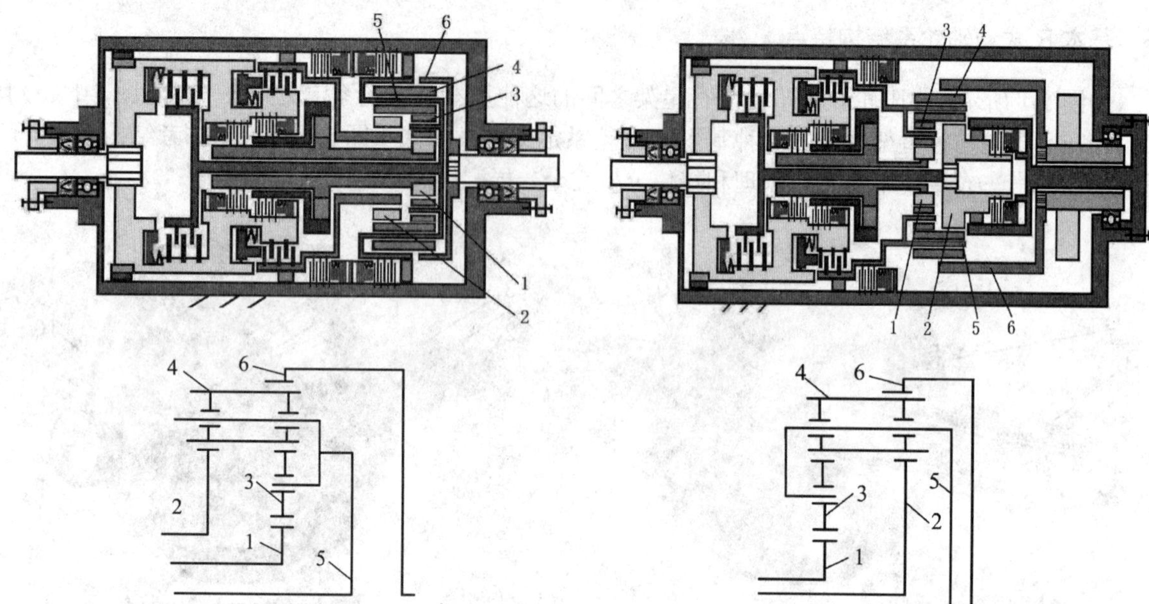

（a）R 一式（小阳轮在大阳轮与共架之间，此视图为大左小右）　（b）R 二式（大阳轮在小阳轮与共架之间，此视图为小左大右）

图 5-2　共架圈式动轴齿轮机构的两种布置的机构示意图

1—小阳轮；2—大阳轮；3—短星轮；4—长星轮；5—共架；6—共圈

3. 共架圈式动轴轮系的演变

R 式轮系的演变比简单轮系要复杂，作者通过实验得到如表 5-1 所示的结论，其中“同向”是指被动件的转向与主动件转向相同，“反向”是指被动件转向与主动件相反。

表 5-1　R 式轮系运动演变情况（以下结论是通过实验得到的）

<table>
<tr><th>序号</th><th>共圈</th><th>共架</th><th>大阳轮</th><th>小阳轮</th><th>长星轮</th><th>短星轮</th></tr>
<tr><td>1</td><td rowspan="3">固定
圈轮系</td><td>主动输入</td><td>同向加速</td><td>反向加速</td><td rowspan="3">公转随架，自转随小阳轮</td><td rowspan="3">公转随架，自转反小阳轮</td></tr>
<tr><td>2</td><td>同向减速</td><td>主动输入</td><td>反向减速</td></tr>
<tr><td>3</td><td>反向减速</td><td>大阳轮在长星轮公转作用下随架反向转动，同时还受到长星轮自转（与小阳轮同向）的加速作用，两个运动叠加，所以反向加速转动，如右图</td><td>主动输入
ω_1 ω_2 $\omega_大$
$\omega_大=\omega_1+\omega_2$</td></tr>
<tr><td>4</td><td>主动输入</td><td rowspan="3">固定
定轴轮系</td><td>反向加速</td><td>同向加速</td><td rowspan="3">自转随圈
无公转</td><td rowspan="3">自转反圈
无公转</td></tr>
<tr><td>5</td><td>反向减速</td><td>主动输入</td><td>反向加速</td></tr>
<tr><td>6</td><td>同向减速</td><td>反向减速</td><td>主动输入</td></tr>
<tr><td>7</td><td>主动输入</td><td>同向减速</td><td rowspan="3">固定
大阳轮系</td><td>同向加速</td><td rowspan="3">公转随架，自转随圈</td><td rowspan="3">公转随架，自转反圈</td></tr>
<tr><td>8</td><td>同向加速</td><td>主动输入</td><td>同向加速</td></tr>
<tr><td>9</td><td>同向减速</td><td>同向减速</td><td>主动输入</td></tr>
<tr><td>10</td><td>主动输入</td><td>同向加速</td><td>同向加速</td><td rowspan="2">固定
小阳轮系</td><td rowspan="2">公转随架，自转反架</td><td rowspan="2">公转随架，自转随架</td></tr>
<tr><td>11</td><td>同向减速</td><td>主动输入</td><td>同向加速</td></tr>
</table>

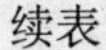

续表

序号	共圈	共架	大阳轮	小阳轮	长星轮	短星轮
12	同向减速：长行星轮推动圈逆架转动，而架带动圈同架转动，两种转动叠加到圈上，谁转向快，圈听谁的，圈转速是两者代数差，如右图	同向减速	主动输入 ω_2 ω_1 $\omega_{大}$ $\omega_{圈}$ $\omega_{圈}=\omega_1-\omega_2$ $\omega_{圈}=\omega_1-\omega_2$	固定小阳轮系	公转随架，自转反架	公转随架，自转随架
没有任何构件固定的周转轮系，任意两构件同向同速输入，轮系都会变成联轴器；同向不同速输入或反向输入，轮系就会有不同的输出。以下是作者通过实验得到的部分组合情况，读者自己可通过不同构件的组合来验证其他构件的运动情况						
13	联轴器	联轴器	同向同速输入	联轴器		
	同向减速输出	同向不同速输入		反向空转	公转随架，自转反架	公转随架，自转随架
	随架加速	逆向输入		随架加速空转	公转随架，自转反架	公转随架，自转随架
14	转向同小阳轮	转向同大阳轮	反向输入		公转随架，自转反架	公转随架，自转随架

二、基本4速R式动轴轮系约束元件

为了实现变挡，基本4速R式动轴轮系也配置了常用的单双向制动器、单双向离合器和单双联轴器六种执行元件，以一件式（如序号3、序号9、序号13、序号18、序号16）、两件式（如序号19与20）或三件式（如序号14、15与12）的组合来约束轮系的自由度，实现换挡。各个车型的配置并不一定相同，本教材按最有利于控制的思路将R一式的轮系示意图表达如图5-3所示，R二式的轮系示意图表达如图5-4所示。

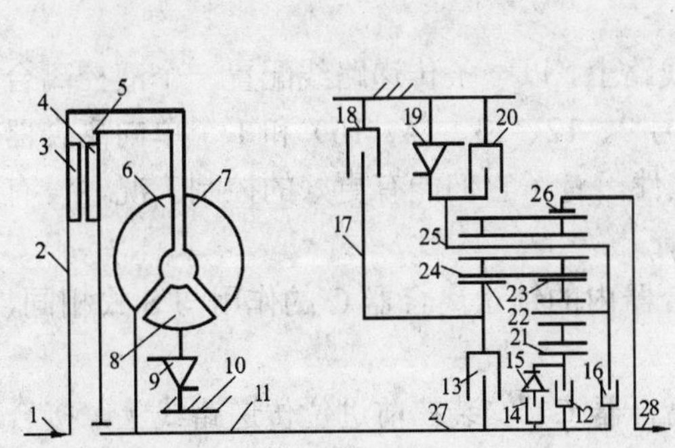

（a）机构示意图

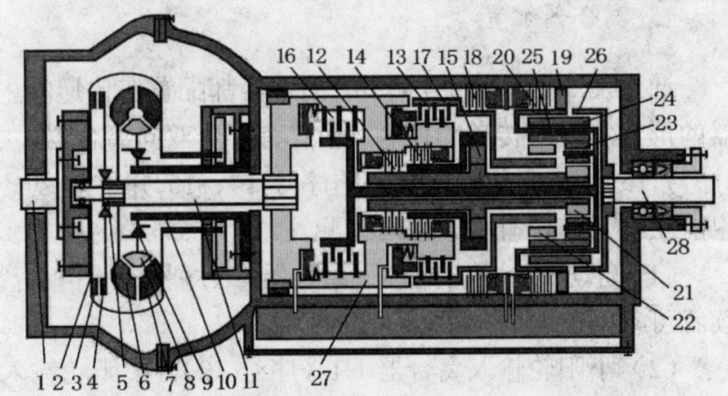

（b）结构示意图

图中序号5花键在涡轮的外缘，结构更紧凑合理，使用更多，也可如图在输出轴上，二者仅是结构差异，没有实质区别，本教材画在输出轴上纯粹是为了便于表达连接的实质，不特指某款车型

图5-3　共架圈R一式4速动轴轮系自动变速器

1—曲轴；2—液力变矩器外壳；3—锁止离合器C；4—锁止离合器C的摩擦盘；5—摩擦盘与涡轮间连接花键；6—涡轮；7—泵轮；8—导轮；9—导轮单向制动器F；10—导轮支撑轴；11—涡轮与变速器连接轴；12—小阳轮输入离合器C1；13—大阳轮输入离合器C2；14—小阳轮输入离合器C3；15—小阳轮单向输入离合器F1；16—共架输入离合器C4；17—大阳轮连接轴；18—大阳轮双向制动器B2；19—共架单向锁止制动器F2；20—共架双向锁止制动器B1；21—小阳轮；22—大阳轮；23—短星轮；24—长星轮；25—共架；26—共圈；27—轮系输入轴；28—轮系输出轴

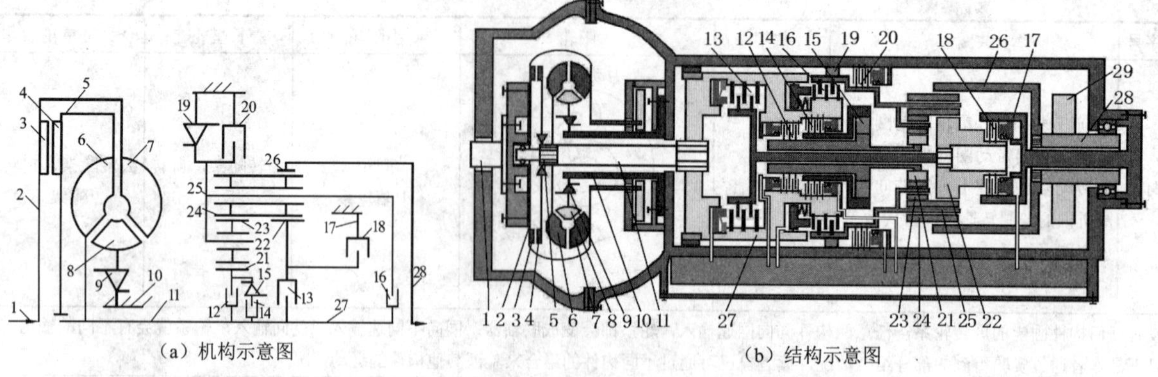

图 5-4　共架圈 R 二式 4 速动轴轮系自动变速器

1—曲轴；2—液力变矩器外壳；3—锁止离合器 C；4—锁止离合器 C 的摩擦盘；5—摩擦盘与涡轮间连接花键；6—涡轮；7—泵轮；8—导轮；9—导轮单向制动器 F；10—导轮支撑轴；11—涡轮与变速器连接轴；12—小阳轮输入离合器 C1；13—大阳轮输入离合器 C2；14—小阳轮输入离合器 C3；15—小阳轮单向输入离合器 F1；16—共架输入离合器 C4；17—大阳轮连接轴（连机壳）；18—大阳轮双向制动器 B2；19—共架单向锁止制动器 F2；20—共架双向锁止制动器 B1；21—小阳轮；22—大阳轮；23—短星轮；24—长星轮；25—共架；26—共圈；27—轮系输入轴；28—轮系输出轴；29—输出齿轮

比较两种结构可以发现，就执行元件、传递效果而言，它们是完全一样的，其中轮系输入轴 27 上有四个离合器，控制四条输入路线（其中小阳轮上有两条输入路线，与前面说的三输入不矛盾），这是 R 式动轴轮系的一个特点。R 二式由于不能直接沿轮系输出轴 28 轴线向外输出动力和运动［如图 5-4（b）所示，这条线路用来连接变速器壳体，R 一式的这条路线是畅通的，可直接沿输出轴 28 的轴线输出，如图 5-3 所示］，故多了一个输出齿轮 29，它可以是齿轮，也可以是链轮，也可以是可变有效工作直径的无级调速传动轮，改变输出轴线后再输出。R 一式和 R 二式机械配置共同特点如下。

1. 离合器配置

通过图 5-3 和图 5-4 可知，离合器都配置在传递的主线路上，以一条传递路线配置一个液控离合器的形式实现对传递的控制。R 式有 5 个双向离合器（序号 3、12、13、14、16）和 1 个单向离合器（序号 15），小阳轮输入轴上的序号 14、15 并不是必配零件，有了它们能有更好的控制工况，没有也能正常工作，有些车型没有配置。

（1）自动离合器内的锁止离合器 C（序号 3）。自动离合器内的锁止离合器 C 的作用与 S 式相同，读者可参阅前面的介绍。

（2）小阳轮输入离合器 C1（序号 12）。小阳轮输入离合器 C1 安装在前进位传递路线上，接合时涡轮 6 与小阳轮 21 连成一体，将发动机的动力和运动输入轮系，实现前进各种挡位的控制，分离时，这条传递路线被切断。

（3）大阳轮输入离合器 C2（序号 13）。大阳轮输入离合器 C2 工作时，将涡轮 6 与轮系大阳轮 22 连成一体，接合时发动机的动力和运动直接传给轮系大阳轮 22，实现前进位或倒车位控制，分离时这条传递路线被切断。

（4）共架输入离合器 C4（序号 16）工作时将涡轮 6 与共架 25 连成一体。

（5）小阳轮输入离合器 C3（序号 14）与小阳轮单向输入离合器 F1（序号 15）组成小阳轮的另一条不可反拖通道，使变速器多了不可反拖的工况，但这条配置使变速器复杂化了，故有些车上没有。

（6）小阳轮单向输入离合器 F1（序号 15），在序号 14 工作的条件下，它使小阳轮被顺转拖动。

2. 制动器的配置

R 式上配置了两双、两单共 4 个制动器：

（1）大阳轮双向制动器 B2（序号 18），它工作时将大阳轮 22 双向锁止在壳体上。

（2）共架双向锁止制动器 B1（序号 20），它工作时将共架 25 双向锁止在壳体上。

（3）导轮单向制动器 F（序号 9），它将导轮 8 单向锁止在支撑轴 10 上。

（4）共架单向锁止制动器 F2（序号 19），它工作时将共架 25 单向锁止在壳体上。

三、基本 R 式动轴轮系的挡位分析

由于基本 R 式动轴轮系本身有 4 速前进位，在后面 R 式 5 速动轴轮系的挡位分析中完全覆盖了 4 速的挡位分析，故它的挡位分析本教材略。

任务二　5 速共架圈式自动变速器的配置

前面已经介绍过不管是 R 一式或是 R 二式的基本共架圈式轮系都只有 4 个输出挡，汽车向 5 速、8 速多前进速度的自动变速器方向发展，增加输出挡数的办法之一是在基本的共架圈系基础上增加轮系，组成复合轮系。增加一个简单轮系是最常用、最经济的方法，为大多数厂家所采用。

一、简单轮系与基本 R 式轮系的配置

简单轮系与基本 R 式轮系配置的可能方式如表 5-2 所示。与 S 式的配置相同，也有简单轮系前置（简称前置）和简单轮系后置（简称后置）两种，简单轮系也分为超速轮系和减速轮系两种。

表 5-2　简单轮系与 R 式基本共架圈式轮系的配置

类型		简单轮系前置	简单轮系后置
R 一式	超速轮系	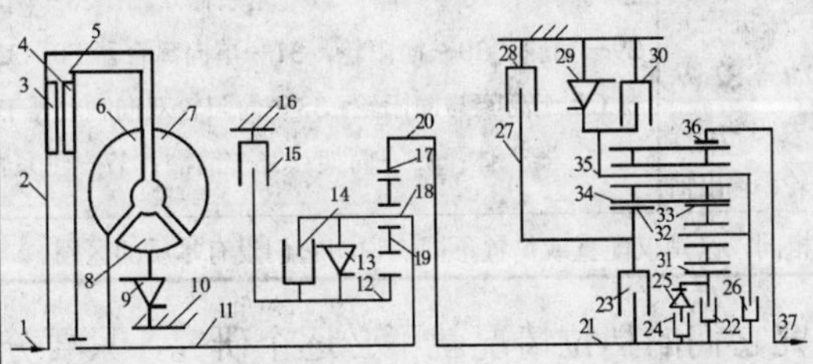 (a)	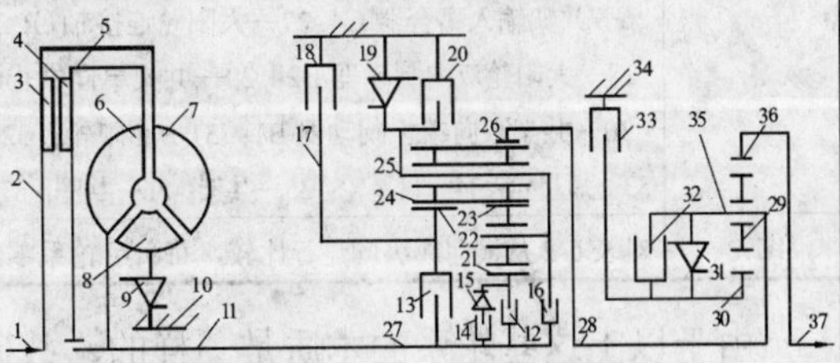 (b)
	减速轮系	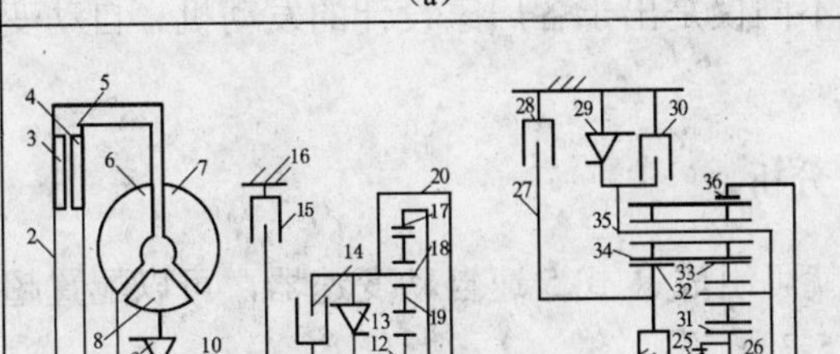 (c)	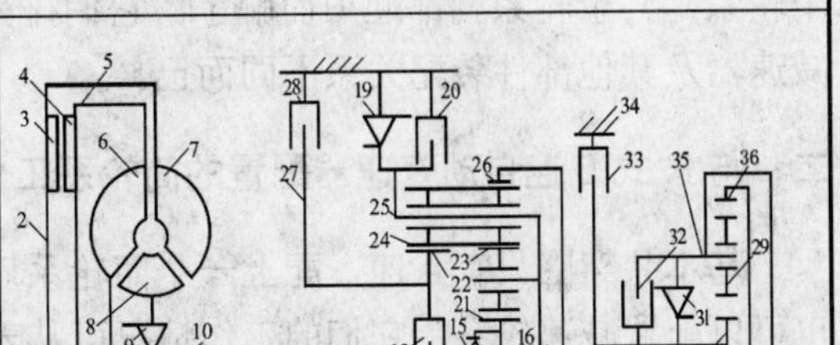 (d)

续表

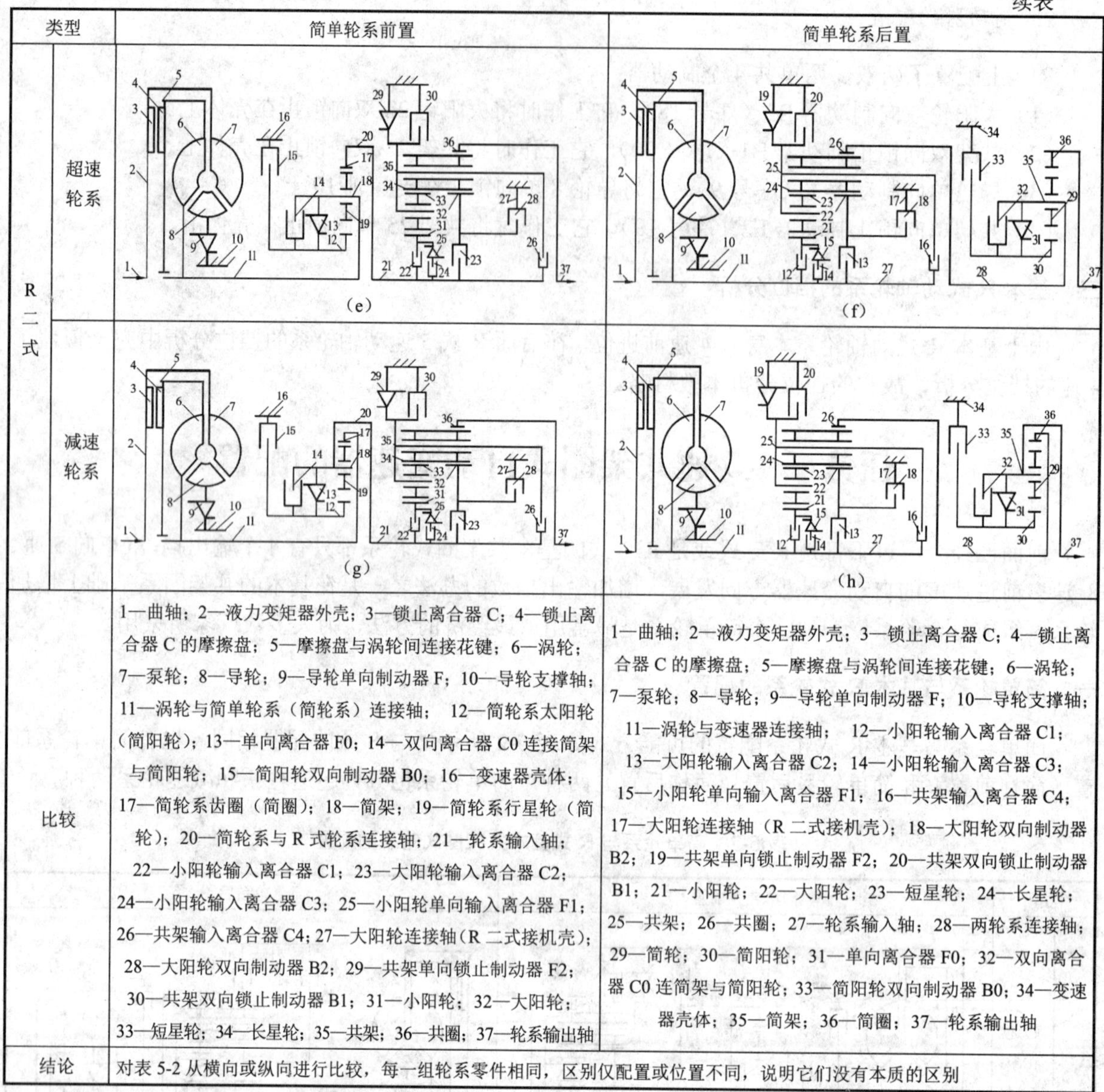

类型		简单轮系前置	简单轮系后置
R二式	超速轮系	(e)	(f)
	减速轮系	(g)	(h)
比较		1—曲轴；2—液力变矩器外壳；3—锁止离合器 C；4—锁止离合器 C 的摩擦盘；5—摩擦盘与涡轮间连接花键；6—涡轮；7—泵轮；8—导轮；9—导轮单向制动器 F；10—导轮支撑轴；11—涡轮与简单轮系（简轮系）连接轴；12—简轮系太阳轮（简阳轮）；13—单向离合器 F0；14—双向离合器 C0 连接简架与简阳轮；15—简阳轮双向制动器 B0；16—变速器壳体；17—简轮系齿圈（简圈）；18—简架；19—简轮系行星轮（简轮）；20—简轮系与 R 式轮系连接轴；21—轮系输入轴；22—小阳轮输入离合器 C1；23—大阳轮输入离合器 C2；24—小阳轮输入离合器 C3；25—小阳轮单向输入离合器 F1；26—共架输入离合器 C4；27—大阳轮连接轴（R 二式接机壳）；28—大阳轮双向制动器 B2；29—共架单向锁止制动器 F2；30—共架双向锁止制动器 B1；31—小阳轮；32—大阳轮；33—短星轮；34—长星轮；35—共架；36—共圈；37—轮系输出轴	1—曲轴；2—液力变矩器外壳；3—锁止离合器 C；4—锁止离合器 C 的摩擦盘；5—摩擦盘与涡轮间连接花键；6—涡轮；7—泵轮；8—导轮；9—导轮单向制动器 F；10—导轮支撑轴；11—涡轮与变速器连接轴；12—小阳轮输入离合器 C1；13—大阳轮输入离合器 C2；14—小阳轮输入离合器 C3；15—小阳轮单向输入离合器 F1；16—共架输入离合器 C4；17—大阳轮连接轴（R 二式接机壳）；18—大阳轮双向制动器 B2；19—共架单向锁止制动器 F2；20—共架双向锁止制动器 B1；21—小阳轮；22—大阳轮；23—短星轮；24—长星轮；25—共架；26—共圈；27—轮系输入轴；28—两轮系连接轴；29—简轮；30—简阳轮；31—单向离合器 F0；32—双向离合器 C0 连简架与简阳轮；33—简阳轮双向制动器 B0；34—变速器壳体；35—简架；36—简圈；37—轮系输出轴
结论		对表 5-2 从横向或纵向进行比较，每一组轮系零件相同，区别仅配置或位置不同，说明它们没有本质的区别	

由于以上这些轮系的本质是一样的，故研究它们的挡位情况就不必逐个研究，只要分析清楚一个轮系，其余轮系就都迎刃而解了。它们排列不同仅是出于各厂家设计的发动机、自动变速器、主减速器及其他部件装配关系不同而已。

二、与 R 式 5 速自动变速器配置的简轮系工作分析

基本共架圈只有 4 速，配上一个简轮系后就可组成 R 式 5 速自动变速器，可以配置超速轮系，也可以配置减速轮系，它们的工作情况可从表 5-3 了解。

表 5-3　R 式 5 速变速器配置的简轮系

类型	超速轮系	减速轮系
机构示意图	16 15 17 14 18 13 19 12	16 15 17 14 18 13 19 12
特点	大轮行星架输入，小轮齿圈将增速输出。反拖时反拖速度在超速轮系处经减速后（圈带动架）传给发动机，这是有利的	序号 15 工作，减速轮系是阳轮系。驱动时小轮齿圈输入，大轮行星架将减速输出。反拖时正好相反，是大轮行星架输入，小轮齿圈将增速（架带动圈）输出传给发动机，这是不利的，故反拖时应当让序号 15 放松，14 工作，轮系是联轴器状态
注释	12—简阳轮（简单轮系阳轮的简称，以下“简”字同）；13—单向离合器 F0；14—双向离合器 C0 连简架；15—双向制动器 B0；16—变速器壳体；17—简圈；18—简架；19—简轮	
说明	以下内容与 S 式相同，请参阅表 4-2。需要特别说明的是，除 5 挡外，减速轮系在驱动时处于减速阳轮系状态，如果在某挡可以实现反拖，就会出现前进驱动时减速轮系处于减速阳轮系状态，起到减速的作用，而同一挡位反拖时因为架变成主动件、圈变成被动件，阳轮系就变成架带圈的增速阳轮系了，这时的增速显然是不合理的。为避免这种不合理，反拖时应当让减速轮系由减速阳轮系状态变成联轴器状态。在此统一说明，后继内容中就不一一说明了	

三、R 一式 5 速轮系结构

简单轮系与 R 一式搭配分别有超速轮系和减速轮系前置与后置四种。

1. 与超速轮系搭配的 R 一式 5 速轮系结构

1）超速轮系前置的 R 一式 5 速轮系

图 5-5 是超速轮系前置的 R 一式 5 速轮系比较完整的示意图，其中图（a）为机构示意图，图（b）为结构示意图。图中表达了超速轮系前置与基本共架圈式轮系组成的复合 R 一式 5 速轮系的连接情况。

这种类型的复合轮系有三个基本特征：第一，新加的超架 18 通过连接轴 11 与液力变矩器的涡轮 6 相连接，将动力和运动输入变速器，因为多加了这个超轮系，输出的挡位数也就相应增加了；第二，R 式轮系输入轴 21 上有四个离合器，控制输入变速器的四条通道；第三，超速轮系串联在了原 R 一式与液力变矩器之间，对原 R 一式本身没有任何改变。

在图 5-5（a）中所有制动器均画成湿式多片式制动器，具体车型是怎样设计的请读者参阅具体车型，在图 5-5（b）中都抽象地画成了相同的符号。

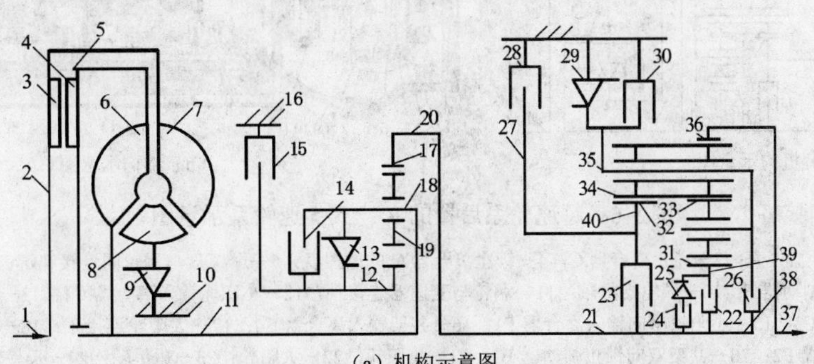

（a）机构示意图

图 5-5　超速轮系前置的 R 一式 5 速轮系示意图

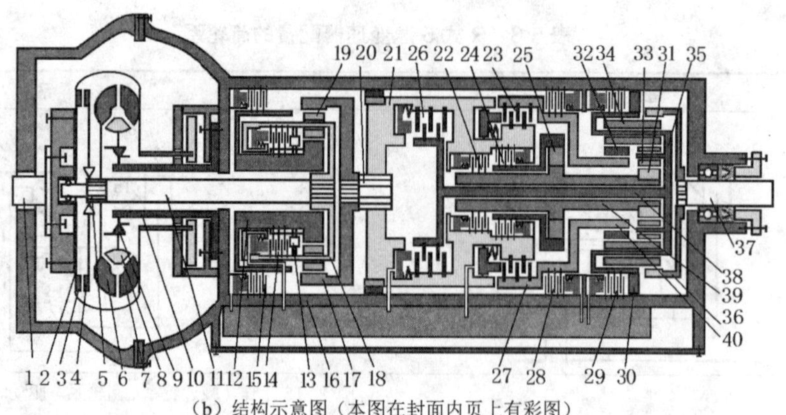

（b）结构示意图（本图在封面内页上有彩图）

图 5-5　超速轮系前置的 R 一式 5 速轮系示意图（续）

1—曲轴；2—液力变矩器外壳；3—锁止离合器 C；4—锁止离合器 C 的摩擦盘；5—摩擦盘与涡轮间连接花键；6—涡轮；7—泵轮；8—导轮；9—导轮单向制动器 F；10—导轮支撑轴；11—涡轮与超速轮系（超轮系）连接轴；12—超速轮系太阳轮（超阳轮）；13—单向锁止离合器 F0；14—双向锁止离合器 C0 连接超架与超阳轮；15—超阳轮双向锁止制动器 B0；16—变速器壳体；17—超轮系齿圈（超圈）；18—超架；19—超轮系行星轮（超星轮）；20—超轮系与 R 式轮系连接轴；21—轮系输入轴；22—小阳轮输入离合器 C1；23—大阳轮输入离合器 C2；24—小阳轮输入离合器 C3；25—小阳轮单向输入离合器 F1；26—共架输入离合器 C4；27—大阳轮连接轴；28—大阳轮双向制动器 B2；29—共架单向锁止制动器 F2；30—共架双向锁止制动器 B1；31—小阳轮；32—大阳轮；33—短星轮；34—长星轮；35—共架；36—共圈；37—轮系输出轴；38—共架驱动轴；39—小阳轮驱动轴；40—大阳轮驱动轴

图中序号 22（小阳轮输入离合器 C1）、序号 24（小阳轮输入离合器 C3）和序号 25（小阳轮单向输入离合器 F1）组成的三件式执行件组合体在序号 22 和序号 24 都不工作时，小阳轮多了一个可以双向自由转动的工况，多数车型上都没有设置序号 24 和序号 25，本教材之所以设置了序号 24、25，是超脱具体车型，进行基本原理的分析，希望通过这种总成，让学生能够灵活掌握分析动轴轮系的方法，以便对 R 式轮系全面性能有一个更好的理解，读者对照具体车型如果没有序号 24、25，就当成小阳轮 31 只有序号 22 一条通道与输入轴 21 连接即可。

2）超速轮系后置的 R 一式 5 速轮系

图 5-6 是与超速轮系后置的 R 一式 5 速轮系比较完整的示意图，其中图（a）为机构示意图，图（b）为结构示意图。图中表达了超速轮系后置与基本共架圈式轮系组成的复合 R 一式 5 速轮系的连接情况。

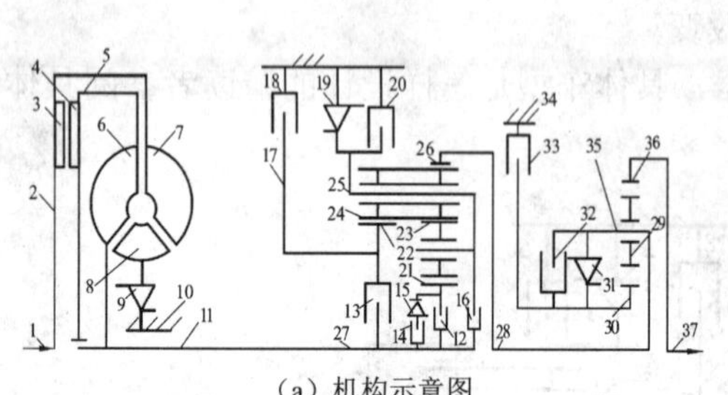

（a）机构示意图

13 17 18 20 19 25 26 32 31 29 30
37
36
35
1 2 3 4 5 6 7 8 9 10 11 16 27 12 14 15 22 24 23 21 28 33 34

（b）结构示意图

图 5-6　超速轮系后置的 R 一式 5 速轮系示意图

1—曲轴；2—液力变矩器外壳；3—锁止离合器 C；4—锁止离合器 C 的摩擦盘；5—摩擦盘与涡轮间连接花键；6—涡轮；7—泵轮；8—导轮；9—导轮单向制动器 F；10—导轮支撑轴；11—涡轮与变速器连接轴；12—小阳轮输入离合器 C1；13—大阳轮输入离合器 C2；14—小阳轮输入离合器 C3；15—小阳轮单向输入离合器 F1；16—共架输入离合器 C4；17—大阳轮连接轴；18—大阳轮双向制动器 B2；19—共架单向锁止制动器 F2；20—共架双向锁止制动器 B1；21—小阳轮；22—大阳轮；23—短星轮；24—长星轮；25—共架；26—共圈；27—轮系输入轴；28—两轮系连接轴；29—超星轮；30—超阳轮；31—超阳轮与超架单向锁止离合器 F0；32—超阳轮与超架双向锁止离合器 C0；33—超阳轮双向锁止制动器 B0；34—变速器壳体；35—超架；36—超圈；37—轮系输出轴

2. 与减速轮系搭配的 R 一式 5 速轮系结构

前面已经介绍了减速轮系与超速轮系的区别与联系，下面只介绍它们与基本 R 式轮系的连接情况，相同的地方就不再赘述。

1）减速轮系前置的 R 一式 5 速轮系

图 5-7 是减速轮系前置的 R 一式 5 速轮系比较完整的示意图，其中图（a）为机构示意图，图（b）为结构示意图。图中表达了减速轮系前置与基本共架圈式轮系组成的复合 R 一式 5 速轮系的连接情况。

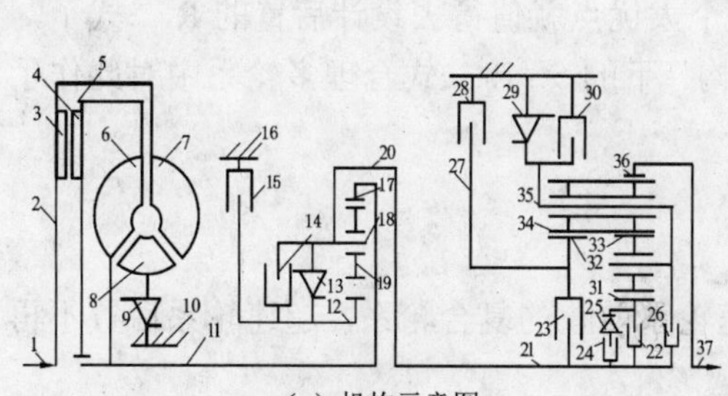

（a）机构示意图

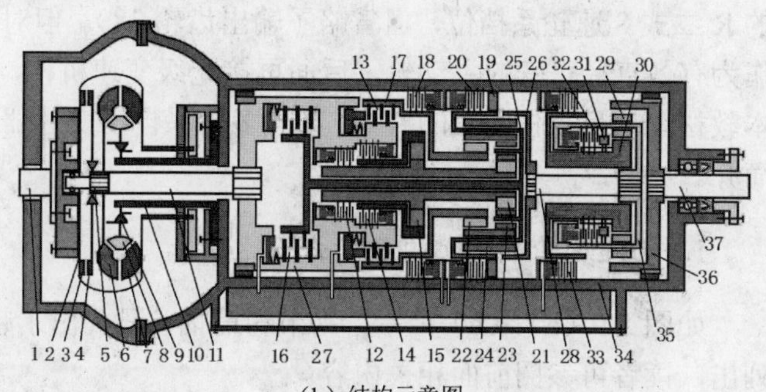

（b）结构示意图

图 5-7　减速轮系前置的 R 一式 5 速轮系示意图

1—曲轴；2—液力变矩器外壳；3—锁止离合器 C；4—锁止离合器 C 的摩擦盘；5—摩擦盘与涡轮间连接花键；6—涡轮；7—泵轮；8—导轮；9—导轮单向制动器 F；10—导轮支撑轴；11—涡轮与减轮系连接轴；12—减速轮系太阳轮（减阳轮）；13—减阳轮与减架单向锁止离合器 F0；14—减阳轮与减架双向锁止离合器 C0；15—减阳轮双向锁止制动器 B0；16—变速器壳体；17—减轮系齿圈（减圈）；18—减架；19—减轮系行星轮（减星轮）；20—减轮系与 R 式轮系连接轴；21—轮系输入轴；22—小阳轮输入离合器 C1；23—大阳轮输入离合器 C2；24—小阳轮输入离合器 C3；25—小阳轮单向输入离合器 F1；26—共架输入离合器 C4；27—大阳轮连接轴；28—大阳轮双向制动器 B2；29—共架单向锁止制动器 F2；30—共架双向锁止制动器 B1；31—小阳轮；32—大阳轮；33—短星轮；34—长星轮；35—共架；36—共圈；37—轮系输出轴

2）减速轮系后置的 R 一式 5 速轮系

图 5-8 是减速轮系后置的 R 一式 5 速轮系比较完整的示意图，其中图（a）为机构示意图，图（b）为结构示意图。图中表达了减速轮系后置与基本共架圈式轮系组成的复合 R 一式 5 速轮系的连接情况。

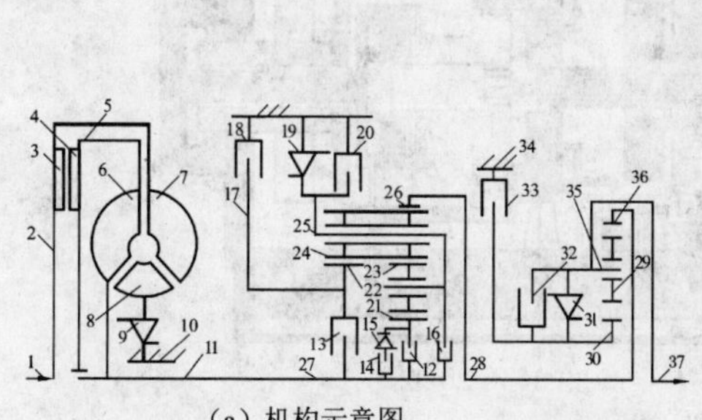

（a）机构示意图

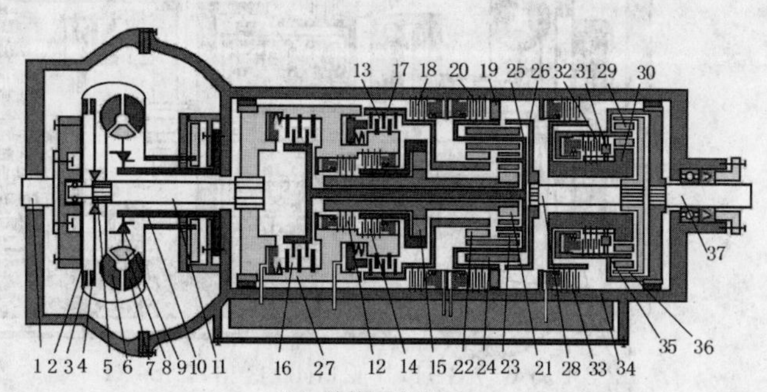

（b）结构示意图

图 5-8　减速轮系后置的 R 一式 5 速轮系示意图

1—曲轴；2—液力变矩器外壳；3—锁止离合器 C；4—锁止离合器 C 的摩擦盘；5—摩擦盘与涡轮间连接花键；6—涡轮；7—泵轮；8—导轮；9—导轮单向制动器 F；10—导轮支撑轴；11—涡轮与变速器连接轴；12—小阳轮输入离合器 C1；13—大阳轮输入离合器 C2；14—小阳轮输入离合器 C3；15—小阳轮单向输入离合器 F1；16—共架输入离合器 C4；17—大阳轮连接轴；18—大阳轮双向制动器 B2；19—共架单向锁止制动器 F2；20—共架双向锁止制动器 B1；21—小阳轮；22—大阳轮；23—短星轮；24—长星轮；25—共架；26—共圈；27—轮系输入轴；28—两轮系连接轴；29—减星轮；30—减阳轮；31—减阳轮与减架单向锁止离合器 F0；32—减阳轮与减架双向锁止离合器 C0；33—减阳轮双向锁止制动器 B0；34—变速器壳体；35—减架；36—减圈；37—轮系输出轴

四、R 二式 5 速轮系结构

图 5-9 是简单轮系与 R 二式组成 5 速轮系的示意图，从理论上讲，R 二式仍然有简单轮系后置的可能，如表 5-2 中所列，但从结构上讲，一般只采用简单轮系与基本 R 二式轮系组成 R 二式 5 速轮系的超速轮系前置、减速轮系前置两种配置，少有后置的情况，这是因为 R 二轮系输出端后面要与机壳相接，如果采用后置，势必要由输出齿轮 38［图 5-9（b）、（d）］通过一对齿轮啮合才能与简单轮系连接，这样会造成变速器体积增大，一般情况下这种结构没有特别的优点吸引设计者去追求它，故本教材不讨论简单轮系后置的 R 二式挡位变化（为不留缺项，在表 5-13 中简介了减轮系后置的 R 二式 8 速轮系挡位，但省略了输出齿轮 38）。但对于无级变速轮系来说，输出齿轮 38 正好可以作为有效直径可变的主动轮，后面再接无级变速机构，这个大优点就值得去设计后置的 R 二式了，本教材在项目七任务三的“二、其他多轮系自动变速器结构”下的 5．R 二式合理多轮系中对此作了简介。

1. 与超速轮系搭配的 R 二式 5 速轮系

如图 5-9（a）、（b）所示，为节约篇幅，只列出了超速轮系前置的复合轮系，超速轮系后置不再列出，读者可参阅前面相关内容。

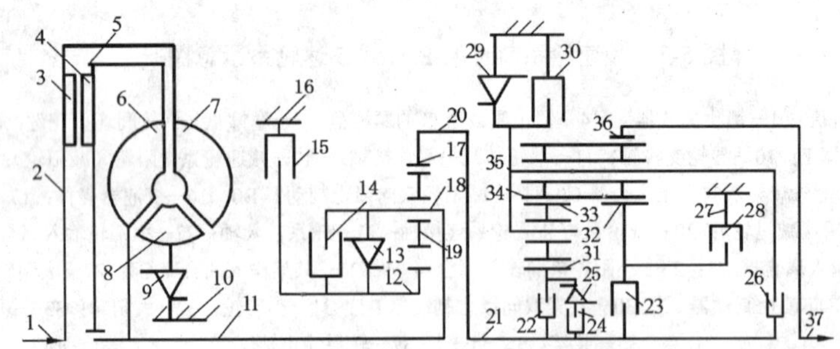

（a）超速轮系前置 R 二式 5 速轮系机构示意图

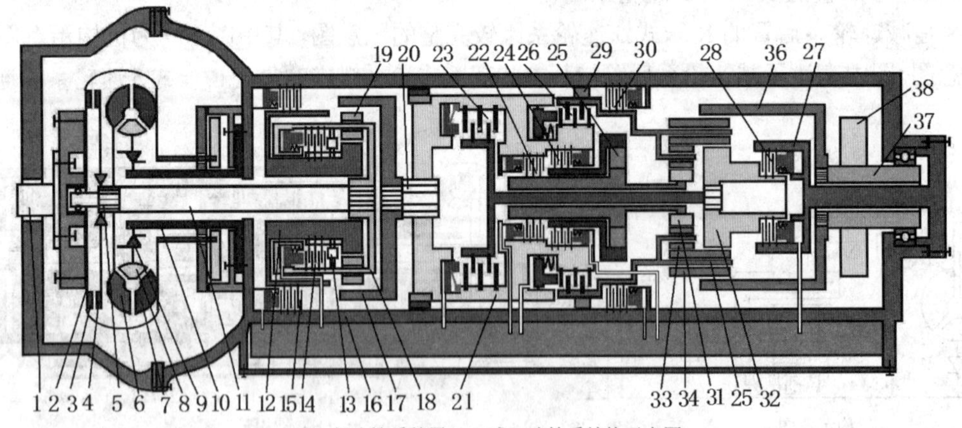

（b）超速轮系前置 R 二式 5 速轮系结构示意图

图 5-9 简单轮系与 R 二式组成 5 速轮系示意图

1—曲轴；2—液力变矩器外壳；3—锁止离合器 C；4—锁止离合器 C 的摩擦盘；5—摩擦盘与涡轮间连接花键；6—涡轮；7—泵轮；8—导轮；9—导轮单向制动器 F；10—导轮支撑轴；11—涡轮与简单轮系（简轮系）连接轴；12—超轮系太阳轮（超阳轮）；13—超阳轮与超架单向锁止离合器 F0；14—超阳轮与超架双向锁止离合器 C0；15—超阳轮双向制动器 B0；16—变速器壳体；17—超轮系齿圈（超圈）；18—超架；19 超轮系行星轮（超星轮）；20—超轮系与 R 式轮系连接轴；21—轮系输入轴；22—小阳轮输入离合器 C1；23—大阳轮输入离合器 C2；24—小阳轮输入离合器 C3；25—小阳轮单向输入离合器 F1；26—共架输入离合器 C4；27—大阳轮连接轴（R 二式接机壳）；28—大阳轮双向制动器 B2；29—共架单向锁止制动器 F2；30—共架双向锁止制动器 B1；31—小阳轮；32—大阳轮；33—短星轮；34—长星轮；35—共架；36—共圈；37—轮系输出轴；38—输出齿轮［见图（b）和图（d），图（a）和图（c）未标出］

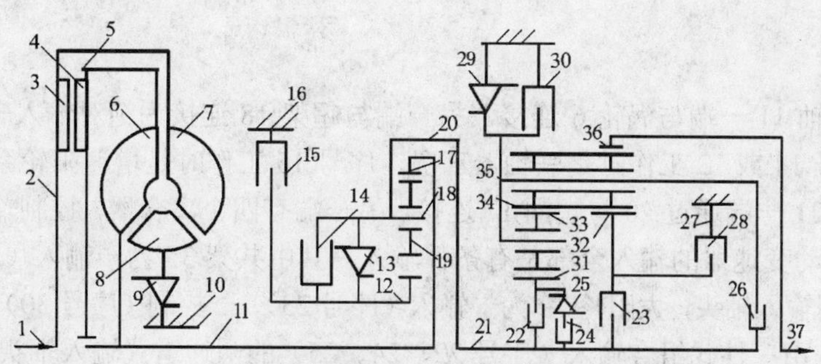

（c）减速轮系前置 R 二式 5 速轮系机构示意图

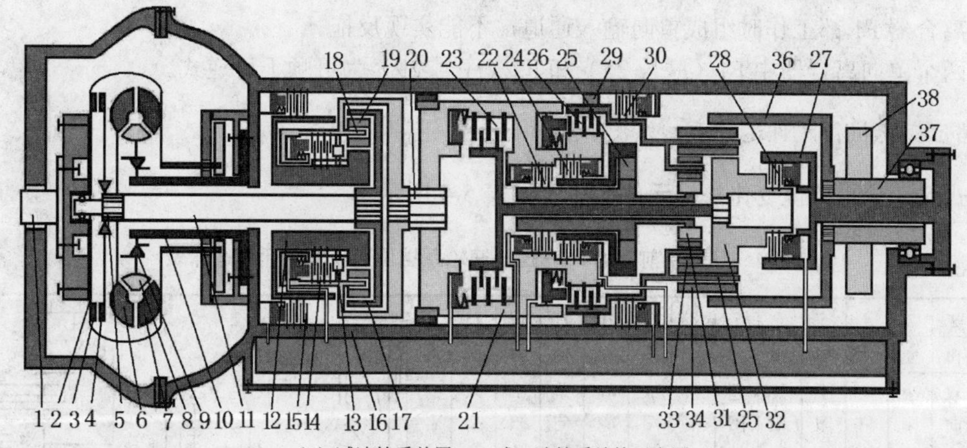

（d）减速轮系前置 R 二式 5 速轮系结构示意图

图 5-9　简单轮系与 R 二式组成 5 速轮系示意图（续）

1—曲轴；2—液力变矩器外壳；3—锁止离合器 C；4—锁止离合器 C 的摩擦盘；5—摩擦盘与涡轮间连接花键；6—涡轮；7—泵轮；8—导轮；9—导轮单向制动器 F；10—导轮支撑轴；11—涡轮与简单轮系（简轮系）连接轴；12—减轮系太阳轮（减阳轮）；13—减阳轮与减架单向锁止离合器 F0；14—减阳轮与减架双向锁止离合器 C0；15—减阳轮双向锁止制动器 B0；16—变速器壳体；17—减轮系齿圈（减圈）；18—减架；19 减轮系行星轮（减星轮）；20—减轮系与 R 式轮系连接轴；21—轮系输入轴；22—小阳轮输入离合器 C1；23—大阳轮输入离合器 C2；24—小阳轮输入离合器 C3；25—小阳轮单向输入离合器 F1；26—共架输入离合器 C4；27—大阳轮连接轴（R 二式接机壳）；28—大阳轮双向制动器 B2；29—共架单向锁止制动器 F2；30—双向锁止制动器 B1；31—小阳轮；32—大阳轮；33—短星轮；34—长星轮；35—共架；36—共圈；37—轮系输出轴；38—输出齿轮

2. 与减速轮系搭配的 R 二式 5 速轮系

如图 5-9（c）、（d）所示，为节约篇幅，只列出了减速轮系前置的复合轮系，减速轮系后置不再列出，读者可参阅前面相关内容。

任务三　5 速复合 R 一轮系的挡位分析

与一个简单轮系组成的复合 R 一轮系的挡位数比基本的 R 一式要多，本教材将与一个简单轮系组成的复合 R 一轮系简称为 R 一式 5 速轮系。

一、超轮系前置的 R 一式 5 速轮系挡位分析

超轮系（超速轮系）前置的 R 一式 5 速轮系示意图如图 5-5 所示，自动离合器出来后紧接一个超轮系，超轮系后面是一个基本的 R 一式轮系。

1. 机构控制特点

（1）变速器连接轴 11 一端与涡轮 6 连接，另一端与超架 18 连接为绝对输入轴头（反拖时是绝对的输出轴头），序号 14 或 13 工作时是联轴器工况，序号 15 工作时是增速阳轮系工况。

（2）轮系输入轴 21 一端通过 20 与超圈 17 连接，另一端有四个离合器，控制输入 R 式变速器的四条通道，使 R 式自动变速器的输入全部是有条件输入。其中共架 35 为一输入（序号 26）、二控制（序号 29、30）的控制输入轴头，大阳轮 32 为一输入（序号 23）、一控制（序号 30）的输入控制轴头。

（3）小阳轮 31 是由三件式组合输入（序号 22、24、25）的两通道式输入轴头。序号 22 离合器 C1 工作就可双向输入，通过小阳轮 31 的传递可以实现发动机反拖，序号 24 离合器 C3 与序号 25 单向输入离合器 F1 都工作时组成单向输入通道，不能实现反拖。

（4）两个单向离合器中 F1（序号 25）和 F2（序号 29）为可顺不可逆式。

2. 挡位变化执行元件运作表

R 一式 5 速轮系挡位变化执行元件运作表如表 5-4 所示。

表 5-4　超轮系前置的 R 一式 5 速轮系挡位变化执行元件运作表

顺序	1	2	3	4	5	6	7	8	9	10	11	12	13	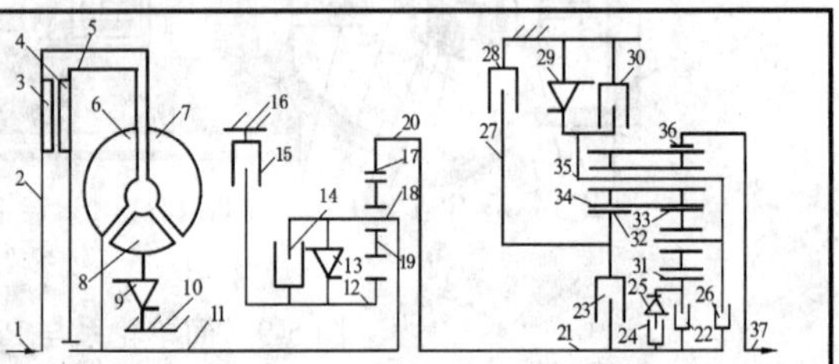
序号	3	14	22	23	24	26	15	30	28	9	13	25	29	
	锁止离合器 C	双向锁止离合器 C0 连接超架与超阳轮	小阳轮输入离合器 C1	大阳轮输入离合器 C2	小阳轮输入离合器 C3	共架输入离合器 C4	超阳轮双向锁止制动器 B0	共架双向锁止制动器 B1	大阳轮双向制动器 B2	导轮单向制动器 F	单向锁止离合器 F0	小阳轮单向输入离合器 F1	共架单向锁止制动器 F2	1—曲轴；2—液矩器外壳；3—锁止离合器 C；4—锁止离合器 C 的摩擦盘；5—摩擦盘与涡轮间连接花键；6—涡轮；7—泵轮；8—导轮；9—导轮单向制动器 F；10—导轮支撑轴；11—涡轮与超速轮系（超轮系）连接轴；12—超轮系太阳轮（超阳轮）；13—单向锁止离合器 F0；14—双向锁止离合器 C0 连接超架与超阳轮；15—超阳轮双向锁止制动器 B0；16—变速器壳体；17—超轮系齿圈（超圈）；18—超架；19—超轮系行星轮（超星轮）；20—超轮系与 R 式轮系连接轴；21—轮系输入轴；22—小阳轮输入离合器 C1；23—大阳轮输入离合器 C2；24—小阳轮输入离合器 C3；25—小阳轮单向输入离合器 F1；26—共架输入离合器 C4；27—大阳轮连接轴；28—大阳轮双向制动器 B2；29—共架单向锁止制动器 F2；30—共架双向锁止制动器 B1；31—小阳轮；32—大阳轮；33—短星轮；34—长星轮；35—共架；36—共圈；37—轮系输出轴
P 位	○	●	○	○	○	○	○	○	○	●	○	○	○	序号 14 工作，超轮系为有输入、有输出的联轴器；序号 22、23、24 及 26 均不工作，R 一式轮系无输入；输出轴 37 被机械锁止，不能被拖动。序号 9 工作，序号 3 放松，自动离合器处于液矩（液矩器）工况，为进入其他工况做准备
N 位	○	●	○	○	○	○	○	○	○	●	○	○	○	超轮系、自动离合器同上；与上不同之处为输出轴 37 没有被机械锁止，可以被拖动
R 位	●	●	○	●	○	○	○	●	○	○	○	○	○	超轮系是联轴器。序号 3 工作，自动离合器呈联轴器工况。共架 35 被序号 30 双向锁止，R 一式轮系为双向定轴轮系，传递经序号 21 传到序号 23、传给大阳轮 32（顺）、长星轮 34（逆），圈 36 逆时针输出，实现倒挡，传动比在 2.6 左右，可硬反拖。短星轮 33 顺传给小阳轮 31，使其做有确定的逆时针输出（空转）

续表

<table>
<tr><td>顺序</td><td>1</td><td>2</td><td>3</td><td>4</td><td>5</td><td>6</td><td>7</td><td>8</td><td>9</td><td>10</td><td>11</td><td>12</td><td>13</td><td colspan="2" rowspan="2"></td></tr>
<tr><td>序号</td><td>3</td><td>14</td><td>22</td><td>23</td><td>24</td><td>26</td><td>15</td><td>30</td><td>28</td><td>9</td><td>13</td><td>25</td><td>29</td></tr>
<tr><td>D1</td><td>○</td><td>●</td><td>○</td><td>○</td><td>●</td><td>○</td><td>○</td><td>○</td><td>○</td><td>●</td><td>○</td><td>●</td><td>●</td><td colspan="2">超轮系是联轴器；序号 3 放松、序号 9 工作，自动离合器处于液矩器工况。共架单向锁止制动器 F2（序号 29）参与工作，将有逆转趋势的共架 35 单向锁止，R 一式轮系成为单向定轴轮系。传递经序号 21 输入至序号 24、序号 25 传到小阳轮顺转，迫使短星轮 33 逆转、长星轮 34 推动共圈 36 顺转输出，实现 1 挡，传动比在 2.0 左右，大阳轮 32 被长星轮 34 推动做有确定逆转的输出空转。小轮（小阳轮）带动大轮（共圈）减速增矩，且有大阳轮 32 空转分流，无反拖</td></tr>
<tr><td rowspan="2">S1</td><td>○</td><td>●</td><td>●</td><td>○</td><td>○</td><td>○</td><td>○</td><td>○</td><td>○</td><td>●</td><td>○</td><td>○</td><td>●</td><td colspan="2">超轮系是联轴器，自动离合器处于液矩器工况；序号 29 工作，共架 35 单向锁止，R 轮系为单向定轴轮系，无反拖。序号 22 输入</td></tr>
<tr><td>○</td><td>●</td><td>●</td><td>○</td><td>○</td><td>○</td><td>○</td><td>●</td><td>○</td><td>●</td><td>○</td><td>○</td><td>○</td><td colspan="2">超轮系是联轴器，自动离合器处于液矩器工况；序号 30 工作，共架 35 被双向锁止，轮系为双向定轴轮系，有软反拖。序号 22 输入</td></tr>
<tr><td>L1</td><td>●</td><td>●</td><td>●</td><td>○</td><td>○</td><td>○</td><td>○</td><td>●</td><td>○</td><td>○</td><td>○</td><td>○</td><td>○</td><td colspan="2">超轮系是联轴器，序号 3 工作，序号 9 放松，自动离合器呈联轴器工况。共架 35 双向锁止同上。传递经离合器 C1（序号 22）输入，小阳轮 31 顺转输入、短星轮 33 逆转、长星轮 34 推动共圈 36 顺转输出，实现 1 挡，大阳轮情况、传动比情况、分流情况同上。有硬反拖</td></tr>
<tr><td>D2</td><td>○</td><td>●</td><td>○</td><td>○</td><td>●</td><td>○</td><td>○</td><td>○</td><td>●</td><td>●</td><td>○</td><td>●</td><td>○</td><td colspan="2">超轮系是联轴器，自动离合器处于液矩器工况。大阳轮 32 被序号 28 双向锁止，3 号简单轮系（见图 3-25，3 无圈）因大阳轮 32 被锁止，成为小阳轮 31 经序号 24、25 有一个顺时针输入的单向阳轮系，行星架 35 就只能随着小阳轮 31 做确定的顺时针空转，可顺不可逆的序号 29 放松共架 35，R 一式轮系成为单向周转轮系。从 1 单轮系（1 无大）角度看，有小阳轮 31 和共架 35 两输入，所以周转轮系的共圈 36 有确定的顺转输出，实现 2 挡，传动比在 1.3 左右，无反拖</td></tr>
<tr><td>S2</td><td>○</td><td>●</td><td>●</td><td>○</td><td>○</td><td>○</td><td>○</td><td>○</td><td>●</td><td>●</td><td>○</td><td>○</td><td>○</td><td colspan="2">超轮系为联轴器，自动离合器为液矩器工况。小阳轮 31 经离合器 C1（序号 22）工作后顺转输入，其余同 D2 挡，共圈 36 有确定的顺转输出，实现 2 挡，有软反拖</td></tr>
<tr><td>L2</td><td>●</td><td>●</td><td>●</td><td>○</td><td>○</td><td>○</td><td>○</td><td>○</td><td>●</td><td>○</td><td>○</td><td>○</td><td>○</td><td colspan="2">超轮系、自动离合器均为联轴器；其余与 S 位 2 挡同，有硬反拖。不能升至 3 挡</td></tr>
<tr><td rowspan="5">D3（可五选一）</td><td>○</td><td>●</td><td>○</td><td>●</td><td>●</td><td>○</td><td>○</td><td>○</td><td>○</td><td>●</td><td>○</td><td>●</td><td>○</td><td>工况一：小阳轮 31 经序号 24、25 输入，大阳轮 32 经序号 23 输入，无反拖的 D3</td><td rowspan="5">超轮系为联轴器；自动离合器处于液矩器工况，R 轮系有五个方案实现两同方向、同转速的输入，呈联轴器，共圈 36 随之同时顺转，实现直接挡。可升 4 挡和 5 挡，传动比为 1</td></tr>
<tr><td>○</td><td>●</td><td>○</td><td>○</td><td>●</td><td>●</td><td>○</td><td>○</td><td>○</td><td>●</td><td>○</td><td>●</td><td>○</td><td>工况二：小阳轮 31 经序号 24、25 输入，共架 35 经序号 26 输入，无反拖的 D3</td></tr>
<tr><td>○</td><td>●</td><td>○</td><td>●</td><td>○</td><td>●</td><td>○</td><td>○</td><td>○</td><td>●</td><td>○</td><td>○</td><td>○</td><td>工况三：大阳轮 32 经序号 23 输入，共架 35 经 26 输入，有反拖的 D3</td></tr>
<tr><td>○</td><td>●</td><td>●</td><td>○</td><td>○</td><td>●</td><td>○</td><td>○</td><td>○</td><td>●</td><td>○</td><td>○</td><td>○</td><td>工况四：小阳轮 31 经序号 22 输入，共架 35 经 26 输入，有反拖的 D3</td></tr>
<tr><td>○</td><td>●</td><td>●</td><td>●</td><td>○</td><td>○</td><td>○</td><td>○</td><td>○</td><td>●</td><td>○</td><td>○</td><td>○</td><td>工况五：大阳轮 32 经序号 23 输入，小阳轮 31 经序号 22 输入，有反拖的 D3</td></tr>
<tr><td rowspan="3">S3（可三选一）</td><td>●</td><td>●</td><td>○</td><td>●</td><td>○</td><td>●</td><td>○</td><td>○</td><td>○</td><td>○</td><td>○</td><td>○</td><td>○</td><td>工况一：大阳轮 32 经序号 23 输入，共架 35 经 26 输入，有反拖的 D3</td><td rowspan="3">序号 3 工作，序号 9 放松，超轮系、自动离合器、R 轮系三联轴器；硬反拖。不能升到 4 挡</td></tr>
<tr><td>●</td><td>●</td><td>●</td><td>○</td><td>○</td><td>●</td><td>○</td><td>○</td><td>○</td><td>○</td><td>○</td><td>○</td><td>○</td><td>工况二：小阳轮 31 经序号 22 输入，共架 35 经 26 输入，有反拖的 D3</td></tr>
<tr><td>●</td><td>●</td><td>●</td><td>●</td><td>○</td><td>○</td><td>○</td><td>○</td><td>○</td><td>○</td><td>○</td><td>○</td><td>○</td><td>工况三：大阳轮 32 经序号 23 输入，小阳轮 31 经序号 22 输入，有反拖的 D3</td></tr>
</table>

续表

顺序	1	2	3	4	5	6	7	8	9	10	11	12	13	
序号	3	14	22	23	24	26	15	30	28	9	13	25	29	
D4	●	●	○	○	○	●	○	○	●	○	○	○	○	序号 26 C4 工作，共架 35 顺转输入（序号 29 F 2 允许共架顺转），序号 28 B2 工作，将大阳轮 32 双向锁止，2 号简单轮系是一个双向增速阳轮系，共架 35 驱动共圈 36 增速减矩（架带圈）顺转输出，实现 4 挡。两星轮随共架 35 顺公转，长星轮 34 顺自转，推动大阳轮 32 有逆转趋势，被序号 28 双向锁止，不能转动，短星轮 33 逆自转，小阳轮 31 顺空转。超轮系是联轴器，自动离合器是联轴器，传动比在 0.8 左右，有硬反拖
D5	●	○	○	○	○	●	●	○	●	○	☆	○	○	R 轮系与上相同，自动离合器呈联轴器工况，超轮系序号 14 放松，序号 15 工作，将超阳轮 12 锁止（在它们都放松不工作的交换瞬间，序号 13 工作），超轮系变成增速阳轮系，整个自动变速器在 4 挡基础上再升至 5 挡。传动比在 0.6 左右，有硬反拖

注：●—执行元件稳定工作；○—执行元件完全不工作；☆—执行元件在相邻两挡交换期间瞬时工作。有些车型称 S 位为 2 位，称 L 位为 1 位。现在很多车型采用手-自一体控制方式，不再设计有 L 位工况，本教材从普遍意义出发，保留了 L 位工况，读者可对照具体车型决定取舍。

3. 超轮系前置的 R 一式 5 速轮系挡位分析

1）P 位

为进入其他挡位做好准备，超架 18 始终与涡轮轴连接，序号 14 超轮系双向锁止离合器 C0 一直工作，超轮系处于联轴器工作状态。但离合器 22、23、24 和 26 均不工作，动力和运动不能进入 R 一轮系，因为有机械锁止装置将输出轴 37 锁定，故汽车不能被拖动，可以稳定地停于坡度不大的斜坡上。如果长时间不动或者停于坡度较大的道路上，应当先拉上手动驻车器（俗称手刹），再下车在车轮前进方向垫上木头（或石头），然后回到车上挂到 P 位，这才是正确的操作顺序。机械锁止装置如图 4-10 所示。

现代汽车的电子驻车制动系统（EPB，electrical park brake）是由电子控制方式实现停车制动的技术，它代替传统的机械拉杆手刹，变成一个按钮控制，比传统的拉杆手刹更安全、易操作。在电子驻车制动系统中，制动力可自动调节，与坡道倾斜度自动匹配。EPB 结构示意图如图 5-10 所示，制动活塞 7 前端的刹车片与输出轴 37 上的制动盘 8 产生的摩擦力达到控制停车制动，输出轴 37 不能转动。

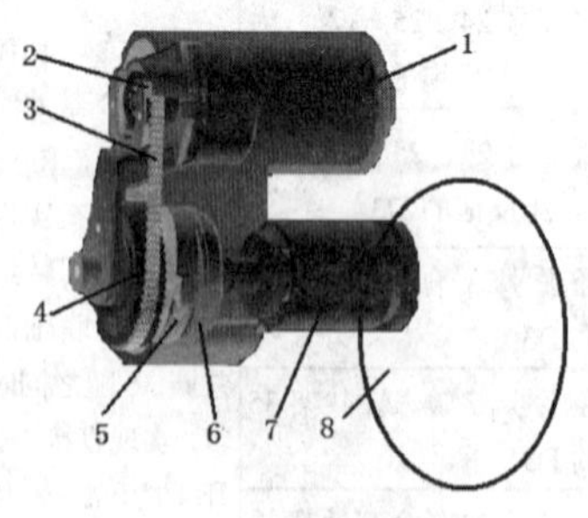

图 5-10 EPB 结构示意图

1—驻车电机；2—电机带轮；3—齿形带；4—被动齿形带轮；5—驻车 Auto Hold 功能调节装置主动轮；6—驻车 Auto Hold 功能调节装置被动轮；7—制动活塞；8—输出轴上制动盘

EPB 集成在防盗系统中，能够实现最可靠的数码芯片防盗功能。

EPB 还从基本的驻车功能延伸到自动驻车的 Auto Hold 功能，自动驻车技术的运用，使得驾驶者在车辆停下时不需要长时间刹车，由 Auto Hold 自动驻车功能自动根据斜坡坡度控制准确的驻车制动力。传统的驻车系统在斜坡起步时需要驾驶者通过手动释放驻车制动并熟练控制加速踏板、离合器配合实现起步，Auto Hold 系统在起动时，ECU 根据离合器传递转矩传感器、离合器接合速度传感器、加速踏板传感器等提供的信息，通过计算，当驱动力大于行驶阻力时自动释放驻车制动器，从而使汽车能够平稳起步。

2）N 位

超轮系情况与 P 位同，也因为离合器 22、23、24 和 26 均不工作，动力和运动不能进入 R 一轮系，轮系没有输出，与 P 位不同的是没有锁止装置将输出轴锁

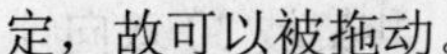

定，故可以被拖动。

起动时要将选位操纵手柄置于 P 位或 N 位，发动机才能起动。

3）R 位

R 位倒挡位机构运动示意图如图 5-11 所示。序号 3 工作、序号 9 放松，液矩器成为一个联轴器；序号 14 工作，超轮系为联轴器；基本 R 一式中，序号 30 工作，将共架（序号 35）双向锁定在壳体上，R 轮系变成一个双向定轴轮系；序号 23 工作，大阳轮 32 通过 20、21 与超轮系圈 17 连接，顺时针输入，长星轮 34 逆时针转动，带动共圈 36 逆时针转动实现倒挡。

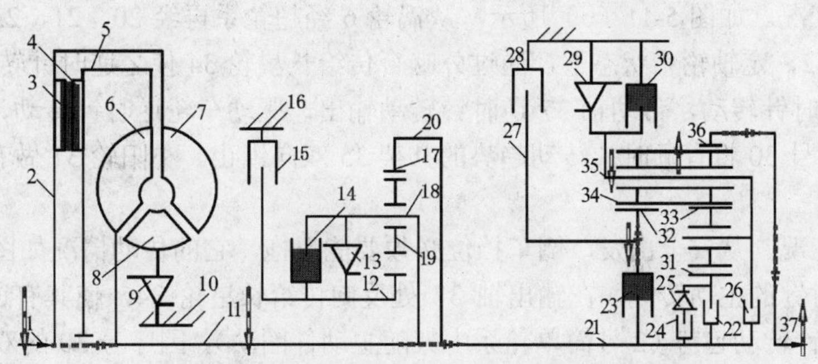

共架（序号 35）随序号 32 有顺时针转动趋势，无输出。

（a）倒挡位处于起步工况时传递路线示意图

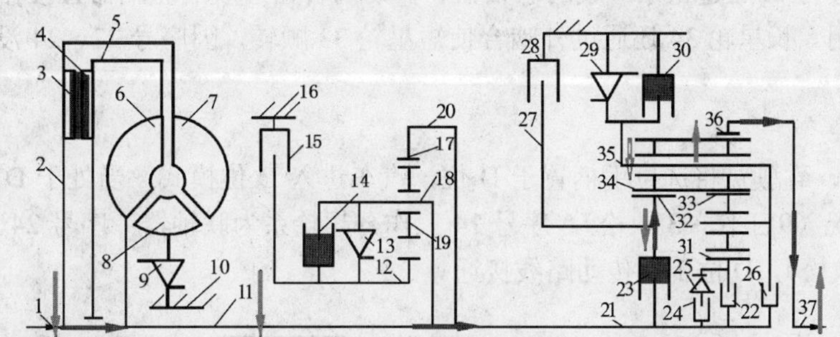

共架（序号 35）随主动件大阳轮 32 有顺时针转动趋势，被序号 30 双向锁止，有逆时针输出。

（b）倒挡位处于驱动工况时传递路线示意图（本图在封面内页有彩图）

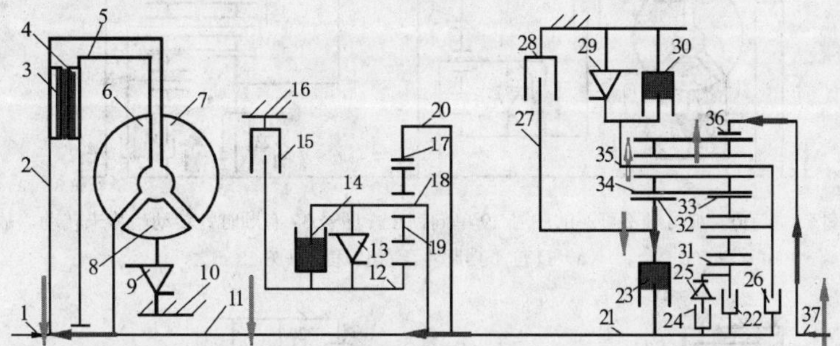

反拖时，共架 35 随主动件 36 有逆时针转动趋势，仍然被序号 30 双向锁止。

超轮系是联轴器；序号 3 工作，自动离合器呈联轴器工况。共架 35 在驱动工况时随大阳轮 32 有顺转趋势，反拖时随共圈 36 有逆转趋势，因此双向被序号 30 双向锁止是必要的，R 一式轮系为双向定轴轮系，倒挡驱动时传递经序号 21 传到序号 23、传给大阳轮 32（顺）、长星轮 34（逆），共圈 36 逆时针输出，实现倒挡，传动比在 2.6 左右；反拖时沿驱动路线逆向传递到发动机。短星轮 33 顺传给小阳轮 31，使其做确定的逆时针输出（空转）。

（c）倒挡位处于反拖工况时传递路线示意图

图 5-11　超轮系前置的 R 一式 5 速轮系 R 位倒挡位机构运动示意图

注：图 5-11～图 5-21 图注同图 5-5。

R 位有起步、倒车、反拖三个工况：

（1）倒车起步工况。倒车起步工况如图 5-11（a）所示，起步工况时（即汽车要起步还没有起步时），所有轮系有运动趋势但没有运动（共圈 36 与还没有转动的输出轴 37 连接、共架被 30 双向锁止），故 R 轮系为定轴轮系，涡轮 6 输出的顺时针转矩经超轮系再经序号 23 传到大阳轮 32，通过外啮合长星轮 34，使它有逆时针转动趋势，长星轮 34 通过内啮合传给共圈 36，使共圈 36 有逆时针转动趋势，这样涡轮 6 输出的驱动转矩（到达车轮时变成逆时针转矩）与车轮的阻力矩（顺时针方向）平衡。如果驱动转矩小于阻力矩，液矩器处于失速状态，汽车不能移动，随着发动机功率增大，逆时针驱动转矩逐渐大于顺时针阻力矩，汽车开始起步倒车，一旦汽车移动成功，倒车起步工况结束进入倒车驱动工况。

（2）倒车驱动工况。如图 5-11（b）所示，从涡轮 6 经超轮系再经 20、21、23 传来的顺时针驱动转矩到达大阳轮 32，定轴轮系状态下，通过外啮合传给长星轮 34 使之逆时针转动，与 34 内啮合的共圈 36 也随之逆时针转动，带动轴 37 逆时针转动输出，驱动车轮逆时针转动，进入倒挡位，传动比在 2.6 左右，序号 30 将有顺时针转动趋势的共架 35 双向锁止。小阳轮 31 做有确定输出状态下的逆向空转。

（3）倒车反拖工况。从安全出发，倒车挡位必须要能反拖，它的传动情况如图 5-11（c）所示。从车轮输入一个逆时针的主动转矩，在输出轴 37 处反向传给长星轮 34，使其有逆时针转动趋势，并使共架 35 有逆时针转动趋势（2 号简单轮系中架随主动件圈动），因序号 30 的双向锁止使共架 35 不能转动，R 轮系仍然是一个定轴轮系，长星轮 34 通过外啮合传给大阳轮 32，使其顺时针转动，这个顺时针转矩通过序号 23、超轮系形成的联轴器、自动离合器形成的联轴器直接作用到发动机曲轴上，产生硬反拖作用。长星轮 34 还通过外啮合使短星轮 33 顺转，因序号 22、24 没有工作，故小阳轮 31 逆时针空转。

4）D 位 1 挡

如图 5-12 所示，驾驶员将选位手柄置于 D 位，汽车进入 D 位模式，当处于 D 位 1 挡时，自动离合器是液矩器工况（9 工作，3 放松）；序号 14 工作，超轮系为联轴器；序号 24、序号 25 和序号 29 工作（序号 30 放松），D 位 1 挡传动路线接通。

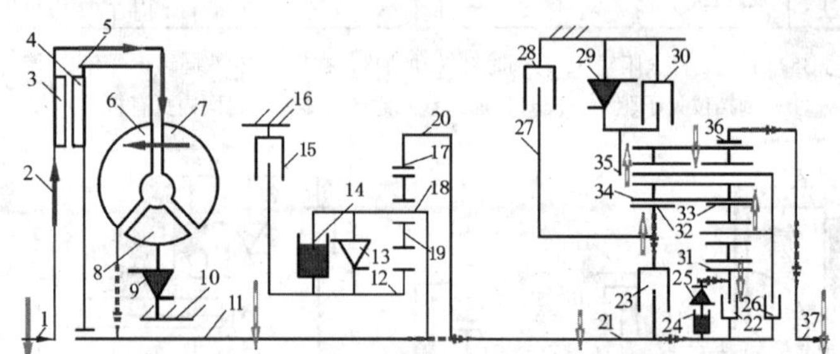

共架 35 有逆时针转动趋势，被可顺不可逆的序号 29 单向锁止，序号 37 有顺时针转动趋势未转动，故没有输出。

（a）D 位 1 挡起步工况传递示意图

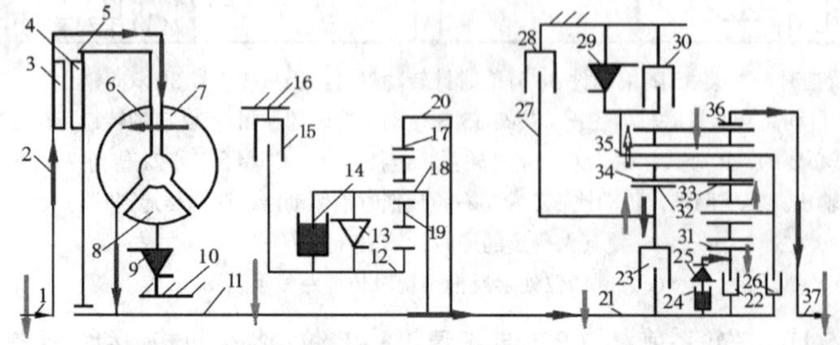

（b）D 位 1 挡前进驱动工况传递示意图（无反拖，本图在封面内页有彩图）

图 5-12　D 位 1 挡机构示意图

（1）起步工况。涡轮 6 经超速轮系和序号 20、21 传来的动力和运动在汽车要起步还没有起步时，传递要素中仅有动力传递，没有运动传递（有运动趋势），R 一式所有齿轮均没有转动。双向锁止的序号 24 工作，迫使内圈主动，外圈只能随之顺时针转动（见表 3-3 分析）的可顺不可逆的序号 25 工作，将顺时针转矩传给小阳轮 31，使其有顺时针转动趋势，与其外啮合的短星轮 33 就有逆时针转动趋势，共架 35 随之也有逆时针转动趋势，被可顺不可逆的单向制动器 29 锁住不能转动；短星轮 33 使与其外啮合的长星轮 34 有顺时针转动趋势，长星轮 34 使与其内啮合的共圈 36 有顺时针转动趋势，这个转矩通过输出轴 37 及传动系其他零部件作用到车轮上，与汽车车轮受到的阻力矩对抗，如果驱动力矩小于阻力矩，汽车处于失速状态，输出轴 37 有驱动力矩输出，但不能转动，当驱动力矩大于阻力矩后车轮转动开始起步，输出轴 37 就会顺时针转动，汽车进入驱动工况，如图 5-12（a）所示。

（2）前进驱动工况。当汽车起步以后，如图 5-12（b）所示，R 轮系是单向定轴轮系（有逆时针转动趋势的共架 35 被可顺不可逆的单向制动器 29 锁定在壳体上），共圈 36 与顺时针转动的输出轴 37 连接，将传递输出，实现 1 挡，传动比在 2.0 左右。双向接合的离合器 24 工作，迫使内圈主动，外圈只能随之顺时针转动（见项目二中关于单向离合器的分析）的可顺不可逆的序号 25 工作，将顺时针转矩传给小阳轮 31，使其有顺时针转动趋势，与其外啮合的短星轮 33 就有逆时针转动趋势，共架 35 随之也有逆时针转动趋势，被可顺不可逆的单向制动器 29 锁住不能转动，确保单向定轴轮系状态；短星轮 33 逆时针转动，推动长星轮 34 顺时针转动，与之内啮合的共圈 36 通过输出轴 37 将顺时针转矩和运动输出，传动比在 2.0 左右。大阳轮 32 在长星轮 34 驱动下逆时针空转，这个运动分流使得共圈 36 的转速下降，保证轮系处于 1 挡传动比。

（3）反拖工况。传递路线上有两个单向执行器在工作，反拖时共架 35 随顺时针转动的主动件共圈 36 顺时针转动，单向制动器 29 放松，定轴轮系不存在，同时单向离合器 25 也会放松，故 D 位 1 挡不能反拖。

5）S 位 1 挡

如表 5-4 所示，S 位 1 挡有使序号 29 工作或使序号 30 工作两种工况供设计者选择。

如图 5-13 所示，驾驶员把选位手柄置于 S 位后，汽车进入 S 位模式，参与工作的控制元件是序号 9（保证自动离合器呈液矩器工况）、序号 14（保证超轮系呈联轴器工况）、序号 22（确保小阳轮输入）。S 位 1 挡与 D 位 1 挡不同之处是由双向离合器 22 替代序号 24 和序号 25，这样的好处是序号 22 的可靠性要高于序号 24、25 组合，更适用于需要稳定传递的 S 位，而序号 24、25 组合换挡品质高于序号 22 单独控制情况，更适应于换挡相对频繁的 D 位，序号 29 工作为工况 1(R 式轮系是单向定轴轮系)，工况 1 状态 S 位 1 挡无反拖。如前所述，序号 24、25 组合并不是必配装置，很多厂家为降低成本，没有这个组合。采用序号 30 工作为工况 2(R 式轮系是双向定轴轮系)，工况 2 状态下，序号 30 与序号 22 配合工作，S 位 1 挡有软反拖能力。

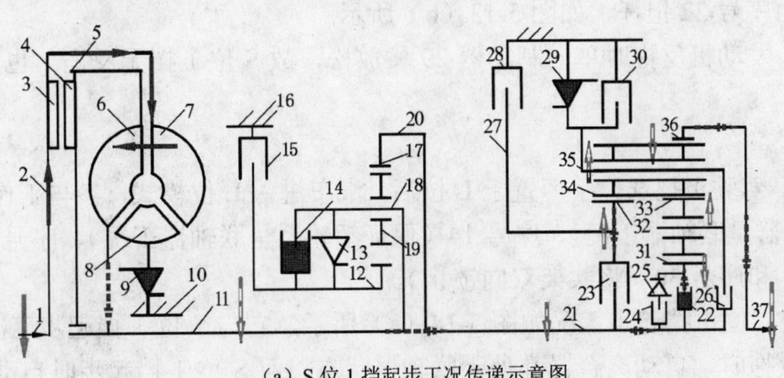

（a）S 位 1 挡起步工况传递示意图

图 5-13　S 位 1 挡机构示意图

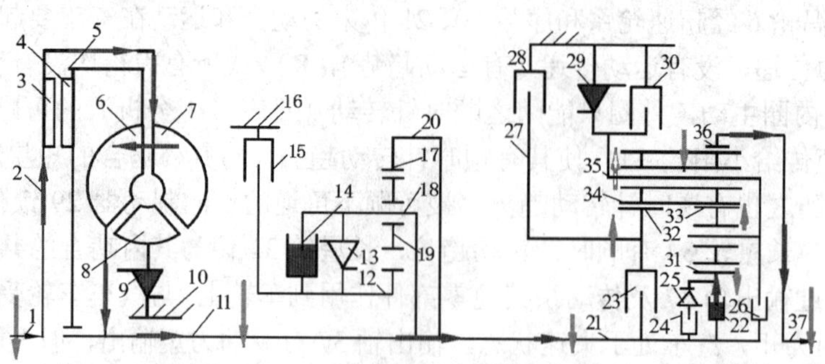

（b）S 位 1 挡前进驱动工况 1 传递路线示意图（无反拖）

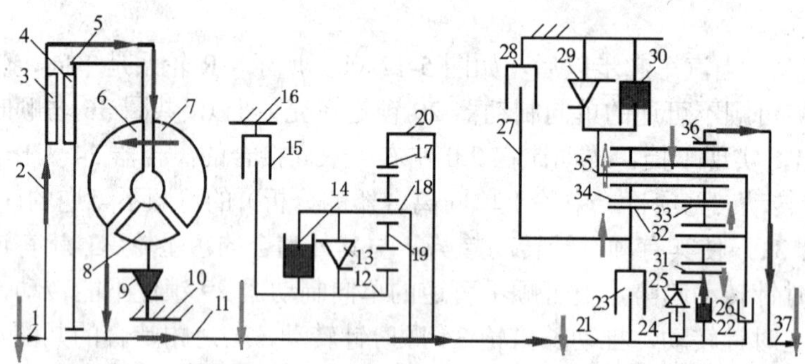

（c）S 位 1 挡前进驱动工况 2 传递路线示意图（有软反拖，图未画出）

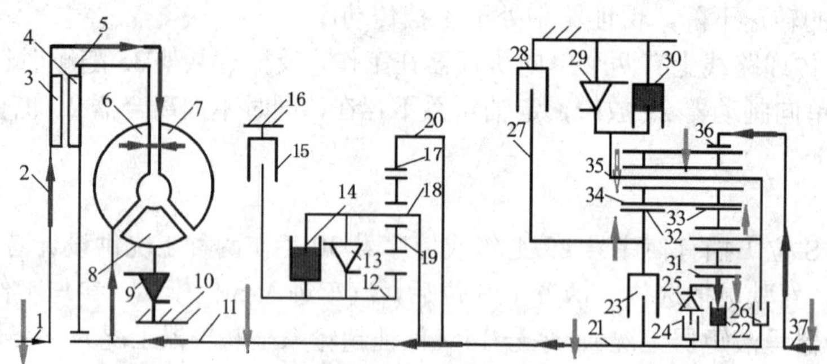

发动机驱动转矩与车轮惯性在转矩液力变矩器内“顶牛”。

（d）S 位 1 挡反拖工况传递路线示意图（有软反拖）

图 5-13　S 位 1 挡机构示意图（续）

（1）起步工况。S 位 1 挡起步时如图 5-13（a）所示，其余分析参阅 D 位 1 挡的起步工况。

（2）前进驱动工况。S 位 1 挡与 D 位 1 挡前进时工作原理是相同的，不同之处仅在于小阳轮 31 的输入是双向的，由序号 22 担任，如图 5-13（b）所示。

（3）反拖工况。发动机反拖时单向制动器 29 将放松，故 S 位 1 挡无反拖。也可如图 5-13（c）配置，就有软反拖。

6）L 位 1 挡

如图 5-14 所示，驾驶员把选位手柄置于 L 位后，汽车进入 L 位模式，参与工作的控制元件是序号 3（保证自动离合器呈联轴器工况）、序号 14（保证超轮系呈联轴器工况）、序号 22（将小阳轮 31 与涡轮 6 双向连接）和序号 30（将共架双向锁止）。

（1）起步工况。L 位 1 挡起步工况如图 5-14（a）所示，它与 S 位 1 挡起步工况的区别：L 位 1 挡不管是前进还是反拖时，自动离合器都处于联轴器状态，而 S 位 1 挡起步时自动离合器处于液矩器工况状态，序号 30 替代序号 29，共架被双向锁止，故有硬反拖，其余可参阅 S 位 1 挡起步工况，举一反三地分析L位1挡。

（2）驱动工况。L位1挡前进驱动工况与S位1挡前进驱动工况工作原理是相同的，不同之处是共架（序号35）被序号30双向锁止，而且自动离合器也锁止成联轴器，如图5-14（b）所示，各零件工作情况可参阅D位1挡。

（3）反拖工况。L位1挡反拖时自动离合器和超轮系都处于联轴器工况，在三个双向离合器（序号3、14、22）及一个双向制动器30的共同作用下，实现硬反拖，如图5-14（c）所示，分析从略。

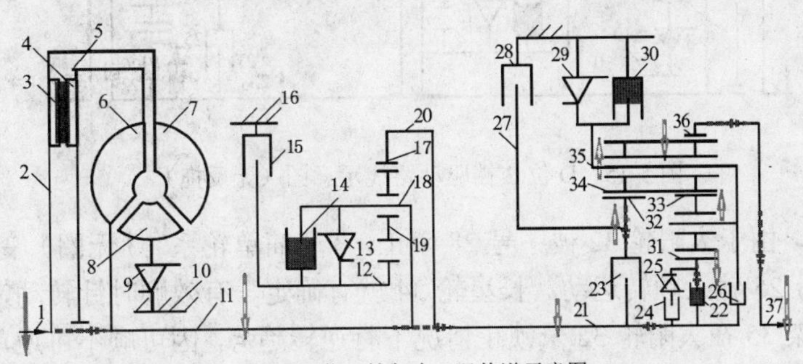

（a）L位1挡起步工况传递示意图

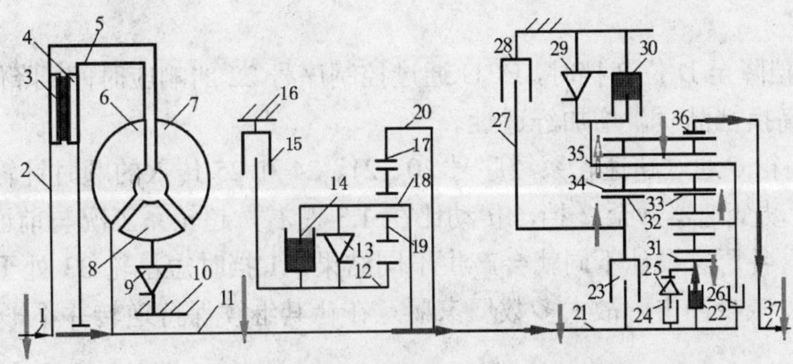

（b）L位1挡前进驱动工况传递路线示意图

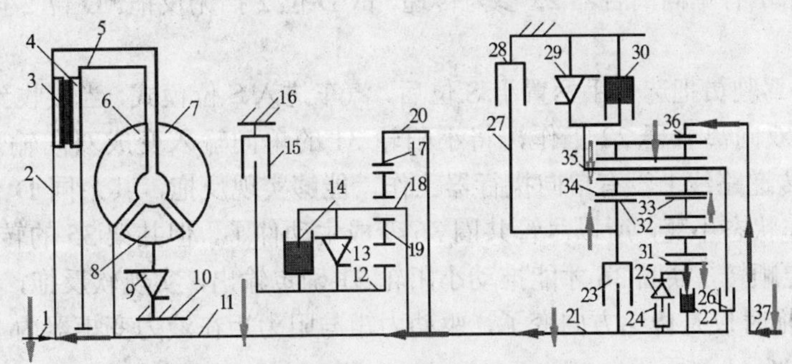

发动机驱动转矩与车轮惯性转矩在飞轮处“顶牛”。

（c）L位1挡反拖工况传递路线示意图（有硬反拖）

图5-14 L位1挡机构示意图

7）D位2挡

如图5-15所示，随着车速增加到一定值时，ECU命令双向制动器（序号28）工作，将1挡时逆时针空转的大阳轮32锁止在壳体上；序号30放松，共架35可以自由转动，但在可顺不可逆的单向离合器F2（序号29）约束下只能顺时针转动；小阳轮31经离合器C3（序号24）、单向离合器F1（序号25）顺转输入；小轮（小阳轮31）带动大轮（共圈36），减速增矩转动输出，实现2挡，无反拖；两星轮随共架35顺时针公转，长星轮同时做顺时针自转，短星轮做逆时针自转，共架35顺空转分流的运动量小于1挡时大阳轮32逆空转分流的运动量，故轮系总体输出的运动量大于1挡工

况，实现升挡。

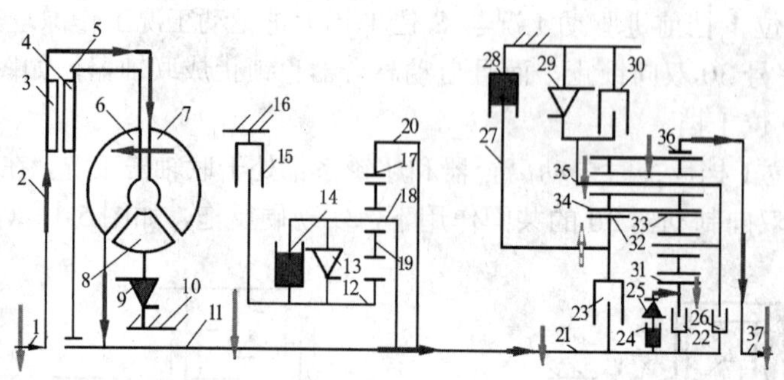

图 5-15　D 位 2 挡驱动路线示意图（无反拖）

从轮系结构分析，由于大阳轮 32 被序号 28 锁止，3 号简单轮系（3 无圈）变成阳轮系，小阳轮 31 通过序号 24、序号 25 输入顺转运动，长星轮 34 就有确定、有效顺时针转动，推动共圈 36 顺转输出。D 位 1 挡时共架 35 在大阳轮 32 未锁止情况下有逆转趋势，因可顺不可逆单向制动器 29 作用不能逆转，在大阳轮 32 被锁止后，由 R 式结构可知共架 35 会产生顺转趋势，故共架 35 在做有确定输出的顺时针空转。

当汽车由 D 位 3 挡降至 D 位 2 挡时，ECU 通过控制序号 22 的响应时间，降低序号 24 突然参加工作引起的冲击，提高换挡品质，增加舒适性。

（1）驱动工况。涡轮 6 通过超速轮系经序号 20、21、24 和 25 传入的顺时针输入到达小阳轮 31，经共圈 36 的输出，自动变速器升至 2 挡，传动比在 1.3 左右，超轮系工况与前面同。短星轮 33 的转向由它的齿数决定，各厂家设计不同就会产生不同结果，1 挡时短星轮 33 处于逆转状态，升为 2 挡后如果保持逆转可以减少冲击，故大多数厂家愿意在让其继续保持逆转并不影响轮系传动比状态下设计它的齿数。

（2）反拖工况。由于有单向离合器 25 参与传递，故 D 位 2 挡无反拖。D 位 2 挡也没有起步工况。

8）S 位 2 挡

如图 5-16 所示，驾驶员把选位手柄置于 S 位后，汽车进入 S 位模式，当接收到升入 2 挡指令后，ECU 命令 24 放松，双向离合器 22 工作，将小阳轮 31 的单向输入变成双向输入，进入 2 挡，如图 5-16（a）所示。传递路线上没有单向执行器工作，能够实现反拖，其余同 D 位 2 挡。反拖时，由于大阳轮 32 的工作状态不变，所以尽管共圈 36 变成主动件了，但共架 35 的转动方向不变，也正是因为共架 35 有确定顺转，共圈 36 才能推动小阳轮 31 确定输出，实现软反拖，与 S 位 2 挡驱动工况比较，可以发现反拖时仅是传递方向变了，驱动力矩与阻力矩在液力变矩器内“顶牛”，各零件转动方向不变，如图 5-16（b）所示。

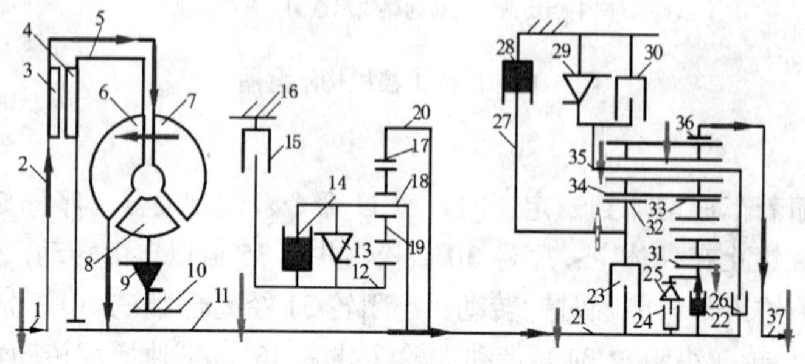

（a）S 位 2 挡前进驱动工况传递路线示意图

图 5-16　S 位 2 挡机构示意图

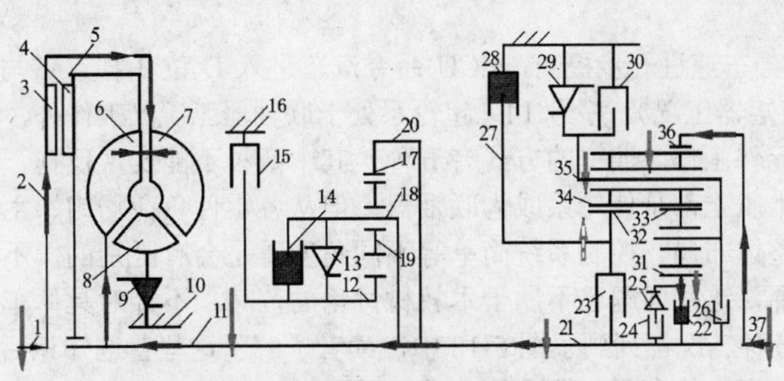

发动机驱动转矩与车轮惯性在转矩液力变矩器内“顶牛”。

（b）S 位 2 挡反拖工况传递路线示意图（有软反拖）

图 5-16　S 位 2 挡机构示意图（续）

9）L 位 2 挡

如图 5-17 所示，驾驶员将选位手柄置于 L 位，自动变速器进入 L 运作模式，速度达到设定值，ECU 命令自动变速器进入 L 位 2 挡，L 位 2 挡与 S 位 2 挡的区别就是自动离合器始终处于联轴器状态（序号 3 工作，序号 9 放松），它的前进驱动工况如图 5-17（a）所示，反拖驱动工况与 S 位 2 挡不一样，是自动离合器处于联轴器工况，如图 5-17（b）所示，发动机驱动力矩与车轮惯性力矩直接“顶牛”实现硬反拖。在 L 运作模式下，汽车可在 1 挡、2 挡之间自动升降挡，达到 2 挡后不能再往高速挡升了。

如本教材项目三（任务五）所述，尽管现代汽车手自一体化，已经取消了 L 位，甚至没有了 S 位，但本教材从脱离具体车型的约束、给读者一个完整知识的角度，仍然保留了 L 位和 S 位的挡位分析，读者遇到具体车型时可以根据该车型的具体情况来分析，因为有完整的知识垫底，对精简了的具体车型分析时，困难就会小些。

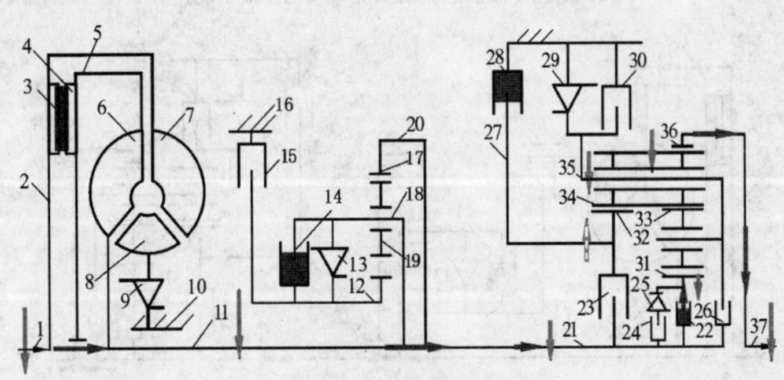

（a）L 位 2 挡驱动工况

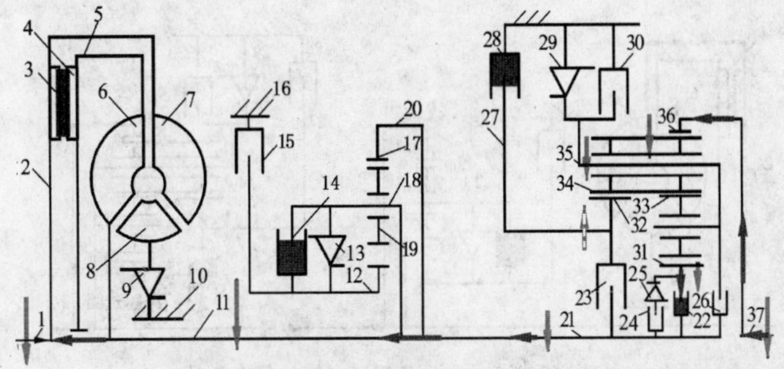

发动机驱动转矩与车轮惯性转矩在飞轮处“顶牛”。

（b）L 位 2 挡反拖工况（有硬反拖）

图 5-17　L 位 2 挡机构示意图

10）D 位 3 挡

如图 5-18 所示，当车速进一步提高，ECU 命令汽车进入 D 位 3 挡，参与工作的执行元件除序号 9（自动离合器是液矩器工况）、序号 14（超轮系处于联轴器工况）工作外，还要有基本 R 式演变成联轴器工况的执行元件工作。演变的方式有五种，其中两种不能实现反拖，三种有反拖功能。从理论上讲，五种方式本质上都是使轮系成为联轴器，但从各零件负荷均匀、主要零件工作时寿命均匀、有利于变速器的整体布局、控制系统简单等不同角度看是会有区别的，不同厂家考量问题重点不同会做出不同的选择，这些问题已不属于本教材讨论的范畴，不针对具体车型，讨论普遍真理是本教材的追求，故将五种工况都列到了图 5-18 中，读者了解了这些普遍知识后，遇到具体车型就能从更深的层次理解该车型为什么要选择这种方式的原因了。

（1）驱动工况。图 5-18（a）、（b）由于单向离合器（序号 25）参与工作，无反拖，图 5-18（c）～（e）没有单向离合器参与工作，有反拖。五种情况共同点是 R 一式轮系中同时输入两个同方向、同转速的运动，所以演变成联轴器，R 轮系中所有零件都同速、同方向转动，与 1 挡和 2 挡比较，没有运动量分流，R 式轮系整体转速在 2 挡基础上会提高，实现 3 挡，传动比为 1。超轮系是联轴器状态，自动离合器是液矩器工况，如图 5-18 所示。

（2）反拖工况。图 5-18（a）、（b）的配置无反拖，图 5-18（c）～（e）的配置有软反拖。

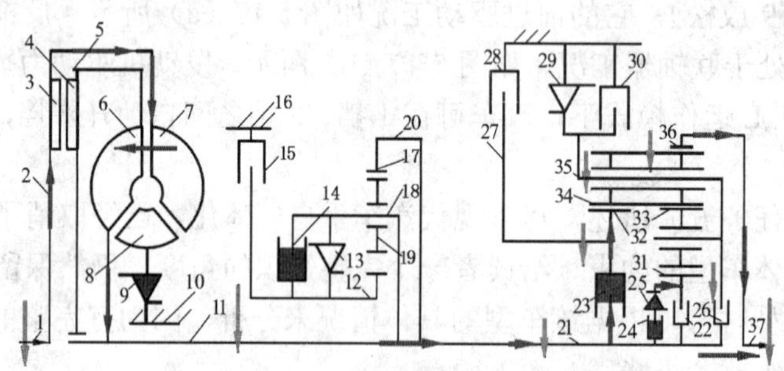

（a）D 位 3 挡前进驱动工况一（无反拖工况）

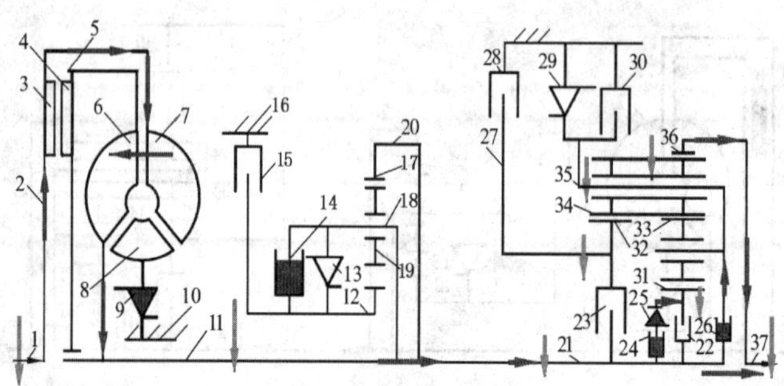

（b）D 位 3 挡前进驱动工况二（无反拖工况）

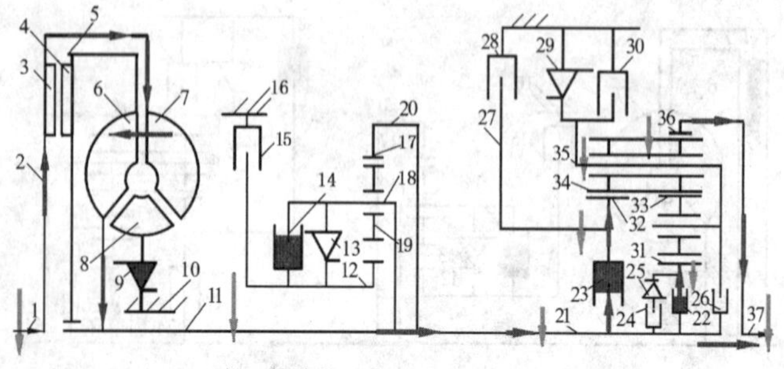

（c）D 位 3 挡前进驱动工况三（有软反拖工况）

图 5-18　D 位 3 挡机构示意图

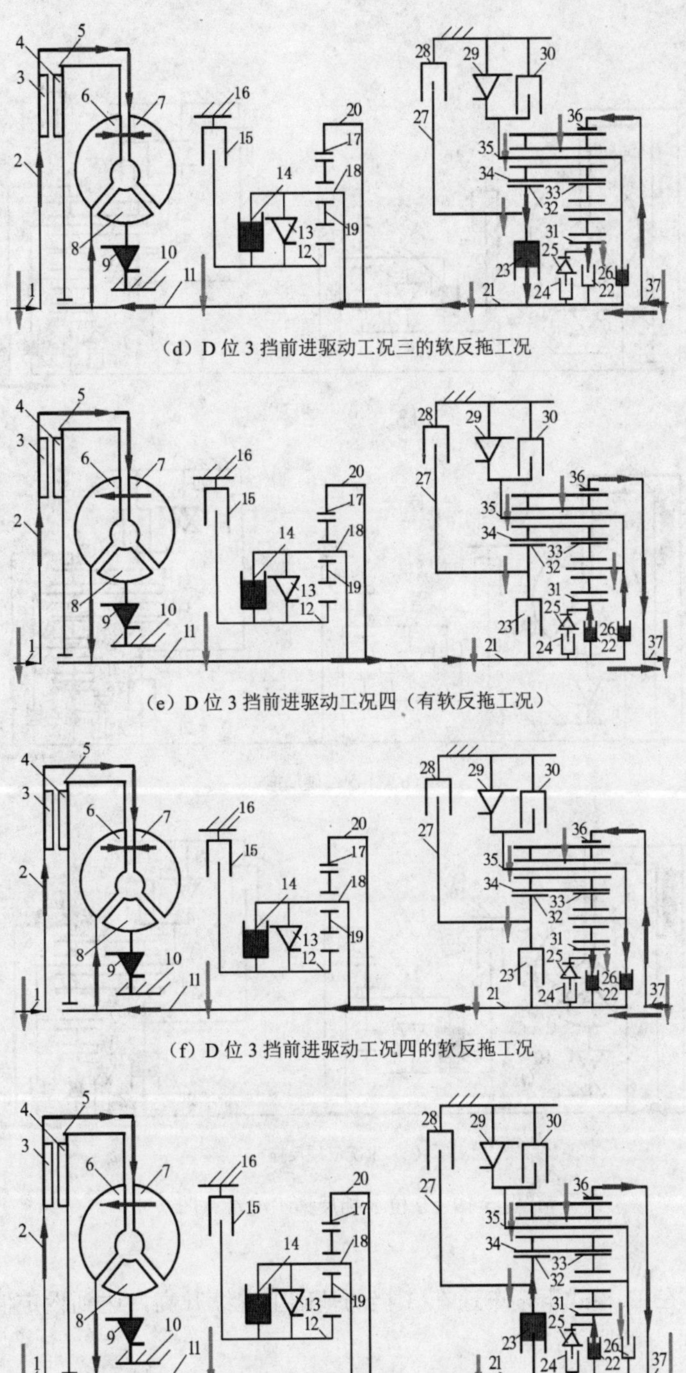

（d）D 位 3 挡前进驱动工况三的软反拖工况

（e）D 位 3 挡前进驱动工况四（有软反拖工况）

（f）D 位 3 挡前进驱动工况四的软反拖工况

（g）D 位 3 挡前进驱动工况五（有软反拖工况，图未画出）

图 5-18　D 位 3 挡机构示意图（续）

11）S 位 3 挡

如图 5-18 所示，驾驶员把选位手柄置于 S 位，汽车进入 S 模式运作，车速达到预定值，变速器会自动升到 S 位 3 挡，S 位 3 挡前进驱动工况与 D 位 3 挡 R 轮系的工作情况完全相同，加速轮系保持联轴器状态不变，不同的是自动离合器也处于联轴器状态。反拖驱动工况时自动离合器和加速轮系都保持联轴器工况，有硬反拖，由于驱动工况有三种情况有反拖，故在 S 位时有三种情况都可以实现硬反拖，一般厂家都会选择一种，如图 5-19 所示。如果把自动离合器变成液矩器状态，就是 D

位三挡软反拖的情况。

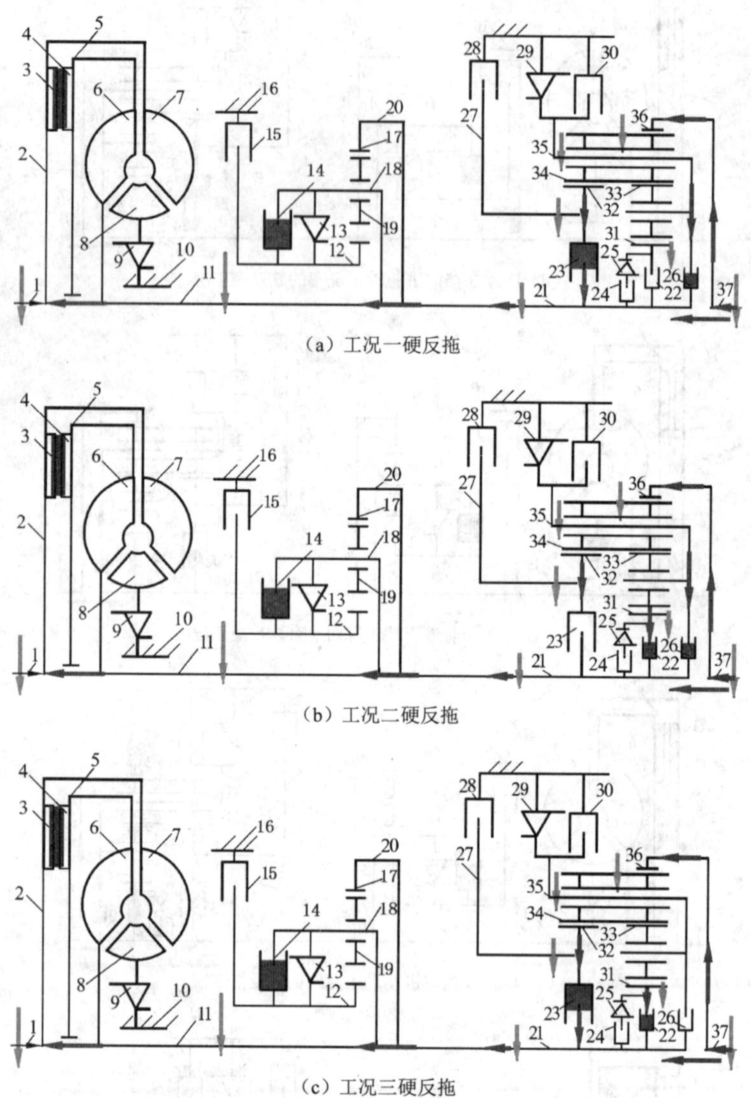

（a）工况一硬反拖

（b）工况二硬反拖

（c）工况三硬反拖

图 5-19　S 位 3 挡反拖工况示意图

12）D 位 4 挡

如图 5-20 所示，在 D 模式下，车速在 3 挡的基础上继续升高，达到设定值后，ECU 命令自动变速器进入 D 位 4 挡，有以下特点：

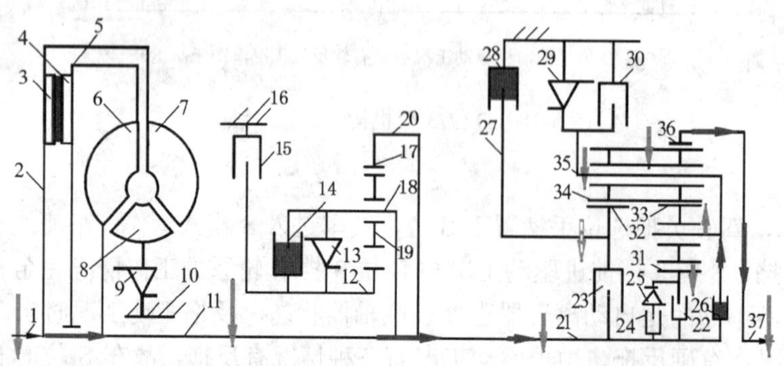

图 5-20　D 位 4 挡前进驱动

（1）序号 28 工作，将大阳轮 32 双向锁止，由大阳轮、长星轮、共架和共圈组成的 2 号简单轮系（2 无小）是一个双向增速阳轮系，序号 26 工作，共架 35 与涡轮接通，顺时针输入（序号 29 允许共架顺转），共架 35 驱动共圈 36 增速减矩（架带圈）顺转输出，实现 4 挡，传动比在 0.8 左右。

（2）两星轮随共架 35 顺公转，长星轮 34 顺自转，推动大阳轮 32 有逆转趋势，但被序号 28 双向锁止，不能转动，短星轮 33 逆自转，小阳轮 31 顺空转。

（3）超轮系为联轴器，如图 5-20（a）所示，高速情况下，为避免这种情况下液矩器传动效率较低，升入 D 位 4 挡时液矩器锁止成为联轴器，相当于直接进入 S 位 4 挡的工况。

13）D 位 4 挡反拖

D 位 4 挡反拖情况如图 5-21 所示，轮系实现硬反拖，D 位还可以自动升到 5 挡。

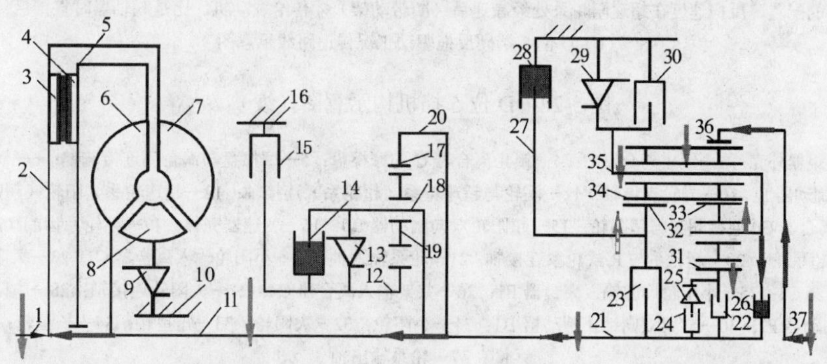

图 5-21　D 位 4 挡前进驱动硬反拖工况

14）D 位 5 挡

如图 5-22 所示，在 D 模式下，车速继续升高，达到设定值后，ECU 命令自动变速器进入 D 位 5 挡，关键的变化是超轮系进入增速阳轮系工况工作，同时要让自动离合器在联轴器工况下工作（序号 9 放松，序号 3 工作）。超轮系变为增速阳轮系，必须序号 15 工作，架 18 输入。过程是序号 14 先放松、序号 15 后工作，这样才能避免运动干涉，在两者都不工作的瞬间，序号 13 担任传递任务，以确保传递不中断，当序号 15 一工作，序号 13 会自动立即放松；由 D 位 4 挡降回 3 挡时，序号 15 先放松，序号 14 还没有工作期间，也由序号 13 担任传递，序号 14 工作期间，序号 13 也起到辅助 14 传递动力的作用。

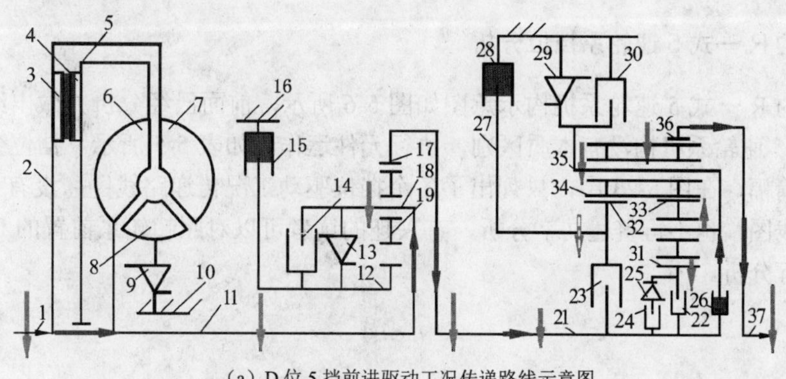

（a）D 位 5 挡前进驱动工况传递路线示意图

图 5-22　D 位 5 挡机构示意图

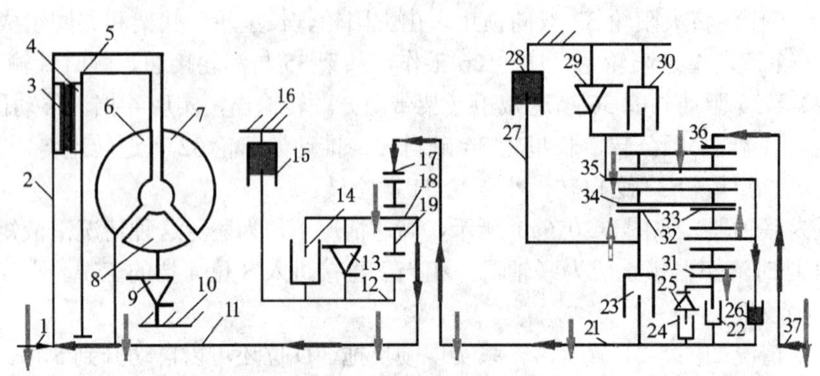

按此图示的配置，反拖速度在超速阳轮系处经减速后（圈带动架）才传给发动机，比是联轴器时直接后传有利。

（b）D 位 5 挡硬反拖驱动工况传递路线示意图

图 5-22　D 位 5 挡机构示意图（续）

1—曲轴；2—液力变矩器外壳；3—锁止离合器 C；4—锁止离合器 C 的摩擦盘；5—摩擦盘与涡轮间连接花键；6—涡轮；7—泵轮；8—导轮；9—导轮单向制动器 F；10—导轮支撑轴；11—涡轮与超速轮系（超轮系）连接轴；12—超速轮系太阳轮（超阳轮）；13—单向离合器 F0；14—双向离合器 C0 连接超架与超阳轮；15—超阳轮双向制动器 B0；16—变速器壳体；17—超轮系齿圈（超圈）；18—超架；19—超轮系行星轮（超星轮）；20—超轮系与 R 式轮系连接轴；21—轮系输入轴；22—小阳轮输入离合器 C1；23—大阳轮输入离合器 C2；24—小阳轮输入离合器 C3；25—小阳轮单向输入离合器 F1；26—共架输入离合器 C4；27—大阳轮连接轴；28—大阳轮双向制动器 B2；29—共架单向锁止制动器 F2；30—共架双向锁止制动器 B1；31—小阳轮；32—大阳轮；33—短星轮；34—长星轮；35—共架；36—共圈；37—轮系输出轴

ECU 确保 D 位 5 挡自动离合器在联轴器工况下工作的原因是汽车高速行驶时，涡轮转速很高，涡轮产生的离心力迫使内部的液体产生离心运动，去与泵轮对液体做功迫使其在涡轮内部做向心的运动相对抗，内耗的结果使传递效率很低（涡流很慢），甚至不能传递（涡流停止），故必须要让其在联轴器工况下工作，这与其他挡位下为保证传递可靠性而让自动离合器在联轴器工况下工作的原因是不一样的。

（1）驱动工况。超轮系由联轴器变成增速阳轮系就在 4 挡基础上再提高一级速度，就进入了超速的 5 挡，传动比在 0.6 左右，此时输出轴 37 的转速高于曲轴 1 的转速，如图 5-22（a）所示。

（2）反拖工况。由于传递路线上没有单向执行器参与，故 D 位 5 挡有反拖工况，如图 5-22（b）所示。

二、超轮系后置的 R 一式 5 速轮系挡位分析

超轮系后置的 R 一式 5 速轮系机构示意图如图 5-6 所示，前面已经分析并做出结论，它与超轮系前置的 R 一式 5 速轮系机构没有本质区别，执行元件运作表如表 5-5 所示。挡位分析也与前置是一样的，为节约篇幅，在图 5-23 中，只列出了各个挡位驱动工况传递路线图，没有列出起步工况、反拖工况传递路线图，也不再赘述文字分析，有兴趣的读者可以对照超轮系前置的 R 一式 5 速轮系挡位分析内容自行分析。

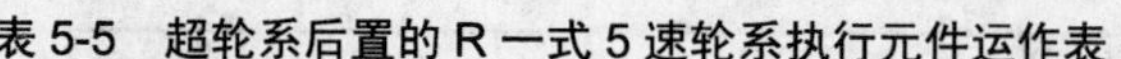

表 5-5　超轮系后置的 R 一式 5 速轮系执行元件运作表

顺序	1	2	3	4	5	6	7	8	9	10	11	12	13	
序号	3	32	12	13	14	16	33	20	18	9	31	15	19	
	锁止离合器C	超阳轮与超架双向锁止离合器C0	小阳轮输入离合器C1	大阳轮输入离合器C2	小阳轮输入离合器C3	共架输入离合器C4	超阳轮双向锁止制动器B0	共架双向锁止制动器B1	大阳轮双向制动器B2	导轮单向制动器F	单向离合器F0	小阳轮单向输入离合器F1	共架单向锁止制动器F2	1—曲轴；2—液矩器外壳；3—锁止离合器 C；4—锁止离合器 C 的摩擦盘；5—摩擦盘与涡轮间连接花键；6—涡轮；7—泵轮；8—导轮；9—导轮单向制动器 F；10—导轮支撑轴；11—涡轮与变速器连接轴；12—小阳轮输入离合器 C1；13—大阳轮输入离合器 C2；14—小阳轮输入离合器 C3；15—小阳轮单向输入离合器 F1；16—共架输入离合器 C4；17—大阳轮连接轴；18—大阳轮双向制动器 B2；19—共架单向锁止制动器 F2；20—共架双向锁止制动器 B1；21—小阳轮；22—大阳轮；23—短星轮；24—长星轮；25—共架；26—共圈；27—轮系输入轴；28—两轮系连接轴；29—超星轮；30—超阳轮；31—单向离合器 F0；32—超阳轮与超架双向锁止离合器 C0；33—超阳轮双向锁止制动器 B0；34—变速器壳体；35—超架；36—超圈；37—轮系输出轴
P 位	○	●	○	○	○	○	○	○	○	●	○	○	○	序号 12、13、14 和 16 均不工作，R 一式轮系无输入，故没有输出；输出轴 37 被机械锁止，不能被拖动；自动离合器处于液矩器工况；序号 32 工作，超轮系处于可以传递的联轴器状态，为进入驱动挡做好准备
N 位	○	●	○	○	○	○	○	○	○	●	○	○	○	与上不同之处为输出轴 37 没有被机械锁止，可以被拖动。自动离合器及超轮系同上
R 位	●	●	○	●	○	○	○	●	○	○	○	○	○	共架 25 被序号 20 双向锁止，轮系变成定轴轮系，运动经序号 13 传给大阳轮 22，长星轮 24 逆转，推动共圈 26 逆时针输出，实现倒挡。短星轮 23 顺转，小阳轮 21 有确定的逆转空输出。自动离合器处于联轴器工况；超轮系同上，传动比在 2.6 左右，可硬反拖
D1	○	●	○	○	●	○	○	○	○	●	○	●	●	共架 25 被序号 19 单向锁止，R 轮系是单向定轴轮系。小阳轮 21 经序号 14、15 有确定顺时针输入，短星轮 23 逆转，长星轮 24 顺转，推动共圈 26 顺转输出，实现 1 挡，大阳轮 22 逆转空转，无反拖。自动离合器处于液矩器工况；超轮系同上，传动比在 2.0 左右
S1	○	●	●	○	○	○	○	○	○	●	○	○	●	超轮系同上，自动离合器处于液矩器工况；共架 25 被序号 19 单向锁止，R 轮系为单向定轴轮系。小阳轮 21 经序号 12 有确定的顺转输入，无反拖
	○	●	●	○	○	○	○	●	○	●	○	○	○	共架 25 被序号 20 双向锁止，R 轮系为双向定轴轮系。小阳轮 21 经序号 12 有确定的顺转输入，短星轮 23 逆转，长星轮 24 顺转，推动共圈 26 顺转输出，大阳轮 22 逆转空转。自动离合器是液矩器工况；超轮系同上，有软反拖
L1	●	●	●	○	○	○	○	●	○	○	○	○	○	R 轮系与 S1 相同，序号 9 放松，序号 3 工作，自动离合器为联轴器；超轮系也为联轴器，有硬反拖
D2	○	●	●	○	●	○	○	○	○	●	○	○	●	大阳轮 22 被序号 18 双向锁止，3 号简单轮系是阳轮系（3 无圈），故有小阳轮 21 经序号 14、15 确定的顺时针输入，则短星轮 23 逆转，长星轮 24 顺转都是确定的，推动共圈 26 顺转输出，实现 2 挡，传动比在 1.3 左右，无反拖。自动离合器是液矩器工况；超轮系同上
S2	○	●	●	○	○	○	○	○	●	●	○	○	○	大阳轮 22 被序号 18 双向锁止，3 号简单轮系是阳轮系（3 无圈），故有小阳轮 21 经序号 12 确定的顺时针输入，则短星轮 23 逆转，长星轮 24 顺转都是确定的，推动共圈 26 顺转输出，实现 2 挡。自动离合器是液矩器工况；超轮系同上，无单向执行器工作，软反拖

续表

<table>
<tr><td>顺序</td><td>1</td><td>2</td><td>3</td><td>4</td><td>5</td><td>6</td><td>7</td><td>8</td><td>9</td><td>10</td><td>11</td><td>12</td><td>13</td><td colspan="2" rowspan="2"></td></tr>
<tr><td>序号</td><td>3</td><td>32</td><td>12</td><td>13</td><td>14</td><td>16</td><td>33</td><td>20</td><td>18</td><td>9</td><td>31</td><td>15</td><td>19</td></tr>
<tr><td>L2</td><td>●</td><td>●</td><td>●</td><td>○</td><td>○</td><td>○</td><td>○</td><td>○</td><td>●</td><td>○</td><td>○</td><td>○</td><td>○</td><td colspan="2">R 轮系与 S2 相同，序号 9 放松，序号 3 工作，自动离合器处于联轴器工况；超轮系同上，有硬反拖</td></tr>
<tr><td rowspan="5">D3（可五选一）</td><td>○</td><td>●</td><td>○</td><td>○</td><td>●</td><td>●</td><td>○</td><td>○</td><td>○</td><td>●</td><td>○</td><td>●</td><td>○</td><td>小阳轮 21 经序号 14、15 输入，共架 25 经序号 16 输入，无反拖的 D3</td><td rowspan="5">超轮系为联轴器；自动离合器处于液矩器工况，R 轮系有两同方向、同转速的输入，成联轴器，共圈 36 随之同时顺转，实现直接挡。传动比为 1，可升 4 挡和 5 挡</td></tr>
<tr><td>○</td><td>●</td><td>○</td><td>●</td><td>●</td><td>○</td><td>○</td><td>○</td><td>○</td><td>●</td><td>○</td><td>●</td><td>○</td><td>小阳轮 21 经序号 14、15 输入，大阳轮 22 经序号 23 输入，无反拖的 D3</td></tr>
<tr><td>○</td><td>●</td><td>●</td><td>●</td><td>○</td><td>○</td><td>○</td><td>○</td><td>○</td><td>●</td><td>○</td><td>○</td><td>○</td><td>大阳轮 22 经序号 23 输入，小阳轮 21 经序号 12 输入，有软反拖的 D3</td></tr>
<tr><td>○</td><td>●</td><td>○</td><td>●</td><td>○</td><td>●</td><td>○</td><td>○</td><td>○</td><td>●</td><td>○</td><td>○</td><td>○</td><td>大阳轮 12 经序号 23 输入，共架 25 经序号 26 输入，有软反拖的 D3</td></tr>
<tr><td>○</td><td>●</td><td>●</td><td>○</td><td>○</td><td>●</td><td>○</td><td>○</td><td>○</td><td>●</td><td>○</td><td>○</td><td>○</td><td>小阳轮 12 经序号 12 输入，共架 25 经序号 26 输入，有软反拖的 D3</td></tr>
<tr><td rowspan="3">S3（可三选一）</td><td>●</td><td>●</td><td>●</td><td>●</td><td>○</td><td>○</td><td>○</td><td>○</td><td>○</td><td>○</td><td>○</td><td>○</td><td>○</td><td>大阳轮 22 经序号 23 输入，小阳轮 21 经序号 12 输入，有硬反拖的 D3</td><td rowspan="3">序号 3 工作，序号 9 放松，超轮系、自动离合器、R 轮系三联轴器；硬反拖。不能升到 4 挡</td></tr>
<tr><td>●</td><td>●</td><td>○</td><td>●</td><td>○</td><td>●</td><td>○</td><td>○</td><td>○</td><td>○</td><td>○</td><td>○</td><td>○</td><td>大阳轮 22 经 23 输入，共架 25 经序号 26 输入，有硬反拖的 D3</td></tr>
<tr><td>●</td><td>●</td><td>●</td><td>○</td><td>○</td><td>●</td><td>○</td><td>○</td><td>○</td><td>○</td><td>○</td><td>○</td><td>○</td><td>小阳轮 21 经序号 12 输入，共架 25 经序号 26 输入，有硬反拖的 D3</td></tr>
<tr><td>D4</td><td>●</td><td>●</td><td>○</td><td>○</td><td>○</td><td>●</td><td>○</td><td>○</td><td>○</td><td>●</td><td>☆</td><td>○</td><td>○</td><td colspan="2">R 轮系的 2 单轮系（2 无小）是共架 25 经序号 16 输入的双向增速阳轮系，在 3 挡基础上又升一级进入 4 挡，传动比在 0.8 左右。序号 3 工作，序号 9 放松，自动离合器、超速轮系均是联轴器，有硬反拖</td></tr>
<tr><td>D5</td><td>●</td><td>○</td><td>○</td><td>○</td><td>○</td><td>●</td><td>●</td><td>○</td><td>○</td><td>○</td><td>☆</td><td>○</td><td>○</td><td colspan="2">序号 32 放松，序号 33 工作，二者交换瞬间由序号 31 担任传递；超轮系变成加速阳轮系；R 轮系与上同。自动离合器处于联轴器工况。无单向执行器工作，故有硬反拖。传动比在 0.6 左右</td></tr>
</table>

注：●—执行元件稳定工作；○—执行元件完全不工作；☆—执行元件在相邻两挡交换期间瞬时工作。

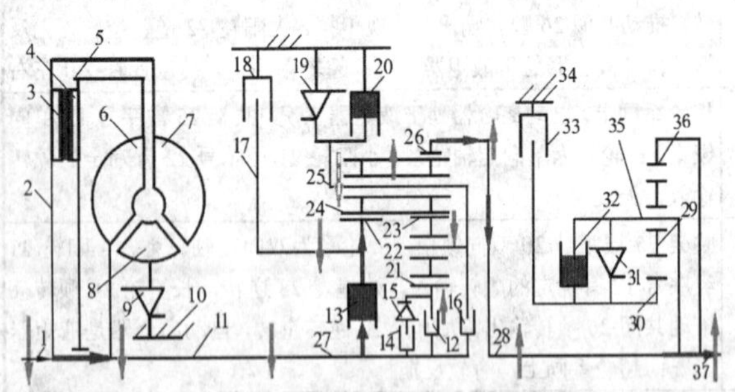

有随大阳轮 22 顺时针转动趋势的共架 25 被序号 20 双向锁止在机壳上，R 轮系呈定轴轮系状态，大阳轮 22 经序号 13 有顺转输入，长星轮 24 逆时针转动，共圈 26 随之逆时针转动输出，实现倒挡，传动比在 2.6 左右。短星轮 23 顺时针转动，小阳轮 21 有确定的逆时针空转，超轮系和自动离合器均是联轴器，有硬反拖（反拖图未画出，请参阅前面）。

（a）倒车驱动

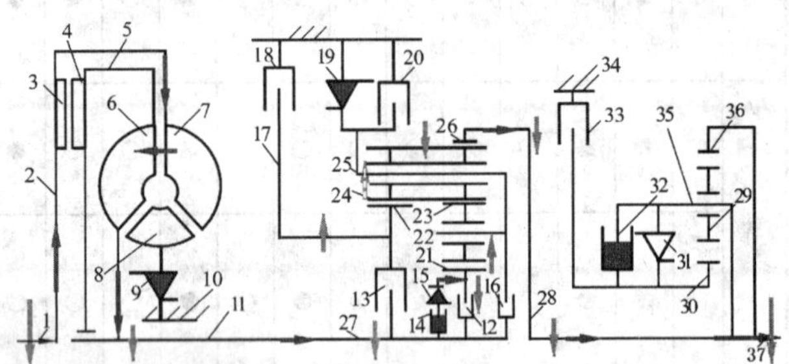

R 轮系是单向定轴轮系（有逆时针转动趋势的共架 25 被可顺不可逆的共架单向锁止制动器 19 锁定在壳体上，小阳轮 21 经序号 14、15 有确定的顺时针单向输入，短星轮 23 逆转，长星轮 24 顺转，推动共圈 26 顺转输出，大阳轮 22 逆转空转。有单向执行器工作，无反拖。

自动离合器是液矩器，超速轮系是联轴器，传动比在 2.0 左右。

（b）D 位 1 挡

图 5-23　超轮系后置的 R 一式 5 速轮系挡位分析

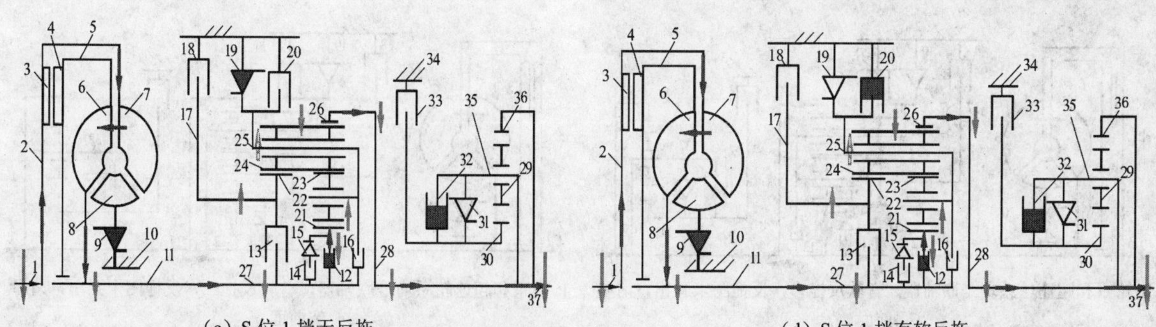

（c）S 位 1 挡无反拖

（d）S 位 1 挡有软反拖

S 位 1 挡有如上图两种可能，R 轮系是双向定轴轮系（有逆时针转动趋势的共架 25 被共架双向锁止制动器 20 锁定在壳体上，小阳轮 21 经序号 12 有确定的顺时针输入，短星轮 23 逆转，长星轮 24 顺转，推动共圈 26 顺转输出，大阳轮 22 逆转空转。R 轮系无单向执行器工作，自动离合器是液矩器，超速轮系是联轴器，有软反拖（反拖图未画出，请参阅前面）。

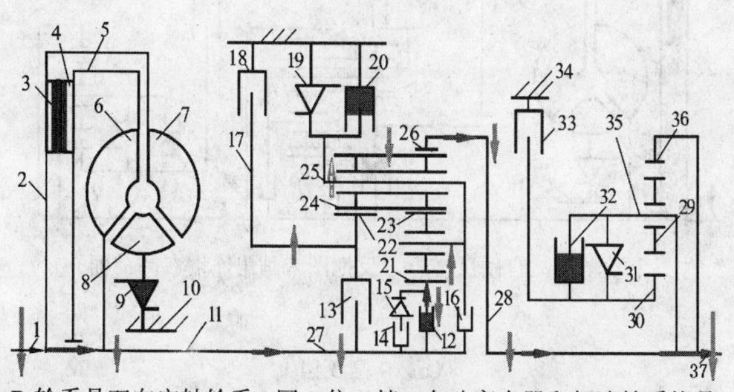

R 轮系是双向定轴轮系，同 S 位 1 挡，自动离合器和超速轮系均是联轴器，有硬反拖（反拖图未画出，请参阅前面）。

（e）L 位 1 挡有硬反拖

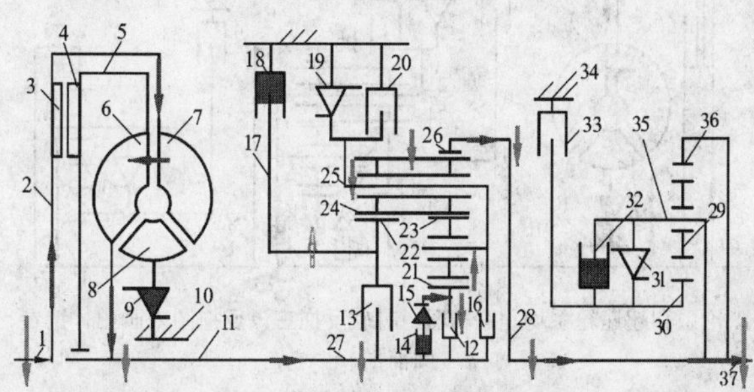

有逆时针转动趋势的大阳轮 22 被序号 18 双向锁止，小阳轮 21 经序号 14、15 单向输入，共圈 26 输出，实现 2 挡，传动比在 1.3 左右。共架 25 顺空转，无反拖。

（f）D 位 2 挡

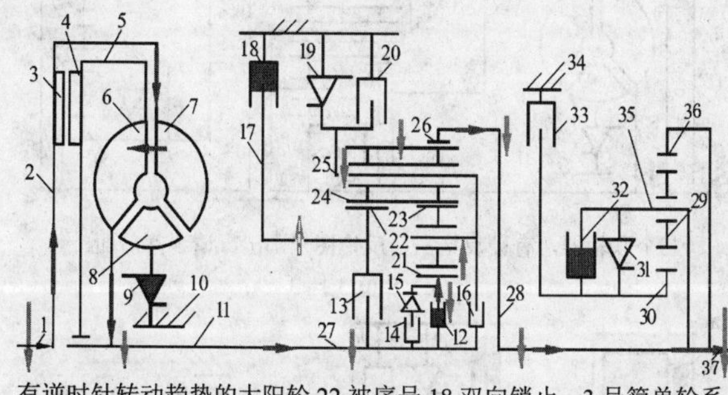

有逆时针转动趋势的大阳轮 22 被序号 18 双向锁止，3 号简单轮系是阳轮系（3 无圈），故有小阳轮 21 经序号 12 确定的双向顺时针输入，则短星轮 23 逆转，长星轮 24 顺转都是确定的，推动共圈 26 顺转输出，实现 2 挡，传动比在 1.5 左右，共架 25 顺空转。自动离合器是液矩器工况；超轮系同上，无单向执行器工作，有软反拖（反拖图未画出，请参阅前面）。

（g）S 位 2 挡

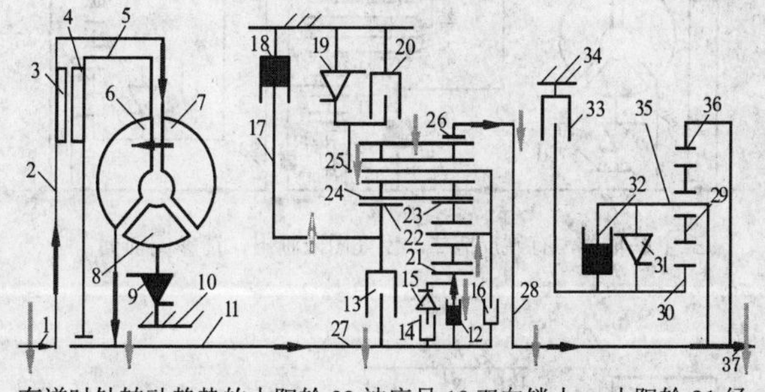

有逆时针转动趋势的大阳轮 22 被序号 18 双向锁止， 小阳轮 21 经序号 12 双向输入，共圈 26 输出。共架 25 顺空转。自动离合器是联轴器，有硬反拖（反拖图未画出，请参阅前面）。

（h）L 位 2 挡

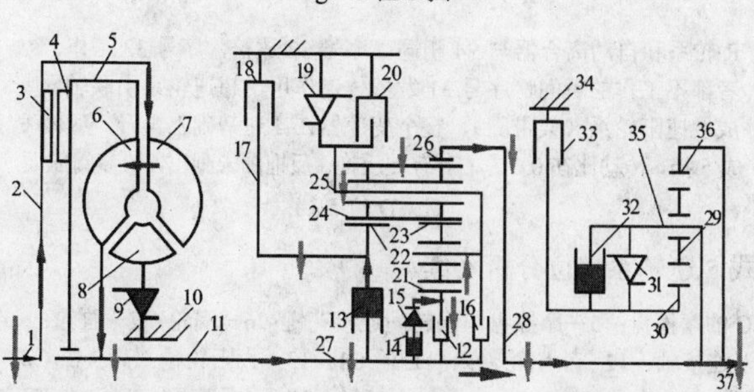

R 轮系和超速轮系均是联轴器，无反拖一，传动比为 1。

（i）D 位 3 挡驱动 1

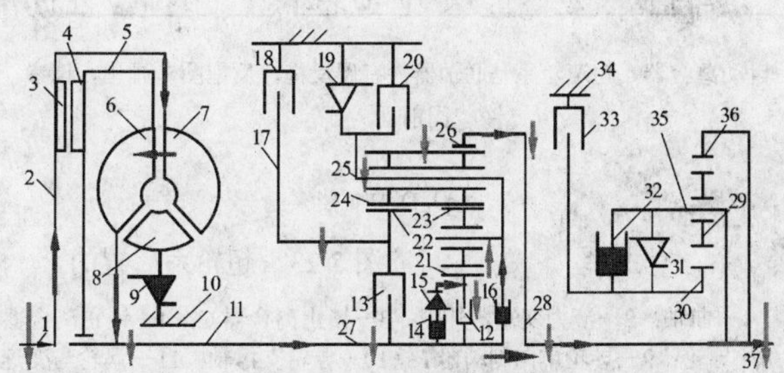

R 轮系和超速轮系均是联轴器，无反拖二。

（j）D 位 3 挡驱动 2

图 5-23　超轮系后置的 R 一式 5 速轮系挡位分析（续）

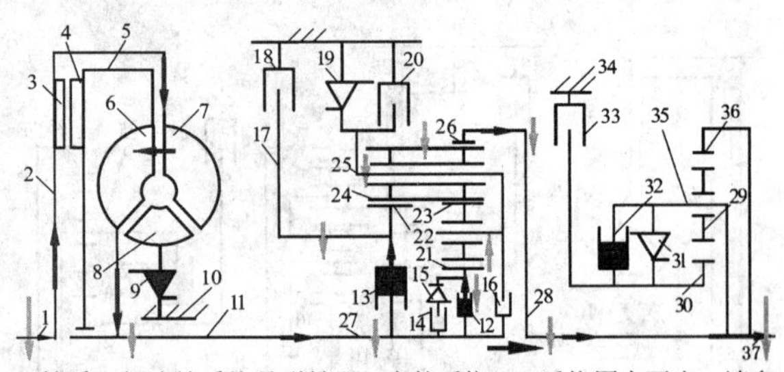

R 轮系和超速轮系均是联轴器，有软反拖一，反拖图未画出，请参阅前面。

(k) D 位 3 挡驱动 3

R 轮系和超速轮系均是联轴器，有软反拖二，反拖图未画出，请参阅前面。

(l) D 位 3 挡驱动 4

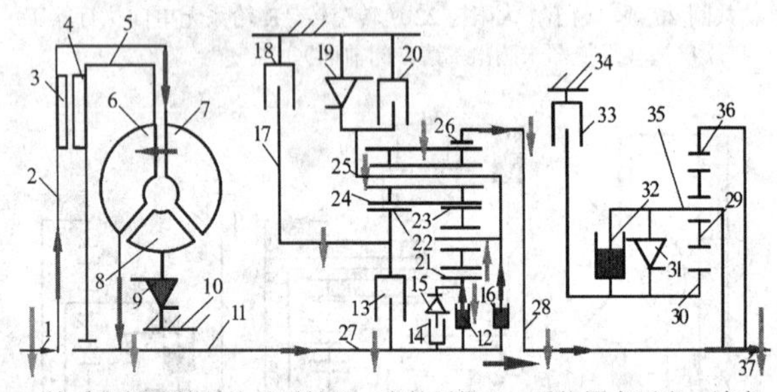

R 轮系和超速轮系均是联轴器，有软反拖三，反拖图未画出，请参阅前面。

(m) D 位 3 挡驱动 5

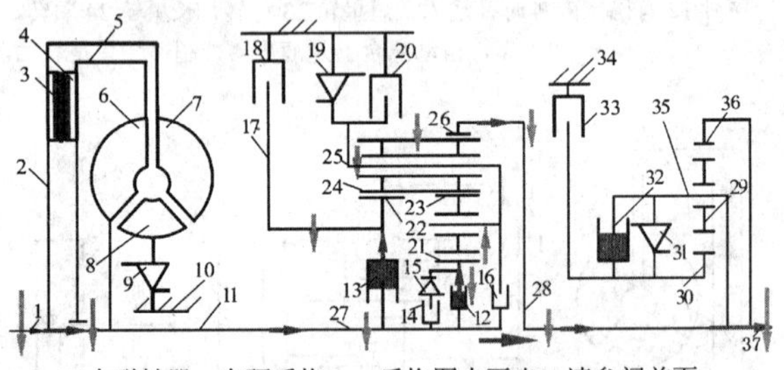

三个联轴器，有硬反拖一，反拖图未画出，请参阅前面。

(n) S 位 3 挡 1

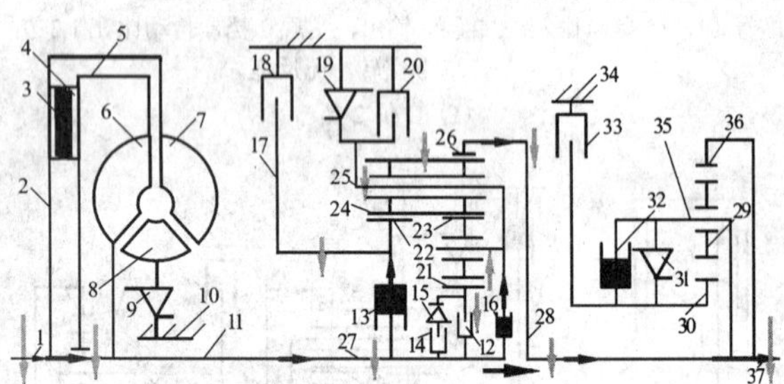

三个联轴器，有硬反拖二，反拖图未画出，请参阅前面。

(o) S 位 3 挡 2

三个联轴器，有硬反拖三，反拖图未画出，请参阅前面。

(p) S 位 3 挡 3

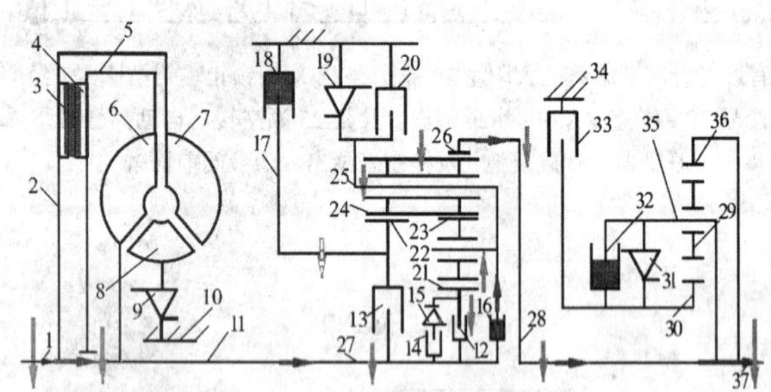

自动离合器、超速轮系是联轴器，有硬反拖，反拖图未画出，请参阅前面。

(q) D 位 4 挡

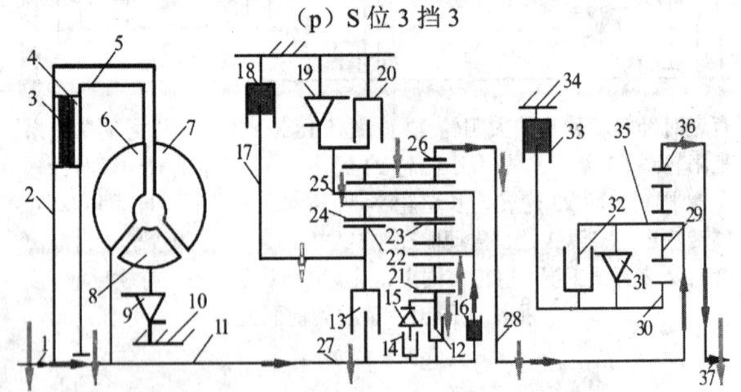

R 轮系和自动离合器与 S4 相同，序号 32 放松，序号 33 工作，二者都不工作的瞬间，序号 31 发挥传递作用，超速轮系由联轴器变成增速阳轮系（架带圈），整个变速器在 4 速基础上再升一级，变成 5 挡，传动比在 0.6 左右，有硬反拖。反拖图未画出，请参阅前面。

(r) D 位 5 挡

图 5-23　超轮系后置的 R 一式 5 速轮系挡位分析（续）

1—曲轴；2—液力变矩器外壳；3—锁止离合器 C；4—锁止离合器 C 的摩擦盘；5—摩擦盘与涡轮间连接花键；6—涡轮；7—泵轮；8—导轮；9—导轮单向制动器 F；10—导轮支撑轴；11—涡轮与变速器连接轴；12—小阳轮输入离合器 C1；13—大阳轮输入离合器 C2；14—小阳轮输入离合器 C3；15—小阳轮单向输入离合器 F1；16—共架输入离合器 C4；17—大阳轮连接轴；18—大阳轮双向制动器 B2；19—共架单向锁止制动器 F2；20—共架双向锁止制动器 B1；21—小阳轮；22—大阳轮；23—短星轮；24—长星轮；25—共架；26—共圈；27—轮系输入轴；28—两轮系连接轴；29—超星轮；30—超阳轮；31—单向离合器 F0；32—双向离合器 C0 连超架与超阳轮；33—超阳轮双向锁止制动器 B0；34—变速器壳体；35—超架；36—超圈；37—轮系输出轴

以上文字分析和起步工况、反拖工况的图可以参阅超速轮系前置的介绍，为节约篇幅就不再赘述了。

三、减轮系前置的 R 一式 5 速轮系挡位分析

1. 机构控制特点

除用减速轮系替换超轮系外，其余与超轮系前置的 R 一式 5 速轮结构特点相同。

2. 挡位变化执行元件运作表

减轮系前置的 R 一式 5 速轮系配置如图 5-7 所示，其中图（a）是机构示意图，图（b）是结构示意图。自动离合器出来后紧接一个减轮系，减轮系后面是一个基本的 R 一式轮系，它的 5 速挡位变化执行元件运作表如表 5-6 所示。

表 5-6　减轮系前置的 R 一式 5 速轮系执行元件运作表

顺序	1	2	3	4	5	6	7	8	9	10	11	12	13	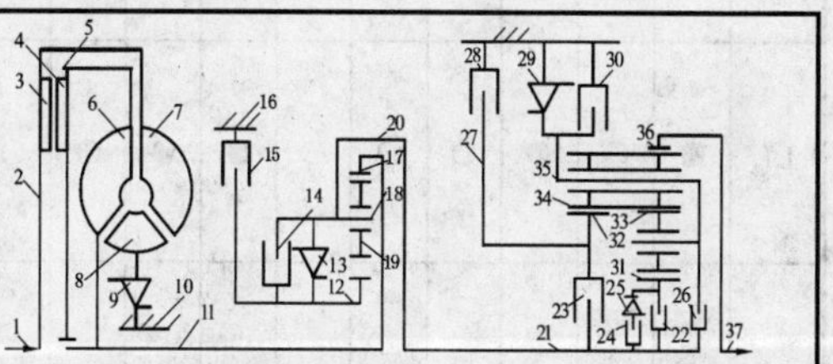
序号	3	14	22	23	24	26	15	30	28	9	13	25	29	
	锁止离合器C	减阳轮与减架双向锁止离合器C0	小阳轮输入离合器C1	大阳轮输入离合器C2	小阳轮输入离合器C3	共架输入离合器C4	减阳轮双向锁止制动器B0	共架双向锁止制动器B1	大阳轮双向制动器B2	导轮单向制动器F	单向离合器F0	小阳轮单向输入离合器F1	共架单向锁止制动器F2	1—曲轴；2—液矩器外壳；3—锁止离合器 C；4—锁止离合器 C 的摩擦盘；5—摩擦盘与涡轮间连接花键；6—涡轮；7—泵轮；8—导轮；9—导轮单向制动器 F；10—导轮支撑轴；11—涡轮与减轮系连接轴；12—减速轮系太阳轮（减阳轮）；13—单向离合器 F0；14—减阳轮与减架双向锁止离合器 C0；15—减阳轮双向锁止制动器 B0；16—变速器壳体；17—减轮系齿圈（减圈）；18—减架；19—减轮系行星轮（减星轮）；20—减轮系与 R 式轮系连接轴；21—轮系输入轴；22—小阳轮输入离合器 C1；23—大阳轮输入离合器 C2；24—小阳轮输入离合器 C3；25—小阳轮单向输入离合器 F1；26—共架输入离合器 C4；27—大阳轮连接轴；28—大阳轮双向制动器 B2；29—共架单向锁止制动器 F2；30—共架双向锁止制动器 B1；31—小阳轮；32—大阳轮；33—短星轮；34—长星轮；35—共架；36—共圈；37—轮系输出轴
P位	○	○	○	○	○	○	●	○	○	●	○	○	○	序号 15 工作，减轮系为减速阳轮系；序号 22、23、24 及 26 均不工作，R 一式轮系无输入；输出轴 37 被机械锁止，不能被拖动。序号 9 工作，序号 3 放松，自动离合器处于液矩（液矩器）工况，为进入其他工况做准备
N位	○	○	○	○	○	○	●	○	○	●	○	○	○	减轮系、自动离合器同上；与上不同之处为输出轴 37 没有被机械锁止，可以被拖动
R位	●	○	○	●	○	○	●	●	○	○	☆	○	○	减轮系是减速阳轮系。序号 3 工作，自动离合器呈联轴器工况。共架 35 被序号 30 双向锁止，R 一式轮系为双向定轴轮系，传递经序号 21 传到序号 23，再传给大阳轮 32（顺）、长星轮 34（逆），共圈 36 逆时针输出，实现倒挡，传动比在 2.6 左右，可硬反拖。短星轮 33 顺传给小阳轮 31，使其做有确定的逆时针输出（空转）。反拖时序号 15 与序号 14 工作状况交换，减轮系变成联轴器

续表

顺序	1	2	3	4	5	6	7	8	9	10	11	12	13		
序号	3	14	22	23	24	26	15	30	28	9	13	25	29		
D1	○	○	○	○	●	○	●	○	○	●	○	●	●	减轮系是减速阳轮系；自动离合器处于液矩器工况。共架单向锁止制动器 F2（序号 29）参与工作，将有逆转趋势的共架 35 单向锁止，R 一式轮系成为单向定轴轮系。传递经序号 21 输入至序号 24、25 传到小阳轮顺转，迫使短星轮 33 逆转、长星轮 34 推动共圈 36 顺转输出，实现 1 挡，传动比在 2.4 左右，大阳轮 32 被长星轮 34 推动做有确定逆转的输出空转。小轮（小阳轮）带动大轮（共圈），减速增矩，且有大阳轮 32 空转分流。无反拖	
S1	○	○	●	○	○	○	●	○	○	●	○	○	●	减轮系是减阳轮系、自动离合器处于液矩器工况；序号 29 工作，共架 35 被单向锁止，轮系为单向定轴轮系，序号 22 输入，无反拖	
	○	○	●	○	○	○	●	●	○	●	○	○	○	减轮系是减阳轮系、自动离合器处于液矩器工况；序号 30 工作，共架 35 被双向锁止，轮系为双向定轴轮系，序号 22 输入，软反拖	
L1	●	○	●	○	○	○	●	●	○	○	○	○	○	减轮系是减速阳轮系，自动离合器呈联轴器工况。共架 35 双向锁止同上。传递经序号 22 输入，小阳轮 31 顺转输入、短星轮 33 逆转、长星轮 34 推动共圈 36 顺转输出，实现 1 挡，大阳轮情况、传动比情况、分流情况同上。有硬反拖	
D2	○	○	○	○	●	○	●	○	●	●	○	●	○	减轮系为减阳轮系状态，自动离合器处于液矩器工况。大阳轮 32 被序号 28 双向锁止，3 单轮系（3 无圈）因大阳轮 32 被锁止，成为小阳轮 31 经序号 24、25 有一个顺时针输入的单向阳轮系，共架 35 只能随着小阳轮 31 做确定的顺空转，可顺不可逆的序号 29 放松共架 35，R 一式轮系成为单向周转轮系。从 1 单轮系（1 无大）角度看，有小阳轮 31 和共架 35 两输入，所以周转轮系的共圈 36 有确定顺转输出，实现 2 挡，传动比在 2.0 左右。无反拖	
S2	○	○	●	○	○	○	●	○	●	●	○	○	○	减轮系为减阳轮系状态；自动离合器处于液矩器工况。小阳轮 31 经离合器 C1（序号 22）工作后顺转输入，其余同 D2 挡，共圈 36 有确定顺转输出，实现 2 挡，有软反拖	
L2	●	○	●	○	○	○	●	○	●	○	○	○	○	减轮系、自动离合器均为联轴器；其余同 S 位 2 挡，有硬反拖，不能升至 3 挡	
D3（可五选一）	○	○	○	○	●	●	●	○	○	●	○	●	○	小阳轮 31 经序号 24、25 输入，共架 35 经序号 26 输入，无反拖 D3	减轮系为减阳轮系；自动离合器处于液矩器工况，R 轮系有五个方案实现两同方向、同转速的输入，成联轴器，共圈 36 随之同时顺转，实现直接挡。R 轮系传动比为 1，由于减轮系的减速作用，自动变速器的传动比在 1.3 左右，可升 4 挡和 5 挡
	○	○	○	●	●	○	●	○	○	●	○	●	○	小阳轮 31 经序号 24、25 输入，大阳轮 32 经序号 23 输入，无反拖的 D3	
	○	○	●	●	○	○	●	○	○	●	○	○	○	大阳轮 32 经序号 23 输入，小阳轮 31 经序号 22 输入，有反拖的 D3	
	○	○	○	●	○	●	●	○	○	●	○	○	○	大阳轮 32 经序号 23 输入，共架 35 经序号 26 输入，有反拖的 D3	
	○	○	●	○	○	●	●	○	○	●	○	○	○	小阳轮 31 经序号 22 输入，共架 35 经序号 26 输入，有反拖的 D3	
S3（可三选一）	●	○	●	●	○	○	●	○	○	○	○	○	○	大阳轮 32 经序号 23 输入，小阳轮 31 经序号 22 输入，有反拖的 D3	序号 3 工作，序号 9 放松，减轮系为减阳轮系状态，自动离合器、R 轮系两联轴器；硬反拖，不能升到 4 挡
	●	○	○	●	○	●	●	○	○	○	○	○	○	大阳轮 32 经序号 23 输入，共架 35 经序号 26 输入，有反拖的 D3	
	●	○	●	○	○	●	●	○	○	○	○	○	○	小阳轮 31 经序号 22 输入，共架 35 经序号 26 输入，有反拖的 D3	

续表

顺序	1	2	3	4	5	6	7	8	9	10	11	12	13	
序号	3	14	22	23	24	26	15	30	28	9	13	25	29	
D4	●	○	○	○	○	●	●	○	○	○	☆	○	○	减轮系保持减阳轮系、序号 26 工作，共架 35 顺转输入（序号 29 允许共架顺转），序号 28 工作将大阳轮 32 双向锁止，2 号简单轮系是一个双向增速阳轮系，共架 35 驱动共圈 36 增速减矩（架带圈）顺转输出，实现 4 挡，转速一减一增，结果传动比在 1 左右。两星轮随共架 35 顺公转，长星轮 34 顺自转，推动大阳轮 32 有逆转趋势，被序号 28 双向锁止，不能转动，短星轮 33 逆自转，小阳轮 31 顺空转。自动离合器是联轴器，硬反拖
D5	●	●	○	○	○	●	○	○	○	○	☆	○	○	序号 15 放松，序号 14 工作（在它们都放松不工作的交换瞬间序号 13 工作），减轮系变成联轴器，R 轮系与上相同，整个自动变速器在 4 挡基础上再升至 5 挡。传动比在 0.8 左右，自动离合器呈联轴器工况，有硬反拖

注：1. ●—执行元件稳定工作；○—执行元件完全不工作；☆—执行元件在相邻两挡交换期间瞬时工作。

2. 有些车型称 S 位为 2 位，称 L 位为 1 位。现在很多车型采用手-自一体控制方式，不再设计有 L 位工况，本教材从普遍意义出发，还保留了 L 位工况，读者可对照具体车型决定取舍。

3. 反拖时，减速轮系要变成联轴器工作状态，以避免减速轮系反拖时的增速作用，为简化，表中没有表示出这种变化，读者应当清楚这种变化的必要性。

3. 减轮系前置的 R 一式 5 速轮系挡位分析

1）P 位

驻车制动器示意图如图 5-24 所示。为进入其他挡位做好准备，减圈 17 始终与涡轮轴连接，序号 15 减阳轮双向制动器 B0 一直工作，减轮系处于减阳轮状态。但离合器 22、23、24 和 26 均不工作，动力和运动不能进入 R 一轮系，因为有机械锁止装置将输出轴 37 锁定，故汽车不能被拖动，可以稳定地停于坡度不大的斜坡上。如果长时间不动或者停于坡度较大的道路上，应当拉上驻车制动器，必要时还应垫上三角木头或石头。机械锁止装置如图 4-10 所示。

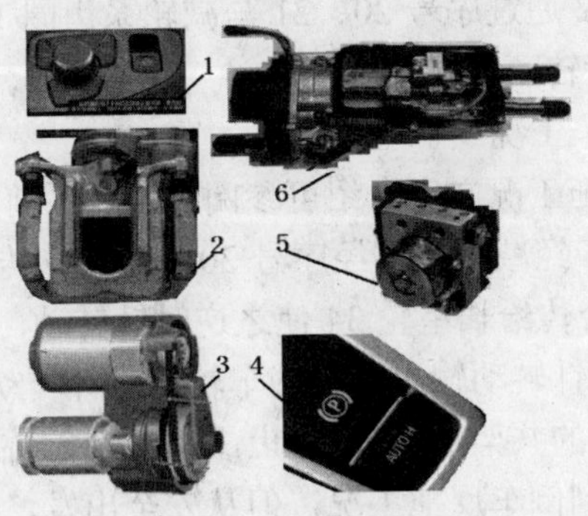

图 5-24 驻车制动器示意图

1—驻车操纵面板；2—钳式电子驻车制动器；3—电子制动器总成；4—驻车按钮；5—驻车 Auto Hold 控件；6—电子驻车调节装置

现代汽车的电子驻车制动系统（EPB，electrical park brake）是由电子控制方式实现停车制动技术的，它代替传统的机械拉杆手刹，变成一个按钮控制，比传统的拉杆手刹更安全、易操作。

2）N 位

减轮系情况与 P 位同，也因为离合器 22、23、24 和 26 均不工作，动力和运动不能进入 R 一轮系，轮系没有输出，与 P 位不同的是没有锁止装置将输出轴锁定，故可以被拖动。

3）R 位

R 位倒挡位机构运动示意图如图 5-25 所示。序号 3 工作，序号 9 放松，液矩器成为一个联轴器；序号 15 工作，减轮系为阳轮系状态，圈带架，所以是减速阳轮系。

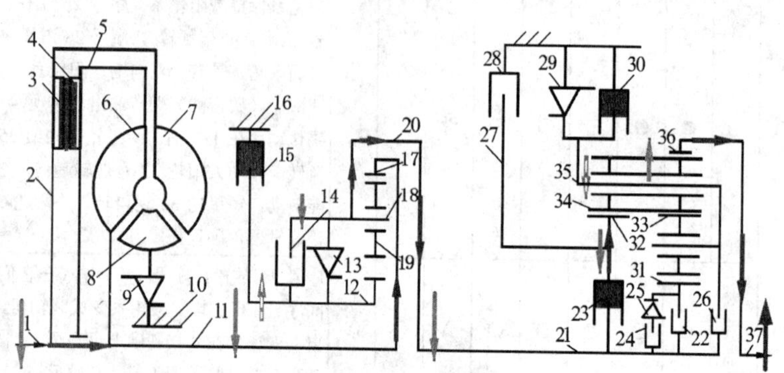

挡位处于驱动工况时传递路线示意图（有硬反拖，反拖图不再画出，可参阅前面的介绍）

减轮系是减速阳轮系；序号 3 工作，自动离合器呈联轴器工况。从涡轮 6 传出的动力和运动在减速轮系减速后，经序号 17、18、20、21、23 传到大阳轮 32，共架（序号 35）随主动件大阳轮 32 有顺时针转动趋势，被序号 30 双向锁止，有逆时针输出。共架 35 在驱动工况时随大阳轮 32 有顺转趋势，反拖时随共圈 36 有逆转趋势，因此双向被序号 30 双向锁止是必要的，R 一式轮系为双向定轴轮系，倒挡驱动时传递经序号 21 传到序号 23、传给大阳轮 32（顺）、长星轮 34（逆），圈 36 逆时针输出，实现倒挡，传动比在 2.6 左右；短星轮 33 顺传给小阳轮 31，使其做有确定的逆时针输出（空转）。反拖时序号 15 放松，序号 14 工作，减速轮系变成联轴器，防止反拖加速。

图 5-25　R 位倒挡位机构示意图

1—曲轴；2—液矩器外壳；3—锁止离合器 C；4—锁止离合器 C 的摩擦盘；5—摩擦盘与涡轮间连接花键；6—涡轮；7—泵轮；8—导轮；9—导轮单向制动器 F；10—导轮支撑轴；11—涡轮与减轮系连接轴；12—减速轮系太阳轮（减阳轮）；13—减阳轮与减架单向锁止离合器 F0；14—减阳轮与减架双向锁止离合器 C0；15—减阳轮双向锁止制动器 B0；16—变速器壳体；17—减轮系齿圈（减圈）；18—减架；19—减轮系行星轮（减星轮）；20—减轮系与 R 式轮系连接轴；21—轮系输入轴；22—小阳轮输入离合器 C1；23—大阳轮输入离合器 C2；24—小阳轮输入离合器 C3；25—小阳轮单向输入离合器 F1；26—共架输入离合器 C4；27—大阳轮连接轴；28—大阳轮双向制动器 B2；29—共架单向锁止制动器 F2；30—共架双向锁止制动器 B1；31—小阳轮；32—大阳轮；33—短星轮；34—长星轮；35—共架；36—共圈；37—轮系输出轴

基本 R 一式中，序号 30 工作，将共架（序号 35）双向锁定在壳体上，R 轮系变成一个双向定轴轮系；序号 23 工作，大阳轮 32 通过序号 20、21 与减轮系齿圈 17 连接，顺时针输入，长星轮 34 逆时针转动，带动共圈 36 逆时针转动实现倒挡。

R 位有起步、倒车、反拖三个工况：

（1）倒车起步工况和倒车反拖工况文字介绍可参阅超速轮系前置时 R 一式的工作情况。

（2）倒车驱动工况。从涡轮 6 经减轮系再经序号 20、21、23 传来的顺时针驱动转矩到达大阳轮 32，定轴轮系状态下，通过外啮合传给长星轮 34 使之逆时针转动，与长星轮 34 内啮合的共圈 36 也随之逆时针转动，带动轴 37 逆时针转动输出，驱动车轮逆时针转动，进入倒挡位，传动比在 2.6 左右，序号 30 将有顺时针转动趋势的共架 35 双向锁止，小阳轮 31 做有确定输出状态下的逆向空转。

倒车挡位实际使用中很少用到倒车反拖工况，但从安全出发，倒车挡位必须要有反拖功能。从车轮输入一个逆时针的主动转矩，在输出轴 37 处经共圈 36 反向传给长星轮 34，使其有逆时针转动趋势，并使共架 35 有逆时针转动趋势（在第 2 简单轮系中架随主动件圈动），因序号 30 的双向锁止使共架 35 不能转动，R 轮系仍然是一个定轴轮系，长星轮 34 通过外啮合传给大阳轮 32，使其顺时针转动，这个顺时针转矩通过序号 23 作用到减阳轮系的架 18 上，由于减架 18 此时是主动件，会增速传给减轮系齿圈 17（大带小，增速），显然这是不合理的，故倒挡反拖时序号 15 先停止工作，序号 14 再工作，减速轮系变成联轴器，与自动离合器形成的联轴器连接，直接作用到发动机曲轴上，产生硬反拖作用。长星轮 34 还通过外啮合使短星轮 33 顺转，因序号 22、24 没有工作，故小阳轮 31 逆时针空转。

4）D 位 1 挡

如图 5-26 所示，驾驶员将选位手柄置于 D 位，汽车进入 D 位模式，当处于 D 位 1 挡时，自动离合器处于液矩器工况（序号 9 工作，序号 3 放松）；序号 15 工作，减轮系为减阻轮系状态。序号 24、25 和 29 工作（序号 30 放松），D 位 1 挡传动路线接通，传动比在 2.4 左右。

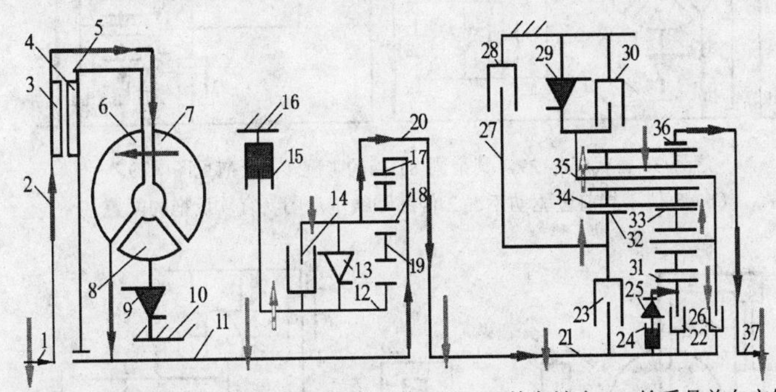

D 位 1 挡前进驱动工况传递示意图。减速轮系是减阻轮系，共架 35 被序号 29 单向锁止，R 轮系是单向定轴轮系，序号 31 顺转输入，共圈 36 顺转减速输出，实现 1 挡，传动比在 2.4 左右，大阳轮 32 逆转空转。无反拖。

图 5-26　D 位 1 挡机构示意图

注：图 5-26～图 5-36 图注同图 5-25。

（1）D 位 1 挡起步工况、D 位 1 挡反拖工况文字介绍可参阅超速轮系前置时 R 一式的工作情况。

（2）前进驱动工况。当汽车起步后，如图 5-26 所示，减轮系为减阻轮系状态，R 轮系是单向定轴轮系（有逆时针转动趋势的共架 35 被可顺不可逆的共架单向锁止制动器 29 锁定在壳体上），与超速轮系前置时 R 轮系工作状态相同。大阳轮 32 逆时针空转，将发动机输入的运动量分流一部分，故输出减速，实现 1 挡。

传递路线上有序号 9 和序号 29 两个单向执行器在工作，反拖时共架 35 随顺时针转动的主动件 36 顺时针转动，单向制动器 29 放松，定轴轮系不存在，同时单向离合器 25 也会放松，故 D 位 1 挡不能反拖。

5）S 位 1 挡

如图 5-27 所示，驾驶员把选位手柄置于 S 位后，汽车进入 S 位模式，参与工作的控制元件是序号 9（保证自动离合器处于液矩器工况）、序号 15（保证减轮系为减阻轮系状态）、序号 22（确保小阳轮输入）。S 位 1 挡与 D 位 1 挡不同之处是由双向离合器 22 替代序号 24 和序号 25，这样的好处是序号 22 的可靠性要高于序号 24、25 组合，更适用于需要稳定传递的 S 位，而序号 24、25 组合换挡品质高于序号 22 单独控制情况，更适应于换挡相对频繁的 D 位，由于序号 29 工作，故此状态下的 S 位 1 挡无反拖。如前所述，序号 24、25 组合并不是必配装置，很多厂家为降低成本，没有这个组合，那么可以采用序号 30 与序号 22 配合工作，S 位 1 挡就有了软反拖的能力。

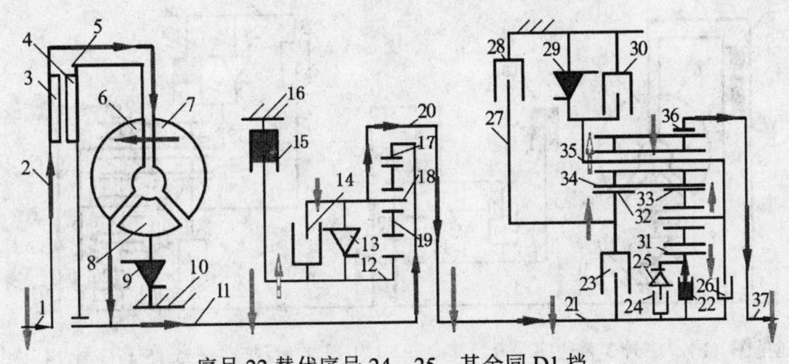

序号 22 替代序号 24、25，其余同 D1 挡。

（a）S 位 1 挡前进驱动工况 1 传递路线示意图（无反拖）

图 5-27　S 位 1 挡机构示意图

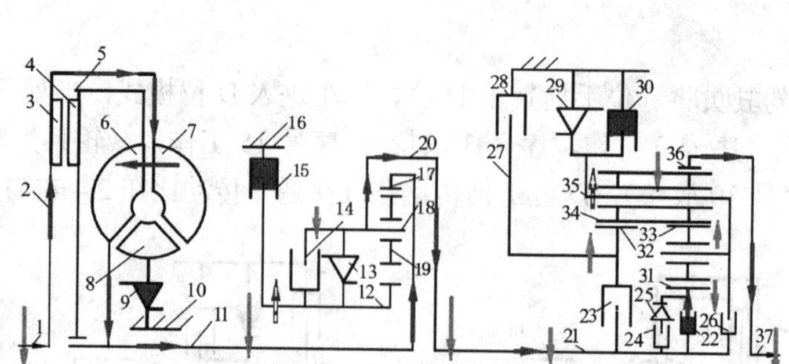

序号 30 替代序号 29，其余同 S1 挡的工况 1。反拖见图（c）。

（b）S 位 1 挡前进驱动工况 2 传递路线示意图（有软反拖的配置）

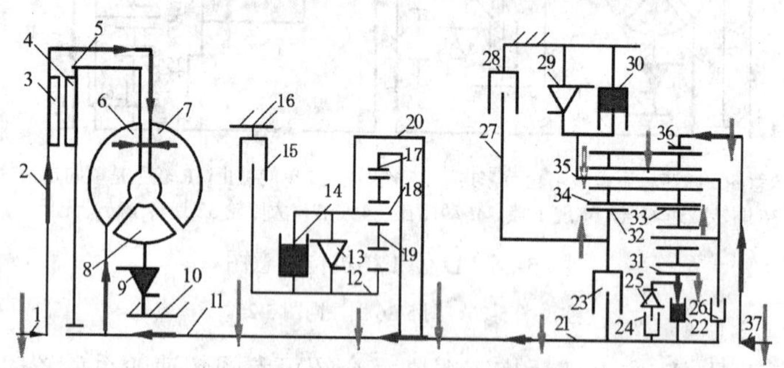

反拖时减速轮系变成联轴器，避免反拖时加速。软反拖时，驱动力矩与阻力力矩在液力变矩器内“顶牛”。

（c）S 位 1 挡反拖驱动工况

图 5-27　S 位 1 挡机构示意图（续）

（1）起步工况、反拖工况文字介绍可参阅超速轮系前置时 R 一式的工作情况。

（2）前进驱动工况。小阳轮 31 的输入是双向的，由序号 22 担任，如图 5-27 所示。S 位 1 挡与 D 位 1 挡前进时的工作原理是相同的，分无反拖和有软反拖两种情况。如果由序号 29 担任固定共架 35 的任务，则无反拖，如图 5-27（a）所示；如果由序号 30 担任这项任务，则有软反拖，如图 5-27（b）所示。

发动机反拖时单向制动器序号 29 放松，S 位 1 挡无反拖。如果是序号 30 双向锁止，就有软反拖，反拖时减速轮系要变成联轴器，如图 5-27（c）所示。

6）L 位 1 挡

如图 5-28 所示，驾驶员把选位手柄置于 L 位后，汽车进入 L 位模式，参与工作的控制元件是序号 3（保证自动离合器呈联轴器工况）、序号 15（保证减轮系为减阳轮系状态）、序号 22（将小阳轮 31 与涡轮 6 双向连接）和序号 30（将共架双向锁止）。

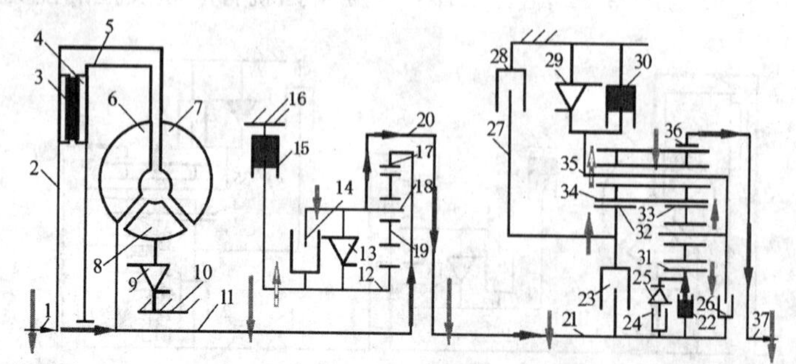

有硬反拖，反拖见图（b）。序号 3 替代序号 9，其余同 S1 工况 2，反拖时序号 15 与序号 14 工作状况交换。

（a）L 位 1 挡前进驱动工况

图 5-28　L 位 1 挡传递路线示意图

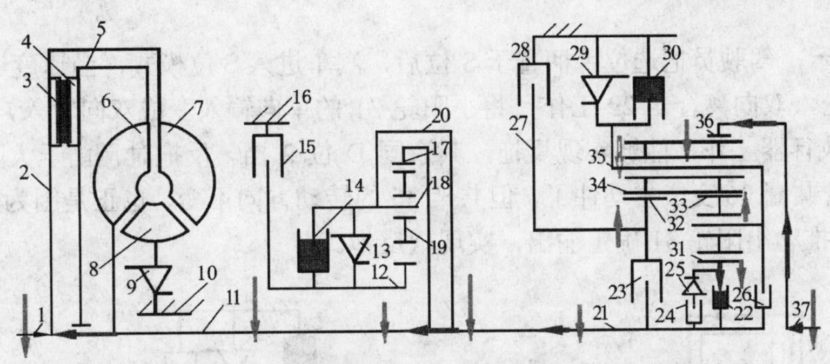

减速轮系变联轴器，避免反拖加速，驱动力矩与阻力力矩在飞轮“顶牛”。

（b）L 位 1 挡硬反拖驱动工况

图 5-28　L 位 1 挡传递路线示意图（续）

（1）起步工况、反拖工况文字介绍可参阅超速轮系前置时 R 一式的工作情况。

（2）驱动工况。L 位 1 挡前进驱动工况与 S 位 1 挡前进驱动工况工作原理是相同的，不同之处是共架（序号 35）被序号 30 双向锁止，而且自动离合器锁止成联轴器，减速轮系保持减阳轮系状态，如图 5-28（a）所示，L 位 1 挡反拖时自动离合器和减速轮系都处于联轴器工况，实现硬反拖，如图 5-28（b）所示。

7）D 位 2 挡

如图 5-29 所示，随着车速增加到一定值时，ECU 命令双向制动器序号 28 工作，将大阳轮 32 双向锁止在壳体上；序号 30 放松，共架 35 可以自由转动，轮系进入 D 位 2 挡。从轮系结构分析，由于大阳轮 32 被序号 28 锁止，3 号简单轮系（3 无圈）变成阳轮系，小阳轮 31 通过序号 24、25 输入一个运动，长星轮 34 就有确定的顺时针转动，推动共圈 36 有确定的有效顺时针输出，共架 35 在做有确定输出的顺时针空转，它的分流小于大阳轮的分流，故轮系升至 2 挡。

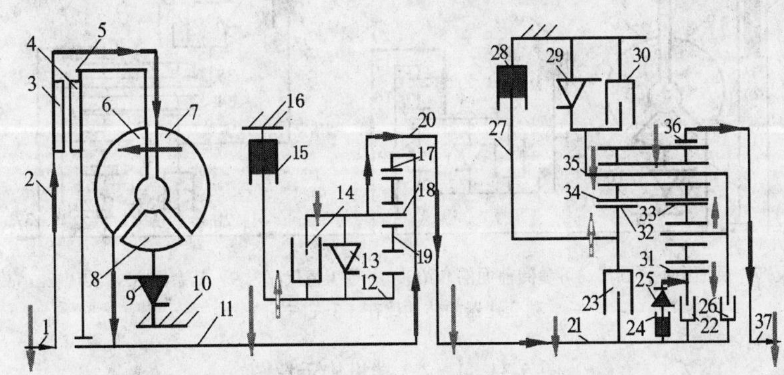

减轮系是减阳轮工况。大阳轮 32 被序号 28 双向锁止，3 号简单轮系（3 无圈）变成双向阳轮系，小阳轮 31 通过序号 24、25 输入一个运动，长星轮 34 就有确定的顺时针转动，推动共圈 36 有确定的有效顺时针输出，实现 2 挡，传动比在 2.0 左右，无反拖。

图 5-29　D 位 2 挡驱动路线示意图

当汽车由 D 位 3 挡降至 D 位 2 挡时，ECU 通过控制序号 22 的响应时间，降低序号 24 突然参加工作引起的冲击，提高换挡品质，增加舒适性。

（1）驱动工况。减轮系是减阳轮工况。涡轮 6 通过减速轮系经序号 20、21、24 和 25 传入的顺时针输入到达小阳轮 31，经减速后（小轮带动圈减速）从共圈 36 输出顺时针运动到输出轴 37，自动变速器升至 2 挡，传动比在 2.0 左右。

（2）反拖工况。由于有单向离合器 25 参与传递，故 D 位 2 挡无反拖。D 位 2 挡也没有起步工况。

8）S 位 2 挡

如图 5-30 所示，驾驶员把选位手柄置于 S 位后，汽车进入 S 位模式，当速度达到 2 挡的值时，ECU 命令 24 放松，双向离合器 22 工作，将小阳轮 31 的单向输入变成双向输入，进入 2 挡。传递路线上没有单向执行器工作，能够实现反拖，其余同 D 位 2 挡。反拖时，由于大阳轮 32 的工作状态不变，所以尽管共圈 36 变成主动件了，但共架 35 的转动方向不变，也正是因为序号 35 有确定顺转，共圈 36 才能推动小阳轮 31 确定输出，实现软反拖。

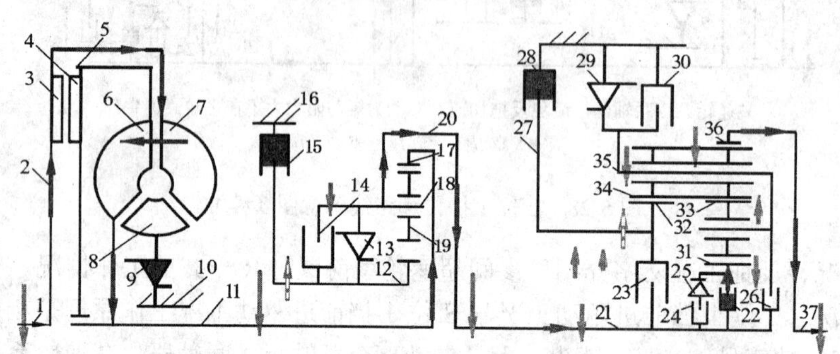

图 5-30　S 位 2 挡前进驱动工况传递路线示意图（有硬反拖）

9）L 位 2 挡

如图 5-31 所示，驾驶员将选位手柄置于 L 位，自动变速器进入 L 运作模式，速度达到设定值，ECU 命令自动变速器进入 L 位 2 挡，L 位 2 挡与 S 位 2 挡的区别就是自动离合器始终处于联轴器状态（序号 3 工作，序号 9 放松），减轮系同 S 位 2 挡，在 L 运作模式下，汽车达到 2 挡后不能再往高速挡升了。

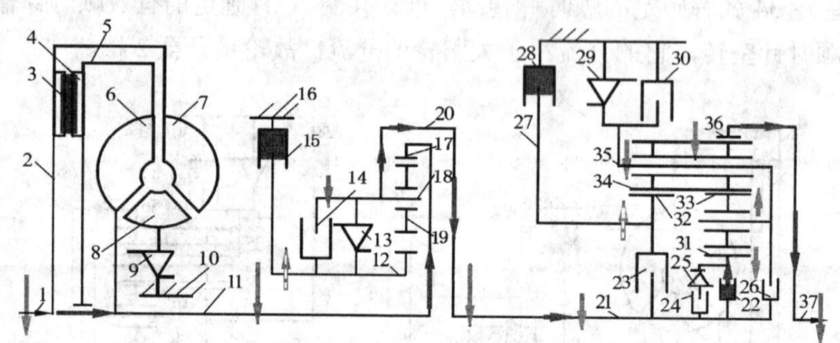

L 位 2 挡驱动工况（有硬反拖，反拖图不再画出，可参阅前面的介绍）。序号 3 替代序号 9，其余同 S2，实现 L2。减轮系是减阳轮工况，自动变速器的传动比在 1.3 左右。

图 5-31　L 位 2 挡机构示意图

10）D 位 3 挡

如图 5-32 所示，当车速进一步提高，ECU 命令汽车进入 D 位 3 挡，参与工作的执行元件除序号 9（自动离合器处于液矩器工况）、序号 15（减轮系处于减阳轮工况）工作外，基本 R 式应当演变成联轴器工况，发动机输入的运动量没有分流，全部用于输出，在 2 挡的基础升至 3 挡。发生这种情况的关键是同时输入两个同方向、同转速的运动，实现这种关键有五种搭配方式，实际车型只需选择一种即可。

图 5-32（a）、（b）由于单向离合器（序号 25）参与工作，无反拖；图 5-32（c）～（e）没有单向离合器参与工作，有软反拖。自动离合器是液矩器工况，R 轮系传动比为 1，由于减轮系处于减速阳轮系状态，所以自动变速器的传动比在 1.3 左右，如图 5-32 所示。

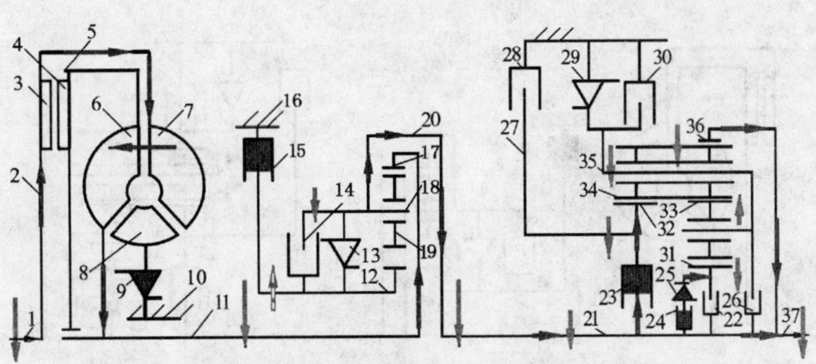

大、小阳轮同方向、同转速输入实现直接传动方案 1。

（a）D 位 3 挡前进驱动工况一（无反拖工况）

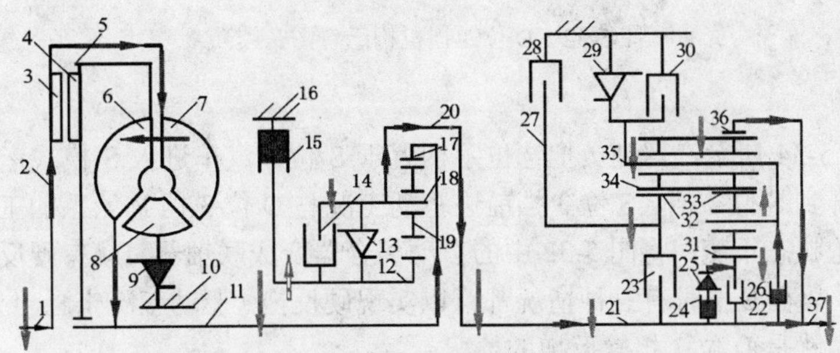

小阳轮 31 与共架 35 同方向、同转速输入实现直接传动方案 1。

（b）D 位 3 挡前进驱动工况二（无反拖工况）

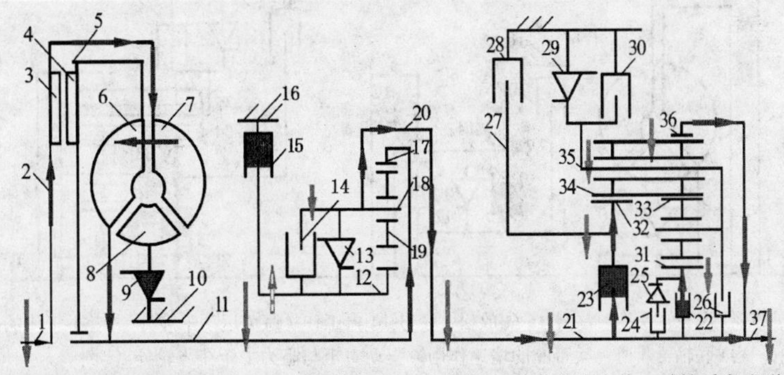

大、小阳轮同方向、同转速输入实现直接传动方案 2，反拖时序号 15 与序号 14 工作状况交换，减轮系变成联轴器，避免因架带圈的增速作用。

（c）D 位 3 挡前进驱动工况三（有软反拖工况，反拖图不再画出，可参阅前面的介绍）

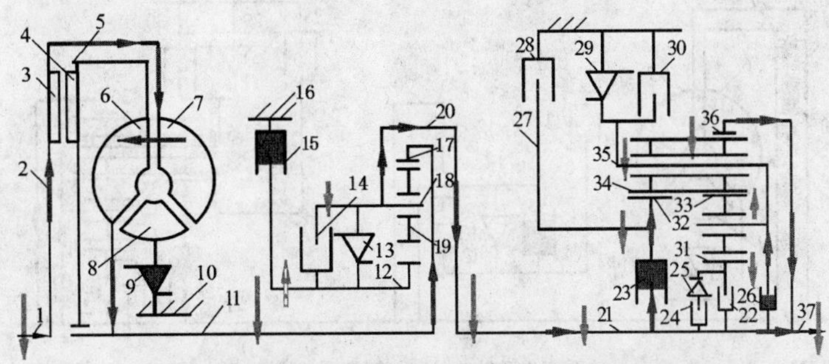

大阳轮 32 与共架 35 同方向、同转速输入实现直接传动方案。

（d）D 位 3 挡前进驱动工况四（有软反拖工况，反拖图不再画出，可参阅前面的介绍）

图 5-32 D 位 3 挡机构示意图

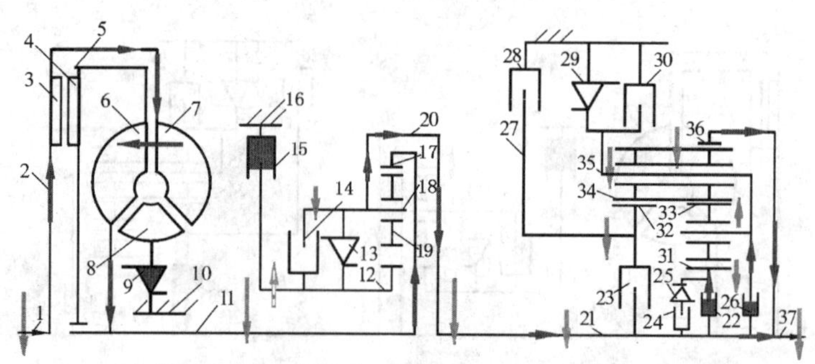

小阳轮 31 与共架 35 同方向、同转速输入实现直接传动方案 2。

（e）D 位 3 挡前进驱动工况五（有软反拖工况，反拖图不再画出，可参阅前面的介绍）

图 5-32　D 位 3 挡机构示意图（续）

11）S 位 3 挡

如图 5-33 和图 5-34 所示，驾驶员把选位手柄置于 S 位，汽车进入 S 模式运作，车速达到预定值，变速器会自动升到 S 位 3 挡，S 位 3 挡前进驱动工况与 D 位 3 挡 R 轮系的工作情况完全相同，减速轮系保持减阳轮状态不变，将图 5-32 中的自动离合器变成联轴器，就有硬反拖，由于驱动工况有三种情况有反拖，故在 S 位时有三种情况都可以实现硬反拖（驱动工况未画出）。如果把自动离合器变成液矩器状态，就是 D 位 3 挡软反拖的情况。

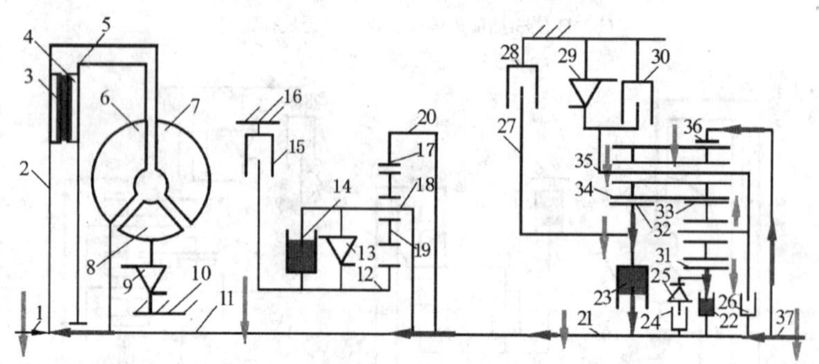

序号 3 替代序号 9，其余同 D3 工况三，反拖时序号 15 先放松，序号 14 再工作（避免运动干涉），二者不工作的瞬间序号 13 担任传递任务（避免传递中断），减轮系变成联轴器，避免架带圈的增速作用，驱动力矩与阻力力矩在飞轮处“顶牛”。驱动时序号 14 先放松，序号 15 再工作（避免运动干涉），二者不工作的瞬间序号 13 担任传递任务（避免传递中断）。

（a）有硬反拖一

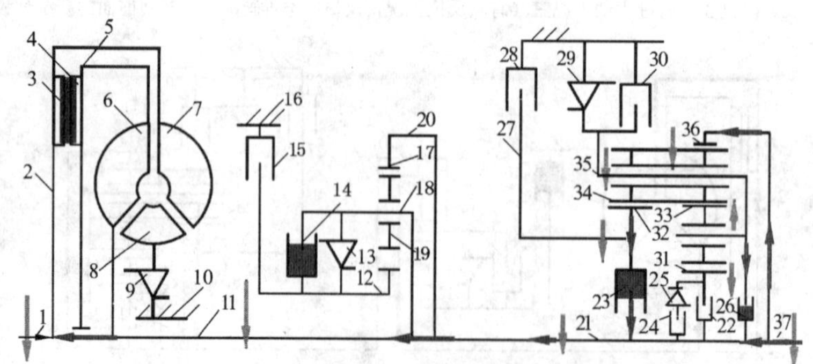

序号 3 替代序号 9，其余同 D3 工况四，反拖时减轮系变成联轴器，避免架带圈的增速作用。驱动时是减速轮系，驱动力矩与阻力力矩在飞轮处“顶牛”，序号 14、15 交换瞬间序号 13 担任传递任务，以保证运动不干涉，传递不中断。

（b）有硬反拖二

图 5-33　S 位 3 挡反拖工况示意图 1

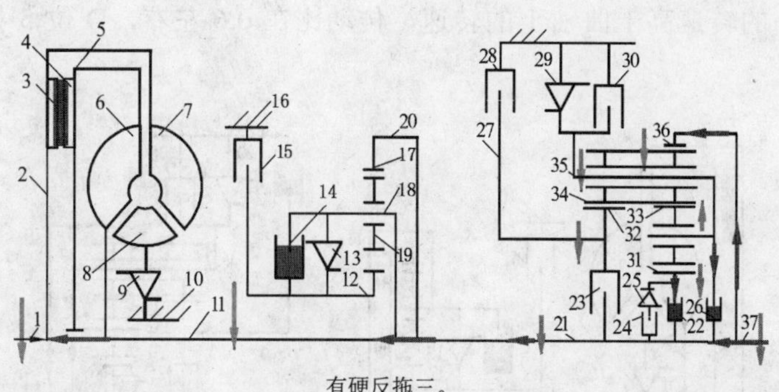

有硬反拖三。

序号 3 替代序号 9，其余同 D3 工况五，反拖时减轮系变联轴器，驱动时是减速轮系，驱动力矩与阻力力矩在飞轮处"顶牛"，序号 14、15 交换瞬间序号 13 担任传递任务，以保证减速轮系正常工作。

图 5-34　S 位 3 挡反拖工况示意图 2

12）D 位 4 挡

如图 5-35 所示，在 D 模式下，车速在 3 挡的基础上继续升高，达到设定值后，ECU 命令自动变速器进入 D 位 4 挡，有以下特点：

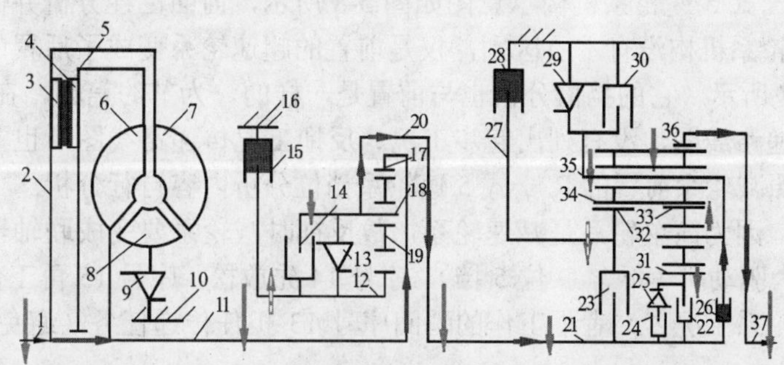

序号 3 替代序号 9，实现 D4 挡，其余同前面反拖时情况。有硬反拖，反拖图不再画出，可参阅前面的介绍。

图 5-35　D 位 4 挡前进驱动

（1）序号 28 工作，将大阳轮 32 双向锁止，2 号简单轮系（2 无小）是一个双向增速阳轮系，序号 26 工作，共架 35 与涡轮接通，顺时针输入（序号 29 允许共架顺转），共架 35 驱动共圈 36 增速减矩（架带圈）顺转输出，实现 4 挡，因减轮系是减阳轮工况，速度一增一减，传动比在 1 左右。

（2）两星轮随共架 35 顺公转，长星轮 34 顺自转，推动大阳轮 32 有逆转趋势，但被序号 28 双向锁止，不能转动，短星轮 33 逆自转，小阳轮 31 顺空转。

（3）减轮系为减阳轮系状态，自动离合器处于联轴器工况，有硬反拖，高速时液矩器的传动效率较低，故升入 D 位 4 挡时自动离合器处于联轴器工况。

13）D 位 5 挡

如图 5-36 所示，在 D 模式下，车速继续升高，达到设定值后，ECU 命令自动变速器进入 D 位 5 挡，关键的变化是减轮系由减阳轮系进入联轴器工况工作，同时让自动离合器在联轴器工况下工作。

减轮系变为联轴器必须序号 14 工作，过程是序号 15 先放松，序号 14 后工作，这样才能避免运动干涉，在两者都不工作的瞬间，序号 13 担任传递任务，以确保传递不中断，序号 14 一工作，序号 13 会自动放松或参与辅助传递的工作状态；由 D 位 5 挡降回 4 挡时，序号 14 先放松，序号 15 还没有工作期间，也由序号 13 担任传递，序号 14 工作期间，序号 13 也起到辅助序号 14 传递动力的作用。

驱动工况。减轮系由减速阳轮系变成联轴器就在 4 挡基础上再提高一级速度，就进入了超速的

5 挡，此时输出轴 37 的转速高于曲轴 1 的转速，传动比在 0.6 左右，D 位 5 挡有硬反拖工况，如图 5-36 所示。

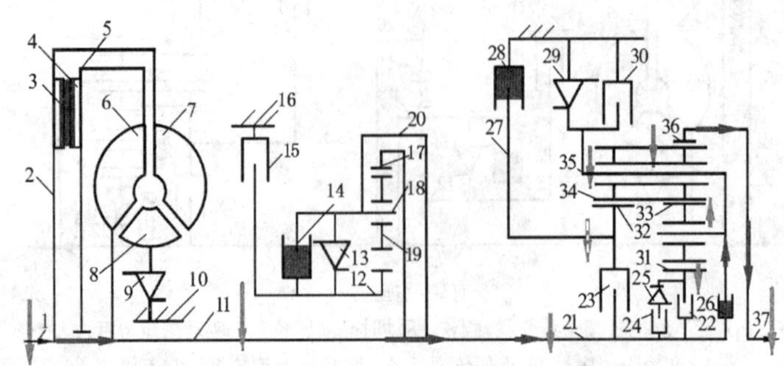

D 位 5 挡前进驱动工况传递路线示意图。序号 3 替代序号 9，序号 14 替代序号 15，减速轮系变联轴器，不再减速，其余同 D4，实现 D5 挡，传动比在 0.6 左右，有硬反拖，反拖图不再画出，可参阅前面的介绍。

图 5-36　D 位 5 挡机构示意图

四、减轮系后置的 R 一式 5 速轮系挡位分析

减轮系后置的 R 一式 5 速轮系机构示意图如图 5-8 所示，前面已经分析并做出结论，它与减轮系前置的 R 一式 5 速轮系机构没有本质区别，仅是前置的超速轮系变成了后置的减速轮系。它的执行元件运作表如表 5-7 所示。它的挡位分析也与前置是一样的，为节约篇幅，在图 5-37 中只列出了各个挡位驱动工况传递路线图，没有列出起步工况、反拖工况传递路线图，也不再赘述文字分析，有兴趣的读者可以对照减轮系前置的 R 一式 5 速轮系挡位分析内容自行分析。

要统一强调的是，因为简单轮系是减速轮系，故反拖时减轮系要变成联轴器工况，避免架带圈的增速作用。反拖转为驱动时（不含 D 位 5 挡），序号 14 先放松，序号 15 再工作（避免运动干涉），减速轮系变为减速阳轮系工况，二者不工作的瞬间序号 13 担任传递任务（避免传递中断）。在挡位图中不再说明此问题。

表 5-7　减轮系后置的 R 一式 5 速轮系执行元件运作表

顺序	1	2	3	4	5	6	7	8	9	10	11	12	13	1—曲轴；2—液矩器外壳；3—锁止离合器 C；4—锁止离合器 C 的摩擦盘；5—摩擦盘与涡轮间连接花键；6—涡轮；7—泵轮；8—导轮；9—导轮单向制动器 F；10—导轮支撑轴；11—涡轮与变速器连接轴；12—小阳轮输入离合器 C1；13—大阳轮输入离合器 C2；14—小阳轮输入离合器 C3；15—小阳轮单向输入离合器 F1；16—共架输入离合器 C4；17—大阳轮连接轴；18—大阳轮双向制动器 B2；19—共架单向锁止制动器 F2；20—共架双向锁止制动器 B1；21—小阳轮；22—大阳轮；23—短星轮；24—长星轮；25—共架；26—共圈；27—轮系输入轴；28—两轮系连接轴；29—减星轮；30—减阳轮；31—减阳轮与减架单向锁止离合器 F0；32—减阳轮与减架双向锁止离合器 C0；33—减阳轮双向锁止制动器 B0；34—变速器壳体；35—减架；36—减圈；37—轮系输出轴
序号	3	32	12	13	14	16	33	20	18	9	31	15	19	
	锁止离合器 C	减阳轮与减架双向锁止离合器 C0	小阳轮输入离合器 C1	大阳轮输入离合器 C2	小阳轮输入离合器 C3	共架输入离合器 C4	减阳轮双向锁止制动器 B0	共架双向锁止制动器 B1	大阳轮双向制动器 B2	导轮单向制动器 F	减阳轮与减架单向锁止离合器 F0	小阳轮单向输入离合器 F1	共架单向锁止制动器 F2	
P 位	○	○	○	○	○	○	●	○	○	●	○	○	○	序号 12、13、14 和 16 均不工作，R 一式轮系无输入，故没有输出；输出轴 37 被机械锁止，不能被拖动；自动离合器处于液矩器工况；序号 33 工作，减轮系处于可以传递的减速阳轮系状态，为进入驱动挡做好准备

续表

顺序	1	2	3	4	5	6	7	8	9	10	11	12	13		
序号	3	32	12	13	14	16	33	20	18	9	31	15	19		
N位	○	○	○	○	○	○	●	○	○	●	○	○	○	与上不同之处为输出轴37没有被机械锁止，可以被拖动。自动离合器及减轮系同上	
R位	●	○	○	●	○	○	●	●	○	○	☆	○	○	共架25被序号20双向锁止，轮系变成定轴轮系，运动经序号13传给大阳轮22，长星轮24逆转，推动共圈26逆时针输出。短星轮23顺转，小阳轮21有确定的逆转空输出。自动离合器处于联轴器工况；减轮系是减阳轮系，传动比在2.6左右，可硬反拖	
D1	○	○	○	○	●	○	●	○	○	●	○	●	●	减轮系是减阳轮系，共架25被序号19单向锁止，R轮系是单向定轴轮系。小阳轮21经序号14、15有确定的顺时针输入，短星轮23逆转、长星轮24顺转，推动共圈26顺转输出，进入1挡，传动比在2.4左右，大阳轮22逆转空转。无反拖。自动离合器是液矩器	
S1	○	○	●	○	○	○	●	○	○	●	○	○	●	自动离合器处于液矩器工况；减轮系同上，共架25被序号19单向锁止，R轮系为单向定轴轮系。序号12顺转输入，无反拖	
	○	○	●	○	○	○	●	●	○	●	○	○	○	自动离合器、减轮系同上，共架25被序号20双向锁止，R轮系为双向定轴轮系。小阳轮21经序号12有确定的顺转输入，软反拖	
L1	●	○	●	○	○	○	●	●	○	○	○	○	○	R轮系与S1相同，序号9放松，序号3工作，自动离合器为联轴器；减轮系为减阳轮系，有硬反拖	
D2	○	○	●	○	●	○	●	○	○	●	○	○	●	减轮系是减阳轮系，大阳轮22被序号18双向锁止，3号简单轮系是阳轮系（3无圈），故有小阳轮21经序号14、15确定的顺时针输入，则短星轮23逆转，长星轮24顺转都是确定的，推动共圈26顺转输出，实现2挡，传动比在2.0左右。故无反拖。自动离合器处于液矩器工况	
S2	○	○	●	○	○	○	●	○	●	●	○	○	○	大阳轮22被序号18双向锁止，3号简单轮系是阳轮系（3无圈），故有小阳轮21经序号12确定的顺时针输入，则短星轮23逆转，长星轮24顺转都是确定的，推动共圈26顺转输出，实现2挡。自动离合器处于液矩器工况；减轮系同上，无单向执行器工作，有软反拖	
L2	●	○	●	○	○	○	●	○	●	○	○	○	○	R轮系与S2相同，序号9放松，序号3工作，自动离合器处于联轴器工况；减轮系同上，有硬反拖	
D3（可五选一）	○	○	○	○	●	●	●	○	○	●	○	●	○	小阳轮21经序号14、15输入，共架25经序号16输入，无反拖的D3	自动离合器处于液矩器工况，R轮系有两同方向、同转速的输入，呈联轴器，共圈36随之同时顺转，传动比为1，减轮系为减阳轮系状态；故实际传动比在1.3左右。可升4挡和5挡
	○	○	○	●	●	○	●	○	○	●	○	●	○	小阳轮21经序号14、15输入，大阳轮22经序号23输入，无反拖的D3	
	○	○	●	●	○	○	●	○	○	●	○	○	○	大阳轮22经序号23输入，小阳轮22经序号12输入，有软反拖的D3	
	○	○	○	●	○	●	●	○	○	●	○	○	○	大阳轮22经23输入，共架25经序号26输入，有软反拖的D3	
	○	○	●	○	○	●	●	○	○	●	○	○	○	小阳轮21经序号22输入，共架25经序号26输入，有软反拖的D3	
S3（可三选一）	●	○	●	●	○	○	●	○	○	○	○	○	○	大阳轮22经序号23输入，小阳轮21经序号12输入，有硬反拖的D3	序号3工作，序号9放松，减轮系为减阳轮系、自动离合器、R轮系两联轴器；硬反拖。不能升到4挡
	●	○	○	●	○	●	●	○	○	○	○	○	○	大阳轮22经序号23输入，共架25经序号26输入，有硬反拖的D3	
	●	○	●	○	○	●	●	○	○	○	○	○	○	小阳轮21经序号22输入，共架25经序号26输入，有硬反拖的D3	
D4	●	○	○	○	○	●	●	○	○	●	☆	○	○	R轮系的2单轮系（2无小）是共架25经序号16输入的双向减速阳轮，在3挡基础上又升一级进入4挡，减速轮系是减阳轮，速度一增一减，传动比在1左右。自动离合器是联轴器，有硬反拖	
D5	●	●	○	○	○	●	○	○	○	○	☆	○	○	序号33放松，序号32工作，二者交换瞬间由序号31担任传递；减轮系变成联轴器；R轮系与上同，升至5挡，传动比在0.8左右。自动离合器是联轴器工况。无单向执行器工作，故有硬反拖	

注：●—执行元件稳定工作；○—执行元件完全不工作；☆—执行元件在相邻两挡交换期间瞬时工作。反拖时，减速轮系要变成联轴器工作状态，以避免减速轮系反拖时的增速作用，为简化，表中没有表示出这种变化。

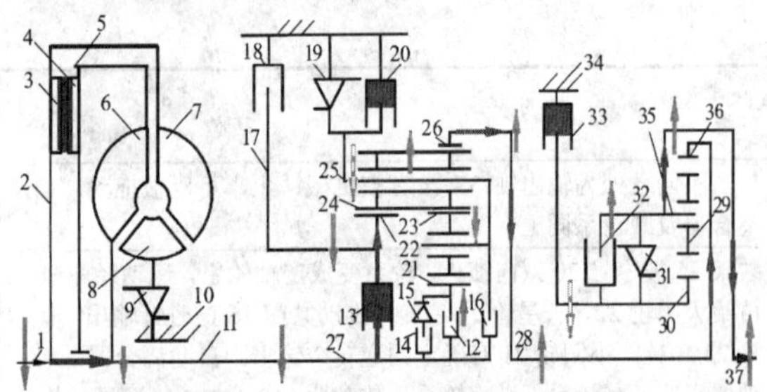

有顺转趋势的共架 25 被序号 20 双向锁止在机壳上，R 轮系处于定轴轮系状态，大阳轮 22 经序号 13 有顺转输入，长星轮 24 逆时针转动，共圈 26 随之逆时针转动输出，实现倒挡，传动比在 2.6 左右。短星轮 23 顺时针转动，小阳轮 21 有确定的逆时针空转，自动离合器是联轴器，减轮系为减阳轮系状态工况，有硬反拖，反拖图不再画出。

（a）倒车驱动

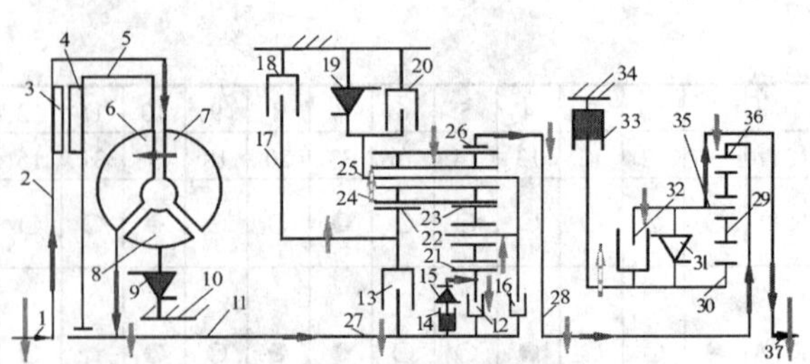

R 轮系是单向定轴轮系，有逆时针转动趋势的共架 25 被可顺不可逆单向制动器 19 锁定在壳体上，小阳轮 21 经序号 14、15 有确定的顺时针单向输入，短星轮 23 逆转，长星轮 24 顺转，推动共圈 26 顺转输出，实现 1 挡。大阳轮 22 逆转空转。有单向执行器工作，无反拖。自动离合器是液矩器，减轮系为减阳轮系状态，传动比在 2.4 左右。

（b）D 位 1 挡

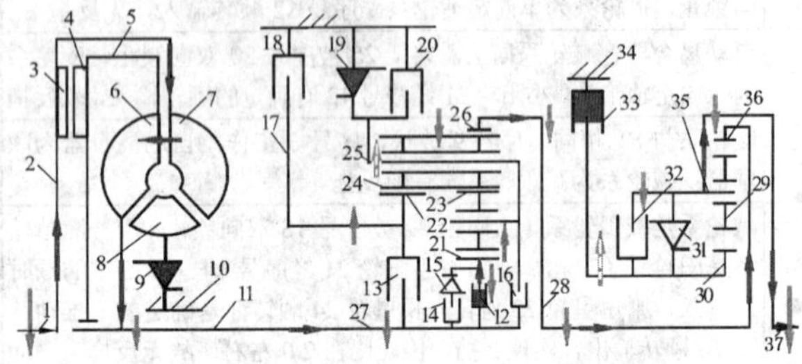

序号 12 替代序号 14、15，其余同 D1。

（c）S 位 1 挡（无反拖）

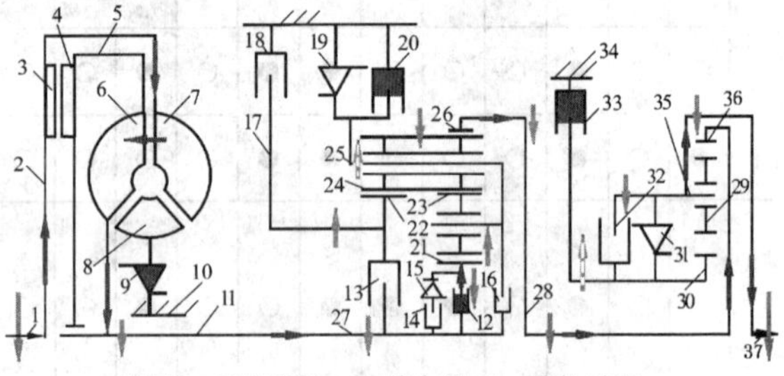

序号 20 替代序号 19，其余同 S1，有软反拖。

（d）S 位 1 挡（有软反拖，反拖图不再画出，可参阅前面的介绍）

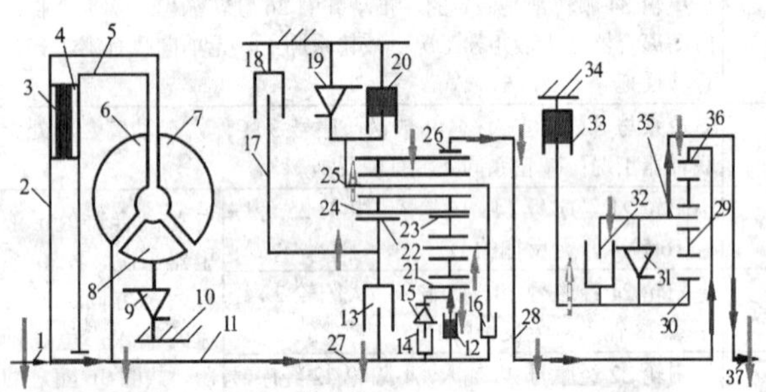

序号 3 替代序号 9，其余同 S1，有硬反拖，反拖图不再画出，可参阅前面的介绍。

（e）L 位 1 挡

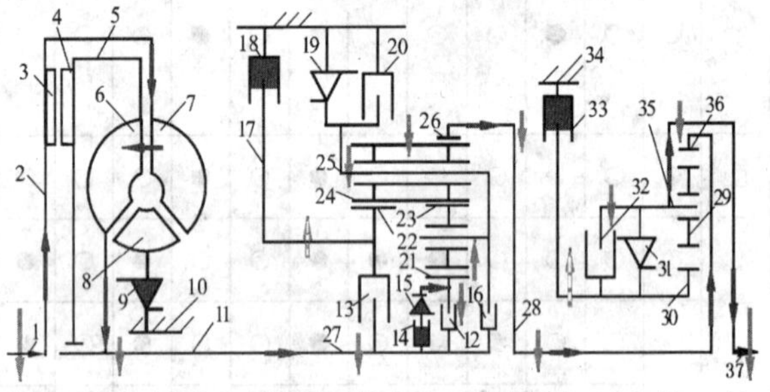

有逆时针转动趋势的大阳轮 22 被序号 18 双向锁止，小阳轮 21 经序号 14、15 单向顺转输入，推动共圈 26 顺转输出，实现 2 挡，传动比在 2.0 左右，共架 25 顺转空转。自动离合器是液矩器，减轮系为减阳轮系状态，无反拖。

（f）D 位 2 挡

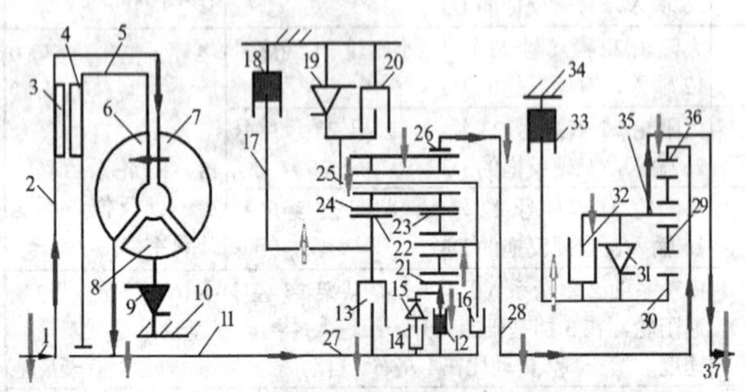

序号 12 替代序号 14、15，其余同 D2 挡，无单向执行器工作，有软反拖，反拖图不再画出，可参阅前面的介绍。

（g）S 位 2 挡

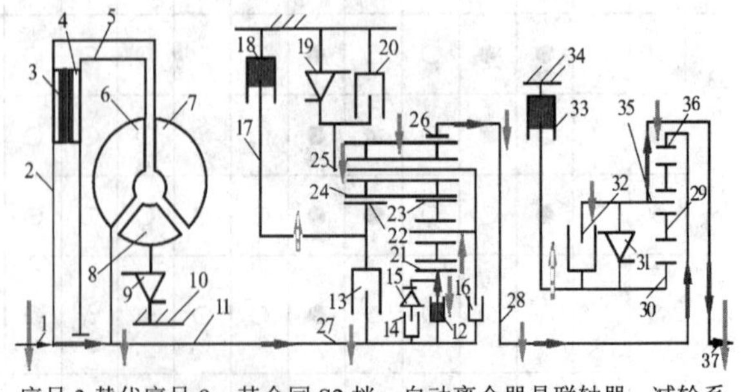

序号 3 替代序号 9，其余同 S2 挡，自动离合器是联轴器，减轮系为减阳轮系状态，有硬反拖，反拖图不再画出，可参阅前面的介绍。

（h）L 位 2 挡

图 5-37　减轮系后置的 R 一式 5 速轮系挡位分析

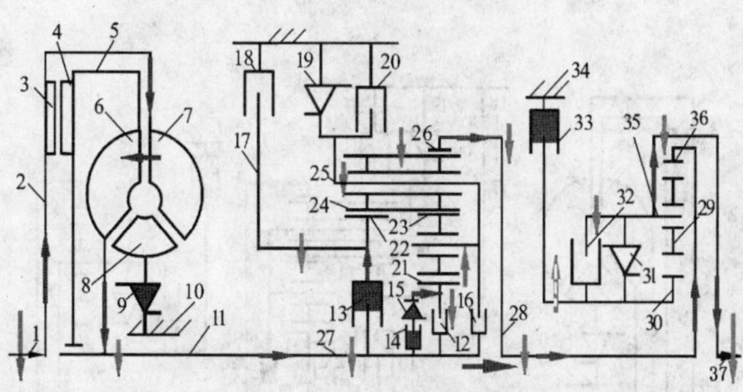

大、小阳轮同方向、同转速输入，R 轮系是联轴器，实现 3 挡，R 轮系传动比为 1，但减轮系为减阳轮系状态，故实际传动比为 1.3 左右，无反拖一。

(i) D 位 3 挡驱动 1

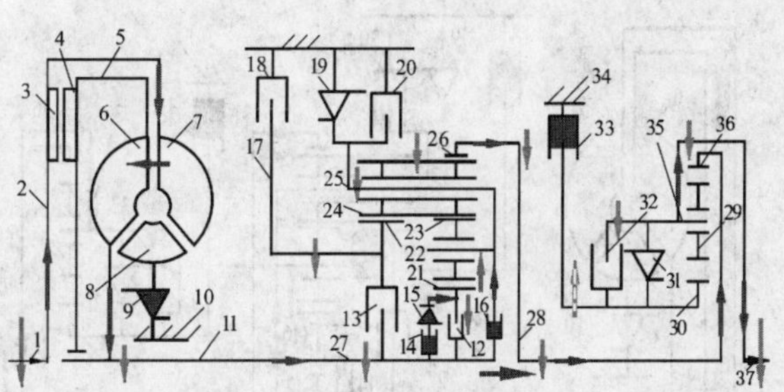

小阳轮与共架同方向、同转速输入，R 轮系是联轴器，减轮系为减阳轮系状态，无反拖二。

(j) D 位 3 挡驱动 2

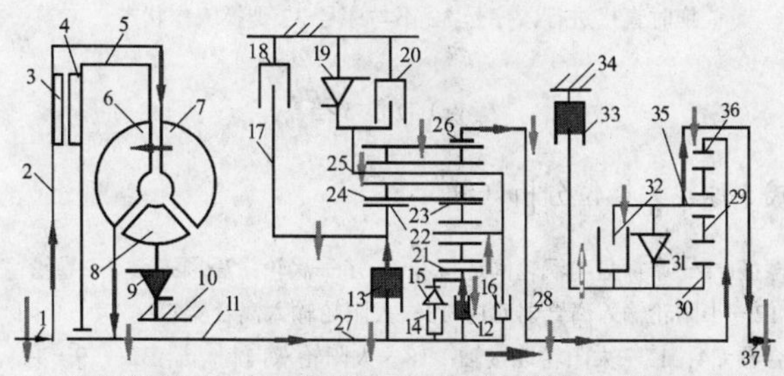

大、小阳轮同方向、同转速输入，R 轮系是联轴器，序号 12 替代序号 14、15，有软反拖一，其余同 D 位 3 挡驱动 1。

(k) D 位 3 挡驱动 3

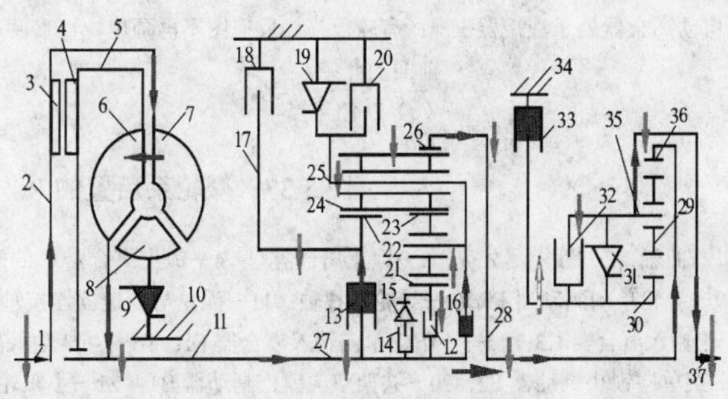

大阳轮与共架同方向、同转速输入，R 轮系是联轴器，有软反拖二，反拖图不再画出，可参阅前面的介绍。

(l) D 位 3 挡驱动 4

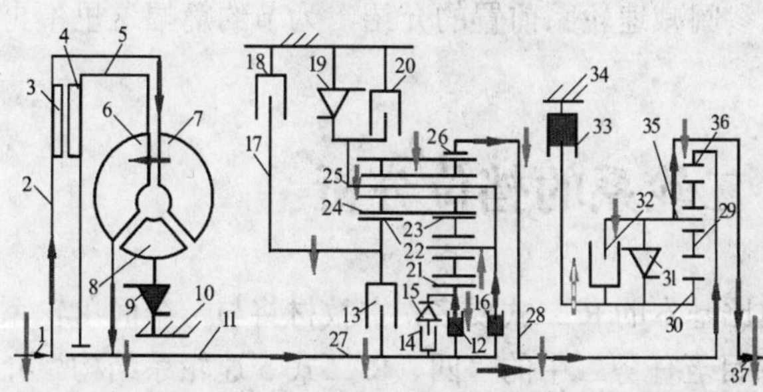

小阳轮与共架同方向、同转速输入，R 轮系是联轴器，序号 12 替代序号 14、15，其余同 D 位 3 挡驱动 2，有软反拖三，反拖图不再画出，可参阅前面的介绍。

(m) D 位 3 挡驱动 5

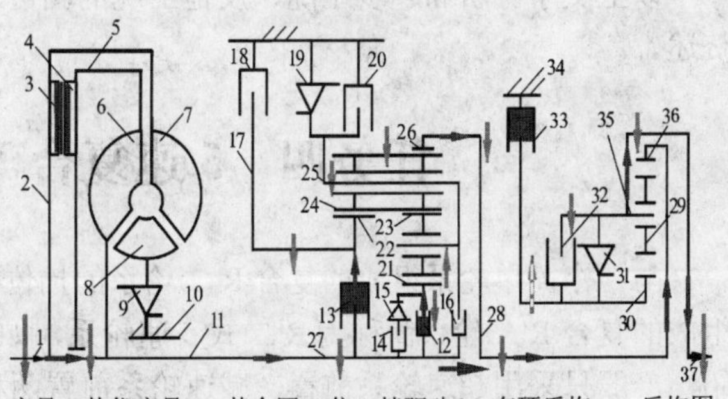

序号 3 替代序号 9，其余同 D 位 3 挡驱动 3，有硬反拖一，反拖图不再画出，可参阅前面的介绍。

(n) S 位 3 挡 1

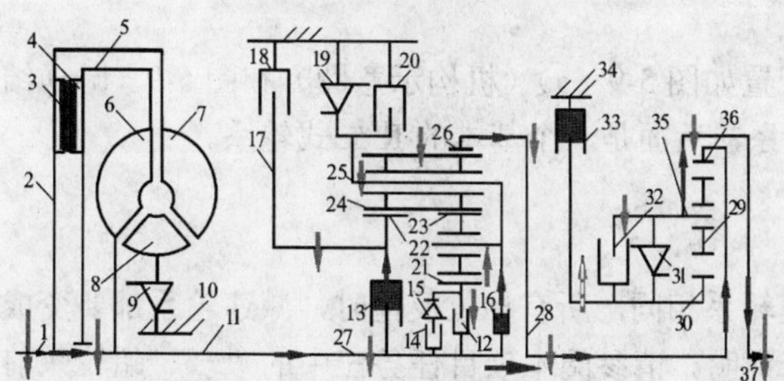

序号 3 替代序号 9，其余同 D 位 3 挡驱动 4，有硬反拖二，反拖图不再画出，可参阅前面的介绍。

(o) S 位 3 挡 2

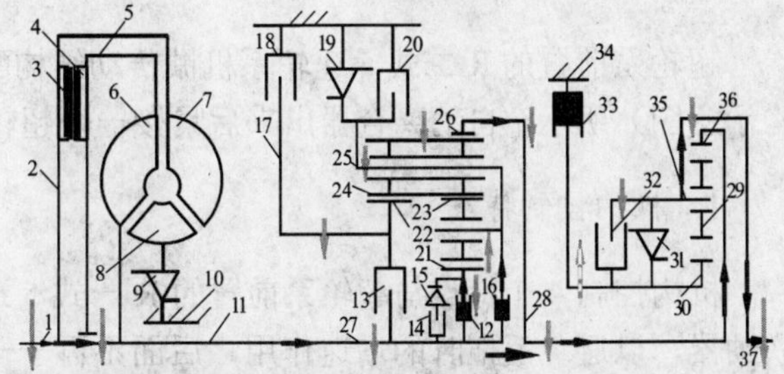

序号 3 替代序号 9，其余同 D 位 3 挡驱动 5，有硬反拖三，反拖图不再画出，可参阅前面的介绍。

(p) S 位 3 挡 3

图 5-37　减轮系后置的 R 一式 5 速轮系挡位分析（续）

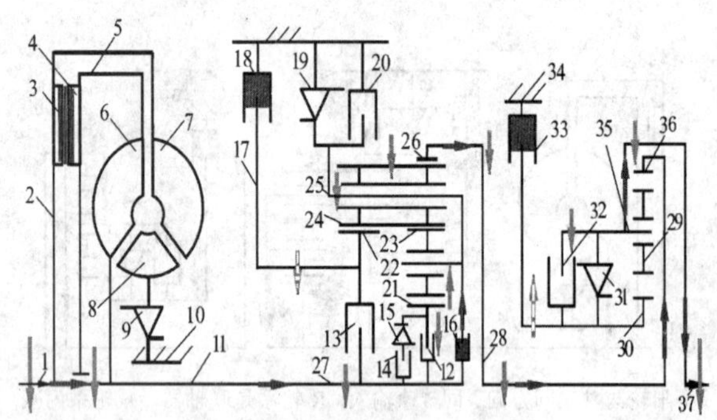

R 轮系的 2 单轮系（2 无小）是一个大阳轮 22 被序号 18 双向锁止，共架 25 经序号 16 输入的双向增速阳轮（架带圈），速度升高，减轮系为减阳轮系状态，速度一增一减，进入 4 挡，传动比在 1 左右。自动离合器处于液矩器工况；有软反拖，反拖图不再画出，可参阅前面的介绍。

（q）D 位 4 挡

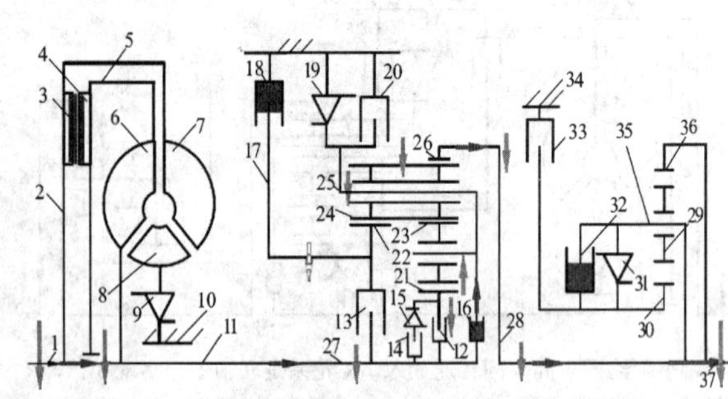

序号 33 放松，序号 32 工作，二者都不工作的瞬间，序号 31 发挥传递作用，减速轮系由减速阳轮系变为联轴器，整个变速器在 4 挡基础上再升一级，变成 5 挡，传动比在 0.8 左右，有硬反拖，反拖时直接进行，序号 32 不与序号 33 交换工作状态。

（r）D 位 5 挡

图 5-37　减轮系后置的 R 一式 5 速轮系挡位分析（续）

1—曲轴；2—液矩器外壳；3—锁止离合器 C；4—锁止离合器 C 的摩擦盘；5—摩擦盘与涡轮间连接花键；6—涡轮；7—泵轮；8—导轮；9—导轮单向制动器 F；10—导轮支撑轴；11—涡轮与变速器连接轴；12—小阳轮输入离合器 C1；13—大阳轮输入离合器 C2；14—小阳轮输入离合器 C3；15—小阳轮单向输入离合器 F1；16—共架输入离合器 C4；17—大阳轮连接轴；18—大阳轮双向制动器 B2；19—共架单向锁止制动器 F2；20—共架双向锁止制动器 B1；21—小阳轮；22—大阳轮；23—短星轮；24—长星轮；25—共架；26—共圈；27—轮系输入轴；28—两轮系连接轴；29—减星轮；30—减阳轮；31—减阳轮与减架单向锁止离合器 F0；32—减阳轮与减架双向锁止离合器 C0；33—减阳轮双向锁止制动器 B0；34—变速器壳体；35—减架；36—减圈；37—轮系输出轴

以上文字分析和起步工况、反拖工况的图可以参阅减速轮系前置的介绍，为节约篇幅这里不再赘述。

任务四　5 速复合 R 二轮系的挡位分析

与一个简单轮系组成的复合 R 二轮系的挡位数比基本的 R 二式要多，本教材将与一个简单轮系组成的复合 R 二轮系简称为 R 二式 5 速轮系，如项目五任务二中的“四、R 二式 5 速轮系结构”介绍，一般只采用超速轮系前置、减速轮系前置两种配置的 R 二式 5 速轮系，因此本教材只讨论简单轮系前置问题，后置问题留给有兴趣的读者深入研讨。

一、超轮系前置的 R 二式 5 速轮系挡位分析

超轮系前置的 R 二式 5 速轮系机械传动结构配置如图 5-9（a）（机构示意图）和图 5-9（b）（结构示意图）所示，自动离合器出来后紧接一个超轮系，后面是一个基本的 R 二式轮系。

1. 机构控制特点

机构控制 4 个特点与超轮系前置的 R 一式 5 速轮系相同，所有挡位反拖时，减速轮系都要变成联轴器，以避免反拖时的增速作用，后面不再一一说明。请参阅本项目任务三中的“一、超轮系前置的 R 一式 5 速轮系挡位分析”。

2. 挡位变化执行元件运作表

R 二式 5 速挡位变化执行元件运作表如表 5-8 所示。

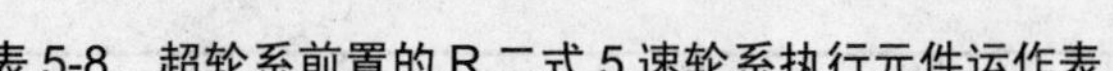

表 5-8　超轮系前置的 R 二式 5 速轮系执行元件运作表

顺序	1	2	3	4	5	6	7	8	9	10	11	12	13	
序号	3	14	22	23	24	26	15	30	28	9	13	25	29	
	锁止离合器 C	超阳轮与超架双向锁止离合器 C0	小阳轮输入离合器 C1	大阳轮输入离合器 C2	小阳轮输入离合器 C3	共架输入离合器 C4	超阳轮双向锁止制动器 B0	共架双向锁止制动器 B1	大阳轮双向制动器 B2	导轮单向制动器 F	超阳轮与超架单向锁止离合器 F0	小阳轮单向输入离合器 F1	共架单向锁止制动器 F2	1—曲轴；2—液矩器外壳；3—锁止离合器 C；4—锁止离合器 C 的摩擦盘；5—摩擦盘与涡轮间连接花键；6—涡轮；7—泵轮；8—导轮；9—导轮单向制动器 F；10—导轮支撑轴；11—涡轮与简单轮系（简轮系）连接轴；12—超轮系太阳轮（超阳轮）；13—超阳轮与超架单向锁止离合器 F0；14—超阳轮与超架双向锁止离合器 C0；15—超阳轮双向锁止制动器 B0；16—变速器壳体；17—超轮系齿圈（超圈）；18—超架；19—超轮系行星轮（超星轮）；20—超轮系与 R 式轮系连接轴；21—轮系输入轴；22—小阳轮输入离合器 C1；23—大阳轮输入离合器 C2；24—小阳轮输入离合器 C3；25—小阳轮单向输入离合器 F1；26—共架输入离合器 C4；27—大阳轮连接轴（R 二式接机壳）；28—大阳轮双向制动器 B2；29—共架单向锁止制动器 F2；30—共架双向锁止制动器 B1；31—小阳轮；32—大阳轮；33—短星轮；34—长星轮；35—共架；36—共圈；37—轮系输出轴；38—输出轮（本图未标出）
P 位	○	●	○	○	○	○	○	○	○	●	○	○	○	序号 14 工作，超轮系为有输入有输出的联轴器；序号 22、23、24 及 26 均不工作，R 二式轮系无输入；输出轴 37 被机械锁止，不能被拖动。序号 9 工作，序号 3 放松，自动离合器处于液矩器工况，为进入其他工况做准备
N 位	○	●	○	○	○	○	○	○	○	●	○	○	○	超轮系、自动离合器同上；与上不同之处为输出轴 37 没有被机械锁止，可以被拖动
R 位	●	●	○	●	○	○	○	●	○	○	○	○	○	超轮系是联轴器。序号 3 工作，自动离合器呈联轴器工况；共架 35 被序号 30 双向锁止，R 二式轮系为双向定轴轮系，传递经序号 21 传到序号 23，传给大阳轮 32（顺）、长星轮 34（逆），共圈 36 逆时针输出，实现倒挡，可硬反拖。短星轮 33 顺传给小阳轮 31，使其做有确定的逆时针输出（空转），传动比在 2.6 左右
D1	○	●	○	○	●	○	○	○	○	●	○	●	●	超轮系是联轴器；自动离合器处于液矩器工况。序号 29 将有逆转趋势的共架 35 单向锁止，R 二式轮系成为单向定轴轮系。传递经序号 21 输入至序号 24、25 传到小阳轮顺转，迫使短星轮 33 逆转，长星轮 34 推动共圈 36 顺转输出，实现 1 挡，大阳轮 32 被长星轮 34 推动做有确定逆转的输出空转。小轮（小阳轮）带动大轮（共圈），减速增矩，且有大阳轮 32 空转分流。无反拖，传动比在 2.0 左右
S1	○	●	○	○	●	○	○	●	○	●	○	●	○	超轮系是联轴器，自动离合器为液矩器；序号 29 将共架 35 单向锁止，R 二式轮系成为单向定轴轮系。序号 22 输入，无反拖
	○	●	○	○	●	○	○	●	○	●	○	●	○	超轮系是联轴器，自动离合器为液矩器；序号 30 将共架 35 双向锁止，R 二式轮系成为双向定轴轮系。序号 22 输入，有软反拖
L1	●	●	●	○	○	○	○	●	○	○	○	○	○	超轮系是联轴器，序号 3 工作，序号 9 放松，自动离合器处于联轴器工况。共架 35 双向锁止同上。传递经序号 22 输入，小阳轮 31 顺转输入，短星轮 33 逆转，长星轮 34 推动共圈 36 顺转输出，实现 1 挡，大阳轮情况、传动比情况、分流情况同上。有硬反拖

续表

顺序	1	2	3	4	5	6	7	8	9	10	11	12	13		
序号	3	14	22	23	24	26	15	30	28	9	13	25	29		
D2	○	●	○	○	●	○	○	○	●	●	○	●	○	超轮系是联轴器，自动离合器处于液矩器工况。大阳轮 32 被序号 28 双向锁止，3 号简单轮系（图 3-25，3 无圈）因大阳轮 32 被锁止，成为小阳轮 31 经序号 24、25 有一个顺时针输入的单向阳轮系，行星架 35 就只能随着小阳轮 31 做确定的顺时针空转，可顺不可逆的序号 29 放松共架 35，R 二式轮系成为单向周转轮系。从 1 单轮系（1 无大）角度看，有小阳轮 31 和共架 35 两输入，所以周转轮系的共圈 36 有确定顺转输出，传动比在 1.3 左右，无反拖	
S2	○	●	●	○	○	○	○	○	●	●	○	○	○	超轮系为联轴器，自动离合器为液矩器工况。小阳轮 31 经离合器 C1（序号 22）工作后顺转输入，其余同 D 位 2 挡，共圈 36 有确定顺转输出，实现 2 挡，有软反拖	
L2	●	●	●	○	○	○	○	○	●	○	○	○	○	超轮系、自动离合器均为联轴器；其余同 S 位 2 挡，有硬反拖，不能升至 3 挡	
D3（可五选一）	○	●	○	○	●	●	○	○	○	●	○	●	○	小阳轮 31 经序号 24、25 输入，共架 35 经序号 26 输入，无反拖的 D3	超轮系为联轴器，自动离合器为液矩器，R 轮系有两同方向、同转速的输入，呈联轴器，共圈 36 随之同时顺转，实现直接挡。传动比为 1，可升 4 挡和 5 挡
	○	●	○	●	●	○	○	○	○	●	○	●	○	小阳轮 31 经序号 24、25 输入，大阳轮 32 经序号 23 输入，无反拖的 D3	
	○	●	●	●	○	○	○	○	○	●	○	○	○	大阳轮 32 经序号 23 输入，小阳轮 31 经序号 22 输入，有反拖的 D3	
	○	●	○	●	○	●	○	○	○	●	○	○	○	大阳轮 32 经序号 23 输入，共架 35 经序号 26 输入，有反拖的 D3	
	○	●	●	○	○	●	○	○	○	●	○	○	○	小阳轮 31 经序号 22 输入，共架 35 经序号 26 输入，有反拖的 D3	
S3（可三选一）	●	●	●	●	○	○	○	○	○	○	○	○	○	大阳轮 32 经序号 23 输入，小阳轮 31 经序号 22 输入，有反拖的 D3	序号 3 工作，序号 9 放松，超轮系、自动离合器、R 轮系三联轴器：硬反拖。不能升到 4 挡
	●	●	○	●	○	●	○	○	○	○	○	○	○	大阳轮 32 经序号 23 输入，共架 35 经序号 26 输入，有反拖的 D3	
	●	●	●	○	○	●	○	○	○	○	○	○	○	小阳轮 31 经序号 22 输入，共架 35 经序号 26 输入，有反拖的 D3	
D4	●	●	○	○	○	●	○	○	○	●	○	○	○	序号 26 工作，共架 35 顺转输入（序号 29 允许共架顺转），序号 28 工作将大阳轮 32 双向锁止，2 号简单轮系是一个双向增速阳轮系，共架 35 驱动共圈 36 增速减矩（架带圈）顺转输出，实现 4 挡。两星轮随共架 35 顺公转，长星轮 34 顺自转，推动大阳轮 32 有逆转趋势，被序号 28 双向锁止，不能转动，短星轮 33 逆自转，小阳轮 31 顺空转。超轮系和自动离合器都是联轴器，传动比在 0.8 左右，能硬反拖	
D5	●	○	○	○	○	●	●	○	○	○	☆	○	○	R 轮系与上相同，自动离合器呈联轴器工况，超轮系序号 14 放松，序号 15 工作，将超阳轮 12 锁止（在它们都放松不工作的交换瞬间序号 13 工作），超轮系变成增速阳轮系，整个自动变速器在 4 挡基础上再升至 5 挡。传动比在 0.6 左右，有硬反拖	

注：●—执行元件稳定工作；○—执行元件完全不工作；☆—执行元件在相邻两挡交换期间瞬时工作。有些车型称 S 位为 2 位，称 L 位为 1 位。现在很多车型采用手-自一体控制方式，不再设计有 L 位工况，本教材从普遍意义出发，还保留了 L 位工况，读者可对照具体车型决定取舍。

3. 超轮系前置的 R 二式 5 速轮系挡位分析

1）P 位

为进入其他挡位做好准备，超架 18 始终与涡轮轴连接，序号 14 一直工作，超轮系处于联轴器工作状态。但离合器 22、23、24 和 26 均不工作，动力和运动不能进入 R 二轮系，因为有机械锁止装置将输出轴 37 锁定，故汽车不能被拖动，可以稳定地停于坡度不大的斜坡上。如果长时间不动或者停于坡度较大的道路上，应当拉上驻车制动器，必要时还应垫上三角木头或石头。机械锁止装置如图 4-10 所示。

现代汽车的电子驻车制动系统（EPB，Electrical Park Brake）比传统的拉杆手刹更安全、易操作，结构示意图如图 5-38 所示，输出轴 37 被锁止后就不能转动。

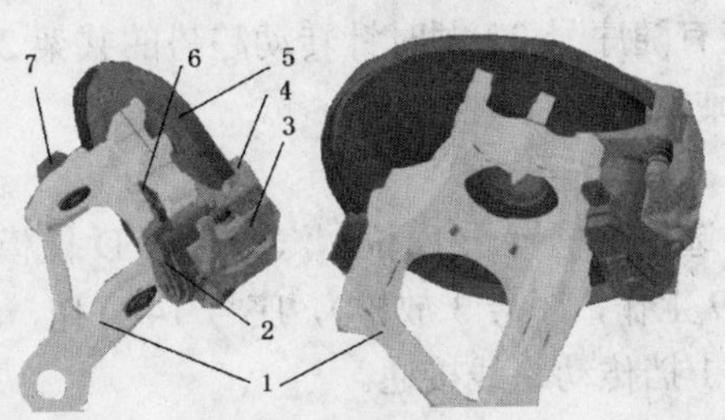

图 5-38　自动变速器的驻车制动器示意图

1—制动支架；2—驻车 Auto Hold 功能调节装置；3—制动执行器；4—摩擦材料；
5—输出轴上的制动盘；6—驻车 Auto Hold 功能调节装置控制电缆；7—主销

2）N 位

超轮系情况与 P 位同，也因为离合器 22、23、24 和 26 均不工作，动力和运动不能进入 R 二轮系，轮系没有输出。与 P 位不同的是没有锁止装置将输出轴锁定，故可以被拖动。

起动时要将选位操纵手柄置于 P 位或 N 位，发动机才能起动。

3）R 位

R 位倒挡位机构运动示意图如图 5-39 所示。序号 3 工作，序号 9 放松，液矩器为联轴器；序号 14 工作，超轮系为联轴器；基本 R 二式中，序号 30 工作，将共架（序号 35）双向锁定在壳体上，R 轮系变成双向定轴轮系；序号 23 工作，大阳轮 32 通过序号 20、21 与超轮系齿圈 17 连接，顺时针输入，长星轮 34 逆时针转动，带动共圈 36 逆时针转动实现倒挡。

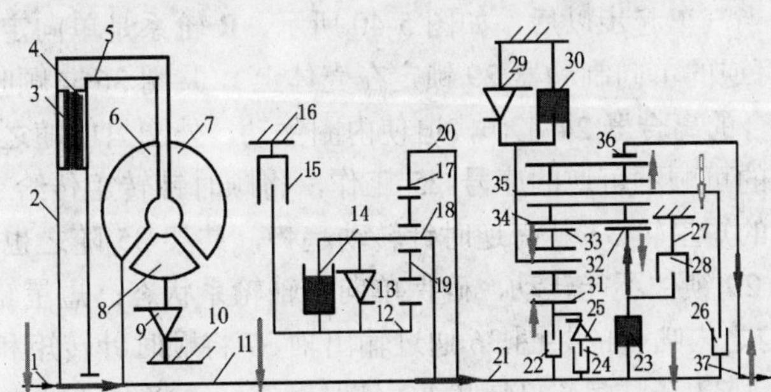

超轮系是联轴器；序号 3 工作，自动离合器呈联轴器工况。共架 35 在驱动工况时随大阳轮 32 有顺转趋势，反拖时随架圈有逆转趋势，因此被序号 30 双向锁止是必要的。倒挡驱动时传递经自动离合器和超速轮系两个联轴器、序号 21、序号 23 传给大阳轮 32（顺）、长星轮 34（逆），共圈 36 逆时针输出，传动比在 2.6 左右；反拖时沿驱动路线逆向传递到发动机。短星轮 33 顺传给小阳轮 31，使其做有确定的逆时针输出（空转）。反拖图不再画出，请参阅前面。

图 5-39　R 位倒挡位机构运动示意图

1—曲轴；2—液矩器外壳；3—锁止离合器 C；4—锁止离合器 C 的摩擦盘；5—摩擦盘与涡轮间连接花键；6—涡轮；7—泵轮；8—导轮；9—导轮单向制动器 F；10—导轮支撑轴；11—涡轮与简单轮系（简轮系）连接轴；12—超轮系太阳轮（超阳轮）；13—超阳轮与超架单向锁止离合器 F0；14—超阳轮与超架双向锁止离合器 C0；15—超阳轮双向锁止制动器 B0；16—变速器壳体；17—超轮系齿圈（超圈）；18—超架；19—超轮系行星轮（超星轮）；20—超轮系与 R 式轮系连接轴；21—轮系输入轴；22—小阳轮输入离合器 C1；23—大阳轮输入离合器 C2；24—小阳轮输入离合器 C3；25—小阳轮单向输入离合器 F1；26—共架输入离合器 C4；27—大阳轮连接轴（R 二式接机壳）；28—大阳轮双向制动器 B2；29—共架单向锁止制动器 F2；30—共架双向锁止制动器 B1；31—小阳轮；32—大阳轮；33—短星轮；34—长星轮；35—共架；36—共圈；37—轮系输出轴；38—输出轮（本图未标出）

R位有起步、倒车、反拖三个工况：

（1）倒车起步工况、倒车反拖工况参阅前面介绍。

（2）倒车驱动工况。从涡轮6经超轮系再经序号20、21、23传来的顺时针驱动转矩到达大阳轮32，在定轴轮系状态下，通过外啮合传给长星轮34，使之逆时针转动，与长星轮34内啮合的共圈36也随之逆时针转动，带动轮系输出轴37逆时针转动输出，驱动车轮逆时针转动，进入倒挡位，传动比在2.6左右，序号30将有随序号32顺时针转动趋势的共架35双向锁止。小阳轮31做有确定输出状态下的逆向空转，可硬反拖。

4）D位1挡

如图5-40所示，驾驶员将选位手柄置于D位，汽车进入D位模式，当处于D位1挡时，自动离合器处于液矩器工况（序号9工作，序号3放松），序号14工作，超轮系为联轴器；序号24、25、29工作（序号30放松），D位1挡传动路线接通。

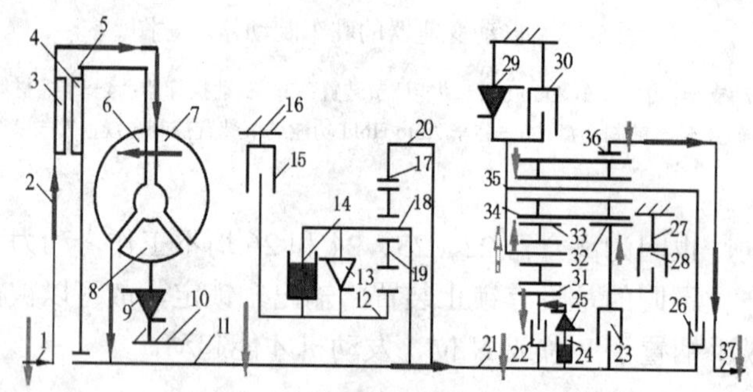

D位1挡前进驱动工况传递示意图（无反拖）

共架35有逆时针转动趋势，被可顺不可逆的序号29单向锁止。单向定轴轮系的小阳轮31输入，共圈36输出，实现1挡，传动比在2.0左右。

图5-40　D位1挡机构示意图

注：图5-40～图5-50图注同图5-39。

（1）起步工况参阅前面。

（2）前进驱动工况。当汽车起步以后，如图5-40所示，R轮系是单向定轴轮系（有逆时针转动趋势的共架35被可顺不可逆的单向制动器29锁定在壳体上），共圈36与顺时针转动的输出轴37连接，将传递输出。双向接合的离合器24工作，迫使内圈主动，外圈只能随之顺时针转动（见项目二关于单向离合器的分析）的可顺不可逆的序号25工作，将顺时针转矩传给小阳轮31，使其有顺时针转动趋势，与其外啮合的短星轮33就有逆时针转动趋势，共架35随之也有逆时针转动趋势，被可顺不可逆的单向制动器29锁住不能转动，确保单向定轴轮系状态；短星轮33逆时针转动，推动长星轮34顺时针转动，与之内啮合的共圈36通过输出轴37将顺时针转矩和运动输出，实现1挡，传动比在2.0左右。大阳轮32在长星轮34驱动下逆时针空转，将发动机传来的运动量分流，减少了输出量。

（3）反拖工况。传递路线上有两个单向执行器在工作，反拖时共架35随顺时针转动的主动件共圈36顺时针转动，单向锁止制动器29放松，定轴轮系不存在，同时单向离合器25也会放松，D位1挡不能反拖。

5）S位1挡

如图5-41所示，S位1挡有软反拖的能力。

（1）起步工况请参阅前面。

（2）前进驱动工况。S位1挡与D位1挡前进时不同之处仅在于小阳轮31的输入是双向的，由序号22担任，如图5-41（a）所示。

（3）反拖工况。发动机反拖时单向制动器29将放松，故S位1挡无反拖。也可如图5-41（b）

所示配置，让共架 35 被序号 30 双向锁止，就有软反拖。

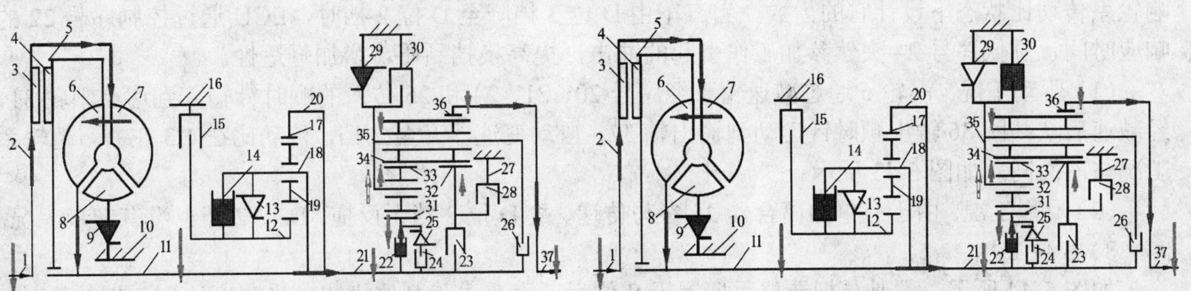

（a）S 位 1 挡前进驱动工况 1 传递路线示意图（无反拖）

（b）S 位 1 挡前进驱动工况 2 传递路线示意图（有软反拖的，反拖图不再画出，请参阅前面）

图 5-41　S 位 1 挡机构示意图

6）L 位 1 挡

如图 5-42 所示，驾驶员把选位手柄置于 L 位后，汽车进入 L 位模式，参与工作的控制元件是序号 3（保证自动离合器呈联轴器工况）、序号 14（保证超轮系呈联轴器工况）、序号 22（将小阳轮 31 与涡轮 6 双向连接）和序号 30（将共架双向锁止）。

（1）起步工况：可参阅 S 位 1 挡起步工况，举一反三地分析 L 位 1 挡。

（2）驱动工况。L 位 1 挡前进驱动工况与 S 位 1 挡前进驱动工况工作原理是相同的，不同之处是共架（序号 35）被序号 30 双向锁止，而且自动离合器也是锁止成联轴器，如图 5-42 所示，各零件工作情况可参阅 D 位 1 挡。

（3）反拖工况。L 位 1 挡反拖时自动离合器和超轮系都处于联轴器工况，在三个双向离合器（序号 3、14、22）及一个双向制动器 30 的共同作用下，实现硬反拖，分析从略。

7）D 位 2 挡

如图 5-43 所示，车速增加到一定值时，ECU 命令双向制动器 28 工作，将有逆转趋势的大阳轮 32 双向锁止在壳体上；3 号简单轮系（3 无圈）因大阳轮 32 被锁止成为阳轮系，小阳轮 31 经序号 24、25 顺转输入，共架 35 就只能随着小阳轮 31 做确定的顺时空转，可顺不可逆的序号 29 放松，共架 35 允许顺转，同时长星轮 34 就有确定的顺时针转动，推动共圈 36 有确定顺转输出。由于小轮（小阳轮）带动大轮（共圈），减速增矩转动输出，实现 2 挡，传动比在 1.3 左右，无反拖。两星轮随共架 35 顺时针公转，长星轮同时做顺时针自转，短星轮做逆时针自转。共架 35 顺空转分流，它的分流量相对大阳轮 32 空转时的分流量要小，导致输出量增大，轮系升至 2 挡。

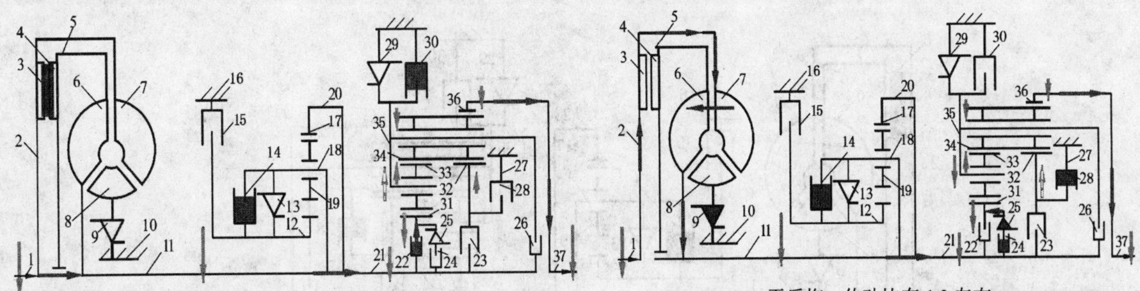

L 位 1 挡前进驱动工况传递路线示意图，有硬反拖，反拖图不再画出，请参阅前面。

图 5-42　L 位 1 挡机构示意图

无反拖，传动比在 1.3 左右。

图 5-43　D 位 2 挡驱动路线示意图

短星轮 33 的转向由它的齿数决定，各厂家设计不同就会产生不同结果，1 挡时短星轮 33 处于逆转状态，升为 2 挡后如果保持逆转可以减少冲击，故大多数厂家愿意在让其继续保持逆转并不影响轮系传动比状态下设计它的齿数。当汽车由 D 位 3 挡降至 D 位 2 挡时，ECU 通过控制序号 22 的响应时间，降低序号 24 突然参加工作引起的冲击，提高换挡品质，增加舒适性。

（1）驱动工况。涡轮 6 通过减速轮系经序号 20、21、24 和 25 传入的顺时针输入到达小阳轮 31，经减速后从共圈 36 输出顺时针运动到输出轴 37，自动变速器升至 2 挡，传动比在 1.3 左右，超轮系工况与前面同，如图 5-43 所示。

（2）反拖工况。由于有单向离合器 25 参与传递，故 D 位 2 挡无反拖。D 位 2 挡也没有起步工况。

8）S 位 2 挡

如图 5-44 所示，驾驶员把选位手柄置于 S 位后，汽车进入 S 位模式，当速度达到 2 挡的值时，ECU 命令序号 24 放松，双向离合器 22 工作，将小阳轮 31 的单向输入变成双向输入，进入 S 位 2 挡。传递路线上没有单向执行器工作，能够实现软反拖，其余同 D 位 2 挡。反拖时，由于大阳轮 32 的工作状态不变，所以尽管共圈 36 变成主动件了，但共架 35 的转动方向不变，也正是因为共架 35 有确定顺转，共圈 36 才能推动小阳轮 31 确定输出，实现软反拖，与 S 位 2 挡驱动工况比较，可以发现反拖时仅是传递方向变了，各零件转动方向不变。

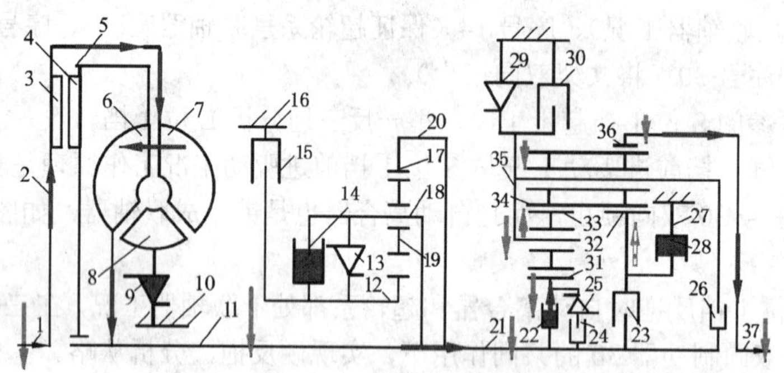

S 位 2 挡前进驱动工况传递路线示意图。有软反拖，反拖图不再画出，请参阅前面。

图 5-44　S 位 2 挡机构示意图

9）L 位 2 挡

如图 5-45 所示，驾驶员将选位手柄置于 L 位，自动变速器进入 L 运作模式，速度达到设定值，ECU 命令自动变速器进入 L 位 2 挡，L 位 2 挡与 S 位 2 挡的区别就是自动离合器始终处于联轴器状态（序号 3 工作，序号 9 放松），它的前进驱动工况、反拖驱动工况与 S 位 2 挡不一样，是自动离合器处于联轴器工况，发动机驱动力矩与车轮惯性力矩直接“顶牛”实现硬反拖。在 L 运作模式下，汽车可在 1 挡、2 挡之间自动升降挡，达到 2 挡后不能再往高速挡升了。

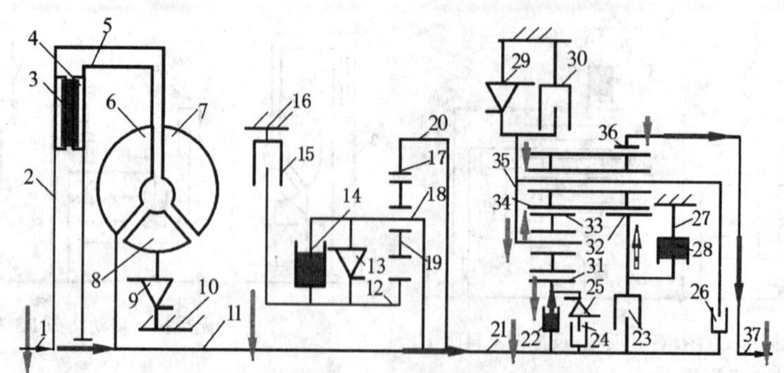

L 位 2 挡驱动工况，有硬反拖，反拖图不再画出，请参阅前面。

（本图在封面内页有彩图）

图 5-45　L 位 2 挡机构示意图

10）D 位 3 挡

当车速进一步提高，ECU 命令汽车进入 D 位 3 挡，传动比为 1，参与工作的执行元件除序号 9（自动离合器处于液矩器工况）、序号 14（超轮系处于联轴器工况）工作外，还要有基本 R 式演变成联轴器工况的执行元件工作，这时从发动机传来的全部运动量都一起输出，不存在分流就会在 2 挡基础上升至 3 挡。演变的方式有 5 种，其中 2 种不能实现反拖，3 种有反拖功能，从理论上讲，5 种方式本质上都是使轮系成为联轴器，但从各零件负荷均匀、主要零件工作时寿命均匀、有利于变速器的整体布局、控制系统简单等不同角度看是有区别的。为让读者有一个全面了解，这里将 5 种情况都列到了图 5-46 中。了解了这些普遍真理后，遇到具体车型就能从更深的层次理解该车型为什么要选择这种方式了。

（1）驱动工况。图 5-46（a）、（b）由于单向离合器 25 参与工作，所以无反拖；图 5-46（c）～（e）没有单向离合器参与工作，所以有反拖。5 种情况的共同点是 R 二式轮系中同时输入两个同方向、同转速的运动，所以演变成联轴器，实现 3 挡，传动比为 1。前进时超轮系处于联轴器状态，自动离合器可以是液矩器工况，也可以是联轴器工况，反拖时一定是联轴器状态，如图 5-46 所示。

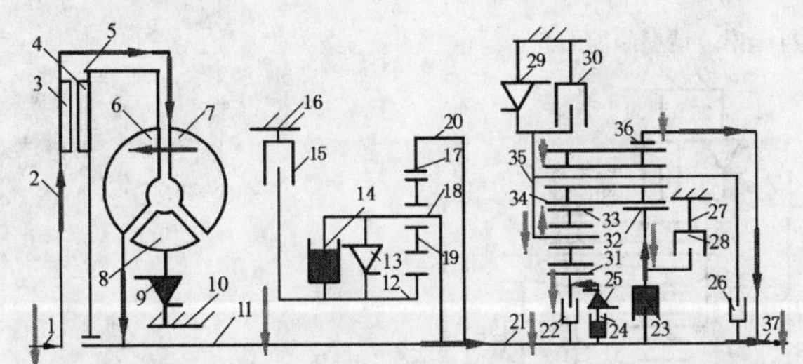

（a）D 位 3 挡前进驱动工况一（无反拖工况，传动比为 1）

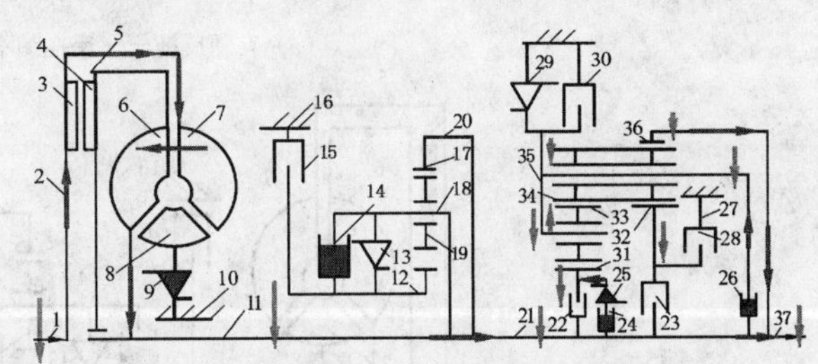

（b）D 位 3 挡前进驱动工况二（无反拖工况）

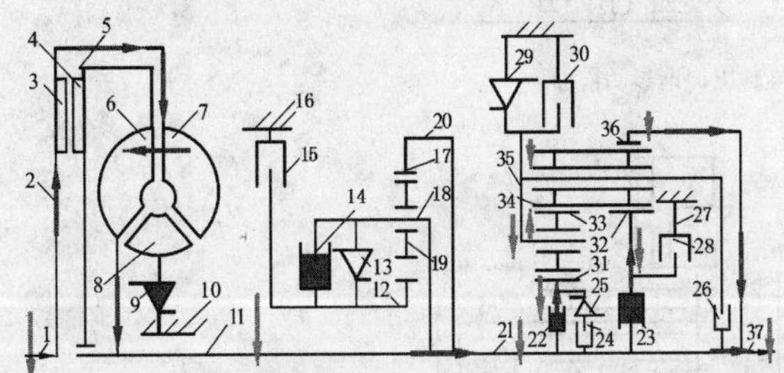

（c）D 位 3 挡前进驱动工况三（有软反拖工况，反拖图不再画出，请参阅前面）

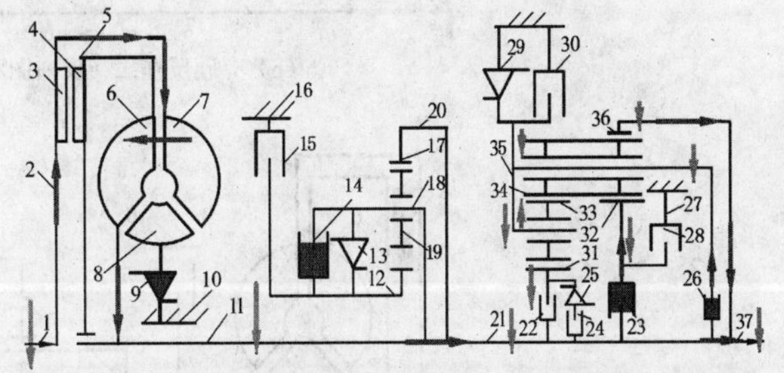

（d）D 位 3 挡前进驱动工况四（有软反拖工况，反拖图不再画出，请参阅前面）

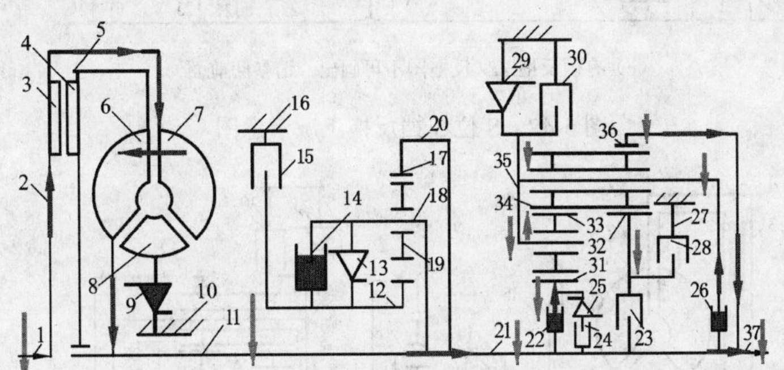

（e）D 位 3 挡前进驱动工况五（有软反拖工况，反拖图不再画出，请参阅前面）

图 5-46　D 位 3 挡机构示意图

（2）反拖工况。图 5-46（a）、（b）的配置无反拖；图 5-46（c）～（e）的配置有软反拖，图形略。

11）S 位 3 挡

如图 5-47 和图 5-48 所示，驾驶员把选位手柄置于 S 位，汽车进入 S 模式运作，车速达到预定值，变速器会自动升到 S 位 3 挡，S 位 3 挡前进驱动工况与 D 位 3 挡 R 轮系的工作情况完全相同，加速轮系保持联轴器状态不变，不同的是自动离合器也处于联轴器状态。反拖驱动工况时，自动离合器和加速轮系都保持联轴器工况，有硬反拖。由于驱动工况有三种情况有反拖，故在 S 位时有三种情况都可以实现硬反拖，一般厂家只会选择其中一种。

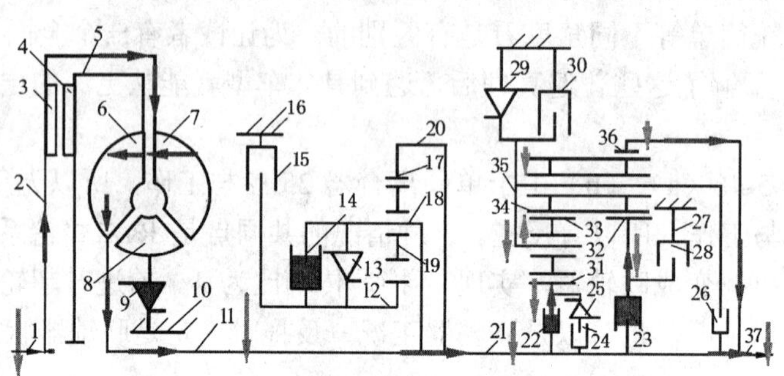

（a）有硬反拖一（反拖图不再画出，请参阅前面）

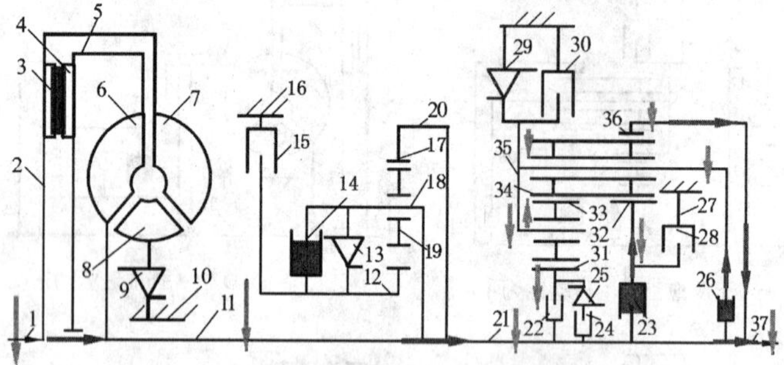

（b）有硬反拖二（反拖图不再画出，请参阅前面）

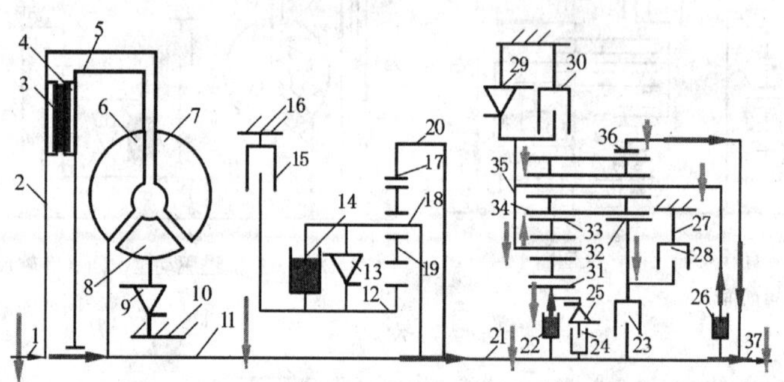

（c）有硬反拖三（反拖图不再画出，请参阅前面）

图 5-47　S 位 3 挡反拖工况示意图

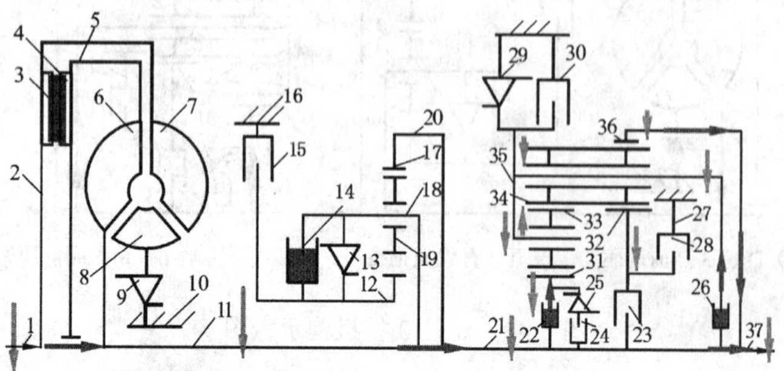

有硬反拖三，反拖图不再画出，请参阅前面。

图 5-48　S 位 3 挡反拖工况示意图

12）D 位 4 挡

如图 5-49 所示，在 D 模式下，车速在 3 挡的基础上继续升高，达到设定值后，ECU 命令自动变速器进入 D 位 4 挡，有以下特点：

（1）序号 28 工作将大阳轮 32 双向锁止，由大阳轮、长星轮、共架和共圈组成的 2 号简单轮系（2 无小）是一个双向增速阳轮系，序号 26 工作，共架 35 与涡轮接通，顺时针输入（序号 29 允许共架顺转），共架 35 驱动共圈 36 增速减矩（架带圈）顺转输出，实现 4 挡，传动比在 0.8 左右。

（2）两星轮随共架 35 顺公转，长星轮 34 顺自转，推动大阳轮 32 有逆转趋势，但被序号 28 双向锁止，不能转动，短星轮 33 逆自转，小阳轮 31 顺空转。

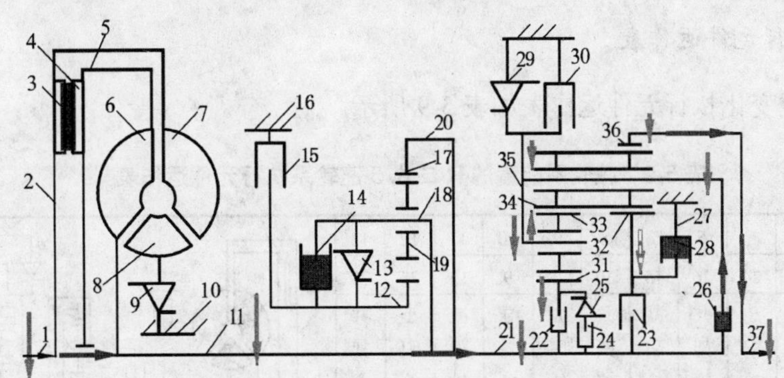

反拖图不再画出，请参阅前面。

图 5-49　D 位 4 挡前进驱动（有硬反拖）

（3）超轮系和自动离合器均为联轴器工况，有硬反拖，如图 5-49 所示。

13）D 位 5 挡

如图 5-50 所示，在 D 模式下，车速继续升高，达到设定值后，ECU 命令自动变速器进入 D 位 5 挡，关键的变化是超轮系进入增速阳轮系工况工作，同时要让自动离合器在联轴器工况下工作（序号 9 放松，序号 3 工作）。

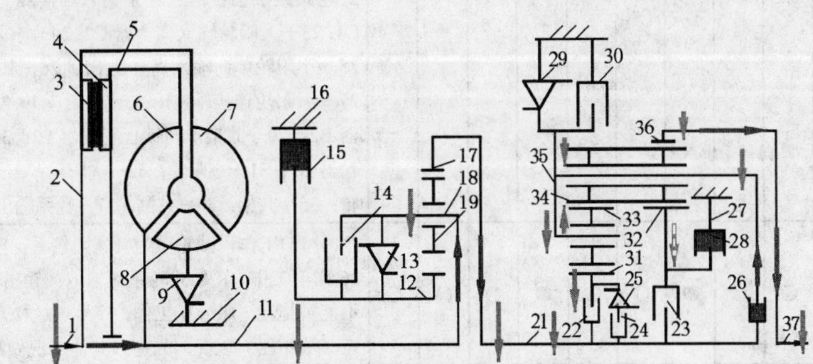

D 位 5 挡前进驱动工况传递路线示意图（有硬反拖），传动比在 0.8 左右。反拖图不再画出，请参阅前面。

图 5-50　D 位 5 挡机构示意图

超轮系变为增速阳轮系，必须序号 15 工作，过程是序号 14 先放松，序号 15 后工作，这样才能避免运动干涉，在两者都不工作的瞬间，序号 13 担任传递任务，以确保传递不中断。

（1）驱动工况。超轮系由联轴器变成增速阳轮系就在 4 挡基础上再提高一级速度，就进入了超速的 5 挡，传动比在 0.8 左右。此时输出轴 37 的转速高于曲轴 1 的转速。

（2）反拖工况。由于传递路线上没有单向执行器参与，故 D 位 5 挡有硬反拖工况。

二、减轮系前置的R二式5速轮系挡位分析

减轮系前置的R二式5速轮系配置如图5-9（c）、（d）所示，其中图（c）是机构示意图，图（d）是结构示意图。自动离合器出来后紧接一个减轮系，减轮系后面是一个基本的R二式轮系。

1. 机构控制特点

除用减速轮系替换超轮系外，其余与超轮系前置的R一式5速轮结构特点相同。所有挡位反拖时，减速轮系都要变成联轴器，以避免反拖时的增速作用，后面不再一一说明。

2. 挡位变化执行元件运作表

R二式5速挡位变化执行元件运作表如表5-9所示。

表5-9　减轮系前置的R二式5速轮系执行元件运作表

顺序	1	2	3	4	5	6	7	8	9	10	11	12	13	1—曲轴；2—液力变矩器外壳；3—锁止离合器C；4—锁止离合器C的摩擦盘；5—摩擦盘与涡轮间连接花键；6—涡轮；7—泵轮；8—导轮；9—导轮单向制动器F；10—导轮支撑轴；11—涡轮与简单轮系（简轮系）连接轴；12—减轮系太阳轮（减阳轮）；13—减阳轮与减架单向锁止离合器F0；14—减阳轮与减架双向锁止离合器C0；15—减阳轮双向锁止制动器B0；16—变速器壳体；17—减轮系齿圈（减圈）；18—减架；19—减轮系行星轮（减星轮）；20—减轮系与R式轮系连接轴；21—轮系输入轴；22—小阳轮输入离合器C1；23—大阳轮输入离合器C2；24—小阳轮输入离合器C3；25—小阳轮单向输入离合器F1；26—共架输入离合器C4；27—大阳轮连接轴（R二式接机壳）；28—大阳轮双向制动器B2；29—共架单向锁止制动器F2；30—共架双向锁止制动器B1；31—小阳轮；32—大阳轮；33—短星轮；34—长星轮；35—共架；36—共圈；37—轮系输出轴；38—输出齿轮
序号	3	14	22	23	24	26	15	30	28	9	13	25	29	
	锁止离合器C	减阳轮与减架双向锁止离合器C0	小阳轮输入离合器C1	大阳轮输入离合器C2	小阳轮输入离合器C3	共架输入离合器C4	减阳轮双向锁止制动器B0	共架双向锁止制动器B1	大阳轮双向制动器B2	导轮单向制动器F	减阳轮与减架单向锁止离合器F0	小阳轮单向输入离合器F1	共架单向锁止制动器F2	
P位	○	○	○	○	○	○	●	○	○	●	○	○	○	序号15工作，减轮系为减速阳轮系；序号22、23、24及26均不工作，R二式轮系无输入；输出轴37被机械锁止，不能被拖动。序号9工作，序号3放松，自动离合器处于液矩（液矩器）工况，为进入其他工况做准备
N位	○	○	○	○	○	○	●	○	○	●	○	○	○	减轮系、自动离合器同上；与上不同之处为输出轴37没有被机械锁止，可以被拖动
R位	●	○	○	●	○	○	●	●	○	○	○	○	○	序号3工作，自动离合器呈联轴器工况。共架35被序号30双向锁止，R二式轮系为双向定轴轮系，传递经序号21传到序号23，再传给大阳轮32（顺）、长星轮34（逆），圈36逆时针输出，实现倒挡，可硬反拖。短星轮33顺传给小阳轮31，使其做有确定的逆时针输出（空转），传动比在2.6左右。反拖时序号15与序号14工作状况交换，减轮系变成联轴器

续表

顺序	1	2	3	4	5	6	7	8	9	10	11	12	13		
序号	3	14	22	23	24	26	15	30	28	9	13	25	29		
D1	○	○	○	○	●	○	●	○	○	●	○	●	●	减轮系是减速阳轮系；自动离合器处于液矩器工况。共架单向制动器 F2（序号 29）参与工作，将有逆转趋势的共架 35 单向锁止，R 二式轮系成为单向定轴轮系。传递经序号 21 输入至序号 24、25，然后传到小阳轮，使其顺转，迫使短星轮 33 逆转、长星轮 34 推动共圈 36 顺转输出，实现 1 挡，传动比在 2.4 左右，大阳轮 32 被长星轮 34 推动做有确定逆转的输出空转。小轮（小阳轮）带动大轮（共圈），减速增矩，且有大阳轮 32 空转分流。无反拖	
S1	○	○	●	○	○	○	●	○	○	●	○	○	●	减轮系是减阳轮系，自动离合器处于液矩器工况；序号 29 工作，共架 35 被单向锁止，轮系为单向定轴轮系，序号 22 输入，无反拖	
	○	○	●	○	○	○	●	●	○	●	○	○	○	减轮系是减阳轮系，自动离合器处于液矩器工况；序号 30 工作，共架 35 被双向锁止，轮系为双向定轴轮系，序号 22 输入，软反拖	
L1	●	○	●	○	○	○	●	●	○	○	○	○	○	减轮系是减速阳轮系，自动离合器呈联轴器工况。共架 35 双向锁止同上。传递经序号 22 输入，小阳轮 31 顺转输入、短星轮 33 逆转、长星轮 34 推动共圈 36 顺转输出，实现 1 挡，大阳轮情况、传动比情况、分流情况同上。有硬反拖	
D2	○	○	○	○	●	○	●	○	●	●	○	●	○	减轮系为减阳轮系状态，自动离合器处于液矩器工况。大阳轮 32 被序号 28 双向锁止，3 单轮系（3 无圈）因大阳轮 32 被锁止，成为小阳轮 31 经序号 24、25 有一个顺时针输入的单向阳轮系，共架 35 只能随着小阳轮 31 做确定的顺空转，可顺不可逆的序号 29 放松共架 35，R 二式轮系成为单向周转轮系。从 1 单轮系（1 无大）角度看，有小阳轮 31 和共架 35 两输入，所以周转轮系的共圈 36 有确定顺转输出，实现 2 挡，传动比在 2.0 左右，无反拖	
S2	○	○	●	○	○	○	●	○	●	●	○	○	○	减轮系为减阳轮系状态；自动离合器处于液矩器工况。小阳轮 31 经离合器 C1（序号 22）工作后顺转输入，其余同 D2 位挡，共圈 36 有确定顺转输出，实现 2 挡，有软反拖	
L2	●	○	●	○	○	○	●	○	●	○	○	○	○	减轮系、自动离合器均为联轴器；其余同 S 位 2 挡，有硬反拖。不能升至 3 挡	
D3（可五选一）	○	○	○	○	●	●	●	○	○	●	○	●	○	小阳轮 31 经序号 24、25 输入，共架 35 经序号 26 输入，无反拖的 D3	R 轮系有五个方案实现两同方向、同转速的输入，成联轴器，共圈 36 随之同时顺转，实现直接挡。但减轮系为减阳轮系；传动比在 1.3 左右。自动离合器处于液矩器工况，可升 4 挡和 5 挡
	○	○	○	●	●	○	●	○	○	●	○	●	○	小阳轮 31 经序号 24、25 输入，大阳轮 32 经序号 23 输入，无反拖的 D3	
	○	○	●	●	○	○	●	○	○	●	○	○	○	大阳轮 32 经序号 23 输入，小阳轮 31 经序号 22 输入，有反拖的 D3	
	○	○	○	●	○	●	●	○	○	●	○	○	○	大阳轮 32 经序号 23 输入，共架 35 经序号 26 输入，有反拖的 D3	
	○	○	●	○	○	●	●	○	○	●	○	○	○	小阳轮 31 经序号 22 输入，共架 35 经序号 26 输入，有反拖的 D3	
S3（可三选一）	●	○	●	●	○	○	●	○	○	○	○	○	○	大阳轮 32 经序号 23 输入，小阳轮 31 经序号 22 输入，有反拖的 D3。	序号 3 工作，序号 9 放松，减轮系为减阳轮系状态，自动离合器、R 轮系是两联轴器；硬反拖。不能升到 4 挡
	●	○	○	●	○	●	●	○	○	○	○	○	○	大阳轮 32 经序号 23 输入，共架 35 经序号 26 输入，有反拖的 D3	
	●	○	●	○	○	●	●	○	○	○	○	○	○	小阳轮 31 经序号 22 输入，共架 35 经序号 26 入，有反拖的 D3。	

续表

顺序	1	2	3	4	5	6	7	8	9	10	11	12	13	
序号	3	14	22	23	24	26	15	30	28	9	13	25	29	
D4	●	○	○	○	○	●	●	○	○	○	○	○	○	序号 26 工作，共架 35 顺转输入（序号 29 允许共架顺转），序号 28 工作将大阳轮 32 双向锁止，2 号简单轮系是一个双向增速阳轮系，共架 35 驱动共圈 36 增速减矩（架带圈）顺转输出，实现 4 挡，传动比在 1 左右。两星轮随共架 35 顺公转，长星轮 34 顺自转，推动大阳轮 32 有逆转趋势，被序号 28 双向锁止，不能转动，短星轮 33 逆自转，小阳轮 31 顺空转。减轮系为减阳轮系状态，自动离合器是联轴器，硬反拖
D5	●	●	○	○	○	●	○	○	○	○	☆	○	○	R 轮系与上相同，自动离合器呈联轴器工况，减轮系序号 14 放松，序号 15 工作，将减阳轮 12 锁止（在它们都放松不工作的交换瞬间序号 13 工作），减轮系变成增速阳轮系，整个自动变速器在 4 挡基础上再升至 5 挡，传动比在 0.8 左右，有硬反拖

注：1. ●—执行元件稳定工作；○—执行元件完全不工作；☆—执行元件在相邻两挡交换期间瞬时工作。

2. 有些车型称 S 位为 2 位，称 L 位为 1 位。现在很多车型采用手-自一体控制方式，不再设计有 L 位工况，本教材从普遍意义出发，还保留了 L 位工况，读者可对照具体车型决定取舍。

3. 反拖时，减速轮系要变成联轴器工作状态，以避免减速轮系反拖时的增速作用，为简化，表中没有表示出这种变化，读者应当清楚这种变化的必要性。

3. 减轮系前置的 R 二式 5 速轮系挡位分析

1）P 位

文字略，参阅前面。

2）N 位

文字略，参阅前面。

3）R 位

R 位倒挡位机构运动示意图如图 5-51 所示。序号 3 工作，序号 9 放松，液矩器为联轴器；序号 15 工作，减轮系为阳轮系状态，圈带架，所以是减速阳轮系。基本 R 二式中，序号 30 工作，将共架（序号 35）双向锁定在壳体上，R 轮系变成一个双向定轴轮系；序号 23 工作，大阳轮 32 通过 20、21 与减圈 17 连接，顺时针输入，长星轮 34 逆时针转动，带动共圈 36 逆时针转动实现倒挡。

R 位有倒车起步、倒车驱动、倒车反拖三个工况：

（1）倒车起步工况和倒车反拖工况文字介绍请参阅超速轮系前置时 R 二式的工作情况。

（2）倒车驱动工况。驱动转矩从涡轮 6 到达大阳轮 32，定轴轮系状态下传给长星轮 34 使之逆时针转动，与长星轮 34 内啮合的共圈 36 也随之逆时针转动，带动轴 37 逆时针转动输出，驱动车轮逆时针转动，进入倒挡位，传动比在 2.6 左右，如图 5-51（a）所示。

倒车反拖时从车轮输入一个逆时针的主动转矩，在输出轴 37 处经共圈 36 反向传给长星轮 34，使其有逆时针转动趋势，并通过序号 23 作用到减阳轮系的架 18 上，由于架 18 此时是主动件，会增速传给圈 17，显然这是不合理的，故倒挡反拖时序号 15 先停止工作，序号 14 工作，减速轮系变成联轴器，自动离合器形成的联轴器直接作用到发动机曲轴上，产生硬反拖作用，如图 5-51（b）所示。长星轮 34 还通过外啮合使短星轮 33 顺转，因序号 22、24 没有工作，故小阳轮 31 逆时针空转。

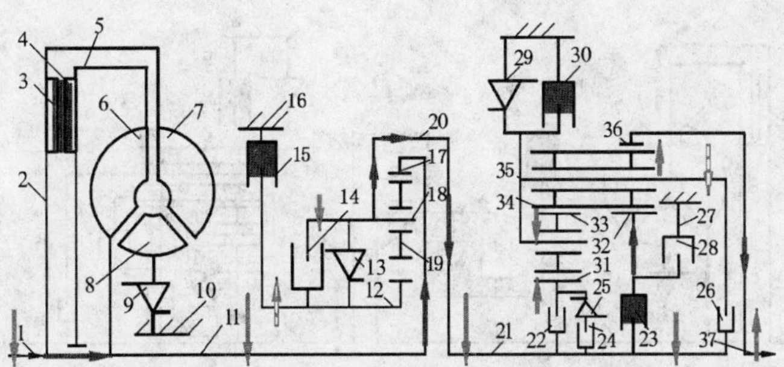

从涡轮 6 传出的动力和运动在减速轮系减速后，经序号 17、18、20、21、23 传到大阳轮 32，共架（序号 35）随主动件大阳轮 32 有顺时针转动趋势，被序号 30 双向锁止，共圈 36 逆时针输出，传动比在 2.6 左右。

（a）倒挡位处于驱动工况时的传递路线示意图（有硬反拖，反拖图不再画出，请参阅前面）

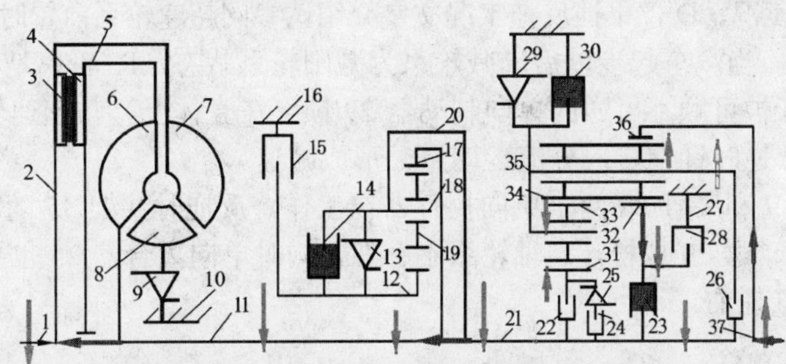

减轮系是减速阳轮系；序号 3 工作，自动离合器处于联轴器工况。共架 35 在驱动工况时随大阳轮 32 有顺转趋势，反拖时随共圈 36 有逆转趋势，因此被序号 30 双向锁止是必要的，R 二式轮系为双向定轴轮系，倒挡驱动时，传递经序号 21 传到序号 23，再传给大阳轮 32（顺）、长星轮 34（逆），圈 36 逆时针输出；反拖时，序号 15 与序号 14 交换工作状态，以避免架带圈增速作用，驱动路线从车轮逆向传递到发动机。短星轮 33 顺传给小阳轮 31，使其做有确定逆时针输出（空转）。

（b）倒挡位处于反拖工况时的传递路线示意图（有硬反拖）

图 5-51 倒挡位机构示意图

1—曲轴；2—液力变矩器外壳；3—锁止离合器 C；4—锁止离合器 C 的摩擦盘；5—摩擦盘与涡轮间连接花键；6—涡轮；7—泵轮；8—导轮；9—导轮单向制动器 F；10—导轮支撑轴；11—涡轮与简单轮系（简轮系）连接轴；12—减轮系太阳轮（减阳轮）；13—减阳轮与减架单向锁止离合器 F0；14—减阳轮与减架双向锁止离合器 C0；15—减阳轮双向锁止制动器 B0；16—变速器壳体；17—减轮系齿圈（减圈）；18—减架；19—减轮系行星轮（减星轮）；20—减轮系与 R 式轮系连接轴；21—轮系输入轴；22—小阳轮输入离合器 C1；23—大阳轮输入离合器 C2；24—小阳轮输入离合器 C3；25—小阳轮单向输入离合器 F1；26—共架输入离合器 C4；27—大阳轮连接轴（R 二式接机壳）；28—大阳轮双向制动器 B2；29—共架单向锁止制动器 F2；30—共架双向锁止制动器 B1；31—小阳轮；32—大阳轮；33—短星轮；34—长星轮；35—共架；36—共圈；37—轮系输出轴；38—输出齿轮

4）D 位 1 挡

如图 5-52 所示，驾驶员将选位手柄置于 D 位，汽车进入 D 位模式，当处于 D 位 1 挡时，自动离合器处于液矩器工况（序号 9 工作，序号 3 放松），如图 5-52 所示；序号 15 工作，减轮系为减阳轮系状态。序号 24、25 和 29 工作（序号 30 放松），D 位 1 挡传动路线接通，传动比在 2.4 左右。

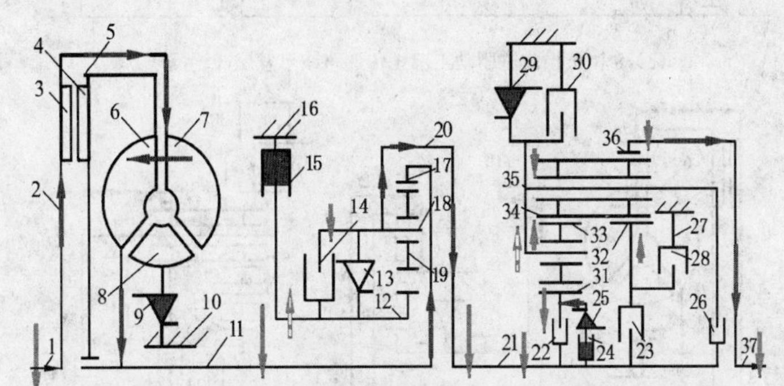

（a）D 位 1 挡前进驱动工况传递示意图（无反拖，减速轮系是减阳轮系，传动比在 2.4 左右）

图 5-52 D 位 1 挡机构示意图

注：图 5-52～图 5-62 图注同图 5-51。

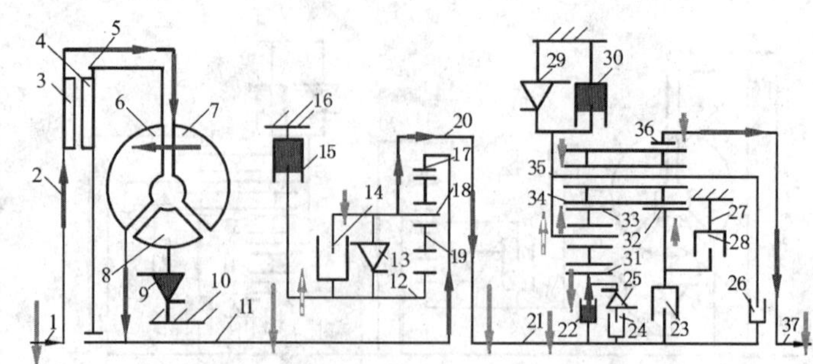

（b）S 位 1 挡前进驱动工况 2 传递路线示意图（有软反拖的配置，反拖图不再画出，请参阅前面）

图 5-52　D 位 1 挡机构示意图（续）

（1）D 位 1 挡起步工况、D 位 1 挡反拖工况文字介绍请参阅超速轮系前置时 R 二式的工作情况。

（2）前进驱动工况。当汽车起步以后，减轮系为减阳轮系状态，R 轮系是单向定轴轮系（有逆时针转动趋势的共架 35 被可顺不可逆的单向制动器 29 锁定在壳体上），与超速轮系前置时 R 轮系工作状态相同。大阳轮 32 逆时针空转，分流运动量，形成减速。

传递路线上有序号 9 和序号 29 两个单向执行器在工作，反拖时共架 35 随顺时针转动的主动件 36 顺时针转动，单向制动器 29 放松，定轴轮系不存在，同时单向离合器 25 也会放松，故 D 位 1 挡不能反拖，传动比在 2.3 左右。

5）S 位 1 挡

如图 5-53 所示，驾驶员把选位手柄置于 S 位后，汽车进入 S 位模式，参与工作的控制元件是序号 9（保证自动离合器处于液矩器工况）、序号 15（保证减轮系为减阳轮系状态）、序号 22（确保小阳轮输入）。S 位 1 挡与 D 位 1 挡不同之处是由双向离合器 22 替代序号 24 和序号 25，这样的好处是序号 22 的可靠性要高于序号 24、25 组合，更适用于需要稳定传递的 S 位，而序号 24、25 组合换挡品质高于序号 22 单独控制情况，更适应于换挡相对频繁的 D 位，由于序号 29 工作，故此状态下的 S 位 1 挡无反拖。如前所述，序号 24、25 组合并不是必配装置，很多厂家为降低成本，没有这个组合，那么可以采用序号 30 与序号 22 配合工作，S 位 1 挡就有了软反拖的能力。

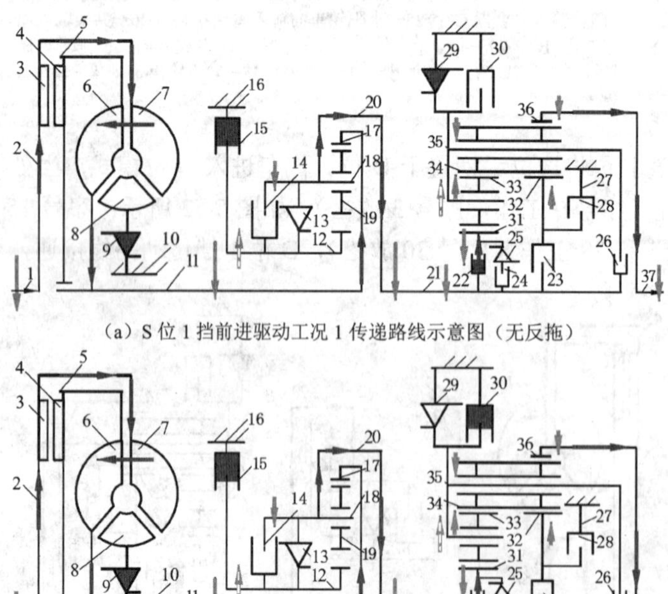

（a）S 位 1 挡前进驱动工况 1 传递路线示意图（无反拖）

（b）S 位 1 挡前进驱动工况 2 传递路线示意图（有软反拖的配置，反拖图不再画出，请参阅前面）

图 5-53　S 位 1 挡机构示意图

（1）起步工况、反拖工况文字介绍请参阅超速轮系前置时 R 二式的工作情况。

（2）前进驱动工况。S 位 1 挡与 D 位 1 挡前进时的工作原理是相同的，分无反拖和有软反拖两种情况。如果由序号 29 担任固定共架 35 的任务，则无反拖；如果由序号 30 担任这项任务，则有软反拖。小阳轮 31 的输入是双向的，由序号 22 担任，如图 5-53 所示。

发动机反拖时单向制动器 29 放松，S 位 1 挡无反拖。如果是序号 30 双向锁止，则有软反拖。

6）L 位 1 挡

如图 5-54 所示，驾驶员把选位手柄置于 L 位后，汽车进入 L 位模式，参与工作的控制元件是序号 3（保证自动离合器处于联轴器工况）、序号 15（保证减轮系为减阳轮系状态）、序号 22（将小阳轮 31 与涡轮 6 双向连接）和序号 30（将共架双向锁止）。

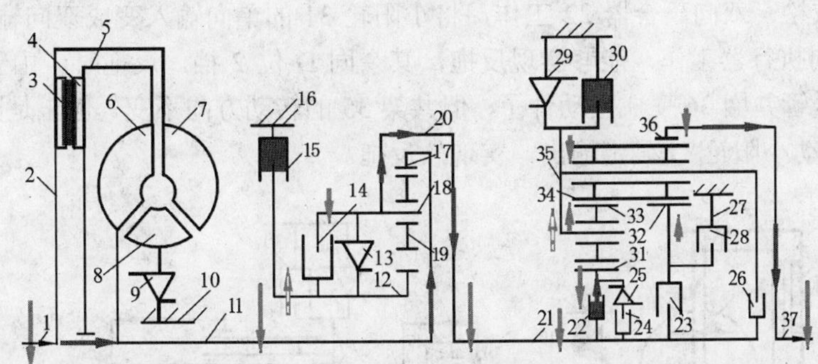

图 5-54　L 位 1 挡机构示意图

（1）起步工况、反拖工况文字介绍请参阅超速轮系前置时 R 二式的工作情况。

（2）驱动工况。L 位 1 挡前进驱动工况与 S 位 1 挡前进驱动工况的工作原理是相同的，不同之处是共架（序号 35）被序号 30 双向锁止，而且自动离合器锁止成联轴器，减速轮系保持减阳轮系状态，实现硬反拖。

7）D 位 2 挡

如图 5-55 所示，车速增加到一定值时，ECU 命令双向制动器 28 工作，将大阳轮 32 双向锁止在壳体上；序号 30 放松，共架 35 可以自由转动。轮系分析可参阅超速轮系前置时的情况，周转轮系的共圈 36 有确定顺转输出，实现 2 挡，无反拖。

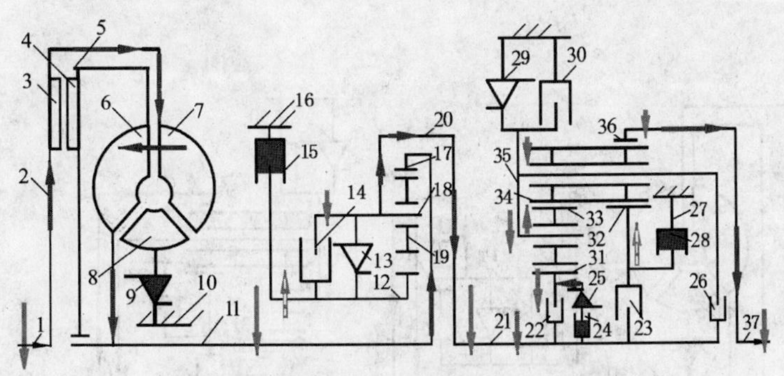

图 5-55　D 位 2 挡驱动路线示意图

从轮系结构分析，由于大阳轮 32 被序号 28 锁止，3 号简单轮系（3 无圈）变成阳轮系，小阳轮 31 通过序号 24、25 输入一个运动，长星轮 34 就有确定的顺时针转动，推动共圈 36 有确定的有效顺时针输出，实现 2 挡，共架 35 在做有确定输出的顺时针空转，引起的运动分流量小于 1 挡时大阳轮 32 空转的分流量。

当汽车由 D 位 3 挡降至 D 位 2 挡时，ECU 通过控制序号 22 的响应时间，降低序号 24 突然参加工作引起的冲击，提高换挡品质，增加舒适性。

（1）驱动工况。涡轮 6 通过减速轮系经序号 20、21、24 和 25 传入的顺时针输入到达小阳轮 31，经减速后（小轮带动圈减速）从共圈 36 输出顺时针运动到输出轴 37，自动变速器升至 2 挡，传动比在 2.0 左右，减轮系工况与前面同。

（2）反拖工况。由于有单向离合器 25 参与传递，故 D 位 2 挡无反拖。D 位 2 挡也没有起步工况。

8）S 位 2 挡

如图 5-56 所示，驾驶员把选位手柄置于 S 位后，汽车进入 S 位模式，当速度达到 2 挡的值时，ECU 命令序号 24 放松，双向离合器 22 工作，将小阳轮 31 的单向输入变成双向输入，进入 2 挡。传递路线上没有单向执行器工作，能够实现反拖，其余同 D 位 2 挡。反拖时，由于大阳轮 32 的工作状态不变，所以尽管共圈 36 变成主动件了，但共架 35 的转动方向不变，也正是因为 35 有确定顺转，共圈 36 才能推动小阳轮 31 确定输出，实现软反拖。

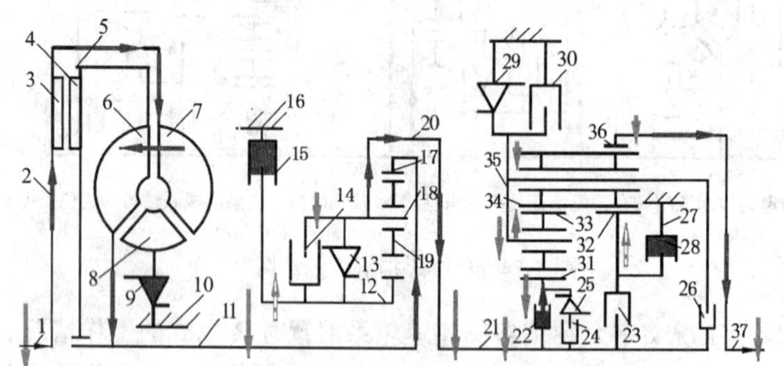

S 位 2 挡前进驱动工况传递路线示意图（有软反拖），反拖图不再画出，请参阅前面。

图 5-56　S 位 2 挡机构示意图

9）L 位 2 挡

如图 5-57 所示，驾驶员将选位手柄置于 L 位，自动变速器进入 L 运作模式，速度达到设定值，ECU 命令自动变速器进入 L 位 2 挡，L 位 2 挡与 S 位 2 挡的区别就是自动离合器始终处于联轴器状态（序号 3 工作，序号 9 放松），减轮系同 S 位 2 挡，在 L 运作模式下，汽车达到 2 挡后不能再往高速挡升了。

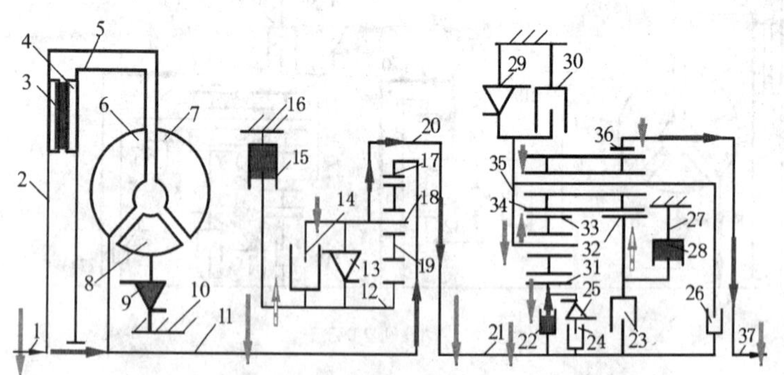

L 位 2 挡驱动工况（有硬反拖），反拖图不再画出，请参阅前面。

图 5-57　L 位 2 挡机构示意图

10）D 位 3 挡

如图 5-58 所示，车速进一步提高，ECU 命令汽车进入 D 位 3 挡，参与工作的执行元件除序号 9（自动离合器处于液矩器工况）、序号 15（减轮系处于减阳轮工况）工作外，还要有基本 R 式演变成联轴器工况的执行元件工作，由于是联轴器，从发动机传来的运动量没有分流的情况下全部输出。演变的方式有五种。

图 5-58（a）、(b）由于单向离合器 25 参与工作，故无反拖；图 5-58（c）～（e）没有单向离合器参与工作，所以有软反拖。五种情况的共同点是 R 二式轮系中同时输入两个同方向、同转速的运动，所以演变成联轴器，R 轮系传动比为 1，由于减轮系处于减速阳轮系状态，所以自动变速器的传动比在 1.3 左右。自动离合器是液矩器工况。

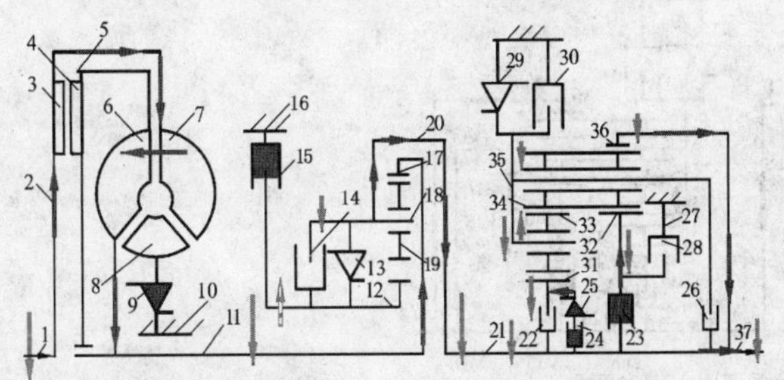

（a）D 位 3 挡前进驱动工况一（无反拖工况，传动比在 1.3 左右）

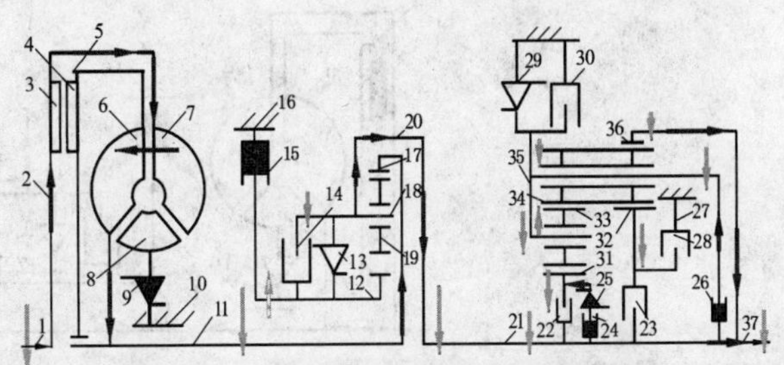

（b）D 位 3 挡前进驱动工况二（无反拖工况）

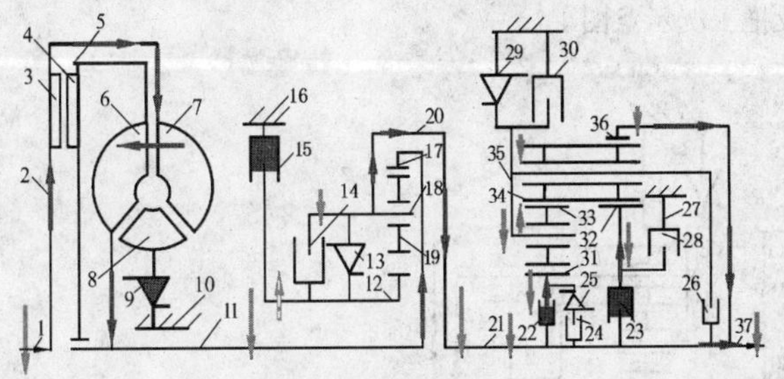

（c）D 位 3 挡前进驱动工况三（有软反拖工况，反拖图不再画出，请参阅前面）

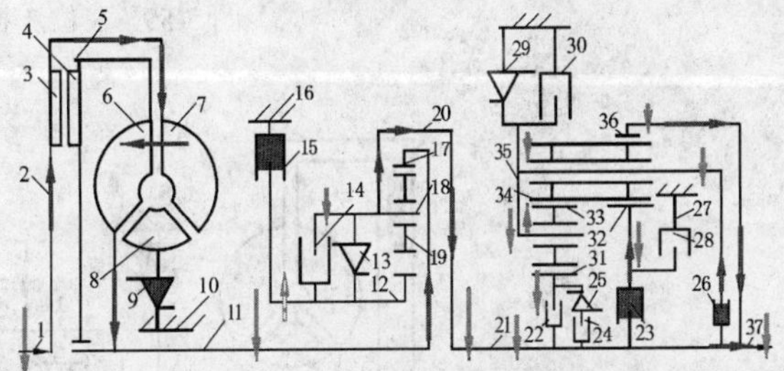

（d）D 位 3 挡前进驱动工况四（有软反拖工况，反拖图不再画出，请参阅前面）

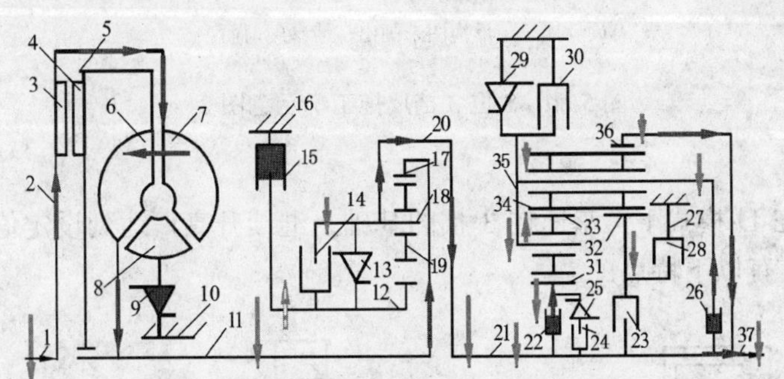

（e）D 位 3 挡前进驱动工况五（有软反拖工况，反拖图不再画出，请参阅前面）

图 5-58　D 位 3 挡机构示意图

11）S 位 3 挡

如图 5-59 和图 5-60 所示，驾驶员把选位手柄置于 S 位，汽车进入 S 模式运作，车速达到预定值，变速器会自动升到 S 位 3 挡，S 位 3 挡前进驱动工况与 D 位 3 挡 R 轮系的工作情况完全相同，减速轮系保持减阳轮状态不变，将图 5-58 中的自动离合器变成联轴器，就有硬反拖，由于驱动工况有三种情况有反拖，故在 S 位时有三种情况都可以实现硬反拖。如果把自动离合器变成液矩器状态，就是 D 位 3 挡软反拖的情况。

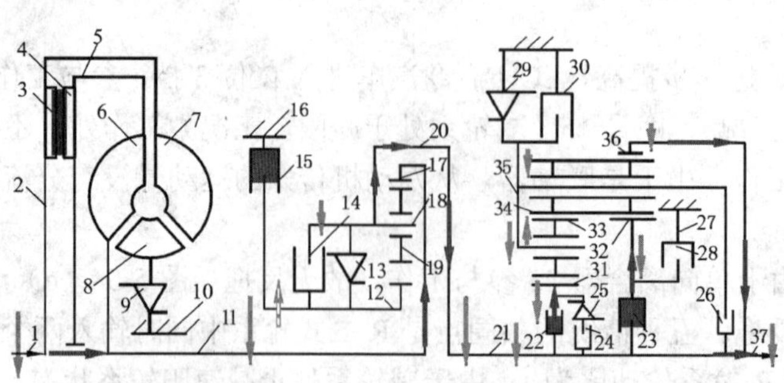

（a）有硬反拖一（反拖图不再画出，请参阅前面）

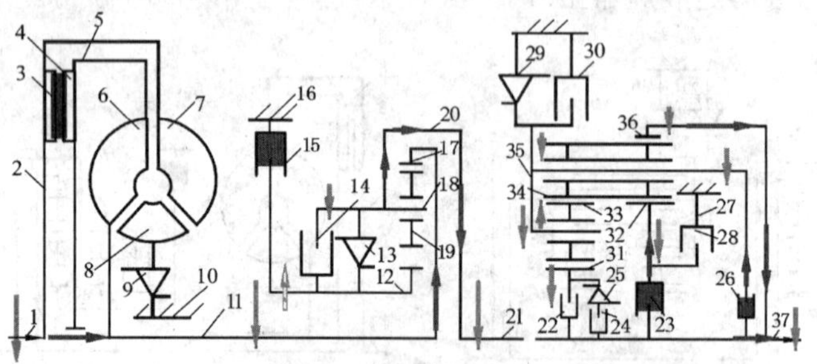

（b）有硬反拖二（反拖图不再画出，请参阅前面）

图 5-59　S 位 3 挡反拖工况示意图 1

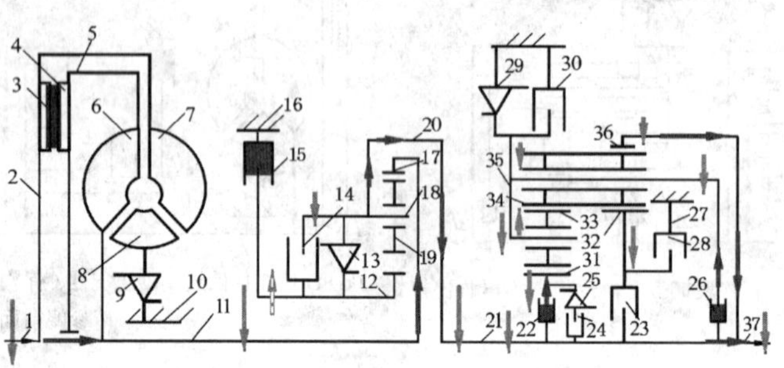

有硬反拖三，反拖图未画出，请参阅前面。

图 5-60　S 位 3 挡反拖工况示意图 2

12）D 位 4 挡

如图 5-61 所示，在 D 模式下，车速在 3 挡的基础上继续升高，达到设定值后，ECU 命令自动变速器进入 D 位 4 挡，有以下特点：

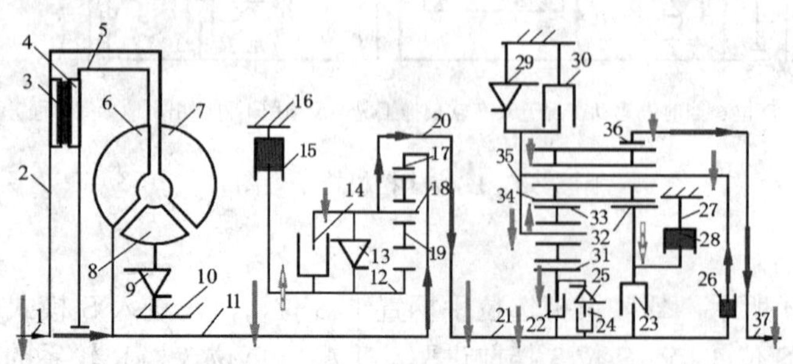

有硬反拖，反拖图未画出，请参阅前面。

图 5-61　D 位 4 挡前进驱动

（1）序号 28 工作将大阳轮 32 双向锁止，2 号简单轮系（2 无小）是一个双向增速阳轮系，序号 26 工作，共架 35 与涡轮接通，顺时针输入（序号 29 允许共架顺转），共架 35 驱动共圈 36 增速减矩（架带圈）顺转输出，实现 4 挡，但减速轮系处于减速阳轮系状态，转速一减一增，传动比在 1.0 左右。

（2）两星轮随共架 35 顺公转，长星轮 34 顺自转，推动大阳轮 32 有逆转趋势，但被序号 28 双向锁止，不能转动，短星轮 33 逆自转，小阳轮 31 顺空转。

（3）减轮系为减阳轮系状态，自动离合器处于联轴器工况，有硬反拖。

13）D 位 5 挡

如图 5-62 所示，在 D 模式下，车速继续升高，达到设定值后，ECU 命令自动变速器进入 D 位 5 挡，关键的变化是减轮系由减阳轮系进入联轴器工况工作，同时让自动离合器在联轴器工况下工作。

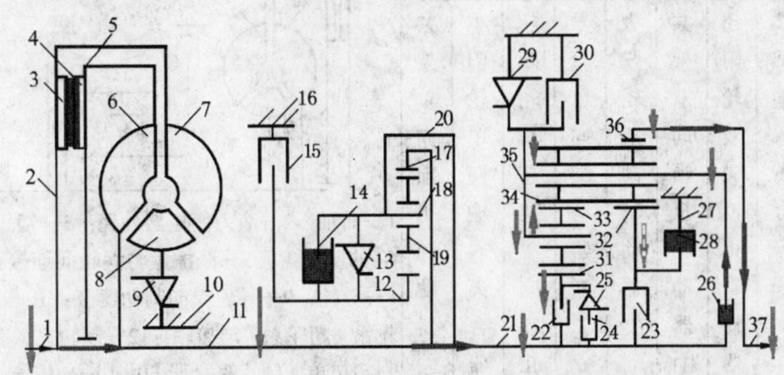

D 位 5 挡前进驱动工况传递路线示意图，传动比在 0.8 左右。有硬反拖，反拖图不再画出，请参阅前面。

图 5-62　D 位 5 挡机构示意图

减轮系变为联轴器必须序号 14 工作，过程是序号 15 先放松，序号 14 后工作，这样才能避免运动干涉，在两者都不工作的瞬间，序号 13 担任传递任务，以确保传递不中断，当序号 14 一工作，序号 13 会自动放松或参与辅助传递的工作状态；由 D 位 5 挡降回 4 挡时，序号 14 先放松，序号 15 还没有工作期间，也由序号 13 担任传递，序号 14 工作期间，序号 13 也起到辅助 14 传递动力的作用，如图 5-62 所示。

驱动工况。减轮系由减速阳轮系变成联轴器就在 4 挡基础上再提高一级速度，就进入了超速的 5 挡，此时输出轴 37 的转速高于曲轴 1 的转速，传动比在 0.8 左右，D 位 5 挡有硬反拖工况。

任务五　R 式 8 速轮系挡位分析

为了提高汽车行驶的舒适性，使发动机与变速器能够有更多的良好工作连接点，现代汽车都倾向于配置多挡位，配置多挡位有两种方法：一是增加轮系，这样的好处是挡位增加可以更合理，但这将使整个轮系变得复杂，成本增加，维修困难，本教材将在项目七中简介；另一个办法是目前大多数厂家用于轿车上的办法，通过控制程序让简单轮系（超速轮系或减速轮系）的两工况在 D 位两挡之间都交换一次（从理论上讲这种交换在 S 位、L 位也成立，但这对于一般汽车没有太大意义，故本教材不讨论。如果对特殊车辆有必要，读者可以触类旁通地加以分析），通过设计轮系齿轮齿数比，让这种交换后的传动比合理，R 轮系可实现 8 个前进挡。

附加简单轮系避免运动干涉与避免传递中断的问题在 8 速轮系中显得更加重要，这是因为 8 速轮系中的附加简单轮系工况交换得更加频繁，靠简阳轮与简架间的单向离合器来保证至少有响应时间与磨损速率两个问题需要更加精细控制，这是汽车创新的一个亮点，把这个问题解决好，8 速自动变速器将会有更加漂亮的表现，下面表 5-10 中不再讨论此问题。

一、R 一式 8 速轮系挡位分析

1. 与超速轮系配置的 R 一式 8 速轮系挡位控制情况

下面通过表 5-10 介绍超速轮系前置的 R 一式 8 速轮系挡位控制情况，不再画图，超速轮系后置 8 挡位控制情况请读者对照此表，自己分析，本教材不再列出。

表 5-10　超速轮系前置的 R 一式 8 速轮系执行元件运作表

顺序	1	2	3	4	5	6	7	8	9	10	11	12	13	
序号	3	14	22	23	24	26	15	30	28	9	13	25	29	
	锁止离合器C	超阳轮与超架双向锁止离合器C0	小阳轮输入离合器C1	大阳轮输入离合器C2	小阳轮输入离合器C3	共架输入离合器C4	超阳轮双向锁止制动器B0	共架双向锁止制动器B1	大阳轮双向制动器B2	导轮单向制动器F	超阳轮与超架单向锁止离合器F0	小阳轮单向输入离合器F1	共架单向锁止制动器F2	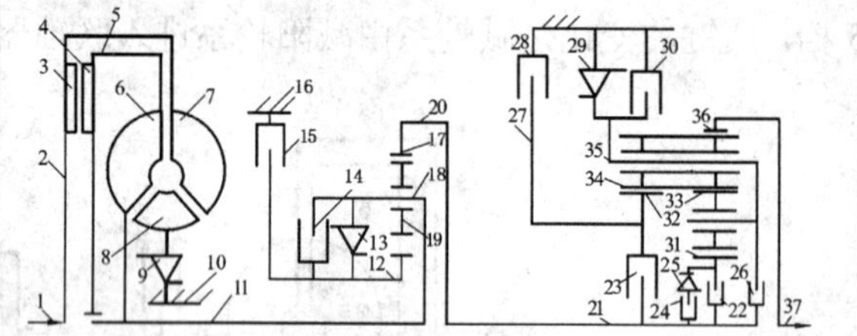 1—曲轴；2—液力变矩器外壳；3—锁止离合器 C；4—锁止离合器 C 的摩擦盘；5—摩擦盘与涡轮间连接花键；6—涡轮；7—泵轮；8—导轮；9—导轮单向制动器 F；10—导轮支撑轴；11—涡轮与超轮系（超轮系）连接轴；12—超轮系太阳轮（超阳轮）；13—超阳轮与超架单向锁止离合器 F0；14—超阳轮与超架双向锁止离合器 C0；15—超阳轮双向锁止制动器 B0；16—变速器壳体；17—超轮系齿圈（超圈）；18—超架；19—超轮系行星轮（超星轮）；20—超轮系与 R 式轮系连接轴；21—轮系输入轴；22—小阳轮输入离合器 C1；23—大阳轮输入离合器 C2；24—小阳轮输入离合器 C3；25—小阳轮单向输入离合器 F1；26—共架输入离合器 C4；27—大阳轮连接轴；28—大阳轮双向制动器 B2；29—共架单向锁止制动器 F2；30—共架双向锁止制动器 B1；31—小阳轮；32—大阳轮；33—短星轮；34—长星轮；35—共架；36—共圈；37—轮系输出轴
P 位	○	●	○	○	○	○	○	○	○	●	○	○	○	序号 14 工作，超轮系为有输入、有输出的联轴器；序号 22、23、24 及 26 均不工作，R 一式轮系无输入；输出轴 37 被机械锁止，不能被拖动。序号 9 工作，序号 3 放松，自动离合器处于液矩（液力变矩器）工况，为进入其他工况做准备
N 位	○	●	○	○	○	○	○	○	○	●	○	○	○	超轮系、自动离合器同上；与上不同之处为输出轴 37 没有被机械锁止，可以被拖动
R 位	●	●	○	●	○	○	○	●	○	○	☆	○	○	超轮系是联轴器。序号 3 工作，自动离合器处于联轴器工况。共架 35 被序号 30 双向锁止，R 一式轮系为双向定轴轮系，传递经序号 21 传到序号 23，再传给大阳轮 32（顺）、长星轮 34（逆），圈 36 逆时针输出，实现倒挡，传动比在 2.6 左右，可硬反拖。短星轮 33 顺传给小阳轮 31，使其做有确定的逆时针输出（空转）
D1	○	●	○	○	●	○	○	○	○	●	○	●	●	超轮系是联轴器；序号 3 放松，序号 9 工作，自动离合器处于液矩器工况。共架单向制动器 F2（序号 29）参与工作，将有逆转趋势的共架 35 单向锁止，R 一式轮系成为单向定轴轮系。传递经序号 21 输入至序号 24、25，再传到小阳轮顺转，迫使短星轮 33 逆转、长星轮 34 推动共圈 36 顺转输出，实现 1 挡，传动比在 2.6 左右，大阳轮 32 被长星轮 34 推动做有确定逆转的输出空转。小轮（小阳轮）带动大轮（共圈），减速增矩，且有大阳轮 32 空转分流。无反拖

续表

<table>
<tr><td>顺序</td><td>1</td><td>2</td><td>3</td><td>4</td><td>5</td><td>6</td><td>7</td><td>8</td><td>9</td><td>10</td><td>11</td><td>12</td><td>13</td><td rowspan="2" colspan="2"></td></tr>
<tr><td>序号</td><td>3</td><td>14</td><td>22</td><td>23</td><td>24</td><td>26</td><td>15</td><td>30</td><td>28</td><td>9</td><td>13</td><td>25</td><td>29</td></tr>
<tr><td>D2</td><td>○</td><td>○</td><td>●</td><td>○</td><td>○</td><td>○</td><td>●</td><td>●</td><td>○</td><td>●</td><td>☆</td><td>○</td><td>○</td><td colspan="2">序号 15 替代序号 14 工作，超速轮系变增速阳轮系，其余不变，轮系从 1 挡升到 2 挡，传动比在 2.4 左右</td></tr>
<tr><td>D3</td><td>○</td><td>●</td><td>○</td><td>○</td><td>●</td><td>○</td><td>○</td><td>○</td><td>●</td><td>●</td><td>○</td><td>●</td><td>○</td><td colspan="2">序号 14 替代序号 15 工作，超轮系是联轴器，自动离合器处于液矩器工况。大阳轮 32 被序号 28 双向锁止，3 号简单轮系（见图 3-25，3 无圈）因大阳轮 32 被锁止，成为小阳轮 31 经序号 24、25 有一个顺时针输入的单向阳轮系，行星架 35 就只能随着小阳轮 31 作确定的顺时空转，可顺不可逆的序号 29 放松共架 35，R 一式轮系成为单向周转轮系。从 1 单轮系（1 无大）角度看，有小阳轮 31 和共架 35 两输入，所以周转轮系的共圈 36 有确定顺转输出，实现 3 挡，传动比在 2.0 左右，无反拖</td></tr>
<tr><td>D4</td><td>○</td><td>○</td><td>●</td><td>○</td><td>○</td><td>○</td><td>●</td><td>○</td><td>●</td><td>●</td><td>☆</td><td>○</td><td>○</td><td colspan="2">序号 15 替代序号 14 工作，超速轮系变增速阳轮系，其余不变，轮系从 3 挡升到 4 挡，传动比在 1.3 左右</td></tr>
<tr><td rowspan="5">D5（可五选一）</td><td>○</td><td>●</td><td>○</td><td>○</td><td>●</td><td>●</td><td>○</td><td>○</td><td>○</td><td>●</td><td>○</td><td>●</td><td>○</td><td>小阳轮 31 经序号 24、25 输入，共架 35 经序号 26 输入，无反拖的 D5</td><td rowspan="5">序号 14 替代序号 15 工作，超轮系为联轴器；自动离合器处于液矩器工况，自动离合器处于液矩器工况，R 轮系有五个方案实现两同方向、同转速的输入，R 轮系成联轴器，共圈 36 随之同时顺转，实现 5 挡。可升 6 挡、7 挡和 8 挡，传动比为 1</td></tr>
<tr><td>○</td><td>●</td><td>○</td><td>●</td><td>●</td><td>○</td><td>○</td><td>○</td><td>○</td><td>●</td><td>○</td><td>●</td><td>○</td><td>小阳轮 31 经序号 24、25 输入，大阳轮 32 经序号 23 输入，无反拖的 D5</td></tr>
<tr><td>○</td><td>●</td><td>●</td><td>●</td><td>○</td><td>○</td><td>○</td><td>○</td><td>○</td><td>●</td><td>○</td><td>○</td><td>○</td><td>大阳轮 32 经序号 23 输入，小阳轮 31 经序号 22 输入，有反拖的 D5</td></tr>
<tr><td>○</td><td>●</td><td>○</td><td>●</td><td>○</td><td>●</td><td>○</td><td>○</td><td>○</td><td>●</td><td>○</td><td>○</td><td>○</td><td>大阳轮 32 经序号 23 输入，共架 35 经序号 26 输入，有反拖的 D5</td></tr>
<tr><td>○</td><td>●</td><td>●</td><td>○</td><td>○</td><td>●</td><td>○</td><td>○</td><td>○</td><td>●</td><td>○</td><td>○</td><td>○</td><td>小阳轮 31 经序号 22 输入，共架 35 经序号 26 输入，有反拖的 D5</td></tr>
<tr><td>D6</td><td>●</td><td>○</td><td>●</td><td>○</td><td>○</td><td>●</td><td>●</td><td>○</td><td>○</td><td>○</td><td>☆</td><td>○</td><td>○</td><td colspan="2">序号 15 替代序号 14 工作，超速轮系变增速阳轮系，其余不变，轮系从 5 挡升到 6 挡，传动比在 0.8 左右，自动离合器处于联轴器工况</td></tr>
<tr><td>D7</td><td>●</td><td>●</td><td>○</td><td>○</td><td>○</td><td>●</td><td>○</td><td>○</td><td>●</td><td>○</td><td>○</td><td>○</td><td>○</td><td colspan="2">序号 14 替代序号 15 工作，超轮系为联轴器；序号 26 工作，共架 35 顺转输入（序号 29 允许共架顺转），序号 28 工作将大阳轮 32 双向锁止，2 号简单轮系是一个双向增速阳轮系，共架 35 驱动共圈 36 增速减矩（架带圈）顺转输出，实现 7 挡，传动比在 0.6 左右。两星轮随共架 35 顺公转，长星轮 34 顺自转，推动大阳轮 32 有逆转趋势，被序号 28 双向锁止，不能转动，短星轮 33 逆自转，小阳轮 31 顺空转。超轮系是联轴器，自动离合器是联轴器（避免液矩器高速下效率低），能硬反拖</td></tr>
<tr><td>D8</td><td>●</td><td>○</td><td>○</td><td>○</td><td>○</td><td>●</td><td>●</td><td>○</td><td>●</td><td>○</td><td>☆</td><td>○</td><td>○</td><td colspan="2">序号 15 替代序号 14 工作，超速轮系变增速阳轮系，R 轮系与上相同，自动离合器处于联轴器工况，整个自动变速器在 7 挡基础上再升至 8 挡。传动比在 0.4 左右，有硬反拖</td></tr>
<tr><td colspan="16">本表未讨论 S 位和 L 位工况的多挡传递问题，故略</td></tr>
</table>

注：1. ●—执行元件稳定工作；○—执行元件完全不工作；☆—执行元件在相邻两挡交换期间瞬时工作。

2. 有些车型称 S 位为 2 位，称 L 位为 1 位。现在很多车型采用手-自一体控制方式，不再设计有 L 位工况，本教材从普遍意义出发，还保留了 L 位工况，读者可对照具体车型决定取舍。

3. 红色表示轮系处于增速阳轮系状态，蓝色表示轮系处于联轴器状态。

2. 与减速轮系配置的 R 一式 8 速轮系挡位控制情况

下面通过表 5-11 介绍减速轮系后置的 R 一式 8 速轮系挡位控制情况，不再画图，减速轮系前置的 8 速轮系挡位控制情况请读者对照此表，自己分析，本教材不再列出。

表 5-11　减轮系后置的 R 一式 8 速轮系执行元件运作表

<table>
<tr><td>顺序</td><td>1</td><td>2</td><td>3</td><td>4</td><td>5</td><td>6</td><td>7</td><td>8</td><td>9</td><td>10</td><td>11</td><td>12</td><td>13</td><td rowspan="3" colspan="2">1—曲轴；2—液矩器外壳；3—锁止离合器 C；4—锁止离合器 C 的摩擦盘；5—摩擦盘与涡轮间连接花键；6—涡轮；7—泵轮；8—导轮；9—导轮单向制动器 F；10—导轮支撑轴；11—涡轮与变速器连接轴；12—小阳轮输入离合器 C1；13—大阳轮输入离合器 C2；14—小阳轮输入离合器 C3；15—小阳轮单向输入离合器 F1；16—共架输入离合器 C4；17—大阳轮连接轴；18—大阳轮双向制动器 B2；19—共架单向锁止制动器 F2；20—共架双向锁止制动器 B1；21—小阳轮；22—大阳轮；23—短星轮；24—长星轮；25—共架；26—共圈；27—轮系输入轴；28—两轮系连接轴；29—减星轮；30—减阳轮；31—减阳轮与减架单向锁止离合器 F0；32—减阳轮与减架双向锁止离合器 C0；33—减阳轮双向锁止制动器 B0；34—变速器壳体；35—减架；36—减圈；37—轮系输出轴</td></tr>
<tr><td>序号</td><td>3</td><td>32</td><td>12</td><td>13</td><td>14</td><td>16</td><td>33</td><td>20</td><td>18</td><td>9</td><td>31</td><td>15</td><td>19</td></tr>
<tr><td></td><td>锁止离合器 C</td><td>减阳轮与减架双向锁止离合器 C0</td><td>小阳轮输入离合器 C1</td><td>大阳轮输入离合器 C2</td><td>小阳轮输入离合器 C3</td><td>共架输入离合器 C4</td><td>减阳轮双向锁止制动器 B0</td><td>共架双向锁止制动器 B1</td><td>大阳轮双向制动器 B2</td><td>导轮单向制动器 F</td><td>减阳轮与减架单向锁止离合器 F0</td><td>小阳轮单向输入离合器 F1</td><td>共架单向锁止制动器 F2</td></tr>
<tr><td>P 位</td><td>○</td><td>○</td><td>○</td><td>○</td><td>○</td><td>○</td><td>●</td><td>○</td><td>○</td><td>●</td><td>○</td><td>○</td><td>○</td><td colspan="2">序号 12、13、14 和 16 均不工作，R 一式轮系无输入，故没有输出；输出轴 37 被机械锁止，不能被拖动；自动离合器处于液矩器工况；序号 33 工作，减轮系处于可以传递的减速阳轮系状态，为进入驱动挡做好准备</td></tr>
<tr><td>N 位</td><td>○</td><td>○</td><td>○</td><td>○</td><td>○</td><td>○</td><td>●</td><td>○</td><td>○</td><td>●</td><td>○</td><td>○</td><td>○</td><td colspan="2">与上不同之处为输出轴 37 没有被机械锁止，可以被拖动。自动离合器及减轮系同上</td></tr>
<tr><td>R 位</td><td>●</td><td>○</td><td>○</td><td>●</td><td>○</td><td>○</td><td>●</td><td>●</td><td>○</td><td>○</td><td>☆</td><td>○</td><td>○</td><td colspan="2">共架 25 被 20 双向锁止，轮系变成定轴轮系，运动经 13 传给大阳轮 22，长星轮 24 逆转，推动共圈 26 逆时针输出。短星轮 23 顺转，小阳轮 21 有确定的逆转空输出。自动离合器处联轴器工况；减轮系同上，传动比在 2.6 左右，可硬反拖</td></tr>
<tr><td>D1</td><td>○</td><td>○</td><td>○</td><td>○</td><td>●</td><td>○</td><td>●</td><td>○</td><td>○</td><td>●</td><td>○</td><td>●</td><td>●</td><td colspan="2">序号 33 替代序号 32 工作，减速轮系变减速阳轮系，R 轮系共架 25 被序号 19 单向锁止，R 轮系是一单向定轴轮系。小阳轮 21 经序号 14、15 有确定顺时针输入，短星轮 23 逆转，长星轮 24 顺转，推动共圈 26 顺转减速输出实现 1 挡，传动比在 2.8 左右，大阳轮 22 逆转空转，无反拖。自动离合器处于液矩器工况</td></tr>
<tr><td>D2</td><td>○</td><td>●</td><td>○</td><td>○</td><td>●</td><td>○</td><td>○</td><td>○</td><td>○</td><td>●</td><td>☆</td><td>●</td><td>●</td><td colspan="2">序号 32 替代序号 33 工作，减速轮系变为联轴器，其余不变，轮系从 1 挡升到 2 挡，传动比在 2.6 左右</td></tr>
<tr><td>D3</td><td>○</td><td>○</td><td>●</td><td>○</td><td>●</td><td>○</td><td>●</td><td>○</td><td>○</td><td>●</td><td>○</td><td>○</td><td>●</td><td colspan="2">序号 33 替代序号 32 工作，减速轮系变减速阳轮系，大阳轮 22 被序号 18 双向锁止，3 号简单轮系是阳轮系（3 无圈），故有小阳轮 21 经序号 14、15 确定的顺时针输入，则短星轮 23 逆转，长星轮 24 顺转都是确定的，推动共圈 26 顺转输出，实现 3 挡，传动比在 2.4 左右。F1 参与工作，故无反拖。自动离合器处于液矩器工况</td></tr>
<tr><td>D4</td><td>○</td><td>●</td><td>●</td><td>○</td><td>●</td><td>○</td><td>○</td><td>○</td><td>○</td><td>●</td><td>☆</td><td>○</td><td>●</td><td colspan="2">序号 32 替代序号 33 工作，减速轮系变为联轴器，其余不变，轮系从 3 挡升到 4 挡，传动比在 2.0 左右</td></tr>
<tr><td rowspan="5">D5（可五选一）</td><td>○</td><td>○</td><td>○</td><td>○</td><td>●</td><td>●</td><td>●</td><td>○</td><td>○</td><td>●</td><td>○</td><td>●</td><td>○</td><td>小阳轮 21 经序号 14、15 输入，共架 25 经序号 16 输入，无反拖的 D3</td><td rowspan="5">R 轮系有两同方向、同转速的输入，成联轴器，共圈 26 随之同态顺转，实现直接挡。传动比为 1，但序号 33 替代序号 32 工作，减轮系为减阳轮系状态；自动变速器传动比为 1.3，自动离合器处于液矩器工况，可升 4 挡和 5 挡</td></tr>
<tr><td>○</td><td>○</td><td>○</td><td>●</td><td>●</td><td>○</td><td>●</td><td>○</td><td>○</td><td>●</td><td>○</td><td>●</td><td>○</td><td>小阳轮 21 经序号 14、15 输入，大阳轮 22 经序号 23 输入，无反拖的 D3</td></tr>
<tr><td>○</td><td>○</td><td>●</td><td>●</td><td>○</td><td>○</td><td>●</td><td>○</td><td>○</td><td>●</td><td>○</td><td>○</td><td>○</td><td>大阳轮 22 经序号 23 输入，小阳轮 21 经序号 12 输入，有软反拖的 D3</td></tr>
<tr><td>○</td><td>○</td><td>○</td><td>●</td><td>○</td><td>●</td><td>●</td><td>○</td><td>○</td><td>●</td><td>○</td><td>○</td><td>○</td><td>大阳轮 22 经序号 23 输入，共架 25 经序号 26 输入，有软反拖的 D3</td></tr>
<tr><td>○</td><td>○</td><td>●</td><td>○</td><td>○</td><td>●</td><td>●</td><td>○</td><td>○</td><td>●</td><td>○</td><td>○</td><td>○</td><td>小阳轮 21 经序号 12 输入，共架 25 经序号 26 输入，有软反拖的 D3</td></tr>
</table>

续表

顺序	1	2	3	4	5	6	7	8	9	10	11	12	13	
序号	3	32	12	13	14	16	33	20	18	9	31	15	19	
D6	○	●	●	○	○	●	○	○	○	●	☆	○	○	序号32替代序号33工作，减速轮系变为联轴器，转速不再降低，传动比为1，其余不变，轮系从5挡升到6挡
D7	●	○	○	○	○	●	●	○	●	○	☆	○	○	序号33替代序号32工作，减轮系为减阳轮系状态（减幅小）；R轮系的2单轮系（2无小）是架25经序号16输入、共圈26输出的双向增速阳轮（增幅大），增幅差为正，故在6挡基础上又升一级进入7挡，传动比在0.8左右。自动离合器是联轴器（避免液矩器高速下效率低），减速轮系是减阳轮，有硬反拖
D8	●	●	○	○	○	●	○	○	●	○	☆	○	○	序号32替代序号33工作，减速轮系变为联轴器，二者交换瞬间由31担任传递；减轮系变成联轴器；R轮系与上同，不再减速的结果升至8挡。自动离合器处于联轴器工况。无单向执行器工作，故有硬反拖。传动比在0.6左右
本表未讨论S位和L位工况的多挡传递问题，故略														

注：1. ●—执行元件稳定工作；○—执行元件完全不工作；☆—执行元件在相邻两挡交换期间瞬时工作。

2. 有些车型称S位为2位，称L位为1位。现在很多车型采用手-自一体控制方式，不再设计有L位工况，本教材从普遍意义出发，还保留了L位工况，读者可对照具体车型决定取舍。

3. 红色表示轮系处于减速阳轮系状态，蓝色表示轮系处于联轴器状态。

4. 反拖时，减速轮系要变成联轴器工作状态，以避免减速轮系反拖时的增速作用，为简化，表中没有表示出这种变化，读者应当清楚这种变化的必要性。

二、R二式8速轮系挡位分析

1. 与超速轮系配置的R二式8速轮系挡位控制情况

下面通过表5-12介绍超速轮系前置的R二式8速轮系挡位控制情况，不再画图，超速轮系后置的8速轮系挡位控制情况请读者对照此表，自己分析，本教材不再列出。

表5-12　超速轮系前置的R二式8速轮系执行元件运作表

顺序	1	2	3	4	5	6	7	8	9	10	11	12	13	
序号	3	14	22	23	24	26	15	30	28	9	13	25	29	
	锁止离合器C	超阳轮与超架双向锁止离合器C0	小阳轮输入离合器C1	大阳轮输入离合器C2	小阳轮输入离合器C3	共架输入离合器C4	超阳轮双向锁止制动器B0	共架双向锁止制动器B1	大阳轮双向制动器B2	导轮单向制动器F	超阳轮与超架单向锁止离合器F0	小阳轮单向输入离合器F1	共架单向锁止制动器F2	1—曲轴；2—液矩器外壳；3—锁止离合器C；4—锁止离合器C的摩擦盘；5—摩擦盘与涡轮间连接花键；6—涡轮；7—泵轮；8—导轮；9—导轮单向制动器F；10—导轮支撑轴；11—涡轮与简单轮系（简轮系）连接轴；12—超轮系太阳轮（超阳轮）；13—超阳轮与超架单向锁止离合器F0；14—超阳轮与超架双向锁止离合器C0；15—超阳轮双向锁止制动器B0；16—变速器壳体；17—超轮系齿圈（超圈）；18—超架；19—超轮系行星轮（超星轮）；20—超轮系与R式轮系连接轴；21—轮系输入轴；22—小阳轮输入离合器C1；23—大阳轮输入离合器C2；24—小阳轮输入离合器C3；25—小阳轮单向输入离合器F1；26—共架输入离合器C4；27—大阳轮连接轴（R二式接机壳）；28—大阳轮双向制动器B2；29—共架单向锁止制动器F2；30—共架双向锁止制动器B1；31—小阳轮；32—大阳轮；33—短星轮；34—长星轮；35—共架；36—共圈；37—轮系输出轴；38—输出轮（本图未标出）

续表

<table>
<tr><td>顺序</td><td>1</td><td>2</td><td>3</td><td>4</td><td>5</td><td>6</td><td>7</td><td>8</td><td>9</td><td>10</td><td>11</td><td>12</td><td>13</td><td colspan="2" rowspan="2"></td></tr>
<tr><td>序号</td><td>3</td><td>14</td><td>22</td><td>23</td><td>24</td><td>26</td><td>15</td><td>30</td><td>28</td><td>9</td><td>13</td><td>25</td><td>29</td></tr>
<tr><td>D1</td><td>○</td><td>●</td><td>○</td><td>○</td><td>●</td><td>○</td><td>○</td><td>○</td><td>○</td><td>●</td><td>○</td><td>●</td><td>●</td><td colspan="2">超轮系是联轴器；序号 3 放松，序号 9 工作，自动离合器处于液矩器工况。共架单向制动器 F2（序号 29）参与工作，将有逆转趋势的共架 35 单向锁止，R 二式轮系成为单向定轴轮系。传递经序号 21 输入至序号 24、25，再传到小阳轮顺转，迫使短星轮 33 逆转、长星轮 34 推动共圈 36 顺转输出，实现 1 挡，大阳轮 32 被长星轮 34 推动做有确定逆转的输出空转。小轮（小阳轮）带动大轮（共圈），减速增矩，且有大阳轮 32 空转分流。无反拖</td></tr>
<tr><td>D2</td><td>○</td><td>○</td><td>●</td><td>○</td><td>○</td><td>○</td><td>●</td><td>●</td><td>○</td><td>●</td><td>☆</td><td>○</td><td>○</td><td colspan="2">序号 15 替代序号 14 工作，超速轮系变增速阳轮系，其余不变，轮系从 1 挡升到 2 挡</td></tr>
<tr><td>D3</td><td>○</td><td>●</td><td>○</td><td>○</td><td>●</td><td>○</td><td>○</td><td>○</td><td>●</td><td>●</td><td>○</td><td>●</td><td>○</td><td colspan="2">序号 14 替代序号 15 工作，超轮系是联轴器，自动离合器处于液矩器工况。大阳轮 32 被序号 28 双向锁止，3 号简单轮系（图 3-25，3 无圈）因大阳轮 32 被锁止，成为小阳轮 31 经序号 24、25 有一个顺时针输入的单向阳轮系，共架 35 就只能随着小阳轮 31 做确定的顺时空转，可顺不可逆的序号 29 放松共架 35，R 二式轮系成为单向周转轮系。从 1 单轮系（1 无大）角度看，有小阳轮 31 和共架 35 两输入，所以周转轮系的共圈 36 有确定顺转输出，实现 3 挡，无反拖</td></tr>
<tr><td>D4</td><td>○</td><td>○</td><td>●</td><td>○</td><td>○</td><td>○</td><td>●</td><td>○</td><td>●</td><td>●</td><td>☆</td><td>○</td><td>○</td><td colspan="2">序号 15 替代序号 14 工作，超速轮系变增速阳轮系，其余不变，轮系从 3 挡升到 4 挡</td></tr>
<tr><td rowspan="5">D5（可五选一）</td><td>○</td><td>●</td><td>○</td><td>○</td><td>●</td><td>●</td><td>○</td><td>○</td><td>○</td><td>●</td><td>○</td><td>●</td><td>○</td><td>小阳轮 31 经序号 24、25 输入，共架 35 经序号 26 输入，无反拖的 D5</td><td rowspan="5">序号 14 替代序号 15 工作，超轮系为联轴器；自动离合器处于液矩器工况，自动离合器处于液矩器工况，R 轮系有五个方案实现两同方向、同转速的输入，R 轮系成联轴器，共圈 36 随之同时顺转，实现 5 挡。可升 6 挡、7 挡和 8 挡</td></tr>
<tr><td>○</td><td>●</td><td>○</td><td>●</td><td>●</td><td>○</td><td>○</td><td>○</td><td>○</td><td>●</td><td>○</td><td>●</td><td>○</td><td>小阳轮 31 经序号 24、25 输入，大阳轮 32 经序号 23 输入，无反拖的 D5</td></tr>
<tr><td>○</td><td>●</td><td>●</td><td>●</td><td>○</td><td>○</td><td>○</td><td>○</td><td>○</td><td>●</td><td>○</td><td>○</td><td>○</td><td>大阳轮 32 经序号 23 输入，小阳轮 31 经序号 22 输入，有反拖的 D5</td></tr>
<tr><td>○</td><td>●</td><td>○</td><td>●</td><td>○</td><td>●</td><td>○</td><td>○</td><td>○</td><td>●</td><td>○</td><td>○</td><td>○</td><td>大阳轮 32 经 23 输入，共架 35 经序号 26 输入，有反拖的 D5</td></tr>
<tr><td>○</td><td>●</td><td>●</td><td>○</td><td>○</td><td>●</td><td>○</td><td>○</td><td>○</td><td>●</td><td>○</td><td>○</td><td>○</td><td>小阳轮 31 经序号 22 输入，共架 35 经序号 26 输入，有反拖的 D5</td></tr>
<tr><td>D6</td><td>●</td><td>○</td><td>●</td><td>○</td><td>○</td><td>●</td><td>●</td><td>○</td><td>○</td><td>○</td><td>☆</td><td>○</td><td>○</td><td colspan="2">序号 15 替代序号 14 工作，超速轮系变增速阳轮系，其余不变，轮系从 5 挡升到 6 挡，自动离合器处于联轴器工况</td></tr>
<tr><td>D7</td><td>●</td><td>●</td><td>○</td><td>○</td><td>○</td><td>●</td><td>○</td><td>○</td><td>●</td><td>○</td><td>○</td><td>○</td><td>○</td><td colspan="2">序号 14 替代序号 15 工作，超轮系为联轴器；序号 26 工作，共架 35 顺转输入（序号 29 允许共架顺转），序号 28 工作将大阳轮 32 双向锁止，2 号简单轮系是一个双向增速阳轮系，共架 35 驱动共圈 36 增速减矩（架带圈）顺转输出，实现 7 挡。两星轮随共架 35 顺公转，长星轮 34 顺自转，推动大阳轮 32 有逆转趋势，被序号 28 双向锁止，不能转动，短星轮 33 逆自转，小阳轮 31 顺空转。超轮系是联轴器，自动离合器是联轴器（避免液矩器高速下效率低），能硬反拖</td></tr>
<tr><td>D8</td><td>●</td><td>○</td><td>○</td><td>○</td><td>○</td><td>●</td><td>●</td><td>○</td><td>●</td><td>○</td><td>☆</td><td>○</td><td>○</td><td colspan="2">序号 15 替代序号 14 工作，超速轮系变增速阳轮系，R 轮系与上相同，自动离合器处于联轴器工况，整个自动变速器在 7 挡基础上再升至 8 挡，有硬反拖</td></tr>
<tr><td colspan="16">本表未讨论 S 位和 L 位工况的多挡传递问题，故略</td></tr>
</table>

2. 与减速轮系配置的 R 二式 8 速轮系挡位控制情况

下面通过表 5-13 介绍减速轮系后置的 R 二式 8 速轮系挡位控制情况，不再画图，减速轮系前置的 8 速轮系挡位控制情况请读者对照此表，自己分析，本教材不再列出。

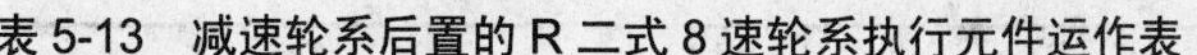

表 5-13　减速轮系后置的 R 二式 8 速轮系执行元件运作表

顺序	1	2	3	4	5	6	7	8	9	10	11	12	13		
序号	3	32	12	13	14	16	33	20	18	9	31	15	19		
	锁止离合器 C	减阳轮与减架双向锁止离合器 C0	小阳轮输入离合器 C1	大阳轮输入离合器 C2	小阳轮输入离合器 C3	共架输入离合器 C4	减阳轮双向锁止制动器 B0	共架双向锁止制动器 B1	大阳轮双向制动器 B2	导轮单向制动器 F	减阳轮与减架单向锁止离合器 F0	小阳轮单向输入离合器 F1	共架单向锁止制动器 F2	1—曲轴；2—液矩器外壳；3—锁止离合器 C；4—锁止离合器 C 的摩擦盘；5—摩擦盘与涡轮间连接花键；6—涡轮；7—泵轮；8—导轮；9—导轮单向制动器 F；10—导轮支撑轴；11—涡轮与变速器连接轴；12—小阳轮输入离合器 C1；13—大阳轮输入离合器 C2；14—小阳轮输入离合器 C3；15—小阳轮单向输入离合器 F1；16—共架输入离合器 C4；17—大阳轮连接轴（R 二式接机壳）；18—大阳轮双向制动器 B2；19—共架单向锁止制动器 F2；20—共架双向锁止制动器 B1；21—小阳轮；22—大阳轮；23—短星轮；24—长星轮；25—共架；26—共圈；27—轮系输入轴；28—两轮系连接轴；29—减星轮；30—减阳轮；31—单向离合器 F0；32—减阳轮与减架双向锁止离合器 C0；33—减阳轮双向锁止制动器 B0；34—变速器壳体；35—减架；36—减圈；37—轮系输出轴	
D1	○	○	○	○	●	○	●	○	○	●	○	●	●	序号 33 替代序号 32 工作，减速轮系变减速阳轮系，R 轮系共架 25 被序号 19 单向锁止，R 轮系是一单向定轴轮系。小阳轮 21 经序号 14、15 有确定的顺时针输入，短星轮 23 逆转，长星轮 24 顺转，推动共圈 26 顺转减速输出实现 1 挡，大阳轮 22 逆转空转，无反拖。自动离合器处于液矩器工况	
D2	○	●	○	○	●	○	○	○	○	●	☆	●	●	序号 32 替代序号 33 工作，减速轮系变为联轴器，其余不变，轮系从 1 挡升到 2 挡	
D3	○	○	●	○	●	○	●	○	○	●	○	○	●	序号 33 替代序号 32 工作，减速轮系变减速阳轮系，大阳轮 22 被序号 18 双向锁止，3 号简单轮系是阳轮系（3 无圈），故有小阳轮 21 经序号 14、15 有确定的顺时针输入，则短星轮 23 逆转、长星轮 24 顺转都是确定的，推动共圈 26 顺转输出，实现 3 挡，F1 参与工作，故无反拖。自动离合器处于液矩器工况	
D4	○	●	●	○	●	○	○	○	○	●	☆	○	●	序号 32 替代序号 33 工作，减速轮系变为联轴器，其余不变，轮系从 3 挡升到 4 挡	
D5（可五选一）	○	○	○	○	●	●	●	○	○	●	○	●	○	小阳轮 21 经序号 14、15 输入，共架 25 经序号 16 输入，无反拖的 D3	序号 33 替代序号 32 工作，减速轮系变减速阳轮系，R 轮系有两同方向、同转速的输入，成联轴器，共圈 26 随之同态顺转，实现直接挡。但序号 33 替代序号 32 工作，自动离合器处于液矩器工况，可升 4 挡和 5 挡
	○	○	○	●	●	○	●	○	○	●	○	●	○	小阳轮 21 经序号 14、15 输入，大阳轮 22 经序号 23 输入，无反拖的 D3	
	○	○	●	●	○	○	●	○	○	●	○	○	○	大阳轮 22 经序号 23 输入，小阳轮 21 经序号 12 输入，有软反拖的 D3	
	○	○	○	●	○	●	●	○	○	●	○	○	○	大阳轮 22 经序号 23 输入，共架 25 经序号 26 输入，有软反拖的 D3	
	○	○	●	○	○	●	●	○	○	●	○	○	○	小阳轮 21 经序号 12 输入，共架 25 经序号 26 输入，有软反拖的 D3	
D6	○	●	●	○	○	●	○	○	○	●	☆	○	○	序号 32 替代序号 33 工作，减速轮系变为联轴器，转速不再降低，其余不变，轮系从 5 挡升到 6 挡	

续表

顺序	1	2	3	4	5	6	7	8	9	10	11	12	13	
序号	3	32	12	13	14	16	33	20	18	9	31	15	19	
D8	●	●	○	○	○	●	○	○	●	○	☆	○	○	序号32替代序号33工作，减速轮系变为联轴器，二者交换瞬间由序号31担任传递；减轮系变成联轴器；R轮系与上同，不再减速的结果升至8挡。自动离合器处于联轴器工况。无单向执行器工作，故有硬反拖
D7	●	○	○	○	○	●	●	○	●	○	☆	○	○	序号33替代序号32工作，减轮系为减阳轮系状态（减幅小）；R轮系的2单轮系（2无小）是架25经序号16输入、共圈26输出的双向增速阳轮（增幅大），增幅差为正，故在6挡基础上又升一级进入7挡。自动离合器是联轴器（避免液矩器高速下效率低），减速轮系是减阳轮，有硬反拖
本表未讨论S位和L位工况的多挡传递问题，故略														

注：1. ●—执行元件稳定工作；○—执行元件完全不工作；☆—执行元件在相邻两挡交换期间瞬时工作。

2. S位和L位也可以以相同方式获得多挡位，但对普通汽车没有太大意义。

3. 红色表示轮系处于减速阳轮系状态，蓝色表示轮系处于联轴器状态。

4. 反拖时，减速轮系要变成联轴器工作状态，以避免减速轮系反拖时的增速作用，为简化，表中没有表示出这种变化，读者应当清楚这种变化的必要性。

5. 各挡传动比由厂家设计的D轮系各齿轮齿数决定，表中未列出。除D位外，其他挡位同5速，未列出。

项目检测要点

1. R式与S式在结构上有什么区别？

2. 基本R式为什么比基本S式多一个前进挡速度？

3. 基本R式的结构特点是什么？

4. R一式与R二式的区别是什么？

5. 为什么减速轮系与基本R式组成的复合轮系在倒挡反拖时要由减速阳轮系转换成联轴器？

6. 为什么R式在3挡时会出现5种D位3挡和3种S位3挡的情况？分析你在实践中接触的车型是用的哪种方案？

7. 如何区分基本R式的3个简单轮系？

8. 基本R式轮系有几条可输入传递的通道？

9. 最简单的8速轮系与5速轮系有什么联系？

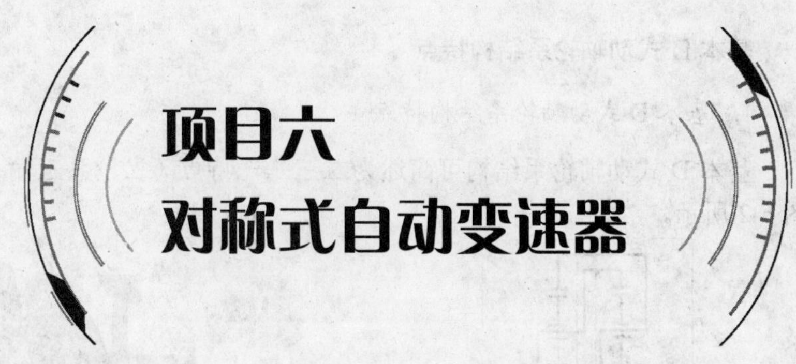

项目六 对称式自动变速器

学习目标

1. 知晓D式自动变速器的结构与工作原理。
2. 掌握D式自动变速器执行元件的组成与作用。
3. 掌握5速D式自动变速器轮系的挡位分析及轮系演变。
4. 了解5速D式自动变速器轮系的挡位变化时各零件的运动状态与动力传递路线。
5. 了解8速D式自动变速器的控制原理。

学习要求

能力目标	知识要点	权重
能描述D式自动变速器的组成	D式自动变速器的作用、基本概念	20%
掌握D式挡位变化分析方法	D式轮系挡位变化规律	50%
了解D式与执行元件的搭配	D式变速装置执行结构	20%
能分析D式8速变速器执行元件的工作规律	8速变速器的控制原理	10%

对称式（简称D式）自动变速器与前面介绍过的共阳轮式（S式）、共架圈式（R式）是使用较多的三种成熟的自动变速器。

D式自动变速器的核心是对称式动轴轮系，不能错误地认为D式动轴轮系是S式动轴轮系的“改进型”，因为它与S式动轴轮系有本质的区别，这就是不共用太阳轮，同时，S式是靠共用太阳轮将两个简单轮系连接成一个整体的，而D式是靠架与圈的连接将两个轮系组合成整体的。正是这些不同点，使得D式与S式无论是从结构上，还是从理论上分析都是完全不同类型的复合轮系。

D式自动变速器在使用中也有起步、驱动和反拖三个工况。

任务一　基本对称式轮系的结构特点

基本对称式动轴轮系由两个简单动轴轮系对称地组成［见图6-1（a）中的1和2］，这是与由三个简单动轴轮系组成的R式复合轮系的区别。按两个简单轮系组成动轴轮系的理论，它本只该有三个自由度，即三个输出挡位，但它的特殊性在于它可以以单个轮系的方式向外传递动力和运动，故有四个输出挡位，这点它与基本S式可以输出三个挡位和基本R式可以输出四个挡位的方式都是不一样的。本教材将这种基本对称式动轴轮系定义为基本对称式4速轮系，简称为D式4速轮系；一个基本对称式动轴轮系与一个简单动轴轮系组成的轮系称为对称式复合轮系，简称为D式轮系，5个前进挡的称为D5速式，8个前进挡的称为D8速式。

一、基本 D 式动轴轮系结构特点

1. 基本 D 式动轴轮系结构特点

基本 D 式动轴轮系结构可简述为二三二一特点（二轮系三输入二无条件一对称），如图 6-1 和图 6-2 所示。

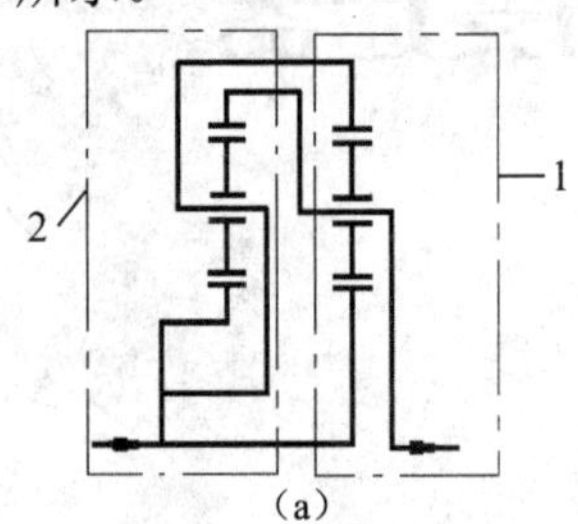

（a）

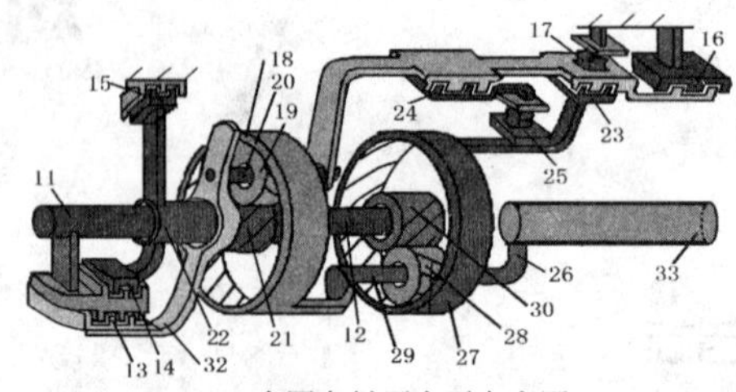

（b）（本图在封面内页有彩图）

图 6-1　基本 D 式动轴齿轮机构的布置

1—前轮系；2—后轮系；11—涡轮与变速器连接轴；12—前阳轮输入轴；13—后架输入离合器 C1；14—后阳轮输入离合器 C2；15—后阳轮双向制动器 B1；16—后架双向制动器 B2；17—后架单向制动器 F1；18—后圈；19—后星轮；20—后架；21—后阳轮；22—后阳轮输入轴；23—前圈后架双向离合器 C3；24—前圈后架双向离合器 C4；25—前圈后架单向离合器 F2；26—前架输出轴；27—前圈；28—前星轮；29—前架；30—前阳轮；31—输入连接轴套；32—后架输入连接轴；33—轮系输出轴

（1）前、后两轮系完全对称布置，如图 6-1（a）所示（当把所有控制元件都去掉后，就会发现 1 和 2 是两个完全对称布置的简单轮系：1 的架与 2 的圈连接，2 的架与 1 的圈连接），所以 D 式动轴轮系只有一种形式。

（2）前阳轮 7 与输入轴 1 刚性连接是无条件输入轴头（正因为只要发动机一转动，前阳轮 7 就会转动，所以把前阳轮 7 所在的简单轮系定为前轮系）。

（3）后圈 5 通过前架 11 与输出轴 6 刚性连接，是无条件输出轴头。

（4）后阳轮 2 通过序号 16 与输入轴 1 连接，并有序号 17 有条件地与机壳 19 连接，形成输入控制轴头。

（5）后架 4 通过序号 18 与输入轴 1 连接，且与前圈 9 通过序号 10、12 和 13 有条件地连接，并有序号 14、15 与机壳 19 有条件地连接，形成控制输入轴头（序号 14、15 组成两件式的制动器组，序号 10、12、13 组成三件式的离合器组）。

2. 基本 D 式动轴齿轮机构示意图

基本 D 式动轴齿轮机构示意图如图 6-2 所示，其中图（a）是基本 D 式动轴齿轮的结构示意图，图（b）是其机构示意图，从图中可以清楚地看出前轮系的特点是它的太阳轮直接与输入轴连接（在自动变速器实际结构中是直接与涡轮连接），它的行星架直接与输出轴连接，这两个“直接连接”分别形成无条件输入与无条件输出，显示出此轮系的主传动轮系的地位，尽管它的安装位置在后，但本教材将其定义为前轮系。

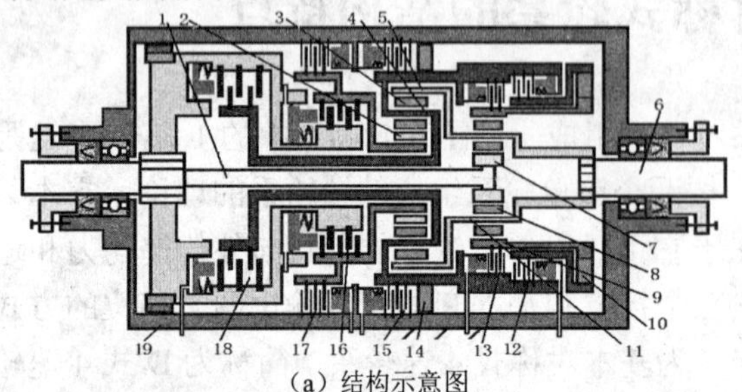

（a）结构示意图

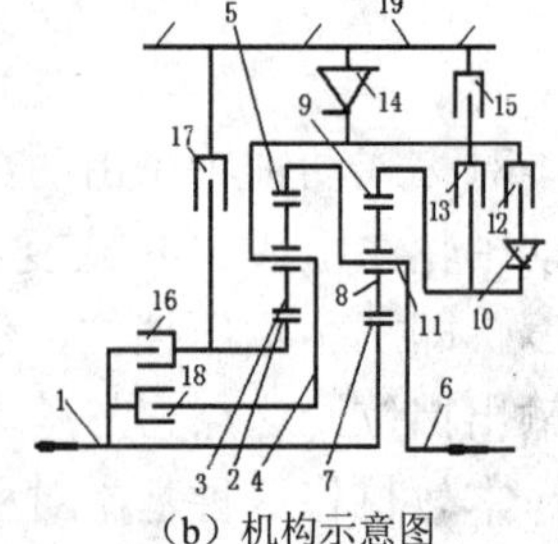

（b）机构示意图

图 6-2　基本 D 式动轴轮系示意图

1—输入轴；2—后阳轮；3—后星轮；4—后架；5—后圈；6—输出轴；7—前阳轮；8—前星轮；9—前圈；10—两架单向连接离合器 F2；11—前架；12—两架连接离合器 C4；13—两架连接离合器 C3；14—后架 4 单向制动器 F1；15—后架 4 双向制动器 B2；16— 后阳轮输入离合器 C1；17—后阳轮 2 双向制动器 B1；18— 后架 4 输入离合器 C2；19—变速器机壳

后轮系通过控制元件与输入轴、机壳和前轮系连接，这种“内部”特性显示它的辅助轮系特性，主要发挥变速、变向的控制作用。

二、基本 4 速 D 式动轴轮系约束元件

为了实现变挡，基本 4 速 D 式动轴轮系也配置了常用的单双向制动器、单双向离合器和单双联轴器六种执行元件，以独立发挥作用的一件式（序号 3、9、16、17、18），配合发挥作用的两件式（序号 14、15）或共同发挥作用的三件式（序号 10、12、3）的组合来约束轮系的自由度，实现换挡。各个车型的配置并不一定相同，本教材按最有利于控制的思路将 D 式 4 速轮系的轮系示意图表达如图 6-3 所示。

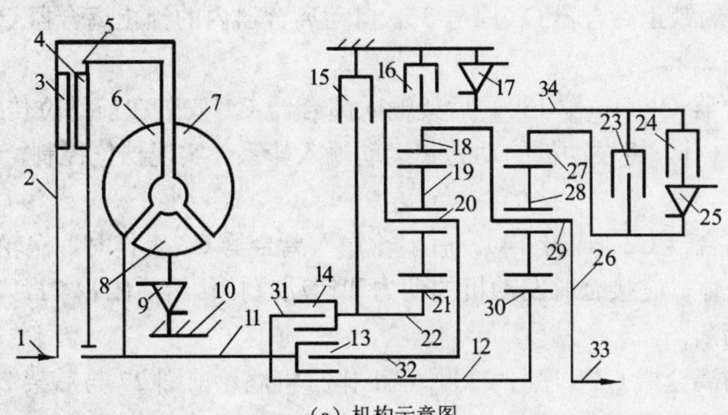

（a）机构示意图

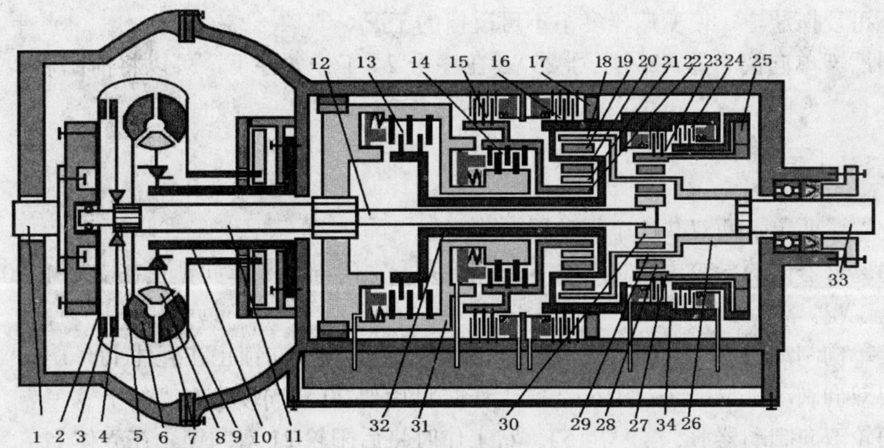

图中序号 5 花键在涡轮的外缘，结构更紧凑合理，使用更多，也可如图在输出轴上，二者仅是结构差异，没有实质区别，本教材画在输出轴上纯粹是为了便于表达连接的实质，不特指某款车型。

（b）装配示意图

图 6-3　D 式 4 速动轴轮系自动变速器

1—曲轴；2—液力变矩器外壳；3—锁止离合器 C；4—锁止离合器 C 的摩擦盘；5—摩擦盘与涡轮间连接花键；6—涡轮；7—泵轮；8—导轮；9—导轮单向制动器 F；10—导轮支撑轴；11—涡轮与变速器连接轴；12—前阳轮输入轴；13—后架输入离合器 C1；14—后阳轮输入离合器 C2；15—后阳轮双向制动器 B1；16—后架双向制动器 B2；17—后架单向制动器 F1；18—后圈；19—后星轮；20—后架；21—后阳轮；22—后阳轮输入轴；23—前圈后架双向离合器 C3；24—前圈后架双向离合器 C4；25—前圈后架单向离合器 F2；26—前架输出轴；27—前圈；28—前星轮；29—前架；30—前阳轮；31—输入连接轴套；32—后架输入连接轴；33—轮系输出轴；34—后架前圈连接套

涡轮与变速器连接轴 11 上有三条输入路线，如图 6-3 所示，第一条传递路线通过前阳轮输入轴 12 直接将涡轮 6 连接到前阳轮 30，使前阳轮处于无条件转动的状态，即只要发动机起动，前阳轮就会转动；另两条是通过输入连接轴套 31 完成的，第二条传递路线通过序号 31 上的套内序号 13（套

序号 31 上是钢片，轴序号 32 上是摩擦片）连接序号 32 后与后架 20 接通；第三传递路线通过序号 31 上的轴上序号 14（轴序号 31 上是摩擦片，套序号 22 上是钢片）连接后阳轮输入轴 22 后与后阳轮 21 接通。

除了以上两个离合器外，轮系还有其他几个执行器，它们的搭配如下：

1. 离合器的配置

通过图 6-3 可知，离合器都配置在传递的主线路上，以一条传递路线配置一个液控离合器的形式实现对传递的控制。D 式有 5 个双向离合器（序号 3、13、14、23、24）和 1 个单向离合器（序号 15）。

（1）自动离合器内的锁止离合器 C（序号 3）。自动离合器内的锁止离合器 C 的作用与 S 式相同，读者可参阅前面的介绍。

（2）后架输入离合器 C1（序号 13）。后架输入离合器 C1 安装在前进位传递路线上，它接合时涡轮 6 与后架 20 连成一体，将发动机的动力和运动输入轮系，实现挡位控制，它分离时，这条传递路线被切断。

（3）后阳轮输入离合器 C2（序号 14）。后阳轮输入离合器 C2 工作时，涡轮 6 通过序号 11、31、22 与后阳轮 21 连成一体，它接合时发动机的动力和运动直接传给后阳轮 21，实现挡位控制，它分离时这条传递路线被切断。

（4）前圈后架双向离合器 C3（序号 23）。它工作时将涡轮前圈 27 与后架 20 双向连成一体。

（5）前圈后架双向离合器 C4（序号 24）。它与前圈后架单向离合器 F2（序号 25）组成前圈后架间另一条不可反拖通道，使变速器多了不可反拖的工况。

（6）前圈后架单向离合器 F2（序号 25）。在序号 24 工作条件下，可以将前圈后架单向连接在一起。

2. 制动器的配置

D 式上配置了两单、两双共 4 个制动器：

（1）自动离合器内的导轮单向制动器 F（序号 9），它将导轮 8 单向锁止在支撑轴 10 上，导轮 8 因此获得两个工况。

（2）后架单向制动器 F1（序号 17），它工作时将后架 20 单向锁止在壳体上。

（3）后架双向制动器 B1（序号 16）。它工作时将后架 20 双向锁止在壳体上。

（4）后阳轮双向制动器 B2（序号 15）。它工作时将后阳轮 21 双向锁止在壳体上。

三、基本 D 式动轴轮系的挡位分析

D 式 5 速动轴轮系挡位分析中完全覆盖了 4 速的挡位分析，故不分析基本 D 式 4 速动轴轮系挡位。

任务二　D 式 5 速自动变速器的配置

前面已经介绍了基本 D 式轮系有四个输出挡，增加一个简单轮系可以获得更多的输出速度，下面介绍基本 D 式轮系与一个简单轮系组成复合轮系的配置情况。

一、简单轮系与基本 D 式轮系的配置

简单轮系与基本 D 式轮系配置的可能方式如表 6-1 所示。与 S 式的配置相同，也有简单轮系前置（简称前置）和简单轮系后置（简称后置）两种，简单轮系也分为超速轮系和减速轮系两种。

表 6-1　简单轮系与基本 D 式轮系的配置

项目		简单轮系前置	简单轮系后置
基本D式	超速轮系	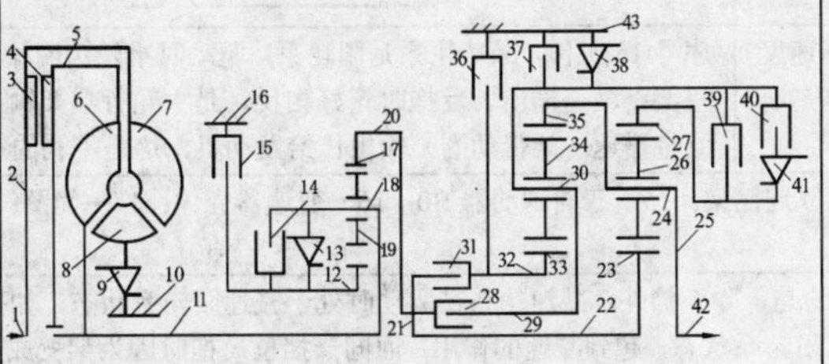 (a)	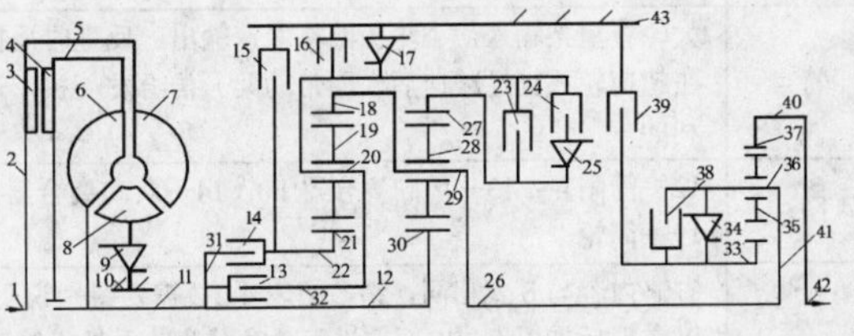 (b)
	减速轮系	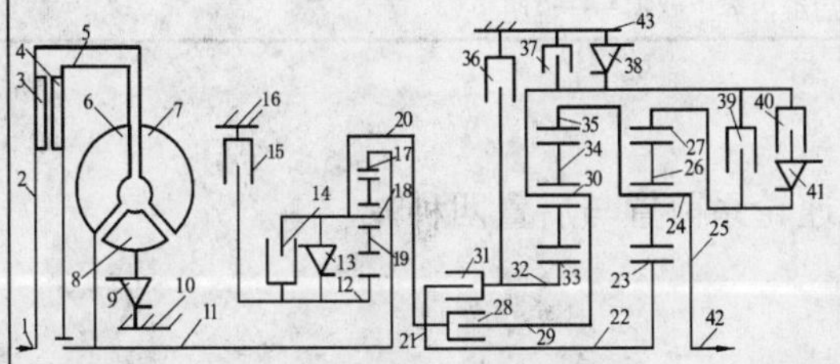 (c)	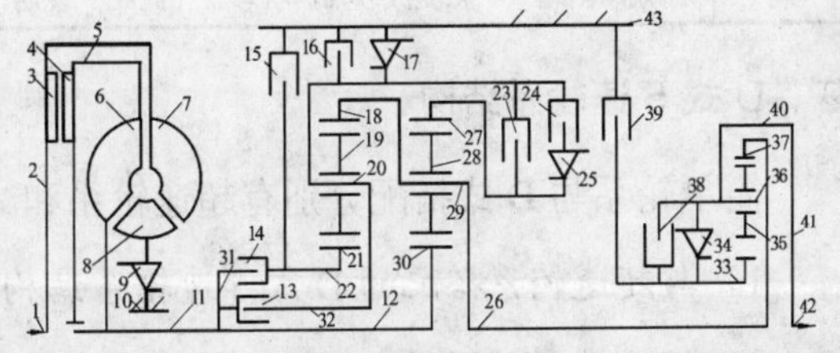 (d)
比较		1—曲轴；2—液力变矩器外壳；3—锁止离合器 C；4—锁止离合器 C 的摩擦盘；5—摩擦盘与涡轮间连接花键；6—涡轮；7—泵轮；8—导轮；9—导轮单向制动器 F；10—导轮支撑轴；11—涡轮与简单轮系（简轮系）连接轴；12—简轮系太阳轮（简阳轮）；13—单向离合器 F0；14—双向离合器 C0；15—简阳轮双向制动器 B0；16—变速器壳体；17—简轮系齿圈（简圈）；18—简架；19—简轮系行星轮（简轮）；20—简轮系与 D 式轮系连接轴；21—输入轴连接轴套；22—前阳轮输入轴；23—前阳轮；24—前架；25—前架输出轴；26—前星轮；27—前圈；28—后架输入离合器 C1；29—后架输入连接轴；30—后架；31—后阳轮输入离合器 C2；32—后阳轮输入轴；33—后阳轮；34—后星轮；35—后圈；36—后阳轮双向制动器 B1；37—后架双向制动器 B2；38—后架单向制动器 F1；39—前圈后架双向离合器 C3；40—前圈后架双向离合器 C4；41—前圈后架单向离合器 F2；42—轮系输出轴；43—变速器壳体	1—曲轴；2—液力变矩器外壳；3—锁止离合器 C；4—锁止离合器 C 的摩擦盘；5—摩擦盘与涡轮间连接花键；6—涡轮；7—泵轮；8—导轮；9—导轮单向制动器 F；10—导轮支撑轴；11—涡轮与变速器连接轴；12—前阳轮输入轴；13—后架输入离合器 C1；14—后阳轮输入离合器 C2；15—后阳轮双向制动器 B1；16—后架双向制动器 B2；17—后架单向制动器 F1；18—前圈；19—前星轮；20—后架；21—后阳轮；22—后阳轮输入轴；23—前圈后架双向离合器 C3；24—前圈后架双向离合器 C4；25—前圈后架单向离合器 F2；26—前架输出轴；27—前圈；28—前星轮；29—前架；30—前阳轮；31—输入连接轴套；32—后架输入连接轴；33—轮系输出轴；34—简轮系太阳轮（简阳轮）；35—简轮系行星轮（简轮）单向离合器 F0；36—简架；37—简轮系齿圈（简圈）；38—双向离合器 C0；39—简阳轮双向制动器 B0；40—简轮系输出轴；41—D 式与简单轮系连接轴；42—轮系输出轴；43—变速器壳体
结论		对本表从横向或纵向比较，每一组轮系零件相同，区别仅配置或位置不同，说明它们没有本质的区别	

由于以上这些轮系的本质是一样的，它们排列不同仅是出于各厂家设计的发动机、自动变速器、主减速器及其他部件装配关系不同而已。研究它们的挡位情况就不必逐个地研究，只要分析清楚一个轮系，其余轮系就都迎刃而解了。

二、与 D 式 5 速自动变速器配置的简轮系工作分析

基本 D 式只有 4 速，配上一个简轮系后就可组成 D 式 5 速自动变速器，可以配置超速轮系，也可以配置减速轮系，它们的工作情况可从表 6-2 了解。

表 6-2　D 式 5 速变速器配置的简轮系

项目	超速轮系	减速轮系
机构示意图		
特点	大轮行星架输入，小轮齿圈将增速输出。反拖时反拖速度在超速轮系处经减速后（圈带动架）传给发动机，这是有利的	序号 15 工作，减速轮系是阳轮系。驱动时小轮齿圈输入，大轮行星架将减速输出。反拖时正好相反，是大轮行星架输入，小轮齿圈将增速（架带动圈）输出传给发动机，这是不利的
图注	12—简阳轮；13—单向离合器 F0；14—双向离合器 C0 连简架；15—双向制动器 B0；16—变速器壳体；17—简圈；18—简架；19—简轮	
说明	省略内容与 S 式相同，请参阅表 4-2。需要特别说明的是，除 5 挡外，减速轮系在驱动时处于减速阳轮系状态，如果在某挡可以实现反拖，就会出现前进驱动时减速轮系处于减速阳轮系状态，起到减速的作用，而同一挡位反拖时因为架变成主动件、圈变成被动件，阳轮系就变成架带圈的增速阳轮系了，这时的增速显然是不合理的。为避免这种不合理，反拖时应当让减速轮系由减速阳轮系状态变成联轴器状态。在此统一说明，后继内容中就不一一说明了	

三、D 式 5 速轮系结构

简单轮系与 D 式搭配分别有超速轮系和减速轮系前置与后置四种。

1. 与超速轮系搭配的 D 式 5 速轮系结构

1）超速轮系前置的 D 式 5 速轮系

图 6-4 是超速轮系前置的 D 式 5 速轮系比较完整的示意图，其中图（a）为机构示意图，图（b）为结构示意图。图中表达了超速轮系前置与基本 D 式轮系组成的复合 D 式 5 速轮系连接情况。

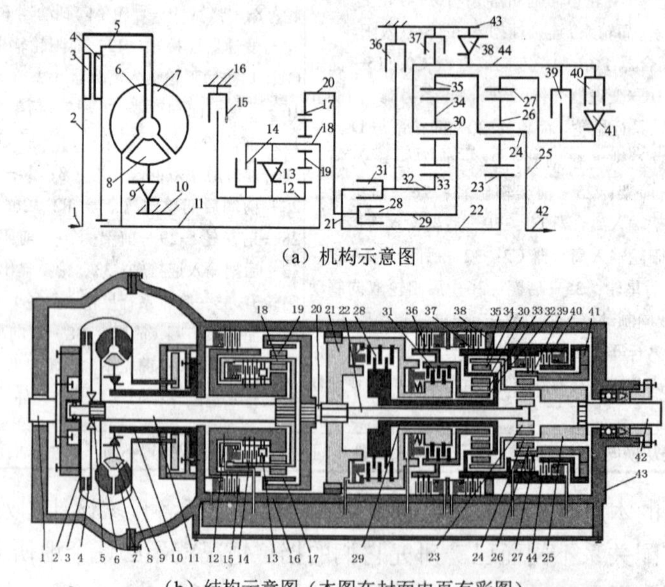

（a）机构示意图

（b）结构示意图（本图在封面内页有彩图）

图 6-4　超速轮系前置的 D 式 5 速轮系示意图

1—曲轴；2—液力变矩器外壳；3—锁止离合器 C；4—锁止离合器 C 的摩擦盘；5—摩擦盘与涡轮间连接花键；6—涡轮；7—泵轮；8—导轮；9—导轮单向制动器 F；10—导轮支撑轴；11—涡轮与超速轮系（超轮系）连接轴；12—超轮系太阳轮（超阳轮）；13—单向离合器 F0；14—双向离合器 C0；15—超阳轮双向制动器 B0；16—变速器壳体；17—超轮系齿圈（超圈）；18—超架；19—超轮系行星轮（超星轮）；20—超轮系与 D 式轮系连接轴；21—输入轴连接轴套；22—前阳轮输入轴；23—前阳轮；24—前架；25—前架输出轴；26—前星轮；27—前圈；28—后架输入离合器 C1；29—后架输入连接轴；30—后架；31—后阳轮输入离合器 C2；32—后阳轮输入轴；33—后阳轮；34—后星轮；35—后圈；36—后阳轮双向制动器 B1；37—后架双向制动器 B2；38—后架单向制动器 F1；39—前圈后架双向离合器 C3；40—前圈后架双向离合器 C4；41—前圈后架单向离合器 F2；42—轮系输出轴；43—变速器壳体；44—后架前圈连接套

这种类型的复合轮系有三个基本特征：第一，新加的超架 18 通过连接轴 11 与液力变矩器的涡轮 6 相连接，将动力和运动输入变速器，因为多加了这个超轮系，输出的挡位数也就相应增加了；第二，D 式轮系输入轴上有四个离合器，控制输入变速器的四条通道；第三，超速轮系串联在了原 D 式与液力变矩器之间，对原 D 式本身没有任何改变。

在图 6-4（b）中所有制动器均画成湿式多片式制动器，实际可能是湿式，也可能是带式（如图 4-5（a）图中序号 26，见彩插），这样画的好处是读者容易理解动作过程，具体车型是怎样设计的请读者参阅车型资料。在图 6-4（a）中都抽象地画成了相同的符号。

2）超速轮系后置的 D 式 5 速轮系

图 6-5 是与超速轮系后置的 D 式 5 速轮系比较完整的示意图，其中图（a）为机构示意图，图（b）为结构示意图。图中表达了超速轮系后置与基本 D 式轮系组成的复合 D 式 5 速轮系的连接情况。

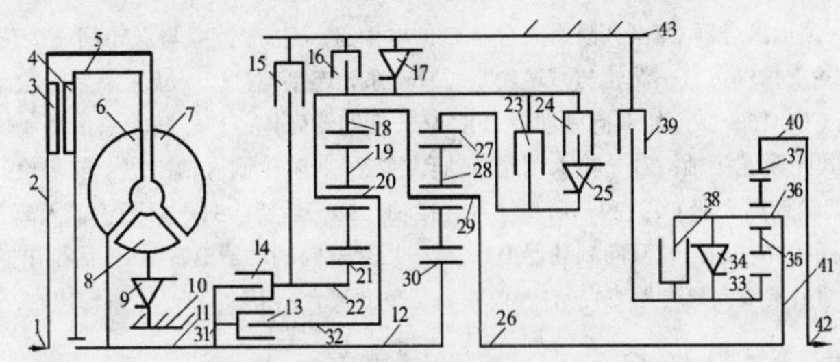

（a）机构示意图

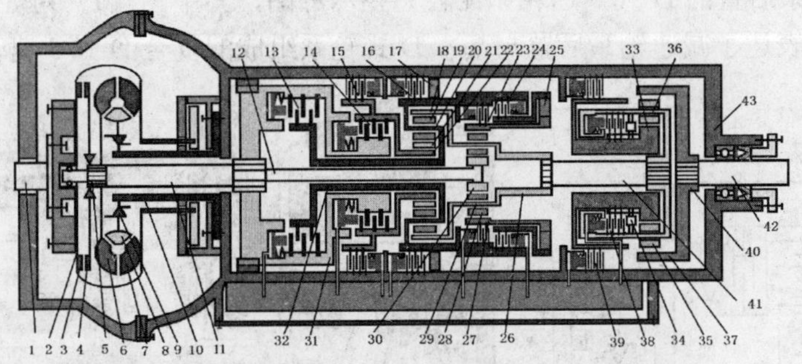

（b）结构示意图

图 6-5　超速轮系后置的 D 式 5 速轮系示意

1—曲轴；2—液力变矩器外壳；3—锁止离合器 C；4—锁止离合器 C 的摩擦盘；5—摩擦盘与涡轮间连接花键；6—涡轮；7—泵轮；8—导轮；9—导轮单向制动器 F；10—导轮支撑轴；11—涡轮与变速器连接轴；12—前阳轮输入轴；13—后架输入离合器 C1；14—后阳轮输入离合器 C2；15—后阳轮双向制动器 B1；16—后架双向制动器 B2；17—后架单向制动器 F1；18—后圈；19—后星轮；20—后架；21—后阳轮；22—后阳轮输入轴；23—前圈后架双向离合器 C3；24—前圈后架双向离合器 C4；25—前圈后架单向离合器 F2；26—前架输出轴；27—前圈；28—前星轮；29—前架；30—前阳轮；31—输入连接轴套；32—后架输入连接轴；33—超阳轮；34—单向离合器 F0；35—超星轮；36—超架；37—超轮系齿圈（超圈）；38—双向离合器 C0；39—超阳轮双向制动器 B0；40—超轮系输出轴；41—D 式与超速轮系连接轴；42—轮系输出轴；43—变速器壳体

2. 与减速轮系搭配的 D 式 5 速轮系结构

前面已经介绍了减速轮系与超速轮系的区别与联系，下面只介绍与基本 D 式轮系的连接情况，相同的地方就不再赘述。

1）减速轮系前置的 D 式 5 速轮系

图 6-6 是减速轮系前置的 D 式 5 速轮系比较完整示意图，其中图（a）为机构示意图，图（b）为结构示意图。图中表达了减速轮系前置与基本 D 式轮系组成的复合 D 式 5 速轮系的连接情况。

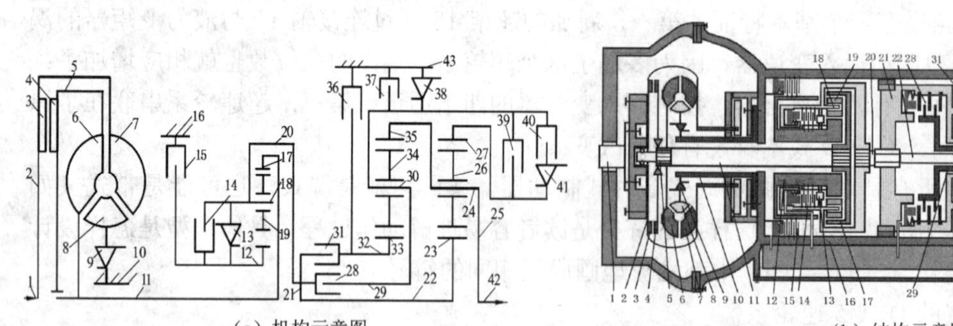

（a）机构示意图　　（b）结构示意图

图 6-6　减速轮系前置的 D 式 5 速轮系示意图

1—曲轴；2—液力变矩器外壳；3—锁止离合器 C；4—锁止离合器 C 的摩擦盘；5—摩擦盘与涡轮间连接花键；6—涡轮；7—泵轮；8—导轮；9—导轮单向制动器 F；10—导轮支撑轴；11—涡轮与减速轮系（减轮系）连接轴；12—减轮系太阳轮（减阳轮）；13—减阳轮与减架单向锁止离合器 F0；14—双向离合器 C0；15—减阳轮双向制动器 B0；16—变速器壳体；17—减轮系齿圈（减圈）；18—减架；19—减轮系行星轮（减星轮）；20—减轮系与 D 式轮系连接轴；21—输入轴连接轴套；22—前阳轮输入轴；23—前阳轮；24—前架；25—前架输出轴；26—前星轮；27—前圈；28—后架输入离合器 C1；29—后架输入连接轴；30—后架；31—后阳轮输入离合器 C2；32—后阳轮输入轴；33—后阳轮；34—后星轮；35—后圈；36—后阳轮双向制动器 B1；37—后架双向制动器 B2；38—后架单向制动器 F1；39—前圈后架双向离合器 C3；40—前圈后架双向离合器 C4；41—前圈后架单向离合器 F2；42—轮系输出轴；43—变速器壳体

2）减速轮系后置的 D 式 5 速轮系

图 6-7 是减速轮系后置的 D 式 5 速轮系比较完整示意图，其中图（a）为机构示意图，图（b）为结构示意图。图中表达了减速轮系后置与基本 D 式轮系组成的复合 D 式 5 速轮系的连接情况。

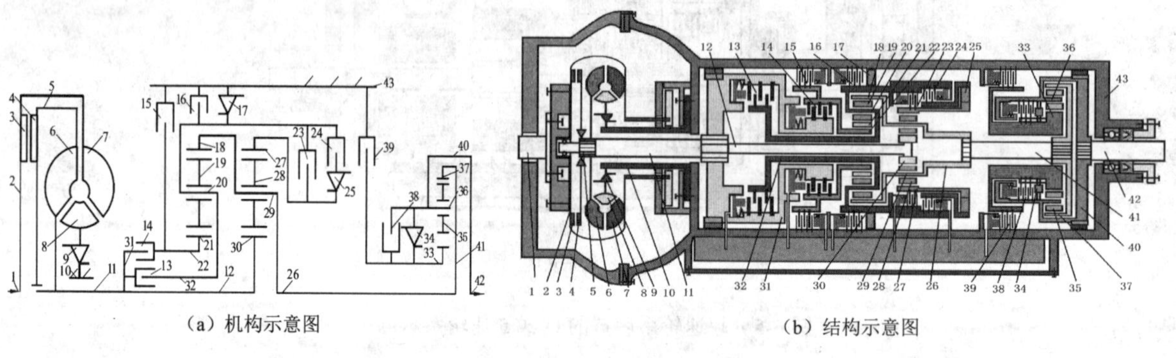

（a）机构示意图　　（b）结构示意图

图 6-7　减速轮系后置的 D 式 5 速轮系示意图

1—曲轴；2—液力变矩器外壳；3—锁止离合器 C；4—锁止离合器 C 的摩擦盘；5—摩擦盘与涡轮间连接花键；6—涡轮；7—泵轮；8—导轮；9—导轮单向制动器 F；10—导轮支撑轴；11—涡轮与变速器连接轴；12—前阳轮输入轴；13—后架输入离合器 C1；14—后阳轮输入离合器 C2；15—后阳轮双向制动器 B1；16—后架双向制动器 B2；17—后架单向制动器 F1；18—后圈；19—后星轮；20—后架；21—后阳轮；22—后阳轮输入轴；23—前圈后架双向离合器 C3；24—前圈后架双向离合器 C4；25—前圈后架单向离合器 F2；26—前架输出轴；27—前圈；28—前星轮；29—前架；30—前阳轮；31—输入连接轴套；32—后架输入连接轴；33—减轮系太阳轮（减阳轮）；34—单向离合器 F0；35—减轮系行星轮（减星轮）；36—减架；37—减轮系齿圈（减圈）；38—双向离合器 C0；39—减阳轮双向制动器 B0；40—减轮系输出轴；41—D 式与减单轮系连接轴；42—轮系输出轴；43—变速器壳体

因为是对称的，故 D 式 5 速轮系只有以上配置形式，这与 S 式有 S 一式和 S 二式，R 式有 R 一式和 R 二式是不一样的。

任务三　D 式 5 速复合轮系的挡位分析

与一个简单轮系组成的复合 D 轮系的挡位数比基本的 D 式要多，下面分析 D 式 5 速轮系的挡位情况。

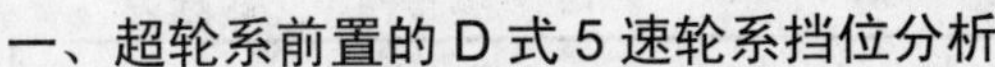

一、超轮系前置的D式5速轮系挡位分析

超轮系前置的D式5速轮系示意图如图6-4所示，自动离合器出来后紧接一个超轮系，超轮系后面是一个基本的D式轮系。

1. 机构控制特点

（1）变速器连接轴11一端与涡轮6连接，另一端与超架18连接为绝对输入轴头（反拖时是绝对的输出轴头），序号14或13工作时是联轴器工况，序号15工作时是增速阳轮系工况。

（2）D式5速轮系有三条输入通道，其中有两条是由输入轴连接轴套21一端通过序号20与超圈17连接，另一端通过两个离合器（序号28、31）来控制输入D式变速器的，使D式自动变速器的这两输入是有条件输入。其中后架30为一输入（序号28）、二控制（序号37、38）的控制输入轴头；后阳轮33为一输入（序号31）、一控制（序号36）的输入控制轴头。另一条通道是由序号21通过序号29直接与前阳轮连接，这是一条无条件输入通道。

（3）前圈27与后架30间由三件式组合（序号39、40、41）的两通道式连接，序号39（前圈后架双向离合器C3）工作就可双向连接前圈27与后架30，二者传递可以实现发动机反拖，序号40（前圈后架双向离合器C4）与序号41（前圈后架单向离合器F2）都工作时组成单向输入通道，二者间传递不能实现反拖。

（4）序号37、38（后架单向制动器F1）组成的两件式控制组合使后架30有双向锁止与单向锁止两种状态，适应需要反拖与不需要反拖两种工况。从以上分析可看出后架30上有六个控制元件，显示了它在控制与传递中的重要作用。

（5）两个单向离合器中F1（序号38）和F2（序号41）为可顺不可逆式。

2. 挡位变化执行元件运作表

D式5速挡位变化执行元件运作表如表6-3所示。

表6-3　超轮系前置的D式5速轮系执行元件运作表

顺序	1	2	3	4	5	6	7	8	9	10	11	12	13
序号	3	14	28	31	39	40	15	36	37	9	13	38	41
	锁止离合器C	双向离合器C0	后架输入离合器C1	后阳轮输入离合器C2	前圈后架双向离合器C3	前圈后架双向离合器C4	超阳轮双向制动器B0	后阳轮双向制动器B1	后架双向制动器B2	导轮单向制动器F	单向离合器F0	后架单向制动器F1	前圈后架单向离合器F2

1—曲轴；2—液矩器外壳；3—锁止离合器C；4—锁止离合器C的摩擦盘；5—摩擦盘与涡轮间连接花键；6—涡轮；7—泵轮；8—导轮；9—导轮单向制动器F；10—导轮支撑轴；11—涡轮与超轮系连接轴；12—超阳轮；13—单向离合器F0；14—双向离合器C0；15—超阳轮双向制动器B0；16—变速器壳体；17—超圈；18—超架；19—超星轮；20—超轮系与D式轮系连接轴；21—输入轴连接轴套；22—前阳轮输入轴；23—前阳轮；24—前架；25—前架输出轴；26—前星轮；27—前圈；28—后架输入离合器C1；29—后架输入连接轴；30—后架；31—后阳轮输入离合器C2；32—后阳轮输入轴；33—后阳轮；34—后星轮；35—后圈；36—后阳轮双向制动器B1；37—后架双向制动器B2；38—后架单向制动器F1；39—前圈后架双向离合器C3；40—前圈后架双向离合器C4；41—前圈后架单向离合器F2；42—轮系输出轴；43—变速器壳体

续表

顺序	1	2	3	4	5	6	7	8	9	10	11	12	13	
序号	3	14	28	31	39	40	15	36	37	9	13	38	41	
P 位	○	●	○	○	○	○	○	○	○	●	○	○	○	序号 14 工作，超轮系为有输入、有输出的联轴器；序号 28、31、39 及 40 均不工作，D 式轮系无输入；输出轴 42 被机械锁止，不能被拖动。序号 9 工作，序号 3 放松，自动离合器处于液矩器工况，为进入其他工况做准备
N 位	○	●	○	○	○	○	○	○	○	●	○	○	○	超轮系、自动离合器同上；与上不同之处为输出轴 42 没有被机械锁止，可以被拖动
R 位	●	●	○	●	○	○	○	○	●	○	○	○	○	超轮系是联轴器。序号 3 工作，自动离合器处于联轴器工况。后架 30 被序号 37 双向锁止，后轮系为双向定轴轮系，传递经序号 31 传到序号 32，再传给后阳轮 33（顺）、后星轮 34（逆），后圈 35（逆）、前架 24（逆）、序号 25（逆）至输出轴 42 逆时针输出，实现倒挡，传动比在 2.6 左右，可硬反拖
D1	○	●	○	○	○	●	○	○	○	●	○	●	●	超轮系是联轴器；序号 3 放松，序号 9 工作，自动离合器处于液矩器工况。当汽车起步以后，前阳轮 23 顺时针转动输入转矩，后架 30 与前圈 27 组成的组合体被序号 38 单向锁止没有转动。前轮系在序号 38、40、41 共同作用下是单向减速圈轮系（阳轮 23 带动架 24），前架 24 有确定的减速顺转输出，实现 1 挡，传动比在 2.0 左右，无反拖。后轮系因后架 30 被序号 38 单向锁止，后轮系是单向定轴轮系。后圈 35 随前架 24 有确定的顺转输入，故后阳轮 33 有确定的逆转空转输出
	○	●	○	○	●	○	○	○	●	●	○	○	○	超轮系是联轴器，自动离合器处于液矩器工况；序号 37 工作，将后架 30 与前圈 27 因序号 39 组成的整体被双向锁止，前轮系成为双向圈轮系，有软反拖。后轮系是双向定轴轮系，后圈 35 有确定顺转输入，后阳轮 33 有确定的逆转输出空转
S1	○	●	○	○	○	●	○	○	●	●	○	○	●	超轮系是联轴器，自动离合器处于液矩器工况；序号 37 工作，将后架 30 与前圈 27 因序号 40、41 组成的整体被单向锁止，前轮系成为单向圈轮系，无反拖。后轮系为双向定轴轮系，后阳轮 33 做单向逆转空转输出。讨论一（未画出示意图）
	○	●	○	○	●	○	○	○	○	●	○	●	○	超轮系是联轴器，自动离合器处于液矩器工况；序号 38 工作，将后架 30 与前圈 27 因序号 39 组成的整体被单向锁止，前轮系是单向圈轮系，无反拖。后轮系是单向定轴轮系，后阳轮 33 有确定的单向逆转输入。讨论二（未画出示意图）
L1	●	●	○	○	●	○	○	○	●	○	○	○	○	超轮系是联轴器，自动离合器处于联轴器工况；序号 37 工作，将后架 30 与前圈 27 因序号 39 组成的整体被双向锁止，前轮系成为双向圈轮系，后轮系是双向定轴轮系，后圈 35 有确定的顺转输入，后阳轮 33 有确定的逆转输出空转，有硬反拖
D2	○	●	○	○	○	●	○	●	○	●	○	○	●	超轮系为联轴器，自动离合器为液矩器工况。序号 36 工作，将后轮系的阳轮 33 双向锁止，所以后轮系是阳轮系，后轮系的齿圈 35 随着前架 24 在顺转输入；后架 30 就获得确定的减速后顺时针转动，导致序号 38 放松；前圈 27 与后架 30 间因序号 40、41 的作用而继续保持整体并向前轮系输入一个顺转运动（因序号 38 放松，可以判断这个运动一定是顺转的），前阳轮 23 恒定输入另一运动，这样两个输入就确保处于周转轮系状态的前轮系的前架 24 有确定的顺转输出，实现 2 挡，传动比在 1.3 左右；运动通过序号 40、41，所以没有反拖
S2	○	●	○	○	●	○	○	●	○	●	○	○	○	超轮系为联轴器，自动离合器为液矩器工况。除用序号 39 替代序号 40、41 连接前圈 27 与后架 30 外，其余同 D 位 2 挡，有软反拖
L2	●	●	○	○	●	○	○	●	○	○		○	○	超轮系、自动离合器均为联轴器；其余同 S 位 2 挡，有硬反拖

续表

顺序	1	2	3	4	5	6	7	8	9	10	11	12	13	
序号	3	14	28	31	39	40	15	36	37	9	13	38	41	
D3	○	●	●	○	○	●	○	○	○	●	○	○	●	超轮系为联轴器，自动离合器为液矩器。序号 36 放松，序号 28 工作，后架 30 与涡轮 6 经超速轮系联轴器后直接连接，再通过序号 40、41 将涡轮的输入传到前圈 27 上，前圈 27 与涡轮同时转动，前阳轮 23 永远与涡轮 6 连接同时转动，所以前轮系是一个单向联轴器，相当于前架 24 直接与涡轮 6 接通，实现 3 挡，传动比为 1。因后圈 35 的作用，后轮系也成为一个联轴器，后阳轮 33 做同步同速的空转输出。因为有 F2 参加传递，所以没有反拖功能
S3	○	●	●	○	●	○	○	○	○	●	○	○	○	除用序号 39 替代序号 40、41 将前圈 27 与后架 30 连成一体外，其余与 D 位 3 挡相同。有软反拖
L3	●	●	●	○	●	○	○	○	○	○	○	○	○	超轮系、自动离合器均为联轴器；其余与 S 位 3 挡同，有硬反拖。不能升至 4 挡
D4	○	●	●	○	○	○	○	●	○	●	○		○	超轮系为联轴器，自动离合器为液矩器工况。序号 36 工作，将 3 挡时同步同速空转输出空转的后阳轮 33 浪费了的运动加到输出中，实现升挡。序号 36 工作，后轮系是阳轮系，序号 28 工作，有后架 30 一个输入，后圈 35 就有确定的加速输出（架带圈），后圈 35 与前架 24 刚性连接并与输出轴 42 连接，这样整个轮系就升到 4 挡，传动比在 0.8 左右。前轮系有前架 24 与前阳轮 23 两个输入，成为有两个输入的周转轮系，前圈 27 就会加速转动，因为序号 39、40 都没有工作，前圈 27 与后架 30 之间的运动是各自独立的
S4	●	●	●	○	○	○	○	●	○	○	☆	○	○	D 轮系同 D4，超轮系、自动离合器均是联轴器，有硬反拖,不能升到 S5 挡。保留这种配置的目的是让读者了解这一工况
D5	●	○	●	○	○	○	●	●	○	○	☆	○	○	D 轮系和自动离合器同 S4，序号 15 工作，将超阳轮 12 锁止（在它们都放松不工作的交换瞬间序号 13 工作），超轮系变成增速阳轮系，整个自动变速器在 4 挡基础上再升至 5 挡。传动比在 0.6 左右，有硬反拖

注：●—执行元件稳定工作；○—执行元件完全不工作；☆—执行元件在相邻两挡交换期间瞬时工作。有些车型称 S 位为 2 位，称 L 位为 1 位。现在很多车型采用手-自一体控制方式，不再设计有 L 位工况，本教材从普遍意义出发，还保留了 L 位工况，读者可对照具体车型决定取舍。

3. 超轮系前置的 D 式 5 速轮系挡位分析

1）P 位

为进入其他挡位做好准备，超架 18 始终与序号 11 连接，序号 14 一直工作，超轮系处于联轴器工作状态。离合器 28、31、39 和 40 均不工作，因前阳轮 23 与涡轮 6 是无条件连接，故动力和运动仍然进入 D 轮系（这点与 S 式、R 式是不一样的），有机械锁止装置将输出轴 42 锁定（故汽车不能被拖动），前轮系是一个定轴轮系，前阳轮 23 顺转输入一个转速，前星轮 26 逆转，带动前圈 27 做有确定输出的逆时针空转，序号 39、40 不工作，这个逆转不能传递到后架 30，处于圈轮系状态的后轮系没有任何输入，处于静止状态。机械锁止装置参阅图 4-10。现代汽车采用电子驻车制动系统，这是由电子控制方式实现停车制动的技术。

2）N 位

超轮系情况与 P 位不同，尽管离合器 28、31、39 和 40 均不工作，机械锁止装置将输出轴 42 放松，前轮系是一个有两自由度的周转轮系，但只有前阳轮 23 一个输入，故没有确定的输出，前圈 27、前星轮 26、前架 24 均在做不确定的转动，后轮系通过前架 24 与后圈 35 的刚性连接处于不确定的静止状态，没有输出。由于输出轴没有被锁止，故可以被拖动，起动时要将选位操纵手柄置于 P 位或 N 位，发动机才能起动。

3）R 位

R 位倒挡位机构运动示意图如图 6-8 所示。序号 3 工作，序号 9 放松，液矩器成为一个联轴器；序号 14 工作，超轮系为联轴器；在基本 D 式中，序号 31 工作，后架 30 被序号 37 双向锁止在变速器壳体上，后轮系为双向定轴轮系，传递经序号 31 传到序号 32，再传给后阳轮 33（顺）、后星轮 34（逆），后圈 35（逆）、前架 24（逆）、序号 25（逆）至输出轴 42 逆时针输出，实现倒挡，传动比在 2.6 左右，可硬反拖。

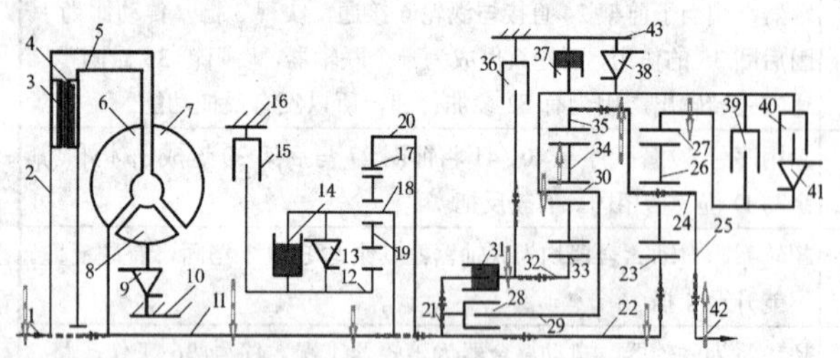

硬连接的缺点是容易熄火，优点是工作准确。如果序号 3 放松，序号 9 工作就是软连接，优点是不会熄火。

（a）倒挡位处于起步工况时传递路线示意图

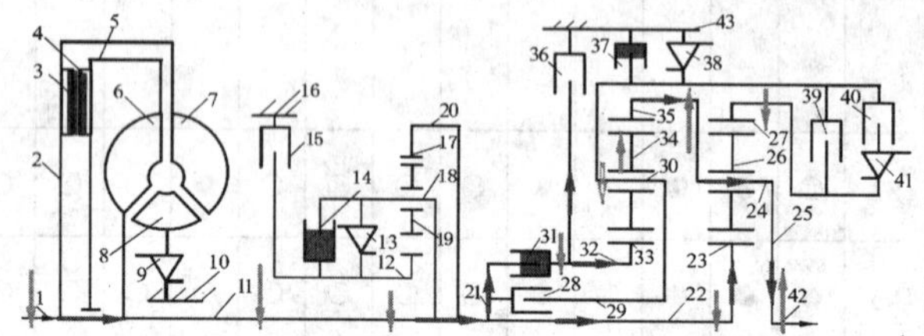

后架 30 有随主动件后阳轮（序号 33）顺时针转动趋势，被序号 37 双向锁止，后圈 35 有逆时针输出。

（b）倒挡位处于驱动工况时传递路线示意图

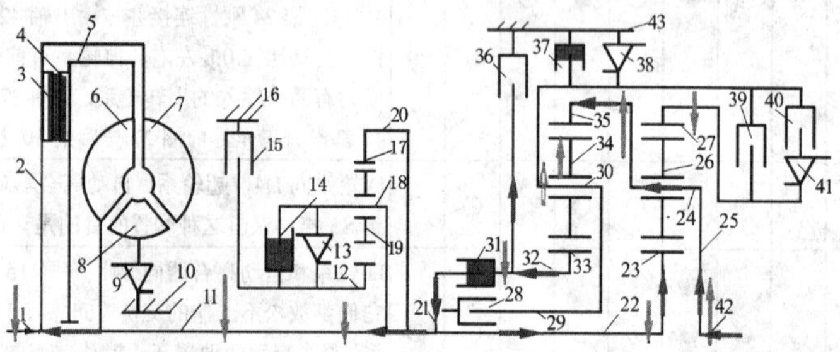

反拖时，后架 30 有随主动件 35 逆时针转动趋势，仍然被序号 37 双向锁止，后轮系保持定轴轮系工况不变。

超轮系是联轴器；序号 3 工作，自动离合器处于联轴器工况。后架 30 在驱动工况时随后阳轮 33 顺转趋势，反拖时随后圈 35 有逆转趋势，因此序号 37 双向锁止后架 30 是必要的。后轮系为双向定轴轮系，倒挡驱动时传递经序号 21 传到序号 31，再传给后阳轮 33（顺）、后星轮 34（逆），后圈 35 逆时针输出，实现倒挡，传动比在 2.6 左右，同时序号 20 经序号 22 到达序号 23（前阳轮），进入轮系，这个输入只影响前圈 27 的运动状态，对整个轮系经前架 24 的输出没有影响；反拖时沿驱动路线逆向传递到发动机。进入倒挡后前圈 27 一直有确定的输出（空转）。

（c）倒挡位处于反拖工况时传递路线示意图

图 6-8　倒挡位传递路线示意图

1—曲轴；2—液力变矩器外壳；3—锁止离合器 C；4—锁止离合器 C 的摩擦盘；5—摩擦盘与涡轮间连接花键；6—涡轮；7—泵轮；8—导轮；9—导轮单向制动器 F；10—导轮支撑轴；11—涡轮与超轮系连接轴；12—超阳轮；13—单向离合器 F0；14—双向离合器 C0；15—超阳轮双向制动器 B0；16—变速器壳体；17—超圈；18—超架；19—超星轮；20—超轮系与 D 式轮系连接轴；21—输入轴连接轴套；22—前阳轮输入轴；23—前阳轮；24—前架；25—前架输出轴；26—前星轮；27—前圈；28—后架输入离合器 C1；29—后架输入连接轴；30—后架；31—后阳轮输入离合器 C2；32—后太阳轮输入轴；33—后阳轮；34—后星轮；35—后圈；36—后阳轮双向制动器 B1；37—后架双向制动器 B2；38—后架单向制动器 F1；39—前圈后架双向离合器 C3；40—前圈后架双向离合器 C4；41—前圈后架单向离合器 F2；42—轮系输出轴；43—变速器壳体

R 位有倒车起步、倒车驱动、倒车反拖三个工况：

（1）倒车起步工况。倒车起步工况如图 6-8（a）所示，序号 31 工作，起步工况时（即汽车要起步还没有起步时），所有轮系有运动趋势但没有运动（后圈 35 通过前架 24 与还没有转动的输出轴 42 连接、后架 30 被序号 37 双向锁止），故 D 轮系前、后两轮系均是定轴轮系，涡轮 6 输出的顺时针转矩经超轮系再经序号 31、32 传到后阳轮 33，通过外啮合后星轮 34，使它有逆时针转动趋势，后星轮 34 通过内啮合传给后圈 35，使后圈 35 有逆时针转动趋势，这样涡轮 6 输出的驱动转矩（到达车轮时变成逆时针转矩）与车轮的阻力矩（顺时针方向）平衡。如果驱动转矩小于阻力矩，液力变矩器处于失速状态，汽车不能移动，随着发动机功率增大，逆时针驱动转矩逐渐大于顺时针阻力矩，汽车开始起步倒车，一旦汽车移动成功，前轮系就由定轴轮系变成动轴轮系了，后轮系保持定轴轮系不变，倒车起步工况结束进入倒车驱动工况。

（2）倒车驱动工况。如图 6-8（b）所示，序号 31 工作，将有随后阳轮 33 顺时针转动趋势的后架 30 双向锁止，从涡轮 6 传来的顺转转矩经序号 31 到达后阳轮 33，后轮系在定轴轮系状态下，通过外啮合传给后星轮 34，使之逆时针转动，与后星轮 34 内啮合的后圈 35 也随之逆时针转动，通过刚性连接的前架 24 带动输出轴 42 逆时针转动输出，驱动车轮逆时针转动，进入倒挡位，传动比 2.6 左右；此时前阳轮 23 在做与前架 24 不同速反向顺转，有两个输入的前轮系的前圈 27 做有确定输出的空转，它的转向由轮系相关齿轮的齿数决定。由于序号 39、40 不工作，所以后架 30 与前圈 27 两个零件互不影响，各自处于相互独立且准确的工作状态：在倒车驱动状态的后架 30 静止，前圈 27 转动。

（3）倒车反拖工况。倒车反拖工况的传动情况如图 6-8（c）所示。从本来处于逆转状态的车轮输入一个想加速逆转的逆时针主动转矩，在输出轴 42 处反向传给前架 24，使其有加速逆时针转动趋势，并使后圈 35 也有要加速逆时针转动的趋势，因序号 37 的双向锁止使后架 30 不能转动，后轮系仍然是一个定轴轮系，后星轮 34 欲将这个加速的逆转趋势通过外啮合传给后阳轮 33，使其有加速顺时针转动趋势，这个加速的顺时针转矩通过序号 33、32、31 传到超轮系形成的联轴器、自动离合器形成的联轴器直接作用到发动机曲轴上，妄图使发动机加速，发动机通过自己的转动迫使这个加速转矩停止作用，二者在传动系内（主要是飞轮处）“顶牛”，这就是硬反拖作用。另外，对于前轮系而言，除了有前架 24 的输入外，同时还有从前阳轮 23 传来的转矩共同作用，两个输入就确定了前圈 27 有确定的空转输出。

4）D 位 1 挡

如图 6-9 所示，驾驶员将选位手柄置于 D 位，汽车进入 D 位模式。当处于 D 位 1 挡时，自动离合器是液矩器工况（9 工作，3 放松）；序号 14 工作，超轮系为联轴器；序号 24、40 和 41 工作（序号 30 放松），D 位 1 挡传动路线接通。

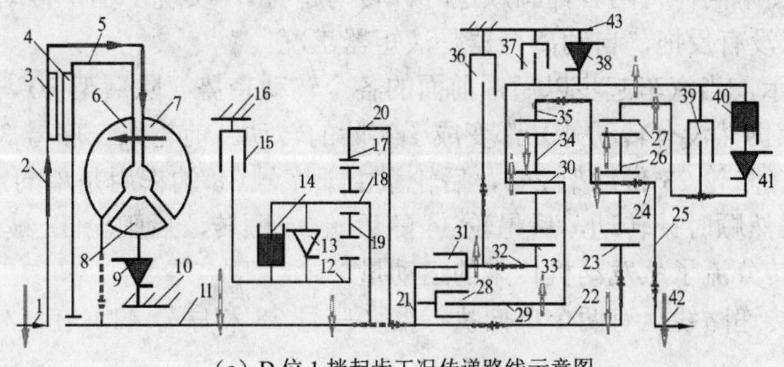

（a）D 位 1 挡起步工况传递路线示意图

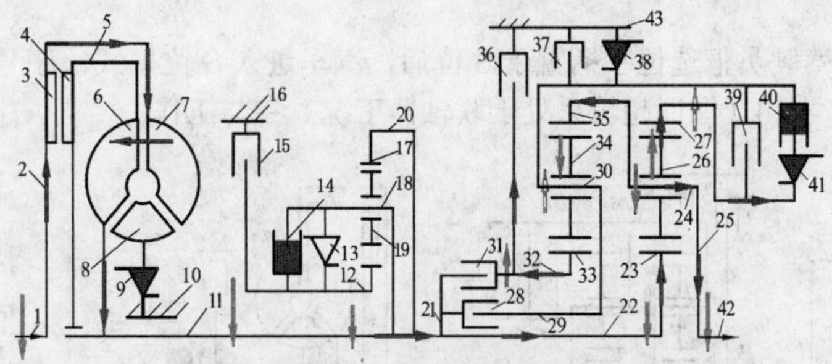

前轮系是单向圈轮系，后轮系是单向定轴轮系。

（b）D 位 1 挡前进驱动工况传递路线示意图（没有反拖）

图 6-9　D 位 1 挡传递路线示意图

注：图 6-9～图 6-20 图注同图 6-8。

（1）起步工况。涡轮 6 经联轴器状态的超速轮系和序号 21 传来的动力和运动在汽车要起步还没有起步时，传递要素中仅有动力传递，没有运动传递（有运动趋势），D 式所有齿轮均没有转动。这时前轮系是一个定轴轮系，前阳轮 23 顺时针转动输入转矩，前星轮 26 有被迫逆转趋势，根据简单轮系性质知道，前架 24 有随主动件前阳轮 23 顺转的趋势，这个转矩通过输出轴 42 及传动系其他零部件作用到车轮上形成驱动车轮转动的驱动力矩，与汽车车轮受到的阻力矩对抗，如果驱动力矩小于阻力矩，自动离合器处于失速状态，输出轴 42 有驱动力矩输出，但没有转速，不能转动；因为前星轮 26 有逆时针转动的趋势，推动前圈 27 也有逆时针转动的趋势，但 F2（序号 41）不允许其转动，所以 F2 是可顺不可逆的单向离合器；此时 C4（序号 40）工作，F1（序号 38）通过序号 40 与序号 41 串联，序号 38 起到阻止序号 40 逆时针转动的作用，这样才能保证序号 41 发挥单向锁止的作用，由此可以判断 F1 也是可顺不可逆的单向制动器；后圈 35 随前架 24 有顺转趋势，根据简单轮系性质单独看前架 30 有随主动件（序号 35）顺转的趋势，但由于前架 24 带动前圈 27 是增速传动（大带小）趋势，而后圈 35 带动后架 30 是减速运动（小带大）趋势，故前圈 27 的逆转速度趋势大于后架 30 的顺转速度趋势，所以由序号 40 和序号 41 组成的单向组合离合器将前圈 27 与后架 30 锁止成一个有逆转趋势的整体（图中把两者都画成逆时针转动趋势），序号 38 发挥单向锁止作用不允许这个整体转动，前轮系是一个减速增矩趋势的圈轮系，后轮系是有两个约束（后圈 35 未转动，后架 30 被序号 38 锁止）的不能转动轮系，后星轮 34 必有随序号 35 顺转趋势，后阳轮 33 必有逆转趋势，如图 6-9（a）所示。

（2）前进驱动工况。当发动机的驱动力矩继续增大，有逆时针转动趋势的前轮系齿圈 27 和后架 30 组成的组合体被序号 38、40、41 组成的组合锁止机械刚性单向锁止，能承受很大的力矩，而输出轴 42 是依靠车轮与地面摩擦力矩锁止的，所以当驱动力矩大到超过地面摩擦阻力矩后，输出轴 42 就要被迫转动，汽车起步。已知前阳轮 23 有恒定输入，前轮系必须继续保持圈轮系状态，前架 24 才能有确定的输出，前轮系保持圈轮系状态的条件是前圈 27 被锁止，前圈 27 被锁止的条件是保持快于后架 30 顺转转速的逆转趋势，只有这样序号 40、41 才能将前圈 27 与有顺转趋势的后架 30 锁成一体实现静止（图中同样将两者都画成逆时针转动趋势），实现 1 挡，传动比在 2.0 左右，因序号 41 参与传递，所以没有反拖，自动离合器是液矩器工况。

如图 6-9（b）所示，当汽车起步以后，前面的各个转动趋势（除后架 30 与前圈 27 组成的组合体被序号 38 单向锁止仍然没有转动外）都变成了实际的转动。前轮系在序号 38、40、41 共同作用下是单向减速圈轮系（阳轮 23 带动架 24），后轮系由于序号 38 的作用是单向定轴轮系，与前架 24 刚性连接的后圈 35 必然顺时针转动，后星轮 34 随后圈 35 顺转，后阳轮 33 被迫做有确定的增速逆转输出空转，这个空转分流了从发动机传来的运动量。

（3）反拖工况。传递路线上有两个单向执行器（序号 38 和序号 41）在工作，故 D 位 1 挡不能反拖。

5）S 位 1 挡

如图 6-10 所示，驾驶员把选位手柄置于 S 位后，汽车进入 S 位模式，序号 9（保证自动离合器处于液矩器工况）、序号 14（保证超轮系处于联轴器工况）参与工作。

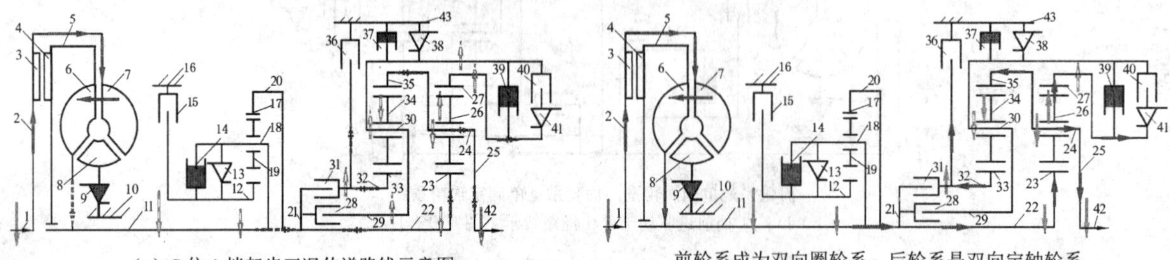

（a）S 位 1 挡起步工况传递路线示意图

前轮系成为双向圈轮系，后轮系是双向定轴轮系。

（b）S 位 1 挡前进驱动工况 1 传递路线示意图（有软反拖）

图 6-10　S 位 1 挡传递路线示意图

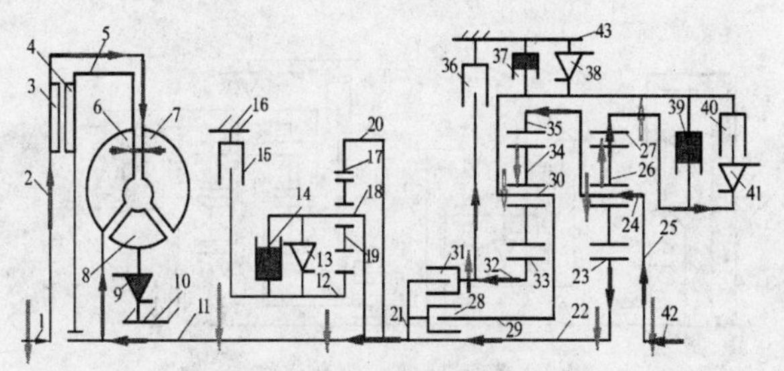
（c）S 位 1 挡反拖工况 1 传递路线示意图（有软反拖工况）

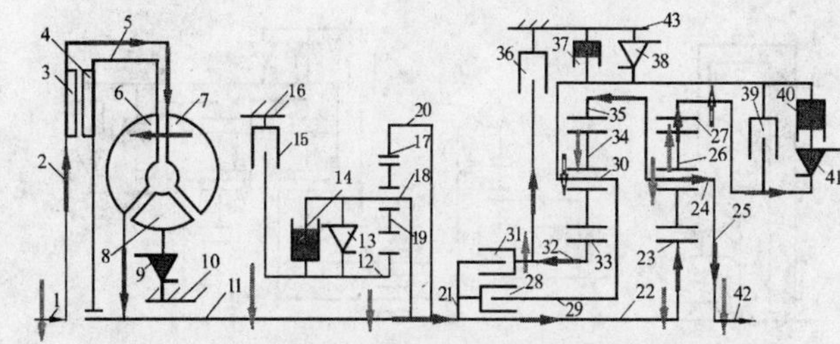
（d）S 位 1 挡前进驱动工况 2 传递路线示意图（无反拖）

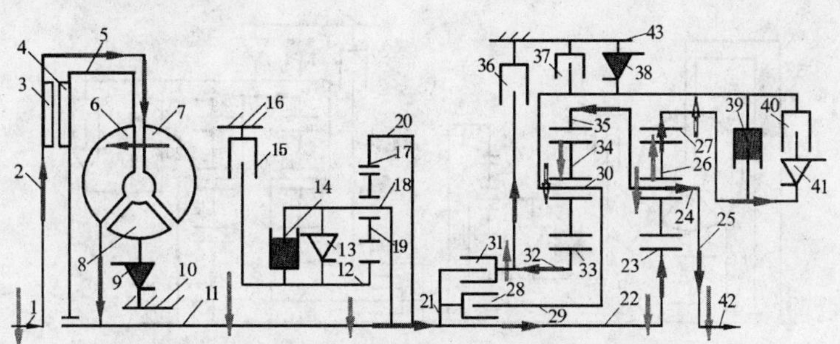
前轮系是单向圈轮系，后轮系是单向定轴轮系，无反拖。
（e）S 位 1 挡前进驱动工况 3 传递路线示意图（无反拖）

图 6-10　S 位 1 挡传递路线示意图（续）

根据轮系的共性可知 S 位 1 挡的齿轮啮合关系与 D 位 1 挡完全一样，而控制元件的配合不同。因为序号 37 工作，后架 30 被双向固定，所以是双向定轴轮系，又因为序号 39（它的钢片被序号 37 固定，结构如图 6-4 所示）工作，所以前圈 27 也被双向固定，故是一个双向圈轮系，当前阳轮 23（与涡轮始终接连）有顺时针输入时，前架 24 就有确定的顺时针减速增矩（太阳轮带动行星架）输出。同时后圈 35 有顺时针输入，后阳轮 33 有确定的逆时针增速空转。因为在传动过程中没有单向离合器参与传动，而自动离合器是液矩器工况，所以有软反拖功能。

（1）起步工况。S 位 1 挡起步时如图 6-10（a）所示，其余分析参阅 D 位 1 挡的起步工况，图中把序号 27 与序号 30 都画成有逆时针转动趋势是为了表达它们连成一体的整体性，后面各图将后架（序号 30）画成有顺转趋势是为了提醒读者注意它单独时的顺转趋势。

（2）前进驱动工况。S 位 1 挡与 D 位 1 挡前进时工作原理是相同的，不同之处仅在于前圈 27 与后架 30 分别都是被序号 39 和序号 37 双向锁止的，如图 6-10（b）所示。

讨论：从图 6-10 中可以看出，实际 S 位 1 挡还有两种传递控制方案：一是序号 37+序号 40+序号 41，二是序号 38+序号 39，这两种方案能够实现 1 挡前进驱动功能是显然的，但两种方案都不能反拖，如图 6-10（d）、（e）所示。从普遍认识自动变速器这个角度考虑，这两种配置也许在某一特殊功能汽车上是有用的，也许某个厂家就设计了这种配置，这当然是成立的。

（3）反拖工况。图 6-10（c）所示，D 轮系中没有单向执行元件工作，自动离合器是液矩器工况，有软反拖，驱动力矩（反拖时由车轮提供，前进时相反）与阻力力矩（反拖时由发动机提供，前进时相反）在液力变矩器内“顶牛”。

6）L 位 1 挡

如图 6-11 所示，驾驶员把选位手柄置于 L 位后，汽车进入 L 位模式，序号 3（保证自动离合器处于联轴器工况）、序号 14（保证超轮系处于联轴器工况）参与工作，其余与 S 位 1 挡相同。

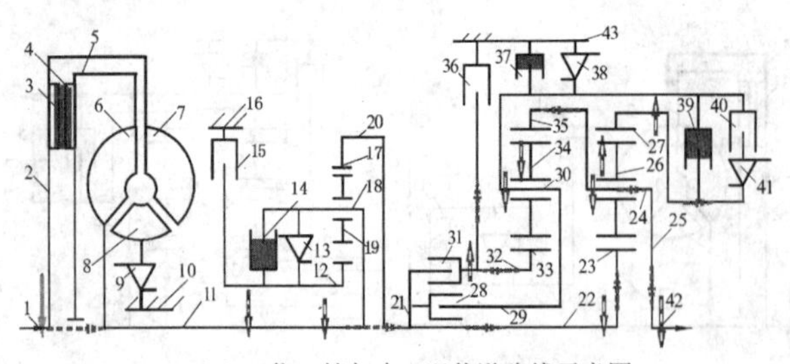

（a）L 位 1 挡起步工况传递路线示意图

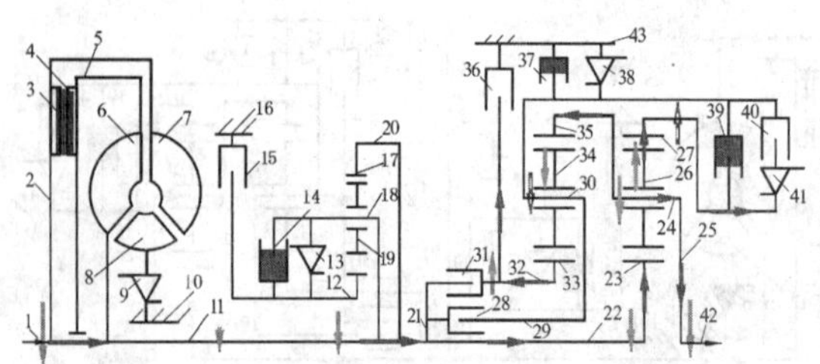

（b）L 位 1 挡前进驱动工况传递路线示意图

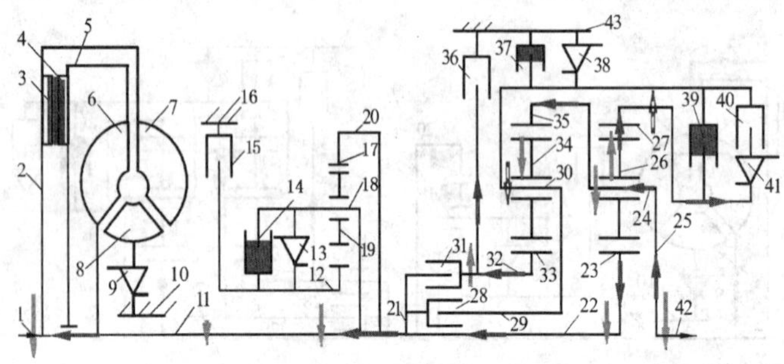

（c）L 位 1 挡反拖工况传递路线示意图（有硬反拖）

图 6-11　L 位 1 挡传递路线示意图

（1）起步工况。L 位 1 挡起步工况如图 6-11（a）所示，它与 S 位 1 挡起步工况的区别：L 位 1 挡不管是前进还是反拖，自动离合器都处于联轴器状态，而 S 位 1 挡起步时自动离合器是液力变矩器工况状态，故有硬反拖，其余可参阅 S 位 1 挡起步工况。

（2）驱动工况。L 位 1 挡前进驱动工况与 S 位 1 挡前进驱动工况工作原理是相同的，自动离合器也被锁止成联轴器，如图 6-11（b）所示。

（3）反拖工况。L 位 1 挡反拖时自动离合器和超轮系都处于联轴器工况，实现硬反拖，如图 6-11（c）所示，分析从略。

7）D 位 2 挡

如图 6-12 所示，D 位 2 挡没有起动工况。

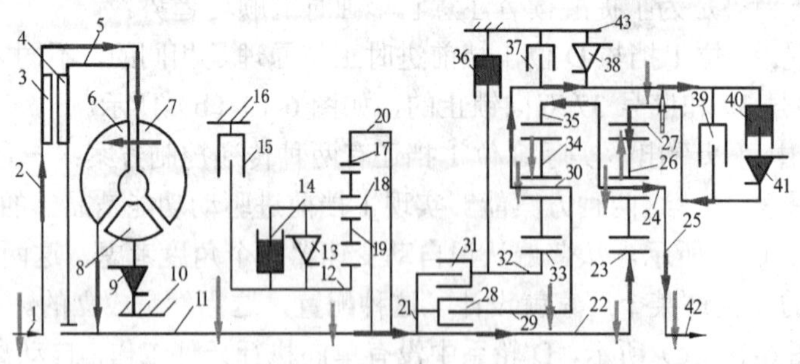

图 6-12　D 位 2 挡驱动路线示意图

（1）驱动工况。当车速增加到一定值时，ECU 命令序号 36 工作，将 1 挡时逆时针空转的后阳轮 33 双向锁止，所以后轮系是阳轮系，后轮系的齿圈 35 随着前架 24 在顺转输入；后架 30 就获得确定的减速后顺时针转动，导致序号 38 放松；前圈 27 与后架 30 因序号 40、41 的作用而继续保持整体并向前轮系输入一个顺转运动（因序号 38 放松，可以判断这个运动一定是顺转的），前阳轮 23 从发动机恒定输入另一运动，这样两个输入就确保处于周转轮系状态的前架 24 有确定的顺转输出，1 挡时的分流被加进运动，轮系转速提高，实现 2 挡，传动比在 1.3 左右；运动通过序号 40、41，所以没有反拖。

序号 41 继续保持锁止的原因是后架 30 与前圈 27 之间有相对逆转趋势，或者称后架 30 通过序号 40、41 拖动前圈 27 顺转（顺式单向离合器外圈带动内圈顺时针转动，原理见表 3-7 的分析），它们两者的运动状态是整体在顺转，相互有逆转趋势。

后架 30 客观上是在做顺时针空转，实现对发动机传来的运动量分流，只是此时的分流量小于 1 挡时的分流量。

（2）反拖工况。反拖时，前架 24 是顺转输入的主动件，后圈 35 就顺转起来，因后轮系是阳轮系，后架 30 就随后圈 35 顺转起来，序号 41 就放松，后架 30 与前圈 27 连接中止，以上的传动链消失，故没有反拖。

8）S 位 2 挡

如图 6-13 所示，驾驶员把选位手柄置于 S 位后，汽车进入 S 位模式，得到进入 2 挡的指令后，ECU 命令序号 40 放松（序号 41 失去作用），双向离合器序号 39 工作，后架 30 与前圈 27 的单向连接变成双向连接，进入 2 挡，此时后轮系 D 位 2 挡情况相同，前轮系因为序号 39 双向输入一个运动和序号 23 输入一个运动而成为有两个输入的周转轮系，故前架 24 有确定的顺转输出，如图 6-13（a）所示。反拖时总体情况与前进时只有一点不同，这就是前轮系序号 24 由输出轴头变成输入轴头，序号 23 由输入轴头变成输出轴头，前轮系仍然是一个有两输入一输出的周转轮系，加上自动离合器是液矩器，故能实现软反拖。

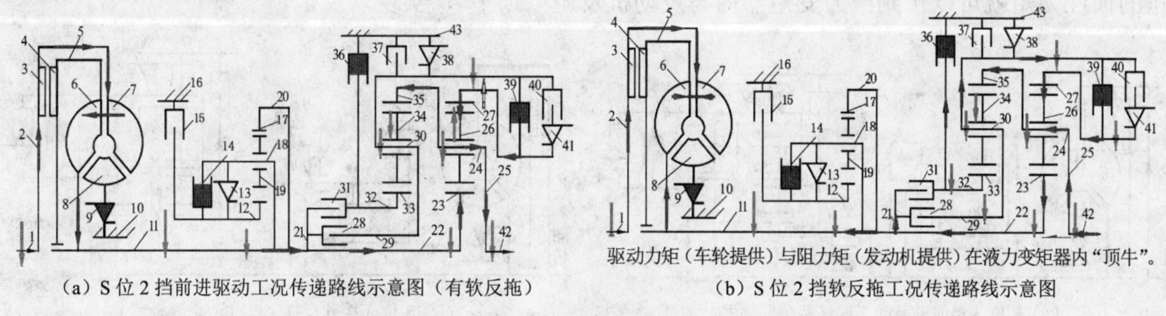

（a）S 位 2 挡前进驱动工况传递路线示意图（有软反拖）　　（b）S 位 2 挡软反拖工况传递路线示意图

图 6-13 S 位 2 挡传递路线示意图

9）L 位 2 挡

如图 6-14 所示，驾驶员将选位手柄置于 L 位，自动变速器进入 L 位模式，L 位 2 挡与 S 位 2 挡的区别就是自动离合器始终处于联轴器状态（序号 3 工作，序号 9 放松），它的前进驱动工况如图 6-14 所示，反拖驱动工况与 S 位 2 挡的不同在于自动离合器处于联轴器工况（图形不再画出），车轮惯性力矩与发动机力矩在飞轮处“顶牛”，实现硬反拖。在 L 位模式下，汽车可在 1 挡、2 挡之间自动升降挡，达到 2 挡后不能再往高速挡升了。

10）D 位 3 挡

如图 6-15 所示，序号 40、41 和 28 工作，序号 36 放松，在 2 挡基础上因序号 28 工作，后架 30 与涡轮 6 经超速轮系联轴器后直接连接，再通过序号 40、41 将涡轮的输入传到前圈 27 上（顺式单向离合器外圈带动内圈顺时针转动），前圈 27 与涡轮同时转动，前阳轮 23 永远与涡轮 6 连接同时转动，所以前轮系是一个单向联轴器，前架 24 直接与涡轮接通，将发动机传来的运动量没有任何分流地全部输出，实现 3 挡，传动比为 1。因后圈 35 的作用，后轮系也成为一个联轴器，后阳轮 33 做同步同速的空转输出。因为有 F2 参加传递，所以没有反拖功能，如图 6-15 所示。

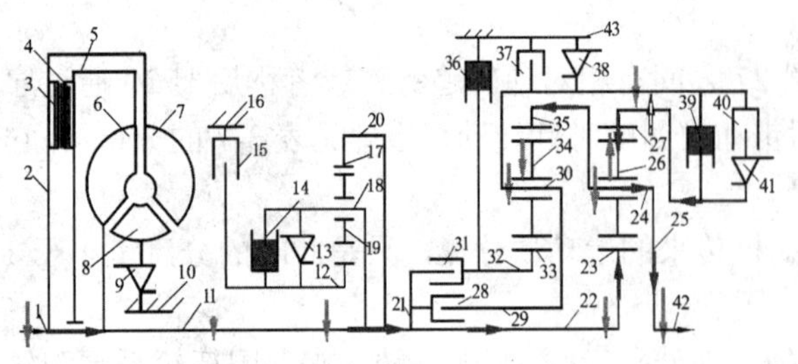
L 位 2 挡驱动工况。

图 6-14　L 位 2 挡传递路线示意图

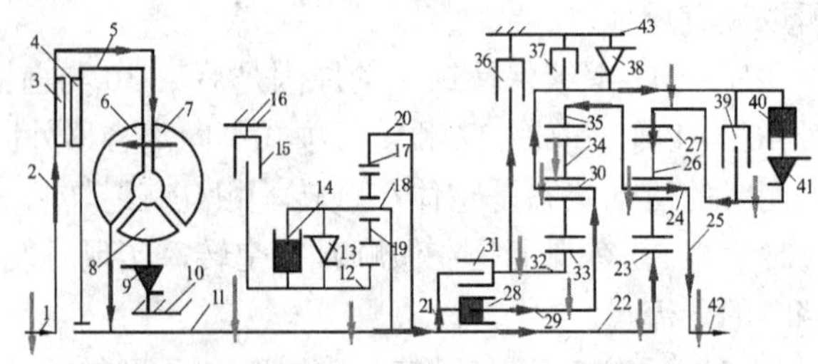
D 位 3 挡前进驱动工况，两个联轴器（无反拖工况）。

图 6-15　D 位 3 挡传递路线示意图

11）S 位 3 挡

如图 6-16 所示，驾驶员把选位手柄置于 S 位，汽车进入 S 运作模式，S 位 3 挡前进驱动工况与 D 位 3 挡工作情况的不同之处在于序号 39 代替了序号 40、41，将前圈 27 与后架 30 双向连接在一起，使前轮系成为一个双向联轴器，加速轮系保持联轴器状态不变，自动离合器保持液矩器状态，如图 6-16（a）所示。

反拖驱动时加速轮系和 D 式轮系保持联轴器工况，有软反拖，如图 6-16（b）所示。反拖工况情况：由图 6-16（b）可知，在序号 28、29 共同作用下，前圈 27、后架 30、前阳轮 23 是连接在一起的，故前轮系是一个联轴器，前架与后圈 35 必定同速、同方向转动，所以两轮系均是联轴器，车轮的惯性力矩就可以传到液力变矩器内与发动机发矩“顶牛”，实现软反拖。

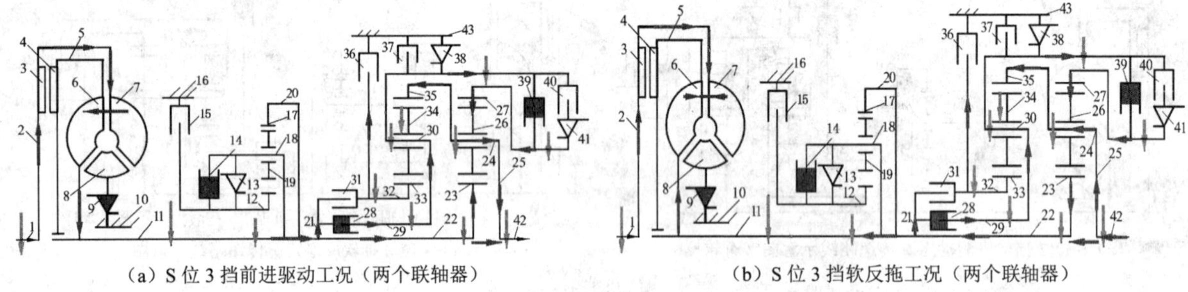
（a）S 位 3 挡前进驱动工况（两个联轴器）　（b）S 位 3 挡软反拖工况（两个联轴器）

图 6-16　S 位 3 挡传递路线示意图

12）L 位 3 挡

如图 6-17 所示，驾驶员把选位手柄置于 L 位，汽车进入 L 运作模式，L 位 3 挡前进驱动工况与 S 位 3 挡工作情况的不同之处在于自动离合器由液矩器状态变成联轴器，如图 6-17（a）所示。反拖驱动时，加速轮系、D 式轮系和自动离合器三者都保持联轴器工况，有硬反拖，如图 6-17（b）所示。

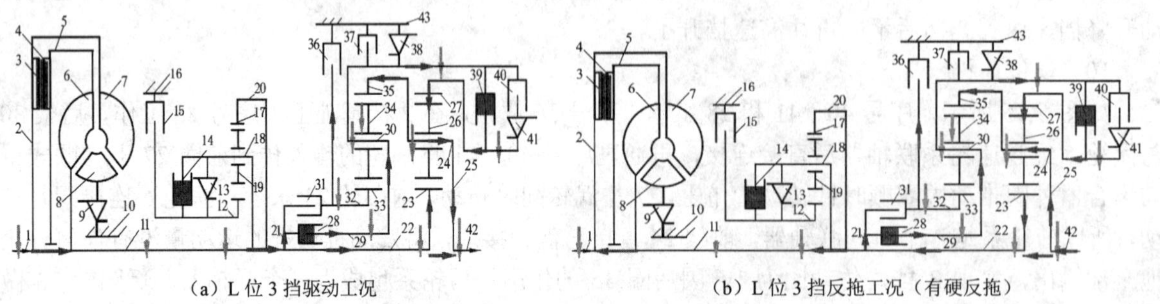
（a）L 位 3 挡驱动工况　（b）L 位 3 挡反拖工况（有硬反拖）

图 6-17　L 位 3 挡传递路线示意图

13）D 位 4 挡（C3、F1、C2、B1 工作）

如图 6-18 所示，在 D 位模式下，车速在 3 挡的基础上继续升高，达到设定值后，ECU 命令自动变速器进入 D 位 4 挡：

在 3 挡的基础上，序号 36 工作，将 3 挡时同步同速空转输出空转的后阳轮 33 浪费了的运动加到输出中，实现升挡。序号 36 工作，后轮系是阳轮系，有后架 30 输入一个输入，后圈 35 就有确定的加速输出（架带圈），后圈 35 与前架 24 刚性连接并与输出轴 42 连接，这样整个轮系就升到 4 挡，传动比在 0.8 左右。前轮系有前架 24 与前阳轮 23 两个输入，成为有两个输入的周转轮系，前圈 27 就会加速转动。因为序号 39、40 都没有工作，前圈 27 与后架 30 之间的运动是各自独立的。

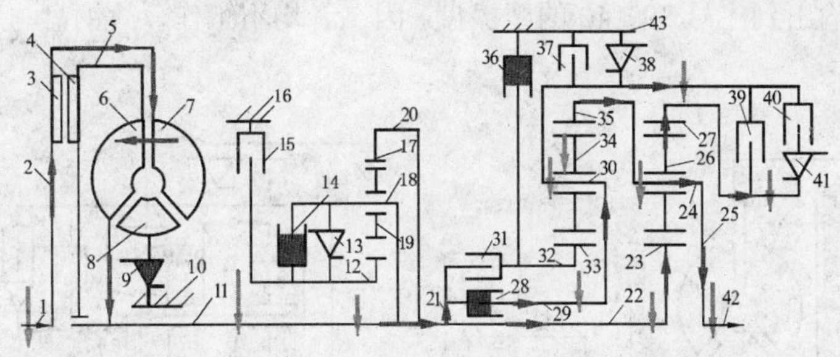

图 6-18　D 位 4 挡前进驱动（有软反拖）

超轮系为联轴器，自动离合器为液矩器工况，能软反拖，有这种软反拖工况的好处是高速行驶中，允许安全滑行的情况下，汽车可以延长滑行距离，有利于节约能源。但这并不是必配置的，因为高速情况下，液矩器的传动效率较低，有些车型为避免这种情况，升入 D 位 4 挡时就直接进入 S 位 4 挡的工况。

14）S 位 4 挡

如图 6-19 所示，S 位 4 挡时 D 式轮系及超速轮系与 D 位 4 挡相同，它们的区别是自动离合器为联轴器工况。图 6-19（a）是前进驱动工况，图 6-19（b）是反拖工况，轮系实现硬反拖，S 位不能升至 5 挡，而 D 位可以自动升到 5 挡。需要说明的是，由于高速时液力变矩器效率很低，一般车型都没有这一挡，由 D4 直接进入有硬反拖的情况，前面几种车型原来也有 S 位 4 挡，为节约篇幅删除了，在此作为资料保留，让读者了解这种配置及其特殊性。

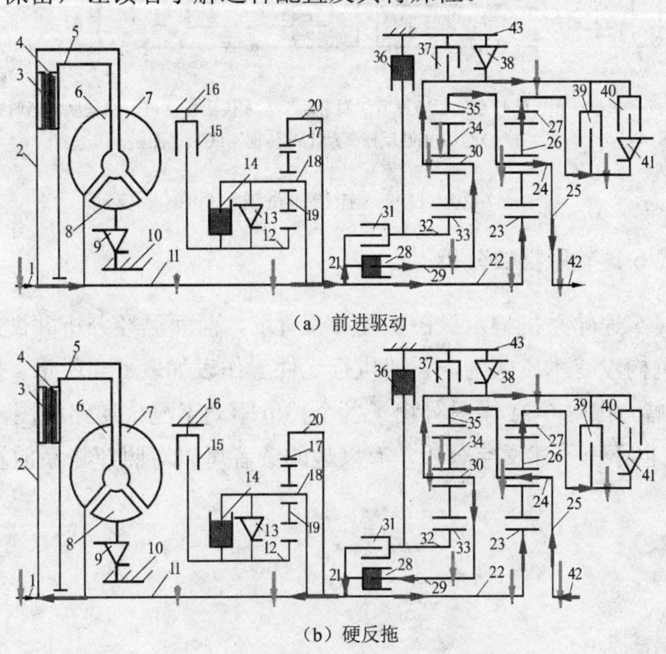

（a）前进驱动

（b）硬反拖

图 6-19　S 位 4 挡前进驱动（有硬反拖）

15）D 位 5 挡

（1）驱动工况。超轮系由联轴器变成增速阳轮系就在 4 挡基础上再提高一级速度，就进入了超速的 5 挡，传动比在 0.6 左右，此时输出轴 42 的转速高于曲轴 1 的转速，如图 6-20（a）所示。

（2）反拖工况。由于传递路线上没有单向执行器参与，故 D 位 5 挡有反拖工况，如图 6-20（b）所示。从前架 24 通过后圈 35 输入推动处于减速阳轮系状态的后轮系的架 30 顺时针转动，这个转动一头带动序号 39、40 的钢盘顺转动，一头经序号 28 送一支到超圈 17，经减速后由超架 18 反拖到飞轮起反拖作用；另一支经前阳轮 23 返回处于周转轮系状态的前轮系使之有两个输入，前圈 27 因此有确定的顺转空转输出到序号 39、40 的摩擦盘，因二者均不工作，故钢盘与顺转与摩擦盘的顺转彼此独立，互不干涉。

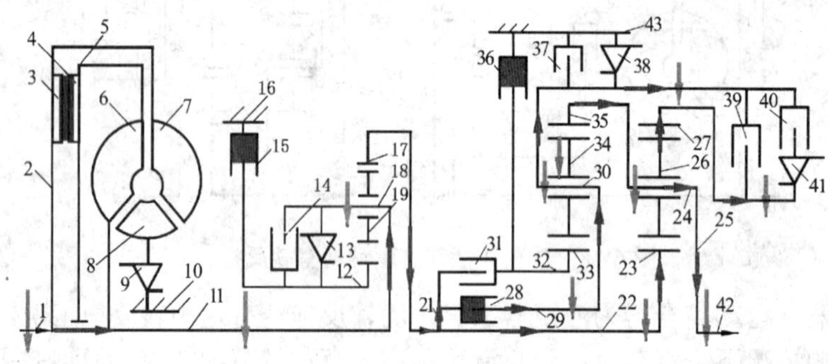

（a）D 位 5 挡前进驱动工况传递路线示意图

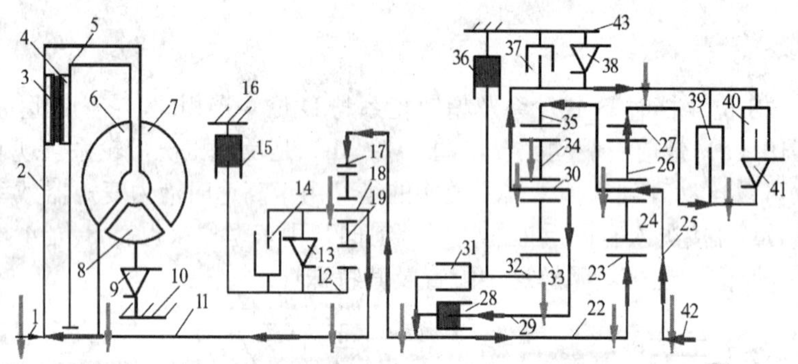

按此图示的配置，反拖速度在超速阳轮系处经减速后（圈带动架）才传给发动机，比是联轴器时直接后传有利。

（b）D 位 5 挡硬反拖驱动工况传递路线示意图

图 6-20　D 位 5 挡传递路线示意图

二、超轮系后置的 D 式 5 速轮系挡位分析

超轮系后置的 D 式 5 速轮系机构示意图如图 6-5 所示，前面已经分析并做出结论，它与超轮系前置的 D 式 5 速轮系机构没有本质区别，它的执行元件运作表如表 6-4 所示。它的挡位分析也与前置是一样的，为节约篇幅，在图 6-21 中只列出了各个挡位驱动工况传递路线图，没有列出起步工况、反拖工况传递路线图，也不再赘述文字分析，有兴趣的读者可以对照超轮系前置的 D 式 5 速轮系挡位分析内容自行分析。

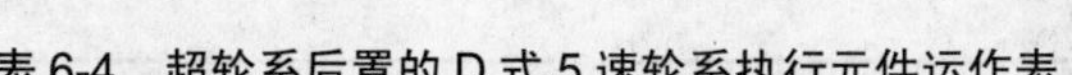

表 6-4　超轮系后置的 D 式 5 速轮系执行元件运作表

顺序	1	2	3	4	5	6	7	8	9	10	11	12	13	
序号	3	38	13	14	23	24	39	15	16	9	34	17	25	
	锁止离合器C	双向离合器C0	后架输入离合器C1	后阳轮输入离合器C2	前圈后架双向离合器C3	前圈后架双向离合器C4	超阳轮双向制动器B0	后阳轮双向制动器B1	后架双向制动器B2	导轮单向制动器F	单向离合器F0	后架单向制动器F1	前圈后架单向离合器F2	1—曲轴；2—液力变矩器外壳；3—锁止离合器 C；4—锁止离合器 C 的摩擦盘；5—摩擦盘与涡轮间连接花键；6—涡轮；7—泵轮；8—导轮；9—导轮单向制动器 F；10—导轮支撑轴；11—涡轮与变速器连接轴；12—前阳轮输入轴；13—后架输入离合器 C1；14—后阳轮输入离合器 C2；15—后阳轮双向制动器 B1；16—后架双向制动器 B2；17—后架单向制动器 F1；18—后圈；19—后星轮；20—后架；21—后阳轮；22—后阳轮输入轴；23—前圈后架双向离合器 C3；24—前圈后架双向离合器 C4；25—前圈后架单向离合器 F2；26—前架输出轴；27—前圈；28—前星轮；29—前架；30—前阳轮；31—输入连接轴套；32—后架输入连接轴；33—超阳轮；34—单向离合器 F0；35—超星轮；36—超架；37—超圈；38—双向离合器 C0；39—超阳轮双向制动器 B0；40—超轮系输出轴；41—D 式与超速轮系连接轴；42—轮系输出轴；43—变速器壳体
P 位	○	●	○	○	○	○	○	○	○	●	○	○	○	序号 13、14、23、24 均不工作，D 式轮系无输入；输出轴 42 被机械锁止，不能被拖动。序号 38 工作，超轮系为有输入、有输出的联轴器；序号 9 工作，序号 3 放松，自动离合器处于液矩器工况，为进入其他工况做准备
N 位	○	●	○	○	○	○	○	○	○	●	○	○	○	与上不同之处为输出轴 42 没有被机械锁止，可以被拖动。自动离合器及超轮系同上
R 位	●	●	○	●	○	○	○	○	●	○	○	○	○	后架 20 被序号 16 双向锁止，轮系变成定轴轮系，顺转运动经序号 14 传给后阳轮 21，后星轮 19 逆转，推动后圈 18 逆时针输出，实现倒挡。前阳轮 30 有顺转输入，前架 29 有确定的逆转输入，前轮系为有两个确定输入的周转轮系，前圈 27 有确定的空转输出。自动离合器处于联轴器工况；超轮系同上，传动比在 2.6 左右，可硬反拖
D1	○	●	○	○	○	●	○	○	○	●	○	●	●	超轮系是联轴器；序号 3 放松，序号 9 工作，自动离合器处于液矩器工况。当汽车起步以后，前阳轮 30 顺时针转动输入转矩，后架 20 与前圈 27 组成的组合体被序号 25 单向锁止没有转动。前轮系在序号 17、24、25 共同作用下是单向减速圈轮系（前阳轮 30 带动架 29），前架 29 有确定的减速顺转输出，实现 1 挡，传动比在 2.0 左右，无反拖。后轮系因后架 20 被序号 17 单向锁止，后轮系是单向定轴轮系。后圈 18 随序号 29 顺转输入，故后阳轮 21 有确定的逆转空转输出，无反拖
S1	○	●	○	○	●	○	○	○	●	●	○	○	○	超轮系是联轴器，自动离合器处于液矩器工况；序号 16 工作，将后架 20 与前圈 27 因序号 23 工作组成的整体双向锁止，前轮系成为双向圈轮系，有前阳轮 30 一个输入，前架 29 就有确定的顺转输出，有软反拖。后轮系是双向定轴轮系，后圈 18 有确定的顺转输入，后阳轮 21 有确定的逆转输出空转
	○	●	○	○	○	●	○	○	●	●	○	○	●	超轮系是联轴器，自动离合器处于液矩器工况；序号 16 工作，将后架 20 与前圈 27 因序号 24、25 组成的整体双向锁止，前轮系成为双向圈轮系，有前阳轮 30 一个顺转输入，前架 29 有确定的顺转输出，无反拖。后轮系为双向定轴轮系，后阳轮 21 做双向逆转空转输出。讨论一（未画出示意图）

续表

顺序	1	2	3	4	5	6	7	8	9	10	11	12	13	
序号	3	38	13	14	23	24	39	15	16	9	34	17	25	
S1	○	●	○	○	○	○	○	○	○	●	○	●	●	超轮系是联轴器，自动离合器处于液矩器工况；序号 17 工作，将后架 20 与前圈 27 因序号 23 组成的整体单向锁止，前轮系只能是单向圈轮系，无反拖。后轮系是单向定轴轮系，后阳轮 21 有确定的单向逆转输入。讨论二（未画出示意图）
L1	●	●	○	○	●	○	○	○	●	○	○	○	○	超轮系是联轴器；序号 16 工作，将后架 30 与前圈 27 因序号 23 组成的整体双向锁止，前轮系成为双向圈轮系，有前阳轮 30 一个输入，前架 29 就有确定的顺转输出，后轮系是双向定轴轮系，后圈 18 有确定的顺转输入，后阳轮 21 有确定的逆转输出空转，有硬反拖。序号 9 放松，序号 3 工作，自动离合器为联轴器
D2	○	●	○	○	●	○	○	●	○	●	○	○	●	序号 15 工作，将后轮系的阳轮 21 双向锁止，所以后轮系是阳轮系，后轮系的齿圈 18 随着前架 29 在顺转输入；后架 20 就获得确定的减速后顺时针转动，导致序号 17 放松；前圈 27 与后架 20 间因序号 24、序号 25 的作用而继续保持整体并向前轮系输入一个顺转运动（因序号 17 放松，可以判断这个运动一定是顺转的），前阳轮 30 恒定输入另一运动，这样两个输入就确保处于周转轮系状态的前轮系的前架 29 有确定的顺转输出，实现 2 挡，传动比在 1.3 左右；运动通过序号 24、25，所以没有反拖。自动离合器是液矩器工况；超轮系为联轴器
S2	○	●	○	○	●	○	○	●	○	●	○	○	○	序号 15 工作，将后阳轮 21 双向锁止，所以后轮系是阳轮系，后轮系的齿圈 18 随着前架 29 在顺转输入；后架 20 就获得确定的减速后顺时针转动，导致序号 17 放松；前圈 27 与后架 20 间因序号 23 的作用而继续保持整体并向前轮系输入一个顺转运动，前阳轮 30 恒定输入另一运动，这样两个输入就确保处于周转轮系状态的前轮系的前架 29 有确定的顺转输出，实现 2 挡，传动比在 1.3 左右；运动通过序号 23，有软反拖。自动离合器是液矩器工况；超轮系为联轴器
L2	●	●	○	○	●	○	○	●		○	○	○	○	D 轮系与 S2 相同，序号 9 放松，序号 3 工作，自动离合器处于联轴器工况；超轮系同上，有硬反拖
D3	○	●	●	○	○	●	○	○	○	●	○	○	●	序号 15 放松，序号 13 工作，后架 20 与涡轮 6 直接连接，再通过序号 24、序号 25 将涡轮 6 的输入传到前圈 27 上，前圈 27 与涡轮 6 同时转动，前阳轮 30 永远与涡轮 6 连接同时转动，前轮系的圈与架同时同方向转动，是一个单向联轴器，相当于前架 29 直接与涡轮 6 接通，实现 3 挡，传动比为 1。因后圈 18 的作用，后轮系也成为一个联轴器，后阳轮 21 做同步同速的空转输出。因为有 F2 参加传递，所以没有反拖功能
S3	○	●	●	○	●	○	○	○	○	●	○	○	○	除用序号 23 替代序号 24、25 将前圈 27 与后架 20 连成双向一体外，其余与 D 位 3 挡相同。自动离合器处于液矩器工况；超轮系为联轴器，有软反拖
L3	●	●	●	○	●	○	○	○	○	○	○	○	○	超轮系、自动离合器均为联轴器；其余与 S 位 3 挡同，有硬反拖。不能升至 4 挡
D4	○	●	●	○	○	○	○	●	○	●	☆	○	○	序号 15 工作，将 3 挡时同步同速空转输出空转的后阳轮 21 浪费了的运动加到输出中，实现升挡。序号 15 工作，后轮系是阳轮系，序号 13 工作，有后架 20 一个输入，后圈 18 就有确定的加速输出（架带圈），后圈 18 与前架 29 刚性连接并与输出轴 42 连接，这样整个轮系就升到 4 挡，传动比在 0.8 左右。前轮系有前架 29 与前阳轮 30 两个输入，成为有两个输入的周转轮系，前圈 27 就会加速转动。因为序号 23、24、25 都没有工作，前圈 27 与后架 20 之间的运动是各自独立的。自动离合器是液矩器，超速轮系是联轴器，有软反拖

续表

顺序	1	2	3	4	5	6	7	8	9	10	11	12	13	
序号	3	38	13	14	23	24	39	15	16	9	34	17	25	
S4	●	●	●	○	○	○	○	●	○	○	☆	○	○	D轮系与D4同。自动离合器是联轴器，硬反拖。不能升到5挡
D5	●	○	●	○	○	○	●	●	○	○	☆	○	○	序号38放松，序号39工作，二者交换瞬间由序号34担任传递；超轮系变成加速阳轮系；D轮系与上同。自动离合器处于联轴器工况。无单向执行器工作，故有硬反拖。传动比在0.6左右

注：●—执行元件稳定工作；○—执行元件完全不工作；☆—执行元件在相邻两挡交换期间瞬时工作。

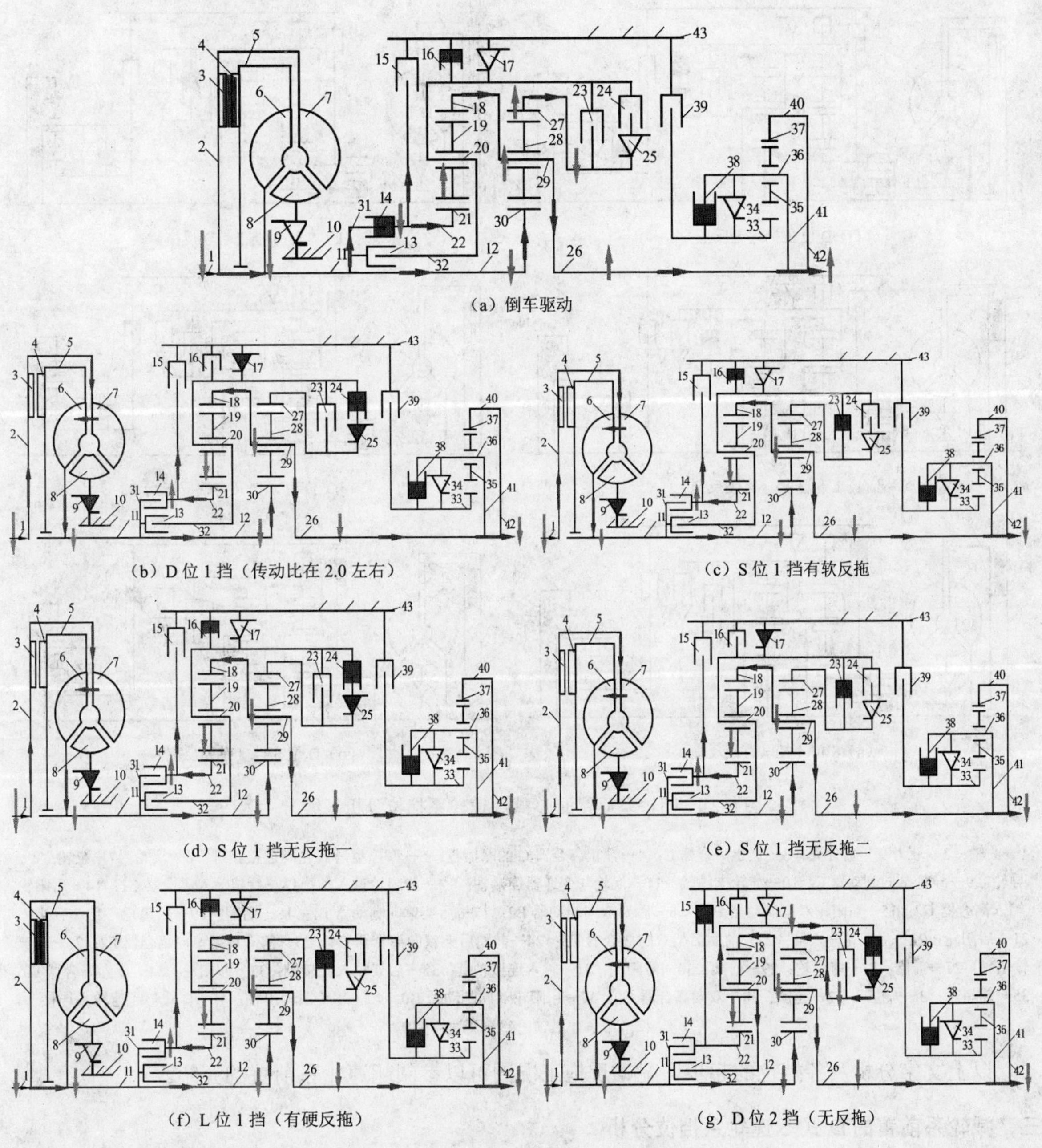

（a）倒车驱动

（b）D位1挡（传动比在2.0左右）　（c）S位1挡有软反拖

（d）S位1挡无反拖一　（e）S位1挡无反拖二

（f）L位1挡（有硬反拖）　（g）D位2挡（无反拖）

图6-21　超轮系后置的D式5速轮系挡位分析

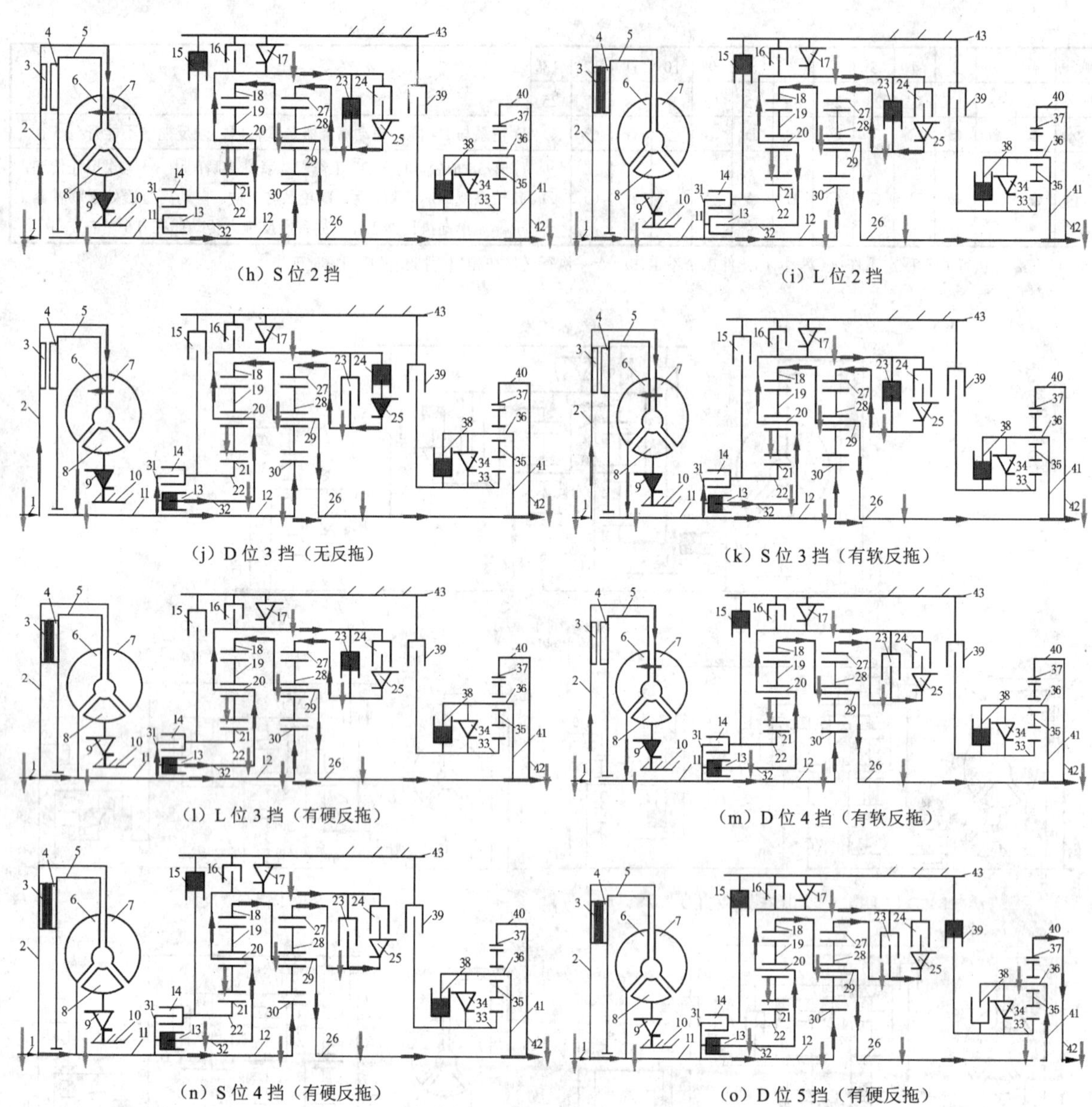

(h) S 位 2 挡

(i) L 位 2 挡

(j) D 位 3 挡（无反拖）

(k) S 位 3 挡（有软反拖）

(l) L 位 3 挡（有硬反拖）

(m) D 位 4 挡（有软反拖）

(n) S 位 4 挡（有硬反拖）

(o) D 位 5 挡（有硬反拖）

图 6-21 超轮系后置的 D 式 5 速轮系挡位分析（续）

1—曲轴；2—液力变矩器外壳；3—锁止离合器 C；4—锁止离合器 C 的摩擦盘；5—摩擦盘与涡轮间连接花键；6—涡轮；7—泵轮；8—导轮；9—导轮单向制动器 F；10—导轮支撑轴；11—涡轮与变速器连接轴；12—前阳轮输入轴；13—后架输入离合器 C1；14—后阳轮输入离合器 C2；15—后阳轮双向制动器 B1；16—后架双向制动器 B2；17—后架单向制动器 F1；18—后圈；19—后星轮；20—后架；21—后阳轮；22—后阳轮输入轴；23—前圈后架双向离合器 C3；24—前圈后架双向离合器 C4；25—前圈后架单向离合器 F2；26—前架输出轴；27—前圈；28—前星轮；29—前架；30—前阳轮；31—输入连接轴套；32—后架输入连接轴；33—超阳轮；34—单向离合器 F0；35—超星轮；36—超架；37—超圈；38—双向离合器 C0；39—超阳轮双向制动器 B0；40—超轮系输出轴；41—D 式与超速轮系连接轴；42—轮系输出轴；43—变速器壳体

以上文字分析及各挡位的起步工况、反拖工况图可以参阅超速轮系前置的介绍。

三、减轮系前置的 D 式 5 速轮系挡位分析

1. 机构控制特点

除用减轮系替换超轮系外，其余与超轮系前置的 D 式 5 速轮系结构特点相同。

2. 挡位变化执行元件运作表

减轮系前置的D式5速轮系配置如图6-6所示，其中图（a）是机构示意图，图（b）是结构示意图。自动离合器出来后紧接一个减轮系，减轮系后面是一个基本的D式轮系，它的5速挡位变化执行元件运作表如表6-5所示。

表6-5　减轮系前置的D式5速轮系执行元件运作表

顺序	1	2	3	4	5	6	7	8	9	10	11	12	13	
序号	3	14	28	31	39	40	15	36	37	9	13	38	41	
	锁止离合器C	双向离合器C0	后架输入离合器C1	后阳轮输入离合器C2	前圈后架双向离合器C3	前圈后架双向离合器C4	减阳轮双向制动器B0	后阳轮双向制动器B1	后架双向制动器B2	导轮单向制动器F	减阳轮与减架单向锁止离合器F0	后架单向制动器F1	前圈后架单向离合器F2	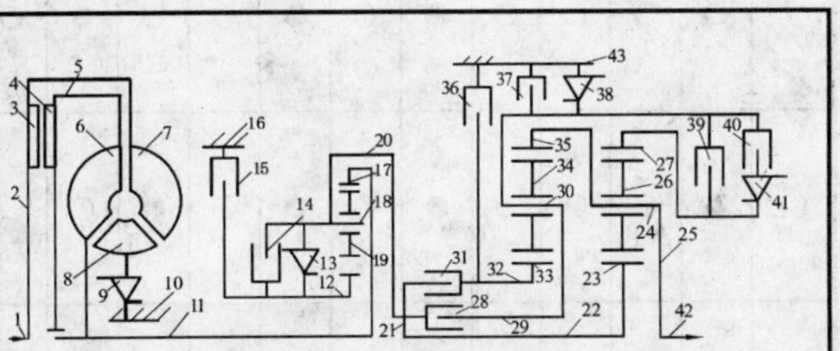 1—曲轴；2—液力变矩器外壳；3—锁止离合器C；4—锁止离合器C的摩擦盘；5—摩擦盘与涡轮间连接花键；6—涡轮；7—泵轮；8—导轮；9—导轮单向制动器F；10—导轮支撑轴；11—涡轮与减轮系连接轴；12—减阳轮；13—减阳轮与减架单向锁止离合器F0；14—双向离合器C0；15—减阳轮双向制动器B0；16—变速器壳体；17—减圈；18—减架；19—减星轮；20—减轮系与D式轮系连接轴；21—输入轴连接轴套；22—前阳轮输入轴；23—前阳轮；24—前架；25—前架输出轴；26—前星轮；27—前圈；28—后架输入离合器C1；29—后架输入连接轴；30—后架；31—后阳轮输入离合器C2；32—后阳轮输入轴；33—后阳轮；34—后星轮；35—后圈；36—后阳轮双向制动器B1；37—后架双向制动器B2；38—后架单向制动器F1；39—前圈后架双向离合器C3；40—前圈后架双向离合器C4；41—前圈后架单向离合器F2；42—轮系输出轴；43—变速器壳体
P位	○	○	○	○	○	○	●	○	○	●	○	○	○	序号15工作，减轮系是减速阳轮系；序号28、31、39及40均不工作，D式轮系无输入；输出轴42被机械锁止，不能被拖动。序号9工作、序号3放松，自动离合器处于液矩器工况，为进入其他工况做准备
N位	○	○	○	○	○	○	●	○	○	●	○	○	○	减轮系是减速阳轮系，自动离合器同上；与上不同之处为输出轴42没有被机械锁止，可以被拖动
R位	●	○	○	●	○	○	●	○	●	○	○	○	○	减轮系是减速阳轮系。序号3工作，自动离合器处于联轴器工况。后架30被序号37双向锁止，后轮系为双向定轴轮系，传递经序号31传到序号32，再传给后阳轮33（顺）、后星轮34（逆）、后圈35（逆）、前架24（逆）、序号25（逆）至输出轴45逆时针输出，实现倒挡，传动比在2.6左右，可硬反拖
D1	○	○	○	○	○	●	●	○	○	●	○	●	●	减轮系是减速阳轮系；序号3放松、序号9工作，自动离合器处于液矩器工况。当汽车起步以后，前阳轮23顺时针转动输入转矩，后架30与前圈27组成的组合体被序号38单向锁止没有转动。前轮系在序号38、40、41共同作用下是单向减速圈轮系（前阳轮23带动前架24），前架24有确定的减速顺转输出，实现1挡，传动比在2.4左右，无反拖。后轮系因后架30被序号38单向锁止，后轮系是单向定轴轮系。后圈35随前架24有确定的顺转输入，故后阳轮33有确定的逆转空转输出
S1	○	○	○	○	●	○	●	○	●	●	○	○	○	减轮系是减速阳轮系，自动离合器处于液矩器工况；序号37工作，将后架30与前圈27因序号39组成的整体双向锁止，前轮系成为双向圈轮系，有软反拖。后轮系是双向定轴轮系，后圈35有确定的顺转输入，后阳轮33有确定的逆转输出空转

续表

顺序	1	2	3	4	5	6	7	8	9	10	11	12	13	
序号	3	14	28	31	39	40	15	36	37	9	13	38	41	
S1	○	○	○	○	○	●	●	○	●	●	○	○	●	减轮系是减速阳轮系，自动离合器处于液矩器工况；序号37工作，将后架30与前圈27因序号40、41组成的整体单向锁止，前轮系成为单向圈轮系，无反拖。后轮系为双向定轴轮系，后阳轮33做单向逆转空转输出。讨论一（未画出示意图）
	○	○	○	○	●	○	●	○	○	●	○	●	○	减轮系是减速阳轮系，自动离合器处于液矩器工况；序号38工作，将后架30与前圈27因序号39组成的整体单向锁止，前轮系是单向圈轮系，无反拖。后轮系是单向定轴轮系，后阳轮33有确定的单向逆转输入。讨论二（未画出示意图）
L1	●	○	○	○	●	○	●	○	●	○	○	○	○	减轮系是减速阳轮系，自动离合器处于联轴器工况；序号37工作，将后架30与前圈27因序号39组成的整体双向锁止，前轮系成为双向圈轮系，后轮系是双向定轴轮系，后圈35有确定的顺转输入，后阳轮33有确定的逆转输出空转，有硬反拖
D2	○	○	○	○	○	●	●	●	○	●	○	○	●	序号36工作，将后阳轮33双向锁止，所以后轮系是阳轮系，后轮系的齿圈35随着前架24在顺转输入；后架30就获得确定的减速后顺时针转动，导致序号38放松；前圈27与后架30间因序号40、41的作用而继续保持整体并向前轮系输入一个顺转运动（因序号38放松，可以判断这个运动一定是顺转的），前阳轮23恒定输入另一运动，这样两个输入就确保处于周转轮系状态的前轮系的前架24有确定的顺转输出，实现2挡，传动比在1.3左右；运动通过序号40、41，所以没有反拖。减轮系是减速阳轮系，自动离合器处于联轴器工况
S2	○	○	○	○	●	○	●	●	○	●	○	○	○	减轮系为联轴器，自动离合器为液矩器工况。除用序号39替代序号40、41连接前圈27与后架30外，其余与D2相同，有软反拖
L2	●	○	○	○	●	○	●	●	○	○		○	○	减轮系、自动离合器均为联轴器；其余与S位2挡同，有硬反拖
D3	○	○	●	○	○	●	●	○	○	●	○	○	●	序号36放松，序号28工作，后架30与涡轮6经减速轮系联轴器后直接连接，再通过序号40、41将涡轮的输入传到前圈27上，前圈27与涡轮同时转动，前阳轮23永远与涡轮6连接同时转动，所以前轮系是一个单向联轴器，相当于前架24直接与涡轮6接通，实现3挡，传动比为1。因后圈35的作用，后轮系也成为一个联轴器，后阳轮33做同步同速的空转输出。因为有F2参加传递，所以没有反拖功能
S3	○	○	●	○	●	○	●	○	○	●	○	○	○	除用序号39替代序号40、41将前圈27与后架30连成一体外，其余与D位3挡相同。有软反拖
L3	●	○	●	○	●	○	●	○	○	○	○	○	○	减轮系、自动离合器均为联轴器；其余与S位3挡同，有硬反拖。不能升至4挡
D4	○	○	●	○	○	○	●	●	○	●	☆		○	序号36工作，将3挡时同步同速空转输出空转的后阳轮33浪费了的运动加到输出中，实现升挡。序号36工作，后轮系是阳轮系，序号28工作，有后架30一个输入，后圈35就有确定的加速输出（架带圈），后圈35与前架24刚性连接并与输出轴42连接，这样整个轮系就升到4挡，传动比在0.8左右。前轮系有前架24与前阳轮23两个输入，成为有两个输入的周转轮系，前圈27就会加速转动。因为序号39、40都没有工作，前圈27与后架30之间的运动是各自独立的
S4	●	○	●	○	○	○	●	●	○	○	☆	○	○	D轮系同D4，减轮系、自动离合器均是联轴器，有硬反拖，不能升到S5挡
D5	●	●	●	○	○	○	○	●	○	○	☆	○	○	D轮系同S4，序号15工作，将减阳轮12锁止（在它们都放松不工作的交换瞬间序号13工作），减轮系变成增速阳轮系，整个自动变速器在4挡基础上再升至5挡。传动比在0.6左右，有硬反拖

注：1. ●—执行元件稳定工作；○—执行元件完全不工作；☆—执行元件在相邻两挡交换期间瞬时工作。

2. 有些车型称S位为2位，称L位为1位。现在很多车型采用手-自一体控制方式，不再设计有L位工况，本教材从普遍意义出发，还保留了L位工况，读者可对照具体车型决定取舍。

3. 反拖时，减轮系要变成联轴器工作状态，以避免减轮系反拖时的增速作用，为简化，表中没有表示出这种变化，文字叙述也统一在此说明，各挡位中不再提及，读者应当清楚这种变化的必要性。

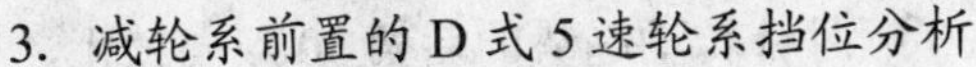

3. 减轮系前置的D式5速轮系挡位分析

P位、N位的图略。

1）P位

为进入其他挡位做好准备，减圈17始终与涡轮轴连接，减阳轮双向制动器B0（序号15）一直工作，减轮系处于减阳轮状态。虽然离合器28、31、39和40均不工作，动力和运动通过前阳轮23仍然进入D轮系（这点与S式、R式是不一样的），因为有机械锁止装置将输出轴42锁定（故汽车不能被拖动），前轮系是一个定轴轮系，前阳轮23顺转输入一个转速，前星轮26逆转，带动前圈27做有确定输出的逆时针空转，序号39、40不工作，这个逆转不能传递到后架30，后轮系没有任何输入，处于静止状态。

2）N位

虽然前阳轮23有一个输入，由于离合器28、31、39和40均不工作，机械锁止装置将输出轴42放松，故前轮系是有两自由度的周转轮系，没有确定的输出，前圈、前行星、前架均在做不确定的转动，后轮系通过前架与后圈的刚性连接也做同样无确定的运动，没有输出。由于没有输出轴锁止装置，故可以被拖动。

起动时要将选位操纵手柄置于P位或N位，这样发动机才能起动。

3）R位

R位倒挡位机构运动示意图如图6-22所示。序号3工作，序号9放松，液矩器成为一个联轴器；序号15工作，减轮系为减速阳轮系；基本D式中，序号31工作，后架30被序号37双向锁止在变速器壳体上，后轮系为双向定轴轮系，传递经序号31传到序号32，再传给后阳轮33（顺）、后星轮34（逆）、后圈35（逆）、前架24（逆）、序号25（逆）至输出轴45逆时针输出，实现倒挡，传动比在2.6左右，可硬反拖。

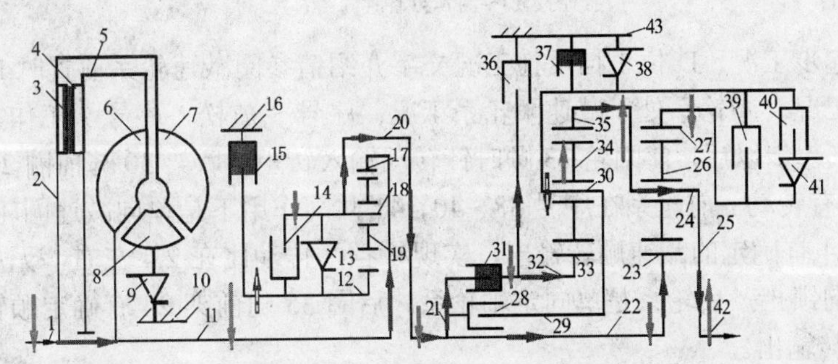

倒挡位处于驱动工况时的传递路线示意图（有硬反拖）。反拖时序号15放松，序号14工作，减速轮系变成联轴器，防止反拖加速。

图6-22　倒挡位传递路线示意图

1—曲轴；2—液力变矩器外壳；3—锁止离合器C；4—锁止离合器C的摩擦盘；5—摩擦盘与涡轮间连接花键；6—涡轮；7—泵轮；8—导轮；9—导轮单向制动器F；10—导轮支撑轴；11—涡轮与减轮系连接轴；12—减阳轮；13—减阳轮与减架单向锁止离合器F0；14—双向离合器C0；15—减阳轮双向制动器B0；16—变速器壳体；17—减圈；18—减架；19—减星轮；20—减轮系与D式轮系连接轴；21—输入轴连接轴套；22—前阳轮输入轴；23—前阳轮；24—前架；25—前架输出轴；26—前星轮；27—前圈；28—后架输入离合器C1；29—后架输入连接轴；30—后架；31—后阳轮输入离合器C2；32—后阳轮输入轴；33—后阳轮；34—后星轮；35—后圈；36—后阳轮双向制动器B1；37—后架双向制动器B2；38—后架单向制动器F1；39—前圈后架双向离合器C3；40—前圈后架双向离合器C4；41—前圈后架单向离合器F2；42—轮系输出轴；43—变速器壳体

R位有倒车起步、倒车驱动、倒车反拖三个工况：

（1）倒车起步工况和倒车反拖工况文字介绍请参阅减速轮系前置时D式的工作情况。反拖时序号14先放松，序号15再工作，二者均不工作期间序号13担任传递任务，减速轮系变成联轴器，防止反拖加速。

（2）倒车驱动工况。序号 31 工作，将有随后阳轮 33 顺时针转动趋势的后架 30 双向锁止，从涡轮 6 传来的顺转转矩经序号 31 到达后阳轮 33，后轮系在定轴轮系状态下，通过外啮合传给后星轮 34，使之逆时针转动，与序号 34 内啮合的后圈 35 也随之逆时针转动，通过刚性连接的前架 24 带动输出轴 42 逆时针转动输出，驱动车轮逆时针转动，进入倒挡位，传动比在 2.6 左右；此时前阳轮 23 在做与前架 24 同速反向的顺转，有两个输入的前轮系的前圈 27 做有确定输出的空转，它的转向由轮系相关齿轮的齿数决定，由于序号 39、40 不工作，所以后架 30 与前圈 27 两个零件互不影响，各自做着相互独立且准确的运动，在倒车驱动状态时后架 30 静止，前圈 27 转动。

4）D 位 1 挡

如图 6-23 所示，驾驶员将选位手柄置于 D 位，汽车进入 D 位模式，当处于 D 位 1 挡时，自动离合器处于液矩器工况（9 工作，3 放松），序号 15 工作，减轮系为减阳轮系状态。序号 24、25 和 29 工作（序号 30 放松），D 位 1 挡传动路线接通，传动比在 2.4 左右。前圈 27 与后架 30 转动方向或转动趋势方向的表示方法与 D 位 1 挡时相同，这里不再解释。

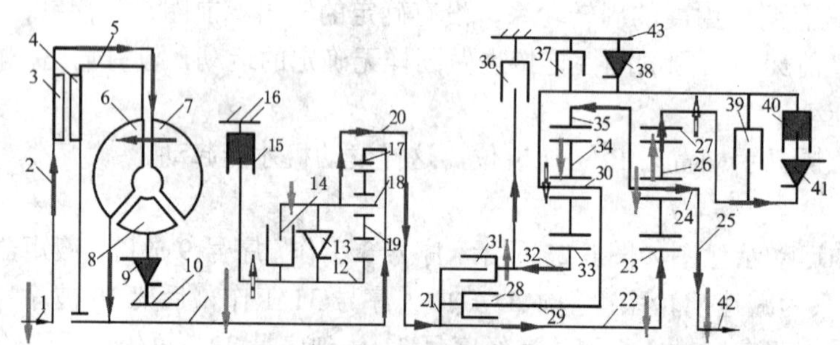

D 位 1 挡前进驱动工况传递路线示意图（无反拖），前轮系是单向圈轮系，后轮系是单向定轴轮系。

图 6-23　D 位 1 挡传递路线示意图

注：图 6-23～图 6-33 图注同图 6-22。

（1）D 位 1 挡起步工况、D 位 1 挡反拖工况文字介绍请参阅减速轮系前置时 D 式的工作情况。

（2）前进驱动工况。减轮系处于减速阳轮系工况；序号 3 放松，序号 9 工作，自动离合器处于液矩器工况。当汽车起步以后，前阳轮 23 顺时针转动输入转矩，后架 30 与前圈 27 组成的组合体被序号 38 单向锁止没有转动。前轮系在序号 38、40、41 共同作用下是单向减速圈轮系（前阳轮 23 带动前架 24），前架 24 有确定的减速顺转输出，实现 1 挡，传动比在 2.4 左右，无反拖。后轮系因后架 30 被序号 38 单向锁止，后轮系是单向定轴轮系。后圈 35 随前架 24 有确定顺转输入，故后阳轮 33 有确定的逆转空转输出。

5）S 位 1 挡

如图 6-24 所示，驾驶员把选位手柄置于 S 位后，汽车进入 S 位模式，参与工作的控制元件是序号 9（保证自动离合器处于液矩器工况）、序号 15（保证减轮系为减阳轮系状态）、序号 22（确保前阳轮 23 输入）。S 位 1 挡有三种可能的传动路线供厂家选择：第一条是序号 37、39 工作，形成前轮系为双向减速圈轮系、后轮系为双向定轴轮系的配置，显然这是有反拖的；第二条是序号 37、40、41 工作，形成前轮系为单向减速圈轮系、后轮系仍是双向定轴轮系的配置，显然这没有反拖；第三条是序号 38、39 工作，形成前轮系是单向减速圈、后轮系是单向定轴轮系的配置。这与 D 位 1 挡由序号 38、40、41 组成的配置相比可靠性要高，更适用于需要稳定传递的 S 位，而序号 40、41 组合换挡品质高于序号 39 单独控制情况，更适应于换挡相对频繁的 D 位。如前所述，序号 40、41 组合并不是必配装置，很多厂家为降低成本，没有这个组合。

（1）起步工况、反拖工况文字介绍请参阅减速轮系前置时 D 式的工作情况。

（2）前进驱动工况。减轮系处于减速阳轮系工况，自动离合器处于液矩器工况；序号 37 工作，将后架30与前圈27因序号39组成的整体双向锁止，前轮系成为双向圈轮系，有软反拖。后轮系是双向定轴轮系，后圈35有确定的顺转输入，后阳轮33有确定的逆转输出空转，如图6-24所示。

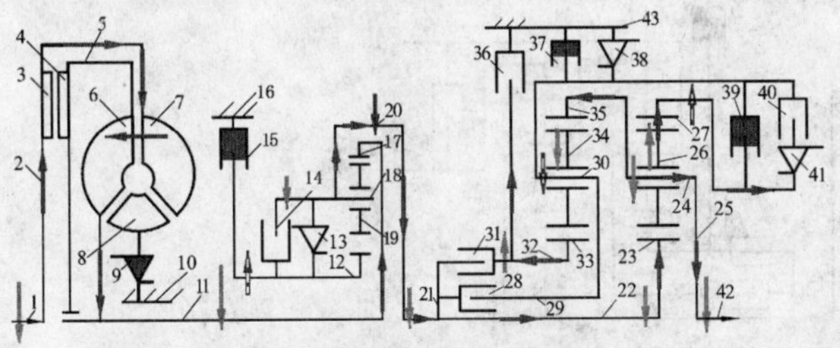

序号37替代序号38，后轮系为双向定轴轮系；序号39替代序号40、41，前轮系成为双向圈轮系，其余同D1挡。

（a）S位1挡前进驱动工况1传递路线示意图（有软反拖）

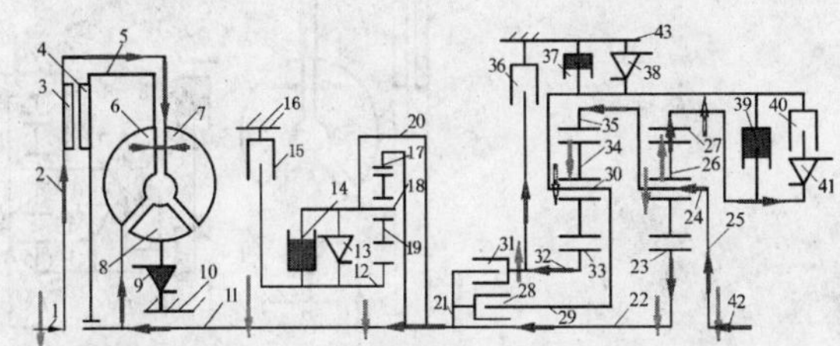

阻力矩与驱动力矩在液力变矩器内“顶牛”，减速轮系变成联轴器，避免反拖时加速。同是联轴器，注意与超速轮系联轴器的区别。

（b）S位1挡反拖工况传递路线示意图（有软反拖）

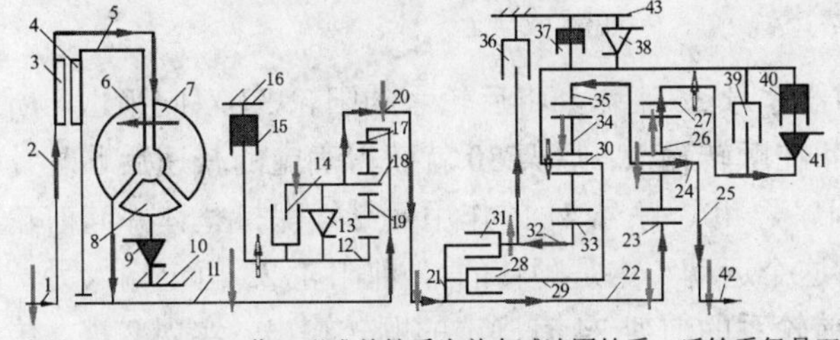

序号37、40、41工作，形成前轮系为单向减速圈轮系，后轮系仍是双向定轴轮系的配置，显然这没有反拖。

（c）S位1挡前进驱动工况2传递路线示意图（无软反拖）

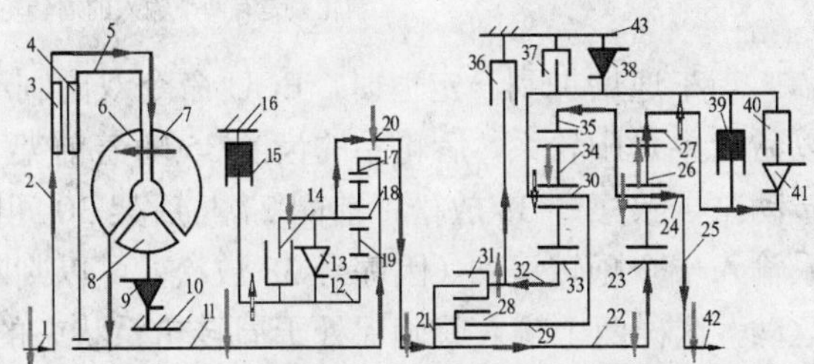

前轮系是单向圈轮系，后轮系是单向定轴轮系。

（d）S位1挡前进驱动工况3传递路线示意图（无反拖的配置）

图6-24　S位1挡传递路线示意图

发动机反拖没有单向执行器工作，自动离合器处于液矩器状态，有软反拖。反拖时，减速轮系（序号15放松后序号14才工作，二者都不工作期间由序号13担任传递任务）变成联轴器工作状态，以避免减速轮系反拖时的增速作用。

6）L位1挡

如图6-25所示，驾驶员把选位手柄置于L位后，汽车进入L位模式，参与工作的控制元件有序号3（保证自动离合器处于联轴器工况）、序号15（保证减轮系为减阳轮系状态）、序号37、序号39、序号22和减速轮系（将前阳轮23与涡轮6双向连接）。

（1）起步工况、反拖工况文字介绍请参阅减速轮系前置时D式的工作情况。

（2）驱动工况。L位1挡前进驱动工况与S位1挡前进驱动工况工作原理是相同的，后圈（序号35）被序号30双向锁止，而且自动离合器锁止成联轴器，减速轮系保持减阳轮系状态，如图6-25（a）所示，L位1挡反拖时自动离合器处于联轴器工况，实现硬反拖，如图6-25（b）所示。

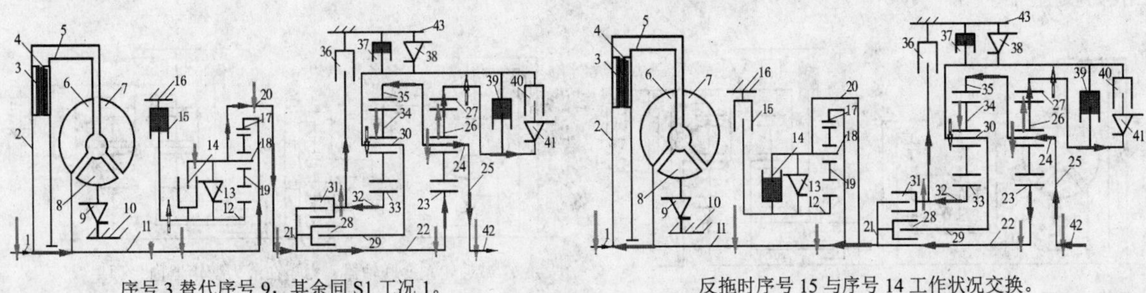

序号3替代序号9，其余同S1工况1。

（a）前进驱动

反拖时序号15与序号14工作状况交换。

（b）硬反拖工况

图6-25　L位1挡前进驱动和反拖工况传递路线示意图（有硬反拖）

7）D 位 2 挡（图 6-26）

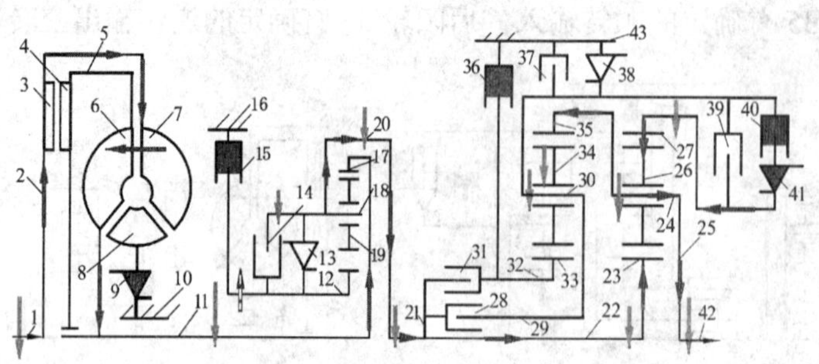

图 6-26　D 位 2 挡驱动路线示意图（无反拖）

减轮系是减阳轮工况。后阳轮 33 被序号 36 双向锁止，后轮系是减速阳轮系，
前轮系是有两个输入的周转轮系，实现 2 挡，传动比在 2.0 左右。

当车速增加到一定值时，ECU 命令双向制动器序号 36 工作，将后轮系的阳轮 33 双向锁止，所以后轮系是阳轮系，后轮系的齿圈 35 随着前架 24 在顺转输入；后架 30 就获得确定的减速后顺时针转动，导致序号 38 放松；前圈 27 与后架 30 间因序号 40、序号 41 的作用而继续保持整体并向前轮系输入一个顺转运动（因序号 38 放松，可以判断这个运动一定是顺转的），前阳轮 23 恒定输入另一运动，这样两个输入就确保处于周转轮系状态的前轮系的前架 24 有确定的顺转输出，实现 2 挡，传动比在 2.0 左右；运动通过序号 40、41，所以没有反拖。减轮系是减速阳轮系，自动离合器处于液矩器工况。

（1）驱动工况。减轮系是减阳轮工况。涡轮 6 通过减速轮系经序号 20、21、22 传入的顺时针输入到达前阳轮 23，经减速后（小轮带动圈减速）从后圈 35 输出顺时针运动，再减速后到后架 30，后架 30 通过序号 40 顺转带动序号 41（可顺不可逆单向离合器的外圈顺转会带动内圈转动，见表 3-7 的介绍），将运动传动到前圈 27，前轮系有两个输入，有确定的输出传递到输出轴 42，自动变速器升至 2 挡，传动比在 2.0 左右。

（2）反拖工况。由于有单向离合器 41 参与传递，故 D 位 2 挡没有反拖。D 位 2 挡也没有起步工况。

8）S 位 2 挡

驾驶员把选位手柄置于 S 位后，汽车进入 S 位模式，当速度达到 2 挡的值时，ECU 命令序号 40 放松，双向离合器 39 工作，将前圈 27 与后架 30 的单向连接变成双向连接，如图 6-27（a）所示。传递路线上没有单向执行器工作，能够实现反拖，如图 6-27（b）所示。反拖时，为避免减速轮系的反拖增速效应，要变成联轴器，实现软反拖，车轮提供的反拖驱动力矩与发动机提供的反拖阻力矩在液力变矩器内部“顶牛”。

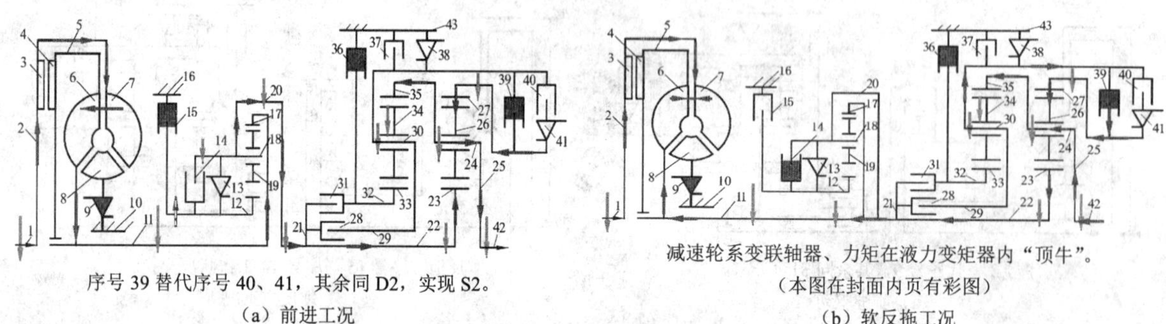

序号 39 替代序号 40、41，其余同 D2，实现 S2。

（a）前进工况

减速轮系变联轴器、力矩在液力变矩器内“顶牛”。
（本图在封面内页有彩图）

（b）软反拖工况

图 6-27　S 位 2 挡前进驱动工况传递路线示意图（有软反拖）

9）L 位 2 挡

如图 6-28 所示，驾驶员将选位手柄置于 L 位，自动变速器进入 L 运作模式，速度达到设定值，ECU 命令自动变速器进入 L 位 2 挡，L 位 2 挡与 S 位 2 挡的区别就是自动离合器始终处于联轴器状态（序号 3 工作，序号 9 放松），减轮系同 S 位 2 挡，如图 6-28 所示。在 L 运作模式下，汽车达到 2 挡后不能再往高速挡升了。

10）D 位 3 挡

如图 6-29 所示，当车速进一步提高时，ECU 命令汽车进入 D 位 3 挡，参与工作的执行元件除序号 9（自动离合器处于液矩器工况）、序号 15（减轮系处减阳轮工况）工作外，基本 D 式应当演变成联轴器工况，关键是同时输入两个同方向、同转速的运动。

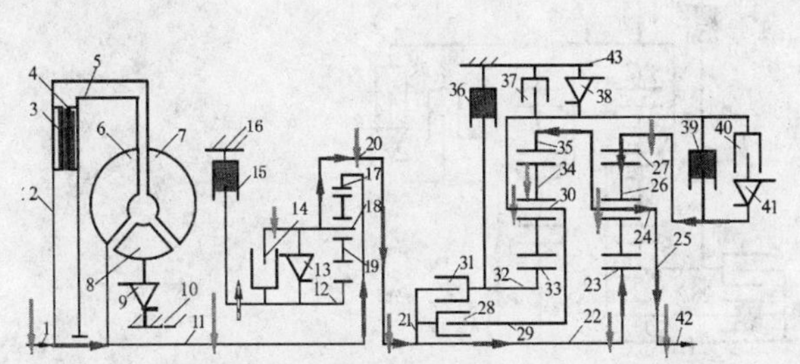

L 位 2 挡驱动工况（有硬反拖，反拖图不再画出，请参阅前面），序号 3 替代序号 9，其余同 S2，实现 L2。

图 6-28　L 位 2 挡传递路线示意图

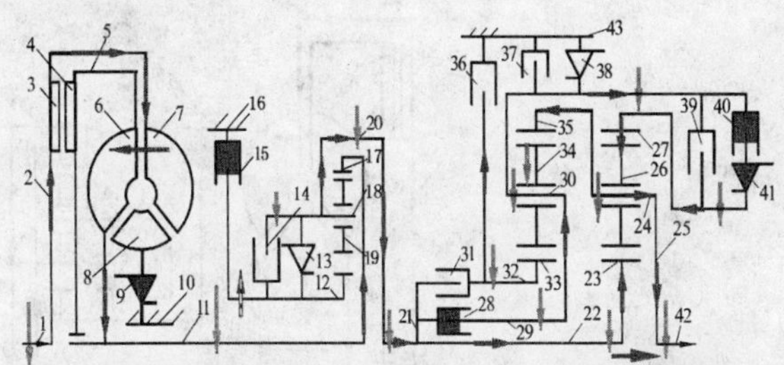

D 位 3 挡前进驱动工况（无反拖），前阳轮 23 与后架 30 同方向、同转速输入实现直接传动，减轮系是减阳轮工况，自动变速器的传动比在 1.3 左右。（本图在封面内页有彩图）

图 6-29　D 位 3 挡传递路线示意图

序号 36 放松，序号 28 工作，后架 30 与涡轮 6 经减速轮系联轴器后直接连接，再通过序号 40、序号 41 将涡轮的输入传到前圈 27 上，前圈 27 与涡轮同时转动，前阳轮 23 永远与涡轮 6 连接同时转动，所以前轮系是一个单向联轴器，相当于前架 24 直接与涡轮 6 接通，实现 3 挡，传动比为 1。因后圈 35 的作用，后轮系也成为一个联轴器，后阳轮 33 做同步同速的空转输出。因为有 F2 参加传递，所以没有反拖功能，自动离合器是液矩器工况，D 轮系传动比为 1，减轮系处于减速阳轮系状态，自动变速器的传动比在 1.3 左右。

11）S 位 3 挡

如图 6-30 所示，驾驶员把选位手柄置于 S 位，升到 S 位 3 挡，减速轮系保持减阳轮状态不变，将图 6-29 中的自动离合器变成联轴器，就有硬反拖。

12）L 位 3 挡

如图 6-31 所示，L 位 3 挡驱动工况，自动离合器变成联轴器工况，两头联轴器，中间减速轮系，所以有硬反拖，传动比大于 1。

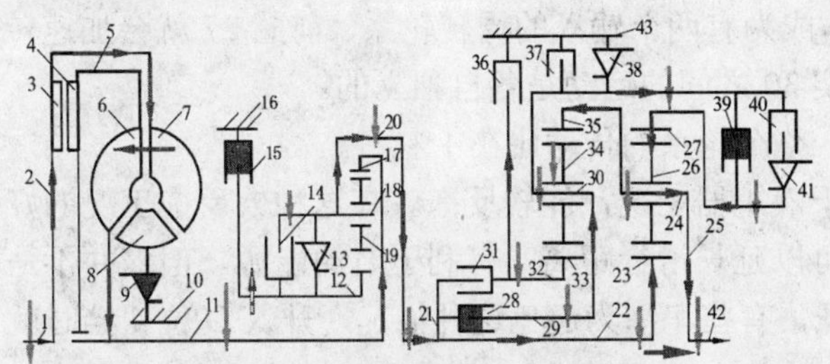

S 位 3 挡（有软反拖，反拖图不再画出，请参阅前面），序号 39 替代序号 40、41，进入 S 位 3 挡。反拖时序号 15 先放松，序号 14 再工作（避免运动干涉），二者不工作的瞬间序号 13 担任传递任务（避免传递中断），减轮系变成联轴器，避免架带圈的增速作用。驱动时序号 14 先放松，序号 15 再工作（避免运动干涉），二者不工作的瞬间序号 13 担任传递任务（避免传递中断）。

图 6-30　S 位 3 挡传递工况示意图

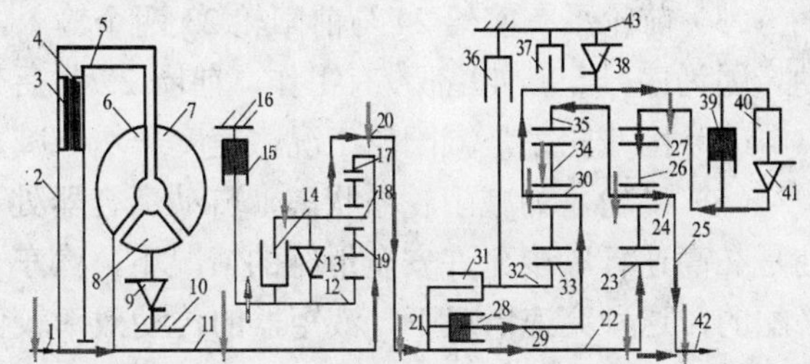

L 位 3 挡（有硬反拖，反拖图不再画出，请参阅前面），序号 3 替代序号 9，其余同 D3 工况四，反拖时减轮系变成联轴器，避免架带圈的增速作用。驱动时是减速轮系，序号 14、15 交换瞬间序号 13 担任传递任务，以保证运动不干涉，传递不中断。

图 6-31　L 位 3 挡驱动工况示意图

13）D 位 4 挡［图 6-32（a）］

在 D 模式下，车速在 3 挡的基础上继续升高，达到设定值后，ECU 命令自动变速器进入 D 位 4 挡，有以下特点：

（1）序号 36 工作，将 3 挡时同步同速空转输出空转的后阳轮 33 浪费了的运动加到输出中，实现升挡。

（2）序号 36 工作，后轮系是阳轮系，序号 28 工作，有后架 30 一个输入，后圈 35 就有确定的加速输出（架带圈），后圈 35 与前架 24 刚性连接并与输出轴 42 连接，这样整个轮系就升到 4 挡，D 轮系的传动比在 0.8 左右。

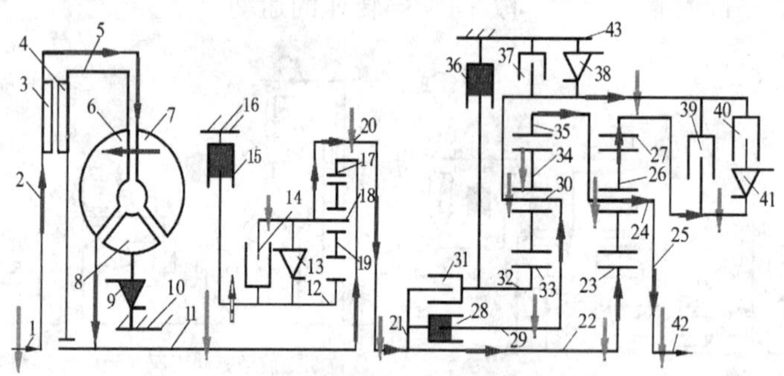

序号 36 将后阳轮 33 双向锁止，后轮系是双向增速阳轮系，序号 28 工作，使后架 30 与涡轮 6 接通，顺转输入（序号 38 允许后架 30 顺转）一个运动，后圈 35 就有增速输出，并通过前架 24 直接与输出轴 42 接通实现 D 轮系的 4 挡，可以看出 4 挡与前轮系没有关系。序号 39、40 均不工作，前圈 27 与后架 30 之间没有连接，各自转动，互不干扰。前轮系有前阳轮 23 与前架 24 两个输入，前圈 27 有确定的空转输出。减轮系是减阳轮工况，速度一增一减，传动比在 1 左右。反拖时序号 15 放松，序号 14 工作，减轮系变联轴器，避免架带圈的增速作用（有软反拖，反拖图不再画出，请参阅前面）。

（a）D 位 4 挡前进驱动

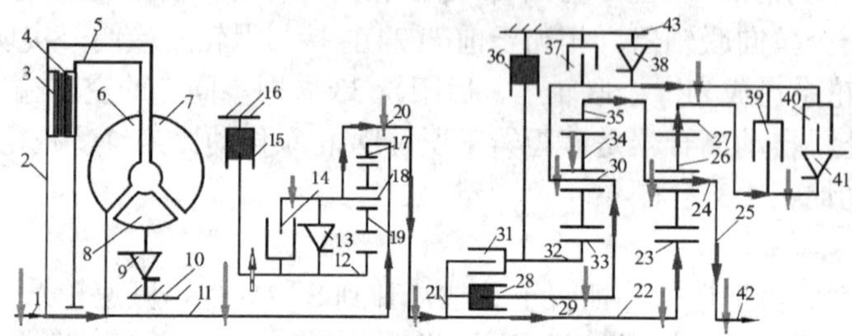

序号 3 替代序号 9，其余同 D4，实现 S4 挡，反拖时情况也同（有硬反拖，反拖图不再画出，请参阅前面）。

（b）S 位 4 挡前进驱动工况

图 6-32　4 挡前进驱动

（3）前轮系有前架 24 与前阳轮 23 两个输入，成为有两个输入的周转轮系，前圈 27 就会加速转动。因为序号 39、40 都没有工作，前圈 27 与后架 30 之间的运动是各自独立的。

（4）因减轮系是减阳轮工况，速度一增一减，整个轮系的传动比在 1 左右。

（5）减轮系为减阳轮系状态，自动离合器处于液矩器工况，能软反拖。有这种软反拖工况的好处是在高速行驶中允许安全滑行的情况下，汽车可以延长滑行距离，有利于节约能源。但这并不是必配的，这种高速情况下，液矩器的传动效率较低，有些车型为避免这种情况，升入 D 位 4 挡时就直接进入 S 位 4 挡的工况。

14）S 位 4 挡

如图 6-32（b）所示，S 位 4 挡时 D 轮系和减速轮系与 D 位 4 挡相同，它们的区别一是减轮系为减阳轮系状态，自动离合器是联轴器工况，轮系实现硬反拖；二是 S 位不能升至 5 挡，而 D 位可以自动升到 5 挡。

15）D 位 5 挡（图 6-33）

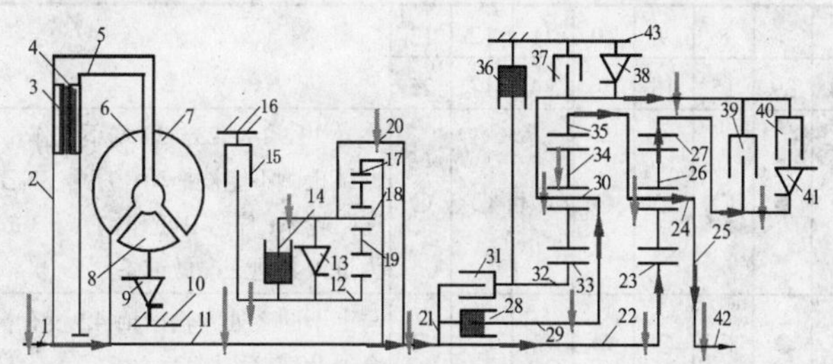

序号 3 替代序号 9，序号 14 替代序号 15，减速轮系变联轴器，不再减速，其余同 D4，实现 D5 挡，传动比在 0.8 左右（有硬反拖，反拖图不再画出，请参阅前面）。

图 6-33　D 位 5 挡前进驱动工况传递路线示意图

在 D 模式下，车速继续升高，达到设定值后，ECU 命令自动变速器进入 D 位 5 挡，关键的变化是减轮系由减阳轮系进入联轴器工况工作，同时让自动离合器在联轴器工况下工作。

减轮系变为联轴器必须序号 14 工作，过程是序号 15 先放松，序号 14 后工作，这样才能避免运动干涉，在两者都不工作的瞬间，序号 13 担任传递任务，以确保传递不中断。当序号 14 工作时，序号 13 会自动放松或参与辅助传递的工作状态；由 D 位 5 挡降回 4 挡时，序号 14 先放松，序号 15 还没有工作期间，也由序号 13 担任传递任务，序号 14 工作期间，序号 13 也起到辅助序号 14 传递动力的作用。

驱动工况。减轮系由减速阳轮系变成联轴器就在 4 挡基础上再提高一级速度，就进入了减速的 5 挡，此时输出轴 37 的转速高于曲轴 1 的转速，传动比在 0.8 左右，D 位 5 挡有硬反拖工况，如图 6-33 所示。

四、减轮系后置的 D 式 5 速轮系挡位分析

减轮系后置的 D 式 5 速轮系机构示意图如图 6-7 所示，各挡位传递情况如图 6-34 所示。要强调的是，后置简单轮系是减速轮系，故反拖时会出现架带圈的增速作用，这对于反拖工况是不利的。为避免这种情况出现，应将减轮系变成联轴器工况，当反拖结束，再转为驱动时（不含 D 位 5 挡），又要让减速轮系变为减速阳轮系工况，转换过程中为避免运动干涉与传递中断两种情况出现，序号 34、38、39 要交替工作，这个控制过程是由 ECU 自动完成的，为减小篇幅，在挡位图中不再逐挡说明此问题。减轮系后置的 D 式 5 速轮系执行元件运作表如表 6-6 所示。

表 6-6　减轮系后置的 D 式 5 速轮系执行元件运作表

顺序	序号	名称	代号
1	3	锁止离合器	C
2	38	双向离合器	C0
3	13	后架输入离合器	C1
4	14	后阳轮输入离合器	C2
5	23	前圈后架双向离合器	C3
6	24	前圈后架双向离合器	C4
7	39	减阳轮双向制动器	B0
8	15	后阳轮双向制动器	B1
9	16	后架双向制动器	B2
10	9	导轮单向制动器	F
11	34	单向离合器	F0
12	17	后架单向制动器	F1
13	25	前圈后架单向离合器	F2

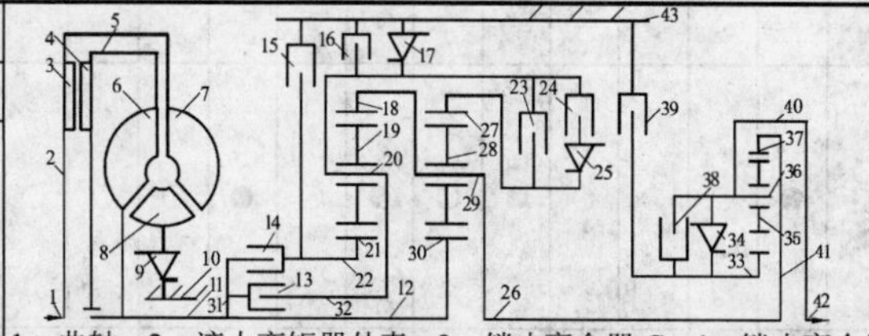

1—曲轴；2—液力变矩器外壳；3—锁止离合器 C；4—锁止离合器 C 的摩擦盘；5—摩擦盘与涡轮间连接花键；6—涡轮；7—泵轮；8—导轮；9—导轮单向制动器 F；10—导轮支撑轴；11—涡轮与变速器连接轴；12—前阳轮输入轴；13—后架输入离合器 C1；14—后阳轮输入离合器 C2；15—后阳轮双向制动器 B1；16—后架双向制动器 B2；17—后架单向制动器 F1；18—后圈；19—后星轮；20—后架；21—后阳轮；22—后阳轮输入轴；23—前圈后架双向离合器 C3；24—前圈后架双向离合器 C4；25—前圈后架单向离合器 F2；26—前架输出轴；27—前圈；28—前星轮；29—前架；30—前阳轮；31—输入连接轴套；32—后架输入连接轴；33—减阳轮；34—单向离合器 F0；35—减星轮；36—减架；37—减圈；38—双向离合器 C0；39—减阳轮双向制动器 B0；40—减轮系输出轴；41—D 式与减单轮系连接轴；42—轮系输出轴；43—变速器壳体

续表

顺序	1	2	3	4	5	6	7	8	9	10	11	12	13	
序号	3	38	13	14	23	24	39	15	16	9	34	17	25	
P 位	○	○	○	○	○	○	●	○	○	●	○	○	○	序号 13、14、23、24 均不工作，D 式轮系无输入；输出轴 42 被机械锁止，不能被拖动。序号 38 工作，减轮系为圈输入架输出的减速阳轮系；序号 9 工作，序号 3 放松，自动离合器处于液矩器工况，为进入其他工况做准备
N 位	○	○	○	○	○	○	●	○	○	●	○	○	○	与上不同之处为输出轴 42 没有被机械锁止，可以被拖动。自动离合器及减轮系同上
R 位	●	○	○	●	○	○	●	○	●	○	○	○	○	后架 20 被序号 16 双向锁止，轮系变成定轴轮系，顺转运动经序号 14 传给后阳轮 21，后星轮 19 逆转，推动后圈 18 逆时针输出，实现倒挡。前阳轮 30 有顺转输入，前架 29 有确定的逆转输入，前轮系为有两个确定输入的周转轮系，前圈 27 有确定的空转输出。自动离合器处于联轴器工况；减轮系为圈输入架输出的减速阳轮系，传动比在 2.6 左右，可硬反拖
D1	○	○	○	○	○	●	●	○	○	●	○	●	●	减轮系是减速阳轮系；序号 3 放松，序号 9 工作，自动离合器处于液矩器工况。当汽车起步以后，前阳轮 30 顺时针转动输入转矩，后架 20 与前圈 27 组成的组合体被序号 25 单向锁止，没有转动。前轮系在序号 17、24、25 共同作用下是单向减速圈轮系（前阳轮 30 带动架 29），前架 29 有确定的减速顺转输出，实现 1 挡，传动比在 2.0 左右，无反拖。后轮系因后架 20 被序号 17 单向锁止，后轮系是单向定轴轮系。后圈 18 随序号 29 顺转输入，故后阳轮 21 有确定的逆转空转输出，无反拖
	○	○	○	○	●	○	●	○	●	●	○	○	○	减轮系是减速阳轮系；自动离合器处于液矩器工况；序号 16 工作，将后架 20 与前圈 27 因序号 23 工作组成的整体双向锁止，前轮系成为双向圈轮系，有前阳轮 30 一个输入，前架 29 就有确定的顺转输出，有软反拖。后轮系是双向定轴轮系，后圈 18 有确定的顺转输入，后阳轮 21 有确定的逆转输出空转
S1	○	○	○	○	○	●	●	○	●	●	○	○	●	减轮系是减速阳轮系，自动离合器处于液矩器工况；序号 16 工作，将后架 20 与前圈 27 因序号 24、序号 25 组成的整体双向锁止，前轮系成为双向圈轮系，有前阳轮 30 一个顺转输入，前架 29 有确定的顺转输出，无反拖。后轮系为双向定轴轮系，后阳轮 21 做双向逆转空转输出。讨论一（未画出示意图）
	○	○	○	○	○	○	●	○	○	●	○	●	●	减轮系是减速阳轮系，自动离合器处于液矩器工况；序号 17 工作，将后架 20 与前圈 27 因序号 23 组成的整体单向锁止，前轮系只能是单向圈轮系，无反拖。后轮系是单向定轴轮系，后阳轮 21 有确定的单向逆转输入。讨论二（未画出示意图）
L1	●	○	○	○	●	○	●	○	●	○	○	○	○	减轮系是减速阳轮系；序号 16 工作，将后架 20 与前圈 27 因序号 23 组成的整体双向锁止，前轮系成为双向圈轮系，有前阳轮 30 一个输入，前架 29 就有确定的顺转输出，后轮系是双向定轴轮系，后圈 18 有确定的顺转输入，后阳轮 21 有确定的逆转输出空转，有硬反拖。序号 9 放松，序号 3 工作，自动离合器为联轴器
D2	○	○	○	○	●	○	●	●	○	●	○	○	●	序号 15 工作，将后轮系的阳轮 21 双向锁止，所以后轮系是阳轮系，后轮系的齿圈 18 随着前架 29 在顺转输入；后架 20 就获得确定的减速后顺时针转动，导致序号 17 放松；前圈 27 与后架 20 间因序号 24、25 的作用而继续保持整体并向前轮系输入一个顺转运动（因序号 17 放松，可以判断这个运动一定是顺转的），前阳轮 30 恒定输入另一运动，这样两个输入就确保处于周转轮系状态的前轮系的前架 29 有确定的顺转输出，实现 2 挡，传动比在 1.3 左右；运动通过序号 24、25，所以没有反拖。自动离合器是液矩器工况，减轮系是减速阳轮系

续表

顺序	1	2	3	4	5	6	7	8	9	10	11	12	13	
序号	3	38	13	14	23	24	39	15	16	9	34	17	25	
S2	○	○	○	○	●	○	●	●	○	●	○	○	○	序号 15 工作，将后轮系的阳轮 21 双向锁止，所以后轮系是阳轮系，后轮系的齿圈 18 随着前架 29 在顺转输入；后架 20 就获得确定的减速后顺时针转动，导致序号 17 放松；前圈 27 与后架 20 间因序号 23 的作用而继续保持整体并向前轮系输入一个顺转运动，前阳轮 30 恒定输入另一运动，这样两个输入就确保处于周转轮系状态的前轮系的前架 29 有确定的顺转输出，实现 2 挡，传动比在 1.3 左右；运动通过序号 23，有软反拖。自动离合器是液矩器工况；减轮系是减速阳轮系
L2	●	○	○	○	●	○	●	●		○	○	○	○	D 轮系与 S2 相同，序号 9 放松，序号 3 工作，自动离合器处于联轴器工况；减轮系是减速阳轮系，有硬反拖
D3	○	○	●	○	○	●	●	○	○	●	○	○	●	序号 15 放松，序号 13 工作，后架 20 与涡轮 6 直接连接，再通过序号 24、25 将涡轮 6 的输入传到前圈 27 上，前圈 27 与涡轮 6 同时转动，前阳轮 30 永远与涡轮 6 连接同时转动，前轮系的圈与架同时同方向转动，是一个单向联轴器，相当于前架 29 直接与涡轮 6 接通，实现 3 挡，传动比为 1。因后圈 18 的作用，后轮系也成为一个联轴器，后阳轮 21 做同步同速的空转输出。因为有 F2 参加传递，所以没有反拖功能，自动离合器是液矩器工况；减轮系是减速阳轮系
S3	○	○	●	○	●	○	●	○	○	●	○	○	○	除用序号 23 替代序号 24、25 将前圈 27 与后架 20 连成双向一体外，其余与 D 位 3 挡相同。自动离合器是液矩器工况；减轮系是减速阳轮系，有软反拖
L3	●	○	●	○	●	○	●	○	○	○	○	○	○	减轮系是减速阳轮系，自动离合器为联轴器；其余与 S 位 3 挡同，有硬反拖。不能升至 4 挡
D4	○	○	●	○	○	○	●	●	○	●	☆	○	○	序号 15 工作，将 3 挡时同步同速空转输出空转的后阳轮 21 浪费了的运动加到输出中，实现升挡。序号 15 工作，后轮系是阳轮系，序号 13 工作，有后架 20 一个输入，后圈 18 就有确定的加速输出（架带圈），后圈 18 与前架 29 刚性连接并与输出轴 42 连接，这样整个轮系就升到 4 挡，传动比在 0.8 左右。前轮系有前架 29 与前阳轮 23 两个输入，成为有两个输入的周转轮系，前圈 27 就会加速转动。因为序号 23、24、25 都没有工作，前圈 27 与后架 20 之间的运动是各自独立的。自动离合器是液矩器，减轮系是减速阳轮系，有软反拖
S4	●	○	●	○	○	○	●	●	○	○	☆	○	○	D 轮系与 D4 同。自动离合器是联轴器，有硬反拖。减轮系是减速阳轮系，不能升到 5 挡
D5	●	●	●	○	○	○	○	●	○	○	☆	○	○	序号 38 放松，序号 39 工作，二者交换瞬间由序号 34 担任传递任务；减轮系变成联轴器；D 轮系与上同。自动离合器处于联轴器工况。无单向执行器工作，故有硬反拖。传动比在 0.6 左右

注：●—执行元件稳定工作；○—执行元件完全不工作；☆—执行元件在相邻两挡交换期间瞬时工作。反拖时，减速轮系要变成联轴器工作状态，以避免减速轮系反拖时的增速作用，为简化，表中没有表示出这种变化。

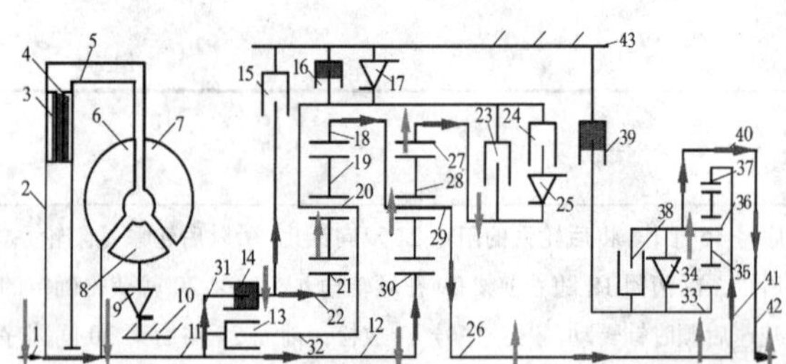

有随后阳轮 21 顺转趋势的后架 20 被序号 16 双向锁止在机壳上，后轮系是定轴轮系，涡轮 6 经序号 14、后阳轮 21 顺转输入，后星轮 19 逆时针转动，后圈 18 随之逆转，经前架 29、前架输出轴 26 传到处于联轴器状态的减速轮系，再经序号 42 输出，实现倒挡，传动比在 2.6 左右。前阳轮 30 还有一顺转输入，前轮系是有两输入的周转轮系，前星轮 28 顺转，前圈 27 转动方向与轮系中各齿轮齿数有关，各厂家设计不同就会有不同的转向，本图把它画成有确定的顺转空转。减轮系是减速阳轮系，自动离合器是联轴器，有硬反拖。

（a）倒车驱动（反拖图不再画出，请参阅前面）

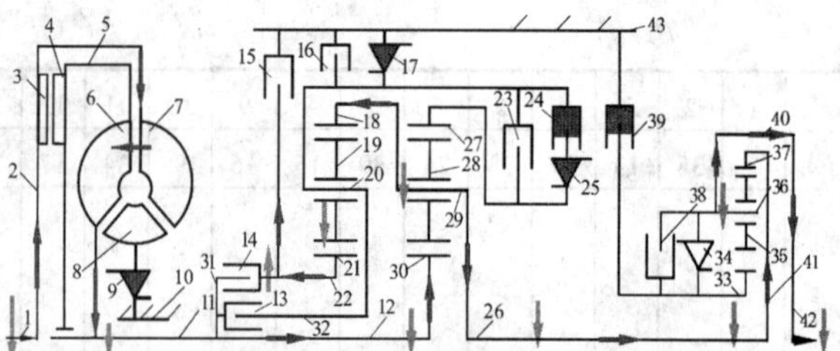

前轮系是单向圈轮系，前圈 27 被可顺不可逆的单向离合器 25 通过序号 24、17 锁定在壳体上，前阳轮 30 有确定的顺时针输入，前星轮 28 随前架 29 顺转，因为前圈 27 被锁止在壳体上，所以前轮系变成圈轮系，前架 29 有确定的经减速后的顺转输出，后架 20 被序号 17 单向锁止，后轮系演变成单向定轴轮系，后圈 18 顺转输入，后星轮 19 顺转，后阳轮 21 逆时针空转输出，对发动机传来的运动进行了分流。有单向执行器工作，无反拖。自动离合器是液矩器，减轮系是减速阳轮系，传动比在 2.0 左右。

（b）D 位 1 挡

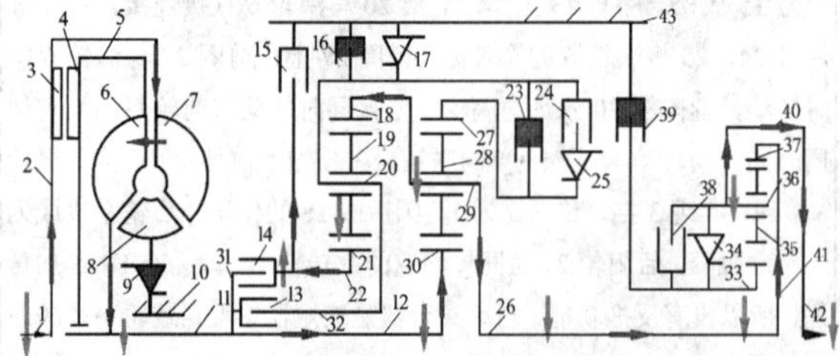

序号 16、23 参与工作，前圈 27 被双向锁止在壳体上，前轮系是双向圈轮系，后轮系因后架 20 被序号 16 双向锁止在壳体上，所以是双向定轴轮系，当然就能反拖了（反拖图不再画出，请参阅前面），与 D 位 1 挡是不一样的。

（c）S 位 1 挡有软反拖

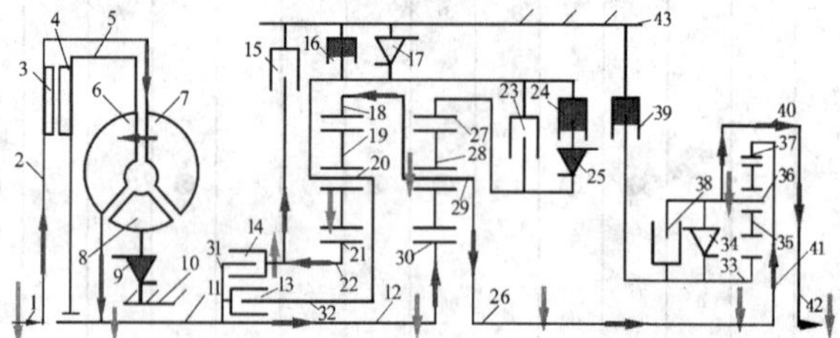

前轮系是单向圈轮系（前圈 27 被序号 16、24、25 组成的单向制动器锁定在壳体上，前阳轮 30 经有确定的顺时针输入，前架 29 顺转输出，后轮系因序号 16 双向锁止后架 20，是双向定轴轮系，后圈 18 顺转输入，后阳轮 21 逆转空转。自动离合器是液矩器，减轮系是减速阳轮系，有软反拖。

（d）S 位 1 挡无反拖一

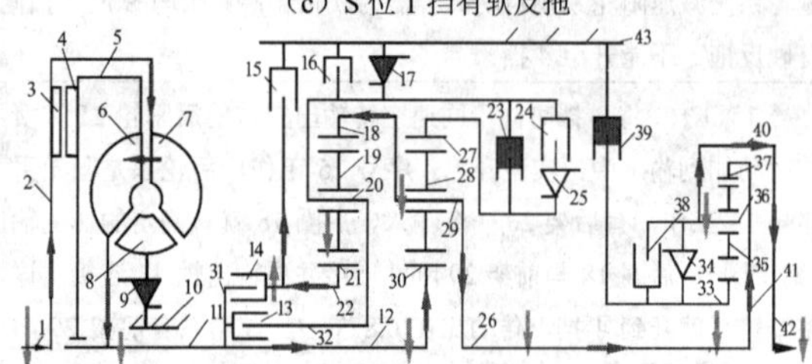

前轮系在序号 17、23 作用下是单向圈轮系，后轮系在序号 17 作用下是单向定轴轮系，无反拖。

（e）S 位 1 挡无反拖二

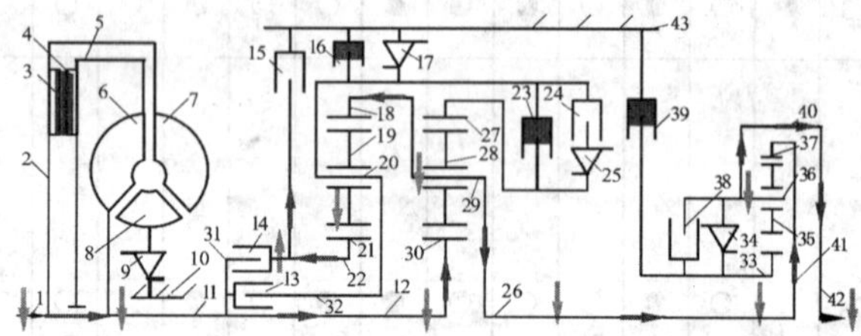

前轮系是双向圈轮系，后轮系是双向定轴轮系，自动离合器是联轴器，减速轮是减速轮系，有硬反拖。

（f）L 位 1 挡（有硬反拖，反拖图不再画出，请参阅前面）

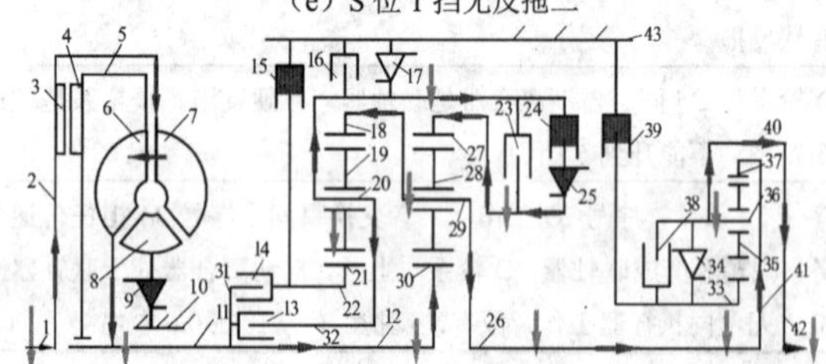

序号 15 工作，后阳轮 21 双向锁止，后轮系是双向阳轮系，后圈 18 随前架 29 顺转输入；后架 20 就获得确定的减速后顺时针转动，导致序号 17 放松；前圈 27 与后架 20 间因序号 24、25 的作用继续保持整体并向前轮系输入一个顺转运动（因序号 17 放松，可以判断这个运动一定是顺转的），前阳轮 30 恒定输入另一运动，这样两个输入就确保处于周转轮系状态的前架 29 有确定的顺转输出，实现 2 挡，传动比在 1.3 左右；运动通过序号 24、25，所以没有反拖。自动离合器是液矩器工况，减轮系是减速阳轮系。

（g）D 位 2 挡（无反拖）

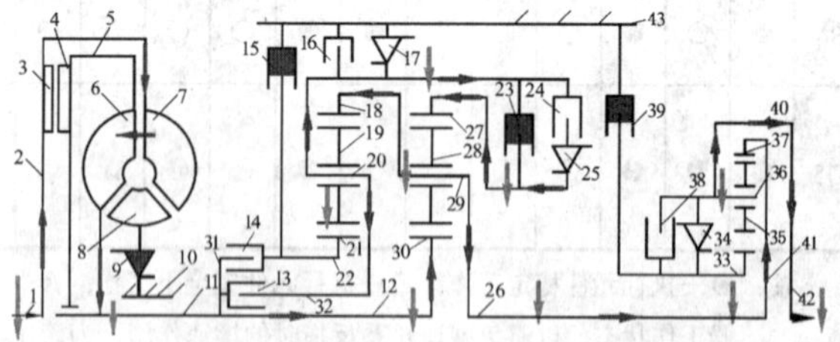

后轮系保持双向阳轮系不变，前轮系因序号 23 替代序号 24、25 连接前圈 27 与后架 20，前轮系为有两个双向稳定输入的周转轮系，自动离合器是液矩器工况；减轮系是减速阳轮系，有软反拖（反拖图不再画出，请参阅前面）。

（h）S 位 2 挡

图 6-34　减轮系后置的 D 式 5 速轮系挡位分析

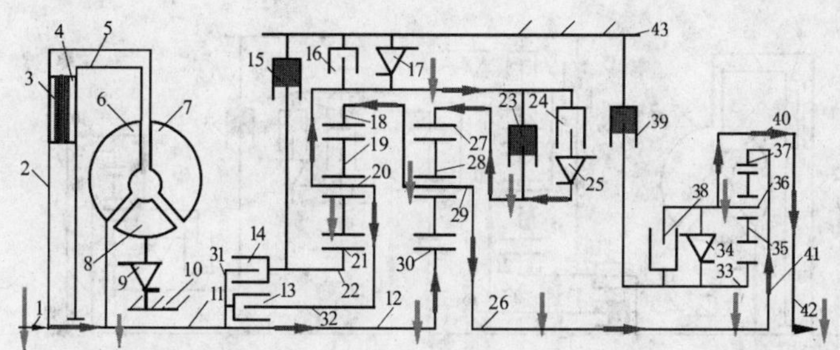

D轮系同S位2挡，序号9放松，序号3工作，自动离合器是联轴器，有硬反拖（反拖图不再画出，请参阅前面）。

（i）L位2挡

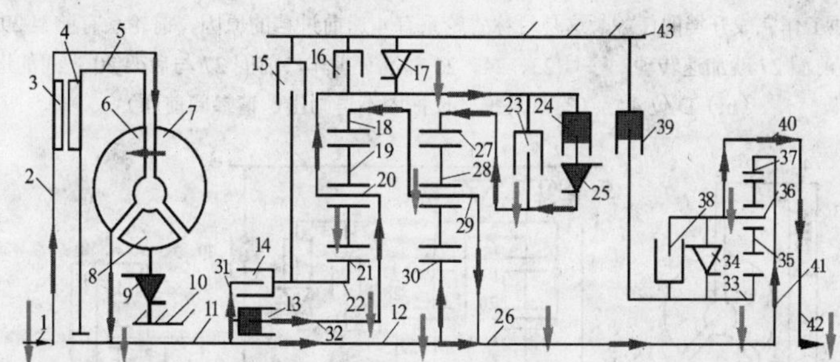

序号15放松，序号13工作，后架20与涡轮6直接连接，再通过序号24、25将涡轮6的输入传到前圈27上，前圈27与涡轮6同时转动，前阳轮30永远与涡轮6连接同时转动，前圈27与前架29同时同方向转动，是单向联轴器，将发动机传来的运动无分流地全部输出，相当于前架29直接与涡轮6接通，实现3挡，传动比为1。因后圈18作用，后轮系也成为一个联轴器，后阳轮21做同步同速的空转输出。F2参加传递，没有反拖功能。自动离合器是液矩器工况，减轮系是减速阳轮系。

（j）D位3挡（无反拖）

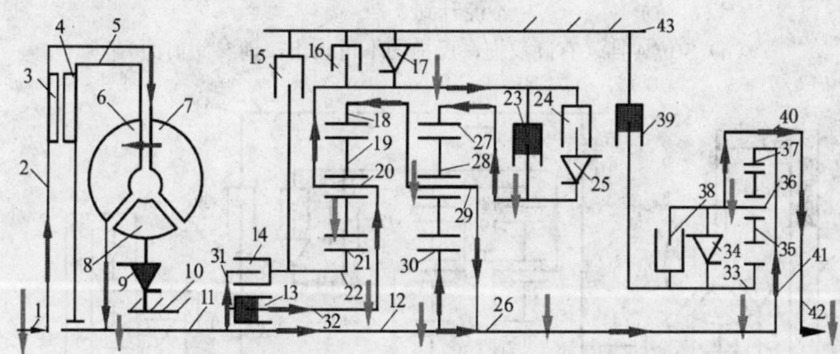

序号23替代序号24、25，前轮系成为有双向稳定输入的周转轮系，其余同D位3挡，有软反拖。自动离合器是液矩器工况，减轮系是减速阳轮系。

（k）S位3挡（有软反拖，反拖图不再画出，请参阅前面）

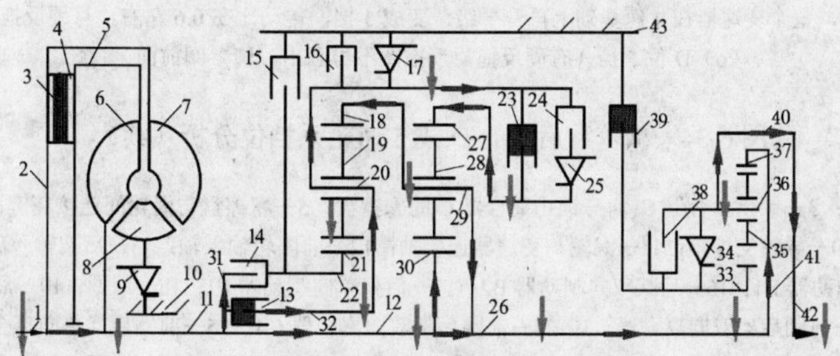

D轮系和减速轮系同S位3挡，序号9放松，序号3工作，自动离合器变成联轴器，三联轴器串联，有硬反拖。

（l）L位3挡（有硬反拖）

图6-34　减轮系后置的D式5速轮系挡位分析（续）

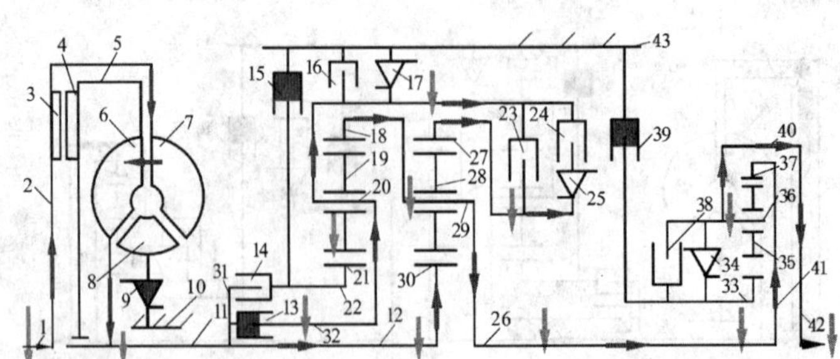

序号 15 工作，将 3 挡时同步同速空转输出空转的后阳轮 21 浪费了的运动加到输出中，实现升挡。序号 15 工作，后轮系是阳轮系，序号 13 工作，有后架 20 一个输入，后圈 18 就有确定的加速输出（架带圈），后圈 18 与前架 29 刚性连接并与输出轴 42 连接，轮系升到 4 挡，传动比在 0.8 左右。后轮系单独工作完成升挡的任务，这是对称式轮系有 4 速前进挡的原因。前轮系有前架 29 与前阳轮 30 两个输入，是有两输入的周转轮系，前圈 27 就加速转动，序号 23、24、25 都没有工作，前圈 27 与后架 20 之间的运动是各自独立的。

（m）D 位 4 挡（有软反拖，反拖图不再画出，请参阅前面）

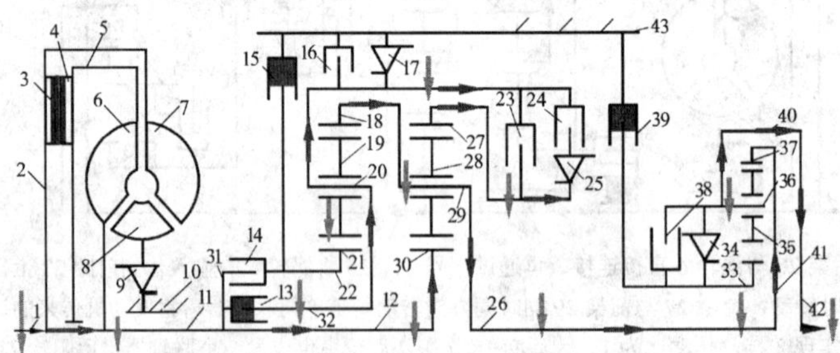

双向增速阳轮系状态的后轮系完成升挡任务，后圈 18 加速后使得处于有两个输入的周转轮系状态的前轮系的前圈 27 的速度进一步提高，结果是序号 25 的内圈转速高于外圈转速，所以序号 25 处于放松状态。自动离合器是联轴器，减轮系是减速阳轮系，有硬反拖。S 位 4 挡不能升到 5 挡

（n）S 位 4 挡（有硬反拖，反拖图不再画出，请参阅前面）

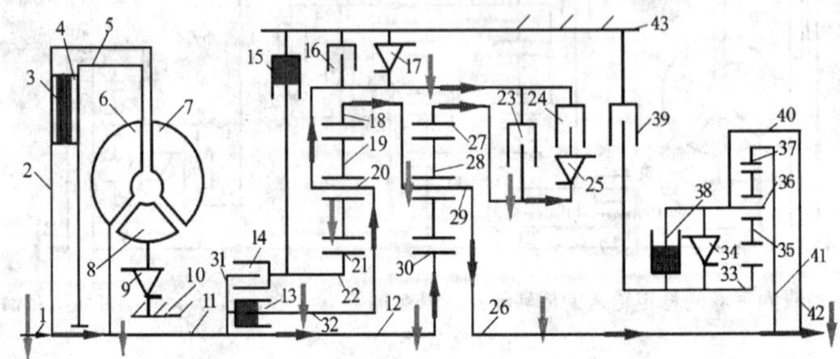

D 轮系和自动离合器与 S4 相同，序号 38 放松，序号 39 工作，二者都不工作的瞬间，序号 34 发挥传递作用，减速轮系由减速轮系变成联轴器，整个变速器在 4 速基础上再升一级，变成 5 挡，传动比在 0.6 左右，有硬反拖。

（o）D 位 5 挡（有硬反拖，反拖图不再画出，请参阅前面）

图 6-34　减轮系后置的 D 式 5 速轮系挡位分析（续）

1—曲轴；2—液力变矩器外壳；3—锁止离合器 C；4—锁止离合器 C 的摩擦盘；5—摩擦盘与涡轮间连接花键；6—涡轮；7—泵轮；8—导轮；9—导轮单向制动器 F；10—导轮支撑轴；11—涡轮与变速器连接轴；12—前阳轮输入轴；13—后架输入离合器 C1；14—后阳轮输入离合器 C2；15—后阳轮双向制动器 B1；16—后架双向制动器 B2；17—后架单向制动器 F1；18—后圈；19—后星轮；20—后架；21—后阳轮；22—后阳轮输入轴；23—前圈后架双向离合器 C3；24—前圈后架双向离合器 C4；25—前圈后架单向离合器 F2；26—前架输出轴；27—前圈；28—前星轮；29—前架；30—前阳轮；31—输入连接轴套；32—后架输入连接轴；33—减阳轮；34—单向离合器 F0；35—减星轮；36—减架；37—减圈；38—双向离合器 C0；39—减阳轮双向制动器 B0；40—减轮系输出轴；41—D 式与减单轮系连接轴；42—轮系输出轴；43—变速器壳体

以上文字分析和各挡起步工况、反拖工况的图可以参阅减速轮系前置的介绍，为节约篇幅这里不再赘述。

任务四　D式8速轮系挡位分析

为了提高汽车行驶时的乘坐舒适性，使发动机与变速器有更多的良好工作连接点，现代汽车都倾向于配置多挡位。配置多挡位的一种方法是增加轮系；另一种方法是通过控制程序，让简单轮系（超速轮系或减速轮系）的两工况在原5速的D位两挡之间都交换一次。这样1挡之后多了因为简单轮系交换工况的一个挡位，这就是新2挡，原来的2挡变成3挡，同理在原来的2挡、3挡间多出一挡，因为原来的2挡已是新3挡了，故这多出的一挡就是4挡，在它之后的原3挡就变成5挡，原3、4挡间多出一挡是新6挡，原4挡成为新7挡，原5挡成为新8挡，通过设计轮系齿轮齿数比，让这种交换后的传动比合理，D轮系就可实现8个前进挡。

第二种方法简单，成本低，基本不增加变速器的体积，容易实现，对改善发动机与传动系的匹配有显著的贡献，所以得到广泛的利用。但它的多挡位能力有限，只能在中、低档汽车中得到推广。下面介绍由这种办法得到的8速变速挡位变化情况。通过增加轮系实现增加挡位数的方法，其增速能力就要强得多，但这要付出增加成本、增大体积等代价，这将在项目七中介绍。

一、与超轮系配置的D式8速轮系挡位控制情况

下面通过表6-7介绍超轮系前置的D式8速轮系控制情况，不再画图，超轮系后置的8速轮系挡位控制情况请读者对照此表，自己分析，本教材不再列出。

表6-7　超轮系前置的D式8速轮系执行元件运作表

顺序	1	2	3	4	5	6	7	8	9	10	11	12	13	
序号	3	14	28	31	39	40	15	36	37	9	13	38	41	
	锁止离合器C	双向离合器C0	后架输入离合器C1	后阳轮输入离合器C2	前圈后架双向离合器C3	前圈后架双向离合器C4	超阳轮双向制动器B0	后阳轮双向制动器B1	后架双向制动器B2	导轮单向制动器F	单向离合器F0	后架单向制动器F1	前圈后架单向离合器F2	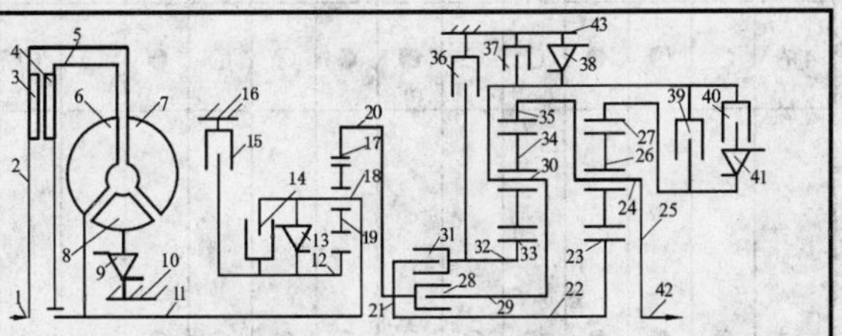 1—曲轴；2—液力变矩器外壳；3—锁止离合器C；4—锁止离合器C的摩擦盘；5—摩擦盘与涡轮间连接花键；6—涡轮；7—泵轮；8—导轮；9—导轮单向制动器F；10—导轮支撑轴；11—涡轮与超速轮系（超轮系）连接轴；12—超轮系太阳轮（超阳轮）；13—单向离合器F0；14—双向离合器C0；15—超阳轮双向制动器B0；16—变速器壳体；17—超轮系齿圈（超圈）；18—超架；19—超轮系行星轮（超轮）；20—超轮系与D式轮系连接轴；21—输入轴连接轴套；22—前阳轮输入轴；23—前阳轮；24—前架；25—前架输出轴；26—前星轮；27—前圈；28—后架输入离合器C1；29—后架输入连接轴；30—后架；31—后阳轮输入离合器C2；32—后太阳轮输入轴；33—后阳轮；34—后星轮；35—后圈；36—后阳轮双向制动器B1；37—后架双向制动器B2；38—后架单向制动器F1；39—前圈后架双向离合器C3；40—前圈后架双向离合器C4；41—前圈后架单向离合器F2；42—轮系输出轴；43—变速器壳体
D1	○	●	○	○	○	●	○	○	○	●	☆	●	●	超轮系是联轴器；序号3放松，序号9工作，自动离合器处于液矩器工况。当汽车起步以后，前阳轮23顺时针转动输入转矩，后架30与前圈27组成的组合体被序号38单向锁止没有转动。前轮系在序号38、40、41共同作用下是单向减速圈轮系（前阳轮23带动前架24），前架24有确定的减速顺转输出，实现1挡，无反拖。后轮系因后架30被序号38单向锁止，后轮系是单向定轴轮系。后圈35随前架24有确定的顺转输入，故后阳轮33有确定的逆转空转输出

续表

顺序	1	2	3	4	5	6	7	8	9	10	11	12	13	
序号	3	14	28	31	39	40	15	36	37	9	13	38	41	
D2	○	○	○	○	○	●	●	○	○	●	☆	●	●	序号 14 放松，序号 15 工作，交换期间序号 13 工作，超轮系变超速阳轮系，其余与 D1 相同，升为 2 挡
D3	○	●	○	○	○	●	○	●	○	●	☆	○	●	序号 15 放松，序号 14 工作，交换期间序号 13 工作，超轮系变联轴器；自动离合器为液矩器工况。序号 36 工作，将后轮系的阳轮 33 双向锁止，所以后轮系是阳轮系，后轮系的齿圈 35 随着前架 24 在顺转输入；后架 30 就获得确定的减速后顺时针转动，导致序号 38 放松；前圈 27 与后架 30 间因序号 40、41 的作用而继续保持整体并向前轮系输入一个顺转运动（因序号 38 放松，可以判断这个运动一定是顺转的），前阳轮 23 恒定输入另一运动，这样两个输入就确保处于周转轮系状态的前轮系的前架 24 有确定的顺转输出，实现 3 挡；运动通过序号 40、序号 41，所以没有反拖
D4	○	○	○	○	○	●	●	●	○	●	☆	○	●	序号 14 放松，序号 15 工作，交换期间序号 13 工作，超轮系变超速阳轮系，其余与 D3 相同，升至 4 挡
D5	○	●	●	○	○	●	○	○	○	●	○	○	●	序号 15 放松，序号 14 工作，交换期间序号 13 工作，超轮系变联轴器；自动离合器为液矩器工况。序号 36 放松，序号 28 工作，后架 30 与涡轮 6 经超速轮系联轴器后直接连接，再通过序号 40、41 将涡轮的输入传到前圈 27 上，前圈 27 与涡轮同时转动，前阳轮 23 永远与涡轮 6 连接同时转动，所以前轮系是一个单向联轴器，相当于前架 24 直接与涡轮 6 接通，实现 5 挡，因后圈 35 的作用，后轮系也成为一个联轴器，后阳轮 33 做同步同速的空转输出。因为有 F2 参加传递，所以没有反拖功能
D6	○	○	●	○	○	●	●	○	○	●	○	○	●	序号 14 放松，序号 15 工作，交换期间序号 13 工作，超轮系变超速阳轮系，其余与 D5 相同，升至 6 挡
D7	●	●	●	○	○	○	○	●	○	○	☆	○	○	序号 15 放松，序号 14 工作，交换期间序号 13 工作，超轮系变联轴器；自动离合器为联轴器。序号 36 工作，将 3 挡时同步同速空转输出空转的后阳轮 33 浪费了的运动加到输出中，实现升挡。序号 36 工作，后轮系是阳轮系，序号 28 工作，有后架 30 一个输入，后圈 35 就有确定的加速输出（架带圈），后圈 35 与前架 24 刚性连接并与输出轴 42 连接，这样整个轮系就升到 7 挡，前轮系有前架 24 与前阳轮 23 两个输入，成为有两个输入的周转轮系，前圈 27 就会加速转动。因为序号 39、40 都没有工作，前圈 27 与后架 30 之间的运动是各自独立的
D8	●	○	●	○	○	○	●	●	○	○	☆	○	○	D 轮系同 D7，自动离合器为联轴器，序号 15 工作，序号 14 放松，将超阳轮 12 锁止（在它们都放松不工作的交换瞬间序号 13 工作），超轮系变成增速阳轮系，整个自动变速器在 7 挡基础上再升至 8 挡。有硬反拖

注：1. ●—执行元件稳定工作；○—执行元件完全不工作；☆—执行元件在相邻两挡交换期间瞬时工作。

2. S 位和 L 位也可以以相同方式获得多挡位，但对普通汽车没有太大意义，故不讨论。

3. 各挡传动比由厂家设计的 D 轮系各齿轮齿数决定，表中未列出。除 D 位外，其他挡位与 5 速同，未列出。

二、与减速轮系配置的 D 式 8 速轮系挡位控制情况

下面通过表 6-8 介绍减速轮系后置的 D 式 8 速轮系挡位控制情况，不再画图，减速轮系前置 8 挡位控制情况请读者对照此表，自己分析，本教材不再列出。

表 6-8　减轮系后置的 D 式 8 速轮系执行元件运作表

顺序	1	2	3	4	5	6	7	8	9	10	11	12	13	
序号	3	38	13	14	23	24	39	15	16	9	34	17	25	
	锁止离合器 C	双向离合器 C0	后架输入离合器 C1	后阳轮输入离合器 C2	前圈后架双向离合器 C3	前圈后架双向离合器 C4	减阳轮双向制动器 B0	后阳轮双向制动器 B1	后架双向制动器 B2	导轮单向制动器 F	单向离合器 F0	后架单向制动器 F1	前圈后架单向离合器 F2	1—曲轴；2—液力变矩器外壳；3—锁止离合器 C；4—锁止离合器 C 的摩擦盘；5—摩擦盘与涡轮间连接花键；6—涡轮；7—泵轮；8—导轮；9—导轮单向制动器 F；10—导轮支撑轴；11—涡轮与变速器连接轴；12—前阳轮输入轴；13—后架输入离合器 C1；14—后阳轮输入离合器 C2；15—后阳轮双向制动器 B1；16—后架双向制动器 B2；17—后架单向制动器 F1；18—后圈；19—后星轮；20—后行星架；21—后太阳轮；22—后太阳轮输入轴；23—前圈后架双向离合器 C3；24—前圈后架双向离合器 C4；25—前圈后架单向离合器 F2；26—前架输出轴；27—前圈；28—前星轮；29—前架；30—前太阳轮；31—输入连接轴套；32—后架输入连接轴；33—减轮系太阳轮（减阳轮）；34—单向离合器 F0；35—减轮系行星轮（减星轮）；36—减架；37—减轮系齿圈（减圈）；38—双向离合器 C0；39—减阳轮双向制动器 B0；40—减轮系输出轴；41—D 式与减单轮系连接轴；42—轮系输出轴；43—变速器壳体
D1	○	○	○	○	○	●	●	○	○	●	☆	●	●	序号 38 放松，序号 39 工作，交换期间序号 34 工作，减轮系是减速阳轮系；序号 3 放松，序号 9 工作，自动离合器处于液矩器工况。当汽车起步以后，前阳轮 30 顺时针转动输入转矩，后架 20 与前圈 27 组成的组合体被序号 25 单向锁止没有转动。前轮系在序号 17、24、25 共同作用下是单向减速圈轮系（前阳轮 30 带动架 29），前架 29 有确定的减速顺转输出，实现 1 挡，无反拖。后轮系因后架 20 被序号 17 单向锁止，后轮系是单向定轴轮系。后圈 18 随 29 顺转输入，故后阳轮 21 有确定的逆转空转输出，无反拖
D2	○	●	○	○	○	●	○	○	○	●	☆	●	●	序号 38 工作，序号 39 放松，交换期间序号 34 工作，减轮系变为联轴器，其余与 D1 相同，升至 2 挡
D3	○	○	○	○	●	○	●	●	○	●	☆	○	●	序号 38 放松，序号 39 工作，交换期间序号 34 工作，减轮系是减速阳轮系；序号 15 工作，将后轮系的阳轮 21 双向锁止，所以后轮系是阳轮系，后轮系的齿圈 18 随着前架 29 在顺转输入；后架 20 就获得确定的减速后顺时针转动，导致序号 17 放松；前圈 27 与后架 20 间因序号 24、25 的作用而继续保持整体并向前轮系输入一个顺转运动（因序号 17 放松，可以判断这个运动一定是顺转的），前阳轮 30 恒定输入另一运动，这样两个输入就确保处于周转轮系状态的前轮系的前架 29 有确定的顺转输出，实现 3 挡；运动通过序号 24、25，所以没有反拖。自动离合器是液矩器工况
D4	○	●	○	○	●	○	○	●	○	●	☆	○	●	序号 38 工作，序号 39 放松，交换期间序号 34 工作，减轮系变为联轴器，其余与 D3 相同，升至 4 挡
D5	○	○	●	○	○	●	●	○	○	●	☆	○	●	序号 38 放松，序号 39 工作，交换期间序号 34 工作，减轮系是减速阳轮系，序号 15 放松，序号 13 工作，后架 20 与涡轮 6 直接连接，再通过序号 24、25 将涡轮 6 的输入传到前圈 27 上，前圈 27 与涡轮 6 同时转动，前阳轮 30 永远与涡轮 6 连接同时转动，前轮系的圈与架同时同方向转动，是一个单向联轴器，相当于前架 29 直接与涡轮 6 接通，实现 5 挡，因后圈 18 的作用，后轮系也成为一个联轴器，后阳轮 21 做同步同速的空转输出。因为有 F2 参加传递，所以没有反拖功能，自动离合器是液矩器工况

续表

顺序	1	2	3	4	5	6	7	8	9	10	11	12	13	
序号	3	38	13	14	23	24	39	15	16	9	34	17	25	
D6	○	●	●	○	○	●	○	○	○	●	☆	○	●	序号 38 工作，序号 39 放松，交换期间序号 34 工作，减轮系变联轴器，其余与 D5 相同，升至 6 挡
D7	○	○	●	○	○	○	●	●	○	●	☆	○	○	序号 38 放松，序号 39 工作，交换期间序号 34 工作，减轮系是减速阳轮系，序号 15 工作，将 3 挡时同步同速空转输出空转的后阳轮 21 浪费了的运动加到输出中，实现升挡。序号 15 工作，后轮系是阳轮系，序号 13 工作，有后架 20 一个输入，后圈 18 就有确定的加速输出（架带圈），后圈 18 与前架 29 刚性连接并与输出轴 42 连接，这样整个轮系就升到 7 挡。前轮系有前架 29 与前阳轮 23 两个输入，成为有两个输入的周转轮系，前圈 27 就会加速转动，.因为序号 23、24、25 都没有工作，前圈 27 与后架 20 之间的运动是各自独立的。自动离合器是液矩器，有软反拖
D8	●	●	●	○	○	○	○	●	○	○	☆	○	○	序号 38 放松，序号 39 工作，二者交换瞬间由序号 34 担任传递；减轮系变成联轴器；D 轮系与上同。升至 8 挡。自动离合器处于联轴器工况。无单向执行器工作，故有硬反拖

注：1. ●—执行元件稳定工作；○—执行元件完全不工作；☆—执行元件在相邻两挡交换期间瞬时工作。

2. S 位和 L 位也可以以相同方式获得多挡位，但对普通汽车没有太大意义。

3. 反拖时，减速轮系要变成联轴器工作状态，以避免减速轮系反拖时的增速作用，为简化，表中没有表示出这种变化，读者应当清楚这种变化的必要性。

4. 各挡传动比由厂家设计的 D 轮系各齿轮齿数决定，表中未列出。除 D 位外，其他挡位与 5 速同，未列出。

5. D7 是高速转动状态，液力变矩器工况效率低，一般不设置，在此保留是为了让读者知道有这种配置存在。

三、讨论

项目五研究了 R 式 8 速轮系，本项目研究了 D 式 8 速轮系，如 12 速一样，将两个 8 速轮系串联起来，就成了 16 速自动变速器，这种多速比轮系同样在四川某工厂已经问世并用于重型卡车上，如图 6-35 所示。

图 6-35　作者在四川某工厂拍摄的 16 速自动变速器实物照片

项目检测要点

1. D 式与 S 式最本质的区别是什么？
2. 基本 D 式能够实现 4 速的原因与基本 R 式有何区别？
3. D 式结构特点是什么？分析其对称特点。
4. 为什么说基本 D 式有无条件输入轴头？
5. D 式轮系有几条输入路线？各有何特点？
6. D 式的执行器是如何配置的？

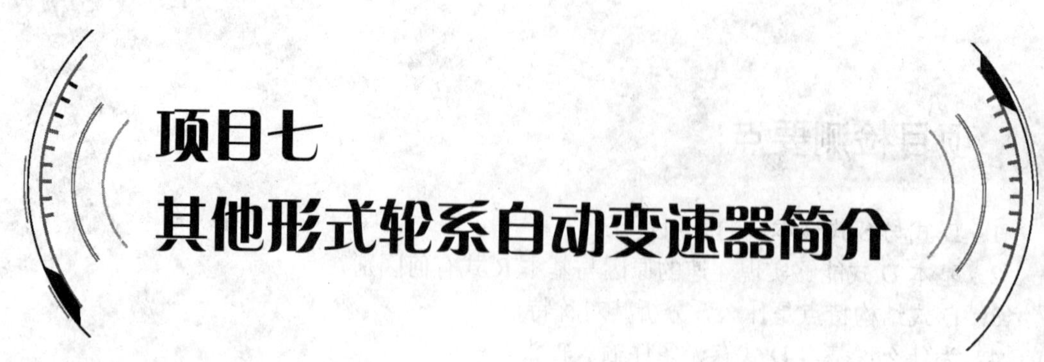

项目七 其他形式轮系自动变速器简介

学习目标

1. 知晓其他主要形式的自动变速器的结构与工作原理。
2. 掌握其他主要形式的自动变速器执行元件的组成与作用。
3. 掌握其他主要形式的自动变速器轮系的挡位分析及轮系演变。
4. 了解多轮系自动变速器挡位分析。
5. 了解其他多轮系自动变速器配置。

学习要求

能力目标	知识要点	权重
能描述定轴自动变速器组成	定轴自动变速器的作用、基本概念	20%
掌握其他形式挡位变化分析方法	其他形式轮系挡位变化规律	50%
了解多轮系与执行元件的搭配	多轮系变速装置执行结构	20%
了解其他多轮系自动变速器配置	其他多轮系自动变速器配置	10%

前面分析了常用的 S 式、R 式、D 式三种轮系的挡位变化，这三种轮系经过多年比较和改进，日趋成熟，已经成为公认的结构合理，传动效率高，相对性价比好，维护相对容易的经典。在优化的历程中，曾经涌现过多种自动变速器的结构，经过实践的检验现在还剩下几种，下面就选择性地介绍几种不常用的自动变速器，对未涉及的类型如果读者遇到了，就请读者自己分析，也可与作者联系，我们共同探讨。

任务一　定轴轮系自动变速器挡位分析

一、35311 式 5 速定轴轮系自动变速器

35311 式定轴轮系自动变速器在 Honda　A24A&S24A 上使用过，按图 3-10 介绍的代号规则，可以知道这款式自动变速器有 3 根传动轴，5 个离合器，其中 3 个单离合器，1 个双离合器，1 个选择器，它的机构示意图如图 7-1 所示。

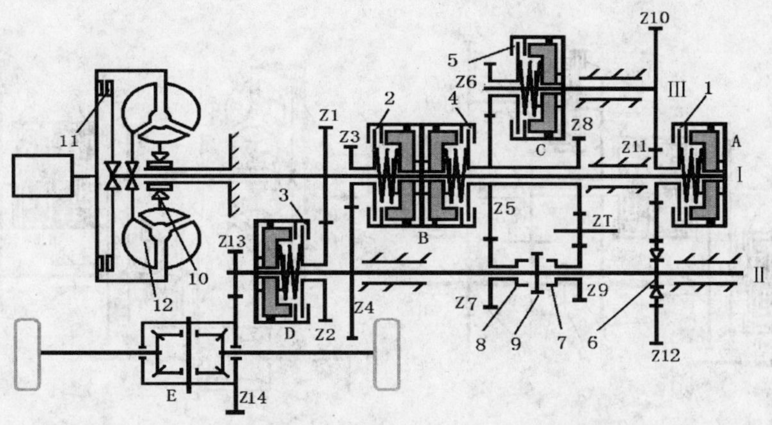

图 7-1　35311 式（Honda A24A&S24A）定轴轮系机构示意图

1—1 挡离合器 C1；2—2 挡离合器 C2；3—3 挡离合器 C3；4—4、5、倒挡离合器 C4；5—5 挡锁定离合器 C5；6—单向离合器；7—倒挡齿轮；8—4 挡选择器齿轮；9—选择器；10—导轮单向制动器；11—液力变矩器锁止离合器；12—涡轮；I—1 轴；II—2 轴；III—3 轴；A、B、C、D—离合器外壳；E—差速器；ZT—惰轮（各齿轮分别用 Z 加编号表示）

与手动变速器相同的是由三根定轴上的常啮合齿轮完成变速，不同的是没有同步器，没有手动换挡装置，倒挡和 4 挡时还需要手动换挡；与动轴轮系自动变速器相同的是由电子控制系统通过 ECU 的换挡程序指挥电磁阀去控制液压阀，液压阀控制五个离合器实现自动换挡，因而就有自动控制系统的传感器、ECU、执行器三件，不同的是变速轮系是定轴轮系而不是动轴轮系，没有换位的概念，只有换挡的概念，或者说二者是同一个概念（这点与手动变速器相同）其挡位分析如图 7-2 所示，执行元件运作表如表 7-1 所示。

从图 7-1 中可以知道，当发动机转动，序号 10 工作的状态下，涡轮 11 有顺转沿 I 轴输入，随之顺转的零件有 Z1、离合器 A、B 的外套及与它们刚性连接的离合器 1、2、4 的钢片；与 Z1 啮合的 Z2 及与 Z2 连接的离合器 3 的摩擦片，这也是 P 位及 N 位的传递示意图。

从图 7-1 中还可以看出，尽管是自动变速器，但因为是定轴结构，就保持了定轴的“一是一，二是二”的特征，没有动轴轮系的 D 位、S 位和 L 位，只有 1～5 挡，只有一个单向离合器序号 6 在 1 挡及 5 挡传递路线上，故 1 挡、5 挡不能反拖。

另外，图中活塞的回位弹簧为求简单，画成螺旋弹簧，实际使用的大多是膜片弹簧。

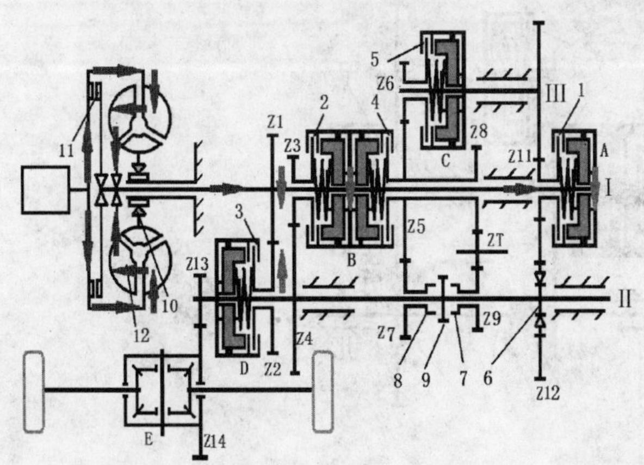

P 位输出轴有机械锁止装置，不能被拖动，N 位没有，可以被拖动。

（a）P 位和 N 位传递示意图

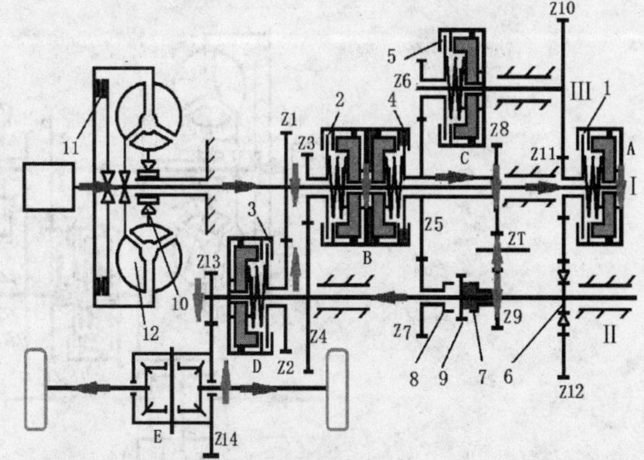

传递路线：11→4→顺转 Z8→ZT→Z9→7→9 选择右位→II 轴顺转→主减速器→差速器，实现倒挡，传动比在 2.4 左右。自动离合器因序号 10 放松，序号 11 工作变成联轴器，有硬反拖。

（b）R 位传递示意图

图 7-2　35311 式 5 速定轴自动变速器挡位分析

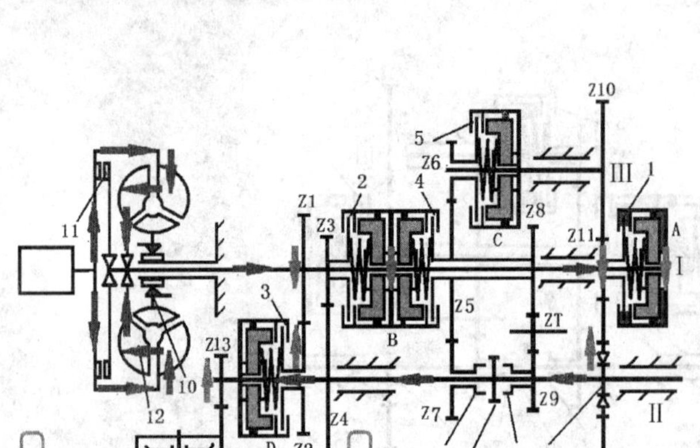

传递路线：序号 12→1→顺转 Z11→Z12 II 轴逆转→9（选择中位）→主减速器→差速器，实现 1 挡，传动比在 2.4 左右。自动离合器因序号 11 放松，序号 10 工作变成液矩器，无反拖。

（c）1 挡传递示意图

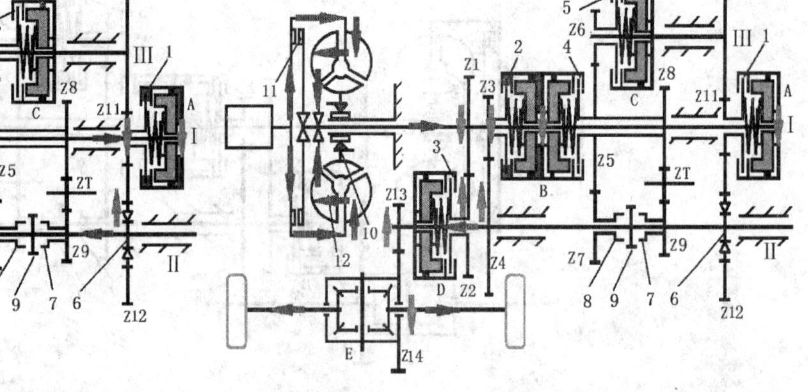

传递路线：序号 12→2→顺转 Z3→Z4→II 轴逆转→主减速器（顺转）→差速器，实现 2 挡，传动比在 1.8 左右。有软反拖。自动离合器是液矩器工况。

（d）2 挡传递示意图

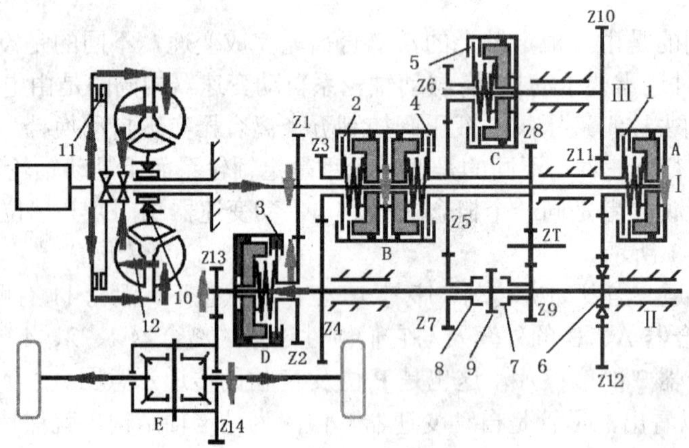

传递路线：序号 12→2→顺转 Z3→Z4→II 轴逆转→主减速器顺转→差速器，实现 2 挡，传动比在 1.8 左右。有软反拖。自动离合器是液矩器工况。

（e）3 挡传递示意图

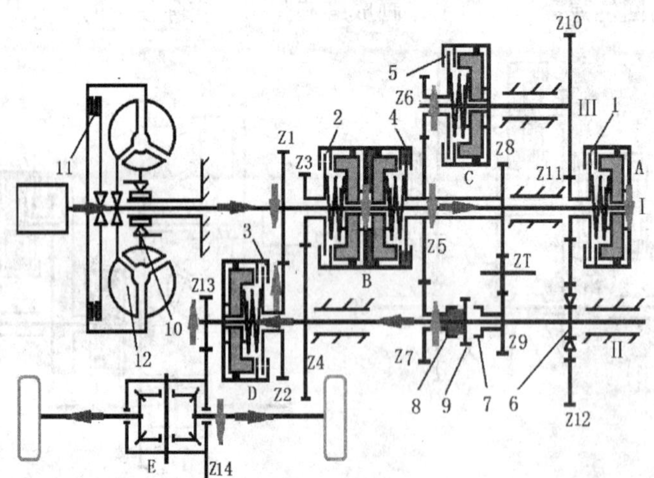

序号 11→4→顺转 Z5→Z7→II 轴逆转→主减速器（顺转）→差速器，实现 4 挡，传动比在 0.8 左右。实现 4 挡，自动离合器因序号 10 放松，序号 11 工作变成联轴器，有硬反拖。

（f）4 挡传递示意图

图 7-2　35311 式 5 速定轴自动变速器挡位分析（续）

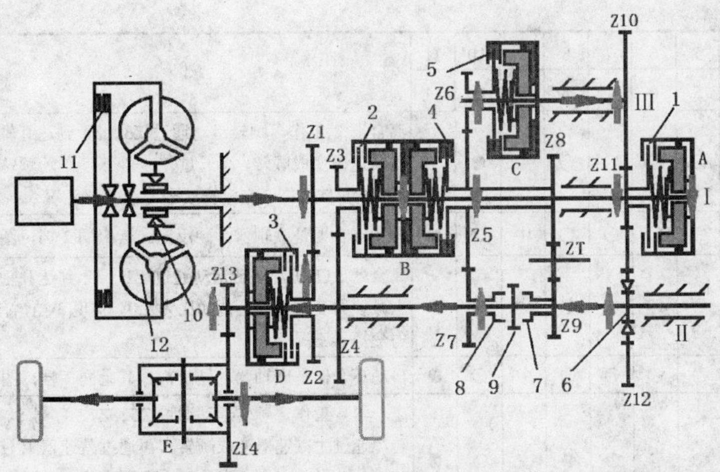

序号 11→4→顺转 Z5→Z6 逆转→5→III 轴逆转→Z10→Z11→Z12→6→II 轴（逆转）→主减速器（顺转）→差速器，实现 5 挡，传动比在 0.6 左右，自动离合器因序号 10 放松，序号 11 工作变成联轴器，有硬反拖。

(g) 5 挡传递示意图

图 7-2　35311 式 5 速定轴自动变速器挡位分析（续）

表 7-1　35311 式 5 速定轴自动变速器执行元件运作表

顺序	1	2	3	4	5	6	7	8	9	10	11	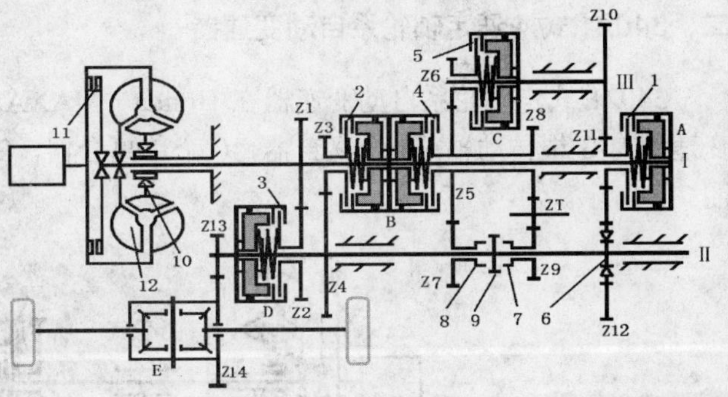
序号	1	2	3	4	5	6	7	8	9	10	11	
	1挡离合器C1	2挡离合器C2	3挡离合器C3	4挡离合器C4	5挡锁定离合器C5	单向离合器	倒挡齿轮	4挡选择器齿轮	选择器（需要手动操纵）	导轮单向制动器	液力变矩器锁止离合器C	1—1 挡离合器 C1；2—2 挡离合器 C2；3—3 挡离合器 C3；4—4 挡离合器 C4；5—5 挡锁定离合器 C5；6—单向离合器；7—倒挡齿轮；8—4 挡选择器齿轮；9—选择器；10—导轮单向制动器；11—液力变矩器锁止离合器 C；12—涡轮；I —1 轴；II—2 轴；III—3 轴；A、B、C、D—离合器外壳；E—差速器；ZT—惰轮（各齿轮分别用 Z 加编号表示）
P位	○	○	○	○	○	○	○	○	中	●	○	除序号 10 工作外，其余离合器都没有参与工作，自动离合器处于液矩器工况，为进入其他工况做准备。输出轴被锁止
N位	○	○	○	○	○	○	○	○	中	●	○	轮系、自动离合器同上；与上不同之处为输出轴没有被机械锁止，可以被拖动
R位	○	○	○	●	○	○	●	○	右位	○	●	离合器 4 工作，顺转运动通过 Z8、ZT 和 Z9 到达序号 7，驾驶员手动选择序号 9 右位，使II轴有了顺转，实现倒挡，自动离合器因序号 10 放松，序号 11 工作变成联轴器是，有硬反拖。传动比在 2.4 左右
1	●	○	○	○	○	●	○	○	中	●	○	离合器 1 工作，顺转运动通过 Z11、序号 6、Z12，到达II轴逆转，序号 9 中位，通过主减速器变成顺转，再通过差速器 E 使车轮顺转前进，传动比在 2.3 左右。实现 1 挡，因通过了单向离合器 6，故没有反拖。序号 11 放松，10 工作，自动离合器是液矩器工况

续表

顺序	1	2	3	4	5	6	7	8	9	10	11	
序号	1	2	3	4	5	6	7	8	9	10	11	
2	○	●	○	○	○	○	○	○	中	●	○	离合器 2 工作，顺转运动通过 Z3、Z4 到达Ⅱ轴逆转，序号 9 中位，通过主减速器变成顺转，再通过差速器 E 使车轮顺转前进，传动比为 1.8，实现 2 挡，有软反拖。自动离合器是液矩器工况
S2	○	●	○	○	○	○	○	○	中	○	●	自动离合器是联轴器，硬反拖。其余同 2 挡，图 7-2 中图形略
3	○	○	●	○	○	○	○	○	中	●	○	离合器 3 工作，顺转运动通过 Z1、Z2 到达Ⅱ轴逆转，序号 9 中位，通过主减速器变成顺转，传动比为 1.0。实现 3 挡，有软反拖。自动离合器是液力变矩器工况
S 3	○	○	●	○	○	○	○	○	中	○	●	自动离合器是联轴器，硬反拖。其余同 3 挡，图 7-2 中图形略
4	○	○	○	●	○	○	○	●	左	○	●	离合器 4 工作，顺转运动通过 Z5、Z7、序号 8，序号 9 左位，到达Ⅱ轴逆转，通过主减速器变成顺转，再通过差速器 E 使车轮顺转前进，传动比在 0.8 左右。实现 4 挡，自动离合器因序号 10 放松，序号 11 工作变成联轴器，有硬反拖
5	○	○	○	●	●	●	○	●	左	○	●	离合器 4、5 工作，顺转运动通过 Z5、Z6，传动Ⅲ轴逆转，Z10、Z11、Z12 传动到Ⅱ轴逆转，序号 9 中位，通过主减速器变成顺转，再通过差速器 E 使车轮顺转前进，自动离合器因序号 10 放松，序号 11 工作变成联轴器，传动比在 0.6 左右。实现 5 挡，自动离合器因序号 10 放松，序号 11 工作变成联轴器，因序号 6 参与传递，没有反拖

注：●—执行元件稳定工作；○—执行元件完全不工作；选择器序号 9 由驾驶员手动操纵。

二、34021 式 4 速定轴轮系自动变速器

34021 式定轴轮系自动变速器在 Honda　MAXA 上使用过，按代号规则，可以知道这款式自动变速器有 3 根传动轴，4 个离合器，0 个单离合器，2 个双离合器，1 个选择器，它的机构示意图如图 7-3 所示。

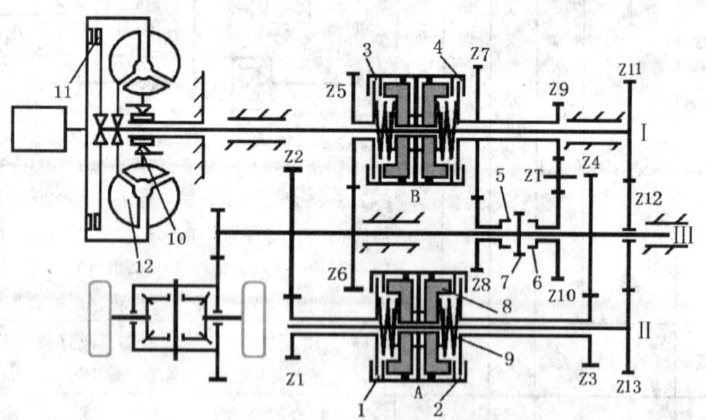

图 7-3　34021 式 4 速定轴轮系自动变速器（Honda MAXA）机构示意图

1—1 挡离合器 C1；2—2 挡离合器 C2；3—3 挡离合器 C3；4—4 挡离合器 C4；5—4 挡选择器齿轮；6—倒挡齿轮，7—选择器；8—控制活塞；9—活塞回位弹簧（实际大多是膜片弹簧，图画成螺旋弹簧）；10—导轮单向制动器；11—液力变矩器锁止离合器；12—涡轮；I—1 轴；II—2 轴；III—3 轴；A、B—离合器外壳；ZT—惰轮（各齿轮分别用 Z 加编号表示）

此轮系中没有单向离合器，故它的任何挡均有反拖，文字叙述不再重复，Z12 空套在轴Ⅲ上，对轴Ⅲ没有影响，这是此轮系一个特点，其他情况与 35311 式相同，传递路线如图 7-4 所示。它的执行元件运作表如表 7-2 所示。

表 7-2　34021 式 4 速定轴自动变速器执行元件运作表

顺序	1	2	3	4	5	6	7	8	9	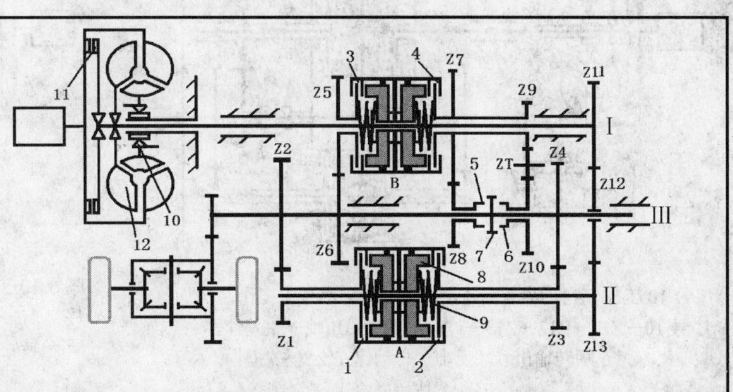
序号	1	2	3	4	5	6	7	10	11	
	1挡离合器C1	2挡离合器C2	3挡离合器C3	4挡离合器C4	4挡选择器齿轮	倒挡齿轮	选择器（需要手动操纵）	导轮单向制动器	液力变矩器锁止离合器C	1—1 挡离合器 C1；2—2 挡离合器 C2；3—3 挡离合器 C3；4—4 挡离合器 C4；5—4 挡选择器齿轮；6—倒挡齿轮，7—选择器；8—控制活塞；9—活塞回位弹簧；10—导轮单向制动器；11—液力变矩器锁止离合器 C；12—涡轮；I—1 轴；II—2 轴；III—3 轴；A、B—离合器外壳；ZT—惰轮（各齿轮分别用 Z 加编号表示）
P 位	○	○	○	○	○	○	中	●	○	除序号 10 工作外，其余离合器都没有参与工作，自动离合器处液矩器工况，为进入其他工况做准备。输出轴被锁止
N 位	○	○	○	○	○	○	中	●	○	轮系、自动离合器同上；与上不同之处为输出轴没有被机械锁止，可以被拖动
R 位	○	○	○	●	○	●	右位	○	●	由于 Z 12 是空套在轴Ⅲ上的，故对轴 III 没有影响，序号 11、4、6（7 在右位）工作，传递路线：发动机→B 外壳→4→Z9→ZT→Z10→6→7→Ⅲ轴→主差速器→差速器输出，传动比在 2.4 左右
1	●	○	○	○	○	○	中	●	○	序号 10 工作，自动离合器是液矩器工况，序号 1 工作，传递路线：序号 10→Z11→Z12→Z13→1→Z1→Z2→Ⅲ轴→主差速器→差速器顺转输出。软反拖，传动比在 2.3 左右
S1	●	○	○	○	○	○	中	○	●	有硬反拖，其余同 1 挡，传递路线图在图 7-4 中略
2	○	●	○	○	○	○	中	●	○	传递路线：序号 10→Z11→Z12→Z13→2→Z3→Z4→Ⅲ轴→主差速器→差速器顺转输出。软反拖，传动比在 1.8 左右，顺转输出。软反拖
S2	○	●	○	○	○	○	中	○	●	有硬反拖，其余同 2 挡，传递路线图在图 7-4 中略
3	○	○	●	○	○	○	中	●	○	传递路线：序号 10→3→Z5→Z6→III 轴→主差速器→差速器顺转输出。软反拖，传动比为 1.0，顺转输出。软反拖
S3	○	○	●	○	○	○	中	○	●	有硬反拖，其余同 3 挡，传递路线图在图 7-4 中略
4	○	○	○	●	○	○	左	○	●	传递路线：序号 10→4→Z7→Z8→5→7（左位）→III 轴→主差速器→差速器顺转输出。软反拖，传动比为 0.8，顺转输出。硬反拖。因为 Z7>Z，所以是加速轮系

注：●—执行元件稳定工作；○—执行元件完全不工作；选择器序号 7 由驾驶员手动操纵。

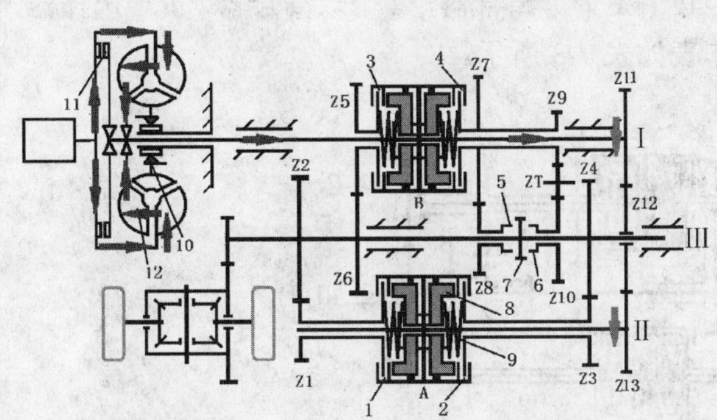

Z22 空套在 III 轴上，故它的运动对 III 轴没有影响。

（a）P、N 位

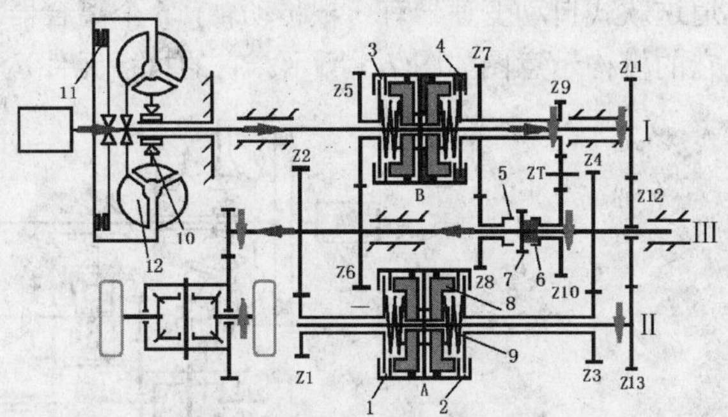

由于 Z 12 是空套在轴 III 上的，故对轴 III 没有影响，序号 11、4、6（7 在右位）工作，传递路线：发动机→B 外壳→4→Z9→ZT→Z10→6→7→III 轴→主差速器→差速器输出，传动比在 2.4 左右。

（b）R 位传递路线

图 7-4　34021 式 4 速定轴自动变速器（Honda MAXA）挡位分析

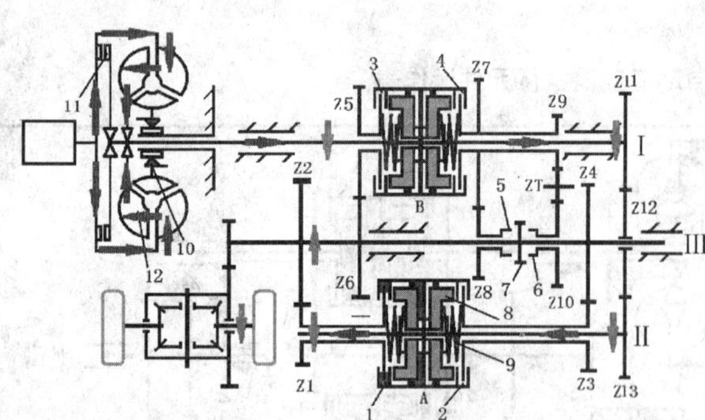

序号 10 工作，自动离合器是液矩器工况，序号 1 工作，传递路线：序号 10→Z11→Z12→Z13→1→Z1→Z2→III 轴→主差速器→差速器顺转输出。软反拖，传动比在 2.3 左右。

（c）1 挡传递路线

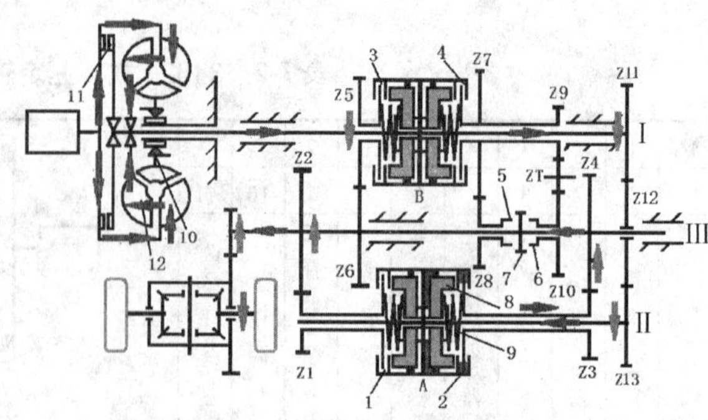

序号 10 工作，自动离合器是液矩器工况，序号 2 工作，传递路线：序号 10→Z11→Z12→Z13→2→Z3→Z4→III 轴→主差速器→差速器顺转输出。软反拖，传动比在 1.8 左右，顺转输出。软反拖。

（d）2 挡传递路线

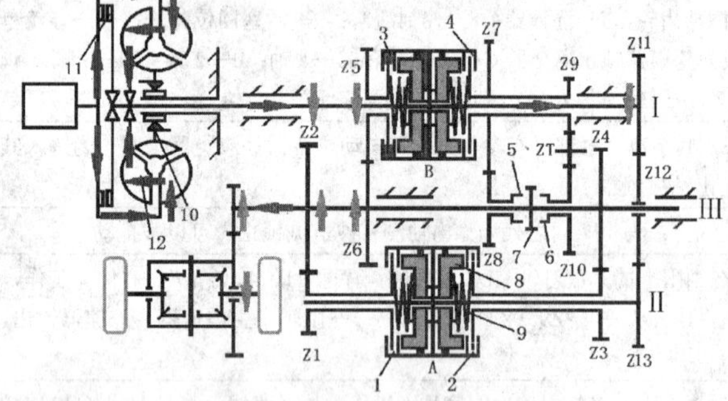

序号 10 工作，自动离合器是液矩器工况，序号 2 工作，传递路线：序号 10→3→Z5→Z6→III 轴→主差速器→差速器顺转输出。软反拖，传动比为 1.0，顺转输出。软反拖。

（e）3 挡传递路线

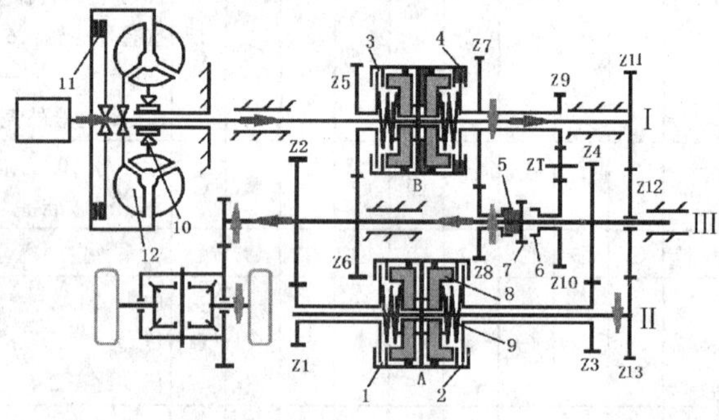

序号 11 工作，自动离合器是联轴器工况，序号 4、5 工作，传递路线：序号 10→4→Z7→Z8→5→7（左位）→III 轴→主差速器→差速器顺转输出。软反拖，传动比为 0.8，顺转输出。硬反拖。因为 Z7>Z，所以是加速轮系。

（f）4 挡传递路线

图 7-4　34021 式 4 速定轴自动变速器（Honda MAXA）挡位分析（续）

1—1 挡离合器 C1；2—2 挡离合器 C2；3—3 挡离合器 C3；4—4 挡离合器 C4；5—4 挡选择器齿轮；6—倒挡齿轮，7—选择器；8—控制活塞；9—活塞加倍弹簧；10—导轮单向制动器；11—液力变矩器锁止离合器；12—涡轮；I—1 轴；II—2 轴；III—3 轴；A、B—离合器外壳；ZT—惰轮（各齿轮分别用 Z 加编号表示）

三、35121 式定轴轮系自动变速器

35121 式定轴轮系自动变速器在 Honda　AOYA MPJA &MPOA 上使用过，按代号规则，可以知道这款式自动变速器有 3 根传动轴，5 个离合器，其中 1 个单离合器，2 个双离合器，1 个选择器，它的机构示意图如图 7-5 所示。它的执行元件运作表如表 7-3 所示。

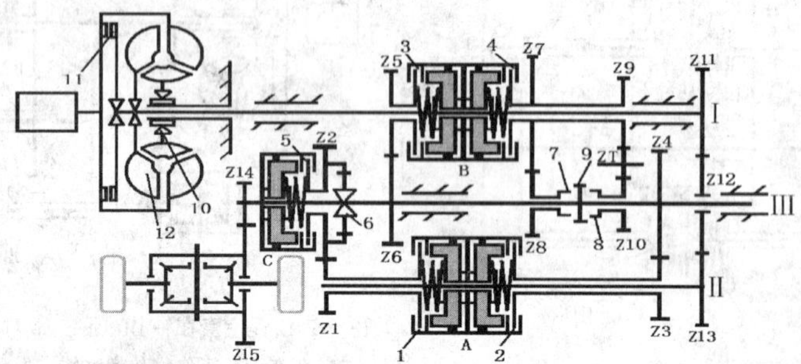

图 7-5　35121 式定轴轮系自动变速器（Honda AOYA MPJA &MPOA）机构示意图

1—1 挡离合器 C1；2—2 挡离合器 C2；3—3 挡离合器 C3；4—4 挡离合器 C4；5—1 挡锁定离合器 C5；6—单向离合器 F；7—4 挡选择齿轮；8—倒挡选择齿轮；9—选择器；10—导轮单向制动器；11—液力变矩器锁止离合器；12—涡轮；I—1 轴；II—2 轴；III—3 轴；A、B—离合器外壳；ZT—惰轮（各齿轮分别用 Z 加编号表示）

表 7-3 35121 式 4 速定轴自动变速器执行元件运作表

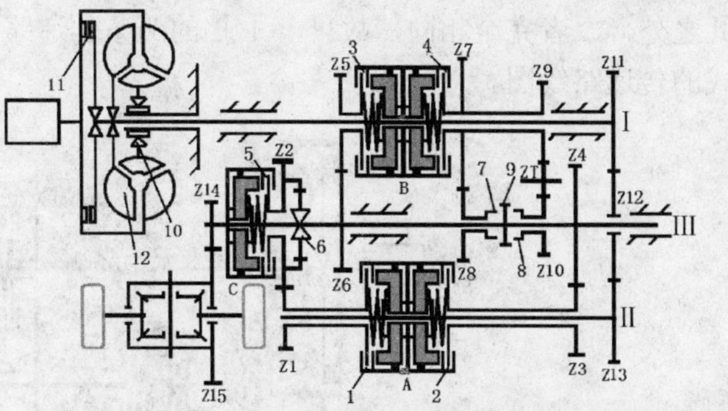

顺序	1	2	3	4	5	6	7	8	9	10	11	
序号	1	2	3	4	5	6	7	8	9	10	11	
	1挡离合器C1	2挡离合器C2	3挡离合器C3	4挡离合器C4	1挡锁定离合器C5	单向离合器F	4挡选择器齿轮	倒挡选择齿轮	选择器（需要手动操纵）	导轮单向制动器	液力变矩器锁止离合器C	1—1 挡离合器 C1；2—2 挡离合器 C2；3—3 挡离合器 C3；4—4 挡离合器 C4；5—1 挡锁定离合器 C5；6—单向离合器 F；7—4 挡选择器齿轮；8—倒挡选择齿轮；9—选择器；10—导轮单向制动器；11—液力变矩器锁止离合器 C；12—涡轮；Ⅰ—1 轴；Ⅱ—2 轴；Ⅲ—3 轴；A、B、C—离合器外壳；ZT—惰轮（各齿轮分别用 Z 加编号表示）
P位	○	○	○	○	○	○	○	○	中	●	○	除序号 10 工作外，其余离合器都没有参与工作，自动离合器处液矩器工况，为进入其他工况做准备。输出轴被锁止
N位	○	○	○	○	○	○	○	○	中	●	○	轮系、自动离合器同上；与上不同之处为输出轴没有被机械锁止，可以被拖动
R位	○	○	○	●	○	○	○	●	右位	○	●	由于 Z 1 2 是空套在轴Ⅲ上的，故对轴Ⅲ没有影响，传递路线为：发动机→11→B 外壳（顺转）→4→Z9→ZT（逆转）→Z10→9（右位）→8→Ⅲ轴顺转→主差速器逆转→差速器逆转输出，实现倒挡，传动比在 2.4 左右，液力变矩器是联轴器
1	●	○	○	○	○	●	○	○	中	●	○	自动离合器是液矩器工况，序号 1 工作，传递路线：序号 10→Ⅰ轴→Z11→Z12→Z13→1→Z1→Z2→6→Ⅲ轴→主差速器→差速器顺转输出。实现 1 挡，传动比在 2.3 左右，序号 6 工作，无反拖
D1	●	○	○	○	●	○	○	○	中	●	○	自动离合器是液矩器工况，序号 1 工作，传递路线：序号 10→Ⅰ轴→Z11→Z12→Z13→1→Z1→Z2→5→Ⅲ轴→主差速器→差速器顺转输出。实现 1 挡，传动比在 2.3 左右，序号 5 工作，有软反拖
S1	●	○	○	○	●	○	○	○	中	○	●	有硬反拖，其余同 D1 挡，传递路线图在图 7-6 中略
2	○	●	○	○	○	○	○	○	中	●	○	自动离合器是液矩器工况，序号 1 工作，传递路线：序号 10→Ⅰ轴→Z11→Z12→Z13→2→Z3→Z4→Ⅲ轴→主差速器→差速器顺转输出。实现 2 挡，传动比在 1.8 左右。自动离合器处于液矩器工况。有软反拖
S 2	○	●	○	○	○	○	○	○	中	○	●	有硬反拖，其余同 2 挡，传递路线图在图 7-6 中略
3	○	○	●	○	○	○	○	○	中	●	○	自动离合器是液矩器工况，序号 3 工作，传递路线：序号 10→Ⅰ轴→3→Z5→Z6→Ⅲ轴→主差速器→差速器顺转输出。实现 3 挡，传动比为 1.0，有软反拖。自动离合器是液矩器工况
S3	○	○	●	○	○	○	○	○	中	○	●	有硬反拖，其余同 3 挡，传递路线图在图 7-6 中略
4	○	○	○	●	○	○	●	○	左	○	●	自动离合器是液矩器工况，序号 4 工作，传递路线：序号 11→Ⅰ轴→4→Z7→Z8→7→9（左位）→Ⅲ轴→主差速器→差速器顺转输出。实现 4 挡，传动比在 0.8 左右，自动离合器因序号 10 放松，序号 11 工作变成联轴器，有硬反拖

注：●—执行元件稳定工作；○—执行元件完全不工作；选择器序号 9 由驾驶员手动操纵。

与 34021 式对照，就可发现 35121 式有个明显的不同点，这就是 1 挡传递路线由 34021 式的一条变成两条，当 1 挡离合器 C1 工作时，如果 1 挡锁定离合器 5 工作，II 轴传来的动力和运动经 Z1、Z2 传给 1 挡锁定离合器 C5，双向锁止地传给 III 轴，轮系有反拖能力，在自动离合器是液矩器的条件下，实现的是软反拖［图 7-6（a)］；如果 1 挡锁定离合器 C5 不工作，II 轴传来的动力和运动经

Z1、Z2 后就只能通过单向离合器 F 单向锁止地传给 III 轴，轮系不能反拖［图 7-6（b）]。

显然 35121 式是 34021 式的改进版，有了两条传递路线，传动比不变，传递路线可以变，汽车性能得到扩展，这就为后来动轴轮系有 D 位传递路线外，还有 S 位和 L 位传递路线打下了基础，除此之外，二者完全相同，故只出 1 挡的两条传递路线图如图 7-6 所示，其余各挡请读者参阅 34021 式的传递路线图。

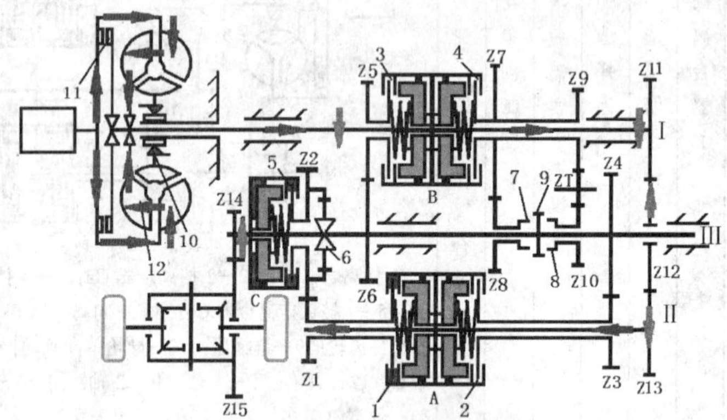

序号 10 工作，自动离合器是液矩器工况，序号 1 工作，传递路线：序号 10→Z11→Z12→Z13→1→Z1→Z2→5→III 轴→主差速器→差速器顺转输出。有软反拖，传动比在 2.3 左右。

（a）1 挡传递路线 1

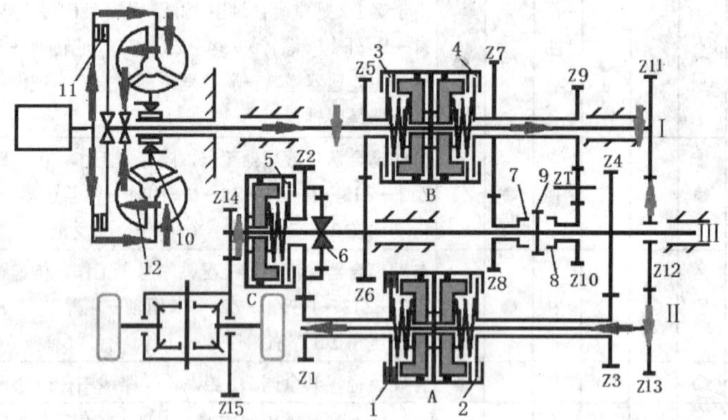

序号 10 工作，自动离合器是液矩器工况，序号 1 工作，传递路线：序号 10→Z11→Z12→Z13→1→Z1→Z2→6→III 轴→主差速器→差速器顺转输出。无反拖，传动比在 2.3 左右。

（b）1 挡传递路线 2

图 7-6　35121 式定轴轮系自动变速器挡位分析

四、37131 式 7 速定轴轮系自动变速器

按定轴轮系代号规则，37131 式定轴轮系自动变速器本身有 3 根传动轴，7 个离合器，其中 1 个单个离合器是序号 6，要由驾驶员手动操纵，3 个双离合器 A、B、C，中的序号 1、2、3、4、5、7，一个选择器序号 9，它的机构示意图如图 7-7 所示。

定轴轮系以外还有两个离合器 13 和 14，它们就是项目三介绍的双离合器，图 3-7 介绍双离合器的传动控制原理，其中的序号 7、序号 8 就是图 7-7 中的序号 13、序号 14，图 3-8 和图 3-9 介绍了干式和湿式两种双离合器的结构，读者可通过阅读本教材项目三任务一四的内容了解详情，此处介绍的是挡位变化情况，不涉及它们的结构。

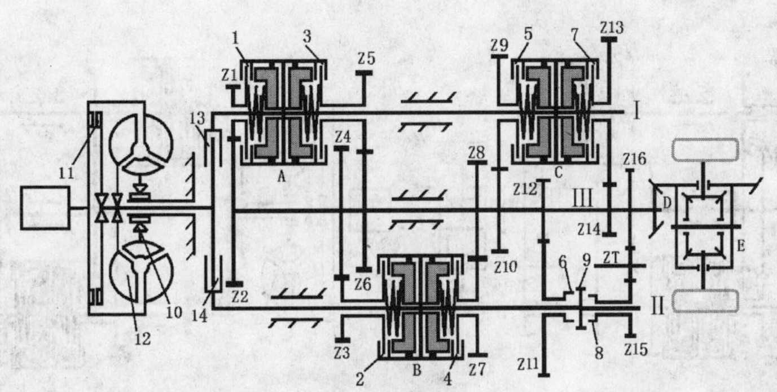

1—挡离合器 C1；2—2 挡离合器 C2；3—3 挡离合器 C3；4—4 挡离合器 C4；5—直接挡离合器 C5；6—超速 6 挡 C6；7—超速 7 挡 C7；8—倒挡齿轮；9—选择器；10—导轮单向锁止制动器 F；11—液力变矩器锁止离合器 C；12—涡轮；13—单数挡离合器 Cd；14—双数挡离合器 Cs；ZT—倒挡惰轮（各齿轮用 Z 加编号）；A、B、C—离合器外壳；D—主减速器；E—差速器；I II III—轴编号

图 7-7　37131 式定轴轮系机构示意图

轮系中没有单向离合器参与传递，故所有挡位都有反拖工况，如果序号 10 工作、序号 11 放松，就有软反拖，序号 10 放松、序号 11 工作，就有硬反拖。在此统一交代，后面不再重复。传递路线如图 7-8 所示。它的执行元件运作表如表 7-4 所示。

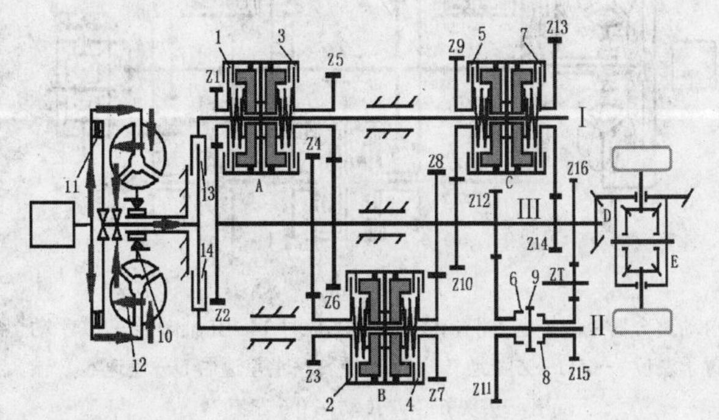

序号 13、14 不工作，运动和动力不能传递到轮系内部，P 位有机械锁止装置，不能被拖动，N 位可以拖动。

（a）P、N 位

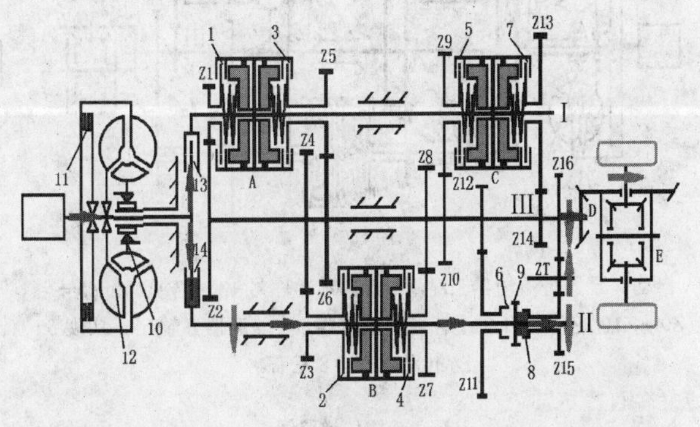

液力变矩器是联轴器，传递路线：发动机→11→14→II 顺转→9（手动置于右位）→8→Z15→ZT（逆转）→Z16 顺→III 轴顺转→主差速器 D→差速器 E 输出，实现倒挡，传动比在 2.4 左右。

（b）R 位传递路线

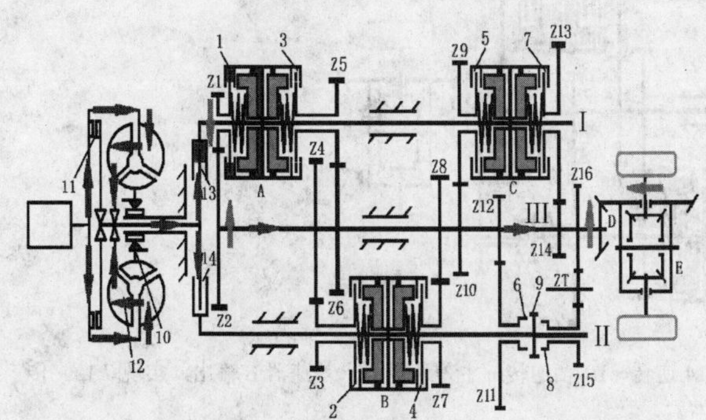

自动离合器是液矩器工况，传递路线：序号 13→I 轴顺转→1→Z1→Z2 逆转→III 轴逆转→主差速器 D→差速器 E 输出，实现 1 挡，传动比在 2.4 左右。

（c）1 挡传递路线

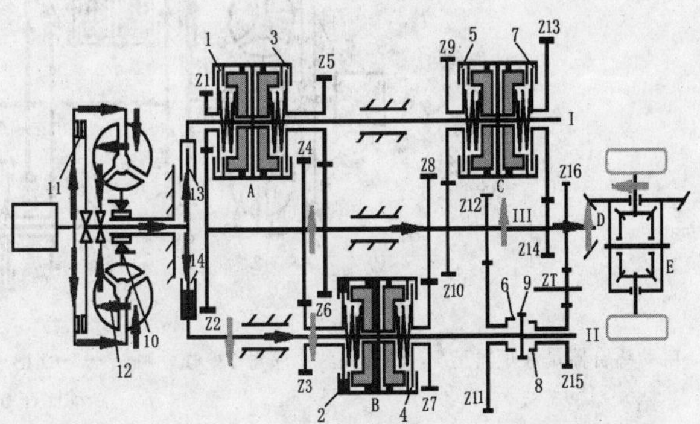

自动离合器是液矩器工况，传递路线：序号 14→II 轴顺转→2→Z3→Z4 逆→III 轴逆转→主差速器 D→差速器 E 输出，实现 2 挡，传动比在 2.0 左右。

（d）2 挡传递路线

图 7-8　37131 式定轴轮系挡位分析

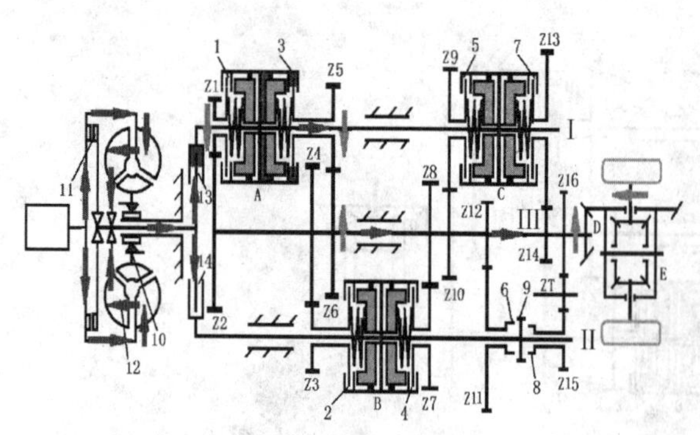

自动离合器是液矩器工况，传递路线：序号 13→I 轴顺转→3→Z5→Z6 逆转→III 轴逆转→主差速器 D→差速器 E 输出，实现 3 挡，传动比在 1.5 左右。

（e）3 挡传递路线

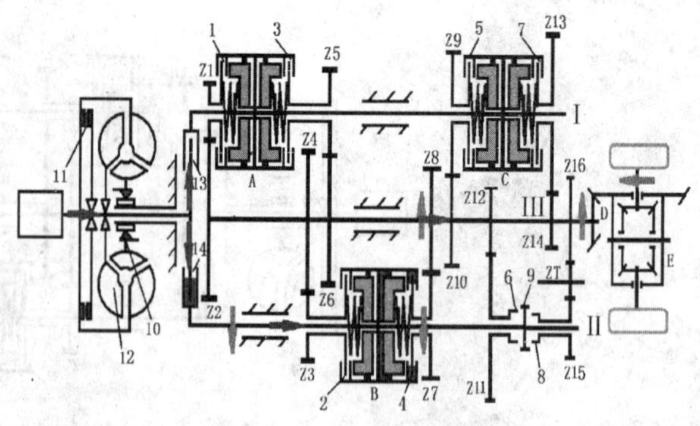

自动离合器是液矩器工况，传递路线：序号 14→II 轴顺转→4→Z7→Z8 逆转→III 轴逆转→主差速器 D→差速器 E 输出，实现 4 挡（直接挡），传动比为 1。

（f）4 挡传递路线

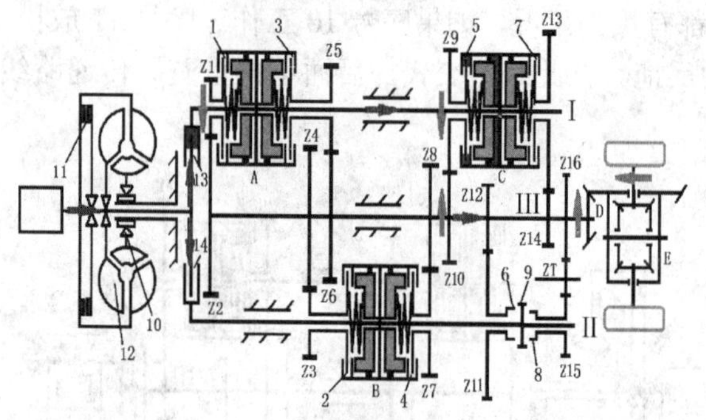

自动离合器是液矩器工况，传递路线：序号 13→I 轴顺转→5→Z9→Z10 逆转→III 轴逆转→主差速器 D→差速器 E 输出，实现 5 挡，传动比在 0.8 左右。

（g）5 挡传递路线

自动离合器是液矩器工况，传递路线：序号 14→II 轴顺转→6（手动置于左位）→Z11→Z12 逆转→III 轴逆转→主差速器 D→差速器 E 输出，实现 6 挡，传动比 0.6 左右。

（h）6 挡传递路线

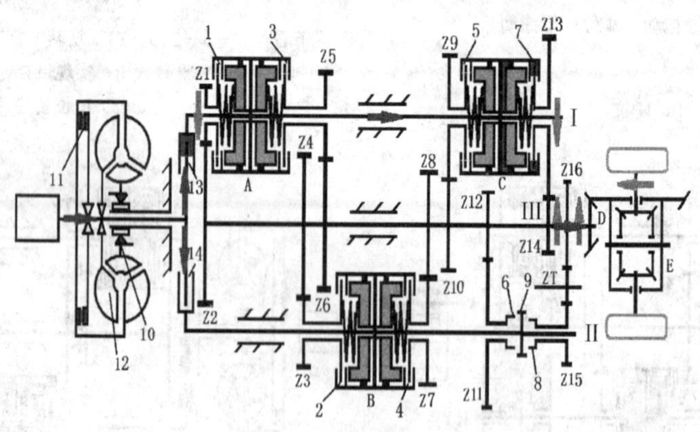

自动离合器是液矩器工况，传递路线：序号 13→I 轴顺转→7→Z13→Z14 逆转→III 轴逆转→主差速器 D→差速器 E 输出，实现 7 挡，传动比在 0.4 左右。

（i）7 挡传递路线

图 7-8　37131 式定轴轮系挡位分析（续）

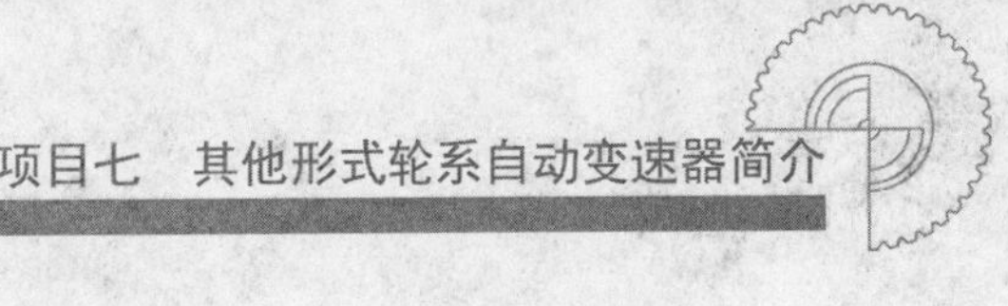

表 7-4　37131 式 7 速定轴自动变速器执行元件运作表

顺序	1	2	3	4	5	6	7	8	9	10	11	12	13	
序号	1	2	3	4	5	6	7	8	9	10	11	13	14	
	1挡离合器C1	2挡离合器C2	3挡离合器C3	4挡离合器C4	直接挡离合器C5	超速6挡手控离合器C6	超速7挡离合器C7	倒挡齿轮	选择器（需要手动操纵）	导轮单向锁止制动器F	液力变矩器锁止离合器C	单数挡离合器Cd	双数挡离合器Cs	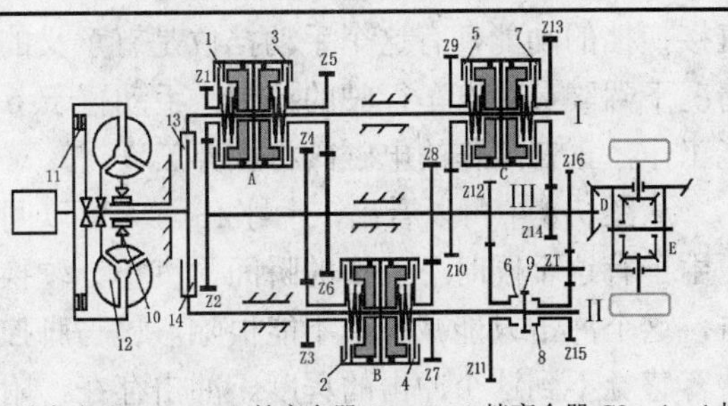 1—挡离合器 C1；2—2 挡离合器 C2；3—3 挡离合器 C3；4—4 挡离合器 C4；5—直接挡离合器 C5；6—超速 6 挡手控离合器 C6；7—超速 7 挡离合器 C7；8—倒挡齿轮；9—选择器；10—导轮单向锁止制动器 F；11—液力变矩器锁止离合器 C；12—涡轮；13—单数挡离合器 Cd；14—双数挡离合器 Cs；ZT—倒挡惰轮（各齿轮用 Z 加编号）；A、B、C—离合器外壳；D—主减速器；E—差速器；Ⅰ、Ⅱ、Ⅲ—轴编号
P 位	○	○	○	○	○	○	○	○	中	●	○	○	○	除序号 10 工作外，其余离合器都没有参与工作，自动离合器处液矩器工况，为进入其他工况做准备。输出轴被锁止
N 位	○	○	○	○	○	○	○	○	中	●	○	○	○	轮系、自动离合器同上；与上不同之处为输出轴没有被机械锁止，可以被拖动
R 位	○	○	○	○	○	○	○	●	右位	○	●	○	●	传递路线为：发动机→11→14→Ⅱ轴顺转→9（右位）→8→Z15→ZT（逆转）→Z16 顺→Ⅲ轴顺转→主差速器 D→差速器 E 输出，实现倒挡，传动比在 2.4 左右，液力变矩器是联轴器
1	●	○	○	○	○	○	○	○	中	●	○	●	○	自动离合器是液矩器工况，有软反拖。传递路线：序号 13→Ⅰ轴顺转→1→Z1→Z2 逆转→Ⅲ轴逆→主差速器 D→差速器 E 输出，实现 1 挡，传动比在 2.4 左右
S1	●	○	○	○	○	○	○	○	中	○	●	●	○	有硬反拖，其余同 1 挡，传递路线图在图 7-8 中略
2	○	●	○	○	○	○	○	○	中	●	○	○	●	自动离合器是液矩器工况，有软反拖。传递路线：序号 14→Ⅱ轴顺转→2→Z3→Z4 逆→Ⅲ轴逆→主差速器 D→差速器 E 输出，实现 2 挡，传动比在 2.0 左右
S2	○	●	○	○	○	○	○	○	中	○	●	○	●	实现硬反拖，其余同 2 挡，传递路线图在图 7-6 中略
3	○	○	●	○	○	○	○	○	中	●	○	●	○	自动离合器是液矩器工况，有软反拖，传递路线：序号 13→Ⅰ轴顺转→3→Z5→Z6 逆转→Ⅲ轴逆→主差速器 D→差速器 E 输出，实现 3 挡，传动比在 1.5 左右
S3	○	○	●	○	○	○	○	○	中	○	●	●	○	实现硬反拖，其余同 3 挡，传递路线图在图 7-6 中略
4	○	○	○	●	○	○	○	○	中	●	○	○	●	自动离合器是液矩器工况，有软反拖，传递路线：序号 14→Ⅱ轴顺转→4→Z7→Z8 逆转→Ⅲ轴逆→主差速器 D→差速器 E 输出，实现 4 挡（直接挡），传动比为 1
S4	○	○	○	●	○	○	○	○	中	○	●	○	●	实现硬反拖，其余同 4 挡，传递路线图在图 7-6 中略
5	○	○	○	○	●	○	○	○	中	●	○	●	○	自动离合器是液矩器工况，传递路线：序号 13→Ⅰ轴顺转→5→Z9→Z10 逆转→Ⅲ轴逆转→主差速器 D→差速器 E 输出，实现 5 挡，传动比在 0.8 左右
S5	○	○	○	○	●	○	○	○	中	○	●	●	○	实现硬反拖，其余同 5 挡，传递路线图在图 7-6 中略
6	○	○	○	○	○	●	○	○	左	●	○	○	●	自动离合器是液矩器工况，有软反拖，传递路线：序号 14→Ⅱ轴顺转→6（手动到左位）→Z11→Z12 逆转→Ⅲ轴逆转→主差速器 D→差速器 E 输出，实现 6 挡，传动比在 0.6 左右
S6	○	○	○	○	○	●	○	○	左	○	●	○	●	实现硬反拖，其余同 6 挡，传递路线图在图 7-6 中略
7	○	○	○	○	○	○	●	○	○	●	○	●	○	自动离合器是液矩器工况，有软反拖，传递路线：序号 13→Ⅰ轴顺转→7→Z13→Z14 逆转→Ⅲ轴逆转→主差速器 D→差速器 E 输出，实现 7 挡，传动比在 0.4 左右
S7	○	○	○	○	○	○	●	○	○	○	●	●	○	实现硬反拖，其余同 7 挡，传递路线图在图 7-6 中略

注：●—执行元件稳定工作；○—执行元件完全不工作；选择器序号 9 由驾驶员手动操纵。

由于有双离合器交替工作，轮系的结构和控制都变得简单了，请注意序号 6 由选择器（见前面已介绍轮系）换成了手动离合器，选择器需要与别的离合器配合才能起作用，而手动离合器具备了直接换挡的功能，有这个手动挡位是有意义的，因为它可以由驾驶员直接操纵，这样有利于在紧急情况下驾驶员对汽车行驶的控制。手动置于 6 挡有优先权，这时其他各挡位还未工作的电磁阀将不能工作，正在工作的电磁阀将放弃工作。

从图 7-8 中可以看出，序号 13、14 可以同时不工作，但不能同时工作，这样才能防止运动干涉，正由于有这个同时不工作的瞬间，汽车行驶换挡过程中会出现传递中断现象，重新接合上时会有冲击，这个冲击只能减小，不能根除。这与脚控单离合器是一样的，现代汽车通过精细控制，已达到乘客感觉不到这个冲击的程度。冲击存在，附加载荷就存在，磨损就存在，离合器、齿轮及其他传递零件都会承受这个载荷，设计时要考虑到这点。

齿轮副都是常啮合的，任何一根轴只要转动起来，其上的齿轮副就要转动，这些齿轮副可以同时不工作，或只能有一对工作。轮系的润滑是重要的。

任务二　特殊动轴轮系自动变速器挡位分析

一、三共式 3 速自动变速器

三共式 3 速自动变速器是一款不常见的特殊动轴式自动变速器，曾经在 DAEWOO 车型的 DW-20AW850 变速器上使用。

1. 轮系的组成

（1）轮系由两个简单轮系组成。这个轮系无论从什么角度拆分，都只能分出两个简单轮系，两个简单轮系共用一个太阳轮 15、一个行星架 26、一个行星轮 16，所以称为三共式。序号 15、16、19 和 18 组成的是前轮系，序号 15、16、19、17 和 20 组成的是后轮系，如图 7-9 所示。

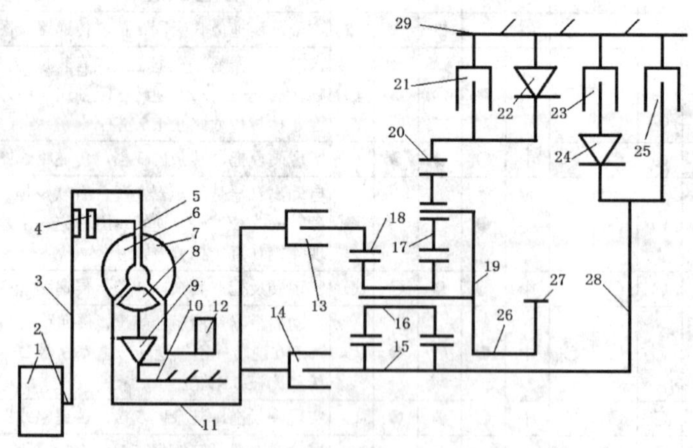

图 7-9　三共式 3 速自动变速器

1—发动机；2—曲轴；3—液矩器外壳；4—锁止离合器 C；5—摩擦盘与涡轮间连接花键；6—涡轮；7—泵轮；8—导轮；9—导轮单向制动器 F；10—导轮支撑轴；11—涡轮与变速器连接轴；12—液压泵转子；13—前圈驱动离合器 C1；14—共阳轮驱动离合器 C2；15—共阳轮；16—共长星轮；17—短星轮；18—前圈；19—共架；20—后圈；21—后圈双向制动器 B1；22—后圈单向制动器 F1；23—共阳轮双向制动器 B2；24—共阳轮单向制动器 F2；25—共阳轮双向制动器 B3；26—输出轴；27—输出齿轮；28—共阳轮控制轴；29—变速器壳体

（2）序号 13 和序号 14 各自独立形成一件式输入传动组件；序号 21、22 组成两件式后圈控制组件；序号 23、24 和 25 组成三件式共阳轮控制组件。

2. 轮系结构特点

轮系的结构特点可以归纳为：①共阳轮为输入控制轴头；②前圈为输入轴头；③共架为绝对输出轴头；④后圈为控制轴头。

轮系的执行元件运作表如表 7-5 所示。

表 7-5　三共式 3 速轮系执行元件运作表

顺序	1	2	3	4	5	6	7	8	9	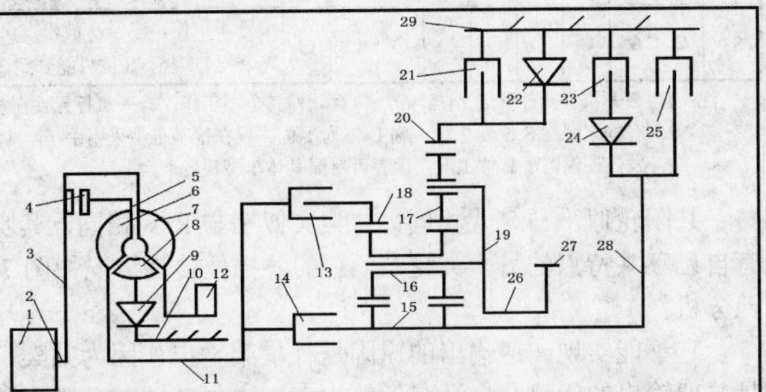
序号	4	13	14	21	23	25	9	22	24	
	锁止离合器C	前圈驱动离合器C1	共阳轮驱动离合器C2	后圈双向制动器B1	共阳轮双向制动器B2	共阳轮双向制动器B3	导轮单向制动器F	后圈单向制动器F1	共阳轮单向制动器F2	1—发动机；2—曲轴；3—液矩器外壳；4—锁止离合器 C；5—摩擦盘与涡轮间连接花键；6—涡轮；7—泵轮；8—导轮；9—导轮单向制动器 F；10—导轮支撑轴；11—涡轮与变速器连接轴；12—液压泵转子；13—前圈驱动离合器 C1；14—共阳轮驱动离合器 C2；15—共阳轮；16—共长星轮；17—短星轮；18—前圈；19—共架；20—后圈；21—后圈双向制动器 B1；22—后圈单向制动器 F1；23—共阳轮双向制动器 B2；24—共阳轮单向制动器 F2；25—共阳轮双向制动器 B3；26—输出轴；27—输出齿轮；28—共阳轮控制轴；29—变速器壳体
P 位	○	○	○	○	○	○	●	○	○	序号 9 工作，自动离合器处于液矩器工况，序号 13、14 不工作，轮系无输入；输出轴 26 被机械锁止，不能被拖动
N 位	○	○	○	○	○	○	●	○	○	与上不同之处为输出轴 26 没有被机械锁止，可以被拖动
R 位	●	○	●	●	○	○	○	○	○	序号 4 工作，自动离合器呈联轴器工况。序号 14 工作，共阳轮 15 输入，后圈 20 被序号 21 双向锁止，后轮系为双向圈轮系，因为多一个短星轮 17，导致共架 19 逆时针转动，实现倒挡，传动比在 2.6 左右，可硬反拖。前圈 18 空转
D1	○	●	○	○	●	○	●	○	●	序号 4 放松，序号 9 工作，自动离合器处于液矩器工况。序号 23、24 将共阳轮 15 单向锁止，前轮系为单向减速阳轮系，当序号 13 工作，由前圈 18 向前轮系输入一个顺转运动，共架 19 就有单向减速顺转输出，实现 1 挡，传动比在 2.4 左右，无反拖。后轮系是一个有长、短两星轮的阳轮系，共架 19 有输入，后圈 20 就有确定的输出空转，方向由轮系内相互啮合的齿轮齿数决定。由于可顺不可逆的单向制动器 22 允许后圈 20 转动，故可判断后圈 20 顺转
S1	○	●	○	○	○	●	●	○	○	自动离合器处于液矩器工况。序号 25 将共阳轮 15 双向锁止，前轮系为一双向减速阳轮系，当序号 13 工作，由前圈 18 向前轮系输入一个顺转运动，共架 19 就有双向减速顺转输出，实现 S 位 1 挡，有软反拖。后轮系状态同 D 位 1 挡
L1	●	●	○	○	○	●	○	○	○	序号 4 工作，序号 9 放松，自动离合器处于联轴器工况，实现 L 位 1 挡，有硬反拖。其余同 S1 挡
D2	○	●	○	●	●	○	●	○	●	序号 4 放松、序号 9 工作，自动离合器处于液矩器工况；序号 21 工作，将后圈 20 双向锁止（后轮系成为双向圈轮系），序号 23、24 将共阳轮 15 单向锁止（前轮系是单向减速阳轮系），后轮系的圈和阳轮都被锁止，由于有长、短两星轮存在，共架 19 仍能转动。当序号 13 工作，前圈 18 输入一个顺转运动，共架 19 就有减速顺转输出，后圈 20 被序号 21 双向锁止，1 挡时空转浪费了的运动被加在共架 19 上，使共架 19 的转速增加，实现 2 挡，传动比在 1.8 左右，无反拖
S2	○	●	○	●	○	●	●	○	○	自动离合器处于液矩器工况；序号 21 工作，将后圈 20 双向锁止，序号 25 将共阳轮 15 双向锁止，其余同 D2 挡，实现 S 位 2 挡。有软反拖

续表

顺序	1	2	3	4	5	6	7	8	9	
序号	4	13	14	21	23	25	9	22	24	
L2	●	●	○	●	○	●	○	○	○	序号 4 工作，序号 9 放松，自动离合器处于联轴器工况；轮系工作情况与 S2 相同，有硬反拖。L 位只能升到 2 挡
D3	○	●	●	○	○	○	●	○	○	序号 13、14 同时工作，前、后轮系因此均成为联轴器，共架 19 随之同时转动，实现 3 挡，传动比为 1.0，后圈 20 同方向、同转速空转。序号 4 放松，序号 9 工作，自动离合器处于液矩器工况；有软反拖
S3	●	●	●	○	○	○	○	○	○	序号 4 工作，序号 9 放松，自动离合器处于联轴器工况，实现 S 位 3 挡，有硬反拖。其余同 D3 挡，S 位只能升到 3 挡

注：1. ●—执行元件稳定工作；○—执行元件完全不工作；☆—执行元件在相邻两挡交换期间瞬时工作。
2. 有些车型称 S 位为 2 位，称 L 位为 1 位。现在很多车型采用手-自一体控制方式，不再设计有 L 位工况，本教材从普遍意义出发，还保留了 L 位工况，读者可对照具体车型决定取舍。

共阳轮似乎与 S 式相同，共架又似乎与 R 式相同，其实它既不是 S 式，也不是 R 式，而是一种有自己三共特点的另一类轮系，它的各挡位传递情况如图 7-10 所示，P 位和 N 位未画出，请读者自己分析。

它不能实现 4 速输出的原因是行星架输出，因为共架可以分别担任两个轮系单独的输出轴，这是共架输出的优势，它没有任何约束，这与 R 式的共架有约束元件是不一样的。

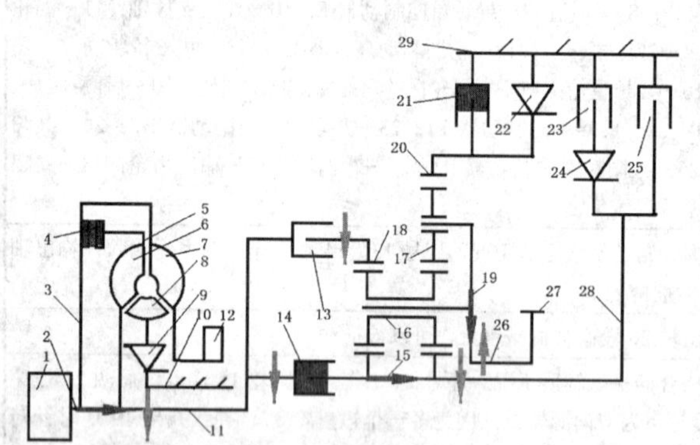

序号 4 工作，自动离合器呈联轴器工况。序号 14 工作，共阳轮 15 输入，后圈 20 被序号 21 双向锁止，后轮系为双向圈轮系，因为多一个短星轮 17，导致共架 19 逆时针转动，实现倒挡，传动比在 2.6 左右，可硬反拖。前圈 18 空转，方向由相互啮合齿轮齿数定。

（a）倒挡

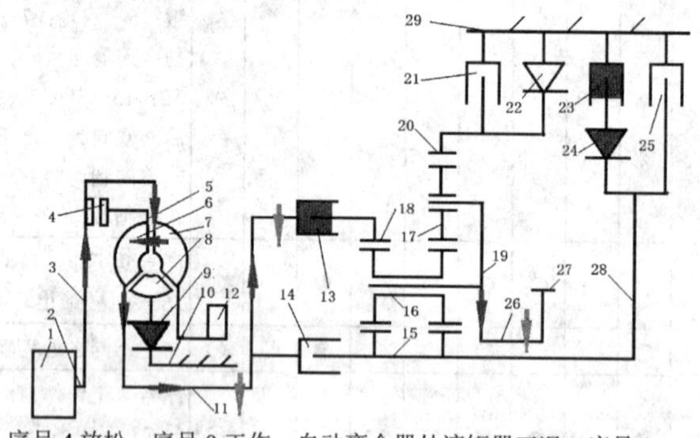

序号 4 放松、序号 9 工作，自动离合器处液矩器工况。序号 23、24 将共阳轮 15 单向锁止，前轮系为单向减速阳轮系，当序号 13 工作，由前圈 18 向前轮系输入一个顺转运动，共架 19 就有单向减速顺转输出，实现 1 挡，传动比在 2.4 左右，无反拖。后轮系是一个有长、短两星轮的阳轮系，共架 19 有输入，后圈 20 就有确定的输出空转，方向由轮系内相互啮合的齿轮齿数决定。由于可顺不可逆的单向制动器 22 允许后圈 20 转动，故可判断后圈 20 顺转。

（b）D 位 1 挡

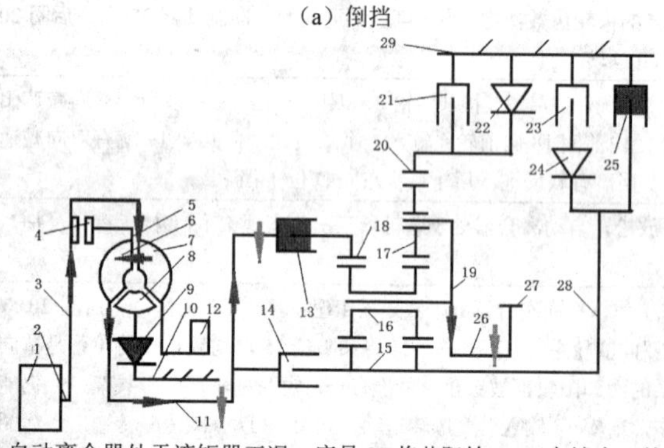

自动离合器处于液矩器工况。序号 25 将共阳轮 15 双向锁止，前轮系为一双向减速阳轮系，当序号 13 工作，由前圈 18 向前轮系输入一个顺转运动，共架 19 就有双向减速顺转输出，实现 S 位 1 挡，有软反拖。后轮系状态同 D 位 1 挡。

（c）S 位 1 挡

序号 4 工作，序号 9 放松，自动离合器处联轴器工况，实现 L 位 1 挡，有硬反拖。其余同 S1 挡。

（d）L 位 1 挡

图 7-10 三共式 3 速动轴轮系挡位分析

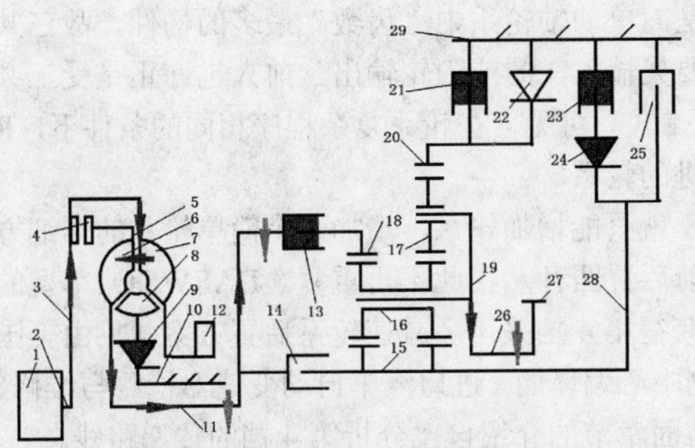

序号 4 放松，序号 9 工作，自动离合器处于液矩器工况；序号 21 工作，将有顺转趋势的后圈 20 双向锁止（后轮系成为双向圈轮系），序号 23、24 将共阳轮 15 单向锁止（前轮系是单向减速阳轮系），后轮系的圈和阳轮都被锁止，由于有长、短两星轮存在，共架 19 仍能转动，当序号 13 工作，前圈 18 输入一个顺转运动，共架 19 就有减速顺转输出，后圈 20 被序号 21 双向锁止，1 挡时空转浪费了的运动被加在共架 19 上，使共架 19 的转速增加，实现 2 挡，传动比在 1.8 左右，无反拖。

（e）D 位 2 挡

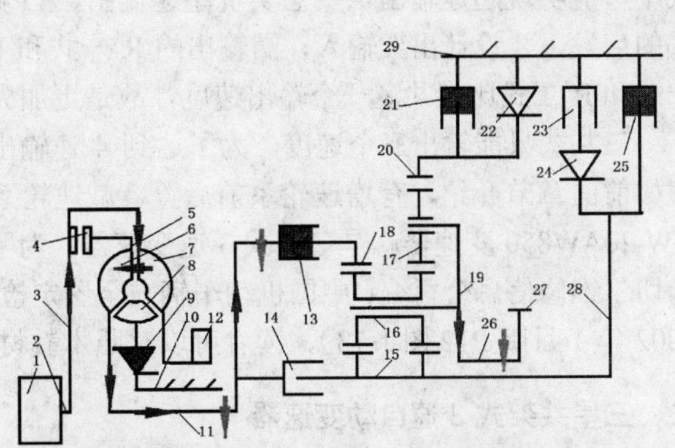

自动离合器处于液矩器工况；序号 21 工作，将后圈 20 双向锁止，序号 25 将共阳轮 15 双向锁止，实现 S 位 2 挡。有软反拖。其余同 D2 挡。

（f）S 位 2 挡

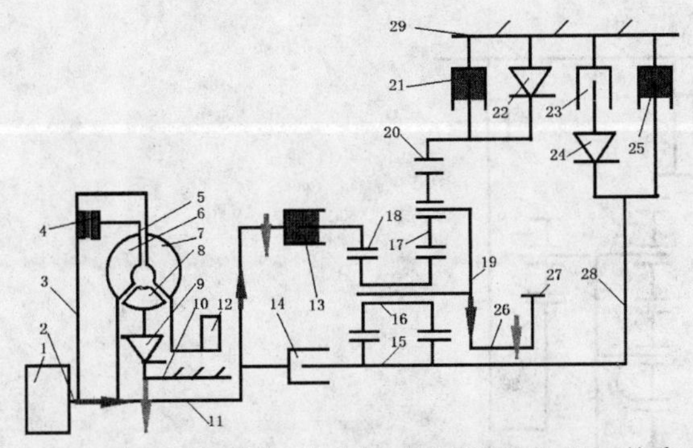

序号 4 工作，序号 9 放松，自动离合器处于联轴器工况；轮系工作情况与 S2 相同，有硬反拖。L 位只能升到 2 挡。

（g）L 位 2 挡

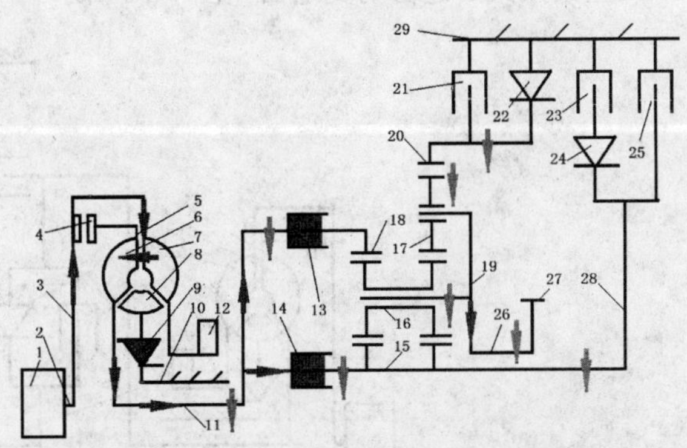

序号 13、14 同时工作，前、后轮系因此均成为联轴器，共架 19 随之同时转动，实现 3 挡，传动比为 1.0，后圈 20 同方向、同转速空转。序号 4 放松，序号 9 工作，自动离合器处液矩器工况；有软反拖。

（h）D 位 3 挡

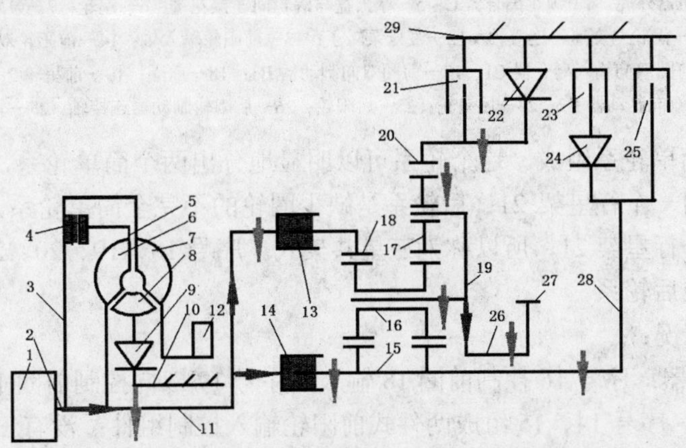

序号 4 工作，序号 9 放松，自动离合器处于联轴器工况，实现 S 位 3 挡，有硬反拖。其余同 D3 挡，S 位只能升到 3 挡。

（i）S 位 3 挡

图 7-10　三共式 3 速动轴轮系挡位分析（续）

注：图 7-10 图注同图 7-9。

三共式轮系结构的最大特点是共架输出，而架是简单动轴轮系中“齿数”最多的构件，故三共式不可能实现超速输出，要想实现超速输出，必须要架输入，圈或阳轮输出，前人也许正是受三共式的启发，才设计出架输入，圈输出的 R 一式和 R 二式。可见，在轮系复杂程序相同的条件下，R 一式和 R 二式比三共多一个输出速度，故是更加先进的轮系。

三共式只能输出三个速度，为了达到 4 速输出，就只能增加轮系，增加一个简单轮系的详细方案如前面章节介绍，有增速轮系前后置、减速轮系前后置四种，在此不再重复。DAEWOO 车型的 DW-20AW850 变速器就是三共式 3 速变速器，为了获得第 4 挡采用了减速轮系后置方案（见由美国米切尔维修信息公司编、中国机动车辆安全鉴定检测中心编译的《进口汽车自动变速器检测与维修》2002 年 1 月版 P12 图 1-13），读者可以对照本教材前面章节的介绍自己分析第 4 挡的传递路线。

二、三星共架式 3 速自动变速器

三星共架式 3 速自动变速器也是一款不常见的特殊动轴式自动变速器，曾经在 Honda 车型的 Matic 4L30-E 变速器上使用。

1. 轮系的组成

三星共架式 3 速自动变速器如图 7-11 所示。

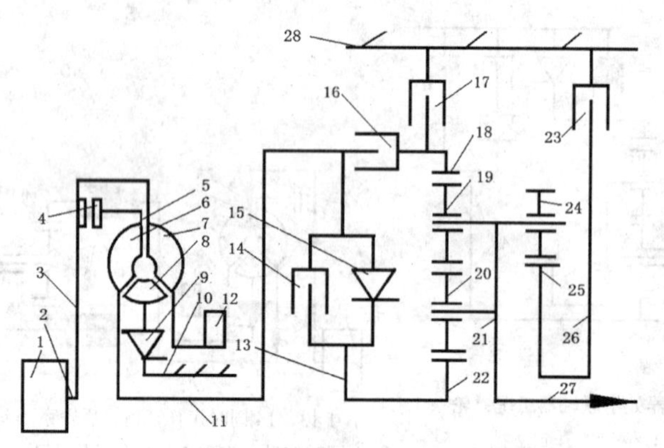

图 7-11　三星共架式 3 速自动变速器

1—发动机；2—曲轴；3—液矩器外壳；4—锁止离合器 C；5—摩擦盘与涡轮间连接花键；6—涡轮；7—泵轮；8—导轮；9—导轮单向制动器 F；10—导轮支撑轴；11—涡轮与变速器连接轴；12—液压泵转子；13—前阳轮输入轴；14—前阳轮双向输入离合器 C2；15—前阳轮单向输入离合器 F1；16—前圈双向输入离合器 C1；17—前圈双向制动器 B1；18—前圈；19—前星轮 2；20—前星轮 1；21—三星共架；22—前阳轮；23—后阳轮双向制动器 B2；24—后星轮；25—后阳轮；26—后阳轮制动器连接轴；27—轮系输出轴；28—变速器壳体

（1）轮系由两个简单轮系组成。这个轮系可以明显地分出两个简单轮系，前轮系是双星轮式的简单轮系，两星轮共用一个行星架 21；后轮系是缺少圈轮的不完全简单轮系，它的后星轮 24 也与前面两个星轮共用一个行星架 21，所以称为三星共架式。序号 18、19、20、21 和 22 组成前轮系，序号 24、25 和 21 组成后轮系。

（2）控制器组成情况：

1 件式执行器控制器：序号 16 控制前圈 18 输入，序号 17 双向控制前圈 18 制动，序号 23 控制后阳轮 25 的双向制动；序号 14、15 组成两件式前阳轮输入控制组件；没有三件式控制组件。

序号 15 工作分析：设计者设计一个单向离合器 15 在前阳轮输入线路上的目的肯定是希望它能起到发动机驱动轮系，而轮系不能反拖发动机的作用，即当发动机顺时针转动时，单向离合器 15 必须锁止，即单向离合器的外圈顺时针主动转动能够将序号 11 与序号 22 连接起来，以便发动机驱动轮系转动；而内圈顺时针主动转动时应将序号 11 与序号 22 分开，让反拖动力不能传递到发动机，不需要反拖；所以序号 15 是可顺不可逆的顺式单向离合器（参阅本教材图 3-27 及文字分析）。

2. 三星共架的挡位分析

三星共架式 3 速动轴轮系挡位分析如图 7-12 所示。

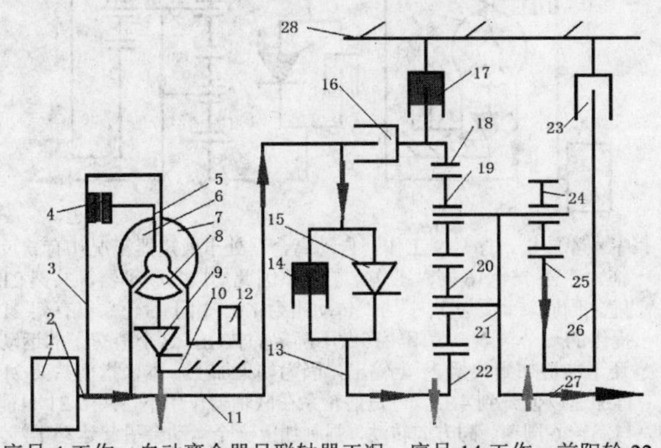

序号 4 工作，自动离合器呈联轴器工况。序号 14 工作，前阳轮 22 双向输入，前圈 18 被序号 17 双向锁止，前轮系为双向圈轮系，因为多一个星轮 19，导致共架 21 逆时针转动，实现倒挡，传动比在 2.4 左右，这种情况与图 7-10（a）完全一样，这是双行星轮动轴轮系的特点，可硬反拖。处于周转轮系状态的后轮系只有架一个输入，后圈 25 做不确定空转。

（a）倒挡

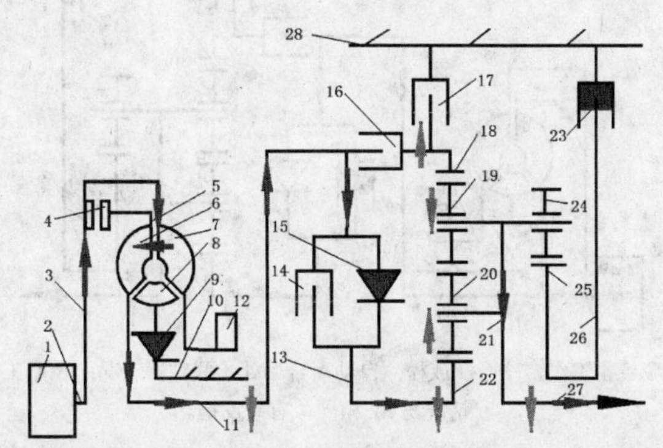

序号 4 放松，序号 9 工作，自动离合器处于液矩器工况。序号 15 将前阳轮 22 单向与涡轮 6 接通，前轮系为只有一个输入的双星轮周转轮系，由于共架 21 有一个输入到后轮系，而后轮系因为后阳轮被序号 23 双向锁止，故后轮系是一个阳轮系，对架 21 的运动加以约束后使之成为有确定转向的构件，这样相当于又给前轮系提供一个输入，故共架 21 有确定的减速顺转，实现 1 挡，传动比在 2.4 左右，无反拖。此时序号 17 在做逆时针空转。

（b）D 位 1 挡

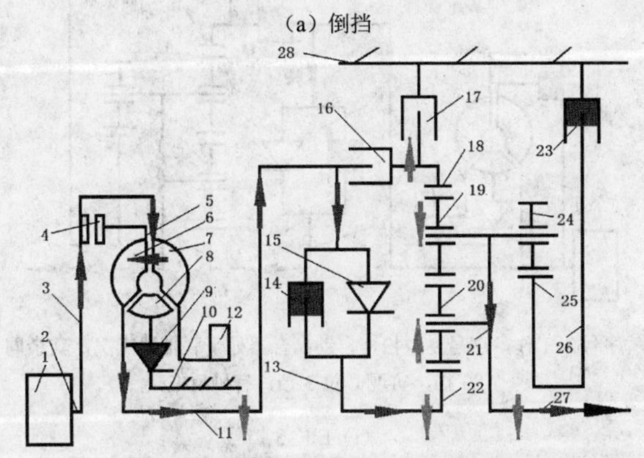

自动离合器处于液矩器工况。序号 14 将前阳轮 22 双向与涡轮 6 接通，其余与 D 位 1 挡相同。实现位 1 挡，有软反拖。

（c）S 位 1 挡

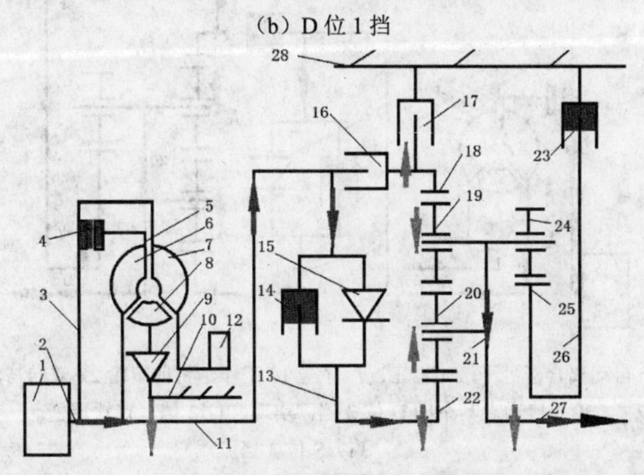

序号 4 工作，序号 9 放松，自动离合器处于联轴器工况，其余与 S 位 1 挡相同，实现 L 位 1 挡，有硬反拖。

（d）L 位 1 挡

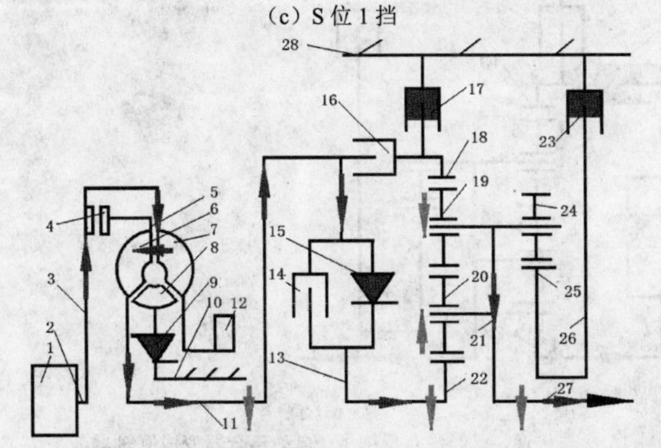

序号 4 放松，序号 9 工作，自动离合器处于液矩器工况；序号 17 工作，将 1 挡时由空转的前圈 18 浪费了的运动加到共架 21 上，使共架 21 的转速提高，实现 2 挡，传动比在 1.8 左右，无反拖。后轮系情况与 D 位 1 挡相同。

（e）D 位 2 挡

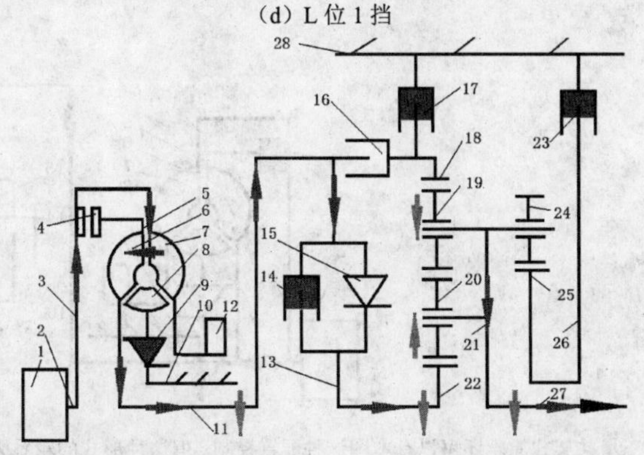

自动离合器处于液矩器工况；序号 14 工作，将前阳轮 22 双向与涡轮 6 接通，实现 S 位 2 挡，有软反拖。其余同 D 位 2 挡。

（f）S 位 2 挡

图 7-12　三星共架式 3 速动轴轮系挡位分析

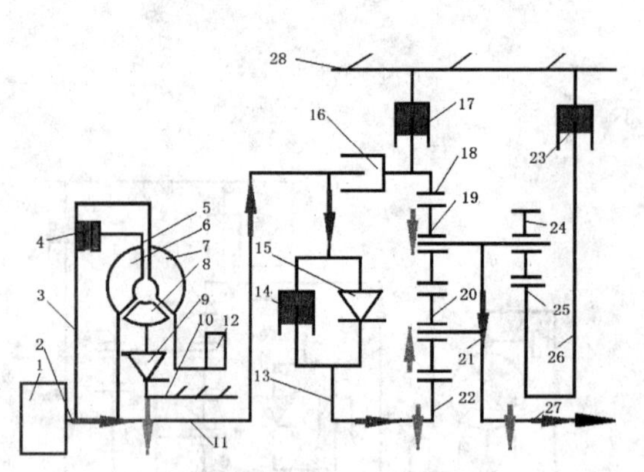

序号 4 工作，序号 9 放松，自动离合器处于联轴器工况；轮系工作情况与 S2 相同，有硬反拖。

（g）L 位 2 挡

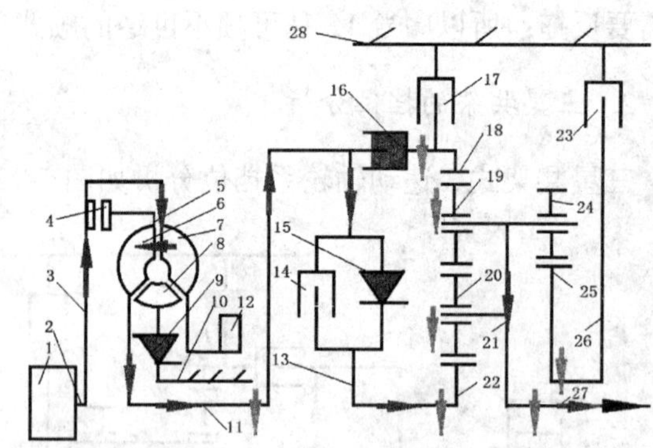

序号 4 放松，序号 9 工作，自动离合器处于液矩器工况；有软反拖。序号 15、16 同时工作，前轮系因此均成为联轴器，共架 21 随之同时转动，实现 3 挡，传动比为 1.0。由于后轮系只有架 21 提供的一个输入，后阳轮在做不确定的转动，这个浪费了的运动还不能被加到共架 21 上输出，因为如果加上，本来指望共架 21 再加速以便升到 4 挡，可是前轮系在联轴器作用下，共架 21 只能与涡轮 6 同速、同方向转动，强制加上一个运动会引起运动干涉，这是这款轮系的缺点。

（h）D 位 3 挡

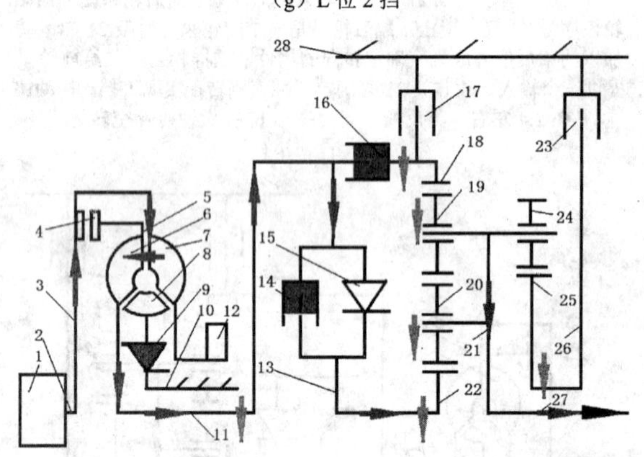

自动离合器处于液矩器工况；序号 14 工作，将前阳轮 22 双向与涡轮 6 接通。其余同 D 位 2 挡，实现 S 位 3 挡，有软反拖。

（i）S 位 3 挡

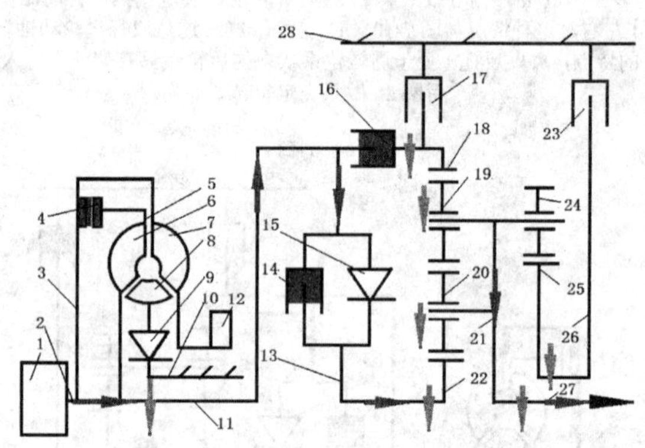

序号 4 工作，序号 9 放松，自动离合器处于联轴器工况，其余同 S3 挡，实现 L 位 3 挡，有硬反拖。

（j）L 位 3 挡

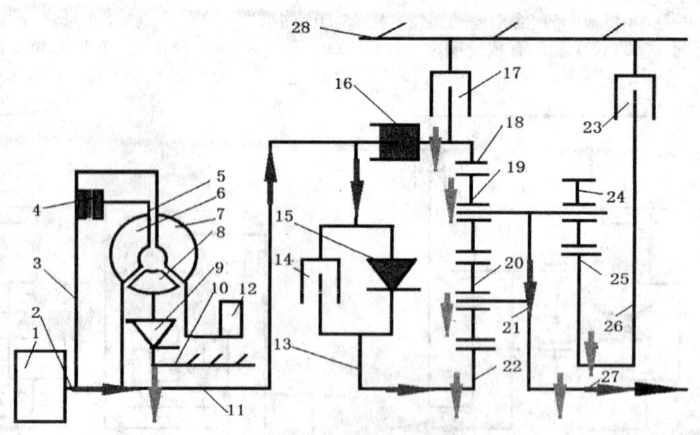

三星共架式原本还可以有本图这种配置控制，但这种形式的轮系因序号 15 参与传递，已经没有反拖了，自动离合器变成联轴器就失去了意义，故不采用这种配置。

（k）多余的一种配置

图 7-12　三星共架式 3 速动轴轮系挡位分析（续）

注：图 7-12 图注同图 7-11。

3. 轮系结构特点

轮系的结构特点可以归纳如下：

（1）前、后两轮系中有三套行星轮，它们共用一个行星架。

（2）前阳轮 22 为有条件输入轴头。

（3）前圈 18 为有条件输入控制轴头。

（4）三星轮共用的架 21 为绝对输出轴头。

（5）后阳轮为控制轴头。

轮系的执行元件运作表如表 7-6 所示。

表 7-6　三星共架式 3 速轮系执行元件运作表

顺序	1	2	3	4	5	6	7	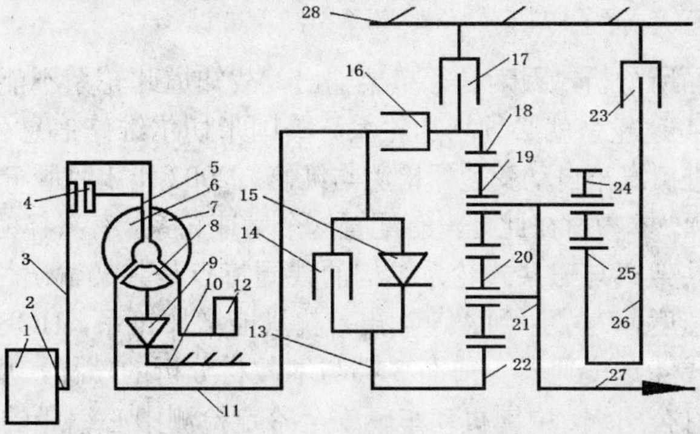
序号	4	16	14	17	23	9	15	
	锁止离合器C	前圈双向输入离合器C1	前阳轮双向输入合器C2	前圈双向制动器B1	后阳轮双向制动器B2	导轮单向制动器F	前阳轮单向输入离合器F1	1—发动机；2—曲轴；3—液矩器外壳；4—锁止离合器 C；5—摩擦盘与涡轮间连接花键；6—涡轮；7—泵轮；8—导轮；9—导轮单向制动器 F；10—导轮支撑轴；11—涡轮与变速器连接轴；12—液压泵转子；13—前阳轮输入轴；14—前阳轮双向输入离合器 C2；15—前阳轮单向输入离合器 F1；16—前圈双向输入离合器 C1；17—前圈双向制动器 B1；18—前圈；19—前星轮 2；20—前星轮 1；21—三星共架；22—前阳轮；23—后阳轮双向制动器 B2；24—后星轮；25—后阳轮；26—后阳轮制动器连接轴；27—轮系输出轴；28—变速器壳体
P 位	○	○	○	○	○	●	○	序号 9 工作，自动离合器处于液矩器工况，序号 13、14 不工作，轮系无输入；后阳轮制动器连接轴 26 被机械锁止，不能被拖动
N 位	○	○	○	○	○	●	○	与上不同之处为后阳轮制动器连接轴 26 没有被机械锁止，可以被拖动
R 位	●	○	●	●	○	○	○	序号 4 工作，自动离合器呈联轴器工况。序号 14 工作，前阳轮 22 双向输入，前圈 18 被序号 17 双向锁止，前轮系为双向圈轮系，因为多一个星轮 19，导致共架 21 逆时针转动，实现倒挡，传动比在 2.4 左右，这种情况与图 7-10（a）完全一样，这是双行星轮动轴轮系的特点，可硬反拖。处于周转轮系状态的后轮系只有架一个输入，后阳轮 25 做不确定空转
D1	○	○	○	○	●	●	●	序号 4 放松，序号 9 工作，自动离合器处于液矩器工况。序号 15 将前阳轮 22 单向与涡轮 6 接通，前轮系为只有一个输入的双星轮周转轮系，由于共架 21 有一个输入到后轮系，而后轮系因为后阳轮被序号 23 双向锁止，故后轮系是一个阳轮系，对架 21 的运动加以约束后使之成为有确定转向的构件，这样相当于又给前轮系提供一个输入，故共架 21 有确定的减速顺转，实现 1 挡，传动比在 2.4 左右，无反拖。此时序号 17 在做逆时针空转
S1	○	●	○	○	○	●	○	自动离合器处于液矩器工况。序号 14 将前阳轮 22 双向与涡轮 6 接通，其余与 D 位 1 挡相同。实现位 1 挡，有软反拖
L1	●	●	○	○	○	○	○	序号 4 工作，序号 9 放松，自动离合器处于联轴器工况，其余与 S 位 1 挡相同，实现 L 位 1 挡，有硬反拖
D2	○	●	○	●	●	●	●	序号 4 放松，序号 9 工作，自动离合器处于液矩器工况；序号 17 工作，将 1 挡时由空转的前圈 18 浪费了的运动加到共架 21 上，使共架 21 的转速提高，实现 2 挡，传动比在 1.8 左右，无反拖。后轮系情况与 D 位 1 挡相同
S2	○	●	○	●	○	●	○	自动离合器处于液矩器工况；序号 14 工作，将前阳轮 22 双向与涡轮 6 接通，实现 S 位 2 挡。有软反拖。其余同 D 位 2 挡

续表

顺序	1	2	3	4	5	6	7	
序号	4	16	14	17	23	9	15	
L2	●	●	○	●	○	○	○	序号 4 工作，序号 9 放松，自动离合器处于联轴器工况；轮系工作情况与 S2 相同，有硬反拖
D3	○	●	○	○	○	●	●	序号 4 放松，序号 9 工作，自动离合器处于液矩器工况；有软反拖。序号 15、16 同时工作，前轮系因此均成为联轴器，共架 21 随之同时转动，实现 3 挡，传动比为 1.0。由于后轮系只有架 21 提供的一个输入，后阳轮在做不确定的转动，这个浪费了的运动还不能被加到共架 21 上输出，因为如果加上，本来指望共架 21 再加速以便升到 4 挡，可是前轮系在联轴器作用下，共架 21 只能与涡轮 6 同速、同方向转动，强制加上一个运动只能引起运动干涉，这是这款轮系的缺点
S3	○	●	●	○	○	●	○	自动离合器处于液矩器工况；序号 14 工作，将前阳轮 22 双向与涡轮 6 接通。其余同 D 位 2 挡，实现 S 位 3 挡。有软反拖
L3	●	●	●	○	○	○	○	序号 4 工作，序号 9 放松，自动离合器处于联轴器工况，其余同 S3 挡，实现 L 位 3 挡，有硬反拖

注：1. ●—执行元件稳定工作；○—执行元件完全不工作；☆—执行元件在相邻两挡交换期间瞬时工作。

2. 有些车型称 S 位为 2 位，称 L 位为 1 位。现在很多车型采用手-自一体控制方式，不再设计有 L 位工况，本教材从普遍意义出发，还保留了 L 位工况，读者可对照具体车型决定取舍。

如前面所分析，因为是行星架输出，故知道此轮系不能单独实现超速挡，因而只能有 3 挡输出，要想成为 4 速轮系就必须增加轮系。美国米切尔维修信息公司编、中国机动车辆安全鉴定检测中心编译的《进口汽车自动变速器检测与维修》2002 年 1 月版 P25 图 2-2 配置的就是增速轮系前置方案。为节约篇幅，本教材在此处没有配置这个增速轮系，有兴趣的读者可参阅前面对增速轮系前置的分析。

三星共架式与三共式轮系结构的共同特点是共架输出，它们的挡位变化上也有相同之处，只能输出三个速度，为了达到 4 速输出，就只能增加轮系。HONDA 车型的 4L30-E 变速器上就是采用的三星共架式 4 速变速器，前面 3 挡与本教材分析的一样，增速轮系前置获得第 4 挡（见由美国米切尔维修信息公司编、中国机动车辆安全鉴定检测中心编译的《进口汽车自动变速器检测与维修》2002 年 1 月版 P25 图 2-2），读者可以对照本教材前面项目与任务的介绍自己分析第 4 挡。

三、共星轮式 4 速自动变速器

共星轮式 4 速自动变速器是与三共式和三星共架式都不一样的一款使用不广泛的特殊动轴式自动变速器，曾经在 SAAB 的 9000，900 系列车型的 ZF 4HP18（AV50-40LE）型变速器上使用过。液力变矩器内没有将泵轮与涡轮锁止在一起的离合器，故自动变速器总是处于液力变矩器状态工作，故没有硬反拖的 L 位，倒挡也不能硬反拖；序号 4 工作，将液力变矩器壳体直接与后架 25 接通，这是本轮系的两个特点。

1. 轮系的组成

共星轮式 4 速自动变速器机械示意图如图 7-13 所示。

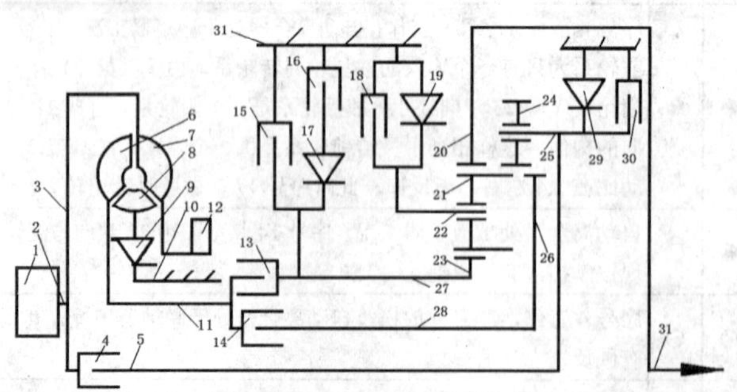

图 7-13　共星轮式 4 速自动变速器机械示意图

1—曲轴；2—液矩器外壳；3—液力变矩器外壳；4—后架双向输入离合器 C；5—后架输入轴；6—涡轮；7—泵轮；8—导轮；9—导轮单向制动器 F；10—导轮支撑轴；11—涡轮与变速器连接轴；12—液压泵转子；13—前阳轮双向输入离合器 C1；14—后阳轮双向输入离合器 C2；15—前阳轮双向制动器 B1；16—前阳轮双向制动器 B2；17—前阳轮单向制动器 F1；18—前架双向制动器 B3；19—前架单向制动器 F2；20—前圈；21—前星轮；22—前架；23—前阳轮；24—后星轮；25—后架；26—后阳轮；27—前阳轮输入轴；28—后阳轮输入轴；29—后架单向制动器 F3；30—后架双向制动器 B4；31—输出轴

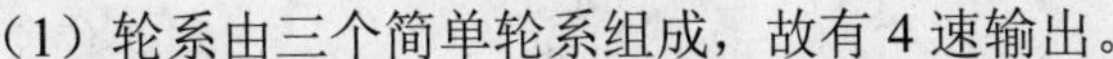

（1）轮系由三个简单轮系组成，故有 4 速输出。

组成此轮系的三个简单轮系：前轮系，由前阳轮 23、前架 22、前星轮 21 和前圈 20 组成一个完整的简单轮系；后轮系，由后阳轮 26、后架 25、后星轮 24 组成的缺后圈的不完整简单轮系；跨度轮系，由前阳轮 23、前架 22、前星轮 21 加后阳轮 26、后架 25、后星轮 24 六个零件组成的复合轮系。其中后星轮 24 是连接两部分使它们成为一个轮系整体的关键。

（2）轮系有一条传递路线是后架 25 输入，所有输出都经前圈 20，架入圈出（大轮带小轮）就必然会有超速挡存在。而且架的输入不经过液力变矩器，直接由发动机传来的转矩硬驱动。

（3）控制器组成情况：

1 件式执行器控制器：序号 4 控制后架 25 输入，序号 13 双向驱动前阳轮 23，序号 14 双向驱动后阳轮 26。

2 件式执行器控制组件：序号 18、19 组成两件式控制组件控制前架 22 的制动。

3 件式执行器控制组件：序号 15、16、17 组成三件式控制组件控制前阳轮的制动。

2. 轮系结构特点

轮系的结构特点可以归纳如下：

（1）前、后两轮系共用一个行星轮，序号 4 工作后架可以与泵轮连接。

（2）有条件输入三轴头：前阳轮 23、后阳轮 26 和后架 25。

（3）前圈 20 为无条件输出轴头。

（4）前阳轮 23 同时还是控制轴头。

（5）前架为控制轴头。

轮系的执行元件运作表如表 7-7 所示。

表 7-7　共星轮式 4 速轮系执行元件运作表

顺序	1	2	3	4	5	6	7	8	9	10	11	
序号	4	13	14	15	16	18	30	9	17	19	29	
	锁止及后架输入离合器 C	前阳轮双向输入离合器 C1	后阳轮双向输入离合器 C2	前阳轮双向制动器 B1	前阳轮双向制动器 B2	前架双向制动器 B3	后架双向制动器 B4	导轮单向制动器 F	前阳轮单向制动器 F1	前架单向制动器 F2	后架单向制动器 F3	1—曲轴；2—液矩器外壳；3—液力变矩器外壳；4—后架双向输入离合器 C；5—后架输入轴；6—涡轮；7—泵轮；8—导轮；9—导轮单向制动器 F；10—导轮支撑轴；11—涡轮与变速器连接轴；12—液压泵转子；13—前阳轮双向输入离合器 C1；14—后阳轮双向输入离合器 C2；15—前阳轮双向制动器 B1；16—前阳轮双向制动器 B2；17—前阳轮单向制动器 F1；18—前架双向制动器 B3；19—前架单向制动器 F2；20—前圈；21—前星轮；22—前架；23—前阳轮；24—后星轮；25—后架；26—后阳轮；27—前阳轮输入轴；28—后阳轮输入轴；29—后架单向制动器 F3；30—后架双向制动器 B4；31—输出轴
P 位	○	○	○	○	○	○	○	●	○	○	○	序号 9 工作，自动离合器处于液矩器工况，序号 4、13、14 不工作，轮系无输入；输出轴 31 被机械锁止，不能被拖动
N 位	○	○	○	○	○	○	○	●	○	○	○	与上不同之处为输出轴 31 没有被机械锁止，可以被拖动
R 位	○	●	○	○	○	●	○	●	○	○	○	序号 13 工作，前阳轮 23 双向输入，顺转，前架 22 被序号 18 双向锁止，前轮系为双向定轴轮系，前星轮 21 逆转，导致前圈 20 逆转输出，实现倒挡，传动比在 2.4 左右，只有软反拖。后架 25 只能顺转空转

续表

顺序	1	2	3	4	5	6	7	8	9	10	11	
序号	4	13	14	15	16	18	30	9	17	19	29	
D1	○	○	●	○	○	○	○	●	○	●	●	序号 19 将前架 22 单向锁止，序号 29 将后架 25 单向锁止，前、后轮系均为单向定轴轮系，后阳轮 26 被序号 14 双向与涡轮 6 接通而顺转，与之外啮合的序号 24 逆转，序号 21 顺转，推动序号 20 顺转输出，实现 D1 挡，传动比在 2.4 左右，无反拖。此时前阳轮 23 在做逆时针空转
S1	○	●	○	○	○	●	●	●	○	○	○	序号 18 将前架 22 双向锁止，序号 30 将后架 25 双向锁止，前、后轮系均为双向定轴轮系，后阳轮 26 被序号 14 双向与涡轮 6 接通而顺转，与之外啮合的序号 24 逆转，与之啮合的序号 21 顺转推动序号 20 顺转输出，此时前阳轮 23 在做逆时针空转。实现位 S1 挡，有软反拖
D2	○	○	●	○	●	○	○	●	●	○	●	序号 14、29 工作，后轮系成为阳轮 26 输入的单向定轴轮系，后阳轮 26 顺转，与其啮合的后星轮 24 逆转，使与其啮合的前星轮 21 顺转，推动前圈 20 顺转，序号 16、17 工作，将 1 挡时由空转的前阳轮 23 浪费了的运动加到前圈 20 上，使前圈 20 的转速提高，实现 2 挡，传动比在 1.8 左右，无反拖
S2	○	○	●	●	○	○	●	●	○	○	○	序号 14、30 工作，后轮系成为顺转阳轮 26 输入的双向定轴轮系，后星轮 24 逆转，前星轮 21 顺转，推动前圈 20 顺转，序号 15 工作，将 1 挡时由空转的前阳轮 23 浪费了的运动加到前圈 20 上，使前圈 20 的转速提高，实现 S2 挡，有软反拖
D3	●	○	●	○	●	○	○	●	●	○	○	序号 4、14 同时工作，后轮系成为顺转联轴器，后星轮 24 随之同时转动，推动前轮系的前星轮 21 顺转，因序号 16、17 把前阳轮 23 单向锁止，故前轮系是单向阳轮系，从而推动前圈 20 顺转输出，故实现 3 挡，无反拖
S3	●	○	●	●	○	○	○	●	○	○	○	除用序号 15 代替序号 16、17 将前阳轮双向制动外，其余与 D 位 3 相同。有软反拖
D4	●	○	○	●	○	○	○	(●)	○	○	○	序号 14 放松后后轮系后架 25 输入，后星轮 24 输出，就成为一个增速轮系，前轮系与 S 位 3 挡状态相同，因而就升到 4 挡输出，传动比在 0.8 左右。有硬反拖，没有 S 位 4 挡。对序号 9 的状态对轮系没有影响

注：1. ●—执行元件稳定工作；○—执行元件完全不工作；☆—执行元件在相邻两挡交换期间瞬时工作。

2. 有些车型称 S 位为 2 位，称 L 位为 1 位。现在很多车型采用手-自一体控制方式，不再设计有 L 位工况，本教材从普遍意义出发，还保留了 L 位工况，读者可对照具体车型决定取舍。

共星轮式 4 速自动变速器挡位分析如图 7-14 所示，图中没有 L 式，即没有硬反拖工况是它的特点，也是不足。

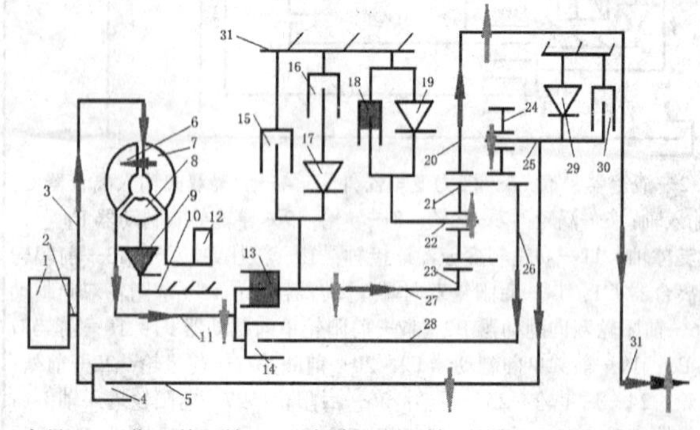

序号 13 工作，前阳轮 23 双向输入，顺转，前架 22 被序号 18 双向锁止，前轮系为双向定轴轮系，前星轮 21 逆转，导致前圈 20 逆转输出，实现倒挡，传动比在 2.4 左右，只有软反拖。后轮系处于动轴轮系状态，通过后星轮只有一个输入，故没有确定的输出。后阳轮 26、后架 25 做没有确定的空转，因序号 29 的缘故，知道后架 25 只能顺时针空转。

（a）倒挡

序号 19 将前架 22 单向锁止，序号 29 将后架 25 单向锁止，前、后轮系均为单向定轴轮系，后阳轮 26 被序号 14 双向与涡轮 6 接通而顺转，与之外啮合的序号 24 逆转，序号 21 顺转，推动序号 20 顺转输出，实现 D1 挡，传动比在 2.4 左右，无反拖。此时序号 23 在做逆时针空转。

（b）D 位 1 挡

图 7-14　共星轮式 4 速动轴轮系挡位分析

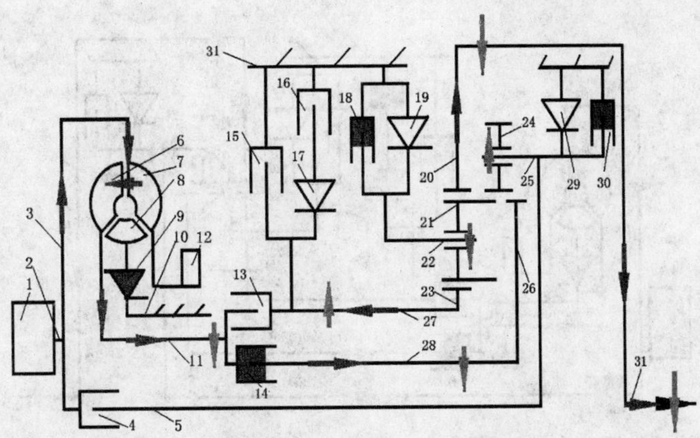

序号 18 将前架 22 双向锁止，序号 30 将后架 25 双向锁止，前、后轮系均为双向定轴轮系，后阳轮 26 被序号 14 双向与涡轮 6 接通而顺转，与之外啮合的序号 24 逆转，与之啮合的序号 21 顺转推动序号 20 顺转输出，此时前阳轮 23 在做逆时针空转。实现 S 位 1 挡，有软反拖。

(c) S 位 1 挡

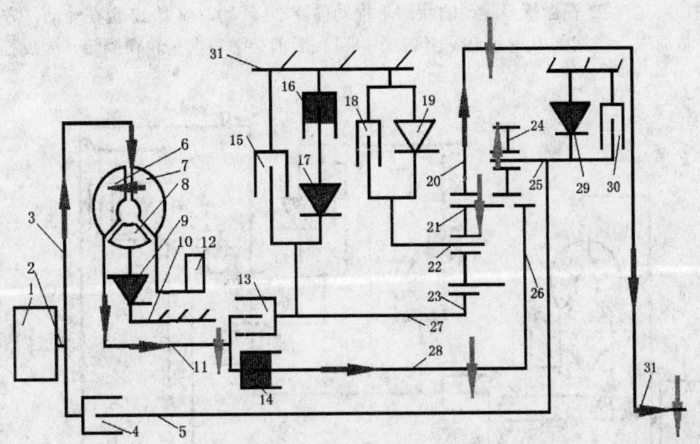

序号 14、29 工作，后轮系成为阳轮 26 输入的单向定轴轮系，后阳轮 26 顺转，与其啮合的后星轮 24 逆转，使与其啮合的前星轮 21 顺转，因为前阳轮被序号 16、17 单向锁止，前轮系为阳轮系，后星轮 24 犹如脚登动自行车踏板一样推动前星轮 21 转动，前星轮 21 犹如脚登推动行车的大链轮一样推动前架 22 顺转，前星轮 21 相当于大链轮，推动前圈 20 顺转，序号 16、17 工作，将 1 挡时由空转的前阳轮 23 浪费了的运动加到前圈 20 上，使前圈 20 的转速提高，实现 2 挡，传动比在 1.8 左右，无反拖。

(d) D 位 2 挡

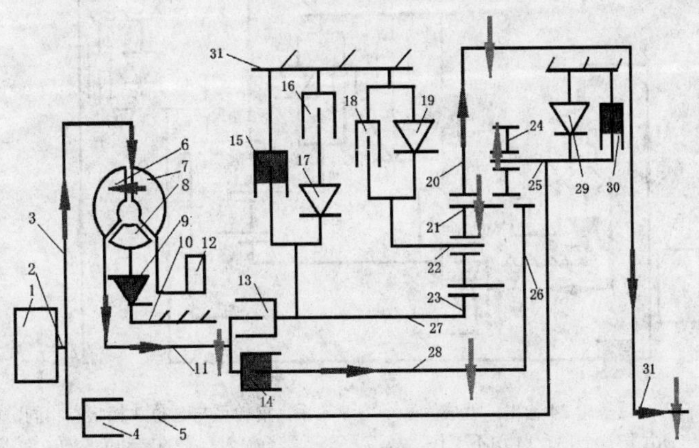

序号 14、30 工作，后轮系成为顺转阳轮 26 输入的双向定轴轮系，后星轮 24 逆转，前星轮 21 顺转，推动前圈 20 顺转，序号 15 工作，将 1 挡时由空转的前阳轮 23 浪费了的运动加到前圈 20 上，使前圈 20 的转速提高，实现 S 位 2 挡，有软反拖

(e) S 位 2 挡

图 7-14　共星轮式 4 速动轴轮系挡位分析（续）

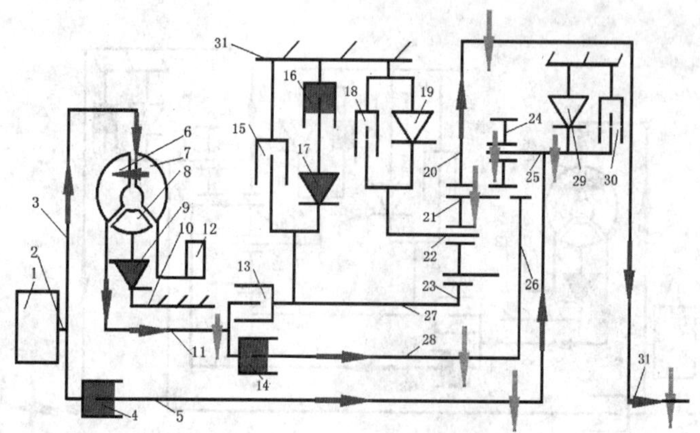

序号4、14同时工作，后轮系因此成为顺转联轴器，后星轮24随之同时转动，推动前轮系的前星轮21顺转，因为序号16、17把前阳轮23单向锁止，故前轮系是单向阳轮系，从而推动前圈20顺转输出，故实现3挡，有两点需要说明：①这儿因为有个后星轮24传给前星轮21的转换，输出传动比不一定为1.0；②前星轮会顺转的原因是因为后星轮与前星轮不是啮合关系，而相互卡住传动动力和运动，即轮齿间没有相对运动，造成这种卡住传递的原因是后星轮与后架间没有相对运动，后星轮就只能像一个齿轮联轴器一样夹住前星轮转动，加之轮系也不是定轴轮系，是一个阳轮系，前星轮21在做行星运动的状态下推动前圈20转动，前架22也在转动，方向与前轮系的20、21、22、23的齿数有关。本案例中序号19没有工作，可判断前架随着前星轮在顺转。无反拖。

(f) D位3挡

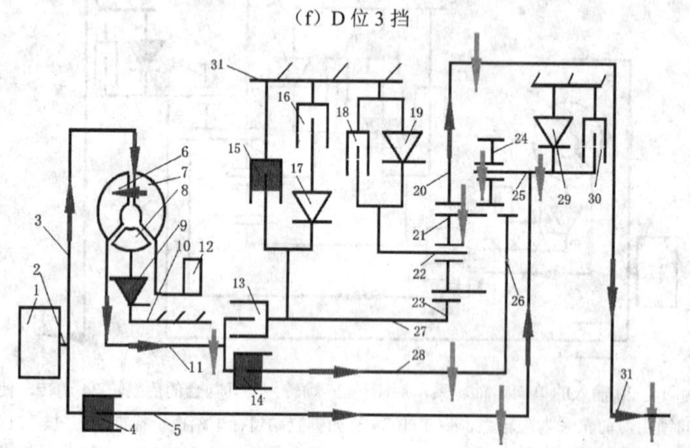

除用序号15代替序号16、17将前阳轮双向制动外，其余与D位3挡相同。有软反拖。

(g) S位3挡

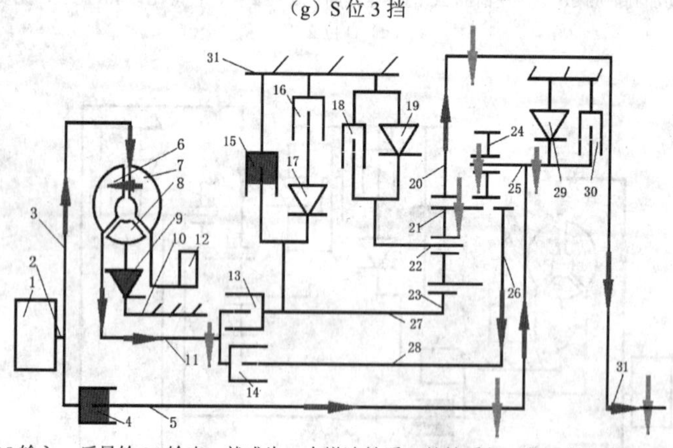

序号14放松后后轮系后架25输入，后星轮24输出，就成为一个增速轮系，前轮系与S位3挡状态相同，因而就升到4挡输出，传动比在0.8左右。需要说明两点：①由于序号13、14均不工作，故液力变矩器无输入，它的转动为空转；②后轮系看似是只有后架26一个输入的动轴轮系，不应当有确定的输出，如前面分析，正由于有阳轮系状态的前轮系通过前星轮21反作用的约束作用在前星轮24上，故后轮系就有了两个输入，所以就有确定的输出，如果前轮系处于定轴轮系（前架22被固定）状态或周转轮系（有两个自由度），后轮系将不能输出动力与运动。有硬反拖，没有S位4挡。序号9的工作状态不重要，对轮系没有影响。

(h) D位4挡

图7-14　共星轮式4速动轴轮系挡位分析（续）

注：图7-14图注同图7-13。

共星轮式与三共式和轮系结构的共同特点是共架输出，它们的挡位变化上也有相同之处，但共星轮式有行星架输入，所以有增速工况，可实现 4 速。SAAB 车型的 9000、900 系列 ZF 4HP18(AW50-40LE)变速器上就是采用的共星 4 速轮系，其上没有采用附加轮系就实现了 4 速，如果再采用附加轮系，就可实现 5 速（见由美国米切尔维修信息公司编、中国机动车辆安全鉴定检测中心编译的《进口汽车自动变速器检测与维修》2002 年 1 月版 P325 图 13-2），为节约篇幅，本教材在此处没有配置这个增速轮系，有兴趣的读者可参阅前面对增速轮系前置的分析。

读者可以对照本教材前面章节的介绍自己分析第 5 挡传递路线。

讨论：由于液力变矩器中没有锁止离合器，表 7-7 中序号 9 与其他类型的变速器的作用就不完全一样，除 D 位 4 挡外，液力变矩器都在发挥作用，根据涡轮转速快慢，导轮单向制动器序号 9 自动地在调节是制动或是放松，或者半制动半放松，或者半放松半制动（表 7-7 中无法描述这个变化，统一用“●”表示），D 位 4 挡的传递路线不经过液力变矩器，序号 9 无论是处于液力变矩器工况或是液力偶合器工况都不影响轮系工作（表中用“（●）”表示序号 9 工作与否不重要），但从受力角度分析，它会消耗能量，这是这种类型自动离合器的缺点，故可以把这种类型看成目前广泛使用的三工况自动离合器发展过程的一个过渡，正由于有人发现了这个问题，才在液力变矩器内部设计了一个锁止离合器，使自动离合器有了联轴器工况，就避免了这个缺点，自动离合器才得到最广泛的运用。

1886 年第一辆汽车诞生时是没有离合器的，1891 年摩擦式汽车离合器诞生，到 1948 年液力传动离合器出现，汽车离合器技术经历了从无到有、从粗到细、从脚控到自动、从单工况的偶合器到两工况的本例，再到普遍使用的三工况液力变矩器，创新始终伴随着汽车工业的发展，每次创新都是在吃透了旧的基础上才产生的。

任务三　多轮系自动变速器挡位分析

基本轮系加上一个简单轮系是常见的配置，前面重点就是介绍这种轮系。如果配置两个或两个以上的简单轮系，就称为多轮系自动变速器，现代汽车有了向多轮系发展的苗头，这样配置的好处是能获得更多的挡位，有利于发动机与变速器之间的配伍，对驾驶舒适性、燃油消耗都有好处，但这必然导致机构复杂、成本上升，轮系配置太多的自动变速器并不适用于中、低档的车辆，综合考虑，一个基本轮系加两个简单轮系的组合是主要使用的。为了全面了解自动变速器的组成，本教材简单介绍由两个简单轮系与前面介绍过的基本轮系组成的多轮系自动变速器。

一、R 三式与两个简单轮系组成的多轮系 5 速自动变速器

R 三式与两个简单轮系组成的多轮系 5 速自动变速器(简称 R 三 11 式 5 速多轮系或 R 三 11 式)，R 一式、R 二式有三个输入通道，一个输出通道，而本案轮系结构的基本特征是 R 式，它只有大阳轮一个输入，有共架与共圈两个输出，本教材把这种结构定义为 R 三式，以示与 R 式的联系及 R 一式和 R 二式的区别。在基本轮系 R 三式的基础上加了一个减速轮系和一个增速轮系，R 三式与两个简单轮系组成的多轮系 5 速自动变速器机械示意图如图 7-15 所示，能实现 5 速输出。

R 三 11 式 5 速多轮系自动变速器是与所有轮系都不一样的一款使用不广泛的特殊动轴式自动变速器，曾经在 MERCEDES-BENZ 的 722 系列车型上使用过。液力变矩器内有将泵轮与涡轮锁止在一起的离合器和导轮单向制动器，故自动变速器有液力变矩器、液力偶合器和联轴器三个工作状态。

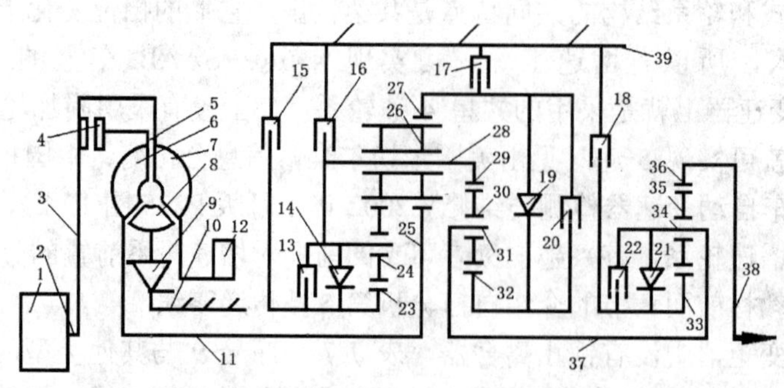

图 7-15　R 三 11 式 5 速多轮系自动变速器机械示意图

1—发动机；2—曲轴；3—液矩器外壳；4—锁止离合器 C 的摩擦盘；5—摩擦盘与涡轮间连接花键；6—涡轮；7—泵轮；8—导轮；9—导轮单向制动器 F；10—导轮支撑轴；11—涡轮与变速器连接轴；12—液压泵转子；13—小阳轮与短星轮间双向输入离合器 C1；14—小阳轮与短星轮间单向离合器 F1；15—小阳轮双向制动器 B1；16—共架双向制动器 B2；17—共圈双向制动器 B3；18—超架双向制动器 B0；19—共圈与减阳轮间单向离合器 F2；20—共圈与减阳轮间双向离合器 C2；21—超架与超阳轮间单向离合器 F0；22—超架与超阳轮间单向离合器 C0；23—小阳轮；24—短星轮；25—大阳轮；26—长星轮；27—共圈；28—共架；29—减圈；30—减星轮；31—减架；32—减阳轮；33—超阳轮；34—超架；35—超星轮；36—超圈；37—减星轮系与超轮系连接轴；38—输出轴；39—变速器壳体

1. 轮系的组成（图 7-15）

（1）轮系由一个 R 三式加两个简单轮系组成，有 5 速输出。

如项目五介绍，R 式自身就有 4 个速度输出，加上一个简单轮系就能实现 5 速输出，而组成本案轮系除 R 三式外，还有两个简单轮系，应当有更多的速度挡位输出，为什么只能有 5 速输出？从图 7-15 中可以看出本案轮系与 R 式 5 速轮系的区别：第一，R 式只有共圈一个输出，本案轮系共圈 27 与共架 28 都参与了输出；第二，R 式有大、小阳轮和架三个输出，本案轮系只有大阳轮 25 一个输入；第三，R 式的小阳轮只受输入离合器控制，不受控制器控制；共架与大阳轮各自既受控制器控制，也受输入离合器控制，显得清楚简洁，而本案的小阳轮 23 与共架 28 之间竟然有序号 13、14、15、16 四个控制器，显得烦琐；第四，R 式或前或后串联一个增速或减速的简单轮系也清楚简洁，本案输出后在共架与共圈间用了三个控制器来控制输出，也显得不清楚，这四个特点明显让人感到本案是不成熟的早期产品，也许早就淘汰了，本教材仍然对这个轮系挡位变化进行分析的目的是让读者多一个角度认识轮系连接与控制本质。

（2）R 三 11 式轮系的大阳轮 25 是唯一一条绝对输入路线；中间轮系是架输出，故减速是它的主要功能，在控制器作用下也可以作联轴器；后面轮系是典型的架入圈出形式的增速轮系。

（3）控制器组成情况：

3 个 1 件式执行控制器：序号 4 控制液力变矩器工况；序号 15 单独双向控制小阳轮 23 的制动；序号 16 单独双向控制共架 28 的制动。

1 个 2 件式执行器控制组件：序号 13、14 组成的两件式控制组件控制小阳轮 23 与共架 28 之间的连接。

2 个 3 件式执行器控制组件：为了工况交换时不发生运动干涉与运动中断，两组三件式控制组件分别控制共圈 27 与减阳轮 32 之间（序号 17、19、20）的连接和增轮系的工况交换（序号 18、21、22 组成的三件式控制组件控制）。

2. 轮系结构特点

轮系的结构特点可以归纳如下：

（1）R 三的大阳轮 23 为唯一无条件输入轴头。

（2）R 三的共圈 27 为控制输出轴头，向减速轮系输出动力和运动。

（3）R 三的共架 28 是多功能轴头，它能被序号 16 双向锁止在机壳上承担控制轴头的作用，也可通过序号 13、14 与小阳轮连接，还可直接通过减圈 29 向减速轮系输入动力和运动。

（4）R 三的小阳轮 23 仅发挥控制轴头的作用。

（5）轮系整体有两个简单轮系，紧接在 R 三后面是减速轮系，往后是个增速轮系，增圈是整个轮系的输出轴头。

3．轮系挡位分析

（1）R 三 11 式 5 速多轮系的执行元件运作表如表 7-8 所示。

表 7-8　R 三 11 式 5 速多轮系执行元件运作表

顺序	1	2	3	4	5	6	7	8	9	10	11	12	
序号	4	22	13	20	18	15	16	17	21	9	14	19	
	锁止离合器C的摩擦盘	超架与超阳轮间单向离合器C0	小阳轮与共架间双向连接离合器C1	共圈与减阳轮间双向离合器C2	超架双向制动器B0	小阳轮双向制动器B1	共架双向制动器B2	共圈双向制动器B3	超架与超阳轮间单向离合器F0	导轮单向制动器F	小阳轮与共架间单向连接离合器F1	共圈与减阳轮间单向离合器F2	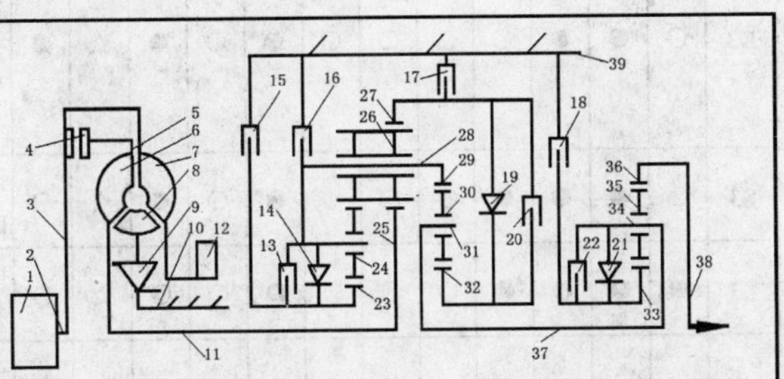 1—发动机；2—曲轴；3—液矩器外壳；4—锁止离合器 C 的摩擦盘；5—摩擦盘与涡轮间连接花键；6—涡轮；7—泵轮；8—导轮；9—导轮单向制动器 F；10—导轮支撑轴；11—涡轮与变速器连接轴；12—液压泵转子；13—小阳轮与共架间双向连接离合器 C1；14—小阳轮与共架间单向连接离合器 F1；15—小阳轮双向制动器 B1；16—共架双向制动器 B2；17—共圈双向制动器 B3；18—超架双向制动器 B0；19—共圈与减阳轮间单向离合器 F2；20—共圈与减阳轮间双向离合器 C2；21—超架与超阳轮间单向离合器 F0；22—超架与超阳轮间单向离合器 C0；23—小阳轮；24—短星轮；25—大阳轮；26—长星轮；27—共圈；28—共架；29—减圈；30—减星轮；31—减架；32—减阳轮；33—超阳轮；34—超架；35—超星轮；36—超圈；37—减星轮系与超轮系连接轴；38—输出轴；39—变速器壳体
P 位	○	○	○	○	○	○	○	○	○	●	○	○	序号 9 工作，自动离合器处于液矩器工况，其余执行器不工作，轮系无输入；输出轴 38 被机械锁止，不能被拖动
N 位	○	○	○	○	○	○	○	○	○	●	○	○	与上不同之处为输出轴 38 没有被机械锁止，可以被拖动
R 位	●	●	○	●	○	○	●	○	○	○	○	○	序号 16 工作，R 三轮系为双向定轴轮系，减圈 29 随之固定，减星轮系为减速圈轮系，序号 20 将减阳轮 32 双向锁止在共圈 27 上；序号 22 工作，超轮系为联轴器，大阳轮 25 输入顺转，推动共圈 27 逆转，经序号 20 双向驱动减阳轮 32 逆转，减架 31 再次减速后逆转输出到处于联轴器工况的超轮系与输出轴 38 连接输出，实现倒挡传动比在 2.6 左右。序号 4 工作，序号 9 放松，自动离合器为联轴器，有硬反拖
D1	○	●	○	○	○	○	○	●	○	●	○	●	序号 17 将共圈 27 双向锁止，序号 19 将超阳轮 33 单向锁止在共圈 27 上，R 三轮系因此为双向减速圈轮系，减星轮系为减速阳轮系，超轮系为联轴器。大阳轮 25 顺转输入，经减速后由共架 28 顺转输出给减圈 29，经再次减速后由减架 31 顺转传到增速轮系的联轴器（序号 22 工作）后经输出轴 38 输出，实现 D 位 1 挡，传动比在 2.4 左右，无反拖。共架 28 带着长短星轮顺转，与短星轮 24 外啮合的小阳轮 23 逆时针空转
S1	○	●	○	●	○	○	○	●	○	●	○	○	序号 20 代替序号 19 将超阳轮 33 双向锁止在共圈 27 上，其余同 D 位 1 挡，有软反拖
L 1	●	●	○	●	○	○	○	●	○	○	○	○	序号 4 代替序号 9 将液力变矩器双向锁止变成联轴器，其余同 S 位 1 挡，有硬反拖

续表

顺序	1	2	3	4	5	6	7	8	9	10	11	12	
序号	4	22	13	20	18	15	16	17	21	9	14	19	
D2	○	●	○	○	○	●	○	○	○	●	○	●	序号 15 工作，R 三轮系为减速阳轮系，共圈 27 和共架 28 各有一个不等速的输出，1 挡时空转的小阳轮 23 被双向锁止在机壳 39 上，序号 17 放松，序号 19 将共圈 27 与减阳轮 32 连接在一起，减架 31 有确定的输出，实现 2 挡，传动比在 2.0 左右，无反拖
S2	○	●	○	●	○	●	○	○	○	●	○	○	序号 20 代替序号 19 将超阳轮 33 双向锁止在共圈 27 上，其余同 D 位 2 挡，有软反拖
L2	●	●	○	●	○	●	○	○	○	○	○	○	序号 4 代替序号 9 将液力变矩器锁止成联轴器，其余同 S 位 2 挡，有硬反拖
D3	○	●	●	○	○	○	○	●	○	●	☆	●	序号 13 将共架 28 与小阳轮 23 锁止在一起，序号 17 将共圈 27 锁止在机壳上，故只能是其余部分连轴；序号 19 工作将减阳轮 32 单向锁止在共圈 27 上；共架 28 与大阳轮 25 等速同向转动，到减速阳轮系被减速后从减架 31 输出，增速轮系是联轴器，实现 D 位 3 挡，传动比在 1.3 左右，自动离合器是液矩器工况，无反拖。序号 13 短暂担任传递任务
S3	○	●	●	●	○	○	○	●	○	●	☆	○	由序号 20 代替序号 19 将共圈 27 与减阳轮 32 双向锁止在一起，其余同 D 位 3 挡，有软反拖
L3	●	●	●	●	○	○	○	●	○	○	☆	○	由序号 4 代替序号 9 工作，自动离合器是联轴器工况，其余同 S 位 3 挡，有硬反拖
D4	○	●	●	○	○	○	○	○	○	●	○	●	在 D 位 3 挡基础上，序号 17 放松，序号 13 工作，R 三轮系因此成为完整的顺转联轴器，序号 19 工作，减星轮系获得两个同方向、同转速的输入，变成联轴器，三个联轴器串联工作，实现 D 位 3 挡，传动比为 1.0，其余与 D 位 3 挡相同，无反拖。不常用
S4	○	●	●	●	○	○	○	○	○	●	○	○	由序号 20 代替序号 19 将共圈 27 与减阳轮 32 双向锁止在一起，其余同 D 位 4 挡，有软反拖。不常用
L4	●	●	●	●	○	○	○	○	○	○	○	○	由序号 4 代替序号 9 工作，自动离合器是联轴器工况，其余同 S 位 4 挡，有硬反拖
D5	○	○	●	○	●	○	○	○	☆	●	○	●	序号 22 放松，序号 18 工作，二者交换瞬间由序号 21 工作，增速轮系由联轴器变为增速阳轮系，整个轮系在 4 挡基础上又升一挡，实现 5 挡，传动比在 0.8 左右，无反拖。因液力变矩器传递效率太低，不用
S5	○	○	●	●	●	○	○	○	☆	●	○	○	序号 20 代替序号 19 将共圈 27 与减阳轮 32 双向锁止在一起，其余同 D 位 5 挡，有软反拖。不常用，因液力变矩器传递效率太低，不用
L4	●	○	●	●	●	○	○	○	☆	○	○	○	序号 4 代替序号 9 工作，自动离合器是联轴器工况，其余同 S 位 5 挡，有硬反拖

注：1. ●—执行元件稳定工作；○—执行元件完全不工作；☆—执行元件在相邻两挡交换期间瞬时工作。

2. 有些车型称 S 位为 2 位，称 L 位为 1 位。现在很多车型采用手-自一体控制方式，不再设计有 L 位工况，本教材从普遍意义出发，还保留了 L 位工况，读者可对照具体车型决定取舍。

3. ☆为短暂工作。

（2）R 三式与两个简单轮系组成的多轮系 5 速自动变速器挡位分析如图 7-16 所示。

R 三 11 式 5 速多轮系自动变速器的挡位结构很对称，但其中高速挡位因为考虑液力变矩器的传递效益并不能全部使用。

4. 讨论

通过比较项目五和以上分析可以看出，R 一式、R 二式都只需配置一个简单轮系就实现了 5 速传动，而 R 三式配置了两个简单轮系才能实现 5 速配置，必然导致结构复杂，既增加了成本，又不利于维修；其中高速挡又有几个挡位因液力变矩器传递效益太低不能使用，造成资源浪费。比较结果说明 R 一式、R 二式的三输入一输出结构比 R 三式的一输入、两输出结构更科学、更成熟，R 三式的结构限制了挡位的扩展，因此有理由认为R三式是早期产品，现在已到了应当淘汰的时候了。

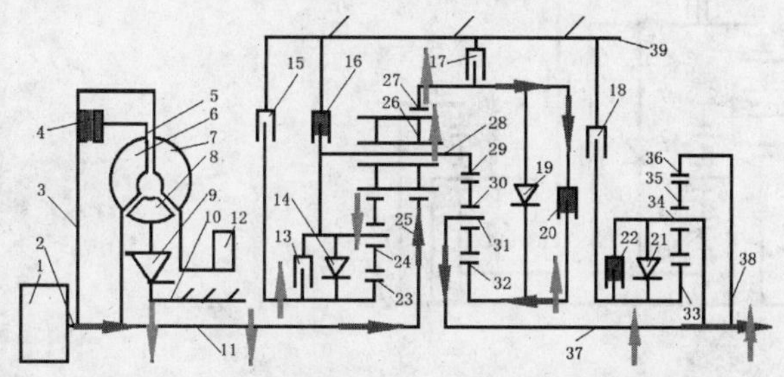

序号16工作，双向锁止共架28，R三轮系变为双向定轴轮系，与共架28刚性连接的减圈29随之固定，减星轮系为减速圈轮系，序号20工作将减阳轮32双向锁止在共圈27上；序号22工作，超轮系为联轴器，大阳轮25输入顺转，使长星轮逆转，推动共圈27逆转，经序号20双向驱动减阳轮32逆转，减架31再次减速后逆转（圈轮系的架与主动件阳轮方向一致）输出到因为序号22工作而处于联轴器工况的超轮系与输出轴38连接输出，实现倒挡传动比在2.6左右。序号4工作，序号9放松，自动离合器为联轴器，有硬反拖。短星轮24顺转，小阳轮逆向空转。

（a）倒挡

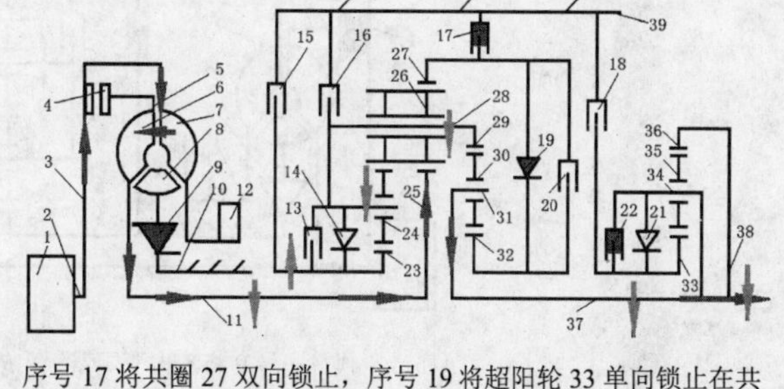

序号17将共圈27双向锁止，序号19将超阳轮33单向锁止在共圈27上，二者均被锁止在机壳39上，R三轮系因此为双向减速圈轮系，减星轮系为减速阳轮系，超轮系同倒挡为联轴器。大阳轮25与涡轮6接通顺转输入，经减速后由共架28顺转输出给减圈29，经再次减速后由减架31顺转传到增速轮系的联轴器（因序号22工作）后经输出轴38输出，实现D位1挡，传动比在2.4左右，无反拖（因序号19工作，反拖时减速轮系为只有一个输入的周转轮系，无确定输出）。共架28带着长、短星轮顺转，与短星轮24外啮合的小阳轮23逆时针空转。

（b）D位1挡

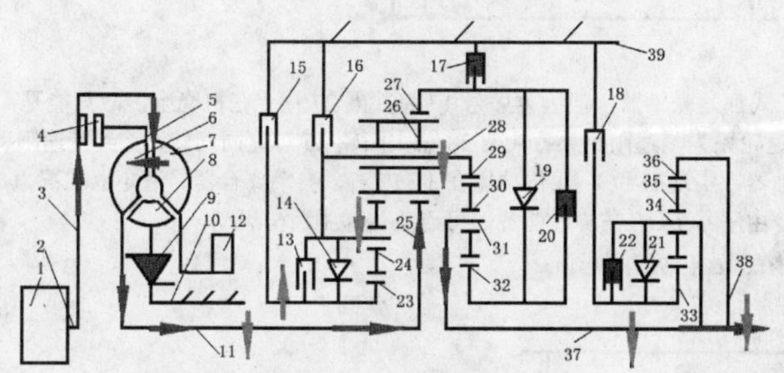

序号20代替序号19将超阳轮33双向锁止在共圈27上，其余同D位1挡，有软反拖。

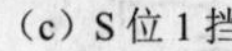

（c）S位1挡

序号4代替序号9将液力变矩器锁止成联轴器，其余同S位1挡，有硬反拖。

（d）L位1挡

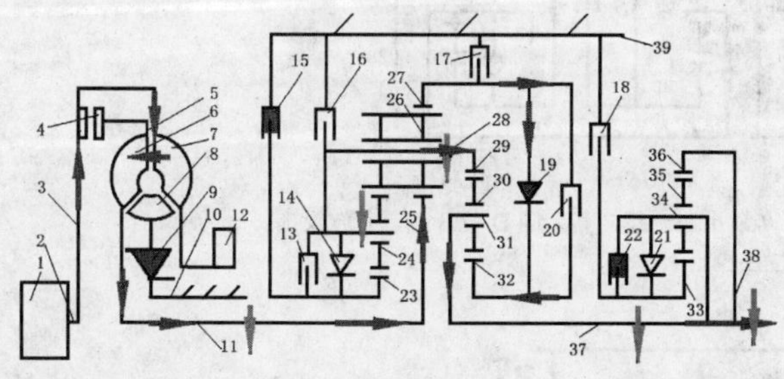

序号15工作，R三轮系为有大阳轮25一个输入的减速阳轮系，共圈27和共架28各有一个不等速的输出，1挡时空转的小阳轮23被双向锁止在机壳39上，因空转浪费了的运动被加在了共架28和共圈27上输出，序号17放松，序号19将共圈27与减阳轮32连接在一起，减星轮系为两个不等速输入的周转轮系，减架31有确定的输出，实现2挡，传动比在2.0左右，无反拖。

（e）D位2挡

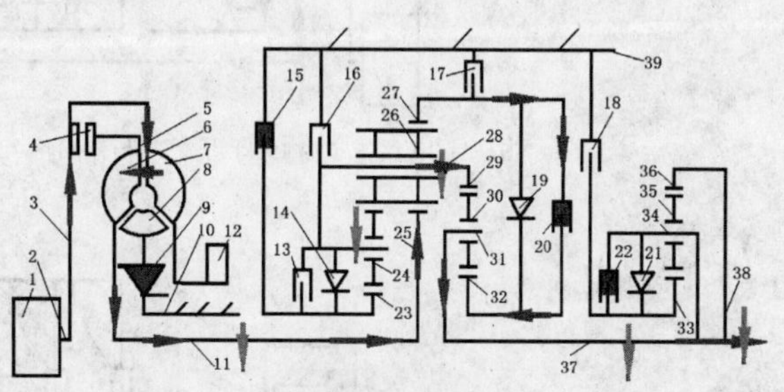

序号20代替序号19将超阳轮33双向锁止在共圈27上，其余同D位2挡，有软反拖。

（f）S位2挡

图7-16　R三11式5速多轮系挡位分析

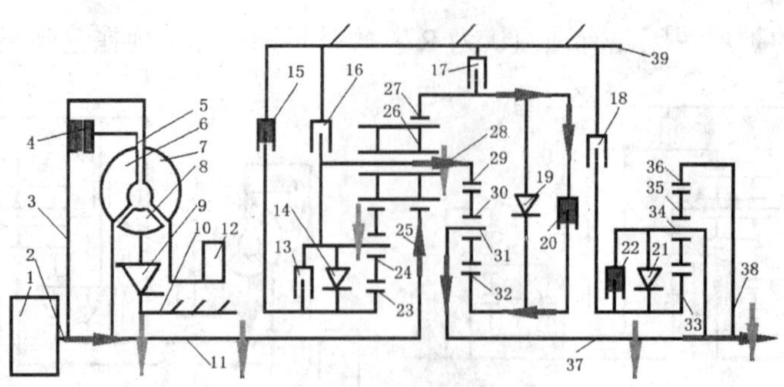

序号 4 代替序号 9 将液力变矩器锁止成联轴器，其余同 S 位 2 挡，有硬反拖。

（g）L 位 2 挡

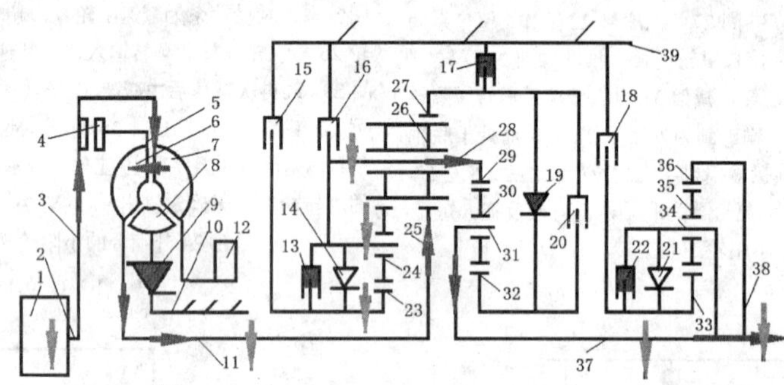

尽管序号 13 将共架 28 与小阳轮 23 锁止在一起，本来应当整个 R 三式都是联轴器，但因为序号 17 将共圈 27 锁止在机壳上，故只能是其余部分连轴；序号 19 工作将减阳轮 32 单向锁止在共圈 27 上，减速轮系为减速阳轮系；共架 28 与大阳轮 25 等速同向转动，到减速阳轮系有减圈 29 一个输入，被减速后从减架 31 输出，增速轮系是联轴器，实现 D 位 3 挡,传动比在 1.3 左右，自动离合器是液矩器工况，序号 19 工作，无反拖。在序号 15 与序号 13 交换的瞬间，由序号 14 担任传递任务，可避免传递中断与运动干涉。

（h）D 位 3 挡（本图在封面内页有彩图）

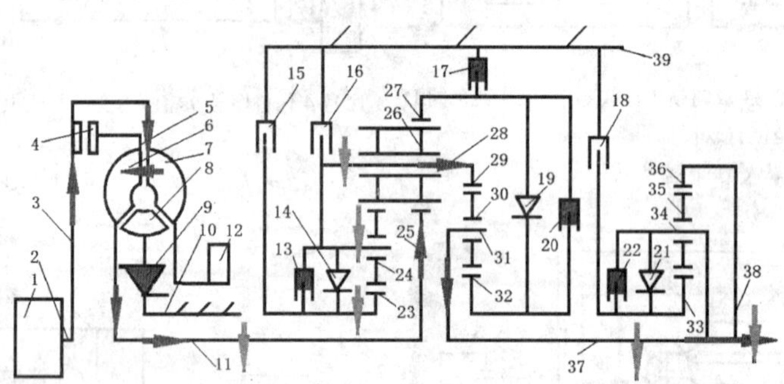

由序号 20 代替序号 19 将共圈 27 与减阳轮 32 双向锁止在一起，其余同 D 位 3 挡，有软反拖。

（i）S 位 3 挡

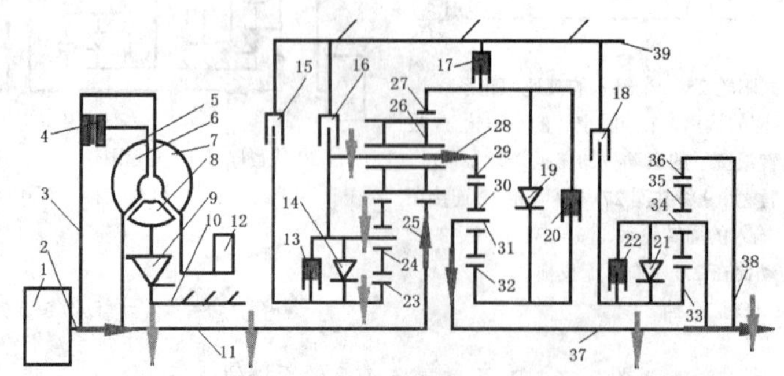

由序号 4 代替序号 9 工作，自动离合器是联轴器工况，其余同 S 位 3 挡，有硬反拖。

（j）L 位 3 挡

图 7-16　R 三 11 式 5 速多轮系挡位分析（续）

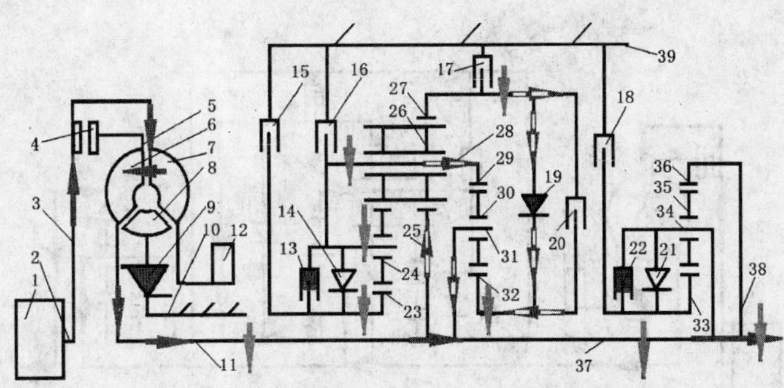

在D位3挡基础上，序号17放松，序号13工作，R三轮系因此成为完整的顺转联轴器，减架31与大阳轮25同方向、同转速转动，序号19工作，将减阳轮32与共圈27单向连接在一起，二者同时转动，显然减星轮系获得两个同方向、同转速的输入，也变成联轴器，三个联轴器串联工作，实现D位3挡，传动比为1.0，其余与D位3挡相同，无反拖。图中红色（黑白图显黑色）虚线箭头表示轮系内部传递情况，对外表现出联轴器性质，故可直接传递，用红色实线箭头表示。

（k）D位4挡（因液力变矩器效率太低，不常用）

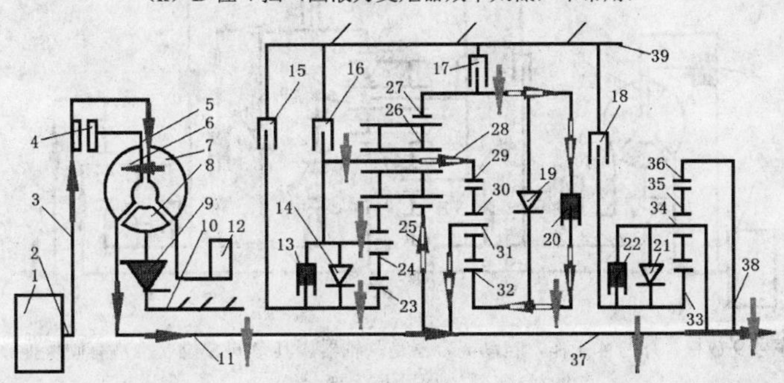

除用序号20代替序号19将共圈27和减阳轮32双向连接在一起外，其余与D位4挡相同。有软反拖。

（l）S位4挡（因液力变矩器效率太低，不常用）

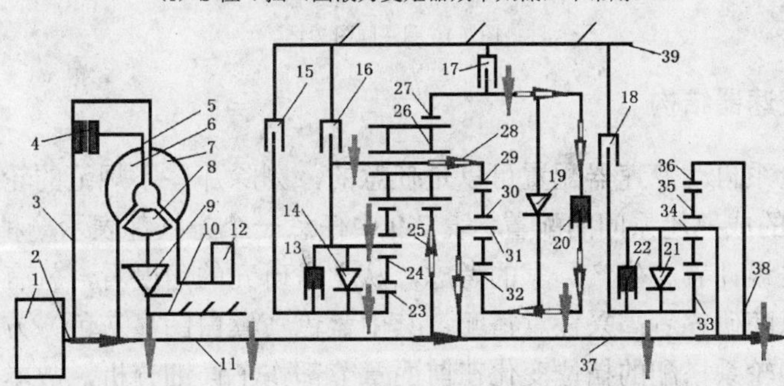

序号4代替序号9将液力变矩器锁止成联轴器，其余同S位3挡，三个联轴器串联工作，有硬反拖。

（m）L位4挡

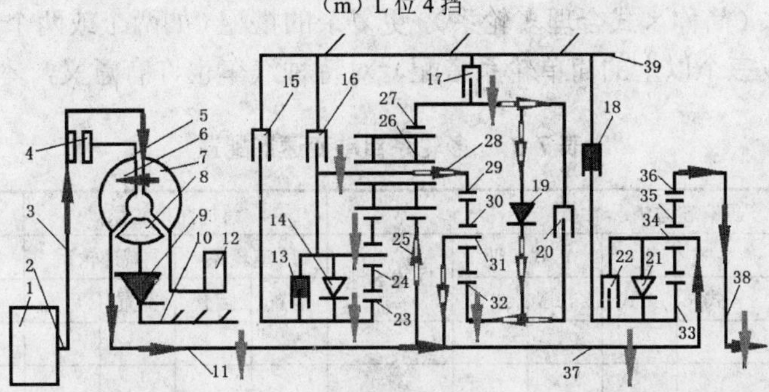

序号22放松，序号18工作，二者交换瞬间由序号21工作，增速轮系由联轴器变为增速阳轮系，整个轮系在4挡基础上又升一挡，实现5挡，传动比在0.8左右，无反拖。

（n）D位5挡（因液力变矩器效率太低，故不用）

图7-16　R三11式5速多轮系挡位分析（续）

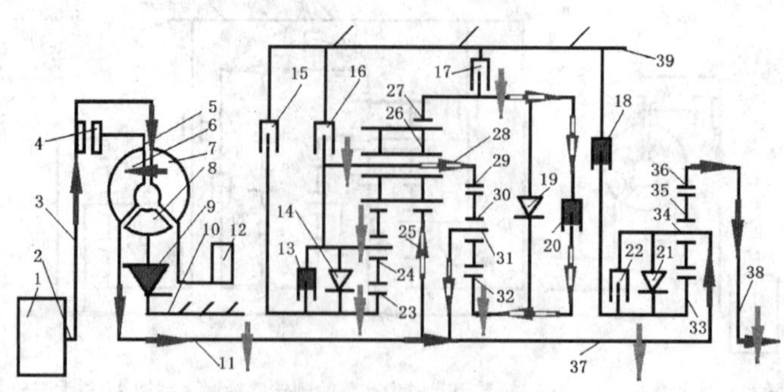

序号 19 放松，序号 20 工作其余同 D 位 5 挡，有软反拖。

（o）S 位 5 挡（因液力变矩器效率太低，故不用）

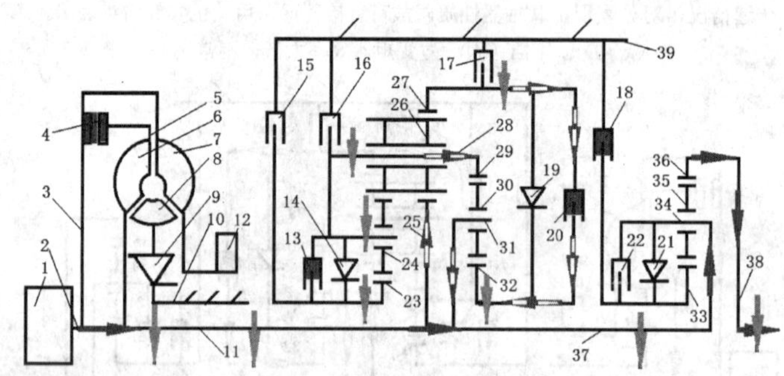

序号 9 放松，序号 4 工作，自动离合器是联轴器，其余同 S 位 5 挡，有硬反拖。

（p）L 位 5 挡

图 7-16　R 三 11 式 5 速多轮系挡位分析（续）

注：图 7-16 图注同图 7-15。

二、其他多轮系自动变速器结构

从理论上讲，多轮系自动变速器配置可以是任意的，剔除那些不规范的轮系结构和没必要的搭配，就有如表 7-9 所列的成熟轮系间的配置，表 7-9 中任意一个方框都表示一种轮系配置，从这个表选择哪些轮系来搭配是设计者、生产厂家的考虑，从学术研究的角度看，就有一种从必然王国进入自由王国的感觉，可以随研究者高兴任意搭配，其中蓝色（黑白图显灰色）方框应当是选中率较高的几种。由于表中各种轮系搭配的挡位变化在前面章节都作了详细分析，故本节中只画出其中几种最有可能被厂家看好的搭配的结构示意图与机构示意图供读者了解，对普通汽车有意义的是一个基本轮系加两个简单轮系（简称×式合理多轮系），更复杂的搭配（如两个或两个以上的基本轮系搭配，一个基本轮系与三个或三个以上的简单轮系搭配）对特种汽车也许有意义，本教材不予研究。

表 7-9　多轮系自动变速器配置

<table>
<tr><td rowspan="3">序号</td><td colspan="7">原有轮系情况</td><td colspan="4">新加简单轮系</td><td>新加其他轮系</td></tr>
<tr><td colspan="2" rowspan="2">原有轮系中的简单轮系</td><td colspan="2">S 式 4 速</td><td colspan="2">R 式 5 速</td><td rowspan="2">D 式 5 速</td><td colspan="2">增速轮系</td><td colspan="2">减速轮系</td><td>（形式）</td></tr>
<tr><td>一式</td><td>二式</td><td>一式</td><td>二式</td><td>前置</td><td>后置</td><td>前置</td><td>后置</td><td>（位置）</td></tr>
<tr><td>1</td><td rowspan="2">增速轮系</td><td>前置</td><td></td><td></td><td></td><td></td><td></td><td></td><td></td><td></td><td></td><td></td></tr>
<tr><td>2</td><td>后置</td><td></td><td></td><td></td><td></td><td></td><td></td><td></td><td></td><td></td><td></td></tr>
<tr><td>3</td><td rowspan="2">减速轮系</td><td>前置</td><td></td><td></td><td></td><td></td><td></td><td></td><td></td><td></td><td></td><td></td></tr>
<tr><td>4</td><td>后置</td><td></td><td></td><td></td><td></td><td></td><td></td><td></td><td></td><td></td><td></td></tr>
<tr><td>5</td><td>增速轮系</td><td>前置</td><td></td><td></td><td></td><td></td><td></td><td colspan="4">无级变速轮系后置</td><td></td></tr>
</table>

表中蓝色（黑白图显灰色）为五种优先选用配置：

1．S 一式合理多轮系（增速轮系前置的 S 一式 4 速轮系+新增减速轮系后置）。

2．R 一式合理多轮系（增速轮系后置的 R 一式 5 速轮系+新增减速轮系前置）。

3．D 式合理多轮系 1（减速轮系前置的 D 式 5 速轮系+新增增速轮系后置）。

4．D 式合理多轮系 2（减速轮系后置的 D 式 5 速轮系+新增增速轮系前置）。

5．R 二式合理多轮系（增速轮系前置的 R 二式 5 速轮系+无级变速轮系后置）。

五种变速器的原有轮系挡位情况在前面章节中已有介绍，并通过本章的讨论比较，知道它们是迄今最成熟、最科学的，再增加一个简单轮系就构成足够汽车使用的多轮系自动变速器了，新加其他轮系可以为复合基本轮系（S 式、R 式、D 式）或其他结构的轮系［表中浅绿色（黑白图显浅灰色）］，那属于随研究者的兴趣而定的自由王国中的探索，也是创新者可以深入的新世界，本教材就不可能涉足了，使用本教材的教师有责任向相关层次的学生点到有这个“可以”存在就可以了。

下面分别介绍五种多轮系自动变速器的结构示意图与机构示意图。

1．S 一式合理多轮系

S 一式合理多轮系（增速轮系前置的 S 一式 4 速轮系+新增减速轮系后置）结构示意图与机构示意图如图 7-17 所示。

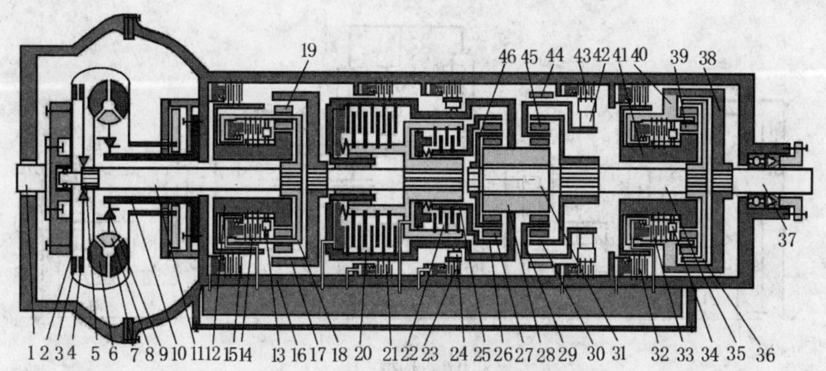

（a）结构示意图

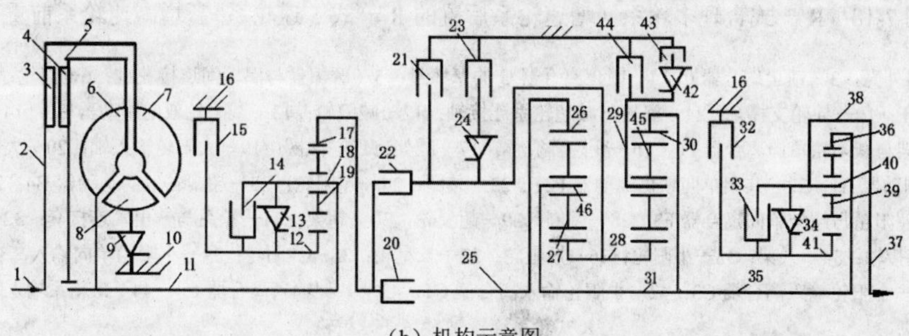

（b）机构示意图

图 7-17　S 一式合理多轮系（增速轮系前置的 S 一式 4 速轮系+新增减速轮系后置）

1—曲轴；2—液矩器外壳；3—锁止离合器 C 主动盘；4—锁止离合器 C 摩擦盘；5—摩擦盘与涡轮间连接花键；6—涡轮；7—泵轮；8—导轮；9—导轮单向制动器 F；10—导轮支撑轴；11—涡轮与变速器连接轴；12—超阳轮；13—超阳轮与超架单向锁止离合器 F0；14—超阳轮与超架双向锁止离合器 C0；15—超阳轮双向锁止制动器 B0；16—变速器壳体；17—超圈；18—超架；19—超星轮；20—前圈输入离合器 C1；21—共阳轮双向制动器 B2；22—共阳轮输入离合器 C2；23—共阳轮双向锁止制动器 B3；24—共阳轮单向锁止制动器 F2；25—前轮系输入轴；26—前圈；27—前星轮；28—共阳轮；29—后架；30—后圈；31—前架与后圈连接轴；32—减阳轮双向制动器 B5；33—减阳轮与减架双向离合器 C3；34—减阳轮与减架单向离合器 F3；35—原轮系与新加轮系连接轴；36—减圈；37—输出轴；38—减架与输出轴的连接套；39—减星轮；40—减架；41—减阳轮；42—后架单向锁止制动器 F1；43—后架双向锁止制动器 B4；44—后架双向制动器 B1；45—后星轮；46—前架

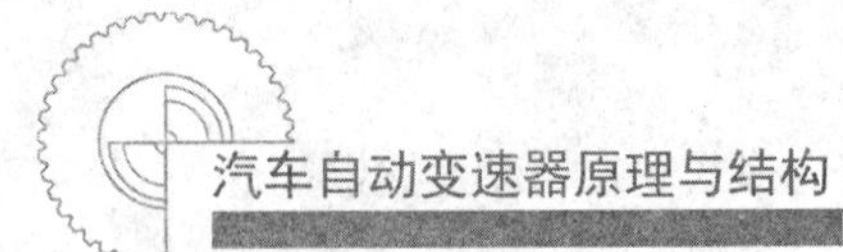

S 一式合理多轮系的挡位分析可在 S 一式 4 速或 6 速轮系基础上新增一个后置减速轮系，按两种工况在所有挡位只改变一次或一挡一改变的两种规律进行，请读者自己分析。

2. R 一式合理多轮系

R 一式合理多轮系（增速轮系后置的 R 一式 5 速轮系+新增减速轮系前置）结构示意图与机构示意图如图 7-18 所示。

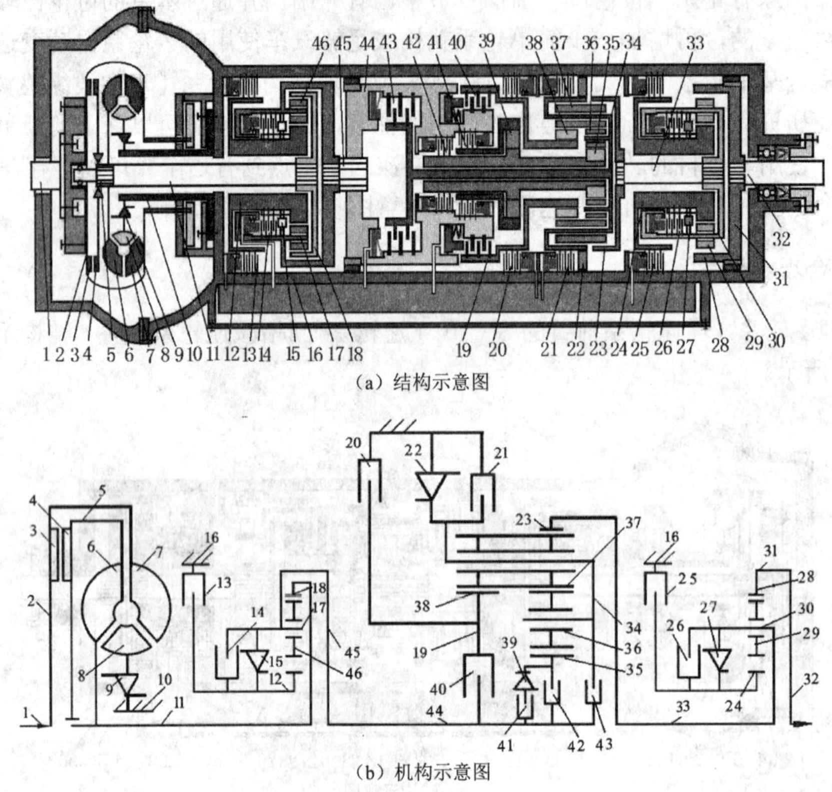

（a）结构示意图

（b）机构示意图

图 7-18　R 一式合理多轮系（增速轮系后置的 R 一式 5 速轮系+新增减速轮系前置）

1—曲轴；2—液矩器外壳；3—锁止离合器 C；4—锁止离合器 C 的摩擦盘；5—摩擦盘与涡轮间连接花键；6—涡轮；7—泵轮；8—导轮；9—导轮单向制动器 F；10—导轮支撑轴；11—涡轮与减超轮系连接轴；12—减阳轮；13—减阳轮双向制动器 B0；14—减架与减阳轮双向离合器 C0；15—减架与减阳轮单向离合器 F0；16—变速器壳体；17—减架；18—减圈；19—大阳轮输入轴；20—大阳轮双向制动器 B2；21—共架双向锁止制动器 B1；22—共架单向锁止制动器 F2；23—共圈；24—超阳轮；25—超阳轮双向制动器 B4；26—超阳轮与超架双向离合器 C5；27—超阳轮与超架单向离合器 F3；28—超圈；29—超星轮；30—超架；31—轮系与输出轴连接套；32—轮系输出轴；33—R 轮系与超速轮系连接轴；34—共架；35—小阳轮；36—短星轮；37—长星轮；38—大阳轮；39—小阳轮单向输入离合器 F1；40—大阳轮输入离合器 C2；41—小阳轮输入离合器 C3；42—小阳轮输入离合器 C1；43—共架输入离合器 C4；44—R 轮系输入轴套；45—减轮系与 R 式轮系连接轴；46—减星轮

R 一式合理多轮系的挡位分析可在 R 一式 5 速或 8 速轮系基础上新增一个前置减速轮系，按两种工况在所有挡位只改变一次或一挡一改变的两种规律进行，请读者自己分析。

3. D 式合理多轮系 1

D 式合理多轮系 1（减速轮系前置的 D 式 5 速轮系+新增增速轮系后置）结构示意图与机构示意图如图 7-19 所示。

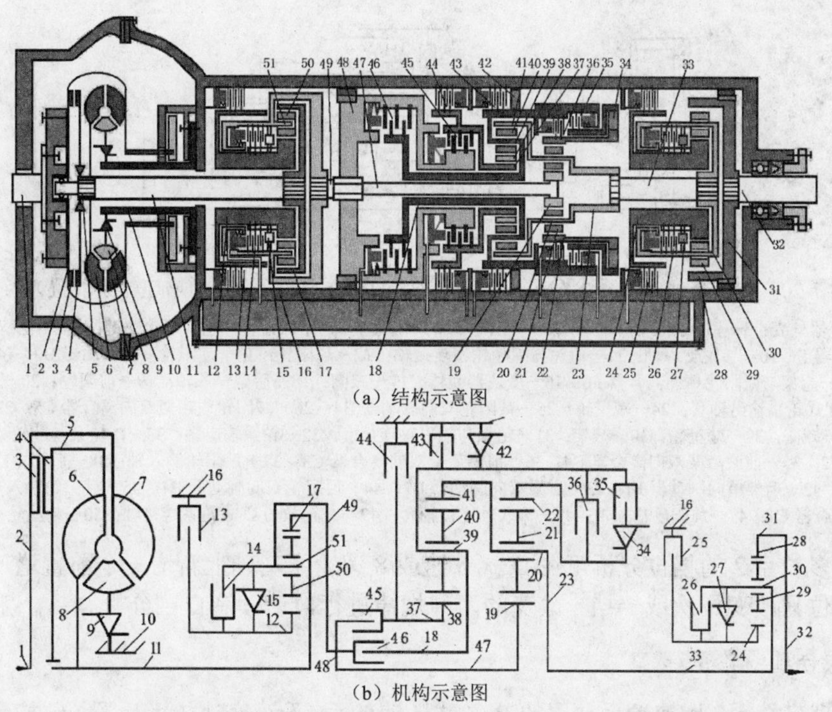

（a）结构示意图

（b）机构示意图

图 7-19　D 式合理多轮系 1（减速轮系前置的 D 式 5 速轮系+新增增速轮系后置）

1—曲轴；2—液矩器外壳；3—锁止离合器 C；4—锁止离合器 C 的摩擦盘；5—摩擦盘与涡轮间连接花键；6—涡轮；7—泵轮；8—导轮；9—导轮单向制动器 F；10—导轮支撑轴；11—涡轮与减超轮系连接轴；12—减阳轮；13—减阳轮双向制动器 B0；14—减架与减阳轮双向离合器 C0；15—减架与减阳轮单向离合器 F0；16—变速器壳体；17—减圈；18—后架输入轴；19—前阳轮；20—前架；21—前星轮；22—前圈；23—D 式轮系输出轴套；24—超星轮；25—超阳轮双向制动器 B4；26—超阳轮与超架双向离合器 C5；27—超阳轮与超架单向离合器 F3；28—超圈；29—超星轮；30—超架；31—轮系与输出轴连接套；32—轮系输出轴；33—D 轮系与超轮系连接轴；34—前圈后架单向离合器 F2；35—前圈后架双向离合器 C4；36—前圈后架双向离合器 C3；37—后阳轮输入轴；38—后阳轮；39—后架；40—后星轮；41—后圈；42—后架单向制动器 F1；43—后架双向制动器 B2；44—后阳轮双向制动器 B1；45—后阳轮输入离合器 C2；46—后架输入离合器 C1；47—前阳轮输入轴；48—输入轴连接轴套；49—减轮系与 D 式轮系连接轴；50—减星轮；51—减架

D 式合理多轮系 1 的挡位分析可在 D 式 5 速或 8 速轮系基础上新增一个后置增速轮系，按两种工况在所有挡位只改变一次或一挡一改变的两种规律进行，请读者自己分析。

4. D 式合理多轮系 2

D 式合理多轮系 2（减速轮系后置的 D 式 5 速轮系+新增增速轮系前置）结构示意图与机构示意图如图 7-20 所示。

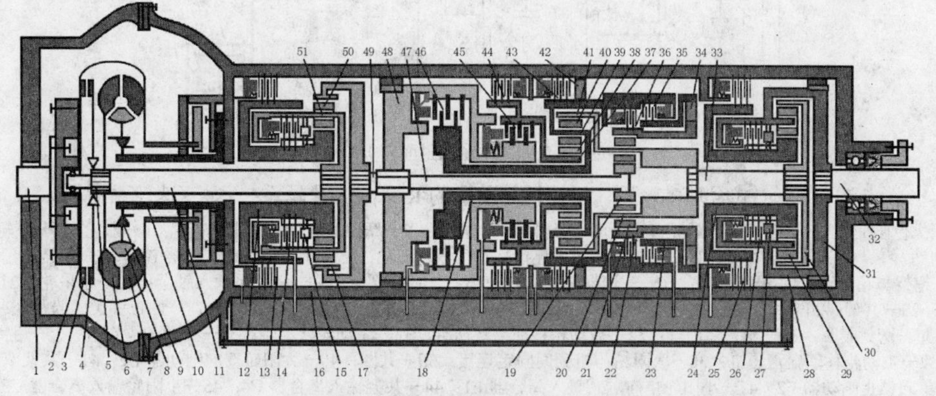

（a）结构示意图（本图在封面内页有彩图）

图 7-20　D 式合理多轮系 2（减速轮系后置的 D 式 5 速轮系+新增增速轮系前置）

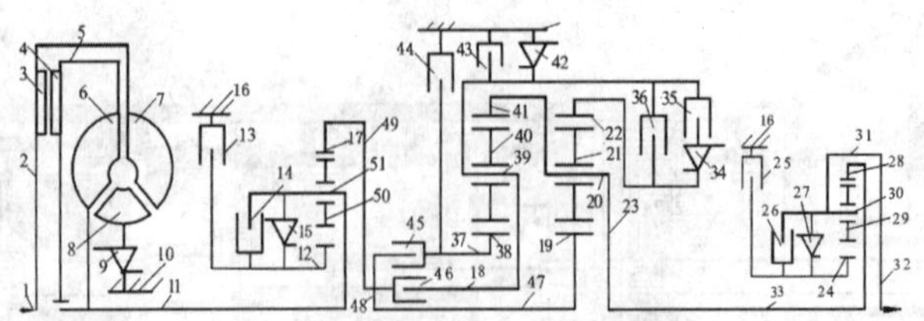

（b）机构示意图

图 7-20　D 式合理多轮系 2（减速轮系后置的 D 式 5 速轮系+新增增速轮系前置）（续）

1—曲轴；2—液矩器外壳；3—锁止离合器 C；4—锁止离合器 C 的摩擦盘；5—摩擦盘与涡轮间连接花键；6—涡轮；7—泵轮；8—导轮；9—导轮单向制动器 F；10—导轮支撑轴；11—涡轮与减超轮系连接轴；12—超阳轮；13—超阳轮双向制动器 B0；14—超架与减阳轮双向离合器 C0；15—超架与减阳轮单向离合器 F0；16—变速器壳体；17—减圈；18—后架输入轴；19—前阳轮；20—前架；21—前星轮；22—前圈；23—D 式轮系输出轴套；24—减星轮；25—减阳轮双向制动器 B4；26—减阳轮与超架双向离合器 C5；27—减阳轮与超架单向离合器 F3；28—减圈；29—减星轮；30—减架；31—轮系与输出轴连接套；32—轮系输出轴；33—D 轮系与超轮系连接轴；34—前圈后架单向离合器 F2；35—前圈后架双向离合器 C4；36—前圈后架双向离合器 C3；37—后阳轮输入轴；38—后阳轮；39—后架；40—后星轮；41—后圈；42—后架单向制动器 F1；43—后架双向制动器 B2；44—后阳轮双向制动器 B1；45—后阳轮输入离合器 C2；46—后架输入离合器 C1；47—前阳轮输入轴；48—输入轴连接轴套；49—减轮系与 D 式轮系连接轴；50—超星轮；51—超架

D 式合理多轮系 2 的挡位分析可在 D 式 5 速或 8 速轮系基础上新增一个前置增速轮系，按两种工况在所有挡位只改变一次或一挡一改变的两种规律进行，请读者自己分析。

5. R 二式合理多轮系

R 二式合理多轮系（增速轮系前置的 R 二式 5 速轮系+无级变速轮系后置）结构示意图与机构示意图如图 7-21 所示。

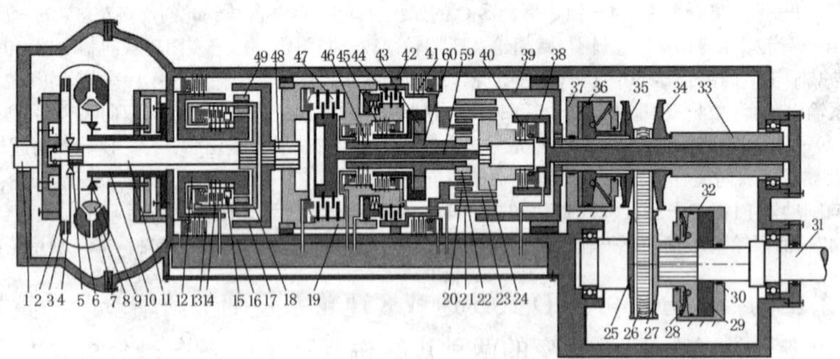

（a）结构示意图（本图在封面内页有彩图）

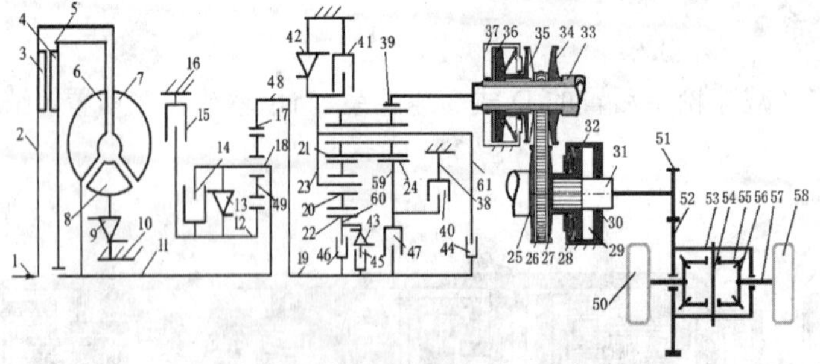

（b）机构示意图（本图在封面内页有彩图）

图 7-21　R 二式合理多轮系（增速轮系前置的 R 二式 5 速轮系+无级变速轮系后置）

1—曲轴；2—液矩器外壳；3—锁止离合器 C；4—锁止离合器 C 的摩擦盘；5—摩擦盘与涡轮间连接花键；6—涡轮；7—泵轮；8—导轮；9—导轮单向制动器 F；10—导轮支撑轴；11—涡轮与超轮系连接轴；12—超阳轮；13—超阳轮双向制动器 B0；14—超架与超阳轮双向离合器 C0；15—超架与超阳轮单向离合器 F0；16—变速器壳体；17—超圈；18—超架；19—R 轮系输入轴套；20—短星轮；21—长星轮；22—小阳轮；23—共架；24—大阳轮；25—被动轮固定盘；26—无级传动带；27—被动轮移动盘；28—回位弹簧（膜片式或螺旋式）；29—高压油；30—密封胶圈；31—轮系输出轴；32—被动轮移动盘液压缸；33—主动轮传动轴；34—主动轮固定盘；35—主动轮移动盘；36—低压油；37—主动轮移动盘液压缸；38—大阳轮与机壳间固定连接；39—共圈；40—大阳轮双向制动器 B2；41—共架双向锁止制动器 B1；42—共架单向锁止制动器 F2；43—小阳轮单向顺式输入离合器 F1；44—共架输入离合器 C4；45—小阳轮输入离合器 C3；46—小阳轮输入离合器 C1；47—大阳轮输入离合器 C2；48—R 轮系与超速轮系连接轴；49—超星轮；50—车轮；51—主减速器主动轮；52—主减速器被动轮；53—差速器壳体（即差速器行星架）；54—差速器行星轮销；55—减速器行星轮；56—半轴齿轮；57—半轴；58—驱动轮；59—大太阳轮驱动轴；60—小太阳轮驱动轴；61—共架驱动轴

R 二式合理多轮系的挡位分析可在 R 二式 5 速或 8 速轮系基础上新增一个后置无级变速装置，其传动比可按在所有挡位间无级地从大到小改变一次的规律或按厂家设计的某种变化规律进行，请读者自己分析。后面的主减速器及差速器部分对其他款式也是适用的。

在自动变速器发展史上还有很多种结构形式的轮系曾经使用过，但随着人们对动轴轮系认识的加深，逐渐形成以 S 式、R 式、D 式为代表的基本轮系体系，事实证明这个体系是合理的、科学的、经济的，在向多挡位发展过程中又形成以一个简单轮系或无级变速轮系与之配合的标准体系，或者两个简单轮系与之配合的多轮系体系，任何事情都有一个度，太多的挡位或太复杂的轮系间的配合对现代汽车并不一定就好，故应适可而止。

从本项目的介绍中能够体会到自动变速器伴随汽车发展史的进步过程，今后更加合理的、科学的轮系及其合理配置一定还会不断出现。

项目检测要点

1. 定轴轮系形成的自动变速器与手动变速器结构上有什么联系与区别？
2. 本教材对定轴轮系自动变速器型号是如何命名的？
3. 三共式 3 速轮系的结构特点是什么？
4. 分析三星共架式 3 速自动变速器的结构特点。
5. 共星轮式 4 速自动变速器的结构特点是什么？
6. R 三 11 式 5 速多轮系的结构特点是什么？
7. 为什么说表 7-9 中用蓝色（黑白图显灰色）标出的轮系搭配是合理的？
8. 为什么汽车自动变速器不是越复杂越好？合理搭配要考虑哪些因素？

项目检测要点参考答案

项目一

1．答：一对相互啮合的齿轮O_1与齿轮O_2，其齿廓接触点（称为啮合点）的运动轨迹称为啮合线，不论两齿廓在任何位置接触，过接触点所作的两齿廓的公共法线N_1N_2（称为理论啮合线）都必须与两轮的连心线O_1O_2交于一固定点C，这点称为节点，如图1-3中的C点，N_1、N_2所在的圆分别称为各自的基圆（图中粗实线圆）。分别以O_1C、O_2C为半径所作的相切于C点的两个圆称为节圆，如图1-3中的双点画线圆O_1和双点画线圆O_2。理论啮合线N_1N_2与过节点C所作两节圆的公切线tt所夹的锐角称为啮合角，用α'表示。图1-3中B_2为齿轮O_2的齿顶圆（图中细实线圆）与理论啮合线N_1N_2的交点，B_1为齿轮O_1的齿顶圆（图中细实线圆）与理论啮合线的交点，B_2B_1为两齿轮的实际啮合线。从图1-3中还可以知道，在O_1N_1、O_2N_2、O_1O_2三线长度不变的条件下，两齿轮角速度之比$i_{瞬时} \equiv O_2N_2 / O_1N_1 = O_2C / O_1C = d_2 \cos\alpha_1 / d_1 \cos\alpha_1 = z_2 / z_1$，即在满足上述条件下，两齿轮的瞬时角速度之比恒等于两轮齿数的反比，称之齿轮啮合基本定律。

2．答：渐开线标准直齿圆柱单个齿轮上的几何参数有五参数、四圆、三高、两宽、一距（为便于记忆，可简称为单个齿轮的“54321”参数）。齿轮某圆上的齿距P_k与π的比值，称为模数，用m_k表示。

3．答：齿轮渐开线上某点的绝对速度与该点法线间所夹的锐角称为压力角，用α_K表示；两节圆的内公切线与两基圆的内公切线之间所夹的锐角称为啮合角，用α'表示。

相同点：都是力的传递线，都是锐角。不同点：压力角是单个齿轮和参数，啮合角是两个齿轮相互作用的角。

4．答：①正确啮合条件：$m_1 \cos\alpha_1 = m_2 \cos\alpha_2 \quad \beta_1 = -\beta_2$；②连续传动条件：$\varepsilon > 1$；③有适当的侧间隙；④正确的润滑；⑤不长时间超负荷使用。

5．答：五大参数中的模数m、压力角α、齿顶高系数h_a^*和齿顶间隙系数c^*均采用标准值，且分度圆齿厚宽与齿槽宽相等（$s = e$）的齿轮称为标准齿轮；两齿轮啮合时它们的节圆相切于节点C，分度圆与节圆重合，即分度圆相切，这种安装称为标准齿轮标准安装。

6．答：国家标准规定齿轮及齿轮副有13个精度等级，第0级精度最高，目前暂时还没有达到这个精度等级的齿轮问世，第12级的精度最低。齿轮副中两个齿轮一般取相同的精度等级，也允许小齿轮的精度略高于大齿轮。

汽车齿轮的精度等级一般是轻便汽车5～8级，载重汽车6～9级。

7．答：齿轮的各项公差和极限偏差分成三个组，分别控制传递运动的准确性、传动的平稳性、载荷分布的均匀性。

8．答：由一系列齿轮组成的传动系统称为轮系（gear train）。

9．答：在运转过程中，所有齿轮的几何轴线相对于机架是固定不动的轮系称为定轴轮系，定轴轮系分为外啮合定轴轮系和内啮合定轴轮系；在运转过程中，轮系中至少有一个齿轮的几何轴线位置相对于机架不固定，绕着其他齿轮的几何轴线回转的轮系称为动轴轮系。

10．答：定轴轮系传动比的计算公式是

$$i_{ik}=\frac{\omega_i}{\omega_k}=\frac{n_i}{n_k}=\left(-1\right)^m\frac{\text{轮}i\text{至轮}k\text{间所有从动轮齿数的乘积}}{\text{轮}i\text{至轮}k\text{间所有主动轮齿数的乘积}}$$

动轴轮系传动比的计算公式是

$$i_{1k}=\frac{\omega_1}{\omega_k}=\frac{n_1}{n_k}\neq\left(-1\right)^m\frac{\text{轮1至轮}k\text{间所有从动轮齿数的乘积}}{\text{轮1至轮}k\text{间所有主动轮齿数的乘积}}$$

11．答：定轴轮系各轮的相对转向用画箭头方法在图中表示，对于平行轴轮系，方向还可以用传动比的正负表示，对于相交轴（圆锥齿轮）或相错轴（如蜗轮副）不用正负表示首末构件转向，只用箭头标出。

12．答：自由度 F=1 的简单动轴轮系称为行星轮系，行星轮系有两种，一种是齿圈被固定形成的行星轮系，称为齿圈行星轮系（简称圈轮系），另一种是太阳轮被固定形成的行星轮系，称为太阳轮行星轮系（简称阳轮系）。

13．答：常用七种图表达轮系各部零件间的相互关系：机构运动简图、机构示意图、机构装配图（严格按几何尺寸比例关系及国标规定画法表达轮系各部零件装配关系的图形）、结构示意图、轮系轴测图（用轴测法表达轮系各部零件相互关系的立体图）、传递路线示意图（在机构示意图上加注了表示动力传递和运动传递的图）、轮系示意图（对同时有上述多种图形的表达图的统称）。

14．答：用简单的线条和国标规定的符号表达轮系最本质的运动特征、最本质的连接特性和与运动有关的几何尺寸的图形称为机构运动简图；用简单的线条和国标规定的符号表达轮系最本质的运动特征、最本质的连接特性但不严格按几何尺寸比例画的图称为机构示意图；不严格按几何尺寸比例关系表达轮系各部零件装配关系的图形称为结构示意图；在机构示意图上标注了表示动力传递和运动传递的图称为传递路线示意图。

15．答：m 代表外啮合的次数，只用于有外啮合的场合，非平行轴轮系不用 m 决定的传动比正负表达轮系的转向，使用箭头法表示轮系转向。

16．答：因为两种轮系是不同类型的轮系，动轴轮系有行星架存在，它的作用是改变的轮系的性质。

项目二

1．答：汽车的传动元件包括离合器、变速器、传动轴、主减速器、差速器、半轴，变速器是其中最主要的组成。

2．答：汽车自动变速器今后的发展主要体现在以下几个方面：

①多挡位代替少挡位；②多电磁阀控制代替液压控制或少电磁阀控制；③功能更加强大的控制软件代替简单控制软件；④液压控制系统的精度进一步提高；⑤机械装置设计与制造不断优化。

3．答：发动机与驱动轮之间的安装关系称为汽车的布置。自动变速器按照汽车布置的不同，可分为后轮驱动自动变速器（图 2-6）和前轮驱动自动变速器（图 2-7），这两种自动变速器在结构和布置上有很大的不同，但工作原理是一样的。与纵向变速器配合的主减速器一定是一对圆锥齿轮副；从图 2-5（b）和图 2-6（b）中可以看出，与横向变速器配合的主减速器通常是一对安装在与变速器同在一个壳体内的圆柱齿轮副。

4．答：循环圆中有连续的、不停息的、完整的空间螺旋流流动是液力传动器正常工作的充要条件。

5．答：①液力变矩器（锁止离合器放松，单向制动器制动）工况；②液力偶合器（锁止离合器放松，单向制动器放松）工况；③联轴器（锁止离合器锁止，单向制动器放松）工况。

6. 答：自动变速器由液力传动系统、机械传动系统、液压传动系统和电子控制系统四大部分组成。

7. 答：液力变矩器的工作动力由发动机提供，汽车液压系统只为液力变矩器提供冷却油液流动的动力和提供锁止离合器锁止的液压力。

8. 答：良好的润滑是任何机械正常工作的充要条件，汽车变速轮系的润滑系统就像人的血液循环系统一样，任何微小的不适，都可能带来严重的后果。

9. 答：铁谱分析技术从磨损的最终产物——磨粒的形态中了解汽车摩擦副材料表面的摩擦、磨损、润滑状况，为预测故障提供了一种有效的、科学的方法和判断依据。现代汽车与人们的生活联系越来越紧密，依靠科学的手段，有根据地及时发现、主动预测、准确诊断、正确处理汽车故障，是车主的愿望，也是汽车维修行业降低维修成本的需要。铁谱分析技术可以准确预测早期故障，以便对症下药，采取正确的措施将故障消灭在萌芽状态，使车主少花钱，使企业降低维修成本。

项目三

1. 答：变速器用来改变发动机传到驱动轮上的转矩、转速和转向，保证发动机在最有利的工况范围内工作，让汽车在各种行驶工况获得不同的牵引力、速度和转动方向，变速器由变速传动机构和操纵机构组成。利用发动机的驱动力矩对高速转动的车轮实现制动称为发动机制动，业内常称为发动机反拖，简称反拖。反拖时，车轮的惯性主动力矩通过传动系反传至发动机，此时发动机的力矩是阻力矩，起制动的作用。如果通过液力变矩器反传，涡轮与泵轮不直接接触，靠液力变矩器内液体流动与反流动实现“顶牛”，消耗能量，故反拖能力是有限的，如果通过机械摩擦式离合器接合或液力变矩器的锁止离合器锁止后直接反传，发动机发出的转矩总可以大于车轮的惯性力矩，本教材将发动机阻力矩与车轮惯性力矩在液力变矩器内“顶牛”实现的反拖称为软反拖；发动机阻力矩与车轮惯性力矩直接“顶牛”实现的反拖称为硬反拖。

2. 答：自动变速器（automatic transmission）分为定轴轮系式和动轴轮系式两种，两者的共性是前进位时自动升降挡，是有级变速器。

3. 答：双离合器变速器是一种手动变速器，它有两条传递路线（图 3-7）。一条传递路线为奇数挡路线（图中 1、3、5），另一传递路线为偶数挡路线（2、4、6）。发动机通过两个离合器（图中 7、8）连接两根输入轴（图中 11、12）输入动力和运动，通过两根输出轴（图中 13、14）与主减速器（图中 15）连接输出动力和运动。相邻各挡的被动齿轮通过同步器交替与两输入轴齿轮啮合，配合两离合器的控制，实现在短时间切断传递的情况下转换传动比，缩短换挡时间，有效提高换挡品质。当当离合器 7 接合时，1 挡齿轮副 1 和 2 挡齿轮副 2 通过同步器同时啮合上，处于 1 挡位状态，当由 1 挡升入 2 挡时，由于 2 挡齿轮副早已啮合上了，故只需先让离合器 7 放松，再让离合器 8 接合就可以了，这样就使换挡时间大大缩短，其他各挡位情况相同，详情请读者参阅本教材项目七的任务一中的介绍及图 7-6。

4. 答：有两个自由度的简单动轴轮系（机构或构件独立运动的数目称为机构的自由度，对自由度的限制称为约束）称为周转轮系，只有一个自由度的简单动轴轮系称行星轮系。

5. 答：给有两个自由度的简单动轴轮系（周转轮系）再加一个约束后，如果它还是动轴轮系就变成了行星轮系，约束加在阳轮上，阳轮不转的行星轮系称为太阳轮式行星轮系，简称阳轮系；约束加在圈上，圈不转的行星轮系称为齿圈式行星轮系，简称圈轮系；约束加在架上，架不转的轮系就变成为定轴轮系，以上三种轮系都只有一个自由度。约束不能加在星轮上，因为星轮本身有两个自由度（自转或公转，星轮至少要有一种运动，轮系才能有相对运动），如果让星轮相对机架固定，则整个轮系和自由度将等于 0，机构不能运动。轮系有运动的条件是自由度数 $F\geqslant1$，有确定的相对运动是原动件数 $Y=F\geqslant1$。

6．答：复合动轴轮系机构有多种形式，最常见的有共架圈式、共阳轮式、对称式三种。它们都是由两个或两个以上简单动轴轮系组成的复合轮系，都通过输入轴头、输出轴头、控制输入（出）轴头、输入（出）控制轴头与外界连接，形成传动系的整体。

7．答：自动变速器通过六大控制器（单向制动器、单向离合器、双向制动器、双向离合器、单向联轴器和双向联轴器）改变动轴轮系中不同构件的固定关系或相互连接关系（再次强调不是改变啮合关系）得到不同传动比。所以换挡品质的好坏与这些离合器和制动器的质量、配置、控制有直接关系。

8．答：并联两件式，串联两件式制动器，三件复合式制动器，一个双向离合器与逆时针单向离合器串联后再与一个双向离合器并联组成的复合离合器，一个制动器、两个离合器组成三件式复合执行器，另外还有几种复合执行器。

9．答：自动变速器的“位”是由驾驶员控制选位操纵手柄实现的，如图 3-41 所示，自动变速器的“挡”是由 ECU 控制电磁阀，电磁阀控制液压换挡阀实现的。

10．答：有级自动变速器与无级变速器（CVT，continuously variable transmission）最大的不同是在结构上，如果将图 3-37 中序号 34、35 组成的齿轮副换成无级变速装置，就得到无级自动变速器，如图 3-38 所示。

11．答：自动变速器控制的目标是控制驾驶行车（位和挡控制），控制驾驶模式（普通、经济、运动），控制驾驶安全（油温、油压、油量、油质、转速、磨损）。

12．答：自动变速器的控制系统由电控系统、液控系统（各种控制阀板总成、电磁阀）、机械系统、控制开关、控制电路等组成。

13．答：自动变速器的主要控制功能：①发动机制动功能；②行车控制功能；③瞬间提高加速功能；④强制降挡功能；⑤压力控制功能；⑥换挡电磁阀衔接控制功能；⑦液力变矩器的锁止与分离功能；⑧换挡减小转矩功能；⑨怠速补偿功能；⑩自动变速器的保护功能；⑪选位操纵手柄锁止功能；⑫仪表板上的显示功能；⑬监测机油功能；⑭诊断功能；⑮编码功能；⑯其他功能。

14．答：了解自动变速器的型号，在维修中就会对故障分析、资料查找、零配件采购等带来方便。

主要的识别方法有①变速器铭牌识别法；②汽车铭牌识别法；③变速器壳体标号识别法；④奔驰自动变速器型号识别；⑤自动变速器零部件特征识别法；⑥变速器结构识别法；⑦车型型号对照表。

15．答：汽车保养的正区和误区内容如表 3-10 所示。

16．答：常规检查的重点是自动变速器是否具有正常工作能力。

①检查自动变速器工作油液量是否正常；②节气门开度检查；③节气门踏板组检查；④节气门踏板传感器检查；⑤发动机怠速检查；⑥空挡起动开关检查；⑦超速挡控制开关检查。

17．答：计算动轴轮系传动比首先要用轮系转换法将动轴轮系转换在一个属于定轴轮系的替代轮系后，再用定轴公式计算传动比。

项目四

1．答：S 一式是输出轴穿过共阳轮中心，S 二式是输入轴穿过共阳轮中心，比较两种结构，可以发现，就执行元件、传递效果而言它们是完全一样的，仅结构不同而已。

2．答：汽车变速器在使用中都有起步工况、驱动工况和反拖工况三个工况。

起步工况时（即汽车要起步还没有起步时），两轮系均为定轴轮系，驱动工况时是动轴轮系，反拖工况是定轴轮系。

3．答：超速轮系是架输入圈输出，增速与联轴器两工况；减速轮系是圈输入架输出，减速与联轴器工况。

4．答：在联轴器和制动器都不工作时，单向离合器将架与阳轮连接成一体，轮系成为一个联轴器，可以避免传递中断，否则传递将中断。

5．答：液力变矩器工况、偶合器工况、失速器工况和联轴器工况，当涡轮转速接近泵轮转速时自动离合器要变成联轴器，这是因为这个时候液力变矩器不能正常发挥传递作用，只能用联轴器才能保证传递可靠进行。

6．答：动力传递箭头与传递路线平行，用红色表示，箭头方向表示动力传递的方向；运动传递箭头与运动传递路线垂直，用绿色或蓝色表示，向下表示顺时针转动，向上表示逆时针转动。

7．答：多用轮系和用控制方法解决。

8．答：三件式执行器多了一个可以双向锁止的工况。这对于增加轮系工况是有益的，用于传递，可多一条双向传递通道，增加轮系反拖功能；用于控制，可增加挡位数。

项目五

1．答：R 式是由三个简单动轴轮系组成的复合轮系，有四个不同转速输出，三个轮系共用一个行星架和一个齿圈；S 式是由两个简单动轴轮系组成的复合轮系，有三个不同转速输出，两个轮系共用一个阳轮。

2．答：因为 R 式是由三个简单轮系组成的，故比由两个轮系组成的 S 式多一个前进挡速度。

3．答：基本 R 式动轴轮系结构可以简述为三二三一特点（三轮系二共用三输入一输出）：

（1）三个简单动轴轮系共用一个行星架和一个齿圈（三轮共架、圈），从图 3-19（a）中可以看出 1 号简单轮系（简称 1 单）结构中没有大阳轮，可简记为“1 无大”；图 3-19（b）是 2 号简单轮系（简称 2 单），结构中没有小阳轮，可简记为“2 无小”；图 3-19（c）是 3 号简单轮系，结构中没有圈，简称“3 无圈”。“1 无大，2 无小，3 无圈”这个口诀即概括了各简单轮系的特点。

（2）共架为控制输入轴头（共架入）。

（3）大、小两个太阳轮互不直接啮合，小阳轮为输入轴头，大阳轮（大太阳轮）为输入控制轴头（两阳轮均入，互不啮合）。

（4）共圈为绝对输出轴头（共圈出）。

（5）共行星架的长、短两个行星轮相互外啮合，长星轮还与共圈内啮合、与大阳轮外啮合，短星轮还与小阳轮外啮合（长短星轮共架互啮合）。

以上特点可简述为三轮系共架、圈，一架二阳三输入，共圈出，长大、短小互啮合。

4．答：R 一式是小阳轮在大阳轮与行星架之间，R 二式是大阳轮在小阳轮与行星架之间。

5．答：减速轮系反拖时是架输入，圈输出，这样就有一个加速作用，这与反拖要减速的目的背道而驰，故要改成联轴器。

6．答：在 3 挡时有四条通路两两组合成 5 条（本当是 6 条，除去一条自己与自己组成的无用通路，只剩 5 条）不同结合形式的 D 位 3 挡。实际车款只能选择其中与自己车型接合最合适的一种，本教材因超脱了具体车型，故都作了介绍。

7．答：1 无大，2 无小，3 无圈。

8．答：本是三条，如果加上小阳轮输入的一分为二，就是四条。

9．答：结构一样，控制程序不完全相同。

项目六

1．答：D 式有两个互不相干的阳轮，由两个独立的轮系组成；S 式两个轮系共用一个阳轮。

2．答：简单 D 式因为有两个相互独立的轮系各自独立的输出，故有 4 个转速，而简单 R 式有 3 个简单轮系，总是由组合的轮系输出转速，也可输出 4 个转速。

3．答：基本 D 式动轴轮系结构可简述为二三二一特点（二轮系三输入二无条件一对称）：

（1）前、后两轮系完全对称布置，如图 6-1（a）所示（当把所有控制元件都去掉后，就会发现 1 和 2 是两个完全对称布置的简单轮系：1 的架与 2 的圈连接，2 的架与 1 的圈连接），所以 D 式动轴轮系只有一种形式。

（2）前阳轮 7 与输入轴 1 刚性连接是无条件输入轴头（正因为只要发动机一转动，前阳轮 7 就会转动，所以把前阳轮 7 所在的简单轮系定为前轮系）。

（3）后圈 5 通过前架 11 与输出轴 6 刚性连接，是无条件输出轴头。

（4）后阳轮 2 通过序号 16 与输入轴 1 连接，并有序号 17 有条件地与机壳 19 连接，形成输入控制轴头。

（5）后架通过序号 18 与输入轴连接，且与前圈后架通过序号 10、12 和 13 有条件地连接，并有序号 14、15 与机壳 19 有条件地连接，形成控制输入轴头（序号 7、8 组成两件式的制动器，序号 9、10、11 组成三件式的离合器）。

4．答：D 式的前轮系的阳轮无条件与涡轮轴连接，只要涡轮转动，此阳轮就会转动，轮系就有输入。

5．答：三条，其中一条是无条件输入，两条是条件输入。

6．答：通过图 6-3 可知，离合器都配置在传递的主线路上，以一条传递路线配置一个液控离合器的形式实现对传递的控制。D 式有 5 个双向离合器（序号 3、13、14、23、24）和一个单向离合器（序号 15）。

项目七

1．答：两者的联系是都是由定轴轮系组成的，都通过改变啮合关系实现换挡；不同的是前者是通过执行器自动换挡，后者是靠驾驶员手动换挡。

2．答：定轴轮系式自动变速器的组合多种多样，为叙述方便，本教材用一组数字表示这种组合，如三轴四离合器式的两单一合一选择器式，将这种组合称为 34211 式，“3”代表定轴数，“4”代表离合器数，“2”代表单离合器数，第一个“1”代表双联离合器数，第二个“1”代表选择器数。这种分类的方法如图所示。

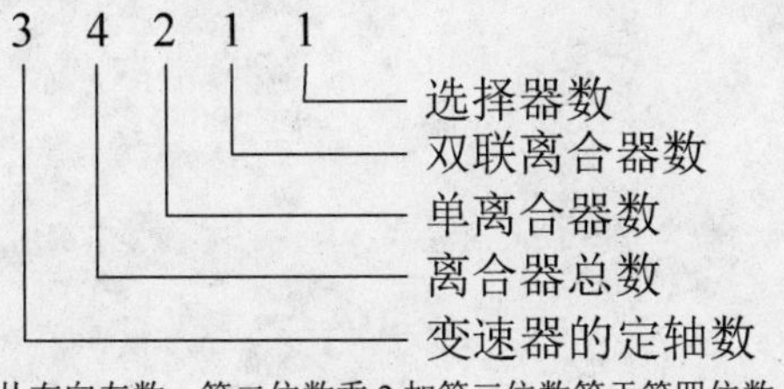

编号方法

3．答：轮系结构特点可以归纳为：

①共阳轮为输入控制轴头；②前圈为输入轴头；③共架为绝对输出轴头；④后圈为控制轴头。

4．答：它的结构可以归纳如下：

（1）前、后两轮系中有三套行星轮，它们共用一个行星架。

（2）前阳轮 22 为有条件输入轴头。

（3）前圈 18 为有条件输入控制轴头。

（4）三星轮共用的架 21 为绝对输出轴头。

（5）后阳轮为控制轴头。

5．答：它的结构特点可以归纳如下：

（1）前、后两轮系共用一个行星轮，序号 4 工作后架可以与泵轮连接。

（2）有条件输入三轴头：前阳轮 23、后阳轮 26 和后架 25。

（3）前圈 20 为无条件输出轴头。

（4）前阳轮 23 同时还是控制轴头。

（5）前架为控制轴头。

6．答：它的结构特点可以归纳如下：

（1）R 三的大阳轮 23 为唯一无条件输入轴头。

（2）R 三的共圈 27 为控制输出轴头，向减速轮系输出动力和运动。

（3）R 三的共架 28 是多功能轴头，它能被序号 16 双向锁止在机壳上承担控制轴头的作用，也可通过序号 13、14 与小阳轮连接，还可直接通过减圈 29 向减速轮系输入动力和运动。

（4）R 三的小阳轮 23 仅发挥控制轴头的作用。

（5）轮系整体有两个简单轮系，紧接在 R 三后面是减速轮系，往后是个增速轮系，增圈是整个轮系的输出轴头。

7．答：从理论上讲，多轮系自动变速器配置可以是任意的，剔除那些不规范的轮系结构和没必要的搭配，就有如表 7-9 所列的成熟轮系间的配置，表 7-9 中任意一个方框都表示一种轮系配置，从这个表选择哪些轮系来搭配是设计者、生产厂家的考虑，从学术研究的角度看，就有一种从必然王国进入自由王国的感觉，可以随研究者高兴任意搭配，其中蓝色（黑白图显灰色）方框应当是选中率较高的几种。

8．答：在自动变速器发展史上还有很多种结构形式的轮系曾经使用过，但随着人们对动轴轮系认识的加深，逐渐形成以 S 式、R 式、D 式为代表的基本轮系体系，事实证明这个体系是合理的、科学的、经济的，在向多挡位发展过程中又形成以一个简单轮系或无级变速轮系与之配合的标准体系，或者两个简单轮系与之配合的多轮系体系，任何事情都有一个度，太多的挡位或太复杂的轮系间的配合对现代汽车并不一定就好，故应适可而止。

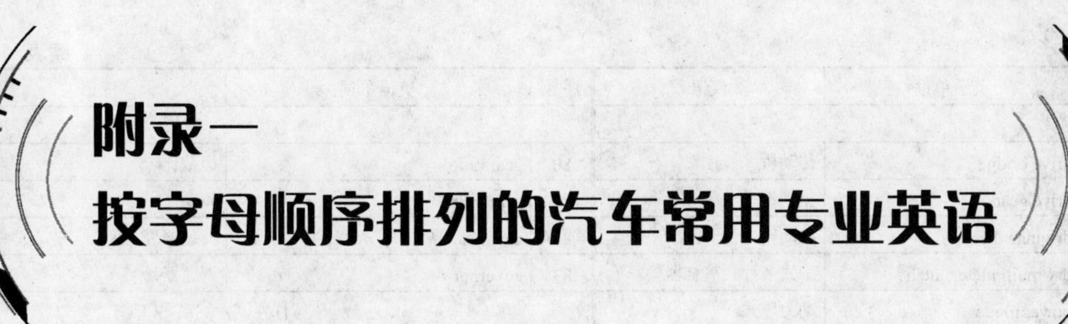

附录一 按字母顺序排列的汽车常用专业英语

序号	英语单词	汉语	序号	英语单词	汉语
	A		25	brake belt	制动带
1	addendum circle	齿顶圆	26	brake disc	制动盘
2	a sun wheel	太阳轮组件	27	brake flange	制动器法兰
3	a wedge type unidirectional brake	楔块式单向制动器	28	brake piece	制动片
4	accelerator pedal	加速踏板	29	brake planetary frame	制动器行星架
5	actuator	执行器	30	buffer unit	缓冲装置
6	activemovie CT, electronic controlled Active movie	电子控制手-自一体变速系统		C	
7	adaptive shift strategy	自适应式换挡系统	31	car arrangement	汽车布置
8	addendum	齿顶高	32	check brake wheel	导轮单向制动器
9	ADM,automatic drive management system	自动驱动管理系统	33	pitch	齿距
10	after the flooding	后驱	34	complex torque converter	复合式液力变矩器
11	all-wheel-drive	四驱（全驱）	35	compound gear train	复合轮系
12	AMT,automatic mechanical transmission	机械式自动变速器	36	coupling	联轴器
13	ASR,acceleration slip regulation system	驱动轮防滑转调节系统	37	CVT, electronic controlled continuously variable transmission system	电子控制无级变速系统
14	AT,auto transmission	有级自动变速器	38	CVT,continuously variable transmission	无级变速器
15	automated-mechanical transmission is electronic control	电子控制机械式自动变速器	39	cylindrical gear	圆柱齿轮
16	automatic clutch	自动离合器		D	
17	automatic transmission	自动变速器	40	dedendum	齿根高
18	automatic transmission control handle	自动变速器操纵手柄	41	dedendum circle	齿根圆
19	automatic transmission fluid	自动变速器油液	42	differential	差速器
	B		43	direct gear clutch	直接换挡离合器
20	band brake	带式制动器	44	DSG, direct shift gearbox	直接换挡变速器
21	bevel gear	圆锥齿轮	45	direct shift mechanism	直接操纵式操纵机构
22	bi-directional brake	双向制动器	46	twin-direction clutch	双向离合器
23	bottom clearance	顶隙	47	two-speed final drive	双速主减速器
24	brake	制动器	48	dual-clutch transmission	双离合器变速器

续表

序号	英语单词	汉语	序号	英语单词	汉语
	D			G	
49	drive bridge	传动桥	80	gear ratio	齿数比
50	drive gear	驱动挡	81	gear train	轮系
51	driving wheel	主动轮	82	gearbox	变速器壳
52	dry multi plate clutch	干式多片式离合器	83	governor	调速器
53	power mode	动力模式		H	
	E		84	high speed clutch	高速挡离合器
54	EAP,electronic control accelerator pedal System	加速踏板控制系统	85	horizontal layout engine	发动机横向布置
55	EBA,electronic brake assist	电子控制制动辅助系统	86	hydraulic control type automatic transmission	全液压控制式自动变速器
56	EBD,electric brakeforce Distribution	电子制动力分配系统	87	hydraulic transmission system	液压传动系统
57	economic model	经济模式	88	hydraulic pump	液压泵
58	ECU,ElectronicControlled unit	电子控制单元	89	hydraulic valve	液压阀
59	ECVT,electronic continuously variable transmission	电控无级式自动变速器		I	
60	reference circle	分度圆	90	idler	惰轮
61	electro hydraulic controlled automatic transmission	电液控制式自动变速器	91	IDS,information displayed system	信息显示系统
62	ECT,electronically controlled hydraulic automatic transmission	电子控制液压自动变速	92	impeller	泵轮
63	ECT,electronic controlled automatic transmission system	电子控制自动变速系统	93	in car blocking	驻车挡
64	engine load	发动机负荷	94	internal gear	内啮合齿轮
65	engine speed sensor	发动机转速传感器		L	
66	epicyclical gear train	周转轮系	95	locking clutch	锁止离合
67	extension rod	延长杆	96	longitudinal layout engine	发动机纵向布置
	F		97	low gear	低速挡
68	face width	齿宽	98	LSID,load-dependent service interval display system	维修周期显示系统
69	farness distance shift mechanism	远距离操纵式操纵机构	99	lubrication system	润滑系统
70	fault code	故障代码		M	
71	fixed axis gear train automatic transmission	定轴轮系自动变速器	100	map	脉谱图
72	fluid coupling	液力偶合器	101	manual transmission	手动变速器
73	forward clutch short line star	前进离合器短行星轮	102	medium speed gears	中速挡
74	forward one-way clutch	前进单向离合器	103	multimeter	万用表
75	forward positive clutch	前进强制离合器	104	multistage final drive	多级主减速器
76	degrees of freedom	自由度	105	module	模数
77	from the pulley	从动轮		N O	
78	fuel filter	燃油滤清器	106	needle roller bearing	滚针轴承
79	FWMS,fluids and wear parts monitoring systems	液面与磨损监控系统	107	OBD,on-board diagnostics	车载故障自动诊断系统

续表

序号	英语单词	汉语	序号	英语单词	汉语
108	of the screw	调位螺钉	146	solenoid valve	电磁阀
109	often mesh gear mechanism	常啮合齿轮机构	147	space width	齿槽宽
110	oil sealing	油封	148	special shaft gear train automatic transmission	特殊动轴轮系自动变速器
111	uni-dire ctional brake	单向制动器	149	Speedometer	车速里程表
112	one-way clutch	单向离合器	150	SRS,supplemental Inflatable restraint System	安全气囊
	P		151	stator	定子
113	Planet carrier	行星架	152	sun gear	太阳轮
114	planet gear	行星轮	153	symmetrical	对称式
115	planetary gear train	行星齿轮系	154	synchronizer	同步器
116	planetary gear transmission	行星齿轮式自动变速器		T	
117	precursor	前驱	155	transfer case	分动器
118	belt pulley	皮带轮	156	braking pedal	制动踏板
119	pump wheel lock up clutch	泵轮锁止离合器	157	the clutch	离合器
	R		158	clutch pedal	离合器踏板
120	ravigneaux	共架圈式（也称 R 式）	159	the composite shaft gear	复合动轴轮系
121	reset spring	回位弹簧	160	drive shaft	驱动轴
122	reverse clutch Long Star	倒挡离合器长行星轮	161	engine	发动机
123	reverse gear clutch	倒挡离合器	162	five-speed hydraulic system	五速式液压系统
124	revolution	公转	163	ordinary gear train	定轴轮系
125	ring gear	齿圈	164	flywheel	飞轮
126	roller type one-way brake	滚柱式单向制动器	165	four-speed hydraulic system	四速式液压系统
127	rolling cone bearing	滚锥轴承	166	friction brake	摩擦式制动器
128	rotate the handle	旋转手柄	167	oil tank	油箱
129	rotation	自转	168	lock-up clutch	锁止离合器
130	round edge main reducer	轮边主减速器	169	the low gear clutch	低速挡单向离合器
	S		170	the low gear reverse brake	低速挡倒挡制动器
131	Structural scheme of mechanism	机构示意图	171	mechanical friction clutch	机械摩擦式离合器
132	sensor	传感器	172	final drive	主减速器
133	servo hydraulic cylinder	伺服液压缸	173	the meshing gear	外啮合齿轮
134	shaft gear	动轴轮系	174	oil pan	油底壳
135	shift actuator	换挡执行机构	175	oil pump	油泵
136	shift actuators	换挡执行元件	176	lubricating oil pump assembly	机油泵总成
137	shift valve	换挡阀	177	the ordinary gear transmission	普通齿轮式自动变速器
138	simple dynamic gear train	简单动轴轮系	178	push-rod	推杆
139	simpson	共太阳轮式（也称 S 式）	179	pressure regulating valve	调压阀
140	single drive shaft	单轴驱动	180	reverse gear	倒挡
141	single reduction final drive	单级主减速器	181	ring gear	内齿圈
142	sliding clutch	滑动离合器	182	transmission shaft	传动轴
143	sliding unidirectional clutch	滑动单向离合器	183	bush	套筒
144	SMT,sequential manual transmission	手动挡变速器	184	the sliding handle	滑动手柄
145	socket adapter	套筒接合器	185	vehicle speed sensor	车速传感器

续表

序号	英语单词	汉语	序号	英语单词	汉语
	T			T	
186	standard mode	标准模式	201	turbine	涡轮
187	throttle percentage	节气门开度	202	turnover of gear transmission	周转齿轮变速器
188	transmission	变速器	203	double-reduction final drive	双级主减速器
189	TOTS,transmission oil temperature sensor	变速器油温传感器		U	
190	torque converter locking solenoid valve	变矩器锁止电磁阀	204	universal joint	万向节
191	throttle position sensor	节气门位置传感器	205	universal transmission device	万向传动装置
192	tooth depth	齿高		V	
193	tooth thickness	齿厚	206	gear ratio	变速比
194	torque	转矩	207	VDLS,vehicle differential lock control system	差速器锁止控制系统
195	hydrodynamic torque converter	液力变矩器	208	VSC,vehicle stability control	车身稳定性控制系统
196	water temperature sensor	水温传感器		W	
197	train Center	轮系的转动中心	209	water temperature gauge	水温表
198	transaxle	变速驱动桥	210	wet multi plate clutch	湿式多片式离合器
199	transmission operators	变速器操作机构	211	wheel speed sensor	轮速传感器
200	transmission ratio	传动比	212	worm	蜗杆

附录二 汽车常用专业术语英汉对照表（按项目列出）

序号	中文	英语	备注
		项目一　轮系的基础知识	
1	轮系	gear train	[aɪr] [treɪn]
2	齿顶圆	addendum circle	[ə'dendəm] ['sɜ:kl]
3	齿根圆	dedendum circle	[di'dendəm] ['sɜ:kl]
4	分度圆	reference circle	['refrəns] ['sɜ:kl]
5	模数	module	['mɑ:dʒul]
6	齿厚	tooth thickness	[tu:θ] ['θɪknɪs]
7	齿槽宽	space width	[speɪs] [wɪdθ]
8	齿距	Pitch	[pɪtʃ]
9	齿宽	face width	[feɪs] [wɪdθ]
10	顶隙	bottom clearance	['bɑ:təm] ['klɪrəns]
11	齿顶高	addendum	[ə'dendəm]
12	齿根高	dedendum	[di'dendəm]
13	齿高	tooth depth	[tu:θ] [depθ]
14	手动变速器	manual transmission	['mænjuəl][træns'mɪʃən]
15	自动变速器	automatic transmission	['ɔtə'mætɪk][træns'mɪʃən]
16	简单动轴轮系	simple dynamic gear train	['sɪmpl] [daɪ'næmɪk] [gɪr][treɪn]
17	复合动轴轮系	the composite shaft gear	[ðə] [kɑm'pɑzɪt] [ʃæft] [gɪr]
18	轮系的转动中心	train Center	[treɪn] ['sentə]
19	周转轮系	epicyclical gear train	[episaiklik giə trein]
20	蜗杆	worm	[wɜ:rm]
21	内啮合齿轮	internal gear	[in'tə:nəl][gɪr]
22	外啮合齿轮	the meshing gear	[ðə] [meʃɪŋ] [gɪr]
23	定轴轮系	the fixed axis gear train	[ðə] [fɪkst] ['æksɪs] [gɪr][tren]
24	动轴轮系	shaft gear	[ʃæft][gɪr]
25	传动比	transmission ratio	[træns'mɪʃən] ['reʃɪo]
26	行星齿轮系	planetary gear train	['plænətɛri] [gɪr] [tren]
27	太阳轮	sun gear	[sʌn] [gɪr]
28	行星轮	planetary gear	['plænətɛri] [gɪr]
29	行星架	planet carrier	['plaenɪt] ['kærɪə]
30	惰轮	idler	['aɪdlər]
31	皮带轮	belt pulley	[belt][ˈpʊli]
32	主动轮	driving wheel	[ˈdraɪvɪŋ hwil]

续表

序号	中文	英语	备注
		项目一 轮系的基础知识	
33	从动轮	from the pulley	[frəm][ðə] ['pʊli]
34	圆锥齿轮	bevel gear	['bɛvl] [gɪr]
35	圆柱齿轮	cylindrical gear	[sə'lɪndrɪkəl gɪr]
36	齿圈	ring gear	[rɪŋ gɪr]
37	齿数比	gear ratio	[gɪr 'reʃo]
38	联轴器	coupling	['kʌplɪŋ]
39	对称式	symmetrical	[sɪ'mɛtrɪkl]
		项目二 布置与汽车变速轮系的结构	
40	同步器	synchronizer	['sɪŋkræaize]
41	直接操纵式操纵机构	direct shift mechanism	[daɪ'rɛkt] [ʃæft] ['mɛkənɪzəm]
42	远距离操纵式操纵机构	farness distance shift mechanism	['fɑrnɪs] [daɪ'rɛkt] [ʃæft] ['mɛkənɪzəm]
43	双离合器变速器	dual-clutch transmission	['dju:əl'klʌtʃ][træns'mɪʃən]
44	直接换挡变速器	direct shift gearbox	[daɪ'rɛkt][ʃæft] ['gɪrbɑks]
45	机构示意图	Structural scheme of mechanism	['strʌktʃaral][ski:m] [əv] ['mɛkənɪzəm]
46	自转	rotation	[ro'teʃən]
47	公转	revolution	['rɛvə'lʊʃən]
48	自由度	free degree	[fri dgri]
49	单向制动器	uni-driectal brake	[ju:nɪdɪ'rɛkʃənəl] [brek]
50	楔块式单向制动器	a wedge type unidirectional brake	[e] [wɛdʒ] [taɪp] [ˌjʊnɪdə'rɛkʃənl] [brek]
51	滚柱式单向制动器	roller type one-way brake	['rolɚ] [taɪp] ['wʌn'we] [brek]
52	脉谱图	map	[mæp]
53	双向制动器	bidirectional brake	[badrkənəl breɪk]
54	双向离合器	Twin-direction clutch	[twɪn'dɪ'rekʃn] [khts]
55	缓冲装置	buffer unit	[bʌfə junɪt]
56	伺服液压缸	servo hydraulic cylinder	['sɝvo] [haɪ'drɔlɪk] ['sɪlɪndɚ]
57	车速里程表	speedometer	['spi'dɑmɪtɚ]
58	水温表	water temperature gauge	['wɔtɚ] ['tɛmprətʃɚ] [gedʒ]
59	传感器	sensor	[sɛnsɚsɔr]
60	执行器	actuator	['æktetə]
61	调压阀	the pressure regulating valve	[ðə] ['prɛʃɚ] ['rɛgjəˌletɪŋ] [vælv]
62	制动器	brake	[brek]
63	单向离合器	one way clutch	['wʌn'we] [klʌtʃ]
64	锁止离合器	locking clutch	['lɔkiŋ] [klʌtʃ]
65	分动器	transfer case	[træns'fɝ] [kes]
66	变速器操作机构	transmission operators	[træns'mɪʃən] ['ɑpəˌretɚ]
67	周转齿轮变速器	turnover of gear transmission	['tɝn'ovɚ] [əv] [gɪr][træns'mɪʃən]
68	经济模式	economic model	[ˌikə'nɑmɪk] ['mɑdl]
69	动力模式	power mode	['pauə][maud]
70	标准模式	the standard model	[ðə] ['stændɚd] ['mɑdl]
71	电子控制液压自动变速	electronically controlled hydraulic automatic transmission	[ˌɪlek'trɒnɪklɪ][kən'trold][haɪ'drɔlɪk]['ɔtə'mætɪk][træns'mɪʃən]
72	电子控制机械式自动变速器	automated mechanical transmission is electronic control	['ɔtometɪd][mɪ'kænɪkəl][træns'mɪʃən][ɪz] [ɪˌlɛk'trɑnɪk][kən'trol]
73	万向传动装置	universal transmission device	['jʊnə'vɝsl] [træns'mɪʃən] [dɪ'vaɪs]

续表

序号	中文	英语	备注
项目二　布置与汽车变速轮系的结构			
74	单轴驱动	single drive shaft	['sɪŋgl] [draɪv] [ʃæft]
75	单级主减速器	single reduction final drive	['sɪŋgl] [rɪ'dʌkʃən][faɪnəl][draɪv]
76	多级主减速器	multistage main reducer	['mʌltɪ,stedʒ][meɪn][rɪ'dusər]
77	双速主减速器	two speed final drive	[tu:][spid][faɪnəl][draɪv]
78	双级主减速器	two stage the main reducer	[tu][stedʒ][ðə][meɪn][rɪ'dusər]
79	轮边主减速器	round edge main reducer	[raʊnd] [ɛdʒ] [meɪn][rɪ'dusər]
80	自动变速器油液	automatic transmission oil	['ɔtə'mætɪk] [træns'mɪʃən][ɔɪl]
81	内齿圈	the ring gear	[ðə] [rɪŋ] [gɪr]
82	加速踏板	accelerator pedal	[ək'sɛlə'retɚ] ['pɛdl]
83	制动踏板	brake pedal	[ðə] [brek] ['pɛdl]
84	离合器踏板	clutch pedal	[klʌtʃ] ['pɛdl]
85	换挡阀	shift valve	[ʃɪft] [vælv]
86	调速器	governor	['gʌvɚnɚ]
87	节气门开度	throttle percentage	['θrɑtl] [pə'sentɪdʒ]
88	节气门位置传感器	throttle position sensor	['θrɑtl] [pə'zɪʃən] ['sɛnsɚ]
89	发动机负荷	engine load	['ɛndʒɪn] [lod]
90	车速传感器	vehicle speed sensor	['vɪəkl] [spid] ['sɛnsɚ]
91	发动机转速传感器	engine speed sensor	['ɛndʒɪn] [spid] ['sɛnsɚ]
92	水温传感器	water temperature sensor	['wɔtɚ] ['tɛmprətʃɚ] ['sɛnsɚ]
93	变速器油温传感器	TOTS,transmission oil temperature sensor	[træns'mɪʃən] [ɔɪl] ['tɛmprətʃɚ] ['sɛnsɚ]
94	常啮合齿轮机构	often mesh gear mechanism	['ɔf(tə)n] [mɛʃ] [gɪr] ['mɛkənɪzəm]
95	换挡执行机构	shift actuator	[ʃɪft] ['æktʃʊ,etɚ]
96	带式制动器	band brake	[bænd] [brek]
97	摩擦式制动器	friction brake	['frɪkʃən] [brek]
98	变速器壳	gearbox	['gɪrbɑks]
99	制动带	brake belt	[brek] [belt]
100	复位弹簧	reset spring	['risɛt] [sprɪŋ]
101	推杆	push rod	[pʊʃ] [rɑd]
102	调位螺钉	of the screw	[əv] [ðə] [skru]
103	液压阀	hydraulic valve	[haɪ'drɔlɪk] [vælv]
104	变矩器锁止电磁阀	torque converter locking solenoid valve	[tɔrk] [kən'vɝtɚ] ['lɔkiŋ] ['solə,nɔɪd] [vælv]
105	自动变速器操纵手柄	automatic transmission control handle	['ɔtə'mætɪk] [træns'mɪʃən] [kən'trol] ['hændl]
项目三　汽车变速器的结构原理			
106	共太阳轮式（称 S 式）	simpson	['simpsn]
107	自适应式换挡系统	adaptive Shift Strategy	[ə'dæptɪv] [ʃæft]['strætədʒi]
108	全液压控制式自动变速器	hydraulic control type automatic transmission	[haɪ'drɔlɪk] [kən'trol] [taɪp] ['ɔtə'mætɪk][træns'mɪʃən]
109	电液控制式自动变速器	electro hydraulic controlled automatic transmission	[ɪ'lɛktro] [haɪ'drɔlɪk] [kən'trld] ['ɔtə'mætɪk] [træns'mɪʃən]
110	机械摩擦式离合器	mechanical friction clutch	[mɪ'kænɪkəl] ['frɪkʃən] [klʌtʃ]
111	自动离合器	automatic clutch	['ɔtə'mætɪk] [taɪp]
112	液力变矩器	hydrodynamic torque converter	[haɪdrodaɪ'næmɪk][tɔrk] [kən'vɝtɚ]
113	液力偶合器	fluid coupling	['fluɪd] ['kʌplɪŋ]
114	泵轮	impeller	[ɪm'pɛlɚ]

续表

序号	中文	英语	备注
项目三　汽车变速器的结构原理			
115	涡轮	turbine	[tɜ:rbaɪn]
116	定子	stator	['stetɚ]
117	复合式液力变矩器	complex torque converter	[kəm'plɛks] [tɔrk] [kən'vɝtɚ]
118	液压传动系统	hydraulic transmission system	[haɪ'drɔlɪk] [træns'mɪʃən] ['sɪstəm]
119	润滑系统	lubrication system	[lu:brikeiʃən sistəm]
120	汽车布置	car arrangement	[kɑr] [ə'rendʒmənt]
121	液压泵	hydraulic pump	[haɪ'drɔlɪk] [pʌmp]
122	油底壳	oil pan	[ɔɪl] [pæn]
123	前驱	precursor	[pri'kɝsɚ]
124	后驱	after the flooding	['æftɚ][ðə]['flʌdɪŋ]
125	四驱（全驱）	all-wheel-drive	[ɔl]-[wil]-[draɪv]
126	变速驱动桥	transaxle	[trænz,sæksəl]
127	变速器	transmission	[trænz,sæksəl]
128	差速器	differential	['dɪfə'rɛnʃəl]
129	主减速器	final drive	[faɪnəl][drɑɪv]
130	传动轴	transmission shaft	[træns'mɪʃən][ʃæft]
131	驱动轴	drive shaft	[draɪv][ʃæft]
132	发动机	engine	['ɛndʒɪn]
133	离合器	clutch	[klʌtʃ]
134	飞轮	flywheel	['flaɪ'wil]
135	电磁阀	solenoid valve	['solə,nɔɪd][vælv]
136	轮速传感器	wheel speed sensor	[wil] [spid] ['sɛnsɚ]
137	套筒	bush	[ðə] [sliv]
138	套筒接合器	socket adapter	['sɑkɪt] [ə'dæptɚ]
139	万向节	universal joint	['jʊnə'vɝsl] [dʒɔɪnt]
140	延长杆	extension rod	[ɪk'stɛnʃən][rɑd]
141	旋转手柄	rotate the handle	['rotet][ðə]['hændl]
142	滑动手柄	the sliding handle	[ðə]['slaɪdɪŋ]['hændl]
143	万用表	multimeter	['mʌltɪmi：tə]
144	故障代码	fault code	[fɔlt][kod]
145	驻车挡	in car blocking	[ɪn] [kɑr] ['blɑkɪŋ]
146	倒挡	reverse gear	[rɪ'vɝs] [gɪr]
147	空挡	gap	[gæp]
148	驱动挡	drive gear	[draɪv] [gɪr]
149	中速挡	medium speed gears	['midɪəm] [spid] [gɪr]
150	低速挡	low gear	[ləʊ] [gɪr]
151	油泵	oil pump	[ɔɪl] [pʌmp]
152	油箱	oil tank	[ɔɪl][tæŋk]
153	燃油滤清器	fuel filter	['fjuəl] ['fɪltɚ]
154	发动机横向布置	horizontal layout engine	['hɔrə'zɑntl] ['leaʊt] ['ɛndʒɪn]
155	发动机纵向布置	longitudinal layout engine	[,lɑndʒə'tudnl] ['leaʊt] ['ɛndʒɪn]
项目四　共太阳轮式自动变速器原理			
156	太阳轮组件	a sun wheel	[e] [sʌn] [wil]
157	变速比	gear ratio	[gɪr]['reʃɪo]

续表

序号	中文	英语	备注
		项目四　共太阳轮式自动变速器原理	
158	传动桥	drive bridge	[ˈbraɪdl: brɪdʒ]
159	滚锥轴承	rolling cone bearing	['rolɪŋ] [kon] ['bɛrɪŋ]
160	油封	oil sealing	[ɔɪl sil]
161	机油泵总成	lubricating oil pump assembly	['lubrɪ,ket][ɔɪl] [pʌmp] [ə'sɛmbli]
162	滚针轴承	needle roller bearing	[ˈnidl ˈrolɚ ˈbɛrɪŋ]
163	扭矩	Torque	[tɔ:rk]
164	制动盘	brake disc	[brek dɪsk]
165	制动器法兰	brake flange	[brek flændʒ]
166	制动片	brake piece	[brek pis]
167	电磁阀	solenoid valve	[ˈsoləˌnɔɪd vælv]
168	离合器	clutch	[klʌtʃ]
169	制动器	brake	[brek]
170	换挡执行元件	shift actuators	[ʃɪft] ['æktju:,eitə]
171	湿式多片式离合器	wet multi plate clutch	[wɛt] ['mʌlti][plet] [klʌtʃ]
172	干式多片式离合器	dry multi plate clutch	[draɪ] ['mʌlti][plet] [klʌtʃ]
		项目五　共架圈式自动变速器原理	
173	复合轮系	compound gear train	[kɑmˈpaUnd ɡɪr tren]
174	低速挡单向离合器	the low gear clutch	[ðə] [lo ɡɪr] [klʌtʃ]
175	低速挡倒挡制动器	the low gear reverse brake	[ðə] [lo ɡɪr] [rɪˈvɚs ˈbrækɪt]
176	高速挡离合器	high speed clutch	[haɪ spid] [klʌtʃ]
177	前进单向离合器	forward one-way clutch	['fɔrwɚd] ['wʌn'we] [klʌtʃ]
178	前进强制离合器	forward positive clutch	['fɔrwɚd] ['pɑzətɪv] [klʌtʃ]
179	制动器行星架	brake planetary frame	[brek] [ˈplænɪˌtɛri frem]
180	前进离合器短行星轮	forward clutch short line star	['fɔrwɚd] [klʌtʃ] [ʃɔ：rt] [laɪn] [stɑr]
181	倒挡离合器长行星轮	reverse clutch Long Star	[rɪˈvɚs klʌtʃ] [lɔ:ŋ] [stɑr]
182	四速式液压系统	four speed hydraulic system	[fɔr] [spid] [haɪ'drɔlɪk] ['sɪstəm]
183	五速式液压系统	five speed hydraulic system	[faɪv][spid][haɪ'drɔlɪk] ['sɪstəm]
		项目六　对称式轮系自动变速器原理	
184	泵轮锁止离合器	pump wheel lock up clutch	[pʌmp hwil] [lɑk ʌp] [klʌtʃ]
185	锁止离合器	lock up clutch	[lɑk ʌp] [klʌtʃ]
186	导轮单向制动器	check brake wheel	[tʃɛk][brek] [wil]
187	直接挡离合器	direct gear clutch	[dɪˈrɛkt ɡlɛr] [klʌtʃ]
188	倒挡离合器	reverse gear clutch	[rɪˈvɚs ɡɪr] [klʌtʃ]
189	滑动离合器	sliding clutch	[ˈslaɪdɪŋ klʌtʃ]
190	滑动单向离合器	sliding Unidirectional clutch	[ˈslaɪdɪŋ [ju:nɪdə'rekʃənəl] klʌtʃ]
		项目七　其他轮系自动变速器简介	
191	行星齿轮式自动变速器	planetary gear transmission	[ˈplænɪˌtɛri ɡɪr trænsˈmɪʃən]
192	普通齿轮式自动变速器	the ordinary gear transmission	[ðə] [ˈɔrdnˌɛri ʃɛr] [trænsˈmɪʃn]
193	定轴轮系自动变速器	fixed axis gear train automatic transmission	[fɪkst]['æksɪs][ɡɪr][tren]['ɔtə'mætɪk][træns'mɪʃən]
194	特殊动轴轮系自动变速器	special shaft gear train automatic transmission	['spɛʃl][ʃæft][ɡɪr][tren]['ɔtə'mætɪk] [træns'mɪʃən]

编 后 记

这是一本怀着强烈的汽车强国梦与汽车专业教育教学改革激情编写而成的教材。

当教材最后一个字落笔，一种凌顶山小、登攀障融的感觉油然而生。

二十多年前作者第一次接触汽车自动变速器时感觉那是一座高高的大山，奇怪的装置、吓人的品牌，多如牛毛的款式，让人看不懂的外文说明，莫名其妙的翻译，少得可怜的资料，昂贵的价格……，就像一个个拦路虎横亘在登山路上，使人有无从下手的感觉。

中国的汽车大国梦是在大山前沉沦或是在大山前奋起，作者和有志的中国人一样选择了后者，开始了退而结网——以弄清结构、探索原理、不留死角、融会贯通为目标的学习不懈、征山克难的登攀之路。

向能接触到自动变速器实物的一切人学习是掌握自动变速器的第一步，其中我的有实践经验的学生，如刘晓东、唐明、吴友毅、袁博文、程方龙、李进……，是我最好的老师，有实践经验的朋友，如范勇、赵鹏、魏立新、宋德俭及那些知名不知名的修车师傅们给了我画龙点睛的点拨；第二步是向书本学习，将实践经验提升到理论高度，让知识上升到高层次是另一种学习，在不停的学习中漫漫时间就慢慢地过去了。当我的众多学生带着我的研究成果信心满满地加入到汽车维修、制造行业中，为成都成为全国私家车拥有量第二多的城市做了直接的贡献，我感到这就是我为实现汽车大国梦做出的间接贡献。

伴随着汽车大国梦的实现，作者对自动变速器的认识步步深入，还没等停下来喘口气，实现汽车强国梦的任务又摆在了中国人面前，它比汽车大国梦更加伟大、更加困难、更加需要艰苦、细致工作的支撑，那不仅仅是量、质的变化，更要有革命性的，颠覆性的创新才能成功，而创新的第一步是要彻底弄懂原来的东西，所以把已有的自动变速器的知识，整理、介绍给新一代，让他们接过汽车强国梦接力棒后少走弯路就成了我挥之不去的情结，进而变成了强烈的责任感，也是我能为汽车强国梦和汽车专业教育教学创新做的有意义的工作，正是在这种信念支撑下，我用了近五年的时间，废寝忘食地写成了这本有自己特色的教材。

我自己长期工作实践的体会是只有老老实实做学问，认认真真搞科研，踏踏实实耕教学，一部好的教材才能完成；我的有实践经验的学生反馈的信息是工作积累了一定经验后，显现出最缺乏的仍然是理论基础。特别是那些想创新的人士，对基础理论的渴求更提醒我们教育工作者，教学中注重专业知识与基础理论知识接合的重要性，本教材编写的思路就是在项目一至项目三中先把基础理论铺垫清楚，再用基础理论去解释项目四至项目七中的专业知识，让专业知识有根。

除前面提到的朋友们外，蓝文才、李植、徐燕、袁新、肖红、赵伟杰、王立、赵洪华、魏庆曜、徐生明、颜伟、陈飚、周林福、袁杰、周旭、陈清、周国顺等同志和朋友为本教材成书做了大量工作或提供了帮助，在此一并表示感谢；感谢在汽车自动变速器维修现场和实验现场帮助过我及为本教材编写提供过支持的所有人士；感谢很多读者向我反馈了使用中的问题与建议，感谢我在编写过程中参考过的各类文献的作者；感谢将自己的研究成果放在互联网上供大家共享的作者们；并借此机会向在汽车发展史中作过贡献的人们致敬。

唐德修 2018 年 2 月于成都

联系邮箱　779480211@qq.com

参考文献

[1]美国米切尔维修信息公司．进口汽车自动变速器检测与维修[M]．中国机动车辆安全鉴定检测中心，译．北京：人民交通出版社，2002．

[2]唐明．自动变速器故障诊断手册[M]．沈阳：辽宁科学技术出版社，2001．

[3]杨可祯．机械设计基础[M]．北京：高等教育出版社，2003．

[4]周林福．汽车底盘构造与维修[M]．北京：人民交通出版社，2005．

[5]汤定国．汽车发动机构造与维修[M]．2 版．北京：人民交通出版社，2005．

[6]唐德修，徐燕．汽车机械结构与基础[M]．成都：西南交通大学出版社，2014．

[7]细川武志．汽车构造图册[M]．魏朗，译．北京：人民交通出版社，2005．

[8]刘衡章．实用当代汽车自动传动技术[M]．北京：人民邮电出版社，2001．

[9]J.厄尔贾维克．汽车自动变速器与变速驱动桥[M]．韩爱民，译．北京：机械工业出版社，2000．

[10]广州本田汽车有限公司．广州本田雅阁轿车构造、使用与维修[M]．北京：人民交通出版社，2001．

[11]徐安，乔向明．汽车自动变速器结构原理与使用检修[M]．北京：人民交通出版社，2000．

[12]王积伟．现代控制理论与工程[M]．北京：高等教育出版社，2003．

[13]邓星钟．机电传动控制[M]．3 版．武汉：华中科技大学出版社，2001．

[14]么居标．自动变速器[M]．北京：机械工业出版社，2012．

[15]（美）J.厄尔贾维克．汽车手动变速器和变速驱动桥[M]．林梅，马盛明，译．北京：机械工业出版社，1998．

[16]中国第一汽车制造厂．奥迪 100 型轿车构造图册[M]．长春：吉林科学技术出版社，1997．

[17]钟福金，吴晓梅．可编程序控制器[M]．南京：东南大学出版社，2003．

[18]过学迅．汽车自动变速器结构原理[M]．2 版．北京：机械工业出版社，2012．

[19]昌百竟，任广文．汽车自动变速器构造原理与检修[M]．北京：机械工业出版社，2012．

[20]刘岩东．汽车自动变速器构造与原理解析[M]．北京：机械工业出版社，2010．

[21]罗新闻，霍志毅．汽车自动变速器结构原理彩色图解[M]．北京：机械工业出版社，2008．

[22]蔡兴旺．汽车构造与原理[M]．北京：机械工业出版社，2010．

[23]唐德修，袁新．汽车流体传动与控制技术[M]．成都：西南交通大学出版社，2015．

[24]曹利民．汽车自动变速器动力传递[M]．沈阳：辽宁科学技术出版社，2009．

[25]朱迅．汽车自动变速器维修[M]．北京：机械工业出版社，2002．

[26]夏明君，杨海龙．汽车自动变速器[M]．北京：机械工业出版社，2008．

[27]杨海鹏．汽车自动变速器原理与维修[M]．北京：北京理工大学出版社，2011．

[28]陈新亚．汽车构造透视图典：发动机与变速器[M]．北京：机械工业出版社，2012．

[39]刘汉涛．汽车为什么会自动换档：图解自动变速器构造与原理[M]．北京：机械工业出版社，2013．

[40]何彬．亚洲车系自动变速器阀体与电控系统检修专辑：中册[M]．北京：机械工业出版社，2011．